法学专业必修课、选修课系列教材

婚姻家庭继承法学

（第四版）

主　编　陈　苇

副主编　李　俊　石　婷

撰稿人（以撰写章节先后为序）

田韶华　曹贤信　于林洋　李艳梅　郝艳梅　陈　苇

石　婷　陈　法　于晓丽　高云鹏　李　俊　李　艳

李　欣　樊丽君　赵华明　雷明光　陈思琴　魏小军

梁继红　王　婷　来文彬　胡苷用

中国教育出版传媒集团

高等教育出版社·北京

图书在版编目（CIP）数据

婚姻家庭继承法学 / 陈苇主编. -- 4版. -- 北京：高等教育出版社，2025. 8. --（法学专业必修课、选修课系列教材）. -- ISBN 978-7-04-064567-5

Ⅰ. D923.5；D923.9

中国国家版本馆CIP数据核字第2025L6U192号

HUNYIN JIATING JICHENG FAXUE

策划编辑　周轶男		责任编辑　杨丽云		封面设计　杨立新		版式设计　曹鑫怡
责任校对　刘丽娴		责任印制　刁　毅				

出版发行	高等教育出版社	网　　址	http://www.hep.edu.cn	
社　　址	北京市西城区德外大街4号		http://www.hep.com.cn	
邮政编码	100120	网上订购	http://www.hepmall.com.cn	
印　　刷	中农印务有限公司		http://www.hepmall.com	
开　　本	787mm×1092mm　1/16		http://www.hepmall.cn	
印　　张	24.75	版　　次	2014年8月第1版	
字　　数	600千字		2025年8月第4版	
购书热线	010-58581118	印　　次	2025年8月第1次印刷	
咨询电话	400-810-0598	定　　价	59.00元	

物 料 号　64567-00

作者简介

（除主编、副主编外，以撰写章节先后为序）

陈　苇　西南政法大学民商法学院教授，博士生导师，中国法学会婚姻家庭法学研究会副会长。

李　俊　西南政法大学民商法学院副教授，法学博士，中国法学会婚姻家庭法学研究会理事。

石　婷　西南政法大学民商法学院讲师，法学博士，中国法学会婚姻家庭法学研究会理事。

田韶华　河北经贸大学法学院教授，中国法学会婚姻家庭法学研究会理事。

曹贤信　赣南师范大学法律系教授，法学博士，中国法学会婚姻家庭法学研究会理事。

于林洋　华东师范大学法学院副教授，法学博士。

李艳梅　华南农业大学人文与法学学院教授，中国法学会婚姻家庭法学研究会理事。

郝艳梅　内蒙古财经大学法学院副教授，中国法学会婚姻家庭法学研究会理事。

陈　法　重庆市第一中级人民法院法官助理，民商法博士研究生，中国法学会婚姻家庭法学研究会会员。

于晓丽　济南大学政法学院副教授，中国法学会婚姻家庭法学研究会理事。

高云鹏　济南大学政法学院副教授，中国法学会婚姻家庭法学研究会会员。

李　艳　大理大学法学院副教授,法学博士,中国法学会婚姻家庭法学研究会会员。

李　欣　江南大学法学院副教授,法学博士,中国法学会婚姻家庭法学研究会理事。

樊丽君　北京化工大学法律与知识产权研究所所长、教授,法学博士,中国法学会婚姻家庭法学研究会理事。

赵华明　辽宁公安司法管理干部学院科研部主任兼学报主编、教授,中国法学会婚姻家庭法学研究会理事。

雷明光　中央民族大学法学院教授,中国法学会婚姻家庭法学研究会常务理事、副秘书长。

陈思琴　江西师范大学政法学院副教授,法学博士,中国法学会婚姻家庭法学研究会理事。

魏小军　杭州师范大学法学院副教授,法学博士,中国法学会婚姻家庭法学研究会理事。

梁继红　西南财经大学法学院副教授,法学博士,中国法学会婚姻家庭法学研究会会员。

王　婷　湖北大学法学院教授,法学博士,中国法学会婚姻家庭法学研究会理事。

来文彬　江西省社会科学院法学研究所副研究员,法学博士,中国法学会婚姻家庭法学研究会理事。

胡苷用　西南政法大学民商法学院副教授,法学博士,中国法学会婚姻家庭法学研究会理事。

第四版前言

自 2022 年 3 月本书第三版出版以来,为适应调整我国婚姻家庭继承关系新情况新问题的需要,部分法律、法规和司法解释已被修改或废止,另有一些修订或修正的法律、法规和司法解释相继颁布实施。因此,我们根据 2022 年 10 月修订的《中华人民共和国妇女权益保障法》、2023 年 7 月修订的《中国公民收养子女登记办法》、2023 年 9 月修正的《中华人民共和国民事诉讼法》、2023 年 12 月修订的《中华人民共和国公司法》、2021 年 12 月通过的《最高人民法院关于适用〈中华人民共和国民法典〉总则编若干问题的解释》、2022 年 3 月修正的《最高人民法院关于适用〈中华人民共和国民事诉讼法〉的解释》、2023 年 5 月通过的《最高人民法院关于适用〈中华人民共和国民法典〉合同编通则若干问题的解释》、2022 年 6 月通过的《最高人民法院关于办理人身安全保护令案件适用法律若干问题的规定》、2023 年 8 月通过的《最高人民法院关于适用〈中华人民共和国涉外民事关系法律适用法〉若干问题的解释(二)》、2023 年 11 月通过的《最高人民法院关于审理涉彩礼纠纷案件适用法律若干问题的规定》、2023 年 12 月通过的《最高人民法院关于适用〈中华人民共和国民法典〉侵权责任编的解释(一)》、2024 年 11 月通过的《最高人民法院关于适用〈中华人民共和国民法典〉婚姻家庭编的解释(二)》、2025 年 4 月修订的《婚姻登记条例》等法律、法规、条例和司法解释,结合近年来我国婚姻家庭继承法理论和实践的研究成果,对本书第三版的部分内容进行修改补充后出版第四版,以满足教学、学习及研究的需要。

本书第四版基本延续了第三版的编写体系和编写特点。第四版的新内容,由各章原作者自行修改补充或原作者与第三版新增的作者共同修改补充。全书修订情况如下:首先,陈苇主编撰写了本书第四版的修订说明和修订方法供各章作者据此进行修订。其次,第一副主编李俊对本书“常用法律、法规及司法解释等缩略语表”进行修订后供各章作者使用。再次,各章作者对其撰写的本章正文内容和相关参考文献进行修订后向李俊副主编提交修订的初稿。李俊副主编对初稿进行审阅并修改补充后,向陈苇主编提交修订的第二稿。陈苇主编对修订的第二稿进行审阅并统一修改补充,将其中个别章节稿件根据需要返回原作者自行修改补充。此后,陈苇主编根据本次教材修订的相关内容,适当增补更新本书的“主编注”和“主要参考文献”,

最后完成定稿。第二副主编石婷根据第四版共计 18 章正文的定稿,对各章尾部的二维码练习题资源进行了修订,并校对了全部稿件,此外还协助陈苇主编收集了可供更新本书"主编注"参考的近三年出版的部分著作,承担了需要协助的其他工作。

本书的各章撰稿人如下(以撰写章节的先后为序):

田韶华,第一章;

曹贤信、于林洋,第二章;

李艳梅,第三章;

郝艳梅,第四章;

陈苇、石婷、陈法,第五章;

于晓丽、高云鹏,第六章;

李俊、李艳,第七、八章;

李欣,第九章;

樊丽君,第十章;

赵华明,第十一章;

雷明光,第十二章;

陈思琴,第十三章;

魏小军,第十四章;

梁继红,第十五章;

王婷,第十六章;

来文彬,第十七章;

胡苷用,第十八章。

为增强本书的实践性,帮助读者扩大视野、启迪思维,培养分析问题、解决问题的能力,本书各章结尾附有思考题并附有练习题二维码资源。

我们虽然付出了最大的努力,但受学识所限,书中难免还有不足,恳请学界同仁和读者予以指正,我们表示诚挚的感谢!最后,我代表全体作者衷心地感谢高等教育出版社杨丽云编辑和其他同志对本书出版所做的辛勤工作!

陈 苇

2024 年 12 月 8 日

第三版前言

自 2018 年 2 月本书第二版出版以来,为适应调整我国婚姻家庭继承关系新情况新问题的需要,部分法律、法规和司法解释已被修改或者被废止,另有一些新的法律、法规和司法解释颁布实施。因此,我们根据 2017 年修正的《中华人民共和国母婴保健法》、2018 年修正的《中华人民共和国宪法》、2018 年修正的《中华人民共和国刑事诉讼法》、2018 年修正的《中华人民共和国妇女权益保障法》、2019 年修订的《中国公民收养子女登记办法》、2020 年 5 月 28 日通过的《中华人民共和国民法典》、2020 年修订的《中华人民共和国未成年人保护法》、2020 年修订的《中华人民共和国预防未成年人犯罪法》、2021 年修正的《中华人民共和国人口与计划生育法》、2021 年修正的《中华人民共和国民事诉讼法》、2020 年 12 月 25 日通过的《最高人民法院关于适用〈中华人民共和国民法典〉婚姻家庭编的解释(一)》和《最高人民法院关于适用〈中华人民共和国民法典〉继承编的解释(一)》等法律和司法解释,结合近年来我国婚姻家庭继承法理论和实践的研究成果,对本书第二版的部分内容进行了修改补充,以满足教学、学习及研究的需要。

本书第三版基本延续了第二版的编写体系和编写特点。第三版的新内容,是由各章原作者自行修改补充或由原作者与新增作者合作修改补充的,其中第二章新增合作作者于林洋,第五章新增合作作者石婷、陈法,第六章新增合作作者高云鹏,第七章和第八章新增合作作者李艳。由于原副主编李俊出国留学,故新增副主编石婷。全书各章作者提交的初稿,由副主编石婷进行审阅并提出修改补充建议后返回作者进行修改;对全书各章作者提交的第二稿和第三稿,由主编陈苇审阅并提出修改补充建议后返回作者进行修改。对全书各章作者提交的第四稿,由主编陈苇统一进行修改补充后完成定稿。

本书的各章撰稿人如下(以撰写章节的先后为序):

田韶华,第一章;

曹贤信、于林洋,第二章;

李艳梅,第三章;

郝艳梅,第四章;

陈苇、石婷、陈法,第五章;

于晓丽、高云鹏,第六章;

李俊、李艳,第七、八章;

李欣,第九章;

樊丽君,第十章;

赵华明,第十一章;

雷明光,第十二章;

陈思琴,第十三章;

魏小军,第十四章;

梁继红,第十五章;

王婷,第十六章;

来文彬,第十七章;

胡苷用,第十八章。

为增强本书的实践性,帮助读者扩大视野、启迪思维,培养分析问题、解决问题的能力,本书附有思考题和练习题二维码资源。本书各章练习题二维码资源,由石婷副主编撰写初稿,然后由陈苇主编、李俊副主编对此初稿分别进行修改补充,最后由陈苇主编统一修改完成定稿。

我们虽然付出了最大的努力,但受学识所限,书中难免还有不足,恳请学界同仁和读者予以指正,我们表示诚挚的感谢!

最后,我代表全体作者衷心地感谢高等教育出版社周轶男编辑和其他同志对本书出版所做的辛勤工作!

陈　苇

2021 年 12 月 28 日

第二版前言

本书自 2014 年 8 月出版以来，为适应调整我国婚姻家庭继承关系新情况新问题的需要，有部分法律、法规和司法解释已经被修改或者被废止，另有一些新的法律、法规和司法解释则被颁布实施。因此，我们根据 2015 年 12 月 27 日修正的《中华人民共和国人口与计划生育法》、2016 年 3 月 1 日起施行的《中华人民共和国反家庭暴力法》、2017 年 10 月 1 日起施行的《中华人民共和国民法总则》以及 2015 年 2 月 4 日起施行的《最高人民法院关于适用〈中华人民共和国民事诉讼法〉的解释》等法律和司法解释，结合近年我国婚姻家庭继承法理论和实践的研究新成果，对本书第一版的部分内容进行了修改补充，以满足教学、学习及研究的需要。

本书第二版基本延续了第一版的编写体系和编写特点。第二版被修改、补充的新内容中，有部分章先分别由原来的作者田韶华（第一章）、李艳梅（第三章）、樊丽君（第十章）、赵华明（第十一章）、胡苷用（第十八章）各自进行修改补充，然后由副主编李俊对全书各章相关内容进行修改补充；对于新增的第八章，主编陈苇拟定写作提纲后由李欣撰写初稿和第二稿，陈苇修改补充完成第三稿。最后，全书各章由主编陈苇统一进行修改、补充之后完成定稿。

本教材的各章撰稿人如下（以撰写章节的先后为序）：

田韶华，第一章；

曹贤信，第二章；

李艳梅，第三章；

郝艳梅，第四章；

陈苇，第五章；

于晓丽，第六章；

李俊，第七、九章；

李欣，第八章；

樊丽君，第十章；

赵华明，第十一章；

雷明光，第十二章；

陈思琴，第十三章；

魏小军，第十四章；

梁继红，第十五章；

王婷,第十六章;

来文彬,第十七章;

胡苷用,第十八章。

最后必须说明,本书第二版的全部稿件由前来西南政法大学民商法学院婚姻家庭继承法及妇女理论教研室进修的长治学院裴宝莉老师、西南政法大学民商法学院硕士研究生白玉同学进行了初次校对工作,然后由西南政法大学民商法学院博士研究生董思远、李艳进行了二次校对工作。在此,我向他们认真仔细的校对工作表示诚挚的谢意!此外,我还要代表全体作者衷心地感谢高等教育出版社的姜洁编辑和其他同志对本书出版所做的辛勤工作!

我们虽然付出了最大的努力,但受学识所限,书中难免还有不足,恳请学界同仁和读者予以指正。

陈 苇

2017 年 6 月 18 日

第一版前言

进入 21 世纪以来，我国婚姻家庭关系出现了一些新情况、新问题。为此，2001 年 4 月 28 日，第九届全国人大常委会第二十一次会议对 1980 年《婚姻法》给予修正。为配合新《婚姻法》的施行，自 2003 年 10 月 1 日起新的《婚姻登记条例》正式实施。同时，最高人民法院根据审判实践的需要，先后出台三部关于适用《婚姻法》的司法解释，即 2001 年《关于适用〈中华人民共和国婚姻法〉若干问题的解释（一）》、2003 年《关于适用〈中华人民共和国婚姻法〉若干问题的解释（二）》和 2011 年《关于适用〈中华人民共和国婚姻法〉若干问题的解释（三）》。为适应法学专业本科生学习婚姻家庭继承法的需要，我们根据我国 2001 年修正后的《婚姻法》及其三部司法解释和现行《继承法》及其司法解释，结合其他调整婚姻家庭继承关系的法律法规和司法解释，组织编写本教材。本书除供高等院校法学专业本科生学习使用外，亦可作为法学专业研究生和其他从事法律工作人员的参考资料。本教材主要特点如下：

第一，作者全部来自高等院校从事法学专业本科生教学工作的专职教师。其中绝大部分是多年从事婚姻家庭继承法学课程教学工作、具有副教授以上高级职称的中年教师，也有少部分是具有法学博士学位的从事婚姻家庭继承法学课程教学工作的青年教师。他们年富力强，具有扎实的法学专业理论基础、良好的专业知识水平和较为丰富的教学经验。

第二，结构设计注意全面性和系统性。在各章首部，首先以"本章重点难点"列出本章的学习要求、重点与难点，同时根据本章内容设置"引导案例"，启发学生思考；在各章尾部，以"本章小结"总结本章主要内容，以"引导案例参考答案"启发学生思维，培养学生分析问题和解决问题的能力，以"本章思考题"引导学生复习和巩固所学知识。这样前呼后应的设计，既便于学生全面、系统地学习、了解婚姻家庭继承法各项制度的基本内容，又有助于学生着重把握和理解各项具体制度的重点和难点内容。

第三，内容简洁明了，重点难点突出，并注重理论深度的拓展。鉴于本教材以本科生为主要对象，因此在行文时特别注重对婚姻家庭继承法的基本概念、基本知识、基本理论及主要法律制度的内容进行全面系统的简要阐述，同时也注意对重点、难点内容的详细释明和理论联系实际分析问题。此外，根据教师扩展教学内容和学生课外自学的需要，采用"主编注"的方式，适当地介绍相关理论研究著作和最新前沿学术论文。

我们虽然付出了最大的努力,但受学识所限,书中难免还有不足,恳请学界同仁和读者予以指正。

本教材由西南政法大学外国家庭法及妇女理论研究中心主任、民商法学院陈苇教授担任主编,西南政法大学民商法学院李俊副教授担任副主编。主编拟定写作提纲和写作要求后,全体作者分工撰写,最后由主编、副主编进行统一修改、补充后定稿。

本教材的各章撰稿人如下(以撰写章节的先后为序):

田韶华,第一章;

曹贤信,第二章;

李艳梅,第三章;

郝艳梅,第四章;

陈苇,第五章;

于晓丽,第六章;

李俊,第七、八章;

樊丽君,第九章;

赵华明,第十章;

雷明光,第十一章;

陈思琴,第十二章;

魏小军,第十三章;

梁继红,第十四章;

王婷,第十五章;

来文彬,第十六章;

胡苷用,第十七章。

最后必须说明,我的博士研究生张鑫、张庆林对全部稿件进行了耐心细致的文字校对工作。在此,我向他们表示诚挚的谢意!此外,我还要代表全体作者衷心地感谢高等教育出版社的姜洁编辑和其他同志对本书出版所做的辛勤工作!

陈 苇

2014 年 5 月 8 日

常用法律、法规及司法解释等缩略语表

序号	通过及颁行时间	全称	简称
1	1982年12月4日通过并施行,1988年4月12日、1993年3月29日、1999年3月15日、2004年3月14日和2018年3月11日共5次修正	《中华人民共和国宪法》	现行《宪法》
2	2020年5月28日通过,2021年1月1日起施行	《中华人民共和国民法典》、《中华人民共和国民法典》第五编"婚姻家庭"、《中华人民共和国民法典》第六编"继承"	《民法典》、《民法典》婚姻家庭编、《民法典》继承编
3	1986年4月12日通过,1987年1月1日起施行;2009年8月27日修正;2021年1月1日起废止	《中华人民共和国民法通则》	《民法通则》
4	1988年1月26日通过,1988年4月2日起施行,2021年1月1日起废止	《最高人民法院关于贯彻执行〈中华人民共和国民法通则〉若干问题的意见(试行)》	1988年《执行民法通则的意见》
5	2017年3月15日通过,2017年10月1日起施行,2021年1月1日起废止	《中华人民共和国民法总则》	《民法总则》
6	1950年4月13日通过,1950年5月1日起施行,1981年1月1日起废止	《中华人民共和国婚姻法》	1950年《婚姻法》
7	1980年9月10日通过,1981年1月1日起施行;2001年4月28日修正;2021年1月1日起废止	《中华人民共和国婚姻法》	1980年《婚姻法》、2001年修正的《婚姻法》
8	2001年12月24日通过,2001年12月27日起施行,2021年1月1日起废止	《最高人民法院关于适用〈中华人民共和国婚姻法〉若干问题的解释(一)》	2001年《婚姻法解释(一)》
9	2003年12月4日通过,2004年4月1日起施行,2021年1月1日起废止	《最高人民法院关于适用〈中华人民共和国婚姻法〉若干问题的解释(二)》	《婚姻法解释(二)》

序号	通过及颁行时间	全称	简称
10	2017 年 2 月 20 日通过,2017 年 3 月 1 日起施行,2021 年 1 月 1 日起废止	《最高人民法院关于适用〈中华人民共和国婚姻法〉若干问题的解释(二)的补充规定》	2017 年《婚姻法解释(二)的补充规定》
11	2018 年 1 月 8 日通过,2018 年 1 月 18 日起施行,2021 年 1 月 1 日起废止	《最高人民法院关于审理涉及夫妻债务纠纷案件适用法律有关问题的解释》	2018 年《涉及夫妻债务纠纷案件适用法律解释》
12	2011 年 7 月 4 日通过,2011 年 8 月 13 日起施行,2021 年 1 月 1 日起废止	《最高人民法院关于适用〈中华人民共和国婚姻法〉若干问题的解释(三)》	2011 年《婚姻法解释(三)》
13	1991 年 12 月 29 日通过,1992 年 4 月 1 日起施行;1998 年 11 月 4 日修正,1999 年 4 月 1 日起施行;2021 年 1 月 1 日起废止	《中华人民共和国收养法》	1991 年《收养法》、1998 年修正的《收养法》
14	1985 年 4 月 10 日通过,1985 年 10 月 1 日起施行,2021 年 1 月 1 日起废止	《中华人民共和国继承法》	1985 年《继承法》
15	1985 年 9 月 11 日起施行,2021 年 1 月 1 日起废止	《最高人民法院关于贯彻执行〈中华人民共和国继承法〉若干问题的意见》	1985 年《执行继承法的意见》
16	1994 年 10 月 27 日通过,1995 年 6 月 1 日起施行;2009 年 8 月 27 日修正;2017 年 11 月 4 日修正	《中华人民共和国母婴保健法》	2017 年修正的《母婴保健法》
17	2001 年 12 月 29 日通过,2002 年 9 月 1 日起施行;2015 年 12 月 27 日修正,2016 年 1 月 1 日起施行;2021 年 8 月 20 日修正并施行	《中华人民共和国人口与计划生育法》	2001 年《人口与计划生育法》、2015 年修正的《人口与计划生育法》、2021 年修正的《人口与计划生育法》或现行《人口与计划生育法》
18	1992 年 4 月 3 日通过,1992 年 10 月 1 日起施行;2005 年 8 月 28 日修正,2005 年 12 月 1 日起施行;2018 年 10 月 26 日修正并施行;2022 年 10 月 30 日修订,2023 年 1 月 1 日起施行	《中华人民共和国妇女权益保障法》	现行《妇女权益保障法》

序号	通过及颁行时间	全称	简称
19	1996 年 8 月 29 日通过,1996 年 10 月 1 日起施行;2009 年 8 月 27 日修正并施行;2012 年 12 月 28 日修订,2013 年 7 月 1 日起施行;2015 年 4 月 24 日修正并施行;2018 年 12 月 29 日修正并施行	《中华人民共和国老年人权益保障法》	现行《老年人权益保障法》
20	1991 年 9 月 4 日通过,1992 年 1 月 1 日起施行;2006 年 12 月 29 日修订,2007 年 6 月 1 日起施行;2012 年 10 月 26 日修正,2013 年 1 月 1 日起施行;2020 年 10 月 17 日修订,2021 年 6 月 1 日起施行;2024 年 4 月 26 日通过并施行	《中华人民共和国未成年人保护法》	现行《未成年人保护法》
21	2015 年 12 月 27 日通过,2016 年 3 月 1 日起施行	《中华人民共和国反家庭暴力法》	《反家庭暴力法》
22	2003 年 7 月 30 日通过,2003 年 10 月 1 日起施行;2024 年 12 月 6 日修订;2025 年 4 月 6 日修订,2025 年 5 月 10 日起施行	《婚姻登记条例》	2025 年修订的《婚姻登记条例》或现行《婚姻登记条例》
23	2020 年 12 月 25 日通过,2021 年 1 月 1 日起施行	《最高人民法院关于适用〈中华人民共和国民法典〉婚姻家庭编的解释(一)》	《婚姻家庭编解释(一)》
24	2020 年 12 月 25 日通过,2021 年 1 月 1 日起施行	《最高人民法院关于适用〈中华人民共和国民法典〉继承编的解释(一)》	《继承编解释(一)》
25	1994 年 1 月 12 日通过,1994 年 2 月 1 日起施行,2003 年 10 月 1 日起废止	《婚姻登记管理条例》	1994 年《婚姻登记管理条例》
26	2012 年 3 月 21 日通过,2012 年 10 月 1 日起施行	《中国边民与毗邻国边民婚姻登记办法》	《边民婚姻登记办法》
27	2001 年 2 月 20 日发布,2001 年 8 月 1 日起施行	《人类辅助生殖技术管理办法》	《人类辅助生殖技术管理办法》

序号	通过及颁行时间	全称	简称
28	1989 年 12 月 13 日起施行,2021 年 1 月 1 日起废止	《最高人民法院关于人民法院审理未办结婚登记而以夫妻名义同居生活案件的若干意见》	1989 年《审理以夫妻名义同居生活案件的意见》
29	1989 年 12 月 13 日起施行,2021 年 1 月 1 日起废止	《最高人民法院关于人民法院审理离婚案件如何认定夫妻感情确已破裂的若干具体意见》	1989 年《认定夫妻感情确已破裂的意见》
30	1993 年 11 月 3 日起施行,2021 年 1 月 1 日起废止	《最高人民法院关于人民法院审理离婚案件处理财产分割问题的若干具体意见》	1993 年《离婚财产分割意见》
31	1993 年 11 月 3 日起施行,2021 年 1 月 1 日起废止	《最高人民法院关于人民法院审理离婚案件处理子女抚养问题的若干具体意见》	1993 年《子女抚养意见》
32	1996 年 2 月 5 日起施行,2021 年 1 月 1 日起废止	《最高人民法院关于审理离婚案件中公房使用、承租若干问题的解答》	1996 年《审理离婚案件中公房使用、承租若干问题的解答》
33	1991 年 4 月 9 日通过并施行,2007 年 10 月 28 日、2012 年 8 月 31 日和 2017 年 6 月 27 日、2021 年 12 月 24 日、2023 年 9 月 1 日共五次修正,最后一次修正自 2024 年 1 月 1 日起施行	《中华人民共和国民事诉讼法》	现行《民事诉讼法》
34	2014 年 12 月 18 日通过,2015 年 2 月 4 日起施行;2020 年 12 月 23 日第一次修正;2022 年 3 月 22 日第二次修正,2022 年 4 月 10 日起施行	《最高人民法院关于适用〈中华人民共和国民事诉讼法〉的解释》	现行《适用民事诉讼法解释》
35	1979 年 7 月 1 日通过,自 1997 年 3 月该法被修订以来,先后通过了《全国人大常委会关于惩治骗购外汇、逃汇和非法买卖外汇犯罪的决定》和截至 2023 年 12 月 29 日颁布的 12 个刑法修正案	《中华人民共和国刑法》	现行《刑法》
36	2005 年 8 月 28 日通过,2006 年 3 月 1 日起施行;2012 年 10 月 26 日修正,2013 年 1 月 1 日起施行	《中华人民共和国治安管理处罚法》	现行《治安管理处罚法》

序号	通过及颁行时间	全称	简称
37	2000 年 8 月 3 日起施行,2021 年 1 月 1 日起废止	《最高人民法院关于如何处理农村五保对象遗产问题的批复》	2000 年《处理农村五保对象遗产的批复》
38	2003 年 12 月 4 日通过,2004 年 5 月 1 日起施行;2020 年 12 月 23 日修正,2021 年 1 月 1 日起施行;2022 年 2 月 15 日修正,2022 年 5 月 1 日起施行	《最高人民法院关于审理人身损害赔偿案件适用法律若干问题的解释》	2003 年《审理人身损害赔偿案件的解释》、2020 年修正的《审理人身损害赔偿案件的解释》或现行《审理人身损害赔偿案件的解释》
39	2001 年 2 月 26 日通过,2001 年 3 月 10 日起施行;2020 年 12 月 23 日修正,2021 年 1 月 1 日起施行	《最高人民法院关于确定民事侵权精神损害赔偿责任若干问题的解释》	现行《确定民事侵权精神损害赔偿责任的解释》
40	1999 年 3 月 15 日通过,1999 年 10 月 1 日起施行,2021 年 1 月 1 日起废止	《中华人民共和国合同法》	《合同法》
41	2007 年 3 月 16 日通过,2007 年 10 月 1 日起施行,2021 年 1 月 1 日起废止	《中华人民共和国物权法》	《物权法》
42	2015 年 12 月 10 日通过,2016 年 3 月 1 日起施行,2021 年 1 月 1 日起废止	《最高人民法院关于适用〈中华人民共和国物权法〉若干问题的解释(一)》	《物权法司法解释(一)》
43	2010 年 10 月 28 日通过,2011 年 4 月 1 日起施行	《中华人民共和国涉外民事关系法律适用法》	《涉外民事关系法律适用法》
44	2012 年 12 月 10 日通过,2013 年 1 月 7 日起施行;2020 年 12 月 29 日修正,2021 年 1 月 1 日起施行	《最高人民法院关于适用〈中华人民共和国涉外民事关系法律适用法〉若干问题的解释(一)》	现行《涉外民事关系法律适用法的解释(一)》
45	2023 年 8 月 30 日通过,自 2024 年 1 月 1 日起施行	《最高人民法院关于适用〈中华人民共和国涉外民事关系法律适用法〉若干问题的解释(二)》	现行《涉外民事关系法律适用法的解释(二)》
46	1999 年 5 月 12 日通过,1999 年 5 月 25 日起施行;2019 年 3 月 2 日第一次修订;2023 年 7 月 20 日第二次修订	《中国公民收养子女登记办法》	现行《收养子女登记办法》

序号	通过及颁行时间	全称	简称
47	1999 年 5 月 25 日起施行,2024 年 12 月 6 日修改	《外国人在中华人民共和国收养子女登记办法》	《外国人收养子女登记办法》
48	1979 年 7 月 1 日通过,1980 年 1 月 1 日起施行;1996 年 3 月 17 日修正,1997 年 1 月 1 日起施行;2012 年 3 月 14 日修正,2013 年 1 月 1 日起施行;2018 年 10 月 26 日修正并施行	《中华人民共和国刑事诉讼法》	现行《刑事诉讼法》
49	1989 年 4 月 4 日通过,1990 年 10 月 1 日起施行;2014 年 11 月 1 日修正;2017 年 6 月 27 日修正,2017 年 7 月 1 日起施行	《中华人民共和国行政诉讼法》	现行《行政诉讼法》
50	2014 年 12 月 18 日颁布,2015 年 1 月 1 日起施行	《最高人民法院、最高人民检察院、公安部、民政部关于依法处理监护人侵害未成年人权益行为若干问题的意见》	2014 年四部门《处理监护人侵害未成年人权益行为的意见》
51	1999 年 6 月 28 日通过,1999 年 11 月 1 日起施行;2012 年 10 月 26 日修正,2013 年 1 月 1 日起施行;2020 年 12 月 26 日修订,2021 年 6 月 1 日起施行	《中华人民共和国预防未成年人犯罪法》	现行《预防未成年人犯罪法》
52	2009 年 12 月 26 日通过,2010 年 7 月 1 日起施行,2021 年 1 月 1 日起废止	《中华人民共和国侵权责任法》	《侵权责任法》
53	1986 年 4 月 12 日通过,2006 年 6 月 29 日、2015 年 4 月 24 日和 2018 年 12 月 29 日三次修正	《中华人民共和国义务教育法》	现行《义务教育法》
54	2002 年 8 月 29 日通过,2003 年 3 月 1 日起施行;2009 年 8 月 27 日修正并施行;2018 年 12 月 29 日修正,2019 年 1 月 1 日起施行	《中华人民共和国农村土地承包法》	《农村土地承包法》
55	1989 年 2 月 21 日通过,1989 年 9 月 1 日起施行;2004 年 8 月 28 日修订,2004 年 12 月 1 日起施行;2013 年 6 月 29 日修正并施行	《中华人民共和国传染病防治法》	现行《传染病防治法》

续表

序号	通过及颁行时间	全称	简称
56	1983 年 11 月 27 日发布并施行	《外交部、最高人民法院、民政部、司法部、国务院侨务办公室关于驻外使领馆处理华侨婚姻问题的若干规定》	1983 年《华侨婚姻规定》
57	1990 年 12 月 28 日通过,1991 年 5 月 15 日起施行;2008 年 4 月 24 日修订,2008 年 7 月 1 日起施行;2018 年 10 月 26 日修正并施行	《中华人民共和国残疾人保障法》	现行《残疾人保障法》
58	2017 年 11 月 13 日通过,2018 年 2 月 8 日起施行	《最高人民法院关于适用〈中华人民共和国行政诉讼法〉的解释》	《行政诉讼法解释》
59	1980 年 9 月 10 日通过并施行	《中华人民共和国国籍法》	《国籍法》
60	2000 年 3 月 15 日通过,2000 年 7 月 1 日起施行;2015 年 3 月 15 日修正并施行;2023 年 3 月 13 日修正,2023 年 3 月 15 日起施行	《中华人民共和国立法法》	现行《立法法》
61	1984 年 5 月 31 日通过,1984 年 10 月 1 日起施行;2001 年 2 月 28 日修正并施行	《中华人民共和国民族区域自治法》	现行《民族区域自治法》
62	2021 年 1 月 1 日起施行	民政部《收养评估办法(试行)》	《收养评估办法(试行)》
63	1999 年 5 月 25 日发布并施行	民政部《华侨以及居住在香港、澳门、台湾地区的中国公民办理收养登记的管辖以及所需要出具的证件和证明材料的规定》	《华侨以及居住在香港、澳门、台湾地区的中国公民办理收养登记的管辖以及所需要出具的证件和证明材料的规定》
64	2022 年 6 月 7 日通过,2022 年 8 月 1 日起施行	《最高人民法院关于办理人身安全保护令案件适用法律若干问题的规定》	《人身安全保护令案件适用法律的规定》
65	2021 年 12 月 30 日通过,2022 年 3 月 1 日起施行	《最高人民法院关于适用〈中华人民共和国民法典〉总则编若干问题的解释》	《总则编解释》

续表

序号	通过及颁行时间	全称	简称
66	2023 年 5 月 23 日通过,2023 年 12 月 5 日起施行	《最高人民法院关于适用〈中华人民共和国民法典〉合同编通则若干问题的解释》	《合同编通则解释》
67	2023 年 12 月 18 日通过,2024 年 9 月 27 日起施行	《最高人民法院关于适用〈中华人民共和国民法典〉侵权责任编的解释(一)》	《侵权责任编解释(一)》
68	2023 年 11 月 13 日通过,2024 年 2 月 1 日起施行	《最高人民法院关于审理涉彩礼纠纷案件适用法律若干问题的规定》	《涉彩礼纠纷案件适用法律的规定》
69	1993 年 12 月 29 日通过,1994 年 7 月 1 日起施行;1999 年 12 月 25 日、2004 年 8 月 28 日、2005 年 10 月 27 日、2013 年 12 月 28 日、2018 年 10 月 26 日、2023 年 12 月 29 日共六次修改,最后一次修改自 2024 年 7 月 1 日起施行	《中华人民共和国公司法》	现行《公司法》
70	1999 年 4 月 29 日通过,1999 年 10 月 1 日起施行;2009 年 8 月 27 日第一次修正并施行;2017 年 9 月 1 日第二次修正,2018 年 1 月 1 日起施行;2023 年 9 月 1 日修订,2024 年 1 月 1 日起施行	《中华人民共和国行政复议法》	现行《行政复议法》
71	2021 年 10 月 23 日通过,2022 年 1 月 1 日起施行	《中华人民共和国家庭教育促进法》	《家庭教育促进法》
72	2024 年 11 月 25 日通过,2025 年 2 月 1 日起施行	《最高人民法院关于适用〈中华人民共和国民法典婚姻家庭编的解释(二)〉》	《婚姻家庭编解释(二)》

目 录

第一章　婚姻家庭法概述

【本章重点难点】

　　通过本章的学习,学生应了解婚姻、家庭和婚姻家庭法的概念,以及中华人民共和国成立以来婚姻家庭立法的变迁,重点掌握婚姻、家庭的法律概念,婚姻家庭法的调整对象和特征,难点在于应当注意把握我国《民法典》婚姻家庭编的主要制度的修改补充情况。

【引导案例】

　　王某(男)经人介绍与侯某(女)认识,两人相处一段时间后情投意合并决定于2021年4月10日登记结婚。婚期将近,两人前往婚姻登记机关办理结婚登记。两人带了身份证、户口簿,但因为没带照片,婚姻登记机关的工作人员让他们明天把照片带来再领结婚证。此后,因为装修房子和筹备婚礼酒席等事宜,两人一直没有去婚姻登记机关办理结婚登记并领取结婚证。同年5月1日,男女双方依当地风俗举行了婚礼,并于婚礼后以夫妻的名义共同生活。直到第二年女儿出生,他们也没有去办理结婚登记。2024年2月的一天,王某去城里进货,不幸遭遇车祸死亡。安葬王某后,在处理王某遗产的过程中,王某的父母提出,侯某未与王某登记结婚,双方没有婚姻关系,故侯某不能继承遗产。侯某无奈向人民法院提起诉讼。

　　请问:侯某与王某之间是否具有婚姻关系? 为什么?

　　本章阐述的主要内容包括两个方面:一是婚姻家庭与婚姻家庭法概述,包括婚姻家庭的概念、婚姻家庭法的概念与调整对象和婚姻家庭法的特点;二是我国的婚姻家庭立法,包括我国婚姻家庭法的渊源、《中华人民共和国婚姻法》和《中华人民共和国民法典》第五编"婚姻家庭"。

第一节　婚姻家庭与婚姻家庭法概述

一、婚姻家庭的概念

(一) 婚姻的概念

　　关于婚姻的概念,不同学科领域的研究者皆从不同的角度予以解读。例如,在人类学上,美国著名人类学家乔治·彼得·默多克(George Peter Murdock)把婚姻界定为一种在一起共同生活,从事性活动并且在经济上进行合作的一男一女相结合的普遍制度。①而在社会学上,婚姻是指一种社会允许的配偶约定,通常包括一男一女之间的性行为、经济合作。②上述定义虽然在某种程度上揭示了婚姻的特质(如一男一女、性活动以及经济合作等),但由于并没有完全揭示出这一概念的法律特征,故不能作为婚姻的法学定义。

关于婚姻在法学上的含义,古往今来,许多学者都试图作出自己的解释,但由于着重点不同,所得结论也有所不同。例如,在自然法学派看来,婚姻是一种制度,即天然地由某种目的(即繁衍和教育后代)决定,并按某种结构设计的法律制度。③而在法国,婚姻被视为一种民事契约关系,是当事人为设立全面的、原则上不可解除的生活共同体而达成的合意。④在我国,有的学者认为,婚姻是男女双方以永久共同生活为目的,以夫妻权利义务为内容的合法结合。⑤也有学者认为,婚姻是男女双方以夫妻共同生活为目的而缔结的,具有公示性的夫妻身份的两性结合。⑥本书认为,婚姻是男女双方以夫妻身份共同生活为目的的具有公示性的两性结合。其具有以下三个特点:

第一,婚姻是男女两性的结合。婚姻是异性的结合,这是自古以来多数国家的历史传统所承认的客观规律,是由人类的性本能和繁衍后代这一婚姻的自然属性和社会功能决定的,多数国家和地区的婚姻家庭立法都反映了此客观规律的要求。但在现代社会,对于同性之间能否成立婚姻,各国和地区的认识有所不同。有的国家及地区(如荷兰、丹麦、加拿大、美国等)对此予以承认,有的国家及地区持较为谨慎的态度,有的国家及地区的态度则经历了一个变迁的过程,例如,2001年德国设立的“登记的同性生活伴侣关系”制度虽然为同性伴侣提供了在结构上类似于婚姻的法律制度,但并不认可其是婚姻,此后德国于2017年引入了同性婚姻制度,正式承认了同性婚姻。⑦从发展类型看,人类社会的婚姻形式包括群婚制出现以后的各种婚姻的社会形式,如群婚制、对偶婚制、一夫一妻制等。自人类进入文明社会以来,婚姻的主要形式为个体婚,即一夫一妻制的婚姻形式。目前,一夫一妻制已经成为当今世界绝大多数国家和地区广泛采用的婚姻形式。就此而言,现代意义上的婚姻,一般是指一夫一妻制的个体婚。在实行一夫一妻婚姻制度的国家,有配偶者与他人结婚的,则构成重婚。重婚亦为婚姻,但其为绝大多数国家所禁止。

第二,婚姻是男女双方以夫妻身份共同生活为目的的结合。婚姻成立的目的性是婚姻成立的主观条件。如果男女双方的结合没有这种目的性,就不构成婚姻。同时,男女双方在结合的时候要有与对方以夫妻名义共同生活的目的。这一特征使得婚姻与有配偶者与他人

---

① 参见[美]斯蒂芬妮·库茨:《婚姻简史:爱情怎样征服了婚姻》,秦传安、王璠译,中央编译出版社2009年版,第16页。

② 参见[美]戴维·波普诺:《社会学》(第十版),李强等译,中国人民大学出版社、Prentice Hall出版公司1999年版,第401页。

③ 参见[德]迪特尔·施瓦布:《德国家庭法》,王葆莳译,法律出版社2022年版,第26页。

④ 1791年《法国宪法》明文规定:法律只承认婚姻是一种民事契约。《法国民法典》第146条规定:未经合意,不得成立婚姻。

⑤ 参见杨大文、龙翼飞、夏吟兰主编:《婚姻家庭法学》(第三版),中国人民大学出版社2013年版,第5页。

⑥ 参见陈苇主编:《婚姻家庭继承法学》(第二版),群众出版社2012年版,第2页。

⑦ 参见[德]迪特尔·施瓦布:《德国家庭法》,王葆莳译,法律出版社2022年版,第285—287页。德国于2017年6月30日通过了《关于引入同性婚姻缔结权的法律草案》,该法律修正案于2017年10月1日正式生效。《德国民法典》已被修订,修订后的《德国民法典》第1353条第1款第1句表述为“婚姻由两个异性或同性的个人为终身而缔结”,以此表明同性之间也可以缔结婚姻。据此,德国完全承认了同性婚姻。并且,该法典出台之前登记的同性生活伴侣关系也可以通过申请转变为同性婚姻。

同居及其他非婚同居关系区别开来。① 本书赞成只需要双方在主观上有与对方以夫妻名义共同生活之目的即可,而不需要男女双方要有"永久共同生活的目的"。因为要求男女双方的结合要有与对方永久共同生活的目的,是不符合社会现实的,也不是法律对婚姻成立要件的要求。尽管不少人在建立婚姻关系时总希望"白头偕老""百年好合",但在现实婚姻中不以"终身共同生活"为目的的婚姻也时有发生。在不合法婚姻中,婚姻当事人不愿意与对方"终身共同生活"的也较为常见。②

第三,婚姻是男女双方以夫妻身份共同生活且具有公示性的两性结合。婚姻是建立在男女双方以夫妻身份共同生活的自主意愿基础上的。共同生活,是指较为长期、稳定的生活,而非短期的、偶尔的、间断性的生活。并且,男女双方以夫妻身份共同生活须为不特定的人所知晓(可成立事实婚)或已履行结婚法定程序(可成立法律婚),即婚姻必须具有公示性、为社会所承认。这一特征既是婚姻关系的伦理要求,也是婚姻家庭关系的本质要求。就此而言,在现代社会,结婚这一行为实际上是当事人向彼此以及社会上不特定的其他人传递的信息,以表达他们建立长久关系的愿望以及相互承诺的力量。③ 这使婚姻的夫妻身份关系有别于通奸、姘居、同居等非婚姻的两性关系。

(二) 家庭的概念

家庭是社会的基本组成部分,是人类为"满足日常生活需要而建立的社会的基本形式"④。其作为每一个社会成员的亲情属地,无论是对个人道德品行的熏陶教养,还是对社会秩序的稳健发展都发挥着重要的作用。⑤ 但无论在普通语言还是社会科学的用语中,家庭这个词汇都是随着社会发展而不断变化的一个概念。例如,在古罗马,所谓"家庭"是指只要一家之家父不死,就均服从其权力的人的集合体,⑥ 其包括了奴隶等不具有亲属关系的人。18 世纪之后,家庭则被认为是以共同生活的亲族为限构成的亲属团体。而随着时代的发展,这个亲属团体的规模逐渐由几代人共同组成的大家庭萎缩为主干家庭(即父母和一个已婚子女或未婚兄弟姐妹组成的家庭共同体)直至核心家庭(即一对夫妻和未婚子女组成的家庭模式)。再如,传统观点把家庭界定为以婚姻和血缘为基础,以共同居住、经济合作和繁衍后代为特征的一种社会组织。但现代社会家庭类型的多样性和变异性(例如,同性家庭、同居

① 主编注:对于是否以永久共同生活为目的作为婚姻的构成要件,我国学者有不同的看法。"肯定说"参见杨大文主编:《婚姻家庭法学》,复旦大学出版社 2002 年版,第 4 页;巫昌祯主编:《婚姻与继承学》,中国政法大学出版社 1997 年版,第 26 页。"否定说"参见方文晖:《论婚姻在法学上的概念》,载《南京大学学报(哲学·人文科学·社会科学版)》2000 年第 5 期。

② 参见陈苇主编:《婚姻家庭继承法学》(第三版),群众出版社 2017 年版,第 3 页。

③ 参见[英]罗伯特·罗森:《作为信号的婚姻》,载[英]安东尼·W.丹尼斯、罗伯特·罗森编:《结婚与离婚的法经济学分析》,王世贤译,法律出版社 2005 年版,第 165 页。

④ [古希腊]亚里士多德:《政治学》,吴寿彭译,商务印书馆 1995 年版,第 6 页。

⑤ 主编注:关于家庭价值的批判与捍卫的研究,国外有女性主义学者主张捍卫家庭的四种价值,即安全性、个体化、隐私性、维系性。参见[澳]艾莉森·威尔、李剑:《家庭与身份:纪念艾利斯·马瑞恩·扬》,载《国外理论动态》2013 年第 12 期。

⑥ 参见俞金尧:《欧洲历史上家庭概念的演变及其特征》,载《世界历史》2004 年第 4 期。

家庭、单亲家庭等家庭形式)使得上述观点遭到了挑战。①

对于法学意义上的家庭可以作如下定义:家庭,是指建立在血缘、婚姻或法律拟制的基础之上,由一定范围的亲属组成的共同生活单位。其具有以下四个特征:

第一,家庭是以血缘、婚姻或法律拟制(如收养)为基础而形成的亲属团体。现代家庭观念认为,家庭是建立在血缘和婚姻的基础之上的,而那些虽然不具有某种血缘关系,但经法律拟制而具有与该血缘关系相同权利义务关系的人(典型的如养子女和养父母、形成了抚养教育关系的继子女和继父母等)之间,依法也会形成家庭关系。但如果当事人之间并不具有婚姻关系或血亲关系(包括自然血亲和拟制血亲),即使他们长期在一起共同生活,也不构成法律意义上的家庭。例如,在我国,非婚同居的双方当事人之间并无法律上家庭成员的权利和义务。

第二,家庭是由一定范围的亲属组成的亲属团体。所谓亲属,是指基于婚姻、血缘和法律拟制而形成的社会关系。其以夫妻或父母子女为中心,纵横交错,连绵不断,范围极其广泛,任何时代的法律都不可能将所有的亲属都纳入家庭关系的范畴。因此,法律意义上的家庭都是由一定范围的亲属组成的。至于这个范围如何界定,各国规定标准有所不一。在我国,从《民法典》的规定来看,其在婚姻家庭编第三章以"家庭关系"为题对夫妻关系、父母子女关系、祖孙关系以及兄弟姐妹关系予以了规定。据此可以认为,《民法典》婚姻家庭编中可以构成家庭关系的亲属范围是以《民法典》第 1045 条第 2 款规定的"近亲属"为限,包括夫妻、父母子女、兄弟姐妹、祖父母、外祖父母、孙子女和外孙子女。

第三,家庭是一个社会生活的基本单位。家庭作为社会生活的基本结构形式,在历史上曾是唯一可以满足多种功能或需求的组织,它既是生活和消费的基本单位,又是从事生产的单位。但随着商品经济的发展以及社会分工的逐步细化,大部分家庭逐渐失去了其作为生产单位的功能,进而演化成纯粹的共同生活单位和消费单位。而家庭的职能中,一方面其社会生产职能被缩减,另一方面家庭成员之间的情感联系和亲密度却大为增强,家庭成员的关系仍然是社会中最密切的不可替代的人际关系。家庭被视为具有高度人身属性的私人领域,法律一般不得对家庭事务任意干预。

第四,家庭成员之间具有法律上的权利义务关系。家庭固然为一个相对独立而封闭的私人领域,但由于家庭问题事关社会秩序的稳定,故有必要将家庭关系纳入法律调整的范围。其表现为法律为家庭成员之间设定了特定的权利和义务。例如,我国《民法典》第 1059 条第 1 款规定:"夫妻有相互扶养的义务。"第 26 条规定:"父母对未成年子女负有抚养、教育和保护的义务。成年子女对父母负有赡养、扶助和保护的义务。"

---

① 家庭概念的不断变迁对其在法律上的界定也产生了一定的影响。从一些国家及地区的法律规定来看,法律上的"家庭"与通常意义上的家庭在概念上有重合之处,但又不完全相同。特别是由于立法背景和立法目的不同,不同法律规范中的"家庭"的含义也有所不同。例如,《德国基本法》第 6 条第 1 款规定,婚姻和家庭受国家的特殊保护。对于这里的"家庭"一词,德国联邦宪法法院认为,其首先是指父母和子女(特别是处在父母照顾之下的子女)构成的共同体。而其他血亲之间的法律关系是否属于宪法的保护范围则尚存争议,但在联邦宪法法院的判决中,大家庭中数代人之间的关系也被纳入宪法的保护范围。参见[德]迪特尔·施瓦布:《德国家庭法》,王葆莳译,法律出版社 2022 年版,第 13 页。而我国台湾地区"民法"第 1122 条规定,称家者,谓以永久共同生活为目的而同居之亲属团体。该条将"永久共同生活"作为界定亲属范围的标准,并未将其限制于父母子女关系。

二、婚姻家庭法的概念与调整对象

（一）婚姻家庭法的概念

对于婚姻家庭法，可以从两个层面对其予以理解：

一是形式意义上的婚姻家庭法。它是指以"婚姻家庭法""婚姻法""家庭法"或"亲属法"等命名的法律或《民法典》中的婚姻家庭规范。在这一层面上，婚姻家庭法以专门的法律文件——婚姻家庭法作为表现形式。必须指出，虽然婚姻家庭法作为一个集合或分解的名词在历史上由来已久，但各国及地区法律文件对其的称谓则不尽一致。有的称为"婚姻家庭法"，如1986年的《越南婚姻家庭法》；有的称为"家庭法"，如1987年的《菲律宾共和国家庭法》；有的称为"婚姻和家庭法"，如1968年的《苏俄婚姻和家庭法典》；有的称为"亲属法"，如大陆法系多数国家和地区的民法典均将调整婚姻家庭关系的规范纳入"亲属编"的内容；还有的称为"婚姻法"，如我国1950年《婚姻法》颁布后至2020年5月颁布《民法典》之前，我国一直采"婚姻法"的称谓。但正如多数学者所指出的那样，我国的这一称谓不尽妥当，因为婚姻家庭法既调整婚姻关系也调整家庭关系，而婚姻和家庭是虽有联系却并不相同的两个概念，婚姻关系和家庭关系也是两种不同的关系，故"婚姻法"这一用语无法涵盖婚姻家庭法的全部内容。所以，我国《民法典》将第五编命名为"婚姻家庭"，对此值得肯定。

二是实质意义上的婚姻家庭法。它是指一切调整婚姻家庭关系的法律规范的总称。这一概念的理论着眼点为婚姻家庭法律规范的性质、作用、构成、实施的方式等的有机统一。在这个层面上，调整婚姻家庭关系的法律规范，不仅存在于形式意义上的婚姻家庭法中，也存在于其他法律、法规之中。就此而言，无论是大陆法系国家还是英美法系国家，都有一部分实质意义上的婚姻家庭法。例如，大陆法系国家的国籍法中就有部分调整婚姻家庭关系的内容。而在英美法系国家，一些国家一方面有规范婚姻家庭关系的法律文件，如英国的《家庭赡养法》和《离婚改革法》，美国的《统一结婚离婚法》《统一婚姻财产法》等；另一方面还有部分虽调整婚姻家庭关系却不以婚姻家庭法命名的法律规范，如英国的《已婚妇女财产法》，它们均属于实质意义上的婚姻家庭法。[①]

从我国目前的情况来看，一方面，我国有形式意义上的婚姻家庭法，即《民法典》的第五编"婚姻家庭"。其集中而系统地规定了婚姻家庭法的基本内容。另一方面，在《民法典》婚姻家庭编之外还有部分调整婚姻家庭关系的其他法律规范，例如，《民法典》总则编中有关监护制度的规定[②]；合同编中关于身份关系的协议法律适用的规定[③]；人格权编中关于身份权保护的规定[④]。又如，我国《婚姻登记条例》中关于结婚、离婚程序的规定等。它们和《民法典》婚姻家庭编共同构成我国实质意义上的婚姻家庭法。就此而言，对我国婚姻家庭法规范的

---

① 主编注：关于中外婚姻家庭法的历史沿革与发展的研究，参见夏吟兰主编：《中华人民共和国婚姻法评注·总则》，厦门大学出版社2016年版，第47—86页。关于现代婚姻家庭法的立法宗旨与变革趋势的探讨，参见陈苇等：《中国婚姻家庭法理论与实践研究》，中国人民公安大学出版社2019年版，第3—20页。关于当代外国婚姻家庭法律制度的立法体例与调整对象的探讨，参见陈苇主编：《当代外国婚姻家庭法律制度研究》，中国人民公安大学出版社2022年版，第13—16页。

② 参见《民法典》第26—39条。

③ 参见《民法典》第464条第2款。

④ 参见《民法典》第1001条。

理解,不能仅仅停留在形式意义的婚姻家庭法层面上,而应当从实质意义的婚姻家庭法层面予以全面把握。[①] 所以,婚姻家庭法的概念可以作如下表述:婚姻家庭法是规定婚姻家庭及一定范围的亲属之身份关系的发生、变更和终止,以及基于这些身份关系而产生的权利义务的法律规范的总和。

(二) 婚姻家庭法的调整对象

1. 婚姻家庭法调整对象的范围

法律的调整对象是指法律规范所溯及的目标,也就是法律规范所涉及的社会关系的范围。婚姻家庭法的调整对象是指婚姻家庭法调整的社会关系即亲属关系。至于该社会关系的范围,我国《民法典》第 1040 条规定:"本编调整因婚姻家庭产生的民事关系。"据此,我国婚姻家庭法调整对象的范围是婚姻关系和家庭关系。

所谓婚姻关系,是指在婚姻的成立、持续以及终止过程中婚姻当事人之间所发生的关系。婚姻关系因结婚而成立,因离婚或一方死亡而终止。所以,结婚的条件和程序,婚姻关系存续期间夫妻的权利义务,离婚的条件和程序,离婚时的财产分割、债务清偿、子女的抚养以及其他相关问题等均属于婚姻关系的范畴,应由婚姻家庭法予以调整。

所谓家庭关系,是指在家庭成立、持续以及终止过程中特定范围的亲属之间的关系。家庭以婚姻、血缘以及法律拟制为基础而成立,因一方死亡、收养等特定原因而终止。因此,关于亲属的范围、亲属的产生及终止,各亲属在家庭中的地位及彼此间的权利义务,以及家庭关系终止后的后果等均属于家庭关系的范围,应由婚姻家庭法予以调整。如前所述,我国《民法典》婚姻家庭编主要规定了夫妻、父母子女、兄弟姐妹以及祖父母、外祖父母、孙子女、外孙子女之间的家庭关系。

2. 婚姻家庭法调整对象的内容

所谓婚姻家庭法调整对象的内容,是指婚姻家庭法主要调整何种性质和内容的婚姻关系及家庭关系。这主要包括两个方面的具体内容:

(1) 婚姻家庭中的人身关系。所谓婚姻家庭中的人身关系,是指存在于具有特定亲属身份的主体之间,本身并无直接财产内容的一种社会关系。此种人身关系具有两个重要的特征:一是其发生在具有特定亲属身份的当事人之间,本质上是一种亲属身份关系;二是婚姻中的人身关系体现的是身份利益,不具有直接的财产内容。无论是婚姻关系还是其他家庭关系的产生、变更和消灭,都是基于当事人之间的特定身份发生的,并非经济利益的结果。近现代民法之所以反对买卖婚姻,反对借婚姻索取财物,就是因为这些行为违背了身份关系的本质。[②] 法律对人身关系的调整主要体现在两个方面:一是各种身份关系的产生、变更和终止;二是特定亲属之间的身份上的权利义务。

(2) 婚姻家庭中的财产关系。所谓婚姻家庭中的财产关系,是发生在特定亲属之间的以财产为内容的社会关系。例如,夫妻对婚姻关系存续期间所获得财产的权利就是一种财产关系。但这种财产关系与民法调整的一般财产关系不同,其具有以下三个特点:第一,身份性。即其发生在具有特定身份关系的亲属之间,如夫妻财产关系只发生在夫妻之间,家庭财

---

① 参见杨大文主编:《亲属法与继承法》,法律出版社 2013 年版,第 19 页。

② 参见余能斌、夏利芬:《试论亲属法的基本属性——兼谈亲属法应否从民法典中独立》,载《湖北社会科学》2007 年第 9 期。

产关系只发生在家庭成员之间等。而民法调整的一般财产关系则并不要求主体之间具有特定的身份关系,如所有权关系、合同关系在任何民事主体之间都有可能发生。第二,从属性。即婚姻家庭中的财产关系从属于身份关系,或者说是特定身份关系引发的后果,其随特定的身份关系而产生,也随特定的身份关系而消灭。例如,夫妻财产关系只有在当事人之间具备合法夫妻身份时才会产生,如果不存在夫妻关系(如当事人为同居关系或婚姻被宣告无效,或已经离婚),则无夫妻财产关系或因离婚导致的夫妻财产关系终止。第三,当事人利益的无偿性。对于民法调整的一般财产关系尤其是合同关系而言,双方当事人的利益往往是对立的,是有对价的。而在婚姻家庭中,当事人之间的财产关系反映的是家庭经济功能和亲属共同生活的要求,是无对价的,具有无偿性。因此,等价有偿这样的商品经济的原则并不适合婚姻家庭关系。相反,促进当事人的协作并保护弱者的利益,才是婚姻家庭财产关系的指导原则。例如,婚姻法对近亲属之间扶养义务的规定、夫妻共同财产权取得的规定等均体现了上述原则。

三、婚姻家庭法的特点

(一) 性质上属于民事实体法和身份法

首先,婚姻家庭法所调整的是婚姻家庭这一私人领域中当事人之间的关系,其目的在于保护婚姻家庭当事人的合法权益,这与调整公权力关系且主要目的在于保护公共利益的公法有着本质的区别,故其在性质上属于民法的范畴。

其次,婚姻家庭法是调整生活层面上权利义务关系的法,这与仅调整诉讼关系的程序法不同,因此在法律体系中属于实体法。当然,为反映婚姻家庭关系赖以产生、消灭的法律事实的动态运行,婚姻家庭法中也存在少量涉及程序法的规范内容,但这并非婚姻家庭法的主要内容,不足以影响对其性质的判断。

最后,虽然婚姻家庭法调整特定亲属之间的人身关系和财产关系,但由于财产关系是附随于人身关系而产生的,因此,其在本质上仍然属于调整身份利益的法,与一般的民事财产法有着本质的区别,故属于身份法。从亲属法的价值取向看,其既应当具有与一般民法规范相同的价值取向,也应当具有其特有的价值取向。[①]

(二) 适用上具有极大的广泛性

我国 1950 年《婚姻法》公布后,毛泽东曾讲了一段非常经典的话:"婚姻法是关系到千家万户、男女老少的切身利益,其普遍性仅次于宪法的国家根本大法之一。"这形象地说明了婚姻家庭法在适用上的广泛性。其主要表现在两个方面:

第一,适用的主体具有广泛性。婚姻家庭关系是人类社会普遍存在的社会关系,无论性别、年龄、职业以及其他情况如何,任何人都不可能不参与婚姻家庭关系,也都会受到婚姻家

[①] 主编注:关于亲属法的价值取向,参见曹贤信:《亲属法在民法典定位中的价值取向难题》,载中南财经政法大学、湖北警官学院编:《中国法学会婚姻家庭法学研究会 2013 年年会论文集》,2013 年内部印刷,第 378—382 页。关于现代婚姻家庭法的立法宗旨与变革趋势研究,参见陈苇:《现代婚姻家庭法的立法宗旨与变革趋势及其启示》,载陈苇等:《中国婚姻家庭法理论与实践研究》,中国人民公安大学出版社 2019 年版,第 3—20 页。

庭法的调整,这是其他法律无可比拟的。

第二,适用的范围具有广泛性。婚姻家庭法调整婚姻家庭关系的范围可谓从出生到死亡,从摇篮到坟墓。每个人的一生,无论其是否自觉意识到,始终处于婚姻家庭关系之中。从出生开始的父母子女等血亲关系,到结婚后的夫妻关系、生育后的父母子女关系,再到死亡后特定身份关系终止的后果,都要受到婚姻家庭法的规范。

（三）内容上具有鲜明的伦理性 [①]

所谓伦理,是指人与人相处的各种道德准则。这种道德准则不仅存在于财产生活中,也存在于家庭生活中,而且比起财产生活,家庭生活对伦理的要求更为强烈。与之相对应,作为身份法的婚姻家庭法较民事财产法具有更鲜明的伦理性。这主要表现在以下两个方面:

第一,婚姻家庭法的内容主要来源于伦理道德,是伦理道德上升为法律的结果。自有人类以来,就有亲属共同生活关系的存在。在长期的历史进程中,形成了许许多多的有关身份关系的伦理规则,为维护家庭和社会的稳定,统治者择其要用法律的形式固定下来。例如,婚姻家庭法对夫妻之间扶养义务的规定,对父母子女之间抚养、赡养义务的规定,对重婚及婚外同居行为的禁止等都是婚姻家庭关系的伦理道德在法律上的体现。这些规定不仅具有法律上的拘束力,也具有道德上的引导作用。就此而言,婚姻家庭法实际上是道德化的法律或法律化的道德。

第二,伦理道德是婚姻家庭法的必要补充。不同于公法领域和政治领域,婚姻家庭属于具有高度人身属性的私人领域,除非必要,法律不应当作过多干预。因此,在任何社会,婚姻家庭的问题都只有一部分由法律规定,而伦理道德则成为调整婚姻家庭关系规范的必要补充。这也是身份法与财产法的不同之处。

（四）法律规范多为强行性规范

婚姻家庭法虽然属于民法的范畴,但与民法其他部分(特别是合同法)多为任意性规范不同的是,婚姻家庭法中的法律规范多为强行性规范。这主要表现为以下几个方面均由法律规定:第一,身份关系的产生、终止;第二,身份行为(如结婚行为、收养行为等)的形式、程序、有效条件等;第三,身份关系产生后的权利义务关系;第四,身份关系终止后的后果。

上述内容均由法律明确规定而不能由当事人依自由意志而加以改变。这主要是因为亲属间的关系往往与道德、公共秩序、社会福利有关,故婚姻家庭法以大量不可选择的强行规范将人们的婚姻家庭生活引入公共秩序、善良风俗的轨道,这与建立在个人本位基础上的民事财产法有着显著的区别。但这并不意味着意思自治原则在婚姻家庭法领域就没有适用的余地。事实上,诸如结婚自由、夫妻财产制约定、子女抚养关系的约定等制度都是意思自治原则在婚姻家庭法上的体现,只不过比起民法的其他领域,当事人的自由意志要受到更多的限制。

---

① 主编注:关于亲属法的伦理性及其限度的研究,参见曹贤信:《亲属法的伦理性及其限度研究》,群众出版社 2012 年出版。关于中国传统法律伦理化的表现研究,参见张中秋:《中西法律文化比较研究》(第四版),法律出版社 2009 年版,第 127—138 页。关于婚姻家庭法的伦理性及其立法延展的研究,参见夏吟兰主编:《中华人民共和国婚姻法评注:总则》,厦门大学出版社 2016 年版,第 40—45 页。

第二节　中华人民共和国的婚姻家庭立法

我国从公元前 21 世纪夏朝建立以来,经历了漫长的奴隶社会、封建社会,虽然历代王朝中婚姻家庭立法的形式和内容有所差异,但由于都建立在宗法制度的基础之上,因此,其立法宗旨和特征都是一脉相承的。及至 1840 年鸦片战争之后的半殖民地半封建社会时期,虽然当时的婚姻家庭立法特别是民国政府于 1930 年公布的"民法亲属编"在很大程度上模仿了资产阶级国家的亲属立法,但从内容上来看某些规定仍有浓厚的封建色彩。1949 年中华人民共和国成立后,在彻底废除封建婚姻家庭制度的基础上,逐步构建了一个较为完整的婚姻家庭法的立法体系。以下仅对中华人民共和国成立以来的婚姻家庭立法情况予以介绍。

一、我国婚姻家庭法的渊源

所谓法的渊源,通常意义上是指法律规范的表现形式。婚姻家庭法的渊源即婚姻家庭法借以表现和存在的形式。根据我国现行的法律规范的体系、层次和立法模式,我国婚姻家庭法的渊源主要有以下六种:

(一) 宪法

宪法是我国的根本法,其关于婚姻家庭的规范是一切婚姻家庭立法的基础和依据。例如,我国现行《宪法》第 49 条规定:"婚姻、家庭、母亲和儿童受国家的保护。夫妻双方有实行计划生育的义务。父母有抚养教育未成年子女的义务,成年子女有赡养扶助父母的义务。禁止破坏婚姻自由,禁止虐待老人、妇女和儿童。"此系我国婚姻家庭立法的原则性规定,一切调整婚姻家庭关系的法律规范,均须以宪法的上述规定为立法依据。

(二) 法律

全国人民代表大会及其常务委员会制定的婚姻家庭法律规范是我国婚姻家庭法的重要渊源。其包括两个层次:一是《民法典》中的婚姻家庭法律规范(主要指婚姻家庭编,也包括其他编中的婚姻家庭规范),这是婚姻家庭法最为重要的渊源[①];二是其他法律中调整婚姻家庭关系的规范,如《妇女权益保障法》《未成年人保护法》《老年人权益保障法》等法律中涉及婚姻家庭关系的规范。

(三) 行政法规、部门规章

在我国,国务院、民政部等颁布的有关婚姻家庭关系的行政法规、规章也是我国婚姻家庭法的重要渊源。例如国务院颁布的《婚姻登记条例》,民政部门颁布的《中国公民收养子女登记办法》《外国人收养子女登记办法》等。

[①]《民法典》颁布之前,《婚姻法》《继承法》和《民法通则》均是调整我国婚姻家庭继承关系的主要法律规范,但《民法典》施行后,这些法律均已废止。

（四）地方法规、民族自治地方的变通性规定和特别行政区的法律

　　地方立法机关为保障婚姻家庭法的实施,根据本区域的实际情况制定的涉及婚姻家庭问题的地方性法规,民族自治地方依法制定的有关贯彻执行婚姻家庭法的变通性规定,以及我国香港、澳门两个特别行政区制定的婚姻家庭法律规范等,也都是我国婚姻家庭法的重要组成部分。

（五）司法解释

　　我国最高人民法院关于婚姻家庭法的司法解释在我国婚姻家庭法的法律渊源中占据十分重要的地位。在《民法典》实施之前,这主要包括 2001 年《婚姻法解释(一)》、2003 年《婚姻法解释(二)》以及 2011 年《婚姻法解释(三)》等。[①]《民法典》实施后,则主要有《最高人民法院关于适用〈中华人民共和国民法典〉婚姻家庭编的解释(一)》《最高人民法院关于适用〈中华人民共和国民法典〉继承编的解释(一)》和《最高人民法院关于适用〈中华人民共和国民法典〉婚姻家庭编的解释(二)》等。此外,在《最高人民法院关于适用〈中华人民共和国民法典〉时间效力的若干规定》中也有若干关于婚姻家庭和继承方面的规定。近年来,我国最高人民法院先后于 2022 年颁布《人身安全保护令案件适用法律的规定》和关于适用民法典的《总则编解释》,2023 年颁布《合同编通则解释》和《涉外民事关系法律适用法的解释(二)》,2024 年颁布《涉彩礼纠纷案件适用法律的规定》等司法解释,以指导司法实践,这些解释对于婚姻家庭案件或者可直接适用,或者具有可参照适用性。

（六）我国缔结和参加的涉及婚姻家庭问题的国际公约

　　在我国,原《民法通则》第 142 条第 2 款规定,处理涉外婚姻家庭关系可适用我国参加或缔结的国际条约,这些国际条约也是我国婚姻家庭法的渊源。[②]《民法典》虽然对此未设明文,但学界普遍认可国际条约也是我国婚姻家庭法的渊源。具体主要包括我国于 1980 年加入的联合国 1979 年《消除对妇女一切形式的歧视公约》以及 1991 年加入的联合国 1989 年《儿童权利公约》等。

　　综上所述,目前我国的婚姻家庭法以我国现行《宪法》有关调整婚姻家庭关系的规范为依据,以我国《民法典》婚姻家庭编及其他婚姻家庭规范为主体,以其他法律、法规、行政规章中的婚姻家庭规范和司法解释为补充,构成了一个多层次且相互联系的法律规范体系。

二、中华人民共和国婚姻法

　　在我国《民法典》施行之前,《婚姻法》是调整婚姻家庭关系的最基本法律规范。在我

---

①　必须注意,自 2021 年 1 月 1 日《民法典》施行起,最高人民法院发布的 1985 年《执行继承法的意见》、1988 年《执行民法通则的意见》、1989 年《审理以夫妻名义同居生活案件的意见》、1989 年《认定夫妻感情确已破裂的意见》、1993 年《离婚财产分割意见》、1993 年《子女抚养意见》、1996 年《审理离婚案件中公房使用、承租若干问题的解答》和 2001 年《婚姻法解释(一)》、《婚姻法解释(二)》、2011 年《婚姻法解释(三)》等司法解释均已废止,详见本书《常用法律、法规及司法解释等缩略语表》。

②　自 2021 年 1 月 1 日《民法典》实施起,《婚姻法》《继承法》《民法通则》《收养法》《担保法》《合同法》《物权法》《侵权责任法》《民法总则》九部法律同时废止。

国婚姻家庭法之立法史上,《婚姻法》经历了三次重要的立法变迁,分别是 1950 年《婚姻法》、1980 年《婚姻法》以及 2001 年《婚姻法》修正案,这三次变迁堪称具有标志性的三个里程碑。[①] 它们的颁布和施行,促进了我国社会主义婚姻家庭制度的不断完善,使我国婚姻家庭领域发生了巨大变化,不仅改变了人们的婚姻家庭观念、行为,而且促进了我国新的历史时期之和谐婚姻家庭关系的构建。[②]

(一) 1950 年《婚姻法》

中华人民共和国成立后的第一部婚姻法是 1950 年 4 月中央人民政府委员会第七次会议通过并于同年 5 月 1 日公布实施的 1950 年《婚姻法》。这也是新中国成立后颁布的第一部具有基本法性质的法律。它是为适应当时全面改革旧的婚姻家庭制度的实际需要,在总结中华人民共和国成立前革命根据地时期积累的婚姻家庭法制建设丰富经验的基础上制定的。1950 年《婚姻法》共 8 章 27 条,包括原则、结婚、夫妻间的权利和义务、父母子女间的关系、离婚、离婚后子女的抚养和教育、离婚后的财产和生活、附则等内容。该法具有以下特点:

第一,以废除封建婚姻家庭制度,确立新的婚姻家庭制度为重心。该法第 1 条明确规定了《婚姻法》的立法目的,即废除包办强迫、男尊女卑、漠视子女利益的封建主义婚姻制度,实行男女婚姻自由、一夫一妻、男女权利平等、保护妇女和子女合法权益的新民主主义婚姻制度。为贯彻落实上述立法目的,该法第 2 条还规定了禁止重婚、纳妾,禁止童养媳,禁止干涉寡妇婚姻自由,禁止任何人借婚姻关系问题索取财物。从上述内容可以直观地看到,当时的国家正以法律的形式实践着婚姻家庭领域的"废旧"与"立新"。

第二,调整的内容主要是婚姻关系。该法主要调整婚姻关系,包括结婚制度、婚姻的效力(夫妻间的权利义务)、离婚制度等。而对家庭关系则仅涉及父母子女关系,且规定得较为简单。

第三,制定调整新型婚姻家庭关系的具体规则。其主要内容包括:(1) 结婚的条件和程序。在结婚条件方面,要求男女双方自愿;明确了法定婚龄(男 20 岁,女 18 岁);确定了禁婚亲的范围(即直系血亲和兄弟姐妹不得结婚,但其他五代以内旁系血亲间禁止结婚的问题从习惯);还列举了禁止结婚的疾病(主要包括因生理缺陷不能进行性行为以及花柳病、精神失常、麻风病等在医学上认为不能结婚的疾病);同时规定结婚须到区、乡人民政府申请登记。(2) 夫妻间的权利义务。包括夫妻的姓名权、参加工作和社会活动的自由、对家庭财产平等的所有权与处理权以及继承权等。(3) 父母子女之间的关系。包括父母对子女抚养教育的义务、子女对父母赡养扶助的义务等。还对再婚家庭中的父母子女关系、养父母子女关系及非婚生子女与生父的关系等予以规定。(4) 离婚程序。离婚包括登记离婚和诉讼离婚,同时规定了对女性及现役军人婚姻的保护。如规定女方在怀孕期间或分娩后 1 年内,男方不得提出离婚。现役军人与家庭有通信关系,其配偶提出离婚的,须得军人同意。(5) 离婚后子女的抚养以及抚养费的给付等。明确父母子女间的关系不因父母离婚而消灭,离婚后双方

[①] 主编注:关于改革开放三十年我国婚姻家庭法制建设的背景情况,参见陈苇、康娜:《改革开放三十年(1978—2008)中国婚姻家庭法研究的法制建设背景回顾》,载陈苇等:《中国婚姻家庭法理论与实践研究》,中国人民公安大学出版社 2019 年版,第 21—30 页。

[②] 参见陈苇、冉启玉:《构建和谐的婚姻家庭关系——中国婚姻家庭法六十年》,载《河北法学》2009 年第 8 期。

仍有抚养教育子女的义务。(6) 离婚时的财产分割、债务清偿,以及离婚后对生活困难一方的经济帮助。在财产分割方面,确定了照顾妇女及子女利益的原则。

第四,突出对婚姻自由及妇女权益的保护。在结婚自由方面,该法第 3 条明确规定:"结婚须男女双方本人完全自愿,不许任何一方对他方加以强迫或任何第三者加以干涉。"在离婚自由方面,根据该法第 17 条的规定,双方自愿离婚的准予离婚。一方坚决要求离婚且经调解无效的,亦准予离婚。对于妇女权益的保护,一是对男方离婚诉权的限制。例如第 18 条规定,女方在怀孕期间或分娩后 1 年内,男方不得提出离婚。二是离婚时对财产的处理照顾女方。例如第 23 条规定,离婚时,女方的婚前财产归女方,其他家庭财产在协议不成时,由法院根据照顾女方及子女利益和有利发展生产的原则判决;第 24 条规定,离婚时,共同财产不足以清偿共同债务的,由男方清偿。

1950 年《婚姻法》在国家法律的层面摧毁了在中国历史上延续几千年的旧婚姻家庭制度,确立了婚姻自由、一夫一妻、男女平等、保护妇女和儿童权益的新婚姻家庭制度,具有划时代、革命性的历史意义。经过中华人民共和国成立初期的婚姻家庭制度改革,特别是 1953 年大张旗鼓、深入人心的贯彻婚姻法运动,婚姻家庭制度上的反封建斗争取得了决定性的胜利,新的婚姻家庭制度得以逐步贯彻实施。[①]

(二) 1980 年《婚姻法》

1980 年 9 月 10 日,第五届全国人民代表大会第三次会议通过新的《婚姻法》,即 1980 年《婚姻法》,自 1981 年 1 月 1 日起施行,原 1950 年《婚姻法》自新法施行之日起废止。该法的制定有其特定的历史背景。当时我国刚刚结束"文化大革命",并经过拨乱反正,进入了社会主义建设的新时期,法制建设也重新被纳入正轨。而经过十年历史浩劫,我国的民主法治建设遭到很大破坏,婚姻家庭法领域也不例外,同时以改革封建婚姻家庭制度为重心的 1950 年《婚姻法》已难以适应当时社会现实的需要。在这种情况下,为进一步健全婚姻家庭法制,加强法律对婚姻家庭的调整,1980 年《婚姻法》便应运而生。该法是在 1950 年《婚姻法》的基础上,根据实践经验和 20 世纪 80 年代的新情况,并结合我国当时婚姻家庭制度的发展和司法实践的需求制定的。它标志着我国的婚姻家庭立法进入了一个新的历史发展时期。

1980 年《婚姻法》共计 5 章 37 条,包括总则、结婚、家庭关系、离婚、附则等内容。其既是对 1950 年《婚姻法》的继承和发展,又是对它的修改、补充完善。与 1950 年《婚姻法》相比,1980 年《婚姻法》的修改完善之处主要体现在以下六个方面:

第一,增补了婚姻法的基本原则。1950 年《婚姻法》规定了婚姻自由、一夫一妻、男女平等、保护妇女和儿童权益四项基本原则,1980 年《婚姻法》在此基础上,又增加了实行计划生育和保护老人合法权益的原则。

第二,修改了结婚条件和程序。一是为贯彻计划生育原则,提高了法定婚龄。即规定结婚年龄男不得低于 22 岁、女不得低于 20 岁。同时规定"晚婚晚育应予鼓励"。二是明确禁

[①] 1950 年《婚姻法》的公布实施,虽然从法律层面摧毁了封建婚姻家庭制度,但由于封建思想根深蒂固,婚姻法在实施的过程中还存在着相当的阻力。于是,在 1952 年年底 1953 年年初,中共中央和政务院分别发布贯彻执行婚姻法的重要指示,并确定 1953 年 3 月为全国贯彻婚姻法运动月。经过这次运动,《婚姻法》日益家喻户晓,深入人心。参见巫昌祯主编:《婚姻与继承法学》(第四版),中国政法大学出版社 2007 年版,第 12 页。

止直系血亲和三代以内旁系血亲间的结婚。三是进一步完善了结婚登记和结婚证制度。规定"取得结婚证,即确立夫妻关系"。此外,在禁止结婚的疾病种类中还删除了 1950 年《婚姻法》对有生理缺陷不能进行性行为以及花柳病、精神失常的列举。

第三,扩大了对家庭关系的调整范围。即在 1950 年《婚姻法》调整的夫妻关系和父母子女关系的基础上,进一步规定了其他家庭成员间即祖父母、外祖父母和孙子女、外孙子女间的关系,以及兄弟姊妹间的关系等,从而扩大了婚姻法调整的家庭关系范围。

第四,完善了对夫妻人身关系和财产关系的规定。其主要包括:增加了夫妻间扶养义务的规定;确定了法定和约定两种夫妻财产制。法定夫妻财产制是婚后所得共同制,但夫妻可以通过约定排除之。

第五,完善了离婚制度。一是完善了登记离婚制度,对登记离婚的条件、程序予以明确规定。例如第 24 条规定:"男女双方自愿离婚的,准予离婚。双方须到婚姻登记机关申请离婚。婚姻登记机关查明双方确实是自愿并对子女和财产问题已有适当处理时,应即发给离婚证。"二是首次将"感情确已破裂"作为判决准予离婚的法定标准。例如第 25 条第 2 款规定:"人民法院审理离婚案件,应当进行调解;如感情确已破裂,调解无效,应准予离婚。"该条在保障离婚自由的同时,也体现了反对轻率离婚的立法理念。这在 20 世纪 80 年代的中国,不仅具有现实性,也具有理念的先进性。三是对离婚时的财产分割和债务清偿规则予以修正。例如,第 31 条将离婚时分割的财产限制在"共同财产"的范围;第 32 条规定在共有财产不足以清偿共同债务时,由双方协议清偿;协议不成的,由人民法院判决。

第六,增加了制裁办法和强制执行的规定。该法第五章"附则"部分规定,对违反婚姻法的,得分别情况,依法予以行政处分或法律制裁。对拒不执行有关扶养费、抚养费、赡养费、财产分割和遗产继承等判决或裁定的,人民法院得依法强制执行。这对于维护法律的严肃性、权威性具有积极的作用。

通过上述修改,1980 年《婚姻法》不仅在体系结构上更为完整,在内容上也更加完善。该法是我国实行改革开放政策、将法制建设重新纳入正轨之初的产物,它在一定程度上满足了 20 世纪 80 年代初期婚姻家庭关系的需要,对于我国婚姻家庭制度重新走上有法可依、有法必依的轨道,对巩固和发展社会主义婚姻家庭制度立下了不可磨灭的历史功绩。同时,这部法律对于建立和维护平等、和睦、文明的婚姻家庭关系,稳定家庭和社会秩序也起到了积极的作用。

(三) 2001 年修正的《婚姻法》

1980 年《婚姻法》实施后的近 20 年的时间里,我国的社会生活和广大人民的婚姻家庭生活经历了巨大的变化,婚姻家庭领域的新情况新问题也不断增多,1980 年《婚姻法》已经不能完全适应在新形势下调整婚姻家庭关系的需要,其修改工作被提上了日程。1995 年 10 月 30 日,《婚姻法》的修改工作被列入第八届全国人大的立法规划。2001 年 4 月 28 日,第九届全国人民代表大会常务委员会第二十一次会议通过了《关于修改〈中华人民共和国婚姻法〉的决定》。这次修正历时 5 年多,增加了 1 章和 14 条,修改补充近 30 处。这表明我国婚姻法进入了新的发展时期。

2001 年修正的《婚姻法》共 6 章 51 条,包括总则、结婚、家庭关系、离婚、救助措施与法

律责任、附则等内容,与原 1980 年《婚姻法》相比,其被修正之处主要有以下六个方面[1]:

第一,补充了婚姻法的基本原则。修正后的《婚姻法》在原法的基础上增加了第 4 条:"夫妻应当互相忠实,互相尊重;家庭成员间应当敬老爱幼,互相帮助,维护平等、和睦、文明的婚姻家庭关系。"这不仅反映了新时期人们对婚姻家庭的期待,对于创建稳定和谐的婚姻家庭关系,促进社会的稳定发展也具有十分重要的意义。[2]此外,该法第 3 条还补充规定了两项禁止性内容,即禁止有配偶者与他人同居,禁止家庭暴力。这反映了切实贯彻一夫一妻原则和保护妇女、儿童、老人合法权益原则的要求。

第二,强化了对弱势群体的伦理关怀,体现了追求实质正义的立法理念。正义是最高的伦理原则和价值目标,也是婚姻家庭立法的价值取向。这一立法理念集中体现在婚姻法对弱势群体的关怀以及相应的救济机制上。具体体现在以下几个方面:一是对老年人再婚自由的保障性规定;二是对离婚财产分割时照顾子女和女方利益原则的补充修改规定;三是增加对离婚时无过错方损害赔偿请求权的规定;四是增补对遭受家庭暴力以及虐待、遗弃受害人的救助措施的规定;等等。

第三,完善了结婚制度。一是增设无效婚姻、可撤销婚姻制度,对婚姻无效、婚姻可撤销的法定情形以及法律后果等予以明确规定;[3]二是删去了患麻风病禁止结婚的规定,改为"患有医学上认为不能结婚的疾病的"禁止结婚。

第四,细化了夫妻财产制的种类和范围。2001 年修正后的《婚姻法》不仅明确了夫妻共同财产的范围,而且对约定财产制的内容、形式及效力等问题也予以了较为具体的规定。同时,还对夫妻个人特有财产的范围予以了列举。上述规定弥补了 1980 年《婚姻法》关于夫妻财产关系特别是约定财产制的立法不足,体现了对婚姻当事人财产权利及意思自治的尊重。

第五,补充了离婚制度。这主要体现在以下三个方面:一是细化了判决离婚法定理由的认定标准。在坚持感情破裂标准的同时,增加了如何认定感情破裂的例示性规定,即以概括和列举相结合的方式使法定离婚理由具体化。二是增加了离婚时的经济补偿请求权。在夫妻书面约定婚姻关系存续期间所得的财产归各自所有时,一方若因抚育子女、照料老人、协助另一方工作等付出较多的,离婚时有权向另一方请求补偿。这体现了对家务劳动价值的承认。三是增加了离婚后不直接抚养子女的父或母的探望权。此外,对军婚的保护也增补了新的规定。

第六,增补了救助措施和法律责任。2001 年修正后的《婚姻法》以专章的形式对婚姻家庭领域的救助措施和法律责任予以了规定。增补的内容主要有两个方面:一是对遭受家庭暴力、虐待的受害人提供了相应的救助措施,对救助主体、救助措施等予以了明确的规定;二是规定了离婚损害赔偿制度,在因四种法定过错而导致离婚的情形下,无过错方有权向对方请求损害赔偿。

---

[1] 关于我国 1980 年《婚姻法》被修改的主要理由之分析,参见陈苇:《婚姻法修改及其完善》,载《现代法学》2003 年第 4 期。

[2] 我国学者认为,第 4 条规定是法律对婚姻双方和家庭成员提出的基本要求,综合地反映了我国婚姻法"五项基本原则的共同宗旨,按其性质亦属原则性的规定"。参见杨大文主编:《亲属法与继承法》,法律出版社 2013 年版,第 30、37—39 页。

[3] 主编注:对于请求宣告婚姻无效或撤销的主体、程序及效力等,2001 年《婚姻法解释(一)》第 7—16 条作出了规定。

除上述内容之外,2001 年修正的《婚姻法》对父母子女之间、祖孙之间、兄弟姐妹之间的权利义务等也都予以了不同程度的补充细化。

通过以上修改、补充,我国 2001 年《婚姻法》无论在立法理念上还是具体制度上都比以前更为成熟和完善。[①]这无论对于我国婚姻家庭法制建设,还是对于公民婚姻家庭生活权利的保障,都具有十分重要的意义。[②]但该法在施行中也逐渐显现出某些不足之处。[③]

三、《民法典》婚姻家庭编

2014 年,党的十八届四中全会明确提出,要加强市场法律制度建设,编纂民法典。这是完善中国特色社会主义法律体系、保障人民基本权利的重大举措。由此开启了我国《民法典》的编纂历程,也正式开启了我国婚姻家庭法向民法的回归之路。[④] 2020 年 5 月 28 日,中

[①] 关于 2001 年修正《婚姻法》的宏观立法定位,参见夏吟兰主编:《婚姻家庭继承法》,高等教育出版社 2010 年版,第 29 页。关于改革开放 30 年中国婚姻家庭法研究的情况,参见陈苇:《改革开放三十年(1978—2008):中国婚姻家庭继承法研究之回顾与展望》,中国政法大学出版社 2010 年版,第 3—348 页。

[②] 主编注:为促进我国社会主义法治国家建设,让更多的民众学法懂法守法用法,需要系统全面、精准地介绍我国 2001 年修正的《婚姻法》、1998 年修正的《收养法》和 1985 年《继承法》的主要内容。为此,中国法学会婚姻法学研究会于 2016 年 6 月启动“家事法评注丛书”的撰写工作,截至 2021 年 1 月,厦门大学出版社已出版以下书籍:夏吟兰主编的《中华人民共和国婚姻法评注:总则》,李明舜、林建军主编的《中华人民共和国婚姻法评注:救助措施与法律责任》,薛宁兰主编的《中华人民共和国婚姻法评注:家庭关系》,雷明光主编的《中华人民共和国收养法评注》,王歌雅、任江著的《中华人民共和国继承法评注:法定继承》,陈苇主编的《中华人民共和国继承法评注:遗产的处理》,龙翼飞主编的《中华人民共和国继承法评注:总则》,蒋月编著的《中华人民共和国婚姻法评注:夫妻关系》,樊丽君主编的《中华人民共和国婚姻法评注:离婚》。

[③] 针对 2001 年《婚姻法》修正案,许多学者认为它在立法价值理念、社会性别视角和各项具体制度(包括结婚制度、夫妻关系制度、亲子关系制度、离婚制度以及家庭暴力防治制度等)均有需要进一步完善之处。相关参考文献可参见:丁慧、刘悦:《婚姻的契约属性与婚姻立法的价值选择》,载陈苇主编:《家事法研究》(2007 年卷),群众出版社 2008 年版,第 1—14 页;陈苇、冉启玉:《公共政策中的社会性别——〈婚姻法〉的社会性别分析及其立法完善》,载梁慧星主编:《民商法论丛》第 33 卷,法律出版社 2005 年版,第 245—279 页;曾琼、何文燕:《我国婚姻无效制度之完善——基于实体法与程序法密切联系角度》,载《求索》2008 年第 2 期;夏吟兰:《对中国登记离婚制度的评价与反思》,载《法学杂志》2008 年第 3 期;田韶华:《婚姻住宅上非产权方配偶利益的法律保护——兼评〈婚姻法司法解释(三)〉中的涉房条款》,载《法学》2011 年第 12 期;黄宇:《婚姻家庭法之女性主义分析》,群众出版社 2012 年出版,第 210—301 页;肖鹏:《论我国离婚经济帮助制度的完善》,载《四川大学学报(哲学社会科学版)》2012 年第 4 期;蒋月:《立法防治家庭暴力的五个基本理论问题》,载《中华女子学院学报》2012 年第 4 期;陈苇、石雷:《离婚救济法律制度的创新思路》,载《社会科学辑刊》2013 年第 1 期。陈苇、石雷、张维仑:《中国登记离婚制度实施中儿童权益保障情况实证调查研究》,陈苇、张庆林:《离婚诉讼中儿童抚养问题之司法实践及其改进建议——以中国重庆市某县法院 2011—2013 年审结的离婚案件为调查对象》,陈苇、张鑫:《中国诉讼离婚财产清算中妇女财产权益法律保护实证研究——以重庆市某基层人民法院 2011—2013 年审结的离婚案件为对象》,载陈苇主编:《21 世纪家庭法与家事司法:实践与变革》,群众出版社 2016 年版,第 226—246、275—297、331—346 页。

[④] 主编注:在《民法典》编纂中,中国法学会于 2016 年 6 月起启动“民法典编纂重点项目”,中国法学会婚姻家庭法学研究会会长夏吟兰教授等负责组织专家学者承担《民法典》婚姻家庭编立法建议稿的撰写工作,中国法学会民法学研究会副会长杨立新教授等负责组织专家学者承担《民法典》继承编立法建议稿的撰写工作。近年针对我国《婚姻法》《收养法》《继承法》及司法解释的修改补充建议,可参见张学军执行主编的《家事法研究》(2018 年卷)(社会科学文献出版社 2018 年版);李洪祥执行主编的《家事法研究》(2019 年卷)(社会科学文献出版社 2019 年版);薛宁兰执行主编的《家事法研究》(2020 年卷)(社会科学文献出版社 2020 年版);陈苇、陈彬主编的《中国家事审判改革暨家事法修改理论与实务研究》(中国人民公安大学出版社 2018 年版);陈苇、王中伟主编的《中国民法典编纂视野下家事审判改革暨家事法修改研究》(中国人民公安大学出版社 2019 年版);陈苇、王中伟主编的《中国家事审判改革暨家事法立法完善理论与实践研究》(中国人民公安大学出版社 2020 年版)。

华人民共和国第一部以"法典"命名的《中华人民共和国民法典》经第十三届全国人民代表大会第三次会议审议通过,婚姻家庭编作为第五编被纳入《民法典》之中,这标志着婚姻家庭法终于回归民法,以新的面貌出现在我国的社会生活中。[①] 相较之前的婚姻家庭立法,《民法典》婚姻家庭编在立法体例和内容上均有一定变化,这主要体现在以下三个方面:

（一）立法体例

《民法典》婚姻家庭编由原《婚姻法》和《收养法》编纂而成,共五章,分别是一般规定、结婚、家庭关系、离婚、收养。就其结构形式而言,采取的是总分式结构;就其具体内容而言,则主要是以婚姻的产生、婚姻家庭关系以及婚姻的终止为逻辑主线。[②] 此外还须注意,婚姻家庭编不仅借助《民法典》的编纂完成了其内部的体系化,还借助《民法典》中的相关条款实现了与其他各编之间的交融。例如,借助第 464 条第 2 款,打通了婚姻家庭编与合同编的关系;借助第 1001 条,打通了婚姻家庭编与人格权编的关系等。

（二）立法理念

《民法典》婚姻家庭编,一方面延续了我国婚姻家庭法的基本理念,如实行婚姻自由、一夫一妻、男女平等的婚姻制度,保护妇女、未成年人和老年人的合法权益;另一方面,为适应婚姻家庭法治建设的时代要求,进一步彰显了以下立法理念[③]:

第一,婚姻家庭受国家保护的理念。《民法典》第 1041 条第 1 款规定:"婚姻家庭受国家保护。"这一规定强调了国家保护婚姻家庭的责任,凸显了婚姻家庭的重要性。这不仅是婚姻家庭编承载宪法精神的体现,同时与国际社会所认同的国家保护家庭责任的理念也保持了一致。

第二,重视家庭文明建设的理念。《民法典》第 1043 条第 1 款规定:"家庭应当树立优良家风,弘扬家庭美德,重视家庭文明建设。"这一规定不仅是婚姻家庭法贯彻社会主义核心价值观的体现,也宣示了国家对树立优良家风、弘扬家庭美德和家庭文明建设的高度重视与强力倡导,有利于强化家庭及其成员的责任感和义务感,有助于建立平等、和睦、文明的婚姻家庭关系,对社会以及婚姻家庭生活的引导具有重要意义。[④]

第三,追求和谐稳定婚姻家庭关系的理念。家庭是社会的基本细胞,和谐稳定的家庭关系是社会稳定的基础,《民法典》进一步凸显了追求和谐稳定婚姻家庭关系的理念,这集中体现在对婚姻家庭人文关怀的重视、对亲属伦理的坚守、对弱势群体的保护以及对轻率离婚的反对等方面。

---

① 参见杨立新:《民法典婚姻家庭编完善我国亲属制度的成果与司法操作》,载《清华法学》2020 年第 3 期。

② 主编注:关于《民法典》婚姻家庭编的立法体例研究,参见夏吟兰:《民法典体系下婚姻家庭法之基本架构与逻辑体例》,载《政法论坛》2014 年第 5 期。关于我国亲属法的立法价值选择研究,参见丁慧:《再论中国亲属法的立法价值选择——在民法典起草和制定的语境下》,载《西南政法大学学报》2016 年第 1 期。

③ 主编注:关于《民法典》婚姻家庭编的立法理念与制度新规及其立法理由的研究,参见陈苇、贺海燕:《论中国民法典婚姻家庭编的立法理念与制度新规》,载《河北法学》2021 年第 1 期。关于现代婚姻家庭法的变革趋势,参见陈苇:《论现代婚姻家庭法的立法宗旨与变革趋势及其启示》,载陈苇等:《中国婚姻家庭法理论与实践研究》,中国人民公安大学出版社 2019 年版,第 3—20 页。

④ 参见王歌雅:《民法典婚姻家庭编的价值阐释与制度修为》,载《东方法学》2020 年第 4 期。

（三）制度变革

相较于 2001 年《婚姻法》修正案和《收养法》，《民法典》婚姻家庭编对我国婚姻家庭制度修改补充的主要内容如下：

第一，优化了婚姻家庭法的基本原则。《民法典》在秉持原《婚姻法》所确立的基本原则的基础上又对其予以如下优化：一是增补了婚姻家庭受国家保护原则；二是进一步凸显了对家庭弱者的人文关怀。例如在坚持保护妇女、未成年人、老年人合法权益的同时，增设了保护残疾人的原则；三是增设了"收养应当遵循最有利于被收养人的原则"；四是删除了原《婚姻法》所规定的"实行计划生育"原则及相关规定。

第二，规定了亲属、近亲属以及家庭成员的范围。《民法典》第 1045 条规定："亲属包括配偶、血亲和姻亲。配偶、父母、子女、兄弟姐妹、祖父母、外祖父母、孙子女、外孙子女为近亲属。配偶、父母、子女和其他共同生活的近亲属为家庭成员。"这一规定明确了亲属制度，使得涉及上述概念的法律规范的适用更加准确。

第三，修改补充了结婚制度。一是删除了原《婚姻法》"晚婚晚育应予鼓励"的规定；二是将原《婚姻法》第 8 条关于"取得结婚证，即确立夫妻关系"的规定修改为"完成结婚登记，即确立婚姻关系"；三是删除"婚前患有医学上认为不应当结婚的疾病"的禁止结婚的规定，扩大了结婚自由的空间，将"疾病婚"由无效婚姻改为可撤销婚姻，并增加患有重大疾病方的如实告知义务；四是规定胁迫婚姻应当自胁迫行为终止之日起 1 年内向人民法院提出撤销请求；五是将可撤销婚姻由人民法院或婚姻登记机关均可受理改为统一由人民法院受理；六是增设了在婚姻被宣告无效或被撤销时无过错方的损害赔偿请求权。上述修正对于保障结婚自由以及实现当事人在结婚中的实体权利与程序权利具有重要意义。

第四，完善了夫妻关系的规定。其主要包括：一是在原《婚姻法》夫妻共同财产制规定的基础上，进一步细化了夫妻共同财产以及个人特有财产的范围，如将"劳务报酬""投资的收益"增设为夫妻共同财产；二是增设了夫妻日常家事代理权；三是确立了婚内析产规则；四是确立了夫妻共同债务的认定规则；五是明确了夫妻对未成年子女的共同亲权原则，即夫妻双方平等享有对未成年子女抚养、教育和保护的权利，共同承担对未成年子女抚养、教育和保护的义务。上述修正进一步完善了婚姻当事人的权利和义务，对于保障夫妻及其未成年子女的合法权益，促进婚姻家庭的和谐稳定具有重要意义。

第五，增设了亲子关系确认和否认之诉规则。《民法典》婚姻家庭编在汲取相关司法解释的基础上增设了亲子关系确认和否认之诉规则，对亲子关系的确认和否认之诉予以规范：一是将父或母确定为提起亲子关系确认或否认之诉的主体；二是明确成年子女可提起确认亲子关系之诉。上述规定为我国审判实践中亲子关系纠纷的裁判提供了依据。

第六，修改补充离婚制度。这主要包括：一是增加了法院应当判决准予离婚的法定情形。即人民法院判决不准离婚后，又分居满 1 年，一方再次提起离婚诉讼的，应当准予离婚。二是对登记离婚制度增设了离婚冷静期，凸显了反对轻率离婚的理念。三是在离婚的财产后果上，加大了对过错方的惩罚力度以及对利他者的保护。例如离婚财产分割的原则由"照顾子女和女方权益"修改为"照顾子女、女方和无过错方权益"；离婚损害赔偿的事由增加了"其他重大过错"这一兜底性规定；付出较多家务劳动义务一方的离婚经济补偿请求权主体，从限于实行分别财产制的夫妻扩大至实行共同财产制的夫妻等。四是在子女抚养问题的判决上,强调应遵循最有利于未成年子女原则,并尊重具有限制行为能力的未成年子女的意愿等。上述修正对于进一步稳定婚姻家庭关系、实现离婚时的公平正义以及保护未成年子女的利益都具有重要意义。

第七,完善了收养制度。主要体现在以下三个方面:一是对于收养的条件,删除了被收养人须不满14周岁的规定,增加了收养人应"无不利于被收养人健康成长的违法犯罪记录"规定,并要求县级以上人民政府民政部门应当对收养依法进行评估。二是与计划生育政策相衔接,放宽了对收养子女的人数的限制(如将无子女的收养人只能收养一名子女修改为可以收养两名子女),并删除了收养人须无子女的规定等。三是将收养人与被收养人年龄应相差40周岁以上的规定由原来仅适用于无配偶男性收养女性的情形,调整为适用于所有无配偶者收养异性子女的情形。总之,对收养制度的修正从"被收养人利益最大化"原则出发,强化了对被收养人利益的保护,并与我国三孩生育政策相衔接,增加了儿童被合适家庭收养的机会。

通过以上制度优化,我国《民法典》婚姻家庭编在立法体系和立法内容方面均较以前更为成熟和完善,它的颁行和实施对于维护家庭伦理、保障婚姻家庭当事人的合法权益、实现公平正义、促进婚姻家庭稳定具有十分重要的意义。但同时我们也应当看到,随着社会发展及时代的变迁,无论是婚姻家庭本身还是婚姻家庭观念都处在不断发展变化之中,我国婚姻家庭领域的新情况新问题也会层出不穷,我国婚姻家庭制度的变革也将根据社会的现实需要进行。就此而言,我国婚姻家庭法律制度的建设仍任重而道远。

【本章小结】

本章主要内容包括三个方面:一是婚姻、家庭的法律概念;二是婚姻家庭法的概念、调整对象和特征;三是我国1950年、1980年两部《婚姻法》的主要内容,2001年对1980年《婚姻法》的修正内容,以及《民法典》婚姻家庭编修改补充的主要内容。

【引导案例参考答案】

婚姻是男女双方以夫妻身份共同生活的具有公示性的两性结合。这是婚姻的主要特征之一。男女双方以夫妻身份共同生活须为不特定的人所知晓(可成立事实婚)或已履行结婚法定程序(可成立法律婚),即只有具有公示性、为社会所承认的才能属于婚姻。如果男女双方以夫妻身份共同生活且为不特定的人所知晓,即在部分国家被承认为事实婚姻。凡在只承认法律婚效力的国家,均设立有结婚的法定程序,男女结婚须已履行结婚的法定程序,才能具有公示性、为社会所承认,才属于合法婚姻。

我国《民法典》第1049条规定,"要求结婚的男女双方应当亲自到婚姻登记机关申请结婚登记。符合本法规定的,予以登记,发给结婚证。完成结婚登记,即确立婚姻关系"。由于侯某和王某未依《民法典》的规定办理结婚登记,他们之间不具有合法的婚姻关系,不具有合法的配偶身份。因此,侯某不能以配偶的身份继承王某的遗产。

【本章思考题】

1. 如何理解婚姻、家庭的法律概念?
2. 简述婚姻家庭法的调整对象。

3. 简述婚姻家庭法的特点。

4. 简述《民法典》婚姻家庭编对我国婚姻家庭制度修改补充的主要内容。

【本章参考习题】

第二章　亲属关系原理

【本章重点难点】

　　学习本章内容,学生应了解亲属的概念、特征、种类,以及亲属关系产生的法律事实和法律效力,重点掌握罗马法和寺院法的亲等计算法及我国的代数计算法,难点在于应当注意把握罗马法、寺院法的亲等计算法与我国的代数计算法的区别。

【引导案例】

　　张玲与王成于1995年结婚,1997年育有一子王军,1999年两人因感情破裂登记离婚。两年后张玲经人介绍与李光容相识并于2002年结婚,婚后育有一女李玉。王军随母亲张玲与继父李光容共同生活,李光容承担起抚养王军的义务,将其抚养成人。此后,长大成人的王军因与生父王成的关系恶化,在很长时间内互不往来、形同陌路。两人于2024年1月签订的"断绝父子关系协议"中约定:双方断绝父子关系,此后发生任何事情双方毫无瓜葛,各自负责。

　　请问:

　　1. 王军与李光容之间属于何种亲属关系? 这种亲属关系能否基于某种原因而终止?

　　2. 李玉与王军之间属于何种亲属关系? 他们是几亲等亲属或几代亲属? 他们是否属于《民法典》婚姻家庭编所禁止结婚的近亲属关系?

　　3. 王成与王军的父子关系能否因"断绝父子关系协议"而终止?

　　本章阐述的亲属关系通则性内容包括亲属的概念、种类、范围,亲系的划分,亲等与代数的计算,亲属关系的法律事实和法律效力等。在我国,2020年《民法典》颁布前,2001年修正的《婚姻法》有关亲属关系通则性的内容主要有:夫妻(配偶)、父母子女、祖孙(祖父母、外祖父母、孙子女、外孙子女)和兄弟姐妹这四种亲属关系;并规定了这四种亲属关系当事人之间各自在法律上的权利义务(即各种亲属关系的效力),但没有具体明确规定近亲属的范围和家庭成员的范围。[①]《民法典》婚姻家庭编增补规定了亲属的种类并具体规定了近亲属的范围和家庭成员的范围。《民法典》第1045条首次规定,亲属分为"配偶、血亲和姻亲"三个种类;近亲属的范围限于"配偶、父母、子女、兄弟姐妹、祖父母、外祖父母、孙子女、外孙子女";家庭成员的范围包括"配偶、父母、子女和其他共同生活的近亲属"。但其没有规定"家"或者"家制"。此外,对于亲属关系的效力,《民法典》除规定近亲属关系在婚姻家庭领域的效力外,还在人格权编规定了自然人因婚姻家庭关系等产生的身份权利的

---

① 参见2001年修正的《婚姻法》第13—29条。

保护①,以救济亲属身份权益的损害。

第一节 亲属关系概述

亲属关系是一种以具有共同伦理目的为本质的社会结合关系,其并不同于财产关系,后者着眼于追求自身交易的利益。②经法律调整的亲属关系,便在具有亲属身份的主体之间产生法定的权利和义务。③亲属制度是社会制度的重要组成部分。在我国,现行法律尚未对亲属制度统一进行较为全面系统的规定,而是分别在民法典、诉讼法、国籍法等有关法律中从不同角度对亲属关系作了具体规定。

一、亲属的界定

(一)亲属的概念

亲属的概念有广义和狭义之分。广义的亲属是指一切具有婚姻、血缘或法律拟制血亲关系的人,包括受法律调整和不受法律调整的所有具有婚姻、血缘或法律拟制关系的成员。"亲属关系是根据生育和婚姻事实所发生的社会关系。从生育和婚姻所结成的网络,可以一直推出去包括无穷的人,过去的、现在的和未来的人物。"④狭义的亲属是指具有婚姻、血缘或法律拟制血亲关系,同时彼此具有法律上权利义务关系的亲属。婚姻家庭法学所研究的亲属是在狭义概念上使用的。

亲属和婚姻家庭之间有着密切的关系。婚姻是多种亲属关系的源泉,家庭是由一定范围内亲属组成的。在当今社会,亲属关系仍在婚姻家庭中起着相当重要的作用,具有重要的社会意义。有关亲属关系的通则性规定是《民法典》婚姻家庭编的重要组成部分。《民法典》第1045条规定:"亲属包括配偶、血亲和姻亲。配偶、父母、子女、兄弟姐妹、祖父母、外祖父母、孙子女、外孙子女为近亲属。配偶、父母、子女和其他共同生活的近亲属为家庭成员。"

(二)亲属的特征

1. 亲属是以婚姻和血缘为纽带的社会关系

亲属不同于一般的社会关系,它是一种以两性结合和血缘联系为自然条件的社会关系。亲属关系的产生,必须具有血缘、婚姻或法律拟制三个原因之一。

(1)结婚是亲属关系产生的基础。男女因结婚而形成夫妻关系(也称配偶关系),由此可

---

① 《民法典》第1001条规定:"对自然人因婚姻家庭关系等产生的身份权利的保护,适用本法第一编、第五编和其他法律的相关规定;没有规定的,可以根据其性质参照适用本编人格权保护的有关规定。"此条虽然被规定在人格权编,但是其性质属于婚姻家庭编"一般规定"的内容。当亲属身份权益受到侵害后,受害人既可以行使身份权请求权予以救济,也可以选择行使侵权请求权予以救济。

② 参见曹贤信:《亲属法的伦理性及其限度研究》,群众出版社2012年版,第209页。

③ 主编注:关于亲属身份权特性的研究,参见雷春红:《婚姻家庭法的地位研究》,法律出版社2012年版,第137—144页。关于婚姻身份行为、亲子身份行为等基本身份行为的价值取向和基本原则的研究,参见田韶华:《民法典背景下身份行为的体系化研究》,社会科学文献出版社2023年版,第126—136页。

④ 费孝通:《乡土中国·乡土重建》,北京联合出版公司2018年版,第24—25页。

产生夫对妻的父母、兄弟姐妹以及妻对夫的父母、兄弟姐妹等的姻亲关系。

（2）人的出生是亲属关系自然形成的主要原因。父母子女关系、兄弟姐妹关系以及祖父母、外祖父母与孙子女、外孙子女关系等其他亲属关系，是基于人的出生的事实而产生的，血缘是这类亲属关系的联系纽带。

（3）拟制血亲是产生亲属关系的又一原因。拟制血亲是指本无该种血亲关系的人，通过某一法律行为或法律事实而创设该种血亲间的权利与义务关系。如通过收养法律行为，将他人的子女作为自己的子女，产生法律拟制的父母子女亲属关系[1]；通过继父母与继子女之间的抚养法律事实，继父母与继子女之间产生法律拟制的父母子女亲属关系。这类法律确认的血亲关系，属于法律拟制的血亲关系。但是，从根本上说，婚姻和血缘是亲属产生的最基本的前提，拟制血亲在我国除因收养法律行为或抚养法律事实而建立之外，还可建立在婚姻和血缘之上，如养子女与养父母的近亲属产生拟制血亲的基础是养父母与其亲属之间有着以婚姻和血缘为纽带的亲属关系；继父母与受其抚养教育的继子女形成拟制血亲的条件是生父或生母与继母或继父结婚并且继母或继父抚养教育了继子女。

2. 亲属是具有固定身份和称谓的社会关系

亲属是一种特殊身份，一旦形成，身份就是固定的，只要亲属关系存在，特定身份就不会改变。而且，任何具有亲属关系的人相互间都有固定的称谓。亲属身份不同，亲疏远近不同，称谓也就不同，如夫妻、父母子女、兄弟姐妹等。亲属的这种身份和称谓，可因出生自然形成，如父母、子女、伯叔、兄弟姐妹等；也可因婚姻或法律拟制而形成，如夫妻、公婆、儿媳、养父母、养子女等。但一经形成，非经法定事由不能随意变更。因自然血缘联系形成的亲属关系，一般情况下称谓不能变更，但因法律设定而形成亲属关系的，称谓可以更改，如叔叔收养侄子，由叔侄称谓更改为父子。而因婚姻、法律拟制而形成的亲属关系，其身份和称谓可因离婚或收养解除等法律行为而变更和解除。

3. 法律确认的近亲属之间具有法律上的权利义务关系

亲属之间具有固定的身份和称谓，被法律确认的近亲属之间还具有法律上的权利与义务关系。《民法典》婚姻家庭编的亮点之一便是第 1043 条第 1 款所规定的"家风条款"，该条款为近亲属的优良家风建设以及相关权利配置指明了方向。[2] 根据法律规定，父母子女、夫妻、兄弟姐妹、祖孙等近亲属之间具有权利义务关系。例如，《民法典》第 1067—1073 条、第 1055—1066 条分别规定了父母子女之间、夫妻之间的权利和义务；《民法典》第 1074、1075 条分别规定了祖父母、外祖父母与孙子女、外孙子女之间以及兄弟姐妹之间在一定条件下的权利和义务等。这种法定的权利与义务是亲属关系特有的。正如恩格斯所指出的："父亲、子女、兄弟、姊妹等称呼，并不是单纯的荣誉称号，而是代表着完全确定的、异常郑重的相互义务，这些义务的总和构成这些民族的社会制度的实质部分。"[3]

（三）亲属与家长、家属、家庭成员的区别

1. 亲属与家长、家属的区别

传统意义上的家长是指一家中为首的人，一般由家庭成员中辈分高而年长的男性担任。

---

① 例如，叔叔与侄儿之间虽有血缘联系，但并无父母子女关系，他们可通过收养成立养父母与养子女关系。

② 曹贤信、贺田田：《民法典婚姻家庭编中近亲属权利表达逻辑的伦理维度》，载《伦理学研究》2023 年第 2 期。

③ 恩格斯：《家庭、私有制和国家的起源》，人民出版社 2018 年版，第 29 页。

在奴隶社会和封建社会,家长掌握家庭经济大权,在家庭中居于统领支配地位,其他家庭成员都要绝对服从于家长。家属是家长的对称,是指家长以外的其他家庭成员,处于从属于家长的地位。因此,家长与家属在地位上是不平等的。在现代生活中,虽然仍沿用家长和家属之称谓,但是其含义已与过去大不相同。现代意义上的家长是指父母或其他监护人,例如,学校召开家长座谈会,父亲或母亲均可参加;如父母不能参加,祖父母或外祖父母等亲属也可参加。家长不再居于支配地位,所有家庭成员的地位平等。夫妻之间互为家属。

2. 亲属与家庭成员的区别

家庭成员是指同居一家共同生活、相互具有法律上权利义务关系的近亲属,如夫妻、父母、子女、祖孙、兄弟姐妹等。并非所有共同生活的亲属都为家庭成员,如伯叔、姑、舅、姨及侄、甥是亲属,但他们不是近亲属,故不属于法律确认的家庭成员。根据《民法典》第1045条第3款的规定,配偶、父母、子女和其他共同生活的近亲属为家庭成员。该条所指的家庭成员具有两个特点:其一,只有近亲属才是家庭成员,家庭成员是关系更紧密的近亲属。其二,家庭成员并不必然生活在一起,父母、子女和配偶无论是否生活在一起,都是家庭成员,其他近亲属则需要共同生活才能成为家庭成员。[1]值得注意的是,根据《民法典》第1050条的规定,夫妻可以约定成为对方家庭的成员。

二、亲属的种类

亲属制度是婚姻家庭制度的组成部分。不同的社会有不同的婚姻家庭制度,也就有不同的亲属制度。

(一) 我国古代亲属分类

在中国古代社会,小农经济和宗法等级制度决定了家庭是封建社会的基本构成单位。古代的礼和法以宗法为本,其确认的亲属范围很宽,重男系血统而轻女系血统。我国最早将亲属分为宗族和外姻两种,母族、妻族均属于外姻,这种传统一直延续至唐宋时代。明清律中另列妻族一类,在礼和法中确立了宗亲、外亲和妻亲三分法的体制。[2]

1. 宗亲

宗亲,又称宗族、本亲、内亲,是指出自同一祖先的男系血亲及其配偶和在室女(本族未嫁的女性亲属)。宗亲是封建礼法确认的亲属,由同一宗族的成员组成,其地位高于外亲。宗亲具体由下列成员组成:

(1) 同一祖先的男系血亲。同一祖先的男系血亲一般指包括自己在内的上、下各四代,共九代男系血亲,通称为“九族”。如自己为一代,直系血亲向上,包括父母、祖父母、曾祖父母、高祖父母;向下包括子女、孙子女、曾孙子女、玄孙子女。还有旁系宗亲,如兄弟姐妹、堂兄妹、叔、伯等。

(2) 同一祖先的男系血亲的配偶。即嫁入的妇女,如伯母、婶母、嫂、儿媳、孙媳等。

(3) 同一祖先的未出嫁的女性。即在室女,如未出嫁的女儿、姐妹、姑、侄女等。如果她

---

[1] 必须说明,《户口登记条例》所界定的“家户”,其成员不需要有亲属身份关系,只需要与户主共同居住于一处即可。

[2]《尔雅·释亲》载:“父之党为宗族,母与妻之党为兄弟。”母党(母族)、妻党(妻族)均为外姻。这就是所谓的三党或三族。转引自杨大文主编:《亲属法》(第四版),法律出版社2004年版,第49页。

们结婚,则成为其丈夫的宗族成员。

2. 外亲

外亲,又称外姻、外族、母族,是指与女系血亲相联系的亲属,包括与母亲有关的亲属和与出嫁女儿相联系的亲属。与母亲有关的亲属,如外祖父母、舅、姨及表兄妹等。与女儿相联系的亲属,如女婿、外孙子女和姑夫及其子女等。在中国古代,外亲的地位不如宗亲,范围很窄。如母亲的亲属计算仅及于上下两代,从母亲上溯至她的父母,旁及她的兄弟姐妹,下至她的兄弟姐妹之子女,即外祖父母、舅、姨及舅姨的子女,超出这个范围的人就不算亲属。

3. 妻亲

妻亲,又称妻族,是指与妻子相联系的亲属,包括妻的父母、妻的兄弟姐妹及其子女等。妻亲的范围比外亲更窄。

(二) 现代亲属分类

现代各国大都根据亲属产生的原因,将亲属分为配偶、血亲和姻亲三种。《民法典》第 1045 条第 1 款规定:"亲属包括配偶、血亲和姻亲。"

1. 配偶

配偶,即夫妻,是男女双方因结婚而产生的亲属关系。在婚姻关系存续期间,夫妻互为配偶。配偶是血亲的源泉和姻亲关系形成的基础,在亲属关系中起着承上启下的作用。

关于配偶应否作为亲属的组成部分有两种不同的主张:一是法理主义,认为配偶为血亲、姻亲关系产生的基础和源泉,其本身不发生亲缘关系,又无亲系、亲等可分,所以不应列入亲属范围。二是实效主义,认为既然配偶是产生血亲、姻亲关系的源泉,当然应属于亲属范围,否则,"配偶的血亲"为亲属,而配偶之间不算亲属,则不近情理。而且与其他亲属相比,配偶关系更为密切,所以应列入亲属范围。我国自古就认为配偶是亲属,而且是关系最亲近的亲属,律法所称的"亲属杀害""亲属伤害"以及"亲属相容隐"均包含夫妻在内。至现代社会,我国《民法典》《刑事诉讼法》等法律均把配偶作为亲属的一种。

2. 血亲

血亲,是指因出生而产生的具有血缘联系的亲属,如父母、子女、伯、叔、姑、舅、姨、兄弟姐妹等都是血亲。按血缘的真假划分,血亲又有自然血亲和拟制血亲之分。

(1) 自然血亲。自然血亲是指因出生而形成的、源于同一祖先的有血缘联系的亲属,如父母子女、兄弟姐妹等。自然血亲又可分为全血缘的自然血亲和半血缘的自然血亲。前者是指同父同母的兄弟姐妹,即同胞兄弟姐妹;后者是指同父异母或同母异父的兄弟姐妹。《民法典》第 1075 条有关兄弟姐妹的权利义务方面的规定,既适用于全血缘的兄弟姐妹,也适用于半血缘的兄弟姐妹。兄弟姐妹无论是全血缘的还是半血缘的,也无论他们的父母之间是否具有合法的婚姻关系,即不区分婚生的还是非婚生的,都属于自然血亲。

(2) 拟制血亲。拟制血亲是指本来无该种血亲的血缘关系,但由法律确认其具有与该自然血亲同等的权利义务的亲属。这种血亲是依法创设的,故又被称为"准血亲""法定血亲"。不同社会、不同国家的法律确认的拟制血亲范围不同。《民法典》确认的拟制血亲只限于三种类型:一是养父母与养子女及养子女与养父母的近亲属;[①] 二是有扶养关系的继父母与继

---

① 《民法典》第 1111 条。

子女;^① 三是有扶养关系的继兄弟姐妹。^②

3. 姻亲

姻亲是指以婚姻关系为中介而产生的亲属。男女结婚以后,配偶一方与另一方的亲属之间产生姻亲关系。儿媳与公婆、女婿与岳父母、丈夫与妻子的兄弟姐妹、妻子与丈夫的兄弟姐妹等之间为姻亲。根据姻亲的发生原因不同,姻亲可分为以下四种类型:

(1) 血亲的配偶。即己身直系、旁系血亲的配偶,如儿媳、女婿是己身直系血亲的配偶,兄嫂、弟媳、姐妹夫、姑父、舅母、姨父、伯母等是己身旁系血亲的配偶。

(2) 配偶的血亲。即己身配偶的血亲,包括配偶的直系血亲(如丈夫的父母即公婆、妻子的父母即岳父母)及配偶的旁系血亲(如丈夫的兄弟姐妹、妻子的兄弟姐妹等)。

(3) 配偶的血亲的配偶。即己身配偶的血亲的配偶,这种姻亲以两次婚姻为中介,如丈夫的兄弟的妻子(妯娌)、妻子的姐妹的丈夫(连襟)等。

(4) 血亲的配偶的血亲。即己身与己身血亲的配偶的血亲的关系,如继兄弟姐妹关系、夫妻双方父母之间的关系(俗称"亲家")。

以上四种类型的姻亲虽均是以婚姻为中介形成的亲属关系,但由于社会学意义上的姻亲关系过于广泛,因此现代各国法律对姻亲都有所限制,但《民法典》第 1045 条并未对姻亲范围作出明确限制。多数国家只承认血亲的配偶与配偶的血亲为姻亲。对于第三类"配偶的血亲的配偶"是否为法律上的姻亲,各国法律规定不一。而对于第四类"血亲的配偶的血亲",也是多数国家法律不予承认的,我国法律便在不承认之列。例如,《民法典》第 1072 条第 2 款只承认形成抚养教育关系的继父母与继子女为拟制血亲关系,并未承认无血缘关系(异父异母)、无扶养关系的继兄弟姐妹为拟制血亲关系或姻亲关系。但是,依《民法典》第 1127 条的规定,继兄弟姐妹之间如形成扶养关系,则相互有第二顺序的法定继承权。即该条承认有扶养关系的继兄弟姐妹互为第二顺序法定继承人,这是因为双方已形成的扶养关系是我国法定继承权取得的依据之一。^③ 值得注意的是,《民法典》继承编规定了符合法定条件的直系姻亲的权利义务关系,即如果丧偶女婿或儿媳对岳父母或公婆尽了主要赡养义务的,可以作为岳父母或公婆的第一顺序法定继承人参与继承。^④ 本书认为,如对《民法典》婚姻家庭编的亲属制度进行补充,考虑到习惯和实际家庭情况,需要规定姻亲之间有权利义务的,也只应当限于配偶的血亲以及血亲的配偶,并且主要是直系姻亲之间的权利义务关系。^⑤

---

① 《民法典》第 1072 条第 2 款。

② 《民法典》第 1127 条规定:"……本编所称子女,包括婚生子女、非婚生子女、养子女和有扶养关系的继子女。本编所称父母,包括生父母、养父母和有扶养关系的继父母。本编所称兄弟姐妹,包括同父母的兄弟姐妹、同父异母或者同母异父的兄弟姐妹、养兄弟姐妹、有扶养关系的继兄弟姐妹。"

③ 参见陈苇主编:《婚姻家庭继承法学》(第三版),群众出版社 2017 年版,第 264—265 页;《民法典》第 1127 条第 3、4、5 款。

④ 《民法典》第 1129 条。

⑤ 主编注:关于我国新型的亲属法律关系问题,参见杨遂全:《新婚姻家庭法总论》,法律出版社 2001 年版,第 71—78 页。至于直系姻亲中的儿媳与公婆、女婿与岳父母是否被纳入我国近亲属的范围,有学者认为关键在于法律是否规定儿媳与公婆、女婿与岳父母之间互负扶养义务。例如,依《法国民法典》第 206 条规定,儿媳与公婆、女婿与岳父母之间,在一定条件下具有与父母子女之间相同的权利和义务,即他们之间属于有法律上权利义务的近亲属。参见陈苇:《中国婚姻家庭法立法研究》,群众出版社 2000 年版,第 85 页。此外,我国台湾地区"民法"第 1114 条规定:"左列亲属,互负扶养之义务:一、直系血亲相互间。二、夫妻之一方与他方之父母同居者,其相互间。三、兄弟姊妹相互间。四、家长家属相互间。"可见,在我国台湾地区,夫妻与同居的公婆或岳父母,互负扶养义务。

三、亲系和辈分

（一）亲系

亲系，是指亲属间的联系。亲属以婚姻、血缘为基础，纵横交错，互相交织，构成亲属网络。除配偶外，一切亲属都有一定的亲系可循。按不同的联系标准，亲属可以分为不同种类，如父系亲与母系亲、直系亲与旁系亲等。我国现行法没有父系亲和母系亲的划分，只有直系亲和旁系亲的划分。

1. 父系亲和母系亲

父系亲和母系亲，是指由男子或女子的血缘联系在一起的亲属，因此又称为男系亲和女系亲。我国古代的亲属制度是以父系为本位的，重父系亲而轻母系亲。我国现代法律已无此种划分，但从人们对亲属的称谓上仍然可以看出父系亲和母系亲的区别。例如，在我国，父亲的父母称为祖父母，母亲的父母则称为外祖父母等。

（1）父系亲，是指以父亲血统为中介联系的亲属。例如，祖父母、伯叔、姑、侄子女、姑表兄弟姐妹等。

（2）母系亲，是指以母亲血统为中介联系的亲属。例如，外祖父母、舅、姨、外甥子女、舅表兄弟姐妹、姨表兄弟姐妹等。

2. 直系亲与旁系亲

（1）直系亲。其又分为直系血亲和直系姻亲。直系血亲，是指与己身有直接血缘联系的亲属，包括己身所从出之血亲和从己身所出之血亲。"己身所从出之血亲"是指直系血亲尊亲属，即生育己身的各代血亲，如父母、祖父母、外祖父母、曾祖父母、外曾祖父母、高祖父母和外高祖父母；"从己身所出之血亲"是指直系血亲卑亲属，即己身生育的后代，如子女、孙子女、外孙子女、曾孙子女、外曾孙子女、玄孙子女和外玄孙子女。值得注意的是，除自然直系血亲外，直系血亲还包括法律拟制的直系血亲，如养父母与养子女、养祖父母与养孙子女，有扶养关系的继父母与继子女也属于拟制直系血亲。直系姻亲，是指己身直系血亲的配偶和配偶的直系血亲，如儿媳与公婆为直系姻亲、女婿与岳父母为直系姻亲。

（2）旁系亲。其又分为旁系血亲和旁系姻亲。旁系血亲，是指有间接血缘联系的亲属，即直系血亲以外的，与自己同出一源的亲属。如与自己同源于父母的兄弟姐妹；与自己同源于祖父母的伯、叔、姑及堂兄弟姐妹和姑表兄弟姐妹；与自己同源于外祖父母的舅、姨及表兄弟姐妹等。旁系血亲具有间接血缘联系，血缘上具有同源关系。旁系姻亲，是指旁系血亲的配偶、配偶的旁系血亲、配偶的旁系血亲的配偶，如嫂、弟媳、侄媳、伯母、姑父、姨父、舅母、妻或夫的兄弟姐妹等。

（二）辈分

辈分，又称为行辈，是指亲属之间的世代第次。辈分按照世代来划分，以一世代为一辈分。根据辈分不同，亲属分为长辈亲、晚辈亲和同辈亲。

长辈亲，又称尊亲属，指辈分高于自己的亲属，包括父母、父母同辈及以上的亲属。如父母、祖父母、外祖父母为自己的直系长辈血亲；伯、叔、姑、舅、姨及祖父母、外祖父母的兄弟姐妹等，是自己的旁系长辈血亲。

晚辈亲,又称卑亲属,指辈分低于自己的亲属,包括子女、子女同辈及以下的亲属。如子女、孙子女、外孙子女为自己的直系晚辈血亲;侄子女、外甥子女等为自己的旁系晚辈血亲。

同辈亲,又称平辈亲,指辈分与自己相同的亲属,如同胞兄弟姐妹、堂兄弟姐妹和表兄弟姐妹等。

长辈、晚辈、平辈是按亲属辈分高低联系的亲属,不分血亲、姻亲,也不分直系、旁系,均可以长辈、晚辈、平辈称之。与直系亲与旁系亲的纵向划分亲属不同,辈分是横向划分亲属的。这样纵向与横向的划分,将亲属的网络清晰地描绘出来。同时并用时,我们可以称直系长辈血亲、直系长辈姻亲、旁系平辈血亲、旁系晚辈姻亲等。

辈分的观念素来受到我国国民的重视,古代礼制和法律历来讲究卑尊有序。同宗内亲固然不得结婚,在可以结婚的亲属中,长辈也不得与晚辈婚配;立嗣亦是如此,立嗣必须同宗且昭穆①相当,只能在长辈与晚辈之间进行,不得打乱辈分。到现代,辈分的区分除在礼仪上产生一定影响外,在法律上也有一定意义。辈分不同的亲属在法律上往往发生不同的效力。在我国,《民法典》人格权编规定父母可以"选取其他直系长辈血亲的姓氏"作为子女的姓氏;《民法典》婚姻家庭编规定"直系血亲或者三代以内的旁系血亲"禁止结婚,收养三代以内旁系同辈血亲子女不受"生父母有特殊困难无力抚养""无配偶者收养异性子女应当相差四十周岁"等条件限制;《民法典》继承编规定代位继承中被继承人的子女的直系晚辈血亲有继承权。在国外,一些国家的民法典对尊亲属和卑亲属的继承顺序及份额也有具体规定。②

四、法定近亲属的范围

亲属关系非常广泛,为便于对亲属关系的调整,各国法律均将亲属限定在一定范围。而且因各国的风俗习惯、历史传统不同,法律所限定的亲属关系的范围也不同。关于亲属关系范围的限定,世界上主要有两种不同的立法例。

一是总体概括限定法,即法律对亲属范围从总体上作概括性规定,然后根据亲属的种类和亲等的远近,再规定其法律效力。例如《日本民法典》第725条规定:"下列人为亲属:1. 六亲等内的血亲;2. 配偶;3. 三亲等内的姻亲。"③除此之外的亲属关系都不属于法律确认的亲属范围。

二是个别适用限定法,即法律根据不同法律关系的需要,对亲属的法律效力作出具体的规定。这样的规定比较灵活,适用性也很强,如对亲属之间的禁婚、扶养、继承、监护、参与诉讼、司法回避等事项列举出具体的近亲属范围。我国法律就采用了个别适用限定法。依《民法典》婚姻家庭编的规定,禁婚亲的范围为"直系血亲或者三代以内的旁系血亲",相互扶养亲属的范围包括夫妻、父母子女、祖孙和兄弟姐妹。依《民法典》继承编的规定,法定继承人的范围为配偶、子女、父母,兄弟姐妹、祖父母、外祖父母;被继承人的子女的直系晚辈血亲、被继承人的兄弟姐妹的子女为代位继承人。应当明确,在民事法律领域,《民法典》第1045

---

① 所谓"昭穆",本是宗法制度对宗庙或墓地的辈次排列规则和次序,此处是指按照亲属尊卑、长幼、上下等排列的次序。
② 有关内容参见陈苇主编:《外国继承法比较与中国民法典继承编制定研究》,北京大学出版社2011年版,第366—401页。
③ 刘士国、牟宪魁、杨瑞贺译:《日本民法典》,中国法制出版社2018年版,第180页。

条第 1 款①所规定的亲属种类是适当的,并且其第 2 款②列举式规定的近亲属人员的范围较窄,其属于个别适用限定方式,不同于《日本民法典》的总体概括式的限定立法。

必须说明,目前我国一些部门法对于近亲属范围的规定不尽相同。例如,我国民法领域的近亲属,一般包括配偶、父母、子女、祖父母、外祖父母、孙子女、外孙子女及兄弟姐妹;刑法领域的近亲属范围最小,只包括配偶、父母、子女、同胞兄弟姐妹;③行政法领域的近亲属范围最广,除民法规定的范围之外,还包括其他具有扶养、赡养关系的亲属。④不管各部门法规定的近亲属范围如何不同,都呈现出一条清晰的规律:需要某法律明确赋予某些亲属权利义务的,即为该法法定的近亲属。当然,本书认为,为保持法律适用的一致性,随着《民法典》的实施,其他法律领域有关近亲属范围的界定应当以《民法典》第 1045 条第 2 款的规定为依据。

第二节　亲属关系的计算方法

亲属关系不仅有配偶、血亲、姻亲之分类,同时还有亲疏远近之分。除配偶外,衡量血亲、姻亲之亲属关系远近主要采用亲等计算法或代数计算法来计算。亲等是计算亲属关系远近的单位,即每经一代为一亲等。亲等数越少,亲属关系越近。世界上有两种亲等计算法:一为世界多数国家所采用的罗马法亲等计算法;二为部分国家所采用的寺院法亲等计算法。我国《民法典》未采用亲等计算法,而是沿用世代计算法。

一、罗马法的亲等计算法

罗马法亲等制是古罗马帝国法律规定计算亲属关系亲疏远近方法的制度,随着罗马法的传播而为多数欧洲国家接受。罗马法亲等制的计算方法可分为以下三种:

1. 直系血亲亲等的计算方法

直系血亲亲等的计算方法是:从己身往上数至要计算的直系血亲(不算己身),每经一代为一亲等;从己身往下数至要计算的直系亲属,每经一代也是一亲等。例如,从己身往上数,父母是一亲等,祖父母、外祖父母是二亲等,曾祖父母、外曾祖父母为三亲等,高祖父母、外高祖父母为四亲等;从己身往下数,子女为一亲等,孙子女、外孙子女为二亲等,曾孙子女、外曾孙子女为三亲等,玄孙子女、外玄孙子女为四亲等。亲等数越小,亲属关系越亲近。例如,父母与子女是一亲等的直系血亲,祖父母与孙子女是二亲等的直系血亲,因此父母与子女比祖父母与孙子女的血缘关系更近。

2. 旁系血亲亲等的计算方法

旁系血亲亲等的计算方法是:从己身往上数至双方共同的直系血亲即同源人,每经一代为一亲等;再往下数至要计算的人,也是每经一代为一亲等,所有数字相加即得出亲等数。

---

① 《民法典》第 1045 条第 1 款规定:"亲属包括配偶、血亲和姻亲。"

② 《民法典》第 1045 条第 2 款规定:"配偶、父母、子女、兄弟姐妹、祖父母、外祖父母、孙子女、外孙子女为近亲属。"

③ 现行《刑事诉讼法》第 108 条第 6 项规定:"'近亲属'是指夫、妻、父、母、子、女、同胞兄弟姊妹。"

④ 《行政诉讼法解释》第 14 条第 1 款规定:"行政诉讼法第二十五条第二款规定的'近亲属',包括配偶、父母、子女、兄弟姐妹、祖父母、外祖父母、孙子女、外孙子女和其他具有扶养、赡养关系的亲属。"

例如,计算己身与兄弟姐妹的亲等,首先找到己身与兄弟姐妹的血缘同源人即父母,分别从己身和兄弟姐妹这两边往上数至父母,两边分别为"1",再将两边的数字相加(1+1),则己身与兄弟姐妹为二亲等旁系血亲;或先从己身往上数至父母为一亲等,然后再接着从父母往下数至兄弟姐妹为二亲等,二亲等即己身与兄弟姐妹的亲等数。

3. 姻亲亲等的计算方法

姻亲亲等的计算方法,以发生姻亲的一方配偶与对方的血亲的亲等数为依据,即以血亲的亲等为亲等。例如,儿媳与公婆是一亲等的直系姻亲,因为丈夫与其父母是一亲等的直系血亲;因伯叔与侄子女是三亲等的旁系血亲,所以侄子女与伯母、婶母是三亲等的旁系姻亲。

二、寺院法的亲等计算法

寺院法亲等制是欧洲中世纪基督教寺院法计算亲属关系亲疏远近的制度。由于此种计算方法不能准确地反映亲属关系的远近,所以目前采用的国家极少,只有少数基督教盛行的国家,如英国、爱尔兰、梵蒂冈等国仍坚持使用寺院法亲等制。寺院法亲等制的计算方法分为以下两种:

1. 直系血亲亲等的计算方法

直系血亲亲等的计算方法与罗马法完全相同,即从己身往上或往下(不算己身)以一世代为一等亲。

2. 旁系血亲亲等的计算方法

旁系血亲亲等的计算方法与罗马法大致相同,只是两边亲等数的取舍不同。寺院法旁系血亲亲等数的确定方法是:从己身和所要计算的人,分别往上数至血缘同源人,两边的亲等数相等时,就采用一边的亲等数;如果亲等数不相等,则采用多者一方的亲等数。例如,计算己身与兄弟姐妹的亲等,双方同源人是父母,从己身与兄弟姐妹两边分别往上数,两边都是相同数字"1",则己身与兄弟姐妹为一亲等旁系血亲;计算己身与伯、叔的亲等,双方血缘同源人是祖父母,从两边分别往上数,己身至祖父母是二亲等,伯、叔至祖父母是一亲等,两边数字不等,则取多的一边的数字,即己身与伯、叔为二亲等旁系血亲。

可见,在计算旁系血亲关系的远近方面,寺院法亲等计算法没有罗马法亲等计算法准确。例如,计算己身与伯、叔和堂兄妹之间的亲等,用罗马法计算分别为三亲等和四亲等;用寺院法计算,都是二亲等。从血缘联系方面看,己身与伯、叔的血缘关系明显比己身与堂兄妹的血缘关系更近,而用寺院法计算则无区分。由于罗马法的亲等计算法比寺院法的亲等计算法精确,故其被世界多数国家采用。

三、我国《民法典》的代数计算法

《民法典》是以"代"来表明亲属关系的亲疏远近的,如第1048条规定"直系血亲或者三代以内的旁系血亲禁止结婚",第1099条规定"收养三代以内旁系同辈血亲的子女……"。从立法渊源来看,1950年《婚姻法》和1980年《婚姻法》都用代数来计算旁系血亲关系的亲疏远近,如我国1950年《婚姻法》第5条规定,"其他五代内的旁系血亲间禁止结婚的问题,从习惯"。其中所说的"三代""五代"就是我国法律规定的亲属关系之亲疏远近的单位。代数越小,亲属关系越亲近。对亲属关系代数的计算,分为直系血亲和旁系血亲两个方面。

（一）直系血亲代数的计算方法

从己身开始,己身为一代,往上或往下数。往上数父母为二代,祖父母、外祖父母为三代,曾祖父母、外曾祖父母为四代,高祖父母、外高祖父母为五代。往下数,子女为二代,孙子女、外孙子女为三代,曾孙子女、外曾孙子女为四代,玄孙子女、外玄孙子女为五代。

（二）旁系血亲代数的计算方法

计算旁系血亲的代数时,必须以同源血亲关系为依据。首先找出同源直系血亲,按直系血亲代的计算法,从己身往上数至同源直系血亲,记下代数。再从同源直系血亲往下数至要计算的旁系血亲,记下代数。如果两边的代数相同,则用一边的代数;如果两边的代数不同,则取代数大的一边为代数。例如,要计算兄弟姐妹的代数,首先找出同源直系血亲父母,己身为一代,往上数至父母为二代;再从父母为一代,往下数至兄弟姐妹是二代。因此,兄弟姐妹之间是二代的旁系血亲。再如,要计算己身与表侄子女（表兄弟姐妹的子女）的代数,先找出同源直系血亲外祖父母（从表侄子女一边来说为其曾祖父母）。己身为一代,往上数至外祖父母为三代,再从外祖父母往下数至表侄子女为四代,因此,己身与表侄子女为四代的旁系血亲。

我国以"代"来计算亲属关系的远近,虽然简便易行,但精确性不够。如己身与伯叔姑是三代旁系血亲,与他们的子女（堂、表兄弟姐妹）也是三代旁系血亲。表面上代数相同,但实际上血缘关系却有远近之别。本书认为,我国的代数计算法与寺院法的亲等计算法有着同样的缺陷,没有罗马法的亲等计算法精确,今后在修改《民法典》时有加以改革的必要。

第三节   亲属关系的法律事实

一、亲属关系的法律事实的认定

任何社会关系都处于产生、发展和变化之中,任何社会关系的发生、变更和消灭都有一定的原因。民事法律关系的变动即发生、变更、消灭,也须有一定的原因。导致民事法律关系变动的原因,被称为法律事实。所谓法律事实,是指能够引起民事法律关系发生、变更、消灭的客观情况。[①]根据客观事实是否与人的意志有关,可以将法律事实分为事件和行为两大类。[②]亲属关系作为一类民事法律关系,其变动即发生、变更、消灭也须有一定的原因。凡是依照亲属法律规范能够引起亲属关系发生、变更和消灭的原因,都是亲属关系的法律事实。亲属关系的法律事实亦由事件和行为两大类构成。由于亲属关系在性质上属于身份关系,因而这种法律事实可简称为身份法律事实。其构成特点有四个:

---

① 梁慧星:《民法总论》(第五版),法律出版社 2017 年版,第 63 页。

② 王利明:《民法总论》(第二版),中国人民大学出版社 2015 年版,第 89 页。值得注意的是,梁慧星先生认为,法律事实分为两大类,即自然事实和人的行为。前者又分为状态和事件。参见梁慧星:《民法总论》(第五版),法律出版社 2017 年版,第 63 页。

第一,身份法律事实必须是婚姻家庭法确认的能够引起亲属关系发生、变更和消灭的客观事实。我们知道,亲属关系是婚姻家庭法调整的对象。但是,婚姻家庭法规范本身作为静态规则并不能创设某一亲属关系,也不能改变或消灭某一亲属关系。婚姻家庭法只能反映一定的利益需要,按照人伦秩序和社会规制的要求,规定一些事实条件,并将这些事实条件与一定的亲属法律后果连接起来,当这些事实条件发生时,相应的亲属关系就发生、变更或消灭。这些由婚姻家庭法规定的、能够产生亲属关系后果的事实,就是身份法律事实。可见,婚姻家庭法规范是确认身份法律事实的依据,身份法律事实又是亲属关系发生、变更或消灭的原因,而亲属关系发生、变更或消灭则是身份事实出现的结果。

第二,身份法律事实具有外在客观性。身份法律事实可以与人的意志有关(如行为),也可以与人的意志无关(如事件),但必须是客观的存在。虽然事实是一个与主观意识相对应的概念,但不能由此认为法律事实中的行为与人的意志无关,也不能认为它就是一种纯主观的意志活动。实质而言,行为是人的有意识的活动,也就是说必须是表露于外的事实,具有外在的表现性,如民事法律行为和事实行为。只存在于主观之中而不表现于外界的内心意思无法产生法律效果,不能成为身份法律事实。

第三,身份法律事实必须具有法律后果的指向性。客观事实无所不在,无时不生,但并非都是法律事实。身份法律事实必须是依法能产生婚姻家庭法上的后果的事实。这种婚姻家庭法上的后果主要有三类:(1) 引起一定亲属关系的发生;(2) 引起一定亲属关系的变更;(3) 引起一定亲属关系的消灭。严格而言,亲属身份关系不存在变更的情形,如自然血亲关系、拟制血亲关系、配偶关系、姻亲关系只可能存在发生和消灭两种情形;只有亲属财产关系才存在变更之可能,如夫妻财产关系由法定财产制变更为约定财产制。[①]

第四,身份法律事实分为身份事件与身份行为。身份事件,即与主体意志无关的能够引起某种亲属关系变动的客观现象,如因出生产生亲子关系、因死亡终止配偶关系等。身份行为,即与主体意志有关的能够引起某种亲属关系变动的客观现象,如因结婚、离婚导致配偶关系的发生、终止,因收养成立、收养解除导致收养关系的发生、终止等。就婚姻家庭法的实践操作来看,身份事件与相应的法律秩序具有确定性,能够较为清楚地认定和把握,但身份行为却相对较为复杂,并与普通民事法律行为有所不同。

二、亲属关系的发生

亲属关系的发生是指一定法律事实的出现使当事人之间产生亲属关系。亲属关系既可以因行为发生,如结婚行为;也可以因事件发生,如出生。血亲和姻亲的产生原因不同,血亲中自然血亲和拟制血亲也有所不同,现分述如下。

(一) 自然血亲关系的发生

自然血亲关系基于出生而发生,出生是发生自然血亲的唯一原因。父母子女、兄弟姐妹等亲属关系以客观存在的血缘为联系,均基于出生而发生。自然血亲关系的发生时间就是出生的时间。非婚生子女与生父母的血亲关系同样是基于出生这一事件发生的,不管生父

[①] 本章只涉及亲属身份关系的法律事实及其后果,有关夫妻财产关系的法律事实及其后果参见本书后面相关章节。

是否认领,均不影响非婚生子女与生父之间血亲关系的客观存在。

(二) 拟制血亲关系的发生

拟制血亲一般基于一定的行为而发生。养父母与养子女是以合法的收养行为作为发生原因的,只有符合收养的条件并遵循收养的程序,才能发生拟制血亲的效力。继父母与继子女作为拟制血亲,其发生的原因包括:一是继子女的生母与继父或者生父与继母结婚的法律行为;二是继子女受继父或继母抚养教育的事实行为。

(三) 配偶关系的发生

配偶是基于结婚法律行为的实施而发生的亲属关系,结婚是配偶关系产生的唯一原因。在我国,当事人必须依法履行结婚登记程序,取得结婚证,才产生合法夫妻关系。配偶关系的发生时间,以取得结婚证的时间为准。

(四) 姻亲关系的发生

姻亲是以婚姻为中介而产生的亲属关系。婚姻成立是姻亲关系发生的原因,婚姻成立的时间就是姻亲关系发生的时间。

三、亲属关系的终止

亲属关系的终止,是指因一定的法律事实的出现而终止亲属关系。终止亲属关系的法律事实有事件和行为。血亲关系的终止原因一般是事件,如人的死亡;配偶和姻亲关系的终止原因既包括事件,如配偶一方死亡;也包括行为,如婚姻双方当事人离婚。

(一) 自然血亲关系的终止

自然血亲关系因死亡而终止,除送养外,不能人为解除。不过,即使子女为他人所收养,消除的也只是生父母子女之间法律上的权利义务,而他们之间的自然血亲关系仍存在,法律中有关自然血亲的规定仍然适用,如禁婚亲。

(二) 拟制血亲关系的终止

养父母与养子女的拟制血亲关系除因一方死亡而终止外,还可因法律行为(即收养关系的协议解除)或判决解除而终止。已形成拟制血亲关系的继父母与继子女关系终止的原因较为复杂,主要有:(1) 因继父母子女一方死亡而消灭;(2) 未成年的继子女因生母与继父或者生父与继母离婚,其被生母或者生父一方带走,继父或继母终止抚养而消灭;(3) 协议解除;(4) 诉讼解除。

(三) 配偶关系的终止

配偶关系因婚姻的终止而终止。婚姻的终止有两种原因:一是配偶一方自然死亡或被宣告死亡;二是因法律行为(即双方协议离婚)或判决离婚而消灭。因此,配偶关系终止的时间是配偶一方死亡的时间,或婚姻登记机关颁发离婚证的时间,或人民法院准予离婚的调解书或判决书生效的时间。

(四) 姻亲关系的终止

姻亲关系的终止是一个较复杂的问题,是否因离婚或配偶一方的死亡而发生终止,各国有不同的立法例。

1. 姻亲关系是否因离婚而终止

姻亲关系是否因婚姻当事人离婚而终止,在现代国家的法律中,有消灭主义和不消灭主义两种立法例。

消灭主义认为,姻亲关系是基于婚姻成立而产生的亲属关系,若离婚,就已失去其存在的基础,因此姻亲关系自然应随当事人的离婚而终止。例如,《日本民法典》第 728 条第 1 款规定:"姻亲关系,因离婚而终止。"[①]但采消灭主义立法例国家的法律规定禁止直系姻亲结婚的,其禁婚效力不消灭,如《日本民法典》第 735 条规定:"直系姻亲之间,不得结婚。依第七百二十八条或者第八百一十七条之九的规定终止姻亲关系后,亦同。"[②]我国《民法典》未规定禁止直系姻亲结婚,因而直系姻亲关系消灭后,不存在禁婚效力。对于婚姻当事人离婚,直系姻亲关系是否消灭,我国现行法律未作明文规定,听由当事人自便。

不消灭主义认为,姻亲关系一般不发生重大权利义务,其法律效力仅限于禁婚效力和诉讼回避效力,因此,虽然婚姻已解除,但姻亲关系仍继续存在。例如,《德国民法典》第 1590 条 2 款规定:"即使姻亲关系因之而成立的婚姻已被解除,姻亲关系也存续。"[③]

2. 姻亲关系是否因婚姻当事人一方死亡而终止

姻亲关系是否因婚姻当事人一方死亡而终止,各国法律规定也不一致,主要有不消灭主义和有条件消灭主义两种立法例。

不消灭主义认为,姻亲关系不因婚姻当事人一方死亡而终止。例如,我国《民法典》第 1129 条规定:"丧偶儿媳对公婆,丧偶女婿对岳父母,尽了主要赡养义务的,作为第一顺序继承人。"也就是说,丧偶儿媳或者丧偶女婿无论再婚与否,只要对公婆或岳父母尽了主要赡养义务的,就可以在公婆或岳父母死亡时享有继承权,为第一顺序继承人,并且不影响子女的代位继承。

有条件消灭主义认为,婚姻当事人一方死亡后,如果生存配偶一方再婚或表示终止姻亲关系的意思的,则姻亲关系归于消灭。例如,《日本民法典》第 728 条第 2 款规定,"在夫妻一方死亡的情形,生存配偶表示终止姻亲关系的意思时",姻亲关系终止。[④]

第四节　亲属关系的法律效力

亲属关系一经法律调整,就会产生一定的法律后果,即为亲属关系的法律效力。也即,亲属关系的法律效力是指一定范围内的亲属所具有的法定权利义务及其在法律上发生的其

---

① 刘士国、牟宪魁、杨瑞贺译:《日本民法典》,中国法制出版社 2018 年版,第 180 页。

② 刘士国、牟宪魁、杨瑞贺译:《日本民法典》,中国法制出版社 2018 年版,第 183 页。

③ 陈卫佐译注:《德国民法典》(第五版),法律出版社 2020 年版,第 559 页。

④ 参见刘士国、牟宪魁、杨瑞贺译:《日本民法典》,中国法制出版社 2018 年版,第 180 页。

他效果①。我国一直重视道德人伦,赋予亲属关系法律上的效力。这种效力包括公法上的效力和私法上的效力。其中,公法上的效力包括刑法、行政法以及诉讼法上的效力,私法上的效力则主要体现为婚姻家庭法、继承法上的效力。根据我国现行法律规定,亲属关系的效力主要表现在以下领域。

一、亲属关系在民法上的效力

(一) 禁婚效力

一定范围内的血亲禁止结婚。依《民法典》第 1048 条规定,直系血亲或者三代以内的旁系血亲禁止结婚。法律拟制的直系血亲,如养父母与养子女、有抚养关系的继父母与继子女间,虽然无自然血缘联系,但基于伦理道德,也禁止结婚。在一些国家的立法中,还有禁止直系姻亲之间和一定范围内不同辈分的旁系姻亲结婚的规定。②

(二) 扶养效力

一定范围内的亲属互负扶养义务。《民法典》第 1059、1067 条分别规定,夫妻之间、父母子女间互负扶养义务;第 1074、1075 条规定,在一定条件下,祖孙之间和兄弟姐妹间也负扶养义务。

(三) 收养效力

自收养关系成立之日起,养父母与养子女间的权利义务关系,适用《民法典》关于父母子女关系的规定;养子女与养父母的近亲属间的权利义务关系,适用《民法典》关于子女与父母的近亲属关系的规定。养子女与生父母以及其他近亲属间的权利义务关系,因收养关系的成立而消除。收养关系解除后,养子女与养父母以及其他近亲属间的权利义务关系即行消除,与生父母以及其他近亲属间的权利义务关系自行恢复。但是,成年养子女与生父母以及其他近亲属间的权利义务关系是否恢复,可以协商确定。

(四) 监护效力

近亲属是未成年人的法定监护人,也是无民事行为能力或限制民事行为能力的成年人的法定监护人和意定监护人。例如,对未成年人的法定监护人,《民法典》第 27 条规定:"父母是未成年子女的监护人。未成年人的父母已经死亡或者没有监护能力的,由下列有监护能力的人按顺序担任监护人:(一)祖父母、外祖父母;(二)兄、姐;(三)其他愿意担任监护人的个人或者组织,但是须经未成年人住所地的居民委员会、村民委员会或者民政部门同意。"对成年人的法定监护人,《民法典》第 28 条规定:"无民事行为能力或者限制民事行为能力的成年人,由下列有监护能力的人按顺序担任监护人:(一)配偶;(二)父母、子女;(三)其他近亲属;(四)其他愿意担任监护人的个人或者组织,但是须经被监护人住所地的居民委员会、村民委员会或者民政部门同意。"对近亲属成为意定监护人的,《民法典》第 33 条规定:"具有完全民事行为

---

① 参见巫昌祯主编:《婚姻与继承法学》(第五版),中国政法大学出版社 2011 年版,第 81 页。
② 参见陈苇主编:《外国婚姻家庭法比较研究》,群众出版社 2006 年版,第 154 页。

能力的成年人,可以与其近亲属、其他愿意担任监护人的个人或者组织事先协商,以书面形式确定自己的监护人,在自己丧失或者部分丧失民事行为能力时,由该监护人履行监护职责。"

（五）法定代理效力

近亲属是无民事行为能力人或限制民事行为能力人的法定代理人。《民法典》第23条规定:"无民事行为能力人、限制民事行为能力人的监护人是其法定代理人。"并且,依《民法典》第27、28条及第34条第1款的规定,近亲属作为监护人时是未成年人、非完全民事行为能力成年人的法定代理人,依法行使代理权,进行民事活动,如父母代理未成年子女缔结合同、代理民事诉讼等。

（六）对失踪人、精神病人申请宣告效力

根据《民法典》第40、45、46、50条的规定,对下落不明达到法律规定期限的人,其近亲属可以向人民法院申请宣告失踪、宣告死亡;当失踪人或者被宣告死亡的人重新出现时,经本人或者利害关系人申请,人民法院应当撤销失踪宣告或者死亡宣告。

根据《民法典》第24条的规定,近亲属可以对不能辨认或者不能完全辨认自己行为的成年人向人民法院申请认定该成年人为无民事行为能力人或者限制民事行为能力人;被人民法院认定为无民事行为能力人或者限制民事行为能力人的,经本人、利害关系人或者有关组织申请,人民法院可以根据其智力、精神健康恢复的状况,认定该成年人恢复为限制民事行为能力人或者完全民事行为能力人。

（七）共同财产效力

《民法典》第1062条规定,夫妻在婚姻关系存续期间,无论双方所得或一方所得的财产,除另有约定或法律另有规定外,归夫妻共同所有。夫妻对共同财产,有平等的处理权。这表明夫妻可以产生共同财产效力。

（八）继承效力

一定范围内的亲属有互相继承遗产的权利。依据《民法典》第1127条的规定,被继承人的配偶、子女、父母是第一顺序法定继承人,兄弟姐妹、祖父母、外祖父母为第二顺序法定继承人。

（九）债权效力

亲属关系在债权法上的效力主要表现在以下几个方面:(1) 受赠人严重侵害赠与人近亲属合法权益的,赠与人享有法定撤销权。例如《民法典》第663条规定,受赠人严重侵害赠与人或者赠与人近亲属的合法权益的,赠与人可以撤销赠与。(2) 近亲属比承租人享有更优先的购买权。例如《民法典》第726条第1款规定:"出租人出卖租赁房屋的,应当在出卖之前的合理期限内通知承租人,承租人享有以同等条件优先购买的权利;但是,房屋按份共有人行使优先购买权或者出租人将房屋出卖给近亲属的除外。"(3) 死者的姓名、肖像、名誉、荣誉、隐私、遗体等受到侵害的,其近亲属享有精神性人格利益,有权要求加害人承担民事责任。例如《民法典》第994条规定:"死者的姓名、肖像、名誉、荣誉、隐私、遗体等受到侵害的,其配偶、子女、父母有权依法请求行为人承担民事责任;死者没有配偶、子女且父母已经死亡的,其他近亲属有权依法请求行为人承担民事责任。"(4) 侵权行为造成自然人死亡的,其近亲属有权请求加害人承担侵权责任。例如《民法典》第 1181 条规定:"被侵权人死亡的,其近亲属有权请求侵权人承担侵权责任。被侵权人为组织,该组织分立、合并的,承继权利的组织有权请求侵权人承担侵权责任。被侵权人死亡的,支付被侵权人医疗费、丧葬费等合理费用的人有权请求侵权人赔偿费用,但是侵权人已经支付该费用的除外。"(5) 患者的近亲属享有对患者实施手术、特殊检查、特殊治疗的知情同意权。例如《民法典》第 1219 条第 1 款规定:"医务人员在诊疗活动中应当向患者说明病情和医疗措施。需要实施手术、特殊检查、特殊治疗的,医务人员应当及时向患者具体说明医疗风险、替代医疗方案等情况,并取得其明确同意;不能或者不宜向患者说明的,应当向患者的近亲属说明,并取得其明确同意。"

二、亲属关系在刑法上的效力

我国刑法中某行为是否构成犯罪,或者虽属犯罪但是否必须给予刑罚处罚,与亲属有一定的关系。

(一) 犯罪构成效力

现行《刑法》中规定的虐待罪、遗弃罪等,要求加害人与被害人必须是家庭成员或有扶养义务的亲属关系才能成立。另外,家庭成员之间有盗窃行为的,一般不认为是犯罪;如果要追究刑事责任,应当酌情从宽。例如 2013 年《最高人民法院、最高人民检察院关于办理盗窃刑事案件适用法律若干问题的解释》第 8 条规定:"偷拿家庭成员或者近亲属的财物,获得谅解的,一般可不认为是犯罪;追究刑事责任的,应当酌情从宽。"

(二) 告诉效力

某些犯罪必须由具有一定亲属关系的人行使告诉权才予以处理。例如现行《刑法》第 98 条规定:"本法所称告诉才处理,是指被害人告诉才处理。如果被害人因受强制、威吓无法告诉的,人民检察院和被害人的近亲属也可以告诉。"根据现行《刑法》第 257、260 条的规定,近亲属以暴力干涉他人婚姻自由和虐待家庭成员且情节恶劣的,被害人告诉的才处理。但是,现行《刑法》并没有因为罪犯与受害人之间的亲属关系而有加重或者减轻刑罚的规定,其他有些国家则有相关规定。

三、亲属关系在诉讼法上的效力

在刑事诉讼、民事诉讼、行政诉讼中,亲属关系都会发生一定的效力。

(一) 回避效力

在上述三大诉讼中,审判人员、检察人员、侦查人员、书记员、鉴定人和勘验人员如果是本案的当事人或是当事人的近亲属,或者与本案有直接利害关系,应自行回避。如果不回避,诉讼当事人可以申请他们回避。

现行《刑事诉讼法》第193条第1款考虑到强制配偶、父母、子女在法庭上对被告人进行指证不利于家庭关系的维系,明确免除被告人的配偶、父母、子女的出庭作证义务。

（二）上诉、申诉效力

一定范围内的亲属可以代为行使上诉、申诉权。例如,在民事诉讼中,没有诉讼行为能力的当事人,由其取得法定代理人身份的亲属代为进行诉讼活动[1];行政诉讼中,可以提起行政诉讼的公民死亡后,其近亲属可以依法提起诉讼[2];刑事诉讼中,被告人的近亲属可以担任被告人的辩护人,可以代其上诉或申诉[3]。

（三）强制执行效力

现行《民事诉讼法》第256条第1款规定,人民法院查封、扣押财产时,被执行人是公民的,应当通知被执行人或者他的成年家属到场。现行《民事诉讼法》第261条规定,强制迁出房屋或者强制退出土地且被执行人逾期不履行,强制执行时,被执行人是公民的,应当通知被执行人或者他的成年家属到场。

（四）和解效力

根据现行《刑事诉讼法》第212条第1款的规定,近亲属之间的暴力干涉婚姻自由、虐待、遗弃等自诉案件,已构成犯罪的,自诉人在宣告判决前可以同被告人自行和解或者撤回自诉(造成被害人重伤或死亡的除外)。

四、亲属关系在国籍法上的效力

在我国,亲属关系在国籍法中是取得国籍、入籍、退籍的重要依据,公民国籍的取得、丧失和恢复与亲属关系均直接相关。

（一）国籍自然取得

在我国,国籍的自然取得须依据一定亲属关系。根据《国籍法》第4—6条的规定,父母双方或一方为中国公民,本人出生在中国的,具有中国国籍;父母双方或一方为中国公民,本人出生在外国的,具有中国国籍,但父母双方或一方为中国公民并定居在外国,本人出生时即具有外国国籍的,不具有中国国籍;父母无国籍或国籍不明,定居在中国,本人出生在中国的,具有中国国籍。

---

[1] 现行《民事诉讼法》第60条规定:"无诉讼行为能力人由他的监护人作为法定代理人代为诉讼。法定代理人之间互相推诿代理责任的,由人民法院指定其中一人代为诉讼。"

[2] 现行《行政诉讼法》第25条第2款规定:"有权提起诉讼的公民死亡,其近亲属可以提起诉讼。"

[3] 现行《刑事诉讼法》第227条第1款规定:"……被告人的辩护人和近亲属,经被告人同意,可以提出上诉。"第299条第2款规定:"……犯罪嫌疑人、被告人的近亲属和其他利害关系人有权申请参加诉讼,也可以委托诉讼代理人参加诉讼。"第300条第2款规定:"对于人民法院依照前款规定作出的裁定,犯罪嫌疑人、被告人的近亲属和其他利害关系人或者人民检察院可以提出上诉、抗诉。"

（二）申请入籍

外国人或无国籍人,愿意遵守中国宪法和法律,且是中国公民的近亲属的,可以经申请批准加入中国国籍。

（三）申请退籍

中国公民是外国人的近亲属的,经申请批准可以退出中国国籍。

此外,劳动法、行政法等部门法中也有涉及亲属关系的规定用来调整相关亲属间的权利和义务。

【本章小结】

本章主要阐述亲属关系的原理,包括亲属的概念、种类、范围,亲系的划分,亲等及代数的计算方法,以及亲属关系的法律事实和法律效力等内容。亲属关系一经法律调整,便在具有亲属身份的主体之间产生法定的权利与义务。我国各部门法规定的亲属范围有所不同,但都呈现出一个清晰的规律:需要某法律明确赋予某些亲属权利义务的,即为该法律规定的法定近亲属。亲属关系的法律效力包括公法上的效力和私法上的效力。

【引导案例参考答案】

本案的第一个问题涉及亲属的种类、亲系和亲属关系的终止原因。本案中的继父李光容与受其抚养教育的未成年继子王军已形成拟制血亲关系。这种拟制血亲发生的原因有两个:一是继子王军的生母张玲与其继父李光容结婚;二是继子王军受继父李光容抚养教育。至于已形成拟制血亲关系的继父母与继子女关系如何终止,其原因则较为复杂。本案中当事人的拟制血亲关系,由于王军已被继父抚养成人,故即使在其生母张玲与继父李光容离婚后,也不能消灭,但可因王军或李光容一方死亡而消灭,也可因李光容与王军自愿达成协议而解除,还可因诉讼解除(一方提起解除继父子关系的诉讼,经人民法院审理确认双方关系恶化,无法共同生活的,可以判决解除)。

本案的第二个问题涉及亲系、亲属关系亲疏远近的计算法和旁系血亲的法律效力。本案中的李玉与王军是同母异父的半血缘兄弟姐妹,是旁系血亲。按罗马法的亲等计算法,他们是二亲等的旁系血亲;按寺院法的亲等计算法,他们是一亲等的旁系血亲;按我国的代数计算法,他们是二代的旁系血亲。由于《民法典》禁止三代以内的旁系血亲结婚,因此他们属于禁止结婚的近亲属关系。

本案的第三个问题涉及直系自然血亲、直系拟制血亲关系的终止原因。作为直系自然血亲的父母子女关系,除因生子女被人收养可终止与生父母的权利义务关系外,只能因死亡而终止,即双方当事人的权利义务不能通过双方协议终止。根据《民法典》第1111条的规定,继子女具有双重法律地位,其在与继父或继母保持父母子女关系的同时,与生父母继续保持父母子女关系;而在收养法律关系中,养子女和养父母形成父母子女关系后,其与生父母之间的父母子女权利义务关系终止。因此,虽然王军与李光容因为事实上的抚养而形成相互之间具有法定权利义务的继父子关系,但由于不是收养,王军与生父王成之间的父母子女间的权利义务关系仍然存在,且不能通过"断绝父子关系协议"而终止。

【本章思考题】

1. 亲属有哪些特征?
2. 亲属有哪些类型?
3. 什么是亲系? 如何区分直系血亲和旁系血亲?
4. 什么是亲等? 亲等的计算方法有哪些?
5. 我国的代数计算法与罗马法的亲等计算方法有何不同?
6. 亲属关系发生与终止的原因有哪些?

【本章参考习题】

第三章 《民法典》婚姻家庭编的基本原则和倡导性规定

【本章重点难点】

通过本章的学习,学生应了解我国《民法典》婚姻家庭编的基本原则与倡导性规定的主要内容及其贯彻实施,重点掌握婚姻自由原则、一夫一妻制原则。难点在于把握重婚、有配偶者与他人同居这两者之间的区别及其处理的法律规定。

【引导案例】

方某(男)与赵某(女)经人介绍相识,于2021年1月登记结婚,婚后无子女。最初感情尚好,后因家庭琐事,双方经常争吵、打架。自2022年3月起,方某经常殴打赵某,曾致赵某轻型颅脑损伤,住院5天。赵某觉得婚姻生活无法继续,便于2022年12月向方某提出离婚并分居。方某不同意离婚,多次以电话、微信等方式恐吓、威胁赵某。2024年3月1日,方某更是到赵某住处骚扰、砸门,并吵闹一个多小时,直至民警到达后才将其劝离。赵某认为自己的精神和人身安全受到极大威胁,于2024年5月6日向法院提起离婚诉讼,并申请人身安全保护令。

请问:赵某的诉讼请求能得到法院支持吗?

我国《民法典》婚姻家庭编的基本原则是婚姻家庭立法的指导思想,是制定婚姻家庭编和相关政策的依据,决定着婚姻家庭立法的性质和内容,也是解释和适用《民法典》婚姻家庭编的依据。首先,它是指导婚姻家庭立法的基本思想,反映着立法者对婚姻家庭关系的基本要求,从而确定了一个国家婚姻家庭制度的基本性质和发展方向。其次,它体现了婚姻家庭立法必须遵循的准绳,贯穿于全部婚姻家庭法律的始终。任何一条具体的规则和内容都必须以它为根据,不得与之相违背。最后,它的性质决定了在对《民法典》婚姻家庭编进行具体解释或者在实践中适用时都必须以它为最根本的依据。

本章阐述的主要内容包括我国《民法典》婚姻家庭编的五项基本原则、禁止性规定和倡导性规定及其贯彻实施。在2020年《民法典》颁布前,2001年修正的《婚姻法》规定了五项基本原则,即婚姻自由原则,一夫一妻原则,男女平等原则,保护妇女、儿童和老人合法权益原则和计划生育原则,并作出了保障基本原则实施的禁止性规定,以及婚姻家庭关系的倡导性规定。[①] 根据调整我国婚姻家庭新情况的需要,《民法典》婚姻家庭编对以上基本原则、禁止性规定和倡导性规定进行了如下修改补充:一是增补了两项基本原则,即婚姻家庭受国

---

① 2001年修正的《婚姻法》第2—4条。

家保护原则和最有利于被收养人的原则①；二是修改补充了一项基本原则，即保护妇女、未成年人、老年人、残疾人的合法权益原则；三是删除了计划生育原则；四是完善了婚姻家庭关系的倡导性规定：家庭应当树立优良家风，弘扬家庭美德，重视家庭文明建设。夫妻应当互相忠实，互相尊重，互相关爱；家庭成员应当敬老爱幼，互相帮助，维护平等、和睦、文明的婚姻家庭关系。② 同时，为保障这些基本原则的贯彻实施，《民法典》婚姻家庭编沿用了 2001 年修正的《婚姻法》和 1998 年修正的《收养法》的以下禁止性规定：禁止包办、买卖婚姻和其他干涉婚姻自由的行为；禁止借婚姻索取财物；禁止重婚；禁止有配偶者与他人同居；禁止家庭暴力；禁止家庭成员间的虐待和遗弃；禁止借收养名义买卖未成年人。③

第一节　婚姻家庭受国家保护原则

一、确立婚姻家庭受国家保护原则的意义

婚姻家庭受国家保护是《民法典》婚姻家庭编新增的一项基本原则，也是婚姻家庭法的首要原则，对促进婚姻家庭幸福美满和社会和谐稳定具有重要意义。

（一）有利于构建平等和睦文明的婚姻家庭关系

婚姻是家庭的基础，家庭是社会的细胞。家庭作为人们生活的基本单位，具有物质生产和人口再生产等重要职能。婚姻家庭的稳定与和谐，关系千家万户的切身利益，关系和谐社会的构建。但随着社会经济、文化的发展，人们的婚姻家庭观念发生了很大变化，非婚同居、同性伴侣、丁克家庭、单身家庭等多元化新家庭形式的出现，使婚姻家庭的稳定性受到一定冲击。因此，确立婚姻家庭受国家保护的原则，有利于贯彻落实国家保护婚姻家庭的职责，有利于引导民众构建平等和睦文明的婚姻家庭关系。④

（二）有利于加强对婚姻家庭当事人合法权益的保护

婚姻家庭通常被认为是人们的"私生活"，在自然人的私生活领域，国家公权力并非放任不管，而是要对婚姻家庭当事人的婚姻自由权、生育权、夫妻财产权以及父母子女、兄弟姐妹、祖孙之间的扶养等婚姻家庭的人身权利和财产权利予以保护，对于侵害婚姻家庭当事人合法权益的行为要进行干预、禁止。因此，确立婚姻家庭受国家保护原则，在法律层面正面宣示了对婚姻家庭保护的国家责任，同时设立了婚姻家庭成员相互间权利义务的具体规定和破坏婚姻家庭行为的禁止性规范，国家以婚姻家庭法律规范指引当事人的行为，调整婚姻家庭关系，保护婚姻家庭当事人的合法权益。

---

① 关于收养的基本原则，本书在第七章予以论述，故本章从略而不予论述。
② 《民法典》第 1043 条。
③ 参见 2001 年修正的《婚姻法》第 3 条，1998 年修正的《收养法》第 20 条，《民法典》第 1042 条和第 1044 条第 2 款。
④ 参见陈苇、贺海燕：《论中国民法典婚姻家庭编的立法理念与制度新规》，载《河北法学》2021 年第 1 期。

（三）有利于社会和谐稳定

"天下之本在国，国之本在家。"① 习近平指出："家庭是社会的细胞。家庭和睦则社会安定，家庭幸福则社会祥和，家庭文明则社会文明。历史和现实告诉我们，家庭的前途命运同国家和民族的前途命运紧密相连。我们要认识到，千家万户都好，国家才能好，民族才能好。国家富强，民族复兴，人民幸福，不是抽象的，最终要体现在千千万万个家庭都幸福美满上，体现在亿万人民生活不断改善上。"② 婚姻家庭作为社会的基础结构和制度，是人赖以生存的土壤和幸福的源泉，家和才能万事兴，社会才能和谐稳定，正所谓"齐家、治国、平天下"。因此，确立婚姻家庭受国家保护原则，既有利于保障婚姻家庭当事人的合法权益，也有利于促进社会和谐稳定。

二、婚姻家庭受国家保护原则的内涵

婚姻家庭受国家保护原则的内涵体现在以下三个方面：③

第一，国家保护婚姻家庭，意味着国家应尽可能地保证每个符合条件的自然人的婚姻家庭生活权利得以实现，保护每个合法的婚姻家庭能够正常发挥其功能。

第二，保护婚姻家庭既是国家必须承担的义务和责任，又是国家的一种权力。据此，国家必须尊重人们在婚姻家庭领域私生活的合法自主权，同时，为保护婚姻家庭，国家也可以在一定范围内适当干预民众的私生活。

第三，遵循国家保护婚姻家庭的原则，任何妨碍他人正当行使婚姻家庭权利或有可能侵害他人此项权利的行为都必须予以禁止。

三、婚姻家庭受国家保护原则的主要法律规定

联合国 1948 年《世界人权宣言》规定："家庭是天然的和基本的社会单元，并应受社会和国家的保护。"我国《宪法》和《民法典》等法律都有关于婚姻家庭受国家保护的规定。

我国现行《宪法》第 33 条第 3 款明确规定："国家尊重和保障人权。"第 49 条进一步规定："婚姻、家庭、母亲和儿童受国家的保护。夫妻双方有实行计划生育的义务。父母有抚养教育未成年子女的义务，成年子女有赡养扶助父母的义务。禁止破坏婚姻自由，禁止虐待老人、妇女和儿童。"我国《宪法》的规定，既是对《世界人权宣言》倡导保护家庭的积极响应；也是我国尊重和保障人权，保障婚姻家庭、妇女、儿童和老年人的合法权益，保障实现婚姻家庭职能的必然要求。我国《宪法》对于婚姻家庭保护的规定是分层次的，强调婚姻家庭作为基本的制度与社会秩序，国家负有保护和维护的义务，首先是对家庭主体的保护，其次是家庭成员内部关系的义务规定，最后是禁止性条款。④

我国《民法典》总则编、婚姻家庭编都有关于婚姻家庭受国家保护的规定。《民法典》总

---

① 《孟子·离娄上》。
② 习近平：《在会见第一届全国文明家庭代表时的讲话》，人民出版社 2016 年版，第 3 页。
③ 参见杨遂全：《论国家保护婚姻家庭的宪法原则及其施行》，载《中国法学》2001 年第 1 期。
④ 参见胡敏洁：《"受国家保护的家庭"释析》，载《浙江学刊》2020 年第 5 期。

则编第 3 条明文规定："民事主体的人身权利、财产权利以及其他合法权益受法律保护,任何组织或者个人不得侵犯。"同时,其他条文还对涉及婚姻家庭的具体人格权、身份权、财产权、继承权、弱势群体作出保护性规定。[①]《民法典》婚姻家庭编第 1041 条首次明确规定"婚姻家庭受国家保护",并在修改增补的具体法律规范中,既更加尊重婚姻家庭当事人的意愿,又加大了对婚姻家庭的保护力度。例如:在结婚制度中,减少禁止结婚和无效婚姻的法定事由,修改补充可撤销婚姻制度,新增重大疾病的如实告知义务;在家庭关系中,新增夫妻家事代理权及其限制规则、夫妻共同债务认定规则、亲子关系的确认与否认之诉规则;在离婚制度中,新增离婚冷静期,补充诉讼离婚准予离婚的法定事由,完善离婚夫妻共同财产分割原则,修改离婚经济补偿、离婚经济帮助的适用条件,增加离婚损害赔偿法定事由的兜底条款;在收养制度中,放宽被收养人的年龄和收养子女的人数限制,修改收养人的条件,增加收养评估规则。《民法典》这些新增的制度或规则、原有制度的修改补充,彰显了加强国家对婚姻家庭保护的立法理念。[②]

四、贯彻婚姻家庭受国家保护原则的基本要求

坚持婚姻家庭受国家保护原则,是实现国家治理体系和治理能力现代化的必然要求,反映了国家安全、社会安定、家庭安宁的内在规律。其基本要求主要体现在以下五个方面:[③]

第一,立法上,法律法规的制定和相关政策的出台都应当贯彻婚姻家庭受国家保护的原则,建立健全保护婚姻家庭的制度和政策体系。

第二,执法上,所有行政执法、社会管理、公共管理和矛盾纠纷调处都应该关注婚姻家庭问题,认识婚姻家庭的特性并尊重其规律,保护当事人的合法权益,努力增进和谐因素,化解不和谐因素,促进婚姻家庭的和睦稳定。

第三,司法上,办理婚姻家庭案件、处理婚姻家庭纠纷,要认清婚姻家庭亲属关系具有伦理性和婚姻家庭法具有身份法属性,要贯彻婚姻家庭受国家保护原则,对于法律的适用和解释不能简单套用财产法规则,而要兼顾实现婚姻家庭整体和当事人、第三人及权益相关者的利益平衡,努力使法律效果与道德效果、当事人的心理情感效果与社会效果统一实现。

第四,用法上,一切党政机关、基层组织、社会组织、群众团体、企事业单位都要树立以人民为中心的理念,关心婚姻家庭,重视婚姻家庭,保护婚姻家庭,积极建设婚姻家庭文明新风尚。

第五,守法上,自然人作为婚姻家庭的民事主体,既要依法行使自己的婚姻家庭权利,也要依法承担自己的婚姻家庭义务。同时,还要承担婚姻家庭文明建设的主体义务,注重修身齐家,树立优良家风,弘扬家庭美德,重视家庭文明建设,维护平等、和睦、文明的婚姻家庭关系。

---

① 参见《民法典》第 110、112、113、124、128 条。
② 参见陈苇、贺海燕:《论中国民法典婚姻家庭编的立法理念与制度新规》,载《河北法学》2021 年第 1 期。
③ 参见杨大文、龙翼飞主编:《婚姻家庭法》(第八版),中国人民大学出版社 2020 年版,第 52—53 页。

第二节　婚姻自由原则

一、婚姻自由的概念和内容

(一) 婚姻自由的概念

婚姻自由是宪法赋予婚姻当事人的一项基本权利,也是《民法典》婚姻家庭编的一项重要基本原则。婚姻自由,又称婚姻自主,是指公民有权依照法律的规定,自主地决定自己的婚姻问题,不受任何人的强制或干涉。对婚姻自由可以从以下两方面把握:

第一,婚姻自由是法律赋予婚姻当事人的一项人身权利。婚姻自由是法律赋予公民的人身自由权利在婚姻问题上的体现。我国现行《宪法》第 49 条第 4 款规定:"禁止破坏婚姻自由……"《民法典》第 1041 条第 1、2 款规定:"婚姻家庭受国家保护。实行婚姻自由、一夫一妻、男女平等的婚姻制度。"我国现行《刑法》第 257 条第 1、2 款规定:"以暴力干涉他人婚姻自由的,处二年以下有期徒刑或者拘役。犯前款罪,致使被害人死亡的,处二年以上七年以下有期徒刑。"由此可见,婚姻自由是婚姻当事人受法律保护的一项人身权利。它作为人身权利,只能由当事人本人享有和行使,其他人不能代为行使。任何人,包括当事人父母,都不得侵犯这种权利,否则就是违法行为。

第二,婚姻自由权的行使必须符合法律的规定。任何自由都不是绝对的,婚姻自由和其他自由权利一样,要受到国家法律和政策的约束,同时还要符合社会主义道德的要求,婚姻当事人只有在这些规定的范围内行使婚姻自由权利,才能得到法律的保护。《民法典》婚姻家庭编对结婚的条件和程序、离婚的条件和程序都作出了明确的规定,这些规定就是合法与违法的界限,如果逾越了界限,违反了法律,不但得不到法律的承认和保护,还要受到法律的制裁。可见,婚姻自由的权利既不允许任何人侵犯,也不允许当事人滥用。

由上可见,婚姻自由是法律赋予婚姻当事人的一项人身权利,我们必须要正确地理解和行使这一权利。既要反对包办、买卖婚姻等侵犯婚姻自由权利的行为,也要反对当事人滥用婚姻自由的权利。应当指出,公民的婚姻自由和社会的公共利益是一致的,社会为公民实现婚姻自由创造了条件,而公民正确地行使婚姻自由权利反过来也会促进社会的安定团结。

(二) 婚姻自由的内容

婚姻自由即婚姻当事人有权依法自主决定自己的婚姻问题。[①] 婚姻自由包括结婚自由和离婚自由两个方面的内容。

1. 结婚自由

结婚自由是指婚姻当事人有依法缔结婚姻关系的自由。《民法典》第 1046 条规定:"结婚应当男女双方完全自愿,禁止任何一方对另一方加以强迫,禁止任何组织或者个人加以干涉。"根据该规定可知,公民是否结婚、与谁结婚、何时结婚,完全由当事人自主决定,任何

---

① 有关婚姻自由与婚姻自主两者的关系,参见刘国华、帅学农:《"婚姻自由"向"婚姻自主"的理性回归》,载中南财经政法大学、湖北警官学院编:《中国法学会婚姻家庭法学研究会 2013 年年会论文集》,2013 年印制。

人,包括当事人的父母、亲友、领导都无权对此进行强迫或干涉,也不得以家庭出身、受教育程度、财产、宗教信仰等为由干涉他人婚姻。自愿是实现结婚自由的前提,双方意思表示一致是以双方自愿为基础的结婚所应具备的条件,因此,结婚必须坚持男女双方完全自愿且意思表示真实,不允许任何一方对他方进行强迫、欺骗、乘人之危或者第三人对结婚进行强迫或干涉。但是结婚自由不得违背法律规定的条件和程序。结婚自由并不意味着婚姻当事人在结婚问题上可以为所欲为,当前既要反对包办、买卖婚姻等强迫或干涉他人结婚自由的行为,也要反对结婚上的各种轻率行为,结婚当事人应当持对本人、对对方、对后代以及对社会负责的严肃慎重态度,认真对待婚问题,遵守《民法典》的有关规定,以建立合法有效的婚姻关系。

2. 离婚自由

离婚自由是指婚姻当事人依法解除婚姻关系的自由。婚姻的缔结以当事人双方自愿为条件,当夫妻感情完全破裂而无法继续维持婚姻关系时,依法解除这种不美满的婚姻是完全必要的,这无论对于双方,还是对于社会,都是一件幸事,把离婚一律当成悲剧是错误的。离婚自由是法律赋予公民的一项人身权利,其他任何组织、单位和个人均不得非法干涉。但是,由于离婚是一种重要的民事法律行为,其不仅涉及夫妻双方,还关系着家庭的离散和子女的利益及社会的利益,因此,夫妻双方必须慎重对待离婚问题,避免轻率离婚行为的发生,对于感情确已破裂而无法调解和好的夫妻双方,必须遵守《民法典》对于离婚条件和程序的规定,通过法定程序实现离婚,并承担相应的法律后果。

3. 结婚自由与离婚自由的关系

结婚自由和离婚自由共同构成了婚姻自由的完整内容,两者是相辅相成,互为补充的。没有结婚自由就没有离婚自由,没有离婚自由也就没有真正的结婚自由。结婚是普遍行为,是婚姻自由的主要方面,离婚是特殊行为,往往是在婚姻关系已经破裂而不能维系的情况下作出的。离婚为再次缔结自由的婚姻创造了条件,因此离婚自由是结婚自由的重要补充,没有离婚自由,就不可能存在真正意义上的婚姻自由。结婚自由与离婚自由两者互相结合,构成了完整的婚姻自由。《民法典》中有关结婚自由和离婚自由的规定,体现了婚姻问题上自由与秩序的统一,指出了婚姻自由的范围,划清了合法与违法的界限,这些必要的约束,并不意味着对婚姻自由的限制,恰恰相反,它是对婚姻当事人行使婚姻自由权利的切实保障。

二、保障婚姻自由原则实施的禁止性规定

婚姻自由的实现与社会的发展条件存在着紧密的联系。在我国,一方面,现代社会经济和文化的发展为婚姻自由的实现提供了一定的物质的和精神的条件;另一方面,我国是有着两千多年封建历史的国家,婚姻家庭领域还存有封建婚姻家庭观念的残余,在一定程度上阻碍着婚姻自由的实现,因此,为了保障婚姻自由原则的实施,《民法典》第1042条第1款规定:"禁止包办、买卖婚姻和其他干涉婚姻自由的行为。禁止借婚姻索取财物。"要贯彻落实婚姻自由原则,必须禁止违反婚姻自由原则的行为。

(一) 禁止包办、买卖婚姻和其他干涉婚姻自由的行为

1. 禁止包办、买卖婚姻

包办婚姻是指第三人(包括父母)违反婚姻自由的原则,违背婚姻当事人的意愿,强迫其

缔结婚姻的行为。包办婚姻既包括违背一方当事人的意愿,也包括违背双方当事人的意愿。例如,父母不顾女儿的反对,坚持让女儿定亲,并强迫其出嫁。在现实生活中存在的换亲和童养媳均为包办婚姻的形式。

买卖婚姻是指第三人(包括父母)以索取大量财物为目的,强迫他人缔结婚姻的行为。例如,父母为索取大量的彩礼或养育费,不顾女儿的反对而为女儿包办婚姻的行为。在现实生活中,买卖婚姻主要表现为父母索取钱财、拐卖妇女两种形式。

包办婚姻和买卖婚姻都是我国《民法典》婚姻家庭编禁止的违法行为,两者既有联系又有区别。两者的共同点在于:都是违反婚姻自由的原则,违背当事人的意愿而对婚事的强迫。不同之处在于:买卖婚姻以索取大量财物为目的,而包办婚姻无此特征,因此,包办婚姻不一定是买卖婚姻,而买卖婚姻一定是包办婚姻。

2. 禁止其他干涉婚姻自由的行为

其他干涉婚姻自由的行为是指包办、买卖婚姻以外的其他违反婚姻自由原则的行为。其表现形式多样,诸如子女干涉丧偶或离婚的父母再婚、干涉寡妇再婚、干涉男方到女方家落户、干涉离婚自由等。在现实生活中,子女干涉丧偶或离婚的父母再婚的现象具有一定的普遍性,因此,《民法典》第 1069 条规定:"子女应当尊重父母的婚姻权利,不得干涉父母离婚、再婚以及婚后的生活。子女对父母的赡养义务,不因父母的婚姻关系变化而终止。"此外,我国现行《老年人权益保障法》第 21 条第 1 款明确规定:"老年人的婚姻自由受法律保护。子女或者其他亲属不得干涉老年人离婚、再婚及婚后的生活。"凡违反上述规定的做法,均属于违法行为,情节严重构成犯罪的,应依法追究刑事责任。

总之,包办、买卖婚姻和其他干涉婚姻自由的行为都严重侵害了当事人的婚姻自由权利,危害到当事人的切身利益,故我国《民法典》婚姻家庭编明文禁止这些违法行为。因此,一方面必须继续深入宣传《民法典》,普遍提高民众的婚姻法律意识,肃清婚姻家庭领域的封建思想残余;另一方面也要加强婚姻家庭领域的执法力度,真正做到执法必严、违法必究。有关部门和人民法院在处理此类问题时,应区别对待,对于一般干涉婚姻自由的行为,要对当事人予以严厉批评教育或者给予行政处罚,而对于暴力干涉婚姻自由的行为,情节严重构成犯罪的,要依据我国现行《刑法》追究刑事责任,给予刑事处罚,以保护受害人的合法权益。

(二) 禁止借婚姻索取财物

借婚姻索取财物是指买卖婚姻以外的其他借婚姻索取财物的行为。这种婚姻的缔结是双方自愿的,但是,婚姻当事人的一方(大多数为女方)向对方索要一定的财物,作为结婚的先决条件,在实践中也会出现女方父母借婚姻从中索取一部分财物,不满足就不同意结婚。这不是正确行使婚姻自由权利的行为,而是婚姻当事人一方或其他借婚姻索取财物的第三人对婚姻自由权利的滥用,属于被《民法典》禁止的一种违法行为。

当前,借婚姻索取财物的现象比买卖婚姻的现象更严重、更普遍。尽管从表面上看男女缔结婚姻是自愿的,但是从实质上仍然摆脱不了金钱至上的婚姻观,严重破坏了社会风气,妨害了婚姻自由原则的贯彻,给婚姻当事人婚后的生产和生活带来了不利的影响,这也是家庭矛盾纠纷产生的原因之一,不利于婚姻的美满幸福,其危害性不可低估。有关部门应严肃认真地处理此类问题,处理时一般以批评教育为主,对借婚姻索取财物的一方,应责令其将所得财物部分或者全部返还给另一方。

　　(三) 划清婚姻自由问题上的若干界限

　　无论是包办、买卖婚姻和其他干涉婚姻自由的行为,还是借婚姻索取财物的行为,均阻碍了婚姻自由原则的全面贯彻,属于违法行为。在具体处理因此而引起的纠纷时,应正确掌握法律和政策的精神,注意划清以下几种界限:

　　1. 划清包办婚姻与父母主持或经人介绍且本人同意的婚姻的界限

　　前者违反婚姻自由的原则,当事人的结婚是被迫的,是一种违法行为;而后者虽然是由父母主持或者经人介绍的,却是在婚姻当事人双方相互了解的基础上,所作出的同意缔结婚姻关系的行为,符合婚姻自由的原则,是一种合法行为,受法律保护。

　　2. 划清买卖婚姻与借婚姻索取财物行为的界限

　　前者是违反婚姻当事人的意愿,以索取大量财物为目的,以强迫为手段的婚姻,是严重的违法行为;后者是在婚姻当事人自愿缔结婚姻的基础上索取财物,并作为结婚的先决条件,是一般性的违法行为。两者虽然都以索取财物作为结婚的条件,都是违法行为,但是在违法性质、程度和后果上都有所不同,因而法律后果也不一样。在财物的处理上,属于包办、买卖婚姻所得的财物,离婚时,原则上依法收缴;借婚姻关系索取的财物,离婚时,如结婚时间不长,或者因索要财物造成对方生活困难的,可酌情返还。

　　3. 划清借婚姻索取财物与男女自愿赠与的界限

　　前者是一方向他方主动索取,并作为结婚的先决条件,给予方是在被迫的情况下给予财物的,是一种违法行为;后者是男女双方基于互相爱慕,而自愿赠与财物以表心意或作为纪念,不附任何条件,与结婚不发生直接的联系,是一种合法行为。对取得财物的性质是索取还是赠与难以认定的,可按赠与处理。

　　4. 划清说媒骗财与正当婚姻介绍的界限

　　前者以说媒为手段,其主要的目的在于骗取财物,是一种违法行为,如果数额较大,应按诈骗罪追究其刑事责任;后者是人们出于善意而为男女相识提供帮助,或者是诸如婚姻介绍所等正当的社会机构为未婚男女以结婚为目的的相识提供帮助,是一种合法行为,受法律的鼓励和保护。

　　5. 划清一般干涉婚姻自由和以暴力干涉婚姻自由的界限

　　二者都是干涉他人婚姻自由的行为。不同之处在于,前者一般是违法行为,后者是犯罪行为。我国现行《刑法》第 257 条第 1、2 款规定:"以暴力干涉他人婚姻自由的,处二年以下有期徒刑或者拘役。犯前款罪,致使被害人死亡的,处二年以上七年以下有期徒刑。"划清以上界限的目的,是根据现实中的不同情节,运用法律区别对待,保护婚姻当事人的合法权利,制裁违法犯罪行为,以维护社会的和谐与稳定。

第三节　一夫一妻制原则

　　一夫一妻制原则是《民法典》婚姻家庭编规定的基本原则之一。坚持和维护一夫一妻制原则对于保证我国民众婚姻家庭幸福,保障男女平等,保护妇女、儿童的合法权益,以及发展和完善我国社会主义婚姻家庭制度有着非常重要的意义。

一、一夫一妻制概述

(一) 一夫一妻制的概念

一夫一妻制亦称单偶婚、个体婚,是指一男一女结为夫妻的婚姻制度。它的基本法律要求有:任何人都不得同时有两个或两个以上的配偶;任何已婚者在其配偶死亡或者离婚前都不得再行结婚;一切公开的、隐蔽的一夫多妻或一妻多夫都是非法的,都要受到法律的禁止、取缔以及制裁。

(二) 一夫一妻制的产生和发展

人类社会婚姻家庭制度的演变和发展,经历了从群婚制到对偶婚制再到一夫一妻制的发展过程。恩格斯运用唯物主义观点和方法,在《家庭、私有制和国家的起源》一书中,揭示了婚姻家庭制度产生和发展的规律,并明确指出,经济基础决定婚姻家庭制度,婚姻家庭的形态随经济基础变化而变化,社会生产力是其根本动力。

一夫一妻制自产生以来,经历了长期演变过程。依历史发展顺序可将其划分为四个不同阶段,即奴隶社会的婚姻家庭制度、封建社会的婚姻家庭制度、资本主义社会的婚姻家庭制度和社会主义社会的婚姻家庭制度。这些婚姻家庭制度由于各自的社会经济基础不同,产生了各自不同的特征。例如:奴隶社会和封建社会的一夫一妻制实际上就是妻子单方面的一夫一妻制、丈夫的一夫多妻制。但不可否认,一夫一妻制度是迄今为止最文明、最进步的婚姻家庭制度。

(三) 实行一夫一妻制的必要性

1949 年中华人民共和国成立后,颁布的第一部法律就是 1950 年《婚姻法》,从 1950 年《婚姻法》、1980 年《婚姻法》到 2001 年修正的《婚姻法》,再到《民法典》婚姻家庭编都毫无例外地把一夫一妻制原则作为《婚姻法》的基本原则。我国实行一夫一妻制的必要性如下:

1. 一夫一妻制符合婚姻的本质要求

在现代社会,夫妻感情是维系婚姻关系的基础,感情的专一性和排他性决定了必须实行一夫一妻制。恩格斯曾经指出:"既然性爱按其本性来说就是排他的, ……那么,以性爱为基础的婚姻,按其本性来说就是个体婚。"[①] 只有实行一夫一妻制,才能为夫妻感情的专一和长久以及共同抚育子女和赡养老人创造条件。而一夫多妻或者一妻多夫都是对爱情专一性的践踏,不利于婚姻家庭和社会的和谐稳定。夫妻之间相互忠实的义务,正是一夫一妻制的必然要求。

2. 一夫一妻制是真正实现男女平等的重要条件

我国古代社会的一夫一妻多妾制是男尊女卑、男女不平等的重要体现,新中国成立后,已将男女平等作为基本国策,提倡男女两性在政治、经济、文化及婚姻家庭等各个方面都是平等的。只有实行一夫一妻制,才能提高妇女的地位,保护妇女的权益,真正实现男女平等。

---

① 《马克思恩格斯文集》第 4 卷,人民出版社 2009 年版,第 95 页。

3. 男女性别的自然比例要求实行一夫一妻制

在人类社会,男女两性在大多数时间的比例是平衡的,它在客观上限制了一夫多妻和一妻多夫。只有在立法上规定一夫一妻制,才能保障公民有同等的机会建立正常的婚姻家庭生活。

4. 一夫一妻制符合世界发展潮流

人类社会在不断地向前发展,在当今世界,许多国家都实行一夫一妻制,而实行一夫多妻制或者一妻多夫制的国家越来越少,这是大势所趋,是社会文明进步的体现。

二、禁止重婚、禁止有配偶者与他人同居

在我国,社会主义经济制度的建立,男女在法律地位上的平等,为一夫一妻制原则的贯彻实施奠定了坚实的经济基础和法律基础。但我们也应当认识到,我国正处于社会主义初级阶段,婚姻家庭制度仍需要经历逐渐完善的过程。由于我国经历了漫长的封建社会,婚姻家庭领域内的一些旧制度、旧思想的残余导致违背一夫一妻制原则的现象时有发生。为了更好地贯彻一夫一妻制度,我国《民法典》第 1042 条第 2 款明确规定:"禁止重婚。禁止有配偶者与他人同居。"

(一) 禁止重婚

1. 重婚的概念

重婚是指当事人一方或双方已经存在一个有效的婚姻关系,在该婚姻关系终止前又与他人结婚或者与他人以夫妻名义共同生活并产生两个或两个以上婚姻关系的行为。前者称前婚,后者称后婚,即重婚。重婚是违反一夫一妻制原则的行为,为《民法典》所禁止。

重婚从学理上可分为法律上的重婚和事实上的重婚两种。法律上的重婚是指有配偶者前婚未解除,又与他人登记结婚而形成的重婚。事实上的重婚是指有配偶者前婚未解除,虽未与他人登记结婚,但又与他人以夫妻名义公开共同生活。无论是法律上的重婚还是事实上的重婚,只有前婚是有效的婚姻,后婚才能构成重婚。若前婚存在婚姻无效或可撤销的情形,而后婚存在于前婚被依法宣告无效或被撤销后,则不能构成重婚。

在我国现实生活中,法律上的重婚相对较少,多为事实上的重婚。因为结婚登记需要履行相关手续,并经过婚姻登记机关审查,有配偶者难以再次办理登记结婚。所以,有配偶者不办结婚登记而与他人公开以夫妻名义同居生活的事实重婚较多。

这里必须注意,1994 年 12 月《最高人民法院关于〈婚姻登记管理条例〉施行后发生的以夫妻名义非法同居的重婚案件是否以重婚罪定罪处罚的批复》(法复〔1994〕10 号)规定:新的《婚姻登记管理条例》(1994 年 1 月 12 日国务院批准,1994 年 2 月 1 日民政部发布)发布施行后,有配偶的人与他人以夫妻名义同居生活的,或者明知他人有配偶而与之以夫妻名义同居生活的,仍应按重婚罪定罪处罚。然而,最高人民法院已宣布,此批复自 2013 年 1 月 18 日起废止。其废止的理由为:一是 1994 年《婚姻登记管理条例》已废止;二是我国现行《刑法》对于重婚的处理已有明确规定。[①] 也就是说,自 2013 年 1 月 18 日起发生的有配偶者与

---

① 参见《最高人民法院关于废止 1980 年 1 月 1 日至 1997 年 6 月 30 日期间发布的部分司法解释和司法解释性质文件(第九批)的决定》,2012 年 11 月 19 日由最高人民法院审判委员会第 1560 次会议通过,自 2013 年 1 月 18 日起施行。

他人以夫妻名义同居的,已不再依上述批复被认定为构成事实上的重婚。

2. 重婚的法律后果

根据我国《民法典》和《刑法》的有关规定,重婚行为所引起的法律后果主要有以下两种:

(1) 重婚的民事责任。主要表现在三个方面:第一,重婚不具有婚姻的法律效力。在《民法典》规定的无效婚姻制度中,重婚是婚姻无效的法定事由之一。第二,重婚是认定夫妻感情确已破裂,法院判决准予离婚的情形之一。《民法典》第 1079 条规定,因婚姻当事人一方重婚引起的离婚诉讼,如感情确已破裂,调解无效,应当准予离婚。第三,一方的重婚行为是无过错方请求离婚损害赔偿的法定情形之一。《民法典》第 1091 条规定,因重婚导致离婚的,无过错方有权请求损害赔偿。

(2) 重婚的刑事责任。从刑法角度来看,重婚构成犯罪的,应根据《刑法》的有关规定追究刑事责任。我国现行《刑法》第 258 条规定:"有配偶而重婚的,或者明知他人有配偶而与之结婚的,处二年以下有期徒刑或者拘役。"但是如果自己没有配偶,而是被他人欺骗,不知道他人有配偶而与之结婚的,不构成重婚罪。此外,我国现行《刑法》第 259 条第 1 款规定:"明知是现役军人的配偶而与之同居或者结婚的,处三年以下有期徒刑或者拘役。"这是为保护现役军人的婚姻作出的规定,即对破坏军婚的与现役军人的配偶同居或重婚行为加重处罚。

3. 重婚行为应区分罪与非罪的界限

虽然我国法律明令禁止重婚,但是由于历史和现实的原因,重婚仍然存在并时有发生,因而正确界定重婚行为的罪与非罪是有必要的。其主要有以下几种情形:

(1) 对 1950 年《婚姻法》施行前的重婚、纳妾等历史遗留的重婚,若当事人相安无事的,承认其婚姻关系有效,妻和妾的法律地位是平等的;若当事人要求离婚的,则应依法解除其婚姻关系。该法施行后发生的重婚和纳妾,不再具有婚姻法律效力,并且应当依法承担相应的法律责任。

(2) 有配偶的妇女被拐卖后而重婚的。实践中有些已婚妇女,由于被拐骗、绑架、贩卖而被迫与他人再次结婚,由于这种情况下的重婚并非出于妇女自身的意愿,不具有重婚的故意,因而不宜将此种情形归入重婚罪的范围。

(3) 夫妻一方因不堪虐待外逃而重婚的。此类情形多表现为妻子不堪丈夫及与其共同生活的夫家其他人一贯的虐待而重婚。这种情况下,由于重婚一方只是为了摆脱虐待,避免遭受更严重、更长久的伤害,具有较小的社会危害性,属于情节显著轻微、危害不大的情形,因而不宜以重婚罪定罪处罚。

(4) 因遭受自然灾害或者意外事件迫于生计而重婚的。这种情况下,当事人一方与配偶失去联系,甚至知道配偶尚健在,但是迫于生计而不得不再与他人结婚。这种重婚行为虽然具有主观故意,但是由于灾难而不得不为之,其社会危害性不大,同样不宜以重婚罪定罪处罚。

4. 处理重婚应注意的两个问题

(1) 重婚的基本处理原则应当是承认和保护前婚,否认和解除后婚。但人民法院在具体案件处理中应当从案件的实际情况出发,考虑重婚形成的原因、情节和后果,分别情况,区别对待。

（2）重婚罪不属于我国现行《刑法》规定的告诉才处理的案件，因此对重婚罪的追究一般应由检察机关提起公诉。如果检察机关没有提起公诉，受害人在掌握重婚行为证据或证据线索的情况下，也可以向人民法院提起重婚案件的刑事自诉。[①]

（二）禁止有配偶者与他人同居

针对我国近几年来较为突出的婚外同居现象，为了维护一夫一妻制度，保护正常的婚姻家庭关系，《民法典》沿用 2001 年修正的《婚姻法》之规定[②]明文禁止有配偶者与他人同居。

1. 有配偶者与他人同居的概念

关于有配偶者与他人同居的概念，《婚姻家庭编解释（一）》第 2 条明确规定，"与他人同居"是指有配偶者与婚外异性，不以夫妻名义，持续、稳定地共同居住。因此，构成有配偶者与他人同居须具备以下几个条件：（1）主体上至少有一方为有配偶者；（2）同居对象是婚外异性；（3）同居者不以夫妻名义生活；（4）共同居住生活要有持续性和稳定性。

有配偶者与他人同居俗称为"姘居"，在我国现实生活中具体多表现为"包二奶""包二爷"等情形，而且逐渐由隐蔽转为公开，由部分经济发达地区蔓延到部分经济落后地区。这些现象无疑严重违背了一夫一妻制原则，破坏了正常婚姻家庭关系的稳定，败坏了社会风气，是违法行为。

2. 有配偶者与他人同居和相关概念的区别

（1）有配偶者与他人同居和事实上的重婚的异同。有配偶者与他人同居和事实上的重婚既有相同点，又有不同之处。从构成要件看，两者的相同点在于：主体都是一方或者双方有配偶，都与婚外异性有稳定的一定时期的同居生活。两者的不同之处在于：一是共同生活的名义不同。有配偶者与他人同居并不以夫妻名义同居生活，周围的人也不认为他们是夫妻关系；而事实上的重婚则公开以夫妻名义生活，周围的人也认为他们是夫妻关系。二是法律后果不同。有配偶者与他人同居，除与现役军人配偶同居外，不构成犯罪，不承担刑事责任。但如有配偶者与他人同居而导致离婚的，则要承担相应的民事后果和民事责任：法院对调解无效的，视为夫妻感情确已破裂，应判决准予离婚；在离婚时，无过错方可以依法请求损害赔偿。至于事实上的重婚，在 2013 年 1 月 18 日前在我国则明确规定构成犯罪，应当承担刑事责任。

（2）有配偶者与他人同居和通奸的异同。通奸是指男女一方或双方有配偶，而又与他人秘密地、自愿地发生两性关系的行为。[③]通奸的双方对外不以夫妻名义，对内不共同生活。有配偶者和他人同居和通奸既有相同点，又有不同之处。二者的相同点在于：主体都是一方或者双方有配偶，两性关系都是不以夫妻的名义。不同之处在于有配偶者与他人同居有共同的同居生活，而通奸不管是偶发的或是长期性的，均没有同居生活。[④]我国目前并没有将通奸行为纳入法律规制的范围，而是由道德规范予以规制。

---

① 参见陈苇主编：《婚姻家庭继承法学》（第二版），群众出版社 2012 年版，第 57 页。
② 2001 年修正的《婚姻法》第 3 条。
③ 参见巫昌祯主编：《婚姻家庭法新论——比较研究与展望》，中国政法大学出版社 2002 年版，第 94—95 页。
④ 例如：某男（已婚）与某女（已婚）在工作期间产生感情并且发生了性关系，但由于其并没有持续、稳定地共同生活，故不构成有配偶者与他人同居，只是一般的通奸行为。

3. 有配偶者与他人同居的法律后果

有配偶者与他人同居,违反社会公德,败坏社会风气,破坏一夫一妻制,影响夫妻和睦,引起家庭纠纷,因此,一经查明,行为人要依法承担相应的法律后果及法律责任。[①]

(1) 民事后果与民事责任。依据《民法典》第 1079、1091 条的规定,以与他人同居为由诉请离婚,法院经调解无效的,视为夫妻感情确已破裂,应判决准予离婚。并且,与他人同居而导致离婚的,无过错方有权请求损害赔偿。

(2) 刑事责任。为了保护现役军人的婚姻,我国现行《刑法》第 259 条第 1 款规定:"明知是现役军人的配偶而与之同居或者结婚的,处三年以下有期徒刑或者拘役。"

第四节　男女平等原则

一、男女平等原则概述

在我国,男女平等原则既是宪法原则,又是《民法典》婚姻家庭编的基本原则。我国现行《宪法》第 48 条第 1 款明确规定:"中华人民共和国妇女在政治的、经济的、文化的、社会的和家庭的生活等各方面享有同男子平等的权利。"我国《民法典》有关"实行婚姻自由、一夫一妻、男女平等的婚姻制度"和"夫妻在婚姻家庭中地位平等"等规定,将男女平等原则确立为婚姻家庭编的一项基本原则。我国现行《妇女权益保障法》在政治权利、文化教育权益、劳动和社会保障权益、财产权利、人身权利、婚姻家庭权益等方面对我国现行《宪法》规定的男女平等原则进行了全面的具体化。1995 年 9 月 4 日,江泽民在联合国第四次世界妇女大会上明确提出:"男女平等是促进我国社会发展的一项基本国策。"[②] 2015 年,中国国家主席习近平主持全球妇女峰会并发表重要讲话,深刻阐述了促进男女平等和妇女全面发展的中国主张。

(一) 男女平等原则的概念

男女平等是指男女两性在政治、经济、文化、社会和家庭生活等各方面平等地享有权利和承担义务。1975 年第一次世界妇女大会通过的《关于妇女的平等地位和她们对发展与和平的贡献的宣言》(简称《墨西哥宣言》)对男女平等作了明确的阐释,并为联合国所有成员所承认。根据《墨西哥宣言》,男女平等包括五项内容,即男女在人的尊严、价值、权利、机会、责任上的平等。[③] 尊严的平等主要指人格地位上的平等,价值的平等指作为人的价值上的平等,权利平等主要指享受权利(力)、利益、待遇上的平等,机会平等主要指发展机遇的平等,责任平等主要指义务分配方面的平等。[④] 男女平等原则,作为我国《民法典》婚姻家庭编的

---

① 主编注:我国现行法律对于第三者侵害婚姻关系的民事责任尚无规定,关于第三者侵害婚姻关系的民事责任之理论研究,参见杨遂全主编:《第三人侵害婚姻家庭的认定与处理》,法律出版社 2001 年版,第 151—191 页。

② 主编注:关于马克思主义之性别公正理论的研究,参见宋建丽:《在历史唯物主义视野下重新理解性别公正》,载《妇女研究论丛》2014 年第 2 期。

③ 参见全国妇联国际联络部:《历次世界妇女大会情况》,载《中国妇运》2015 年第 11 期。

④ 参见李霞主编:《婚姻家庭继承法学》,山东大学出版社 2006 年版,第 59 页。

基本原则,要求在婚姻家庭生活中男女两性处于平等的地位,受到平等对待,禁止一切基于性别的歧视。

（二）男女平等的发展历程

男女两性在婚姻家庭中的地位与其社会地位、政治地位相一致,是平等关系还是尊卑主从关系,归根结底取决于一定的社会制度。在原始社会,原始公有制经济决定了男女两性是一种朴素的平等关系。

从历史上看,生产资料的私有制和阶级压迫是男女不平等、妇女受压迫的社会根源。在奴隶社会和封建社会,随着男性在政治上和经济上的地位逐渐上升,男子掌握了社会和家庭中的一切大权,男女两性的不平等地位开始在法律、社会习俗、道德规范中体现出来,体现为男尊女卑,妇女逐渐沦为男性的附属。

自 1949 年中华人民共和国成立以来,社会主义制度的建立为男女平等的真正实现提供了前所未有的社会条件。中国共产党始终把解放妇女、实现男女平等看作革命事业不可分割的一部分。恩格斯说,"只要妇女仍然被排除于社会的生产劳动之外而只限于从事家庭的私人劳动,那么妇女的解放,妇女同男子的平等,现在和将来都是不可能的。妇女的解放,只有在妇女可以大量地、社会规模地参加生产,而家务劳动只占她们极少的工夫的时候,才有可能"[1]。妇女解放的第一步是妇女从家庭中解放出来,进入社会公共领域。政治解放是妇女解放的重要方面,而经济解放则构成了妇女解放不可缺少的基础。中华人民共和国成立以来,我国妇女的社会地位有了全面的提高,妇女已经成为各条战线上的一支不可或缺的主力军。我国历部《宪法》和相关法律都明确规定男女平等,可以说,男女两性法律地位的完全平等已经基本实现。但是也要看到,我国现在还处于社会主义初级阶段,由于社会经济文化发展水平的制约和传统观念的影响,事实上的男女平等与法律上的平等之间还有差距。因此,要从法律上的平等过渡到实际生活中的完全平等,仍然需要经历长时间的共同努力。

（三）男女平等原则的内容

婚姻家庭关系中男女平等的内容,从社会关系的角度看,包括婚姻关系上的男女平等和家庭关系上的男女平等;从内容的性质角度看,包括人身关系上的男女平等和财产关系上的男女平等。

1. 婚姻关系上的男女平等

在结婚、离婚问题上,男女双方有同等的缔结婚姻的权利,解除婚姻的权利。婚姻缔结以后,夫妻在家庭中的地位平等,夫妻在人身关系和财产关系两个方面的权利义务也都是平等的。例如:夫妻双方都有各自使用自己姓名的权利,双方都有参加生产、工作、学习和社会活动的自由,夫妻双方对共同所有的财产有平等的处理权,夫妻有互相扶养的权利和义务,有平等的相互继承遗产的权利等。

2. 家庭关系上的男女平等

在我国家庭中,除夫妻关系外,还有父母子女关系、祖孙关系、兄弟姐妹关系。在这些关

---

[1]《马克思恩格斯全集》第 28 卷,人民出版社 2018 年版,第 190 页。

系中,不同性别的家庭成员的权利和义务是平等的。例如:在人身关系方面,在姓氏问题上,子女可以随父姓,可以随母姓;在财产关系方面,父和母抚养子女的权利和义务是平等的,接受子和女赡养扶助的权利也是平等的;祖辈抚养孙辈、孙辈赡养祖辈的义务也是男女平等的;兄弟姐妹间互相扶养的权利和义务、兄弟姐妹间的继承权都是男女平等的。

二、男女平等原则在我国的贯彻与实施

男女平等是国际社会普遍关注的一个问题,也是我国政府历来十分重视和努力推进的一项工作。随着社会经济文化的发展,男女平等原则的深入贯彻实施,我国广大妇女在经济上越来越独立,其社会地位、经济地位、政治地位有了很大提高,在家庭中的实际地位也有了很大变化。

但是,我国几千年封建社会遗留下来的男尊女卑、重男轻女的传统思想的残余影响,目前仍在影响着部分人的思想和言行,导致在婚姻家庭领域里歧视妇女、侵犯妇女合法权益的现象时有发生,如限制妻子参加社会活动、夫对妻实施家庭暴力、打骂和虐待妇女、剥夺女性的继承权等。

因此,有了法律的保障并不等于能够完全落实,男女平等原则的贯彻与实施仍然任重道远,需要多途径、多方面的共同努力。不仅男性要摒弃男尊女卑的传统思想,树立男女平等的观念,明确在婚姻家庭领域中夫妻双方的权利义务是平等的,而且女性自身也要不断提高思想文化水平以及综合素质,以逐步消除由于历史原因形成的男女两性在社会生活、家庭生活中实际存在的差别,提高自我保护的意识,从而实现妇女享有与男子平等的一切权利。

第五节   保护妇女、未成年人、老年人、残疾人的合法权益原则

妇女、未成年人、老年人、残疾人无论在社会上还是在家庭中一般都处于弱势地位,因而他们的合法权益往往容易受到侵犯,要对他们的合法权益予以特别保护。我国法律从妇女、未成年人、老年人、残疾人的现实情况出发,在具体条文中作出了特殊的规定,以保护他们的合法权益,也体现了国家对弱势群体的照顾与关怀。

一、保护妇女合法权益

改革开放以来,我国加大了对妇女权益保护的力度,目前,基本上形成了以我国现行《宪法》为根据,以我国现行《妇女权益保障法》为主体,包括《民法典》《刑法》《劳动法》等法律、行政法规和地方性法规在内的一整套保障妇女权益和促进妇女发展的法律体系。保护妇女合法权益原则,作为《民法典》婚姻家庭编的基本原则,是对男女平等原则的必要补充。保护妇女合法权益原则与男女平等原则的立法精神是一致的。男女平等是基础,是一般性原则;保护妇女合法权益是补充,是特殊原则。两者相辅相成,共同保障建立男女平等、男女家庭成员共同发展进步的文明的婚姻家庭关系。

（一）保护妇女合法权益的意义

1. 有利于促进男女两性从法律上的平等向实质上的平等过渡

妇女占我国人口的半数，是我国社会主义建设的不可缺少的力量，发挥着"半边天"的作用。保护妇女的合法权益，有利于充分发挥妇女的聪明才智，调动妇女参加社会主义建设的积极性。妇女的法律地位如何，妇女的合法权益能否得到切实的保护，是衡量一个国家文明程度的重要标准之一。因此，必须在强调男女平等原则的同时，对妇女的合法权益加以特殊的保护。

虽然我国法律已明确赋予男女两性平等的法律地位，目前我国妇女的地位相对于封建社会和半殖民地半封建社会也有了很大的提高，但在现实生活中仍然存在一些男女不平等现象，特别是在农村，这一现象更加突出，侵害妇女合法权益的现象时有发生。例如，有些丈夫对妻子实施家庭暴力，虐待妇女，侵害妇女的财产权利，限制妇女在家庭里行使平等的权利等。在婚姻家庭领域贯彻与执行保护妇女合法权益的原则，有利于切实保护妇女在婚姻家庭中的合法权益，落实男女平等原则，促进男女两性从法律上的平等向实质上的平等迈进。

2. 针对男女两性的生理差异，对妇女的婚姻家庭权益给予特殊保护

妇女的生理、体质等特点，与男性具有显著区别。妇女承担着生儿育女、实现人口再生产的职能，其在家庭生活中的角色无可代替，身体负担和精神负担较男性重。因此，法律除了规定男女平等原则外，还应根据妇女的生理特点，特别规定妇女在婚姻家庭中享有男性所不享有的某些权利，给予她们特殊保护。

（二）保护妇女合法权益的内容

在我国，《民法典》婚姻家庭编在许多章节中都充分体现了保护妇女合法权益的原则，在"离婚"这一章中则表现得更为具体和突出。

1. 离婚程序方面的特殊保护

《民法典》第1082条明确规定："女方在怀孕期间、分娩后一年内或者终止妊娠后六个月内，男方不得提出离婚；但是，女方提出离婚或者人民法院认为确有必要受理男方离婚请求的除外。"女方在怀孕期间、分娩后1年内或者终止妊娠后6个月内，身体上和精神上都要承受一定的负担和压力，而女方的身体健康、心理稳定和精神愉快直接关系到胎儿和婴儿的发育和成长。因此，为保护妇女、胎儿和婴儿的身心健康，减少离婚给女方造成的强烈刺激，法律特别对一定时期内男方的离婚请求权加以限制。

2. 夫妻共同财产分割方面的特殊保护

《民法典》第1087条第1款明确规定："离婚时，夫妻的共同财产由双方协议处理；协议不成的，由人民法院根据财产的具体情况，按照照顾子女、女方和无过错方权益的原则判决。"目前，我国妇女的经济条件和男子相比总体上仍有一定差距，加上在一些农村地区还有封建思想的残余影响，以致男女双方在离婚时女方不能分得任何财产，因此，必须在财产分割上照顾女方权益，以保障女方离婚后的基本生活需要，并且保证妇女不会因为经济问题的顾虑而影响其正常地行使离婚自由的权利。

3. 离婚时的经济补偿请求权

《民法典》第1088条规定："夫妻一方因抚育子女、照料老人、协助另一方工作等负担较

多义务的,离婚时有权向另一方请求补偿,另一方应当给予补偿。具体办法由双方协议;协议不成时,由人民法院判决。"虽然夫妻双方对婚姻家庭依法享有平等的权利,负担平等的义务,但是在社会生活中,由于条件所限以及家庭内部角色分工等因素影响,通常由已婚妇女承担主要的家庭照料责任,由此而付出的大量时间和精力大大限制了她们的社会发展。[①]与此不同的是,丈夫则因有较多的时间和精力投入社会发展,从而获得了较高的社会地位或者较强的经济能力。从这个角度看,离婚补偿请求权虽然平等地适用于男女双方,但立法侧重点则在于维护已婚妇女的合法权益。

4. 离婚时的经济帮助请求权

《民法典》第 1090 条规定:"离婚时,如果一方生活困难,有负担能力的另一方应当给予适当帮助。具体办法由双方协议;协议不成的,由人民法院判决。"该条规定虽然平等地适用于夫妻双方,但现实生活中,离婚时面临困难的往往以女方居多,需要给予帮助的也多为女方,因此,该条规定实际上也体现了对妇女的特殊保护。

此外,我国现行《妇女权益保障法》作为保障妇女权益的专门法,全面、系统地规定了妇女在政治的、经济的、文化的、社会的和家庭的生活等各方面享有同男子平等的权利,对妇女权益保障的内容规定得更加具体,可操作性更强。[②]

二、保护未成年人合法权益

(一) 保护未成年人合法权益的意义

未成年人是祖国的未来、民族的希望,是社会主义现代化建设的接班人。他们的成长关系到国家的前途和命运,影响到市场经济的可持续发展。同时,未成年人无论是心智还是身体都尚未发育完全,属于无民事行为能力人或者限制民事行为能力人,自我保护的能力和意识都还有所欠缺。因此,保护未成年人合法权益,使他们在德、智、体、美、劳各方面全面发展、健康成长,既是国家的任务,也是家庭的重要责任。

在不同的社会制度下,未成年人的法律地位有很大差别,经历了一个由附属到独立的发展过程。在奴隶社会和封建社会,子女被视为父母的私有财产,漠视子女利益是当时婚姻家庭的特征之一,父母子女关系以"父为子纲"为最高原则。因此,未成年人没有独立的人格,其合法权益得不到保障。中华人民共和国成立后,从根本上改变了未成年人在社会和家庭生活中的法律地位,父母子女关系发生了深刻的变化,其合法权益得到了切实保障。我国现行《宪法》第 46 条 2 款规定:"国家培养青年、少年、儿童在品德、智力、体质等方面全面发展。"第 49 条第 1 款规定:"婚姻、家庭、母亲和儿童受国家的保护。"但是,在现实生活中,侵犯未成年人权益的现象仍时有发生,如遗弃女婴或残疾儿童、虐待儿童甚至出卖亲生子女等。因此,保护未成年人的合法权益,无论对未成年人本人、对家庭还是对社会都有着重要意义。

---

① 主编注:关于老年妇女问题的研究,参见王小璐、风笑天:《沉默的需求:老年女性的社会支持现状及困境》,载《妇女研究论丛》2014 年第 2 期。

② 主编注:关于中国妇女儿童权益法律保障情况的实证调查研究,参见陈苇主编:《中国妇女儿童权益法律保障情况实证调查研究——以中国五省市被抽样调查地区妇女儿童权益法律保障情况为对象》(上卷、下卷),群众出版社 2017 年版。

（二）保护未成年人合法权益的内容

《民法典》婚姻家庭编第 1041 条第 3 款明确规定了保护未成年人合法权益原则,并且在家庭关系、离婚等章中都有保护未成年子女的具体规定。①

1. 父母对子女的抚养、教育、保护的权利和义务

《民法典》第 1067 条第 1 款和第 1068 条明确规定了父母对未成年子女的抚养、教育、保护的权利和义务。父母对子女有抚养的义务,"父母不履行抚养义务的,未成年子女或者不能独立生活的成年子女,有要求父母给付抚养费的权利"。"父母有教育、保护未成年子女的权利和义务。未成年子女造成他人损害的,父母应当依法承担民事责任。"父母与子女间的关系,不因父母离婚而消除。离婚后,父母对于子女仍有抚养、教育、保护的权利和义务。

2. 不同类型的子女地位平等

在我国,在法律上有权利义务的子女,除婚生子女外,还包括非婚生子女、有抚养教育关系的继子女和养子女,他们的法律地位都是平等的。《民法典》婚姻家庭编第 1071 条规定,非婚生子女享有与婚生子女同等的权利,任何组织或者个人不得加以危害和歧视。不直接抚养非婚生子女的生父或生母,应当负担未成年子女或者不能独立生活的成年子女的抚养费;养父母和养子女间的权利和义务,适用父母子女关系的有关规定;继父母与继子女间不得虐待或者歧视。继父或者继母和受其抚养教育的继子女间的权利和义务,适用父母子女关系的有关规定。上述规定有利于保障未成年非婚生子女、有抚养教育关系的继子女和养子女的合法权益。

3. 法定情形下祖辈对孙辈的抚养义务以及兄姐对弟妹的扶养义务

《民法典》第 1074 条第 1 款规定:"有负担能力的祖父母、外祖父母,对于父母已经死亡或父母无力抚养的未成年孙子女、外孙子女,有抚养的义务。"第 1075 条第 1 款规定:"有负担能力的兄、姐,对于父母已经死亡或者父母无力抚养的未成年弟、妹,有扶养的义务。"这一规定符合我国家庭的实际情况,有利于保护未成年人的合法权益。

此外,我国现行《未成年人保护法》对未成年人的保护作出了更为具体和全面的规定。我国首部《未成年人保护法》于 1991 年 9 月通过,时隔 15 年后,针对未成年人保护领域出现的城市流动儿童增多、农村留守儿童大量存在、未成年人违法犯罪呈现低龄化趋势等新情况、新问题,我国于 2006 年对《未成年人保护法》作了较全面的修订。该法明确规定未成年人享有生存权、发展权、受保护权、参与权等权利,国家根据未成年人身心发展特点给予特殊、优先保护,通过强化家庭保护、学校保护、社会保护、司法保护和法律责任等途径保障未成年人的人身、财产和其他合法权益不受侵犯,促进未成年人在品德、智力、体质等方面全面发展。2020 年 10 月 17 日,《未成年人保护法》修订通过,新法将原来的第 56 条修改为第 110 条,修改后的内容为"公安机关、人民检察院、人民法院讯问未成年犯罪嫌疑人、被告人,询问未成年被害人、证人,应当依法通知其法定代理人或者其成年亲属、所在学校的代表等合适成年人到场,并采取适当方式,在适当场所进行,保障未成年人的名誉权、隐私权和其他合法权益",进一步规范和加强了对未成年人的司法保护。2024 年 4 月 26 日,《未成年人

---

① 主编注:关于最有利于未成年人原则的本土实践基础之研究,参见邓丽:《最有利于未成年人原则的实践基础与制度理性》,载《政治与法律》2024 年第 6 期。关于我国广州地区法院在审判实践中对妇女儿童保护的典型案例,参见《广州法院发布妇女儿童权益保护典型案例》,载广州政法网。

保护法》予以修正,主要对第 9 条作了修改,强调各级人民政府应当重视和加强未成年人保护工作。

三、保护老年人合法权益

(一) 保护老年人合法权益的意义

从古至今,尊老敬老都是中华民族的优良传统和美德。老年人在工作中为国家和社会创造了巨大的物质财富和精神财富,在抚养子女、操持家务中为整个家庭贡献了毕生的心血和精力。当他们年老体弱、丧失劳动能力的时候,理应得到社会和家庭的尊敬、照顾和帮助。随着人们物质生活水平的不断提高,生活环境、医疗保健设施的不断改善,以及保健意识的不断增强,人类寿命普遍延长,老年人数量迅速增长。因此,如何保护老年人的合法权益已经成为一个世界性的问题。随着我国进入人口老龄化社会,老年人不仅需要子女在经济上给予帮助、在生活上给予照顾、在精神上给予慰藉,也需要政府、有关部门、社区等社会各界的高度关注,从物质、精神、文化、法律等方面探索老年人保障体系的完善。

我国现行《宪法》第 45 条第 1 款规定:"中华人民共和国公民在年老、疾病或者丧失劳动能力的情况下,有从国家和社会获得物质帮助的权利。国家发展为公民享受这些权利所需要的社会保险、社会救济和医疗卫生事业。"但从我国目前的现实生活来看,老年人仍主要依靠家庭养老。国家应建立和完善以居家为基础、以社区为依托、以机构为支撑的社会养老服务体系。大多数子女对老年人都能够关心、尊敬和照顾,尽到自己应尽的赡养义务,但仍然有一些家庭出现了遗弃、虐待老年人的情况。因此,要实现"老有所养、老有所学、老有所为、老有所医、老有所乐"的"五有"目标,必须加强对老年人合法权益的保护。

(二) 保护老年人合法权益的内容

1. 对敬老爱幼的规定

《民法典》第 1043 条第 2 款明确规定:"……家庭成员应当敬老爱幼,互相帮助,维护平等、和睦、文明的婚姻家庭关系。"这体现了保护老年人合法权益基本原则的精神。

2. 子女对父母有赡养扶助的义务

我国现行《宪法》第 49 条第 3 款规定:"……成年子女有赡养扶助父母的义务。"《民法典》第 1067 条第 2 款对此作了基本一致的规定,子女对父母有赡养扶助的义务,"成年子女不履行赡养义务的,缺乏劳动能力或者生活困难的父母,有要求成年子女给付赡养费的权利"。而且子女对父母的赡养义务,不因父母婚姻关系变化而终止,即子女对父母赡养扶助的义务不因父母的离婚、再婚而消除。此外,《民法典》第 1074 条规定了祖孙之间的抚养、赡养义务,即有负担能力的孙子女、外孙子女,对于子女已死亡或子女无力赡养的祖父母、外祖父母,有赡养的义务。

我国现行《老年人权益保障法》第 14 条第 1 款明确规定:"赡养人应当履行对老年人经济上供养、生活上照料和精神上慰藉的义务,照顾老年人的特殊需要。"第 18 条第 1、2 款则进一步明确了对老年人的精神赡养:"家庭成员应当关心老年人的精神需求,不得忽视、冷落老年人。与老年人分开居住的家庭成员,应当经常看望或者问候老年人。"

3. 保障老年人的婚姻自由权

因子女干涉父母婚姻自由现象时有发生,我国现行《老年人权益保障法》第 21 条第 1 款明确规定,"老年人的婚姻自由受法律保护。子女或者其他亲属不得干涉老年人离婚、再婚及婚后的生活"。《民法典》第 1069 条亦规定:"子女应当尊重父母的婚姻权利,不得干涉父母离婚、再婚以及婚后的生活……"父母也有婚姻自由,享有离婚和再婚的权利,子女应当尊重父母的婚姻权利,不得干涉父母的婚姻生活。

为了保障老年人合法权益,弘扬中华民族敬老、养老、助老的美德,积极应对人口老龄化,2012 年 12 月 28 日第十一届全国人大常委会第三十次会议对《老年人权益保障法》作了修订。修订的主要内容包括:(1) 将积极应对人口老龄化上升为国家战略任务。(2) 确定国家逐步开展长期护理保障工作,保障老年人的护理需求。(3) 建立和完善以居家为基础、以社区为依托、以机构为支撑的社会养老服务体系。(4) 强调赡养人对老年人有提供精神慰藉的义务。家庭成员应当关心老年人的精神需求,不得忽视、冷落老年人。与老年人分开居住的家庭成员,应当经常看望或者问候老年人。用人单位应当按照国家有关规定保障赡养人探亲休假的权利。(5) 设专章规定"社会优待",增加了老年人社会优待的内容,扩大了优待对象的范围。(6) 确定老年人委任监护制度。规定具备完全民事行为能力的老年人,可以在近亲属或者其他与自己关系密切、愿意承担监护责任的个人、组织中协商确定自己的监护人。监护人在老年人丧失或者部分丧失民事行为能力时,依照有关法律的规定承担监护责任。(7) 增加养老宜居环境建设的内容。要求制定城乡规划时,要统筹考虑建设适老性的公共设施、服务设施、医疗卫生和文化设施,实施无障碍建设。此后,我国于 2015 年、2018 年对《老年人权益保障法》进行了两次修正。我国现行《老年人权益保障法》进一步完善了养老法律制度,全面具体地对老年人合法权益的保护作出了明确规定,是我国老龄事业发展史上一座新的里程碑。

四、保护残疾人合法权益

(一) 保护残疾人合法权益的意义

残疾人是社会中的一个特殊群体。残疾人是指在心理、生理、人体结构上,某种组织、功能丧失或者不正常,全部或者部分丧失以正常方式从事某种活动能力的人。残疾人包括视力残疾、听力残疾、言语残疾、肢体残疾、智力残疾、精神残疾、多重残疾和其他残疾的人。[①]残疾人由于自身无法克服的局限,在权利、发展机遇、物质生活条件等方面处于劣势,容易受到忽视、歧视与排斥,因此,残疾人是一类特别需要关注的弱势群体。只有将残疾人从救济对象转变为权利主体,强调该群体与其他公民有平等的法律地位,享有各种具体的权利,辅以国家和社会的帮扶,才能实现残疾人在平等基础上充分参与社会生活,共享社会物质文明的成果,实现全体人民共同富裕幸福的美好生活目标。其实,残疾人与妇女、未成年人、老年人这三类特定群体存在交集,《民法典》将其独立出来并与另外三类特定群体并列,也体现了对残疾人合法权益保护的高度重视。

---

① 参见现行《残疾人保障法》第 2 条。

在国际公约上,2006 年第 61 届联合国大会通过了《残疾人权利公约》,该公约的通过反映出国际社会对于残疾人权利保护的普遍重视,残疾人的权利得到了承认和正视,此后,残疾人权利就被确定为一种普遍人权而存在。"人权保障是国家的责任,对于残疾人这个困难群体给予帮助,是人类文明和进步的一个重要标志。"[①] 我国是《残疾人权利公约》第一批签署国之一,对《残疾人权利公约》的签署表达了我国致力于残疾人事业发展的决心。

在国内法上,我国现行《宪法》第 45 条第 2、3 款规定:"国家和社会保障残废军人的生活,抚恤烈士家属,优待军人家属。国家和社会帮助安排盲、聋、哑和其他有残疾的公民的劳动、生活和教育。"这些规定为残疾人的权益保障提供了宪法依据。1990 年 12 月 28 日,第七届全国人大常委会第十七次会议通过了《残疾人保障法》,这是我国第一部旨在全面保障残疾人权利的专门法律,标志着中国残疾人事业发展开始步入法治化轨道。该法于 2008 年被修订,修订后的《残疾人保障法》充分吸收了联合国《残疾人权利公约》的基本原则和精神,内容与国家经济社会发展和残疾人事业发展水平更加协调,其规定反映了新时期残疾人事业发展和残疾人权益保障的特征和要求,进一步强化对残疾人的权利保障,扩大对残疾人的特别扶助范围,明确侵害残疾人权利的法律责任,对于保障残疾人各项权益发挥了重要的作用。《残疾人保障法》于 2018 年进行了修正。截至 2018 年,我国直接涉及残疾人权益保障的法律有 80 多部,行政法规有 50 多部。至此,以《宪法》为依据,以《残疾人保障法》为主干,以残疾人教育、就业、残疾预防和残疾人康复、无障碍环境建设等相关条例为支撑的法律法规体系基本形成,我国残疾人权利纳入主流建立在了坚实的法律基础之上。[②]

(二) 保护残疾人合法权益的内容

1. 残疾人的婚姻家庭权利

在婚姻家庭领域,我国残疾人享有与其他自然人平等的婚姻家庭权利。根据《民法典》婚姻家庭编的规定,夫妻在婚姻家庭中地位平等,残疾人在婚姻家庭领域享有的主要权利包括:婚姻自由权,残疾人既有结婚自由,也有离婚自由;人身自由权,夫妻双方都有参加生产、工作、学习和社会活动的自由,一方不得对另一方加以限制或者干涉;独立的姓名权;婚姻住所约定权;日常家事代理权;夫妻的同居义务与忠实义务;夫妻相互扶养的权利义务;夫妻相互继承遗产的权利;对共同财产有平等的处理权;平等享有和共同承担对未成年子女抚养、教育、保护的权利和义务;平等享有成年子女的赡养权利;父母与子女有相互继承遗产的权利;等等。总之,其他自然人享有的婚姻家庭权利,残疾人同样享有和受到保护。

2. 残疾人享受社会福利的权利

根据我国现行《残疾人保障法》,主要对残疾人在康复、教育、就业、社会保障、文化生活以及无障碍环境等方面享受社会福利的权利作出了系统规定。(1) 享有康复服务的权利。国家保障残疾人享有康复服务的权利,各级人民政府和有关部门应当采取措施,为残疾人康复创造条件。[③](2) 接受教育的权利。国家保障残疾人享有平等接受教育的权利,政府、社会、学校应当采取有效措施,解决残疾人接受教育存在的实际困难,为残疾人接受教育创造

---

① 李岚清:《进一步发展我国残疾人事业 与残疾人携手迈向新世纪——在中国残联第三次全国代表大会上的祝词》,载《中国残疾人》1998 年第 12 期。

② 参见徐建中:《将残疾人权利纳入主流 切实保障残疾人合法权益》,载《社会福利》2018 年第 12 期。

③ 参见我国现行《残疾人保障法》第 15—20 条。

条件。[①]（3）劳动就业的权利。国家保障残疾人劳动的权利,各级人民政府应当对残疾人劳动就业统筹规划,为残疾人创造劳动就业条件。[②] 为了保障残疾人劳动就业权的落实,国务院于 2007 年颁布了《残疾人就业条例》。(4) 参与文化生活的权利。国家保障残疾人享有平等参与文化生活的权利,各级人民政府和有关部门鼓励、帮助残疾人参加各种文化、体育、娱乐活动,积极创造条件,丰富残疾人精神文化生活。[③]（5）享有社会保障的权利。国家保障残疾人享有各项社会保障的权利,政府和社会采取措施,完善对残疾人的社会保障,保障和改善残疾人的生活,包括参加社会保险、给予社会救助、照顾和扶助等。[④]（6）共享无障碍环境的权利。国家应当采取措施,逐步完善无障碍设施,推进信息交流无障碍,为残疾人平等参与社会创造无障碍环境。[⑤]

五、禁止家庭暴力、禁止家庭成员间的虐待和遗弃

保障妇女、未成年人、老年人、残疾人的合法权益,是当今世界各国在婚姻家庭领域热切关注的问题,而家庭暴力成为保障妇女、未成年人、老年人、残疾人的合法权益中的巨大障碍,受到世界上许多国家的禁止和反对。我国 1980 年《婚姻法》已有禁止虐待家庭成员的规定。2001 年修正的《婚姻法》第 3 条第 2 款首次规定,"禁止家庭暴力"。《民法典》第 1042 条第 3 款也规定:"禁止家庭暴力。禁止家庭成员间的虐待和遗弃。"尤其是 2015 年 12 月 27 日《反家庭暴力法》的颁布,标志着我国防治家庭暴力法律体系的形成。这些规定有利于维护家庭暴力受害者的人身权利,有利于预防和制止家庭暴力,有利于促进婚姻家庭的和谐与社会的进步,亦为采取多种措施预防与制止此类违法行为提供了法律上的依据与保障。[⑥]

（一）禁止家庭暴力

1. 家庭暴力的概念和特征

在我国,2001 年修正的《婚姻法》首次在法律层面对禁止家庭暴力作了规定。《反家庭暴力法》第 2 条对家庭暴力的概念作出了明确规定:家庭暴力是指家庭成员之间以殴打、捆绑、残害、限制人身自由以及经常性谩骂、恐吓等方式实施的身体、精神等侵害行为。根据此概念,家庭暴力具有以下特征:

（1）主体的特定性。通常情况下,家庭暴力的行为人与受害人是家庭成员。如果行为人与受害人不是家庭成员,则不属于家庭暴力,而属于其他第三人的暴力。在现实生活中,家庭暴力主要发生在夫妻之间、父母子女之间。其中,丈夫对妻子、父母对未成年子女、成年子女对年老父母的施暴最为突出。《反家庭暴力法》第 37 条还规定了准用条款,即:"家庭成员以外共同生活的人之间实施的暴力行为,参照本法规定执行。"这一规定扩大了《反家庭暴力法》的主体适用范围。一般包括共同生活的儿媳、女婿、公婆、岳父母以及其他有监护、

---

① 参见我国现行《残疾人保障法》第 21—29 条。
② 参见我国现行《残疾人保障法》第 30—40 条。
③ 参见我国现行《残疾人保障法》第 41—45 条。
④ 参见我国现行《残疾人保障法》第 46—51 条。
⑤ 参见我国现行《残疾人保障法》第 52—58 条。
⑥ 主编注:关于我国家庭暴力防治的有关问题,参见陈苇、段燕:《中国法学会婚姻家庭法学研究会 2012 年年会综述》,载《西南政法大学学报》2013 年第 1 期。

扶养、寄养等关系的人[①],他们之间实施的暴力行为都受《反家庭暴力法》规制。

(2) 主观方面存在故意。尽管行为人对受害人实施家庭暴力的原因和使用手段各不相同,但都存在主观故意,即通过故意实施一定的暴力行为,以达到控制或报复、"惩罚"受害人,使受害人屈从等目的。

(3) 客观方面呈现出行为手段的多样化。家庭暴力是作为的行为,即必须表现为一定的侵害行为。行为人通过殴打、捆绑、禁闭、谩骂、恐吓等多种手段,对受害人实施身体和精神上的侵害行为,这就将日常生活中偶尔的打闹争吵行为排除在外。并且,家庭暴力的行为一般具有隐蔽性,多发生于家庭内部,外人难以知晓。[②]

(4) 侵害的客体是受害人的人身权利,具体为生命权、健康权、自由权和身体权。生命权是以自然人的生命安全利益为内容的权利。健康权是自然人维持其人体各种生理机能的正常运转,不受生理和心理侵害的权利。自由权是自然人在法律的范围内,按照自己的意志和利益进行行动和思维,不受约束、控制或妨碍的权利。身体权是自然人维护其身体完整并支配其肢体、器官和其他组织的权利,其中包括性权利。

2. 家庭暴力的类型、成因和危害

(1) 家庭暴力的类型。根据不同的标准,可将家庭暴力分为不同的类型。以施暴者与受害人之间的关系为依据,家庭暴力可以分为夫妻间的家庭暴力、父母子女间的家庭暴力、其他亲属间的家庭暴力三大类。目前,世界上最常见的分类,是以被侵犯的权益为依据,将家庭暴力分为身体暴力、性暴力和精神暴力。身体暴力是指以殴打、捆绑等外力直接伤害受害人的暴力行为。身体暴力的后果,通常会在受害人身上形成看得见的外伤。性暴力是指施暴者对受害家庭成员强行实施性侵犯的行为。丈夫违背妻子意愿强迫发生性关系是最常见的性暴力,也有其他男性家庭成员对女性家庭成员实施性侵犯的情形。精神暴力是指家庭成员之间实施的侵害他人人格尊严的不法行为。通过经常性的辱骂、诽谤等言词行为对家庭成员进行精神折磨为精神暴力的常见形式。[③]

(2) 家庭暴力的成因。[④]家庭暴力产生的原因复杂多样,包括历史的、文化的、经济的、社会的、法律的以及受害者自身的原因等。男权文化和夫权思想是家庭暴力产生的历史文化根源;经济收入的不平衡是家庭暴力产生的经济原因;社会的漠然态度是家庭暴力产生的社会根源;立法的不完备和法律的可操作性不强是家庭暴力滋生的法律原因;受害者的懦弱是致使其成为家庭暴力受害者的自身原因。[⑤]

(3) 家庭暴力的危害。家庭暴力是一种侵犯自然人人身权利的违法行为,后果严重,危害性大。首先,对受害人的身体健康造成直接损害,这是家庭暴力最直接的危害后果。其次,对受害者可能造成长期的精神痛苦、紧张、忧虑和恐惧。再次,对受害者的人格尊严可能造

---

① 参见《人身安全保护令案件适用法律的规定》第 4 条。

② 主编注:关于完善家庭暴力的证据制度以及适当减轻受害人的举证责任的研究,参见李明舜、林建军主编:《中华人民共和国婚姻法评注:救助措施与法律责任》,厦门大学出版社 2016 年版,第 71 页。

③ 参见蒋月、何丽新编著:《婚姻家庭与继承法》(第四版),厦门大学出版社 2013 年版,第 73 页。

④ 主编注:关于增设家庭暴力的救助措施之意义,参见李明舜主编:《婚姻法中的救助措施与法律责任》,法律出版社 2001 年出版,第 3—5 页。关于家庭暴力原因的社会性别分析,参见秦志远:《基于性别的家庭暴力之民法规制——中国法与美国法之比较》,群众出版社 2012 年版,第 52—83、127—141、244—251 页。关于国外防治家庭暴力救助措施之考察与研究,参见罗杰:《防治家庭暴力立法与实践研究》,群众出版社 2013 年版,第 230—231 页。

⑤ 参见李艳梅:《家庭暴力与妇女权益的法律保障》,载《广西社会科学》2001 年第 2 期。

成损害,往往造成受害者的性格脆弱、敏感、孤僻、消极、忧郁;并且对于家庭成员的观念也可能造成不良影响,尤其是可能对未成年子女造成很大的负面影响。最后,家庭暴力有时会引发受害人自伤、自杀事件或者伤人、杀人等违法犯罪案件,使当事人及其家庭、社会付出沉重代价。[①]

3. 家庭暴力的救助措施和法律责任

(1) 家庭暴力的救助措施。[②]

在我国,过去由于受"清官难断家务事""各人自扫门前雪,莫管他人瓦上霜"等传统观念的影响,家庭暴力长期被视为家庭私事,"邻居不劝,居委会不问,单位不管,不出人命执法机关不理",成了"四不管"的真空地带,这实际上姑息纵容了家庭暴力的肆虐。针对这些情况,我国《反家庭暴力法》在"家庭暴力的处置"一章中,集中规定了公安机关、加害人和受害人所在单位、居民委员会、村民委员会、妇女联合会、学校、医疗机构、社会工作服务机构、救助管理机构、福利机构等单位和个人处置家庭暴力的权利和责任。[③]其中,第11、13条规定了基层组织和单位的救助责任:家庭暴力加害人或者受害人所在单位、居民委员会、村民委员会、妇女联合会等单位接到家庭暴力投诉、反映或者求助后,应当给予帮助、处理。用人单位发现本单位人员有家庭暴力情况的,应当给予批评教育,并做好家庭矛盾的调解、化解工作。单位、个人发现正在发生的家庭暴力行为,有权及时劝阻。第14、15条规定了强制报告义务:学校、幼儿园、医疗机构、居民委员会、村民委员会、社会工作服务机构、救助管理机构、福利机构及其工作人员在工作中发现无民事行为能力人、限制民事行为能力人遭受或者疑似遭受家庭暴力的,应当及时向公安机关报案。公安机关接到家庭暴力报案后应当及时出警,制止家庭暴力,按照有关规定调查取证,协助受害人就医、鉴定伤情。第15、18条规定了紧急庇护制度:无民事行为能力人、限制民事行为能力人因家庭暴力身体受到严重伤害、面临人身安全威胁或者处于无人照料等危险状态的,公安机关应当通知并协助民政部门将其安置到临时庇护场所、救助管理机构或者福利机构。县级或者设区的市级人民政府可以单独或者依托救助管理机构设立临时庇护场所,为家庭暴力受害人提供临时生活帮助。第16、17条规定了告诫制度:公安机关对家庭暴力情节较轻的加害人出具告诫书的,应当将告诫书送交加害人、受害人,并通知居民委员会、村民委员会。居民委员会、村民委员会、公安派出所应当对收到告诫书的加害人、受害人进行查访,监督加害人不再实施家庭暴力。第19条明确了法律援助机构和人民法院对家庭暴力受害人的帮助:法律援助机构应当依法为家庭暴力受害人提供法律援助。人民法院应当依法对家庭暴力受害人缓收、减收或者免收诉讼费用。第22条涉及心理辅导:工会、共产主义青年团、妇女联合会、残疾人联合会、居民委员会、村民委员会等应当对实施家庭暴力的加害人进行法治教育,必要时可以对加害人、受害人进行心理辅导。

必须注意,该法第23—32条建立了人身安全保护令制度。当事人因遭受家庭暴力或者

---

① 参见蒋月、何丽新编著:《婚姻家庭与继承法》(第四版),厦门大学出版社2013年版,第73页。

② 主编注:关于妇女人权保护与防治家庭暴力研究,参见夏吟兰:《在妇女人权框架下研究家庭暴力》,载《法制日报》2004年3月18日,第11版;关于我国内地六省市防治家庭暴力的实证研究,参见陈苇主编:《我国防治家庭暴力情况实证调查研究——以我国六省市被抽样调查地区防治家庭暴力情况为对象》,群众出版社2014年版,第1—56、82—101、117—180、200—212、229—235、248—276页。关于我国内地(大陆)与港澳台地区家庭暴力救助的实践研究,参见罗杰:《防治家庭暴力立法与实践研究》,群众出版社2013年版,第232—262页。

③ 参见《反家庭暴力法》第11、13—19、22—23、32条。

面临家庭暴力的现实危险,向人民法院申请人身安全保护令的,人民法院依法应当受理。当事人是无民事行为能力人、限制民事行为能力人,或者基于受到强制、威吓等原因无法申请人身安全保护令的,其近亲属、公安机关、妇女联合会、居民委员会、村民委员会、救助管理机构可以依法代为申请。人身安全保护令由人民法院执行,公安机关以及居民委员会、村民委员会等应当协助执行。该法对人身安全保护令的申请条件、程序和具体类型都有具体的规定,为家庭暴力的受害者提供了有效的人身安全保障。《人身安全保护令案件适用法律的规定》进一步明确了证据的种类与收集、人身安全保护令的具体措施等内容,增强了人身安全保护令适用的可操作性。[①]

(2) 家庭暴力的法律后果及法律责任。

在我国,依据法律规定,实施家庭暴力的行为人根据不同的具体情况将承担民事后果与民事责任、行政责任或者刑事责任。

关于民事后果及民事责任,《民法典》第 1079 条将实施家庭暴力起诉离婚并经调解无效作为认定夫妻感情确已破裂,准予离婚的法定情形之一;该法第 1091 条规定,因实施家庭暴力而导致离婚的,无过错的受害人有权要求施暴者给予损害赔偿,包括物质损害赔偿和精神损害赔偿。

关于行政责任,《反家庭暴力法》第 33 条规定,加害人实施家庭暴力,构成违反治安管理行为的,依法给予治安管理处罚。按照现行《治安管理处罚法》第 43 条的规定,殴打他人的,或者故意伤害他人身体的,处 5 日以上 10 日以下拘留,并处 200 元以上 500 元以下罚款;情节较轻的,处 5 日以下拘留或者 500 元以下罚款。殴打、伤害残疾人、孕妇、不满 14 周岁的人或者 60 周岁以上的人,以及多次殴打、伤害他人或者一次殴打、伤害多人的,处 10 日以上 15 日以下拘留,并处 500 元以上 1 000 元以下罚款。《反家庭暴力法》第 34 条规定,被申请人违反人身安全保护令,尚不构成犯罪的,人民法院应当给予训诫,可以根据情节轻重处以 1 000 元以下罚款、15 日以下拘留。第 35 条还明确了有关机构及个人发现家庭暴力不报告而造成严重后果的法律责任:学校、幼儿园、医疗机构、居民委员会、村民委员会、社会工作服务机构、救助管理机构、福利机构及其工作人员未依照规定向公安机关报案,造成严重后果的,由上级主管部门或者本单位对直接负责的主管人员和其他直接责任人员依法给予处分。第 36 条规定了国家工作人员的责任:负有反家庭暴力职责的国家工作人员玩忽职守、滥用职权、徇私舞弊,尚未构成犯罪的,依法给予处分。

关于刑事责任,《反家庭暴力法》第 33 条规定,加害人实施家庭暴力,构成犯罪的,依法追究刑事责任。即因家庭暴力构成杀人罪、伤害罪、侮辱罪、诽谤罪及虐待罪等刑事犯罪的,加害人应承担相应的刑事责任。受害人可以依照我国现行《刑事诉讼法》的有关规定,向人民法院自诉;或者由公安机关依法侦查,人民检察院依法提起公诉。[②]同时,《反家庭暴力法》第 34 条规定,被申请人违反人身安全保护令,构成犯罪的,依法追究刑事责任。第 36 条明确了负有反家庭暴力职责的国家工作人员玩忽职守、滥用职权、徇私舞弊,构成犯罪的,同样依法追究刑事责任。

---

① 参见《人身安全保护令案件适用法律的规定》第 5—6 条、第 10 条。

② 主编注:关于我国台湾地区防治家庭暴力的立法与实践情况,参见陈苇、秦志远:《我国台湾地区防治家庭暴力立法与司法之研究及其启示》,载陈苇主编:《家事法研究》(2006 年卷),群众出版社 2007 年版,第 37—69 页。

（二）禁止家庭成员间的虐待和遗弃

1. 虐待的概念和特征

虐待是指家庭成员的一方以作为或者不作为的形式，对家庭成员歧视、折磨、摧残，使其在精神上、肉体上遭受损害的违法行为，如打骂、禁闭、冻饿、强迫过度劳动、患病不予治疗等。

根据这一概念，虐待具有以下特征：(1) 主体的特定性。虐待的行为人与受害人是家庭成员。如丈夫对妻子、父母对未成年子女、成年子女对年老的父母进行虐待。(2) 主观方面存在故意。(3) 客观方面呈现出行为方式的多样化和结果的伤害性。虐待的行为方式可表现为作为与不作为，其结果是给受害人造成身体和精神上的伤害。(4) 时间上具有经常性。行为人对受害人进行虐待，不是偶然的行为，而是经常性、持续性的侵害。《婚姻家庭编解释（一）》第 1 条明确规定，持续性、经常性的家庭暴力可认定为虐待。因此，如行为人对受害人使用暴力手段造成了身体、精神等损害后果的，其性质属于虐待行为还是暴力行为，主要看其是否具有持续性、经常性。[①]

2. 遗弃的概念和特征

遗弃是指负有扶养义务的人，对需要其扶养的家庭成员不履行扶养义务的违法行为。就履行扶养义务而言，遗弃是以不作为形式出现的，于法应为而不为，致使被遗弃的家庭成员的权益受到侵害。[②] 遗弃行为的受害者往往是家庭中的老弱病残以及缺乏独立生活能力的人。

遗弃具有以下特征：(1) 主体的特定性。遗弃的行为人与受害人是具有法定扶养义务的家庭成员。如夫妻之间、父母子女之间、祖孙之间、兄弟姐妹之间，只有承担法定扶养义务的义务人拒绝扶养才能构成遗弃。(2) 主观方面存在故意。(3) 客观方面的行为方式表现为不作为。(4) 客体是权利人的受扶养权受到侵犯。

3. 虐待和遗弃的救助措施和法律责任

(1) 虐待和遗弃的救助措施。

在家庭成员中，受虐待和遗弃的多为老弱病残者或缺乏独立生活能力的人，即妇女、未成年人、老年人和残疾人。涉及这四类主体的单行法律都规定了，当他们的合法权益受到侵害，向有关组织、部门、人民法院提出控告、要求处理或起诉时，人民法院和有关部门、组织应当依法及时处理的救助措施。例如，现行《妇女权益保障法》第 72 条第 2、3 款规定："妇女的合法权益受到侵害的，有权要求有关部门依法处理，或者依法申请调解、仲裁，或者向人民法院起诉。对符合条件的妇女，当地法律援助机构或者司法机关应当给予帮助，依法为其提供法律援助或者司法救助。"第 73 条第 1 款规定，"妇女的合法权益受到侵害的，可以向妇女联合会等妇女组织求助，妇女联合会等妇女组织应当维护被侵害妇女的合法权益，有权要求并协助有关部门或者单位查处。有关部门或者单位应当依法查处，并予以答复"。现行《未成年人保护法》第 6 条第 1 款规定："保护未成年人，是国家机关、武装力量、政党、人民团体、企业事业单位、社会组织、城乡基层群众性自治组织、未成年人的监护人以及其他成年人的共同责任。"第 11 条第 1 款规定："任何组织或者个人发现不利于未成年人身心健康或者

[①] 参见陈苇主编：《婚姻家庭继承法学》(第二版)，群众出版社 2012 年版，第 66 页。

[②] 参见杨大文主编：《亲属法》(第四版)，法律出版社 2004 年版，第 47 页。

侵犯未成年人合法权益的情形,都有权劝阻、制止或者向公安、民政、教育等有关部门提出检举、控告。"现行《老年人权益保障法》第 75 条规定:"老年人与家庭成员因赡养、扶养或者住房、财产等发生纠纷,可以申请人民调解委员会或者其他有关组织进行调解,也可以直接向人民法院提起诉讼。人民调解委员会或者其他有关组织调解前款纠纷时,应当通过说服、疏导等方式化解矛盾和纠纷;对有过错的家庭成员,应当给予批评教育。人民法院对老年人追索赡养费或者扶养费的申请,可以依法裁定先予执行。"现行《残疾人保障法》第 59 条规定:"残疾人的合法权益受到侵害的,可以向残疾人组织投诉,残疾人组织应当维护残疾人的合法权益,有权要求有关部门或者单位查处。有关部门或者单位应当依法查处,并予以答复。残疾人组织对残疾人通过诉讼维护其合法权益需要帮助的,应当给予支持。残疾人组织对侵害特定残疾人群体利益的行为,有权要求有关部门依法查处。"第 60 条规定:"残疾人的合法权益受到侵害的,有权要求有关部门依法处理,或者依法向仲裁机构申请仲裁,或者依法向人民法院提起诉讼。对有经济困难或者其他原因确需法律援助或者司法救助的残疾人,当地法律援助机构或者人民法院应当给予帮助,依法为其提供法律援助或者司法救助。"以上针对妇女、未成年人、老年人、残疾人合法权益受到侵害的救助措施,可以适用于他们受到虐待和遗弃时的救助。

(2)虐待和遗弃的法律后果和法律责任。

关于民事后果及民事责任,我国《民法典》第 1079 条规定,因虐待和遗弃家庭成员而起诉离婚,调解无效的,应视为夫妻感情确已破裂,准予离婚;第 1091 条规定,因虐待和遗弃家庭成员而导致离婚的,无过错的受害人有权要求加害人给予损害赔偿。我国《民法典》第 1125 条规定,遗弃被继承人,或者虐待被继承人情节严重的,丧失继承权。

关于行政责任,按照我国现行《治安管理处罚法》第 45 条的规定,虐待家庭成员,被虐待人要求处理的,以及遗弃没有独立生活能力的被扶养人的,处 5 日以下拘留或者警告。

关于刑事责任,对虐待、遗弃家庭成员构成犯罪的,依法追究刑事责任。我国现行《刑法》第 260 条规定,虐待家庭成员,情节恶劣的,处 2 年以下有期徒刑、拘役或者管制。致使被害人重伤、死亡的,处 2 年以上 7 年以下有期徒刑。第 260 条之一规定:"对未成年人、老年人、患病的人、残疾人等负有监护、看护职责的人虐待被监护、看护的人,情节恶劣的,处三年以下有期徒刑或者拘役。单位犯前款罪的,对单位判处罚金,并对其直接负责的主管人员和其他直接责任人员,依照前款的规定处罚。有第一款行为,同时构成其他犯罪的,依照处罚较重的规定定罪处罚。"第 261 条规定,对于年老、年幼、患病或者其他没有独立生活能力的人,负有扶养义务而拒绝扶养,情节恶劣的,处 5 年以下有期徒刑、拘役或者管制。受害人同样可以依照我国现行《刑事诉讼法》的有关规定,向人民法院自诉;公安机关应当依法侦查,人民检察院应当依法提起公诉。

第六节　婚姻家庭编的倡导性规定

党的十八大以来,习近平总书记提出了一系列有关优良家风、家庭美德、家庭文明建设的重要论述。为了推进新时期家风文明建设,《民法典》第 1043 条明文规定:"家庭应当树立优良家风,弘扬家庭美德,重视家庭文明建设。夫妻应当互相忠实,互相尊重,互相关爱;家庭成员应当敬老爱幼,互相帮助,维护平等、和睦、文明的婚姻家庭关系。"这一倡导性规定既涉及家庭关系,也涉及夫妻关系,既是社会主义核心价值观在婚姻家庭领域中的体现和导向,也是婚姻家庭法律规范的价值追求,对建立和谐幸福的婚姻家庭关系具有重要意义。

一、家庭应当树立优良家风,弘扬家庭美德,重视家庭文明建设

(一) 树立优良家风

家风,也称门风或者家庭的风气或风范,是指家庭建设所形成的立身之本、处事之道、生活作风、伦理观念、道德风尚等总称。优良家风是中华民族传统优秀文化和传统家教的重要内涵,千百年来,优良家风发挥着为家庭成员树立行为准则、为社会和谐提供内在价值与秩序支持的重要功能。优良家风既培养了仁人志士"救亡图存,济世安邦"的爱国风骨,陶冶了中华儿女"自强不息,厚德载物"的精神气节,也培植了中华儿女"铁肩扛道义,妙手著文章"的人生理想,积淀了父辈子孙"笃行慎学,勤勉成才"的家教风范。[①]

(二) 弘扬家庭美德

家庭美德也称家庭道德,是规范家庭生活、调节家庭关系、鼓励或约束家庭成员行为的道德准则。传统家庭美德,包括勤俭、节约、贵和的持家美德,谨慎、宽厚、知报的教子美德,修身、重行、改过的修身美德,慎独、自省、自强的处世美德。[②]我国《公民道德建设实施纲要》提出要大力倡导以尊老爱幼、男女平等、夫妻和睦、勤俭持家、邻里团结为主要内容的家庭美德。[③] 2019 年《新时代公民道德、建设实施纲要》进一步强调,用良好家教家风涵育道德品行。通过多种方式,引导广大家庭重言传、重身教,教知识、育品德,以身作则、耳濡目染,用正确道德观塑造孩子美好心灵;自觉传承中华孝道,感念父母养育之恩、感念长辈关爱之情,养成孝敬父母、尊敬长辈的良好品质。[④] 家庭美德是保障婚姻家庭和谐幸福的基础,也是推进社会道德文明前行的力量。弘扬家庭美德有助于家庭成员树立正确的人生观、价值观和婚姻家庭观,有助于家庭成员立志成才、报效祖国、服务社会、建设家庭。

(三) 重视家庭文明建设

家庭是社会的细胞,重视家庭文明建设,就是要践行注重"家庭、家教、家风"的理念,教化家庭成员遵纪守法、爱国爱家,引导家庭成员修身养德、廉洁齐家,昭示家庭成员守正创新、立德树人,倡导家庭成员相互尊重、相互关爱,从而建立平等、和睦、文明的婚姻家庭关系,促进婚姻家庭与社会的和谐稳定。

社会不断发展进步,家风家教的作用依然重要,要继续弘扬家庭美德,推动形成爱国爱家、相亲相爱、向上向善、共建共享的社会主义家庭文明新风尚。[⑤]《新时代公民道德建设实施纲要》提出要倡导忠诚、责任、亲情、学习、公益的理念,让家庭成员相互影响、共同提高,在

---

① 参见王歌雅:《〈民法典〉婚姻家庭编的价值阐释与制度修为》,载《东方法学》2020 年第 4 期。
② 参见张锡勤:《中国传统道德举要》,黑龙江教育出版社 1996 年版,第 2—3 页。
③ 参见《公民道德建设实施纲要》,载《人民日报》2001 年 10 月 25 日,第 1 版。
④ 参见《新时代公民道德建设实施纲要》,载中国政府网。
⑤ 参见《习近平谈治国理政》第 2 卷,外文出版社 2017 年版,第 356 页。

为家庭谋幸福、为他人送温暖、为社会作贡献过程中提高精神境界、培育文明风尚。[①]

二、夫妻应当互相忠实,互相尊重,互相关爱

男女双方在平等自愿的基础上缔结婚姻关系后,便成了一个生活共同体,但双方仍然具有独立的人格,享有独立完整的人身权利,夫妻应当互相忠实,互相尊重,彼此关爱,为和谐幸福的婚姻家庭生活目标而共同努力。

夫妻间的忠实主要是指夫妻共同生活中应当保持性生活的专一性,不得为婚外性行为;广义上还包括不得恶意遗弃配偶他方以及不得为第三人的利益而牺牲、损害配偶他方的利益。[②] 夫妻之间相互忠诚是社会道德和婚姻本质的基本要求,也是一夫一妻制原则的要求。夫妻之间违反忠实义务的专属性、排他性的严重行为,如重婚或有配偶与他人同居导致离婚的,要承担相应的民事法律责任;构成犯罪的,则依法追究刑事责任。[③]

三、家庭成员应当敬老爱幼,互相帮助,维护平等、和睦、文明的婚姻家庭关系

家庭成员应当敬老爱幼。尊老爱幼、父慈子孝是我国几千年不变的传统和美德。晚辈要孝老爱亲、尊老敬贤,对长辈要依法尽赡养义务,不仅满足他们的物质生活需求,更重要的是不能忽视他们的精神需要,让他们老有所依、老有所乐,安享晚年。长辈则要依法对晚辈尽抚养教育的义务,呵护他们身心健康成长。

家庭成员应当互相帮助。家庭成员间具有婚姻关系或血缘关系,共同生活,应互相帮助、互相关爱、彼此呵护,家庭内部才能充满和谐与温馨,正所谓"兄友弟恭、妻贤夫安"。

家庭成员应当维护平等、和睦、文明的婚姻家庭关系。平等是和谐稳定的家庭关系的基础,作为平等主体的家庭成员应当享有同等的权利,不得以强欺弱,对家庭成员实行差别待遇。家庭成员间应同甘共苦,勇于担当,乐于奉献,团结互助,谦让豁达,形成相亲相爱、积极向上、文明和谐的家庭风尚。

【本章小结】

本章的主要内容是阐述《民法典》婚姻家庭编的五项基本原则、禁止性规定和倡导性规定及其贯彻实施。该五项基本原则和倡导性规定包括:婚姻家庭受国家保护原则,婚姻自由原则,一夫一妻制原则,男女平等原则,保护妇女、未成年人、老年人和残疾人的合法权益原则,以及树立优良家风、弘扬家庭美德等倡导性规定。为了保障这些基本原则的贯彻实施,必须禁止一切违反基本原则的行为,如禁止包办、买卖婚姻和其他干涉婚姻自由的行为;禁止借婚姻索取财物;禁止重婚;禁止有配偶者与他人同居;禁止家庭暴力;禁止家庭成员间的虐待和遗弃;等等。《民法典》婚姻家庭编的基本原则和倡导性规定,并非相互孤立的,而是相互联系、相辅相成的,构成了一个不可分割的整体。它们贯穿于《民法典》婚姻家庭编的始终,是制定、

---

① 参见《新时代公民道德建设实施纲要》,载中国政府网。
② 参见房绍坤、范李瑛、张洪波编著:《婚姻家庭继承法》(第六版),中国人民大学出版社 2020 年版,第 16 页。
③ 参见《民法典》第 1079 条、第 1091 条;现行《刑法》第 258 条。

解释、执行和研究婚姻家庭编的出发点和依据。

【引导案例参考答案】

　　我国《反家庭暴力法》第 2 条明确规定:"本法所称家庭暴力,是指家庭成员之间以殴打、捆绑、残害、限制人身自由以及经常性谩骂、恐吓等方式实施的身体、精神等侵害行为。"本案从主体来看,方某和赵某虽然分居了,但仍然是夫妻关系,属于家庭成员;客观方面,方某实施了殴打、恐吓、威胁等多种侵害行为,给赵某造成了身体和精神上的实际伤害;主观方面,方某存在故意;侵害的客体是赵某的人身权利,主要是健康权,包括身体健康和心理健康。因此,方某的行为符合家庭暴力的行为特征,构成了家庭暴力。因一方实施家庭暴力导致感情破裂要求离婚的,根据《民法典》第 1079 条第 3 款的规定,赵某的离婚诉讼请求应该得到法院支持。另外,保护妇女合法权益是婚姻家庭法的基本原则之一,《民法典》婚姻家庭编和《反家庭暴力法》均明文禁止家庭暴力。根据《反家庭暴力法》第 23 条的规定,当事人因遭受家庭暴力或者面临家庭暴力的现实危险,向人民法院申请人身安全保护令的,人民法院应当受理。因此,赵某可以两人微信聊天中有恐吓内容的记录以及派出所接警单作为证据,向法院申请人身安全保护令,要求禁止被申请人实施家庭暴力,禁止被申请人骚扰、跟踪、接触申请人。在充分的证据面前,赵某申请人身安全保护令的诉讼请求应当获得法院的支持。

【本章思考题】

　　1. 简述婚姻家庭受国家保护原则。

　　2. 简述婚姻自由原则的主要内容。

　　3. 重婚、有配偶者与他人同居两者的主要区别有哪些? 依法对两者分别应如何处理?

　　4. 在婚姻家庭领域如何贯彻男女平等原则?

　　5. 简述家庭暴力的主体范围和行为特征。

　　6. 简述人身安全保护令的适用条件及类型。

　　7. 简述树立优良家风、弘扬家庭美德、重视家庭文明建设的意义。

【本章参考习题】

第四章 结婚制度

【本章重点难点】

　　通过本章的学习,学生应了解结婚的概念和特征、婚约的概念和性质,重点掌握婚约引起财产纠纷处理的规定,结婚的法定条件和程序,婚姻无效和婚姻撤销的法定事由,请求确认婚姻无效或撤销婚姻的主体范围、程序和法律后果,难点在于把握事实婚姻与非婚同居的认定及处理。

【引导案例】

　　李甲与张乙是表兄妹,两人不顾双方父母的反对,于2023年7月向婚姻登记机关隐瞒了禁止结婚的近亲属关系,申请结婚登记,并领取了结婚证。2024年元旦,双方向亲友宣布了结婚的消息,并邀请亲友参加1月16日的婚礼。当事人双方的父母认为此婚姻不合法,拟申请人民法院确认该婚姻无效。另外,两人登记结婚后,积攒了2万元存款。此时张乙已经怀孕5个多月,身患疾病且没有固定的经济收入。

　　请问:

　　1. 双方当事人有无合法的婚姻关系?

　　2. 双方当事人的父母能否申请人民法院确认婚姻无效?

　　3. 双方当事人共同生活期间积攒的2万元存款如何处理?

　　4. 双方当事人将来所生的子女之抚养关系及抚养费如何处理?

　　5. 若双方当事人婚姻被人民法院依法确认无效,张乙因身患疾病且无经济来源而生活困难,请求李甲给予一定的经济帮助,其请求能否获得支持?

　　本章阐述结婚制度的主要内容包括四个方面:一是婚约财产纠纷处理的规定;二是结婚的条件与程序;三是无效婚姻与可撤销婚姻;四是事实婚姻与非婚同居的认定和处理。

　　在我国,在2020年《民法典》颁布前,结婚制度主要被规定在2001年修正的《婚姻法》和相关司法解释之中。[①] 为适应调整新时期我国结婚新情况的需要,《民法典》婚姻家庭编对结婚制度修改补充的主要内容如下:一是减少禁止结婚的法定条件和无效婚姻的法定事由。《民法典》第1048、1051条将原《婚姻法》第7、10条规定的"患有医学上认为不应当结婚的疾病"从禁止结婚的法定条件和无效婚姻的法定事由中删除。二是增加患有重大疾病

---

① 参见2001年修正的《婚姻法》第5—12、30条和《婚姻法司法解释(一)》第4—16条。

的如实告知义务。即一方患有重大疾病的,应当在结婚登记前如实告知另一方。[1]三是修改补充可撤销婚姻制度。新增未如实告知患有重大疾病作为可撤销婚姻的法定事由,并规定了其撤销权的行使期间。[2]四是新增无效婚姻或被撤销之无过错方的损害赔偿请求权。[3]此外,《婚姻家庭编解释(一)》对同居关系的诉讼解除条件、彩礼返还规则、补办结婚登记的效力、事实婚姻与同居关系的认定及效力、不同情形无效婚姻的请求权主体、确认婚姻无效的除外情形及被确认无效或被撤销的婚姻当事人同居期间的财产关系等进行了补充解释,并对确认婚姻无效的表述进行了修改,由"宣告无效"修改为"确认无效"。[4]

第一节 结 婚 概 述

结婚法律制度,是指男女确立夫妻关系的法定条件和法定程序的规范体系,是婚姻制度的重要组成部分。结婚不仅是男女双方当事人的人生重要议题,而且从一定意义上看也关系到国家、民族的生存和发展。因此,从古至今各个国家都从维护国家、民族繁荣发展和规范协调结婚当事人行为的角度出发,对结婚的条件和程序进行法律规定,并对不符合结婚条件的婚姻进行必要的法律干预。

一、结婚的概念和特征

(一) 结婚的概念

结婚,又称婚姻的成立,是指男女双方依照法律规定的条件和程序,确立夫妻关系的法律行为。结婚的概念包括狭义说和广义说。狭义说仅指夫妻关系的建立,不包括订婚等其他程序。广义说包括订婚和夫妻关系的建立两个方面。中国古代的封建礼俗和法律采广义说,重视婚约的效力。近现代国家的亲属立法,一般对结婚作狭义上的规定,订婚已不再是结婚的必经程序。我国《婚姻法》及《民法典》婚姻家庭编均采狭义说,即婚约不具有法律效力,仅具有道德约束力,法律不禁止人们自愿订立和解除婚约。由婚约引发的财产纠纷由法律加以调整。

(二) 结婚的特征

结婚作为一种民事法律行为,其必须符合民事法律的规定。在我国,合法有效的结婚行为须具备以下三个特征:

1. 结婚行为的主体须是异性

婚姻主体须为男女,同性之间不能缔结婚姻。这符合婚姻关系自然属性的要求,是婚姻家庭人口再生产职能实现的自然基础。异性婚姻体现了婚姻的社会本质属性。目前,世界上一些国家和地区的法律承认同性婚姻或同性同居者的合法地位,并赋予其与异性婚姻相

---

① 参见《民法典》第 1053 条。

② 参见《民法典》第 1053 条。

③ 参见《民法典》第 1054 条。

④ 参见《婚姻家庭编解释(一)》第 3、5—22 条。

同或部分相同的权利义务,反映了这些国家在法律制度层面承认家庭结构和家庭形式的多元化趋势。[①]我国法律没有对同性结合予以规定,即其不受法律调整而不具有婚姻的法律效力。[②]

2. 结婚行为应符合法定的条件和程序

结婚行为是要式民事法律行为,只有依法缔结的婚姻关系才具有法律效力。男女双方未按照法定的条件和程序的自行结合,一般不发生婚姻的法律效力。在我国,目前采取有条件地承认事实婚姻的法律效力,即对于 1994 年 2 月 1 日《婚姻登记条例》施行前形成的事实婚姻承认其效力,意在保护事实婚姻当事人的权益和维护家庭稳定,而不是纵容其违法行为。

3. 结婚行为法律后果是确立夫妻关系

结婚法律后果是夫妻相互享有和承担法定的权利与义务。夫妻身份关系确立后,未经法律程序,双方不能任意解除。

二、结婚的要件

婚姻是个人的终身大事,也是亲属关系的起点和社会生活的基础之一。婚姻是否成立并生效,对于当事人配偶身份是否取得、其子女是否婚生、姻亲关系是否发生以及与第三人的财产上的关系等都有很大的影响。正如马克思所说,如果婚姻不是家庭的基础,那么“它就会像友谊一样,也不是立法的对象了”。[③]合法的婚姻需要具备法定的实质要件与形式要件,结婚的实质要件是特定男女的结合受国家保护所需具备的基础条件;结婚的形式要件则是男女双方向社会明确夫妻身份关系的公示方式,以此与非婚同居相区别。结婚的要件依据不同标准可分为实质要件与形式要件、公益要件与私益要件两大类。

1. 实质要件与形式要件

(1) 结婚实质要件,是指法律规定婚姻成立时,当事人本人及双方关系必须符合的本质性条件。实质要件进一步可区分为必备条件和禁止条件。必备条件,也称积极要件,指当事人双方建立婚姻关系所必须具备的内在条件,如双方当事人须有结婚的合意,双方须达到法定婚龄等。禁止条件,也称消极要件或婚姻障碍,指申请结婚的当事人不得具有的情形,如须双方无配偶、双方无禁止结婚的亲属关系等。

(2) 结婚形式要件,是指符合法律要求的婚姻有效成立的程序。形式要件是婚姻获得社会承认的法定方式,具有公示、公信的特点。婚姻成立的形式要件主要有三种类型:登记制、

---

① 世界各国或地区对同性恋婚姻的态度不一,法律承认同性婚姻的国家有挪威、冰岛、比利时、西班牙、葡萄牙、瑞典、丹麦、芬兰、卢森堡、荷兰、法国、加拿大、阿根廷、乌拉圭、巴西、新西兰等。承认民事结合(同性伴侣关系)的国家有英国(北爱尔兰)、捷克、安道尔、斯洛文尼亚、瑞士、匈牙利、奥地利、爱尔兰、列支敦士登、马耳他、克罗地亚、爱沙尼亚、厄瓜多尔、哥伦比亚、智利等。

② 主编注:关于同性婚姻正当性的论证及其问题的研究,参见王森波:《同性婚姻法律问题研究》,中国法制出版社 2012 年版,第 57—85 页;关于当代两大法系国家的法国、德国、意大利、瑞士、日本、英国、美国和澳大利亚的同性结合或同性伴侣或同性婚姻等制度的研究,参见陈苇主编:《当代外国婚姻家庭法律制度研究》,中国人民公安大学出版社 2022 年版,第 46、118—121、188—189、239、306、433—435、496—497、601—602 页。

③ 参见《马克思恩格斯全集》第 1 卷,人民出版社 1965 年版,第 183 页。

仪式制、登记与仪式结合制。仪式制又区分为宗教仪式、世俗仪式和法律仪式三种[1]（具体内容详见本章第四节结婚程序）。

2. 公益要件与私益要件

公益要件是指与社会公共利益有关的要件，如当事人须达法定婚龄、禁止重婚、禁止近亲结婚、禁止监护人与被监护人结婚等。私益要件是指与当事人及其亲属利益有关的要件，如当事人双方合意、当事人须有结婚能力、未成年人结婚须经法定代理人同意（在成年年龄高于法定婚龄的国家中有此立法例）等。[2]

区分公益要件与私益要件的意义主要体现在：对于已经成立但欠缺婚姻要件的婚姻，立法衡量其法律效力时，规定了不同的法律后果。欠缺公益要件的婚姻为无效婚姻，欠缺私益要件的婚姻为可撤销婚姻，因为结婚双方当事人的合意等体现的是个人的意思自治，将此类婚姻效力的决定权交由当事人选择。婚姻关系有效成立须具备多项要件的立法目的是：一是确保社会婚姻制度的施行，以维护社会公共利益；二是保护婚姻当事人及其近亲属利益，既保障个人的婚姻自由，也维护婚姻家庭关系的稳定。[3]

第二节　婚　约

一、婚约概述

婚约是男女双方以将来结婚为目的而作的预先约定。订立婚约的行为称为订婚或定婚，订婚后的男女双方具有未婚夫妻关系的身份。

在中国古代，婚约是结婚的必经程序，具有法律上的约束力。在古罗马，有"无婚约，即无婚姻"之说。然而随着社会的发展，婚约在现代许多国家法律上已无规定。但在现实生活中，缔结婚约的行为仍然大量存在，因婚约产生的纠纷也时有发生。我国《民法典》婚姻家庭编对婚约无规定。婚约虽然是有关人身权、财产权的预约，但由于婚约具有身份上的意义，人类赋予当代婚姻的基本价值是婚姻自由。因此，在我国，婚约不具有法律效力，当事人任何一方不履行婚约的，另一方均不得请求法院强制其履行。

二、我国现行法律政策对婚约的态度

我国《婚姻法》和《民法典》婚姻家庭编对婚约均无规定。中华人民共和国成立之初，根

[1] 在婚姻家庭法律制度发展历史进程中，结婚方式有两种立法模式：事实婚姻模式和要式婚姻模式。事实婚姻模式要求双方当事人须有结婚的真实意愿，并且具备夫妻共同生活的事实，无须履行任何程序，即承认结婚的效力。要式婚姻模式则要求结婚的当事人须履行结婚的法定程序后，其婚姻关系才具有法律效力，否则，不受法律的承认和保护。随着国家对婚姻关系管理的加强，实行事实婚姻模式的国家逐渐减少，要式婚姻模式成为当代许多国家婚姻法的选择。一个国家在一定历史时期采取哪种方式承认婚姻的合法性，与该国特定历史时期的社会主流价值观、文化传统、婚俗习惯等密切相关。

[2] 公益与私益作为划分结婚要件的标准在西方国家比较盛行。这种划分不是绝对的，在有的国家是公益要件的，而在另一国则可能是私益要件，这主要是对公益还是私益理解的不同所致。

[3] 主编注：关于我国2001年修正《婚姻法》时对结婚立法修改的热点问题，参见陈苇主编：《结婚与婚姻无效纠纷的处置》，法律出版社2001年版，第6—22页。

据当时的实际情况,中央人民政府法制委员会在《有关婚姻法施行的若干问题的解答》中指出:"订婚不是结婚的必要手续,任何包办强迫的订婚,一律无效。男女自愿订婚者,听其订婚。订婚最低年龄为男 19 岁,女为 17 岁。一方自愿取消订婚者,得通知对方取消之。"1953年 3 月,中央人民政府法制委员会在《有关婚姻问题的解答》中,再次重申订婚自愿,不得包办强迫的精神。现行《未成年人保护法》中有父母或者其他监护人"不得为未成年人订立婚约"的规定。在司法实践中,主要根据上述规定和相关法律及司法解释处理与婚约有关的问题。

（一）订婚不是结婚的必经程序

当事人既可按照民间习惯先订立婚约,然后再正式结婚,也可以不经订婚而直接进行结婚登记。

（二）婚约没有法律上的约束力

婚约不是法律调整的对象,它只产生道德上的约束力,没有强迫订婚人结婚的规定。订婚人在另一方悔婚时,并无要求与对方结婚的权利。

（三）订婚主体是当事人本人

父母或其他人无权干涉当事人订婚,父母或其他监护人不得为未成年子女订立婚约。

（四）解除婚约自由

婚约既可以双方合意解除,也可以单方解除,而不论其有无重大事由或者有无重大过错。当一方要求解除婚约时,应通知对方,但无须征得对方的同意,也无须经过诉讼程序。

三、因婚约引起财物纠纷的处理

虽然我国法律没有关于婚约的规定,但对因婚约产生的财物纠纷,人民法院应当受理。对于彩礼纠纷,根据《婚姻家庭编解释（一）》第 5 条之规定,按照习俗给付彩礼后,双方未办理结婚登记手续,当事人请求返还彩礼的,人民法院应当支持。《涉彩礼纠纷案件适用法律的规定》第 1 条规定:"以婚姻为目的依据习俗给付彩礼后,因要求返还产生的纠纷,适用本规定。"为解决困扰我国司法理论与实践多年的"彩礼纠纷"难题提供了处理依据。

（一）《涉彩礼纠纷案件适用法律的规定》实施的重要意义

1. 弘扬社会主义核心价值观
移风易俗是社会文明进步的重要标志。彩礼作为我国传统婚嫁习俗,有广泛的社会婚俗文化基础。但是,超出家庭正常开支的彩礼成为很多家庭的沉重负担,彩礼纠纷数量日益增多。《涉彩礼纠纷案件适用法律的规定》明确反对借婚姻索取财物,对于弘扬健康、节俭、文明的婚嫁新风,推动文明乡风建设有重要意义。

2. 提升高额彩礼专项治理效果
2022 年 8 月,农业农村部、中央文明办、民政部等 8 个部门联合发布《开展高价彩礼、大操大办等农村移风易俗重点领域突出问题专项治理工作方案》,提出治理的目标是高价彩礼等陈规陋习在部分地区持续蔓延的势头得到有效遏制,群众在婚丧嫁娶中的彩礼等支出负担明显减轻。《涉彩礼纠纷案件适用法律的规定》通过明确裁判规则,能够给予相关当事人以行为指引,提升高额彩礼专项治理效果。

3. 统一法律适用标准,平衡双方利益

《婚姻家庭编解释(一)》规定了三种可返还彩礼的情形,包括:未办理结婚登记、已办理结婚登记但确未共同生活和婚前给付导致给付人生活困难。近年来,涉彩礼案件呈现以下两个新特点:一是已经办理结婚登记且已共同生活,但是共同生活时间较短;二是仅按当地习俗举办婚礼即共同生活但未办理结婚登记。该两类案件无法适用《婚姻家庭编解释(一)》的规定,彩礼是否返还以及如何确定返还比例成为审判实践的难点。《涉彩礼纠纷案件适用法律的规定》基于彩礼的附条件赠与的特点,综合考虑共同生活、孕育情况、双方过错等因素,在《婚姻家庭编解释(一)》的基础上,完善相关裁判规则,有助于统一此类案件的法律适用标准,妥善平衡双方利益。

(二) 涉彩礼纠纷的处理

1. 认定彩礼的综合因素及返还规定

《涉彩礼纠纷案件适用法律的规定》第 3 条第 1 款规定:"人民法院在审理涉彩礼纠纷案件中,可以根据一方给付财物的目的,综合考虑双方当地习俗、给付的时间和方式、财物价值、给付人及接收人等事实,认定彩礼范围。"

根据《婚姻家庭编解释(一)》第 5 条及《涉彩礼纠纷案件适用法律的规定》的规定,以下情形彩礼应当返还:一是未办理结婚登记也没有共同生活的,一方请求返还按照习俗给付的彩礼的,人民法院应予支持。[①] 二是双方未办理结婚登记但已共同生活,一方请求返还按照习俗给付的彩礼的,原则上彩礼应当予以返还。但人民法院应当根据彩礼实际使用及嫁妆情况,综合考虑共同生活及孕育情况、双方过错等事实,结合当地习俗,确定是否返还以及返还的具体比例。[②] 三是双方已经办理结婚登记手续但未共同生活,或婚前给付并导致给付人生活困难的(后两项以离婚为条件),人民法院应当予以支持。[③]

2. 涉彩礼纠纷的诉讼主体

婚约彩礼纠纷案件原则上以婚约双方当事人作为诉讼主体。婚约一方及其实际给付彩礼的父母可以作为共同原告;婚约另一方及其实际接收彩礼的父母可以作为共同被告。[④]

3. 不属于彩礼的范围及处理办法

《涉彩礼纠纷案件适用法律的规定》明确规定了不属于彩礼的财物,包括:一方在节日或者生日等有特殊纪念意义时点给付的价值不大的礼物、礼金;一方为表达或者增进感情的日常消费性支出;其他价值不大的财物。[⑤] 此类财物或支出金额较小,或主要是为了增进感情的需要,在婚约解除时可不予返还。

---

① 参见《婚姻家庭编解释(一)》第 5 条。
② 参见《涉彩礼纠纷案件适用法律的规定》第 6 条。
③ 参见《婚姻家庭编解释(一)》第 5 条。
④ 参见《涉彩礼纠纷案件适用法律的规定》第 4 条。
⑤ 参见《涉彩礼纠纷案件适用法律的规定》第 3 条。

此外,婚约期间自愿赠与的价值较大的贵重财物或双方互赠的定情物,该赠与应视为以结婚为条件的赠与,赠与人要求返还的,应当返还为宜。

(三) 婚约财产纠纷的其他问题

因订立买卖婚姻的婚约而收取的财物,属于非法所得,应收缴国库。

对以订婚为名实施诈骗的,无论哪一方提出解除婚约,都应把诈骗所得的财物返还给受害人。诈骗者构成犯罪的,应依法追究其刑事责任。

禁止借婚姻索取财物。《民法典》第 1042 条第 1 款规定,禁止借婚姻索取财物。《涉彩礼纠纷案件适用法律的规定》第 2 条规定:"……以彩礼为名借婚姻索取财物,另一方要求返还的,人民法院应予支持。"[①]

婚约引起的损害赔偿问题。在我国,婚约是男女双方将来缔结婚姻的事先约定,属于事实行为。一方违反婚约,无论其是否有过错,均不能要求其承担损害赔偿责任。但一方对自己实施侵权行为导致的损害,应当依据《民法典》、现行《刑法》的规定承担相应的法律责任。

第三节　结　婚　条　件

依据婚姻的自然属性和社会属性,法律规定了结婚条件,即要求结婚的男女必须具备一定的实质条件。如果一方或双方不符合法定的结婚条件,该婚姻就不具有法律效力。

结婚的实质条件,也称之为结婚的法定条件,包括结婚的必备条件和禁止条件。

一、结婚的必备条件

结婚的必备条件又称结婚的积极要件,是当事人结婚时必须具备的法定条件。根据《民法典》婚姻家庭编的规定,结婚必须具备以下两个条件。

(一) 男女双方必须完全自愿

《民法典》婚姻家庭编第 1046 条规定:"结婚应当男女双方完全自愿,禁止任何一方对另一方加以强迫,禁止任何组织或者个人加以干涉。"该规定是婚姻自由原则的具体化,要求双方当事人在结婚问题上意思表示完全一致,将结婚与否的决定权用法律赋予婚姻当事人,这是婚姻成立的首要条件。

1. 双方完全自愿的含义

双方完全自愿的内容是统一的不可分割的整体,包括三个方面的含义:(1) 自愿是当事人双方完全自愿,而不是一厢情愿,以此排除一方对他方的强迫。(2) 自愿是本人自愿,而不是第三人(包括父母)的意愿,以此排除任何组织和第三人的包办强迫。(3) 双方的自愿不是建立在附加条件上的"自愿",进一步排除了感情之外其他因素的影响。

2. 双方结婚的意思表示真实

是否结婚、与谁结婚的决定权,完全属于当事人本人。双方当事人同意结婚的一致表示,

---

① 主编注:关于彩礼返还案件的裁判要旨之梳理研究,参见贾明军、张莹主编:《婚姻家庭案件裁判要旨总梳理》,法律出版社 2022 年版,第 18—20 页。

称之为结婚的合意。男女双方完全自愿,实质上就是要求双方对于结婚的意思表示要真实。结婚是建立身份法律关系的重要民事法律行为,双方当事人的结婚意思是否真实是婚姻合法有效的核心条件,结婚意思表示真实应符合下列条件:

(1) 同意结婚的意思表示必须由具有婚姻行为能力的当事人提出。具有婚姻行为能力的人,是指当事人双方不仅已经达到法定婚龄,而且是神志正常、清醒,能够理解判断结婚的意义和后果的完全民事行为能力人。在我国香港特别行政区和澳门特别行政区的立法中,由于法定婚龄低于其成年年龄,所以,法律规定符合法定结婚年龄的未成年人必须征得法定代理人同意。①

(2) 同意结婚的意思表示必须真实。当事人可能因某些主客观原因,存在其结婚本意与其外在表现不符的情况,如当事人因受胁迫、受欺诈或重大误解而同意结婚。对此,《民法典》婚姻家庭编赋予当事人因受胁迫和隐瞒重大疾病缔结婚姻后的撤销权。

(3) 同意结婚的意思表示必须符合法定的方式。结婚行为是要式行为,双方同意缔结婚姻的意思需要以合法的外部形式表示才具有法律效力。在我国,双方当事人应当亲自到婚姻登记机关共同申请结婚,由婚姻登记机关依法予以确认。在其他场所表示的结婚合意或由其他人代理结婚均不具有法律效力。但目前我国法律相对有条件地承认欠缺结婚法定程序而符合婚姻实质条件的事实婚姻的法律效力。②

结婚合意不得附加条件和期限,否则是无效的。婚姻的效力只能法定,不能由当事人任意约定或变更。

需划清在结婚问题上的第三人的善意帮助与非法干涉婚姻自由的界限。当事人的父母出于对当事人的爱护,可以提出自己的建议,以供当事人参考,采纳与否由当事人自己决定。这种不违背当事人意志的行为与干涉他人婚姻自由是有严格区别的。

(二) 男女双方必须达到法定婚龄

法定婚龄,是指法律规定结婚的最低年龄。即在此年龄以上始得结婚,在此年龄以下不得结婚。

婚姻能力是一种特殊的主体资格,与公民的民事权利能力和民事行为能力有所不同。结婚是一种特殊的民事法律行为,将引起夫妻间权利义务的产生、亲属关系的变更、家庭结构的变化、人口的再生产等一系列法律上的后果。"作为婚姻主体的人,只有在达到一定年龄时,才具有适婚的生理和心理上的条件,才能对婚姻做出理性的判断和决定。才能承担对配偶子女、家庭和社会的责任。"③ 所以,法律对法定婚龄有明确的规定。婚姻能力的取得以达到法定婚龄、有完全民事行为能力为必要条件。

1. 法定婚龄的立法依据

(1) 自然因素,是指人的身心发育程度。只有具备适龄的生理和心理条件,才能履行婚后的夫妻义务,承担家庭和社会的责任。一个国家中人的生理、心理发育状况与该民族的遗传基因、社会教育有关,与该国的地理、气候条件也具有相关性。自然因素是确定法定婚龄的前提条件。

---

① 参见陈苇主编:《当代中国内地与港、澳、台婚姻家庭法比较研究》,群众出版社 2012 年版,第 177 页。
② 详见本章第六节事实婚姻。
③ 参见房绍坤、范李瑛、张洪波编著:《婚姻家庭继承法》(第六版),中国人民大学出版社 2020 年版,第 40—41 页。

（2）社会因素，是指一个国家的经济状况、政治文化环境、人口发展状况以及民族的风俗习惯等内容，是制定法定婚龄的重要依据。因此，各个国家和地区对于法定婚龄的规定都略有不同。[1]我国为了保障社会经济的稳定发展与人口增长相适应，规定了适度的法定婚龄。

2. 我国现行法定婚龄

《民法典》第 1047 条规定："结婚年龄，男不得早于二十二周岁，女不得早于二十周岁。"[2]

1950 年《婚姻法》第 4 条规定："男二十岁，女十八岁，始得结婚。"这是与中华人民共和国成立初期的实际情况相适应的。1980 年《婚姻法》在 1950 年《婚姻法》的基础上，将男女的法定婚龄各提高了 2 岁，这是基于我国社会经济条件和人口情况变化的需要，具有科学依据。《民法典》第 1047 条继续沿用 1980 年《婚姻法》的法定婚龄，充分考虑了结婚者的生理心理条件、社会经济发展与人口相适应的情况，符合我国国情。

法定婚龄是男女双方结婚必须达到的年龄，具有强制性，非经法定程序，任何国家机构不得擅自提高或降低。[3]

《民法典》已将 2001 年的《婚姻法》规定的计划生育原则和"晚婚晚育应予鼓励"的规定删除。基于我国现在的人口状况，我国的计划生育政策已经发生了变化，2015 年修正的《人口与计划生育法》规定："国家提倡一对夫妻生育两个子女"，并对 2001 年《人口与计划生育法》第 18 条"国家稳定现行生育政策，鼓励公民晚婚晚育"的规定予以删除，即"晚婚晚育"不再被继续提倡。此后，2021 年修正的《人口与计划生育法》第 18 条第 1 款规定："国家提倡适龄婚育、优生优育。一对夫妻可以生育三个子女。"

二、结婚的禁止条件

结婚的禁止条件，又称结婚的消极要件或婚姻障碍，是指当事人结婚时不得具有法律规定的禁止结婚障碍。其立法目的是限制不符合公共利益或私人利益的人缔结婚姻。在欧洲中世纪，教会法中禁止结婚的限制较多。从 18 世纪末开始，婚姻自由思想日益高涨，任何对结婚的限制都必须体现符合婚姻家庭本质的理由。目前，各国法律对结婚禁止条件的规定宽严不一，主要规定近亲属、无婚姻能力者（有的国家称禁止结婚的疾病）、有监护关系者、有配偶者禁止结婚。在我国，根据《民法典》第 1048 条的规定，结婚的禁止条件包括以下内容。

（一）禁止一定范围的亲属结婚

法律规定禁止结婚的亲属，称为"禁婚亲"。禁止一定范围的亲属结婚源于原始社会的

---

[1] 例如，英国法定婚龄为 16 周岁。法国、德国、瑞士、澳大利亚、俄罗斯和日本法定结婚年龄均为 18 周岁。法国、德国、澳大利亚、俄罗斯对未达法定婚龄的 16 周岁以上未成年人结婚作了特别规定。美国各个州的法定婚龄略有不同，有 16、18、21 岁的不同规定。参见最高人民法院民法典贯彻实施工作领导小组主编：《中华人民共和国民法典婚姻家庭编继承编理解与适用》，人民法院出版社 2020 年版，第 59 页。

[2] 主编注：关于我国男女法定婚龄采用双重标准与性别平等的研究，参见高云鹏：《法定婚龄及其性别平等思考》，载夏吟兰、龙翼飞主编：《家事法研究》（2020 年卷），社会科学文献出版社 2020 年版，第 137—148 页。

[3] 特别说明：我国一些民族自治地方的立法机关根据《宪法》规定的权限，遵循《民法典》婚姻家庭编基本原则，结合自治区、州、县内少数民族的风俗习惯对法定婚龄作了变通或补充规定。民族自治区、州、县变通规定少数民族的法定婚龄低于《民法典》婚姻家庭编的年龄，规定男 20 周岁、女 18 周岁，并适用于生活在该地区的少数民族。参见最高人民法院民法典贯彻实施工作领导小组主编：《中华人民共和国民法典婚姻家庭编继承编理解与适用》，人民法院出版社 2020 年版，第 61—62 页。

婚姻禁忌。人类在漫长的进化过程中,随着对自然规律认识的逐渐深入,在群婚制时期人类逐步排除了直系血亲间的两性行为以及旁系血亲兄弟姐妹间的通婚,进入个体婚制后,人类有意识地通过立法限制近亲属结婚。

1. 禁婚亲属的立法根据

(1) 禁婚亲属的立法反映了自然选择规律的要求,具有优生学和遗传学上的科学依据。人类生活的长期实践证明,血缘关系较近的亲属通婚,后代可能会遗传祖辈父母或父母双方的身体和精神方面的疾病或缺陷,导致影响人口素质和民族的健康发展。《左传》中有"男女同姓,其生不蕃"的说法。我国古代婚姻生活中"同姓不婚"的习俗,大概始于周代,一直延续至民国年间。唐律规定:"诸同姓为婚者,各徒二年;缌麻以上,以奸论。"但是在法律适用中则对"同姓"作狭义的限制性的理解,即这里的"同姓不婚"是指"同宗共姓者禁婚"。宋、金、元代均与唐代相同,明清以后规定同姓不同宗的可以结婚。《大清现行刑律》明文规定禁止同宗婚,而不问其血亲关系远近,但不禁止同姓婚。民间的婚姻习惯与各朝代的法律并不完全符合。我国民间有些地方的习俗认为,只要同姓就不能结婚。这是不符合科学依据和法律规定的。

1950 年《婚姻法》第 5 条第 1 项规定:"……其他五代内的旁系血亲间禁止结婚的问题,从习惯。"当时法律没有禁止中表婚,而规定按当地群众的习惯办理。1980 年《婚姻法》规定禁止三代以内的旁系血亲结婚,主要是禁止表兄弟姐妹之间结婚。《民法典》继续沿用 1980年《婚姻法》的规定,将违反禁婚亲的婚姻作为婚姻无效的原因之一。

(2) 禁婚亲属的立法与人类生活长期实践中形成的伦理观念相一致。由于近亲结婚有悖于人类长期形成的婚姻伦理道德,容易造成亲属身份上的混乱,所以,历史上中外各民族的风俗习惯中都有关于一定范围亲属通婚的限制。近现代各国法律均根据本国的民族习惯,禁止一定范围的亲属结婚。有的国家立法禁止法律拟制血亲和一定范围内的姻亲结婚,更体现了伦理规范的强大作用。[①]

2. 禁婚亲属的范围

禁止直系血亲间结婚,是各国立法的通例,但对旁系血亲的禁婚范围,由于文化传统和风俗习惯不同,各国限制的范围略有不同。[②]

《民法典》第 1048 条规定:"直系血亲或者三代以内的旁系血亲禁止结婚。"我国禁止结婚的亲属范围包括:

(1) 直系血亲。包括父母子女、祖父母与孙子女、外祖父母与外孙子女等,不受代数的限制。

(2) 三代以内的旁系血亲。其范围包括:第一,兄弟姐妹,包括全血缘的兄弟姐妹和半血缘的兄弟姐妹。他们是同源于父母的两代以内的旁系血亲。第二,伯、叔与侄女,姑与侄子,舅与外甥女,姨与外甥。他们是同源于祖父母或外祖父母的不同辈分的三代以内的旁系血亲。第三,堂兄弟姐妹、表兄弟姐妹。他们是同源于祖父母或外祖父母的相同辈分的三代以

---

① 禁止法律拟制血亲间结婚的规定,参见《德国民法典》第 1308 条,载陈卫佐译注:《德国民法典》(第三版),法律出版社 2010 年版,第 417 页。禁止直系姻亲和一定范围不同辈分的旁系姻亲间(如叔伯母与侄、舅母与外甥之间)结婚,参见《法国民法典》第 161、163 条,载罗结珍译:《法国民法典》,北京大学出版社 2010 年版,第 55—56 页。

② 参见陈苇主编:《当代外国婚姻家庭法律制度研究》,中国人民公安大学出版社 2022 年版,第 39、113、183—184、236、302、365、426、491、594—595 页。

内旁系血亲。

3. 拟制血亲、姻亲间结婚的问题

(1) 法律拟制直系血亲间能否结婚的问题。《民法典》第 1111 条第 1 款规定,养父母与养子女间的权利和义务关系,适用本法关于父母子女关系的规定。第 1072 条 2 款规定:"继父或继母和受其抚养教育的继子女间的权利义务关系,适用本法关于父母子女关系的规定。"从这些规定和父母子女的伦理关系可以推导出,拟制直系血亲间属于禁止结婚的范围。因此,《民法典》婚姻家庭编对直系血亲缔结婚姻的限制,同样适用于法律拟制直系血亲(包括养父母子女之间和有抚养教育关系的继父母子女)之间。收养关系解除后,养子女与养父母及其他近亲属间的权利义务随之解除,但《民法典》没有规定他们之间是否属于禁止结婚的亲属关系。基于双方身份关系的解除和没有血缘联系,根据私法上"法无明文禁止即允许"的原则,因我国法律并没有规定收养关系解除后仍不得结婚,故在收养关系解除后,养子女与原养父母及其他近亲属之间不属于禁止结婚的范围。[①]

(2) 拟制旁系血亲间能否结婚的问题。《民法典》婚姻家庭编无明文规定。依据我国的道德习惯,相同辈分的旁系拟制血亲之间一般允许通婚,养兄弟姐妹、继兄弟姐妹之间无血缘关系,无禁婚的必要。

(3) 直系姻亲和旁系姻亲之间能否结婚的问题。外国立法对此态度不尽一致。[②]我国《婚姻法》及《民法典》婚姻家庭编均未作规定。我国法律对夫妻一方死亡或双方离婚后,姻亲关系是否终止也没有规定,这导致在实际生活中,原有的直系姻亲之间能否结婚处于无法可依的境况。现实生活中,中国的传统道德对直系姻亲之间结婚持否定的态度,因直系姻亲间结婚容易造成亲属间的身份和称谓的混乱。而同辈分的旁系姻亲间的结婚是被接受和认可的。但不同辈分的旁系姻亲能否结婚?本书认为,《民法典》没有将此种情形作为婚姻无效情形。因此,在认定时不能随意扩大禁婚亲的范围。

(二) 禁止有配偶者结婚

禁止重婚是现代社会实行一夫一妻制国家的要求,世界上多数国家的法律都禁止重婚。《民法典》婚姻家庭编在"结婚"一章虽然未将符合一夫一妻制作为婚姻成立的必备要件,但是在"一般规定"一章中已经明确规定实施一夫一妻制以及禁止重婚的原则。因此,作为衡量社会文明进步的一夫一妻制应当是结婚的法定条件之一。一夫一妻制要求在申请结婚时,双方当事人均处于无配偶的状态,重婚是婚姻无效的法定原因之一。

一夫一妻制是《民法典》确立的基本原则,《民法典》第 1042 条第 2 款规定,"禁止重婚"。现行《婚姻登记条例》第 9 条第 3 项规定,申请结婚登记的当事人一方或者双方已有配偶的,婚姻登记管理机关不予登记。所谓有配偶者,是指在结婚时仍然处于有效婚姻关系状态之下的人。在我国,登记结婚后未被依法宣告无效或撤销的婚姻当事人,在其婚姻关系存续期间,不得再行结婚。这一禁止条件属于婚姻的绝对障碍,它要求结婚当事人双方在结婚时必须处于无配偶的状态,即未婚、离婚或丧偶。值得注意的是,在法律上承认登记伴侣

---

① 参见最高人民法院民法典贯彻实施工作领导小组主编:《中华人民共和国民法典婚姻家庭编继承编理解与适用》,人民法院出版社 2020 年版,第 67 页。

② 参见陈苇主编:《当代外国婚姻家庭法律制度研究》,中国人民公安大学出版社 2022 年版,第 39、183—184、302、426 页。

关系有效的国家,禁止重婚扩大到同性伴侣关系。①

第四节　结　婚　程　序

一、结婚程序概述

(一)结婚程序的概念

结婚程序,即结婚的形式要件,是法律规定的缔结婚姻所必须履行的法定手续。只有结婚当事人双方既符合结婚实质要件又履行了法定的结婚程序后,婚姻才具有法律上的效力。

(二)结婚程序类型

结婚程序可分为登记制、仪式制、登记与仪式结合制三种主要类型。

1. 登记制

登记制,是指以申请结婚的当事人到国家指定机关依法履行婚姻登记为婚姻成立的唯一形式要件。因该制度简便易行,有利于国家有效地监督管理婚姻动态运行的社会秩序,因而被部分国家立法所采用。当前,中国、俄罗斯、日本等均是实行单一登记制的国家。②

2. 仪式制

仪式制,是指以结婚当事人履行一定的仪式为婚姻成立的形式要件。它是一种古老的结婚制度,产生于个体婚制出现之初并被长期承袭下来。中国古代聘娶婚的“六礼”就是世俗仪式制。当代西欧、北美一些国家的法律仍然规定结婚采用仪式制。结婚仪式又分三种,即宗教仪式、世俗仪式和法律仪式。宗教仪式是指结婚须在特定的宗教场所内由神职人员主持的结婚仪式。世俗仪式是指按照各国民族或民间的习俗举行的结婚仪式,通常要有主婚人和证婚人参加。法律仪式是指依法由户籍身份官员公开主持结婚仪式后,婚姻即告成立的结婚程序。结婚登记以及结婚证书仅具有证据的效力。像法国、德国、意大利、瑞士均要求法律仪式。③

3. 登记与仪式结合制

登记与仪式结合制,是指既须进行登记,又须举行仪式,婚姻始得成立。不同的是,有的国家或地区规定举行仪式在先、办理登记在后,如美国大多数州;有的国家则规定登记(授权)在先、举行仪式在后,如英国。④此外,还有一些国家对于当事人无论采取宗教仪式还是法律仪式缔结的婚姻,都承认其法律效力,如意大利。⑤

---

① 德国《同性生活伴侣关系》修订案规定:“禁止结婚的一方和第三人存在登记的生活伴侣关系的,婚姻也不能成立。”参见[德]迪特尔·施瓦布:《德国家庭法》,王葆莳译,法律出版社2010年版,第53页。

② 参见陈苇主编:《外国婚姻家庭法比较研究》,群众出版社2006年版,第156页。

③ 参见陈苇主编:《外国婚姻家庭法比较研究》,群众出版社2006年版,第159页。

④ 参见蒋月等译:《英国婚姻家庭制定法选集》,法律出版社2008版,第15—16、117页。

⑤ 参见费安玲等译:《意大利民法典》,中国政法大学出版社2004年版,第31页。

二、结婚登记的机关和程序

（一）结婚登记的概念和意义

结婚登记是指申请结婚的男女双方亲自到婚姻登记机关依法办理结婚登记并获准登记，以使婚姻关系成立的法律制度。

《民法典》第 1049 条规定:"要求结婚的男女双方应当亲自到婚姻登记机关申请结婚登记。符合本法规定的，予以登记，发给结婚证。完成结婚登记，即确立婚姻关系……"结婚登记是我国婚姻有效成立的唯一形式要件。男女双方登记结婚并取得结婚证后，无论是否同居生活、是否举行结婚仪式，都具有法律上的夫妻身份关系，其婚姻受到法律的保护。

婚姻登记制度是我国婚姻制度的重要组成部分，国家通过婚姻登记对婚姻家庭关系进行监督和管理。其意义主要有:保障婚姻自由、一夫一妻、男女平等的婚姻制度的实施;保护婚姻当事人的合法权益;预防和制止违法婚姻的发生，依法处理违法的婚姻行为。

（二）结婚登记的机关和程序

1. 结婚登记的机关

现行《婚姻登记条例》第 2 条第 1 款规定:"内地居民办理婚姻登记的机关是县级人民政府民政部门或者省、自治区、直辖市人民政府按照便民原则确定的乡(镇)人民政府。"

2. 结婚登记的程序

结婚登记的程序包括申请、审查和登记三个环节:

（1）申请。结婚的当事人应当向婚姻登记机关提出结婚申请。为了保障婚姻自由，便于婚姻登记机关审查，法律要求当事人双方必须亲自到婚姻登记机关共同申请结婚登记，不得由他人代理。

现行《婚姻登记条例》第 8 条第 1 款规定:"申请结婚登记的内地居民应当出具下列证件和书面材料:(一) 本人的居民身份证;(二) 本人无配偶以及与对方当事人没有直系血亲和三代以内旁系血亲关系的签字声明。"

（2）审查。现行《婚姻登记条例》第 10 条规定:"婚姻登记机关应当核对结婚登记当事人出具的证件、书面材料，询问相关情况，并对当事人的身份以及婚姻状况信息进行联网核对，依法维护当事人的权益。对当事人符合结婚条件的，应当当场予以登记，发给结婚证;对当事人不符合结婚条件不予登记的，应当向当事人说明理由。"

审查是结婚登记程序的关键环节，审查时应依法办事。经审查，发现办理结婚登记的当事人有下列情形之一的，婚姻登记机关不予登记:未到法定结婚年龄的;非男女双方完全自愿的;一方或者双方已有配偶的;属于直系血亲或者三代以内旁系血亲的。

婚姻登记机关对不符合结婚登记条件不予登记的，应当向当事人说明理由。当事人认为符合婚姻登记条件而婚姻登记机关不予登记的，可以依照《行政复议法》的规定申请复议;对复议决定不服的，可以依照《行政诉讼法》的规定提起行政诉讼。

（3）登记。婚姻登记机关对当事人的结婚申请进行审查，认为当事人符合结婚条件的，应当场予以登记，发给结婚证。当事人从取得结婚证起，确立夫妻关系。结婚证是婚姻登记机关签发的证明婚姻关系成立的法律文书。如果当事人遗失或毁损结婚证，可以持居民身份证向婚姻登记机关申请办理。① 离婚后的男女双方自愿恢复婚姻关系的,应当到婚姻登记机关重新申请结婚登记。②

三、结婚登记的效力

《民法典》第 1049 条规定,完成结婚登记,即确立婚姻关系。结婚登记的效力是:确立婚姻关系;当事人之间产生法定的夫妻权利义务关系,其合法权益受法律保护;双方的婚姻关系不得随意解除,如要解除该婚姻关系,须按法定的离婚程序办理。

四、补办结婚登记及其效力

现实生活中,存在未办理结婚登记的非婚同居关系,如果当事人出现纠纷,法律该如何调整?《民法典》第 1049 条规定,未办理结婚登记的,应当补办登记。现行《婚姻登记条例》第 11 条规定:"要求结婚的男女双方未办理结婚登记的,应当补办登记。男女双方补办结婚登记的,适用本条例结婚登记的规定。"《婚姻家庭编解释(一)》第 6 条规定:"男女双方依据民法典第一千零四十九条规定补办结婚登记的,婚姻关系的效力从双方均符合民法典所规定的结婚的实质要件时起算。"可见,我国法律为符合结婚实质条件的同居关系当事人提供了补救机会,并且对于以夫妻名义同居的当事人而言,并没有彻底否定他们以往的事实夫妻关系,其补办的结婚登记具有溯及既往的效力。

五、结婚登记程序存在违法的处理

婚姻登记在性质上属于一种民事关系的行政确认行为,其目的是依法确认当事人的婚姻状态。当结婚登记程序存在瑕疵时,有不同违法情况,如他人代理婚姻当事人进行结婚登记的、被他人冒名顶替进行结婚登记的、借用他人身份证件进行结婚登记的等。如当事人以结婚登记程序存在瑕疵为由提出民事诉讼,主张撤销结婚登记的,根据《婚姻家庭编解释(一)》第 17 条第 2 款的规定,其可依法申请行政复议或提起行政诉讼。

第五节　无效婚姻和可撤销婚姻

一、无效婚姻和可撤销婚姻概述

(一) 无效婚姻和可撤销婚姻的概念

无效婚姻,是指已经缔结的因具有违反某些结婚实质要件的法定情形,而完全不具有婚姻效力的违法婚姻。可撤销婚姻,是指已经缔结的因具有违反结婚真实意思表示实质要件

---

① 参见现行《婚姻登记条例》第 21 条。
② 参见《民法典》第 1083 条和现行《婚姻登记条例》第 18 条。

的法定情形,享有撤销请求权的婚姻当事人有权依法请求撤销的违法婚姻。

无效婚姻和可撤销婚姻都是违法婚姻,根据违反结婚要件的内容、违法的程度不同而予以区分。许多国家的婚姻立法,对无效婚姻和可撤销婚姻的概念、婚姻无效和可撤销的原因、认定的程序和法律后果等,规定并不相同。[①] 以至欠缺同一结婚法定要件,在一国为无效婚姻,在另一国则为可撤销婚姻。基于维护社会公益和保护婚姻当事人私益的立法宗旨,如何确认欠缺法定有效要件婚姻的效力,成为结婚法律制度的重要内容之一。

(二) 我国无效婚姻制度的确立

在我国,1950 年《婚姻法》对无效婚姻无规定,但在司法行政机关和最高人民法院的有关批复、意见中曾涉及对违法婚姻效力的否定。1952 年 6 月,内务部、司法部对西南民政局的批复中首次提出:"对未达到法定婚龄的婚姻关系应视为无效婚姻,无条件地取消其婚姻关系。"1963 年《最高人民法院关于贯彻执行民事政策几个问题的意见》指出,重婚是违法行为,原则上应当宣布重婚关系无效。

1980 年《婚姻法》虽然对婚姻成立的必备条件、禁止条件和程序有明确规定,但对违法婚姻没有从立法上建立无效婚姻制度。1986 年《婚姻登记办法》第 9 条规定:"婚姻登记机关发现婚姻当事人有违反婚姻法的行为,或在登记时弄虚作假、骗取《结婚证》的,应宣布该项婚姻无效,收回已骗取的《结婚证》,并对责任者给予批评教育。触犯刑律的,由司法机关依法追究刑事责任。"1994 年《婚姻登记管理条例》第 24 条规定:"未到法定结婚年龄的公民以夫妻名义同居的,或者符合结婚条件的当事人未经结婚登记以夫妻名义同居的,其婚姻关系无效,不受法律保护。"这些规定虽涉及婚姻无效相关内容,但由于对违法婚姻的效力问题缺乏明确的法律规定,在司法实践中,法院一般将无效婚姻的诉讼按离婚案件处理,只是对重婚宣布婚姻关系无效。这不仅损害了婚姻法的严肃性、权威性和统一性,也在一定程度上损害了无效婚姻当事人及其子女的权益。[②]

2001 年修正的《婚姻法》增设了无效婚姻和可撤销婚姻制度,完善了结婚制度,维护了婚姻法的严肃性和统一性及婚姻家庭社会秩序。《民法典》婚姻家庭编对无效婚姻和可撤销婚姻制度进行了修改,将无效婚姻情形之一的疾病婚修改为可撤销婚姻,其修改依据是充分尊重结婚当事人对重大疾病慎重考虑而行使是否结婚的自由权利。

(三) 我国无效婚姻与可撤销婚姻的共性与区别

1. 无效婚姻与可撤销婚姻的共性

(1) 两者均属于违法婚姻。《民法典》第 143 条规定了民事法律行为有效的要件,即行为人具有相应的民事行为能力;意思表示真实;不违反法律、行政法规的强制性规定,不违背公序良俗。《民法典》第 153 条进一步强调违反法律、行政法规的强制性规定和公序良俗的民事法律行为无效。无效婚姻和可撤销婚姻均违反了《民法典》关于结婚条件的强制性规定。[③]

① 参见陈苇主编:《当代外国婚姻家庭法律制度研究》,中国人民公安大学出版社 2022 年,第 39—40、114—115、185—187、237—238、303—304、366—367、428—431、492—494、596 页。

② 参见陈苇:《关于建立我国婚姻无效制度的思考》,载《法律科学(西北政法学院学报)》1996 年第 4 期。

③ 参见《民法典》第 1041、1046、1047、1048 条。

（2）两者均违反结婚实质要件。《民法典》规定了结婚双方当事人须符合结婚实质要件，如结婚意思表示真实、符合法定婚龄、无禁止结婚的亲属关系、无配偶。无效婚姻和可撤销婚姻均违反了结婚实质要件，并履行了结婚登记程序，如果没有进行结婚登记，则属于同居关系。[1]

（3）两者被确认无效或被撤销后的法律后果相同。确认婚姻无效或被撤销的婚姻具有溯及力，自始无效，两者在婚姻存续期间所得财产处理、所生育子女的抚养和无过错方有权请求损害赔偿三方面的处理规则完全相同。[2]

2. 无效婚姻与可撤销婚姻的区别

（1）司法干预主动性不同。对确认无效婚姻实施主动干预，人民法院受理请求确认无效婚姻案件后，原告申请撤诉，不予准许；无效婚姻的审理不适用调解；人民法院受理离婚案件后，经审理对确属无效婚姻有权主动宣告婚姻无效。[3]对可撤销婚姻的当事人是否行使撤销权利采取不主动干预，将违背意思表示真实的婚姻是否有效的决定权赋予婚姻当事人本人。

（2）形成的原因不同。婚姻无效以重婚、有禁止结婚的亲属关系、未达法定婚龄为法定情形，无效婚姻通常违反的是公益要件。可撤销婚姻以违反双方当事人结婚意思表示真实的私益要件为法定情形。

（3）请求权行使的主体不同。申请宣告婚姻无效的主体包括婚姻当事人及利害关系人。申请撤销婚姻的主体只能是受胁迫或被隐瞒重大疾病的婚姻当事人。无效婚姻请求权主体的范围比可撤销婚姻请求权主体更广泛。

（4）请求权行使的期限不同。无效婚姻请求权人可在婚姻无效情形消失前的任何时间提出。无效情形消失的，人民法院不予支持确认婚姻无效的诉请，但重婚情形除外。可撤销婚姻请求权人应当在法定行使期间内行使撤销权。超过该期间的，撤销权消灭。但要注意《婚姻家庭编解释（一）》第19条限制撤销权消灭的适用规定。

二、我国现行无效婚姻和可撤销婚姻制度

《民法典》第1051—1054条及《婚姻家庭编解释（一）》第9—22条对无效婚姻和可撤销婚姻的法定情形、法律后果、无效婚姻的请求权主体、主体诉讼地位、确认程序、确认婚姻无效的除外情形及被确认无效或被撤销的婚姻当事人同居期间的财产关系等问题进行了规定。

（一）无效婚姻的具体规定

无效婚姻的法定情形、法律后果以及提出请求的主体范围等方面都存在着根本的差别，在司法实践中对纠纷争议的处理程序和解决方式有很多不同。

1. 婚姻无效的法定情形

《民法典》第1051条规定："有下列情形之一的，婚姻无效：（一）重婚；（二）有禁止结婚的亲属关系；（三）未到法定婚龄。"婚姻无效的原因是法定的，必须以法律明文规定为限。值得

---

① 参见《民法典》第1049条。

② 参见《民法典》第1054条和《婚姻家庭编解释（一）》第20、22条。

③ 参见《婚姻家庭编解释（一）》第11、12条。

注意的是,当事人以《民法典》第 1051 条以外的情形申请确认婚姻无效的,人民法院应当判决驳回当事人的申请。[①]

2. 婚姻无效的请求权主体

婚姻无效的请求权主体包括婚姻当事人和利害关系人。《婚姻家庭编解释(一)》第 9 条规定,有权依据《民法典》第 1051 条规定向人民法院就已办理结婚登记的婚姻申请确认婚姻无效的主体,包括婚姻当事人及利害关系人。依此规定,向人民法院申请确认婚姻无效的主体,除了婚姻当事人以外,还包括利害关系人。

利害关系人的确定:第一,以重婚为由申请确认婚姻无效的,为当事人的近亲属及基层组织。第二,以未到法定婚龄为由申请确认婚姻无效的,为未达法定婚龄者的近亲属。第三,以有禁止结婚的亲属关系为由申请确认婚姻无效的,为当事人的近亲属。婚姻无效的原因不同,有请求权的利害关系人也有所不同。

3. 无效婚姻的效力是否可以补正问题

(1) 相对无效的婚姻可适用效力补正。《婚姻家庭编解释(一)》第 10 条规定:"当事人依据民法典第一千零五十一条规定向人民法院请求确认婚姻无效,法定的无效婚姻情形在提起诉讼时已经消失的,人民法院不予支持。"即当事人申请确认婚姻无效时,已经不具备无效婚姻法定情形的,如结婚时当事人一方或双方未达法定婚龄,申请时双方已经达法定婚龄的,人民法院不再作出确认婚姻无效的判决。

(2) 绝对无效的婚姻不适用效力补正。一是近亲属间的婚姻属于绝对无效,不适用效力补正,因双方的血缘关系不会随着时间延续或收养行为而改变。二是重婚不适用效力补正。《婚姻家庭编解释(二)》第 1 条规定,以重婚为由请求确认婚姻无效的案件中,被告以提起诉讼时合法婚姻当事人已经离婚或者配偶已经死亡为由主张后一婚姻自此转为有效的,人民法院对该抗辩主张不予支持。

4. 确认婚姻无效的机关

在我国,人民法院是唯一的确认婚姻无效的机关。《民法典》婚姻家庭编规定的婚姻无效为确认无效,须经法院判决。因而婚姻当事人或利害关系人若主张婚姻无效,应经诉讼程序向人民法院提出确认婚姻无效的诉请。

5. 无效婚姻案件诉讼程序的具体规定

(1) 对婚姻效力的审理不适用调解。无效婚姻是因男女双方的结合欠缺婚姻成立的法定要件而不具有法律效力的违法婚姻。因此,在司法实践中确认婚姻无效的诉讼程序与审理一般的离婚诉讼有所不同。《婚姻家庭编解释(一)》第 11 条第 2 款规定,对婚姻效力的审理,不适用调解,应当依法作出判决。《婚姻家庭编解释(一)》第 21 条规定,人民法院根据当事人的申请,依法确认婚姻无效或者撤销婚姻的,应当收缴双方的结婚证书并将生效的判决书寄送当地婚姻登记机关。现行《适用民事诉讼法解释》第 143 条规定,婚姻等身份关系确认案件以及其他根据案件性质不能进行调解的案件,不得调解。人民法院对请求确认婚姻效力案件的审理,其体现的是法律对婚姻是否违法无效的定性评价,故不能依当事人的意愿确定。

(2) 原告申请撤诉受限制。根据《婚姻家庭编解释(一)》第 11 条第 1 款的规定,人民法

---

① 参见《婚姻家庭编解释(一)》第 17 条。

院受理请求确认婚姻无效案件后,原告申请撤诉的,不予准许。基于无效婚姻的违法性质,此类案件经人民法院受理后依职权享有审查决定权,已经不能由当事人依其意志决定申请撤诉。因此,无效婚姻案件不适用现行《民事诉讼法》关于撤诉等有关规定。

(3) 人民法院依法享有主动确认婚姻无效的职权。《婚姻家庭编解释(一)》第 12 条规定,人民法院受理离婚案件后,经审理确属无效婚姻的,应当将婚姻无效的情形告知当事人,并依法作出确认婚姻无效的判决。该规定赋予了人民法院主动确认婚姻无效的权力。必须注意,人民法院审理婚姻当事人因受胁迫而请求撤销婚姻的案件,在审理过程中发现婚姻当事人既有受胁迫而缔结婚姻关系的情形,又有一方或者双方存在无效婚姻情形的,应当适用婚姻无效的法律确认婚姻无效。这体现了法律对违法婚姻的强制性干预。

(4) 婚姻无效与财产分割、子女抚养一并处理。因为婚姻效力的问题不适用调解,只能依法作出判决,而财产分割和子女抚养完全可以由当事人调解解决,故对财产分割和子女抚养达成调解协议后,需要另行制作调解书。如果对财产分割和子女抚养不能达成调解协议的,应当一并作出判决,而且对该判决可以上诉。[①]

(5) 当事人及利害关系人诉讼地位。[②]在婚姻法学理论中,婚姻无效从程序上可以分为当然无效和宣告(确认)无效两种[③]。对具有法定情形的无效婚姻,我国采取司法确认无效的方式,须经过诉讼程序由法院判决确认无效,即该婚姻在未经法定程序确认无效前,仍具有合法婚姻的效力。例如,如果无效婚姻当事人一方死亡后,另一方可以配偶身份获得死者的遗产、抚恤金等费用,有违公平原则,也侵害了利害关系人合法权益和社会公共利益。所以,应当有条件地受理当事人及利害关系人确认婚姻无效的诉讼请求。为此《婚姻家庭编解释(一)》规定如下:

第一,婚姻双方当事人都生存的,一方当事人是原告,对方是被告;利害关系人为原告的,婚姻关系当事人双方为被告。

第二,以重婚为由请求确认婚姻无效的,当事人一方和当事人的近亲属以及基层组织作为原告的,婚姻关系的另一方为被告。人民法院审理重婚导致的无效婚姻案件时,涉及财产处理的,允许合法婚姻关系当事人以有独立请求权的第三人的身份参加诉讼,以保护其合法权益。

第三,以未达到法定婚龄为由请求确认婚姻无效的,婚姻当事人和未达婚龄者的近亲属为原告,婚姻关系的另一方为被告。

第四,以有禁止结婚的亲属关系为由申请确认婚姻无效的,婚姻当事人及其近亲属为原告,婚姻关系的另一方为被告。

第五,无效婚姻一方当事人死亡后,生存方和利害关系人均可以作为原告。若生存方为原告,死亡方的利害关系人为被告;若利害关系人为原告,生存方为被告。

---

① 参见《婚姻家庭编解释(一)》第 11 条第 3 款。

② 参见《婚姻家庭编解释(一)》第 14、15、16 条。

③ 婚姻当然无效,是指婚姻关系当事人只需具有婚姻无效的法定情形,无须经诉讼程序诉请法院对婚姻无效进行司法确认,婚姻即自始无效,不具有合法婚姻的法律效力。婚姻宣告(确认)无效,是指婚姻关系当事人虽具有婚姻无效的法定情形,但须经诉讼程序,诉请法院判决确认婚姻无效后,婚姻才自始无效,在未经确认无效前,具有婚姻的法律效力。宣告(确认)婚姻无效,能够通过一定的程序,明确什么样的婚姻是违法的、无效的,从而使违法婚姻纳入法律实际控制和监督中,给当事人以明确的指引。宣告(确认)婚姻无效,是依法确认违法的婚姻,并对违法婚姻的善意方和恶意方予以区别对待,不仅有利于维护婚姻家庭的秩序,而且有利于保护违法婚姻中善意一方的利益。

第六,无效婚姻双方当事人均死亡,利害关系人为原告,婚姻关系当事人不再具有诉讼主体资格,不能被列为被告。根据现行《民事诉讼法》第 122 条的规定,起诉应当有明确的被告。此种情况可以根据案件具体情况将与确认婚姻无效有实际利益关系的人,如继承人、债务人或债权人列为被告。

(6) 同一婚姻关系纠纷的确认无效婚姻之诉审理优先于离婚之诉。《婚姻家庭编解释(一)》第 13 条规定:"人民法院就同一婚姻关系分别受理了离婚和请求确认婚姻无效案件的,对于离婚案件的审理,应当待请求确认婚姻无效案件作出判决后进行。"这是对同一婚姻关系受理了离婚和请求确认婚姻无效案件后人民法院审理的程序性规定。

(二) 可撤销婚姻的具体规定

1. 婚姻可撤销的法定情形

(1) 胁迫婚姻。因受胁迫而缔结的婚姻,违背受胁迫方的真实意思,因而法律规定为可撤销婚姻。根据《民法典》第 1052 条第 1 款的规定,因胁迫结婚的,受胁迫的一方可以向人民法院请求撤销婚姻。《婚姻家庭编解释(一)》第 18 条第 1 款对"胁迫"作了解释:"行为人以给另一方当事人或者其近亲属的生命、身体、健康、名誉、财产等方面造成损害为要挟,迫使另一方当事人违背真实意愿结婚的,可以认定为民法典第一千零五十二条所称的胁迫。"

构成胁迫须具备下列要件:第一,须有胁迫的故意。即行为人有通过胁迫行为使受胁迫人产生恐惧心理,并基于恐惧心理而被迫同意结婚的故意。第二,须有胁迫行为。即行为人实施了以对受胁迫人及其近亲属的生命、身体健康、名誉、财产等方面造成损害为要挟的不法行为。胁迫行为的实施人可以是婚姻当事人,也可以是与其有关的第三人;受胁迫者可以是婚姻当事人本人,也可以是其近亲属。第三,须受胁迫人同意结婚与胁迫行为之间有因果关系。即受胁迫人之所以作出同意结婚的意思表示,是因为胁迫行为致使其产生了恐惧心理。

(2) 隐瞒重大疾病。[①]《民法典》第 1053 条第 1 款规定:"一方患有重大疾病的,应当在结婚登记前如实告知另一方;不如实告知的,另一方可以向人民法院请求撤销婚姻。"但《民法典》并没有明列哪些是重大疾病,而是采用概括性的规定。2017 年修正的《母婴保健法》第 8 条规定:"婚前医学检查包括对下列疾病的检查:(一)严重遗传性疾病;(二)指定传染病;(三)有关精神病。经婚前医学检查,医疗保健机构应当出具婚前医学检查证明。"重大疾病种类的范围界定应当以此为准更为妥当。依《民法典》规定,患病方在结婚登记前有如实告知对方的义务,否则被隐瞒的一方有申请撤销该婚姻的权利。

2. 可撤销婚姻撤销权的主体

为尊重当事人的意思自由,撤销权人仅限于当事人本人,其他任何人无权申请撤销该婚姻。患有重大疾病的婚姻撤销权只赋予被隐瞒重大疾病的一方本人;因受胁迫而请求撤销婚姻的,只能是受胁迫一方的婚姻关系当事人本人。

---

① 关于患有重大疾病成为可撤销婚姻的理由,参见马忆南:《民法典视野下婚姻的无效和撤销——兼论结婚要件》,载《妇女研究论丛》2018 年第 3 期。

3. 可撤销婚姻撤销权的性质和行使期限

(1) 撤销权的性质与行使期间。撤销权作为一项民事权利,其性质属于形成权。[①]《民法典》第 1052 条第 2、3 款规定:"请求撤销婚姻的,应当自胁迫行为终止之日起一年内提出。被非法限制人身自由的当事人请求撤销婚姻的,应当自恢复人身自由之日起一年内提出。"《民法典》第 1053 第 2 款规定,一方因对方隐瞒疾病请求撤销婚姻的,应当自知道或者应当知道撤销事由之日起一年内提出。此"一年"属于对形成权行使期间的限制,即除斥期间。必须注意,形成权的除斥期间与诉讼时效不同,除斥期间不适用诉讼时效中止、中断或者延长的规定。[②] 如该"一年"除斥期间届满的,享有撤销权的一方不能再提出撤销婚姻的请求,如需解除该婚姻,应按离婚程序处理。必须明确,我国对可撤销婚姻实行"不告不理"的诉讼原则,享有撤销权的一方当事人不主动提出,人民法院不能主动撤销该婚姻。考虑到被非法限制人身自由的当事人无法及时行使撤销权利,被非法限制人身自由的当事人请求撤销婚姻的,应当自恢复人身自由之日起 1 年内提出。

(2) 撤销权消灭的限制。《婚姻家庭编解释(一)》第 19 条第 2 款规定:"受胁迫或者被非法限制人身自由的当事人请求撤销婚姻的,不适用民法典第一百五十二条第二款的规定。"[③] 这是因为胁迫或非法限制人身自由的情形可能一直处于持续状态,如果婚姻当事人自被胁迫或者非法限制人身自由自结婚之日起 5 年内一直处于持续状态,导致其无法行使撤销权,如此情况下撤销权消灭,将对当事人的基本人身权益产生重大影响。

因隐瞒重大疾病请求撤销婚姻的,其撤销权行使期间届满后是否适用《民法典》第 152 条第 2 款规定,《婚姻家庭编解释(一)》暂无规定。本书认为,应当根据未在法定期间行使撤销权是否具有正当理由,来决定是否适用《民法典》第 152 条第 2 款的规定。这主要是因为:一是胁迫婚与隐瞒重大疾病婚的撤销权行使"一年"期间都属于除斥期,应当同等适用;二是对胁迫婚、隐瞒重大疾病婚可请求撤销的立法目的都是保障当事人的婚姻自主权;三是被隐瞒方有可能在结婚 5 年内一直不知情,在结婚 5 年后才知道对方隐瞒了重大疾病,如不能申请撤销婚姻,不符合尊重当事人婚姻自由权的立法目的。因此,一方隐瞒重大疾病的婚姻,另一方如有证据证明因该重大疾病处于潜伏期而不知情的,即使撤销权消灭的除斥期间届满,也可参照适用《婚姻家庭编解释(一)》第 19 条的规定。

4. 确认婚姻撤销的机关和程序

(1) 确认婚姻撤销的机关。[④] 根据《民法典》第 1052、1053 条和《婚姻家庭编解释(一)》第 17 条第 2 款的规定:第一,受胁迫婚姻、隐瞒重大疾病婚姻之享有撤销权的一方,可以向人民法院请求撤销婚姻。即有权确认此类婚姻撤销的机关只有人民法院。第二,当事人以结婚登记程序存在瑕疵为由,主张撤销结婚登记的,其可以依法申请行政复议或者提起行政诉讼。即有权确认此类婚姻撤销的机关有两个:婚姻登记的主管机关和人民法院。

(2) 可撤销婚姻的诉讼程序。人民法院审理撤销婚姻的案件,应当适用简易程序或者普

---

① 形成权的功能在于权利主体得依其单方的意思表示,干预他人的法律关系,使权利人自己与他人已成立的法律关系发生变更。因撤销权的行使将干预他人的利益,为保护相对人的利益,法律规定撤销权的行使应受相应的限制,以避免使相对人和法律关系处于不确定之状态,此为形成权的除斥期间。

② 参见《婚姻家庭编解释(一)》第 19 条第 1 款。

③ 《民法典》第 152 条第 2 款规定:"当事人自民事法律行为发生之日起五年内没有行使撤销权的,撤销权消灭。"

④ 关于撤销婚姻司法解释修改为只能由人民法院行使的探讨,参见王礼仁:《婚姻法规定的胁迫结婚"双轨撤销制"应当修改——〈民法典婚姻家庭编〉修改建议之一》,载中国社会科学网。

通程序。人民法院根据当事人的申请,依法撤销婚姻的,应当收缴双方的结婚证书并将生效的判决书寄送当地婚姻登记机关。①

(三) 婚姻被确认无效或被撤销的法律后果

婚姻被确认无效或被撤销的法律后果,是指确认婚姻无效或撤销的效力是否具有溯及力,以及因被确认无效或被撤销而产生的财产分割、子女抚养和无过错方有权请求损害赔偿等后果。根据《民法典》第 1054 条和《婚姻家庭编解释(一)》第 20、22 条之规定,婚姻无效和被撤销的法律后果主要如下:

1. 婚姻关系自始无效

婚姻无效或被撤销的确认具有溯及力。《婚姻家庭编解释(一)》第 20 条规定:"民法典第一千零五十四条所规定的'自始没有法律约束力',是指无效婚姻或者可撤销婚姻在依法被确认无效或者被撤销时,才确定该婚姻自始不受法律保护。"可见,我国对无效婚姻和撤销婚姻均采取溯及既往原则,即无效婚姻或可撤销婚姻在被法院确认无效或撤销时,溯及自当事人结婚之时即无法律效力,而不是被法院确认无效或撤销之时起才无法律效力。但须注意,具备婚姻无效或可撤销原因的婚姻,在未被依法确认无效或被撤销前,其婚姻关系是有效的。

2. 对当事人的法律后果

婚姻被确认无效或撤销后,婚姻关系自始不发生法律效力,不具有夫妻间的权利义务关系。即当事人之间自始不产生夫妻的身份关系和财产关系。

(1) 不能享有夫妻人身关系方面的法定权益。当事人在亲属权、姓名权、人身自由权、日常家事代理权及监护、代理、收养、诉讼等方面不能适用以夫妻身份为根据的法律关系的相关规定。

(2) 不能享有夫妻财产关系方面的法定权益。当事人同居期间所得的财产不适用《民法典》关于夫妻财产制的规定。

第一,尊重双方协议处理同居期间所得财产,兼顾照顾无过错方。同居期间所得的财产,由当事人协议处理;协议不成时,由人民法院根据照顾无过错方的原则判决。

第二,同居期间所得财产与所负债务的认定与处理。当事人同居期间所得财产,除有证据证明为当事人一方所有的以外,按共同共有处理。即同居期间所得的财产,如为双方共同经营所得的收入,或者有共同购置的财产,应当按照一般共同共有处理。但如有证据证明为一方的劳动收入以及因继承、遗赠、赠与等所得财产,为该方个人所有财产。对于同居期间所负债务,为共同生活所负的债务,按共同债务处理;如有证据证明属于个人债务的,由个人财产清偿。

第三,确认重婚无效时应当保护合法婚姻配偶的权益。对重婚导致的婚姻无效的财产处理,不得侵害合法婚姻当事人的财产权益。人民法院审理此类无效婚姻案件时,涉及财产处理的,应当准许合法婚姻当事人作为有独立请求权的第三人参加诉讼。②

第四,双方之间不具有夫妻扶养的权利义务关系。但如果一方在共同生活期间患有严

---

① 参见现行《婚姻登记条例》第 20 条。

② 参见《婚姻家庭编解释(一)》第 16 条。

重疾病未治愈的,分割财产时应予以照顾,或者由他方给予一次性的经济帮助。

第五,双方不得互为法定配偶继承人。同居生活期间一方死亡后,婚姻被确认无效或被撤销的,生存方不能以配偶身份作为第一顺序的法定继承人继承死亡方的遗产。但如果生存方在死亡方生前对其照顾、扶养较多的,依法享有适当分得其遗产的权利。[①]此外,一方当事人生前可依法立遗嘱指定另一方作为受遗赠人,一方死亡后另一方依遗嘱以受遗赠人身份取得遗赠的财产。[②]

3. 父母子女关系不因婚姻无效或被撤销而改变

当事人所生子女与当事人的关系,适用《民法典》关于父母子女关系的规定。子女抚养由双方协商处理,协商不成的,由法院根据子女利益和双方的具体情况判决。在婚姻被确认无效或被撤销后,有关子女的直接抚养方、抚养费的负担、探望权等问题,按《民法典》婚姻家庭编有关离婚后子女抚养的规定处理,这体现了我国法律对非婚生子女的不歧视原则。

4. 无过错方的损害赔偿请求权

婚姻无效或者被撤销的,无过错方有权请求损害赔偿。损害赔偿范围包括物质损害和精神损害。

5. 刑事责任

因重婚导致婚姻无效的,如当事人构成重婚罪或破坏军婚罪的,应依法追究其刑事责任。[③]

第六节　事　实　婚　姻

一、事实婚姻概述

(一) 事实婚姻的含义

事实婚姻有广义和狭义之分。广义的事实婚姻是指没有配偶的男女,未进行结婚登记,以夫妻名义共同生活,群众也认为是夫妻关系的结合。其具体情形分为两种:一是一方或双方既不符合结婚实质要件,又不符合结婚形式要件(双重违法)的事实婚姻。二是双方符合结婚实质要件而只欠缺结婚形式要件(单一违法)的事实婚姻。[④]狭义的事实婚姻是指在最高人民法院司法解释划定的时间范围内,符合结婚实质要件的男女,未进行结婚登记,以夫妻名义同居生活,群众也认为是夫妻的两性结合。本节讨论的是狭义的事实婚姻,有四个特征:

第一,双方主体符合结婚实质要件,欠缺法定结婚程序。事实婚姻的当事人未履行结婚登记手续,但双方均符合结婚实质要件,这是事实婚姻与合法婚姻相区别的最重要标志。

---

① 参见《民法典》第 1131 条。
② 参见《民法典》第 1133 条第 3 款。
③ 主编注:关于我国内地(大陆)与港、澳、台无效婚姻与可撤销婚姻制度的比较评析,参见陈苇主编:《当代中国内地与港、澳、台婚姻家庭法比较研究》,群众出版社 2012 年版,第 182—196 页。
④ 参见陈苇主编:《婚姻家庭继承法学》,群众出版社 2005 年版,第 92 页。

第二,婚姻目的性明确,存续共同生活事实。事实婚姻的当事人具有婚姻的目的和共同生活的事实状态。男女双方是否以夫妻相待是事实婚姻与其他非婚两性关系的主要区别。

第三,双方生活关系的公开性、公认性和法定时间标准须同时具备。事实婚姻的双方公开相互以夫妻身份相待,为群众所公认,同居时间符合最高人民法院司法解释划定的时间标准[1]。这些是事实婚姻与其他非婚两性关系相区别的重要标志。

第四,双方须无配偶。事实婚姻的主体为没有配偶的男女以夫妻名义共同生活,包括双方均没有已经形成事实婚或者法律婚的配偶。有配偶者与他人以夫妻名义同居生活的,应属于事实重婚。

事实婚姻与法律婚姻并存是许多国家的共性。各国由于历史传统、社会习俗的不同,对事实婚姻效力采取不同的立法原则。大体分为三种:一是不承认主义,二是有条件承认主义,三是承认主义。[2]

(二) 我国婚姻立法对待事实婚姻的态度

我国《婚姻法》及《民法典》婚姻家庭编对事实婚姻均未作明确的规定。最高人民法院多次在司法解释中,采取有条件承认的态度。1994 年 2 月 1 日我国《婚姻登记管理条例》施行以后,才完全不承认事实婚姻的民事效力,视其为非婚同居关系。2001 年 12 月 27 日实施的《婚姻法解释(一)》又恢复有条件地相对承认事实婚姻。对事实婚姻的民事效力,经历了从承认主义到有条件地承认主义,再从不承认主义到有条件地相对承认主义的变化过程,大致经历了四个阶段:

1. 承认阶段

1949 年中华人民共和国成立到 1989 年 11 月 21 日为承认阶段。最高人民法院的相关司法解释,如《关于贯彻执行民事政策法律的意见》(1979 年 2 月 2 日)、《关于贯彻执行民事政策法律若干问题的意见》(1984 年 8 月 30 日),均承认符合结婚实质要件的事实婚姻的法律效力,并予以一定的保护。

2. 有条件地承认阶段

1989 年 11 月 21 日起至 1994 年 2 月 1 日为有条件地承认阶段。1989 年《审理以夫妻名义同居生活案件的意见》确立了逐步从严的原则,并设立了最终不承认事实婚姻之民事效力的时间表。根据这一时间表,分为两个时期:第一时期,1986 年 3 月 15 日《婚姻登记办法》施行前,未办结婚登记即以夫妻名义共同生活,群众也认为是夫妻关系,一方向人

---

[1] 参见《婚姻家庭编解释(一)》第 7 条规定,1994 年 2 月 1 日民政部《婚姻登记管理条例》公布实施以前,男女双方已经符合结婚实质要件的,按事实婚姻处理。

[2] 关于事实婚姻的立法原则主要包括:(1) 不承认主义,即法律要求结婚当事人须进行婚姻申报并受理,才产生法律效力,如日本。参见陈苇主编:《外国婚姻家庭法比较研究》,群众出版社 2006 年版,第 123 页。(2) 有条件承认主义,即法律为事实婚姻设定某些有效的条件,一旦具备这些条件,事实婚姻便转化为合法婚姻,如《德国民法典》第 1310 条第 3 项对未经结婚登记的婚姻关系作了变通规定:"配偶双方已经表示愿意相互缔结婚姻,并且配偶双方自那时起已经作为夫妻共同生活 10 年,或者配偶一方死亡时为止至少已经作为夫妻共同生活达 5 年的,婚姻也视为缔结。"参见陈卫佐译注:《德国民法典》(第三版),法律出版社 2010 版,第 418 页。(3) 承认主义,即法律对符合结婚实质要件的事实婚姻承认其效力。要求婚姻的成立须符合结婚的法定实质要件,即当事人有结婚能力、结婚目的、同居事实以及夫妻身份的公示性,而不要求具备形式要件。它一旦形成,便与法律婚具有同等的效力,须经离婚程序始得解除,如美国部分州原则上承认普通法婚姻。参见陈苇主编:《外国婚姻家庭法比较研究》,群众出版社 2006 年版,第 145 页。

民法院起诉离婚的,如起诉时双方均符合《婚姻法》规定的结婚法定条件的,可以认定为事实婚姻关系;如起诉时一方或双方不符合结婚的法定条件,应认定为非法同居关系。第二时期,1986年3月15日《婚姻登记办法》施行之后,未办理结婚登记即以夫妻名义同居生活,群众也认为是夫妻关系,一方向人民法院起诉离婚的,如同居时双方均符合结婚的法定条件,可认定为事实婚姻;如同居时一方或双方不符合结婚的法定条件,应认定为非法同居关系。

3. 不承认阶段

1994年2月1日起至2001年12月27日为不承认阶段。自1994年2月1日民政部《婚姻登记管理条例》施行后,未办结婚登记手续,以夫妻名义共同生活的男女,无论双方是否符合结婚实质要件均按同居对待,此后建立的"事实婚姻"不再具有民事法律效力,2013年1月18日之前的事实重婚者仍应承担刑事责任。[①] 此后,根据2013年1月18日《最高人民法院关于废止1980年1月1日至1997年6月30日期间发布的部分司法解释和司法解释性质文件(第九批)的决定》,自2013年1月18日起,1994年12月14日最高人民法院给四川省高级人民法院的批复已被废止,所以,对有配偶者与他人以夫妻名义同居的,已不再认为构成事实上的重婚,也不再按重婚罪定罪处罚。

4. 有条件地相对承认阶段

2001年12月27日至今为有条件地相对承认阶段。《婚姻家庭编解释(一)》第7条采取区别对待的规定:"(一)1994年2月1日民政部《婚姻登记管理条例》公布实施以前,男女双方已经符合结婚实质要件的,按事实婚姻处理。(二)1994年2月1日民政部《婚姻登记管理条例》公布实施以后,男女双方符合结婚实质要件的,人民法院应当告知其补办结婚登记。未补办结婚登记的,依据本解释第三条规定处理。"第6条规定:"男女双方依据民法典第一千零四十九条规定补办结婚登记的,婚姻关系的效力从双方均符合民法典所规定的结婚的实质要件时起算。"

二、事实婚姻的处理

(一) 事实婚姻效力的认定及处理

对于没有依据《民法典》第1049条规定办理结婚登记而以夫妻名义共同生活的男女,提起诉讼要求离婚的,人民法院应当以1994年2月1日为界按照时间先后予以区别对待。

1. 当然有效

1994年2月1日民政部《婚姻登记管理条例》公布实施以前,男女双方已经符合结婚实质要件的,按事实婚姻处理。也就是说,即使双方未补办结婚登记,其婚姻也当然具有合法婚姻的效力。[②]

---

① 1994年12月14日最高人民法院在给四川省高级人民法院的批复(法复〔1994〕10号)中明确规定,新的《婚姻登记管理条例》发布施行后,有配偶的人与他人以夫妻名义同居生活的,或者明知他人有配偶而与之以夫妻名义同居生活的,仍应按重婚罪定罪处罚。

② 《婚姻家庭编解释(一)》第7条第1项。

2. 补办登记有效

1994 年 2 月 1 日民政部《婚姻登记管理条例》公布实施以后,男女双方符合结婚实质要件且补办结婚登记的,即为合法婚姻,并且补办的结婚登记具有溯及力,该婚姻的效力从双方均符合结婚实质要件时起算。在双方没有补办结婚登记前,一方诉请要求离婚的,人民法院应当告知其补办结婚登记,未补办登记的应当按同居关系处理。[①]

(二) 事实婚姻的法律后果

1. 事实婚姻具有合法婚姻的效力

凡是被认定为事实婚姻关系的,双方当事人具有合法的夫妻身份,彼此间的身份关系和财产关系适用《民法典》关于夫妻权利义务的规定,双方享有夫妻家事代理权,可适用法定夫妻共同财产制或约定财产制处理共同生活期间的财产与债务问题,双方互负扶养义务,互有配偶继承权,双方所生的子女为婚生子女,等等。

2. 事实婚姻的解除应当适用诉讼离婚的规定

我国对事实婚姻系比照"合法"婚姻来处理,但因其未办理结婚登记,事实婚姻的离婚只能通过诉讼方式进行。人民法院审理事实婚姻案件,对子女抚养、财产分割、生活困难一方的经济帮助、经济补偿制度和离婚损害赔偿制度等问题,适用《民法典》及相关司法解释有关离婚的规定,并注意照顾妇女和儿童的权益。

必须说明,依我国 1989 年《审理以夫妻名义同居生活案件的意见》的规定,人民法院审理事实婚姻的离婚案件,应当先进行调解。经调解和好或撤诉的,确认婚姻关系有效,发给调解书或裁定书;经调解不能和好的,应调解或判决准予离婚。[②]可见,处理事实婚姻的离婚案件与合法婚姻的离婚案件有所区别,即对经调解无效的事实婚姻,只能判决离婚;而合法婚姻的离婚即使经调解无效,也可能判决不准离婚。

3. 事实婚姻双方互有配偶继承权

《婚姻家庭编解释(一)》第 8 条规定:"未依据民法典第一千零四十九条规定办理结婚登记而以夫妻名义共同生活的男女,一方死亡,另一方以配偶身份主张享有继承权的,依据本解释第七条的原则处理。"即 1994 年 2 月 1 日民政部《婚姻登记管理条例》公布实施以前,以夫妻名义共同生活的男女双方已经符合结婚实质要件的,按事实婚姻处理。双方互为第一顺序法定继承人而享有配偶继承权。《婚姻登记管理条例》实施后,以夫妻名义共同生活的男女双方符合结婚实质要件的,人民法院应当告知其在案件受理前补办结婚登记;未补办结婚登记的,按解除同居关系处理。即同居关系的双方不能互为第一顺序法定继承人而不享有配偶继承权。[③]

---

① 参见《婚姻家庭编解释(一)》第 6 条、第 7 条第 2 项、第 3 条。

② 必须注意,此处 1989 年《审理以夫妻名义同居生活案件的意见》已自 2021 年 1 月 1 日《民法典》施行之日起被废止,故此处相关内容仅供参考。

③ 主编注:关于我国事实婚姻立法的完善建议,参见陈苇、高伟:《我国事实婚姻制度之重构——澳大利亚的〈事实伴侣关系法〉的启示》,载《法学杂志》2008 年第 2 期。

第七节　非婚同居关系

一、非婚同居关系概述

(一) 非婚同居的含义

广义的非婚同居,是指男女双方没有依法缔结正式的婚姻关系而在一起共同居住生活。它包括两类:一类是双方均为无配偶者的同居,其中又可分为以夫妻名义同居和不以夫妻名义同居两类(此类属于不违法非婚同居)。另一类是双方或一方有配偶又与婚姻关系之外的他人同居(此类属于违法同居)。狭义的非婚同居,是指双方均无配偶的当事人自愿不进行结婚登记,而持续公开地共同生活达到一定期间的伴侣关系。这种同居伴侣关系的前提是不违反一夫一妻制和其他法律强制性规定,排除了重婚、有配偶者与他人同居等情形。其实质是当事人以非婚姻的方式在感情、经济和性等方面形成了相互依赖的家庭生活共同体。

(二) 非婚同居的分类

非婚同居从不同角度看,可分为以下两类:

1. 违法的非婚同居与不违法的非婚同居

此分类是依据同居关系是否违反相关法律的强制性规定划分的。

(1) 违法的非婚同居。依据同居者的身份是否违法、同居意思表示是否真实等因素,判定其违反法律强制性规定的,概括有以下情形:

第一,有配偶者的非婚同居。《民法典》第 1042 条第 2 款规定:"禁止重婚。禁止有配偶者与他人同居。"《婚姻家庭编解释(一)》第 2 条规定:"禁止有配偶者与婚外异性,不以夫妻名义,持续、稳定地共同居住。"排除了有配偶者与婚外同性的同居行为。

第二,非自愿的非婚同居。违背一方当事人的意愿,采取胁迫、欺骗、限制人身自由或乘人之危等手段强迫对方当事人与其同居生活的,此类非婚同居属于违法行为,如强迫被拐卖妇女形成的非婚同居,如果构成《刑法》规定的强奸罪或非法拘禁罪,将承担刑事责任。[1] 同时必须注意,如与不满 14 周岁的未成年人违法同居,因幼女缺乏决定性行为的能力,即使征得其同意的同居和性行为,也属于侵犯幼女的性决定权,将追究同居者的刑事责任。[2]

(2) 不违法的非婚同居,是指无配偶的双方当事人(无论同性还是异性)自愿持续稳定地共同生活关系。此类非婚同居是对双方当事人同居生活事实状态的描述,而不是法律对其是否具有合法性的定性评价。我国对于不违法的未婚同居关系在法律上给予财产关系及子女抚养纠纷等方面的规范调整。此类不违法的未婚同居,并不包括有配偶者与他人同居、非自愿的同居,也不同于事实婚姻。本节以下论述仅指异性的不违法的非婚同居。我国《民法典》没有对同性同居进行规定,故本节以下仅在同居分类中论及同性同居,而不予论述同性同居的相关问题。

---

① 参见现行《刑法》第 241 条第 2 款。
② 参见现行《刑法》第 236 条第 2 款规定:"奸淫不满十四周岁的幼女的,以强奸论,从重处罚。"

2. 同性同居与异性同居

(1) 同性同居是指同性伴侣双方当事人持续稳定地共同生活。目前,我国法律没有对同性同居关系进行规制。有些国家法律已经对同性伴侣关系进行规制,如法国、德国、意大利、瑞士、英国等。[①]

(2) 异性同居是指男女双方当事人自愿持续稳定地共同生活,但没有履行结婚的法定程序,没有合法婚姻的夫妻身份和权利义务关系。其同居关系不受法律保护和评价,但因同居生活导致的子女抚养和财产归属纠纷,可以寻求法律救济。

(三) 非婚同居关系的性质

在我国,《民法典》没有禁止非婚同居,非婚同居不属于违法行为。虽然 1989 年《审理以夫妻名义同居生活案件的意见》将未办理结婚登记而以夫妻名义同居的两性结合以起诉的时间或同居起始的时间为界限,以双方是否符合实质要件为基准,区分为"事实婚姻关系"与"非法同居关系",但《婚姻家庭编解释(一)》第 7 条对男女双方已经符合结婚实质要件的,以 1994 年 2 月 1 日《婚姻登记管理条例》公布实施前后为时间界限、以是否补办结婚登记为区分标准,将其区分为"事实婚姻"与"同居关系"。《婚姻家庭编解释(一)》第 3、7 条对非婚同居(这里不包括同性同居)在用语上发生了变化,删除了原来 1989 年《审理以夫妻名义同居生活案件的意见》所称的"非法同居关系"中的"非法"二字,采用"同居关系"的表述。"虽然同居双方并不能取得夫妻的合法配偶身份,但也仅仅是不能取得婚姻的效力而已,并不应导致非法。"[②] 可见,此类非婚同居已经不再被认定为违法行为。

(四) 非婚同居的特征

1. 形成同居生活的共同体

非婚同居当事人的共同生活是建立在契约自由基础上的经济关系、感情关系和性生活的共同体,这种生活共同体具有一定的类似婚姻的依赖关系和亲密关系,他们有"夫妻生活之实,却没有夫妻之名"。

2. 公开性

非婚同居当事人共同生活的事实不具有隐秘性,同居身份对外是公开的。公众对他们身份关系的认知是同居还是婚姻则在所不论。

3. 稳定性和持续性

稳定性和持续性在同居关系中往往相伴随存在,是非婚同居区别于临时的、短暂的两性关系的界限。临时的、短暂的两性关系没有共同生活的愿望和事实状态,这种关系由道德规范调整。只有长期同居并达到一定期限的持续稳定的同居关系,才能被认定为具有共同生活的事实状态,才能考察同居双方是否在经济生活、精神生活和性生活方面产生了亲密的依赖关系。

4. 不具有违法性

我国法律法规对此类非婚同居不做否定性和合法性评判,这是与违法的有配偶者的同

---

① 参见陈苇主编:《当代外国婚姻家庭法律制度研究》,中国人民公安大学出版社 2022 年版,第 45—46、118—122、188—190、239—240、433—436、496—498 页。

② 陈苇主编:《婚姻家庭继承法学》(第三版),群众出版社 2017 年版,第 85 页。

居关系的显著区别。有配偶与他人同居为我国法律所禁止,并承担相应的法律责任。[①]

必须说明,在我国自 1994 年 2 月 1 日起,双方当事人"无婚姻的目的性"或者"不以夫妻名义同居"都不是非婚同居的特征。因为自 1994 年 2 月 1 日《婚姻登记条例》公布实施以后,符合结婚实质要件的双方当事人有婚姻的目的性并且以夫妻名义同居,如未补办结婚登记的,则为同居关系。[②]

二、非婚同居关系的处理

在我国,《民法典》没有禁止非婚同居,对于此类同居关系的解除及其后果也无规定。[③]目前,人民法院对于解除同居关系案件的处理主要依据司法解释和保护基本人权的相关法律的规定。

(一) 法院不受理解除同居关系的诉讼

《婚姻家庭编解释(一)》第 3 条第 1 款规定:"当事人提起诉讼仅请求解除同居关系的,人民法院不予受理;已经受理的,裁定驳回起诉。"即是否解除同居关系,由当事人双方协商解决,法院对同居关系本身不进行司法干预。

(二) 同居者的人身安全受法律保护

现行《妇女权益保障法》第 65 条第 1 款规定:"禁止对妇女实施家庭暴力。"现行《反家庭暴力法》第 37 条规定:"家庭成员以外共同生活的人之间实施的暴力行为,参照本法规定执行。"《人身安全保护令适用法律的规定》第 4 条规定:"反家庭暴力法第三十七条规定的'家庭成员以外共同生活的人'一般包括共同生活的儿媳、女婿、公婆、岳父母以及其他有监护、扶养、寄养等关系的人。"同居关系中的女性往往更容易受到暴力侵害,《反家庭暴力法》把家庭成员以外共同生活的人纳入保护的主体,符合现行《宪法》《刑法》《民法典》和《妇女权益保障法》保护基本人权的规定。

(三) 法院受理因同居产生的财产纠纷等诉讼

根据《民法典》婚姻家庭编的基本原则、《婚姻家庭编解释(一)》第 3 条第 2 款和《婚姻家庭编解释(二)》第 4 条的规定,当事人因同居期间财产分割纠纷等提起诉讼的,人民法院应当受理。人民法院对同居期间财产纠纷案件审理时,应当照顾妇女、儿童的利益,考虑财产的实际情况和双方的过错程度,予以妥善处理。

1. 同居期间所得财产的析产、从事家务劳动等负担较多义务方的经济补偿的处理

根据《婚姻家庭编解释(二)》第 4 条的规定,对于同居析产纠纷处理如下:双方均无配偶的同居关系析产纠纷案件中,对同居期间所得的财产,有约定的,按照约定处理;没有约定且协商不成的,人民法院按照以下情形分别处理:(1) 各自所得的工资、奖金、劳务报酬、

---

① 参见《民法典》第 1042、1079 条,《刑法》第 258、259 条。

② 参见《婚姻家庭编解释(一)》第 7—8 条。

③ 主编注:关于设立我国非婚同居制度的构想,参见陈苇、王薇:《我国设立非婚同居法的社会基础及制度构想》,载《甘肃社会科学》2008 年第 1 期。

知识产权收益,各自继承或者受赠的财产以及单独生产、经营、投资的收益等,归各自所有。(2) 共同出资购置的财产或者共同生产、经营、投资的收益以及其他无法区分的财产,以各自出资比例为基础,综合考虑共同生活情况、有无共同子女、对财产的贡献大小等因素进行分割。

2. 一方请求返还彩礼的处理

对于一方请求返还按照习俗给付的彩礼的,人民法院应当根据《涉彩礼纠纷案件适用法律的规定》,确定是否返还以及返还的具体比例。一方以彩礼为名借婚姻索取财物,另一方要求返还的,人民法院应予支持。[①]

3. 同居期间赠与财产的处理

同居生活期间,一方自愿赠送给对方的财物可比照赠与关系处理。价值不大的礼物、礼金、日常消费性支出等,在解除同居时,可以不予返还。[②]

4. 解除同居关系时生活困难方的经济帮助

解除同居关系时,一方在共同生活期间患有严重疾病未治愈的,分割财产时,应予适当照顾,或者由另一方给予一次性的经济帮助。此外,我国通常情况下,共同生活期间女方负担家务劳动较多,对子女及同居生活的人照料较多,投入了更多精力。女方更容易受到职业发展的限制,身体健康受到影响,因此,应落实对弱势群体的保护原则。

5. 同居期间债权债务的处理

解除同居关系时,同居期间为共同生产、生活而形成的债权、债务,可按共同债权债务处理。如果有证据证明属于个人的债权债务,可按个人的债权债务处理。

6. 保护同居者的酌情分得遗产权

同居生活期间一方死亡,另一方要求分得死者遗产的,如果符合《民法典》第 1131 条规定的情形,根据双方相互扶养扶助的具体情况处理。生存方作为法定继承人以外的人,可以请求分得适当的遗产。

(四) 法院受理因同居产生的子女抚养纠纷诉讼

对于此类诉讼,应当坚持保护未成年子女合法权益原则。解除同居关系时,不满 2 周岁的子女,以由母亲直接抚养为原则,已满 2 周岁的子女,父母双方对抚养问题协议不成的,由人民法院根据双方的具体情况,按照最有利于未成年子女的原则判决。子女已满 8 周岁的,应当尊重其真实意愿。

(五) 双方均符合结婚实质要件的可补办结婚登记

根据《婚姻家庭编解释(一)》第 7 条第 2 项规定,对 1994 年 2 月 1 日后双方均符合结婚实质条件,又以夫妻名义共同生活的男女,如果当事人一方起诉离婚的,人民法院应当告知

---

① 参见《涉彩礼纠纷案件适用法律的规定》第 2、3、4、6 条。

② 参见《涉彩礼纠纷案件适用法律的规定》第 3 条。

其在案件受理前补办结婚登记;未补办的,按解除同居关系对待。①

【本章小结】

　　本章主要内容有四个方面:一是婚约引起财产纠纷处理的原则。二是结婚的法定条件,包括实质要件与形式要件。三是无效婚姻与可撤销婚姻制度,包括婚姻无效和撤销的法定事由和请求权人的范围及诉讼程序和法律后果。四是事实婚姻与非婚同居的认定和处理。

【引导案例参考答案】

　　根据《民法典》第1051、1054条规定,有禁止结婚的亲属关系的婚姻无效,被确认无效或者被撤销的婚姻,自始无效,当事人不具有夫妻的权利和义务。同居期间所得的财产,由当事人协议处理;协议不成时,由人民法院根据照顾无过错方的原则判决。《婚姻家庭编解释(一)》第9条规定,有权依据《民法典》第1051条规定向人民法院就已办理结婚登记的婚姻申请确认婚姻无效的主体,包括婚姻当事人及利害关系人,其中利害关系人为当事人的近亲属。本案中,李甲与张乙是表兄妹,双方的婚姻属于《民法典》婚姻家庭编禁止的三代以内旁系血亲间的婚姻,应为无效婚姻。双方父母都属于当事人的近亲属,故均有权申请确认婚姻无效。李甲与张乙都有过错,因此均不属于法定的照顾无过错方,所以双方同居期间积攒的2万元应由当事人协议处理。如果双方对2万元的归属有争议,由双方举证证明属于个人的存款,如均不能证明的,推定为双方共同共有,由人民法院根据《民法典》共同共有的规定处理,并注意保护女方的利益。

　　根据《民法典》第1054条的规定,无效婚姻双方当事人所生育的子女与其父母的关系,适用《民法典》婚姻家庭编关于父母子女关系的规定。子女抚养由双方协商处理,协商不成的,由法院根据子女利益和双方的具体情况判决。在婚姻被确认无效后,有关子女的直接抚养方、抚养费的负担、探望权等问题,按我国《民法典》有关离婚后子女抚养的规定处理。

　　双方当事人婚姻被依法确认无效时,张乙要求李甲给予经济帮助的请求能获得法院的支持。虽然李甲与张乙双方的婚姻属于无效婚姻,不是合法的婚姻关系,也不符合《民法典》第1090条关于离婚时对困难方经济帮助的前提条件——离婚,但可参考1989年《审理以夫妻名义同居生活案件的意见》第12条的精神,解除同居关系时,一方在共同生活期间患有严重疾病未治愈的,分割财产时,应予适当照顾,或者由另一方给予一次性的经济帮助。因此,从保护弱者利益及人道主义角度出发,法院应支持张乙的诉讼请求。

【本章思考题】

　　1. 简述解除婚约的财产纠纷的处理。

　　2. 简述《民法典》结婚制度被修订的主要内容。

　　3. 简述我国结婚的法定条件。

---

① 主编注:关于外国非婚同居制度的比较研究,参见王薇:《非婚同居法律制度比较研究》,人民出版社2009年版,第333—404页。关于我国非婚同居的立法规制,参见何丽新:《我国非婚同居立法规制研究》,法律出版社2010年版,第271—308页。关于我国内地(大陆)与港澳台地区之事实婚姻与非婚同居制度的比较评析,参见陈苇主编:《当代中国内地与港、澳、台婚姻家庭法比较研究》,群众出版社2012年版,第197—202页。

4. 简述我国无效婚姻的法定情形、确认程序、请求权主体及法律后果。

5. 简述我国可撤销婚姻的法定情形、确认程序、撤销权主体及法律后果。

6. 我国对事实婚姻如何认定和处理？

7. 我国对非婚同居如何认定和处理？

【本章参考习题】

第五章　婚姻的效力

【本章重点难点】

通过本章的学习,学生应了解我国《民法典》婚姻家庭编对夫妻的权利和义务之法律规定,重点掌握夫妻人身关系、夫妻财产制和夫妻扶养义务的具体内容,难点在于理解有关夫妻共同债务处理的具体规定。

【引导案例】

甲男于 2017 年 2 月 1 日出资购买了徐州市某地的一套房产,首付 20 万元,按揭贷款本息合计 80 万元,月供 3 000 元,房屋产权登记在甲男名下。甲男个人自行还贷至 2021 年 2 月 1 日,此后其与乙女登记结婚。婚后夫妻两人共同还贷。

2025 年 1 月 31 日,甲男以与乙女性格不合,双方经常为家庭琐事发生口角导致夫妻感情破裂为由,诉至人民法院要求与乙女离婚。人民法院对双方进行调解后,乙女表示同意与甲男离婚,但对该套房屋的归属及处理,甲男与乙女无法达成一致意见,经人民法院委托鉴定,该房屋现在的市场价值为 200 万元。

请问:人民法院对该套房产依法应如何处理?

本章阐述婚姻的效力是指婚姻对夫妻的效力,其主要包括以下两个方面的内容:一是夫妻人身关系,我国夫妻人身关系的主要内容包括夫妻的姓名权、人身自由权、婚姻住所约定权、日常家事代理权、忠实义务及同居义务等;二是夫妻财产关系,我国夫妻财产关系的主要内容包括夫妻财产制、夫妻扶养义务和夫妻继承权。[①]

在 2020 年《民法典》颁布前,我国婚姻效力制度主要被规定在 2001 年修正的《婚姻法》和相关司法解释之中,夫妻人身关系方面有夫妻的姓名权、夫妻的人身自由权、婚姻住所的约定权、夫妻的计划生育义务以及夫妻应当相互忠实等内容;夫妻财产关系方面有夫妻扶养义务、夫妻财产制和夫妻继承权。为适应调整新时期我国夫妻关系新情况的需要,《民法典》婚姻家庭编在沿用原《婚姻法》的婚姻效力制度基础上,对其主要的修改补充内容如下:

对于我国夫妻人身关系,《民法典》婚姻家庭编在沿用原《婚姻法》规定的夫妻的相互

[①] 我国有些学者对夫妻间的权利称为"配偶权",关于配偶权的意义及其主体、客体和内容的探讨,参见孙若军:《身份权与人格权冲突的法律问题研究——以婚姻关系为视角》,中国人民大学出版社 2013 年版,第 73—80 页。对于配偶权从债的视角探讨,参见刘征峰:《论民法教义体系与家庭法的对立与融合:现代家庭法的谱系生成》,法律出版社 2018 年版,第 167—189 页。

忠实义务、夫妻姓名权、夫妻的人身自由权和夫妻的计划生育义务的内容基础上[1]，其修改补充的主要内容有如下四项:(1) 删除夫妻的计划生育义务。这是根据我国人口发展新形势的需要,删除夫妻的计划生育义务规定,对于人口生育行为由 2015 年修正的《人口与计划生育法》统一进行调整。(2) 增补规定夫妻应当"互相关爱"。这是在保留 2001 年修正的《婚姻法》第 4 条规定的"夫妻应当互相忠实,互相尊重"基础上增补的规定。(3) 新增夫妻双方平等地享有和承担对未成年子女抚养、教育和保护的权利和义务。(4) 新增夫妻的日常家事代理权及其效力。[2]

对于我国夫妻财产关系,《民法典》婚姻家庭编在沿用原《婚姻法》规定的夫妻扶养义务、夫妻财产制(包括法定财产制与约定财产制、夫妻共同财产与夫妻个人财产各自的范围)和夫妻继承权的基础上[3],其修改补充的主要内容有如下三项:(1) 增补婚姻期间夫妻一方所得的劳务报酬、投资收益为夫妻共同财产。(2) 新增夫妻共同债务的认定规则。这是吸收 2018 年《涉及夫妻债务纠纷案件适用法律解释》并将其上升为法律。(3) 新增婚姻期间请求分割夫妻共同财产的两种法定情形。这是吸收 2011 年《婚姻法解释(三)》第 4 条[4]并将其上升为法律。[5] 为指导司法实践,最高人民法院分别于 2020 年 12 月 29 日和 2024 年 11 月 25 日颁布了《婚姻家庭编解释(一)》和《婚姻家庭编解释(二)》,对《民法典》婚姻家庭编之夫妻关系内容的适用作出了具体规定。[6]

第一节 婚姻效力概述

一、婚姻效力的概念

婚姻效力是指男女因结婚而在法律上产生的约束力或后果。它随婚姻关系的成立而发生,随婚姻关系的解除而终止。

婚姻的效力,有广义的婚姻效力与狭义的婚姻效力之分。广义的婚姻效力,指婚姻成立后在婚姻家庭法及其他相关部门法中产生的法律后果。例如,我国《民法典》《刑法》《民事诉讼法》《刑事诉讼法》《劳动法》《国籍法》等法律中都有关于婚姻效力的规定。狭义的婚姻效力,仅指婚姻在婚姻家庭法上的效力,又可分为婚姻的直接效力和间接效力。婚姻的直接效力,指因婚姻而产生的夫妻间的权利义务关系;婚姻的间接效力,则指因结婚而在其他近亲属间产生的权利义务关系。本章阐述的婚姻效力专指婚姻的直接效力,即夫妻之间的

---

[1] 参见 2001 年修正的《婚姻法》第 4、13—16 条。

[2] 参见《民法典》第 1055—1060 条。

[3] 参见 2001 年修正的《婚姻法》第 17—20、24 条。关于我国 2001 年修正的《婚姻法》的夫妻财产制新发展之研究,参见陈苇:《论我国夫妻财产制的新发展及其立法完善》,载梁慧星主编:《民商法论丛》(第 36 卷),法律出版社 2006 年版,第 240—259 页。

[4] 《婚姻法解释(三)》第 4 条规定:"婚姻关系存续期间,夫妻一方请求分割共同财产的,人民法院不予支持,但有下列重大理由且不损害债权人利益的除外:(一)一方有隐藏、转移、变卖、毁损、挥霍夫妻共同财产或者伪造夫妻共同债务等严重损害夫妻共同财产利益行为的;(二)一方负有法定扶养义务的人患重大疾病需要医治,另一方不同意支付相关医疗费用的。"

[5] 参见《民法典》第 1042、1043、1050、1061—1066 条。

[6] 对《民法典》婚姻家庭编的夫妻人身关系和夫妻财产关系法律适用的司法解释,详见本章各节的相关内容。

权利义务关系。婚姻的直接效力,根据其性质还可分为以下两方面:一方面是婚姻在身份法上的效力;另一方面是婚姻在财产法上的效力。在国外立法中,前者包括夫妻的姓氏权、同居义务和忠实义务、婚姻住所约定权及日常家事代理权等;后者包括夫妻财产制、夫妻扶养义务和夫妻继承权,其中夫妻财产制的内容包括夫妻婚前及婚后财产的归属、管理和使用、收益及处分等权利,家庭生活费用的负担和夫妻债务的清偿,以及不同类型的夫妻财产制的设立、变更和终止等。

夫妻关系是夫妻之间在法律上的权利与义务的总和。夫妻关系的内容分为人身关系和财产关系两个方面。夫妻人身关系是指与夫妻的身份相联系而不具有经济内容的权利义务关系,如夫妻的姓氏权(我国法律规定为夫妻的姓名权)、同居义务和忠实义务等。夫妻财产关系是指夫妻间具有经济内容的权利义务关系,如夫妻财产制、夫妻间的扶养关系、夫妻继承权等。夫妻人身关系与夫妻财产关系两者具有密切的联系,夫妻人身关系决定夫妻财产关系,夫妻财产关系从属于夫妻人身关系。

二、我国对夫妻法律地位的规定 [①]

在我国,根据《民法典》第 1055 条的规定,夫妻在婚姻家庭中地位平等。这反映了男女平等原则的要求,确认了夫妻在家庭中具有平等的法律地位。关于夫妻在家庭中地位平等的内容,根据《民法典》婚姻家庭编有关规定的精神,夫妻在人身关系和财产关系两个方面的权利和义务都是完全平等的。夫妻在家庭中地位平等,既是确定夫妻间权利和义务的立法原则,也是处理夫妻间权利和义务纠纷的基本依据。对于夫妻间的权利和义务纠纷,如果《民法典》婚姻家庭编有规定的,应依据具体规定处理;如无规定,就应依据"夫妻在婚姻家庭中地位平等"的法律精神进行处理。

第二节　夫妻人身关系

在我国,对于夫妻人身关系,1980 年《婚姻法》主要规定了夫妻姓名权、夫妻人身自由权、婚姻住所约定权、计划生育义务等内容。2001 年修正的《婚姻法》继续沿用这些规定,并新增规定"夫妻应当互相忠实"。2001 年《婚姻法解释(一)》的规定间接确认了夫妻互有日常家事代理权。2015 年修正的《人口与计划生育法》和 2021 年修正的《人口与计划生育法》均规定了公民(包括夫妻)有生育权,以及其他有关夫妻计划生育的权利义务。2011 年《婚姻法解释(三)》对夫妻的生育纠纷的处理作出了规定。2020 年通过的《民法典》对夫妻人身关系的内容主要有以下修改补充:(1) 删除了夫妻的计划生育义务;(2) 增补夫妻应当"相互关爱";(3) 新增夫妻双方平等地享有和承担对未成年子女抚养、教育和保护的权利和义务;(4) 新增夫妻的日常家事代理权及其效力。

---

① 有关夫妻关系立法的演变,参见陈苇主编:《婚姻家庭继承法学》,群众出版社 2005 年版,第 107—109 页。

一、夫妻的姓名权

姓名权,又称姓氏权。所谓姓名,是姓与名的合称。姓(又称姓氏)是表示家族的字,名(又称名字)是代表一个人的语言符号。姓名虽然只是用来表示个人的特定符号,但有无姓名权是有无独立人格的重要标志。姓名权属于人格权,是一项重要的人身权利。由于结婚可能使夫妻姓氏发生变化,所以夫妻的姓名权被法律规定为婚姻的效力之一。

在我国封建社会,男娶女嫁是主要的婚居方式,女子婚后来到夫家即加入夫宗,被冠以夫姓而丧失本人的姓氏权(赘夫则被冠以妻姓)。中华民国时期,1930 年"民法"亲属编第 1000 条规定:"妻以其本姓冠以夫姓,赘夫以其本姓冠以妻姓,但当事人另有订定者不在此限。"此规定仍带有明显的封建残余。直至 1998 年 6 月 17 日我国台湾地区修正的"民法"亲属编对于夫妻的姓氏权修改规定为:"夫妻各保有其本姓。但得书面约定以其本姓冠以配偶之姓,并向户政机关登记。冠姓之一方得随时回复其本姓。但于同一婚姻关系存续中以一次为限。"[①]

1949 年中华人民共和国成立后,1950 年《婚姻法》、1980 年《婚姻法》、2001 年修正的《婚姻法》均规定:夫妻双方都有各用自己姓名的权利。《民法典》婚姻家庭编第 1056 条规定:"夫妻双方都有各自使用自己姓名的权利。"即《民法典》继续沿用原规定,只作了个别文字的修改。我国对于夫妻姓名权的规定,虽然是夫妻并提,但由于我国的传统主要是妻被冠以夫姓,故主要是保护已婚妇女的姓名权。这体现了男女平等原则,有利于破除旧的婚姻习俗。当然,此规定并不妨碍夫妻就姓名问题另作约定。只要是夫妻双方自愿达成一致的协议,无论是夫妻别姓(各用自己的姓氏)、夫妻同姓(妻随夫姓或夫随妻姓)还是夫妻相互冠姓,法律都是允许的。

夫妻享有平等的姓名权,有利于夫妻平等协商确定子女的姓氏。我国《民法典》第 1015 条第 1 款规定:"自然人应当随父姓或者母姓,但是有下列情形之一的,可以在父姓和母姓之外选取姓氏……"《民法典》对子女姓氏的规定,反映了 2001 年修正的《婚姻法》第 22 条"子女可以随父姓,可以随母姓"之立法精神,体现了"夫妻在婚姻家庭中地位平等"的要求。总之,根据《民法典》的规定,未成年子女应当随父姓或者随母姓,可以由父母双方协商确定。这有利于改变子女只能从父姓的旧传统,有利于破除以男系为中心的宗法制度的残余影响。

二、夫妻的人身自由权

夫妻双方享有人身自由权,这是夫妻家庭地位平等的重要标志之一。在古代社会,妇女遵从"男女有别""男外女内""三从四德"等封建礼教的规定,只能从事家务,侍奉丈夫和公婆,在家庭内部完全丧失了人身自由,成为家庭奴隶。这不仅束缚了妇女本身的发展,也不利于社会经济的发展。

1949 年中华人民共和国成立后,1950 年《婚姻法》第 9 条规定:"夫妻双方均有选择职业、参加工作和参加社会活动的自由。"1980 年《婚姻法》第 11 条进一步规定:"夫妻双方都

---

① 我国台湾地区"民法"亲属编第 1000 条。

有参加生产、工作、学习和社会活动的自由,一方不得对他方加以限制或干涉。"2001 年修正后的《婚姻法》继续沿用此规定。《民法典》第 1057 条规定:"夫妻双方都有参加生产、工作、学习和社会活动的自由,一方不得对另一方加以限制或干涉。"可见,《民法典》仍然沿用原婚姻法的规定,只对个别文字有修改。这些规定反映了夫妻地位平等的要求。夫妻双方都有参加生产、工作、学习和社会活动的自由。这表明夫妻任何一方都有权参加生产、工作、学习和社会活动,另一方不得限制或干涉他方行使该项人身自由权利。由于我国传统上限制妻子外出参加社会生产和活动,此项规定主要是为了保障已婚妇女享有参加生产、工作、学习和社会活动的自由权利,禁止丈夫限制或干涉妻子的人身自由。在现实生活中,我国妇女在政治、经济、文化和婚姻家庭等方面获得了与男子平等的地位,但男女在经济、文化等方面仍事实上存在着一定差距,在一些家庭的夫妻关系中,封建夫权思想的残余影响还仍然存在,有的丈夫对妻子的人身自由常常加以限制。因此,以法律手段破除封建思想的影响,保障已婚妇女的人身自由具有很强的现实意义。如果夫妻一方不当行使该项权利,他方则有权提出意见,进行必要的劝阻。此外,我们还应当把善意的建议与非法的限制、干涉区别开来。

三、夫妻的婚姻住所约定权

所谓婚姻住所,是指夫妻婚后共同居住和生活的场所。婚姻住所约定权,是指夫妻协商选择、约定夫妻婚后共同生活住所的权利。根据我国《民法典》规定的夫妻在家庭中地位平等原则,夫妻双方平等地享有婚姻住所约定权。

在我国,1980 年《婚姻法》第 8 条规定:"登记结婚后,根据男女双方约定,女方可以成为男方家庭的成员,男方也可以成为女方家庭的成员。"其主要精神是提倡男方成为女方家庭成员,以改变我国传统的"妇从夫居"婚姻居住方式。2001 年修正的《婚姻法》第 9 条删除了 1980 年《婚姻法》第 8 条"男方也可以成为女方家庭的成员"中的"也"字,修改为"男方可以成为女方家庭的成员",以进一步体现夫妻双方平等地享有婚姻住所约定权。《民法典》第 1050 条继续重申此规定:"登记结婚后,按照男女双方约定,女方可以成为男方家庭的成员,男方可以成为女方家庭的成员。"即仅有个别文字的修改。此规定有以下两层含义:

第一,男女登记结婚后,夫妻双方平等地享有婚姻住所约定权。即对婚后共同生活的住所,应由夫妻双方协商约定;一方不得强迫另一方,第三人也无权干涉。

第二,夫妻双方有约定互为对方家庭成员的权利。即男女结婚后,根据夫妻双方的约定,女方可成为男方家庭成员,即妻从夫居;男方可成为女方家庭成员,即夫从妻居。此外,夫妻婚后也可另组新家庭,不加入任何一方原来的家庭,即从新居。并且,婚后夫妻对于结婚时的约定,也可协商加以变更。这里必须注意,夫妻一方成为对方家庭成员后,并无法律上的权利和义务,因为他(她)与对方的亲属间只是姻亲关系。

必须说明,男到女家落户的婚姻与旧式的"入赘婚"有本质区别。所谓"入赘婚",又称"赘婚婚",指婚入妻家所成的婚姻。赘婚往往是因为"家贫无聘财,不能娶妇,及身入妇家作质"①,即所谓"家贫子壮则出赘"②。在以男系为中心的封建宗法制度下,男方入赘违反了男娶女嫁、妇从夫居的通例,故赘婿在社会上和家庭中被歧视,被称为"无能小子"。男到女家落户的婚姻与旧式"入赘婚"两者主要有如下区别:

第一,两者的性质和目的不同。男到女家落户的婚姻,是在夫妻地位平等的基础上,提倡男到女家落户,其目的主要是树立新型的婚姻家庭观和生育观。"入赘婚"则是在以男系为中心的宗法制度下,女方家庭为达到传宗接代的目的而招婿上门。

第二,两者产生的条件和法律地位不同。男到女家落户的婚姻,是男女双方协商自愿选择婚姻住所的结果,其夫妻法律地位平等,男方在社会上和女家不受歧视。"入赘婚"往往是男子被迫的行为,夫妻法律地位也不平等,赘夫在社会上和女家都往往被歧视。

四、夫妻的日常家事代理权

在我国,1950 年《婚姻法》、1980 年《婚姻法》以及 2001 年修正的《婚姻法》均未规定夫妻日常家事代理权。2001 年《婚姻法解释(一)》第 17 条第 1 项规定:"夫或妻在处理夫妻共同财产上的权利是平等的。因日常生活需要而处理夫妻共同财产的,任何一方均有权决定。"此虽直接规定的是夫妻日常家事决定权,但也间接地承认了夫妻互有日常家事代理权。《民法典》婚姻家庭编增设了夫妻日常家事代理权的规定,填补了《婚姻法》夫妻日常家事代理权的立法缺失。《民法典》第 1060 条规定:"夫妻一方因家庭日常生活需要而实施的民事法律行为,对夫妻双方发生效力,但是夫妻一方与相对人另有约定的除外。夫妻之间对一方可以实施的民事法律行为范围的限制,不得对抗善意相对人。"由此可见,此夫妻日常家事代理权的范围是"因家庭日常生活需要而实施民事法律行为",即对《婚姻法解释(一)》第 17 条第 1 项规定的"处理夫妻共同财产"的范围有所扩大。并且,为保护夫妻各方的利益和善意第三人的利益,还增加规定了夫妻之间对日常家事代理权的限制及其对第三人的效力。

对于我国夫妻的日常家事代理权,可以从以下方面予以理解与适用:

(一) 夫妻日常家事代理权的概念

夫妻日常家事代理权,又称夫妻家事代理权,是指夫妻一方因家庭日常生活需要与第三人为一定民事法律行为,夫妻双方互为代理并且对双方生效的权利,但另有约定的除外。也就是说,对于日常家庭事务,夫妻互为代理人,互有代理权;代理权的范围限于与家庭日常生活相关的事务;夫妻之间的被代理方须对代理方行使日常家事代理权所生的债务承担连带责任,但夫妻一方与相对人另有约定的除外。

(二) 家事代理权行使的主体

根据《民法典》第 1060 条的规定,夫妻一方因家庭日常生活需要而实施的民事法律行为,对夫妻双方发生效力。因此,家事代理权的行使主体仅限于具有合法婚姻关系的夫妻。通常合法婚姻关系中的夫妻,是指依照法律规定的程序缔结婚姻,在合法婚姻关系中的男女

---

① 陈鹏:《中国婚姻史稿》,中华书局 1990 年版,第 741、742 页。
②《汉书·贾谊传》。

二人。^①对于事实婚姻关系中的男女能否享有家事代理权,本书认为,可以结合《婚姻家庭编解释(一)》第 7 条的规定来判断,凡是 1994 年 2 月 1 日民政部《婚姻登记管理条例》公布实施以前,未办结婚登记手续即以夫妻名义同居生活,群众也认为是夫妻关系的,且同居时双方均符合结婚的法定条件的,认定为事实婚姻关系,凡被认定为"事实婚姻关系"的男女,系比照"合法"婚姻关系对待,故属于家事代理权的行使主体,享有家事代理权。除此之外的同居关系双方当事人,不具有夫妻关系,根据《民法典》的规定,他们不是家事代理权的主体,不享有家事代理权。

(三) 家事代理权行使的范围

根据《民法典》的规定,夫妻家事代理权行使的范围应是在夫妻在共同生活中,因"家庭日常生活所需要"的日常事务而行使。通常而言,家庭日常生活所需要的事务,是指建立在家庭生活的日常性和必要性的基础上,用于满足家庭成员物质方面和精神方面基本需求的家庭生活事务。^②例如家庭生活中的衣食住行、医疗教育、劳务雇佣等基本事务可以认定为家庭生活事务。^③超出家庭生活需要的范围,家事代理权则不再适用。^④

(四) 家事代理权行使的法律效力

夫妻家事代理权行使的法律效力,是指夫妻一方因家庭日常生活需要与第三方发生的民事法律行为,对夫妻中的他方以及相关利害关系人的法律约束力。夫妻家事代理权行使的法律效力,可以分为对内法律效力和对外法律效力。

第一,夫妻家事代理权行使的对内法律效力。根据《民法典》的规定,夫妻互有家事代理权,除夫妻一方与相对人另有约定的外,夫妻任何一方行使家事代理权都对夫妻双方发生法律效力,此即针对夫妻双方的对内法律效力。夫妻家事代理权行使的对内法律效力包括夫妻双方共同享有其所得权利、共同承担其所生义务。如其产生法律责任,夫妻双方亦承担连带责任。但基于意思自治原则,如果夫妻一方行使夫妻家事代理权与第三人另有约定的,则法律效力依约定。

第二,夫妻家事代理权行使的对外法律效力。根据《民法典》的规定,在行使家事代理权时,夫妻一方对另一方可以实施的民事法律行为范围的限制,不得对抗善意相对人。因为,夫妻之间约定行使家事代理权的限制,一般不为第三人知晓,此规定旨在保护善意第三人的利益。这就意味着,夫妻一方行使家事代理权时,该民事法律行为的法律效力会因

① 参见黄薇主编:《中华人民共和国民法典婚姻家庭编解读》,中国法制出版社 2020 年版,第 89 页。
② 根据国家统计局的有关统计资料,我国城乡居民家庭消费可分为八大类,包括食品、衣着、家庭设备用品及维修服务、医疗保健、交通通信、文娱教育及服务、居住、其他商品及服务。所以我国家庭日常生活需要的范围,可以参考以上家庭消费的分类,结合夫妻共同生活和经济收入的实际情况以及当地的生活习惯来确定。参见黄薇主编:《中华人民共和国民法典婚姻家庭编释义》,法律出版社 2020 年版,第 70 页。
③ 参见杨振宏:《〈民法典〉总则增加家事代理制度的立法建议》,载《苏州大学学报(哲学社会科学版)》2016 年第 6 期。
④ 对于超出家庭日常生活需要如何判断,我国实务界有人提出,家事代理权的行使范围,应该从以下方面判断:(1) 该民事法律行为应限于纯粹的财产性行为,如购买物品或服务、出售财产等。(2) 该民事法律行为生成或指向的利益最终归属于夫妻团体或家庭成员。(3) 综合衡量构成"日常家事"行为的核心要素,包括交易所涉标的金额大小、购买或处分财产的价值与家庭收入间的比例关系、行为目的与家庭事务的关联程度等。(4) 在某些紧急情形下,即使是超出"日常家事"一般性标准的民事法律行为也应赋予其家事代理的法律效果。参见肖明明:《日常家事代理行为的要件与判定》,载《人民法院报》2018 年 2 月 7 日,第 7 版。

第三人的主观是否"善意"而有不同,此即针对第三人的对外法律效力。夫妻家事代理权行使的对外法律效力包括:(1) 如第三人主观为善意,即其不知夫妻一方的行为系越权代理或滥用代理权,并且其有合理的理由相信或有证据证明夫妻一方有家事代理权时,则该家事代理行为有效,夫妻双方对家事代理行为的后果应向该第三人承担连带责任。(2) 如第三人主观为恶意,即其明知夫妻一方的家事代理行为超越权限范围或系滥用,仍与其为之,则该家事代理行为对该第三人具有法律效力。但对夫妻他方不具有法律效力,即其不承担连带责任。

五、夫妻的同居义务与忠实义务

关于夫妻的同居义务与忠实义务,我国 1950 年《婚姻法》和 1980 年《婚姻法》均没有规定。2001 年修正的《婚姻法》第 4 条增加规定"夫妻应当互相忠实,互相尊重"。《民法典》第 1043 条在重申此规定的基础上,根据新时代加强家庭精神文明建设的需要,增加规定"家庭应当树立优良家风,弘扬家庭美德,重视家庭文明建设",并对夫妻关系增加"互相关爱"的规定,以弘扬社会主义核心价值观,倡导树立优良家风,弘扬家庭美德,维护互相忠实、互相尊重、互相关爱的夫妻关系。但仍然没有规定夫妻的同居义务。

(一) 夫妻同居义务与忠实义务的概念

1. 夫妻同居义务的概念

从国外立法的规定看,夫妻同居义务指夫妻婚后互负共同生活的义务,但有不能同居的正当理由的,不在此限。

2. 夫妻忠实义务的概念

从国外立法的规定看,夫妻忠实义务有狭义与广义两种解释。狭义的夫妻忠实义务,主要指夫妻贞操义务,也就是夫妻婚后互负专一的性生活义务,不得与第三人为婚外性行为。广义的夫妻忠实义务,除指夫妻贞操义务外,还包括不得恶意遗弃配偶,以及不得为第三人的利益而损害或牺牲配偶他方的利益。[①]

(二) 夫妻同居义务与忠实义务的性质

夫妻同居义务是基于婚姻成立而当然产生的夫妻间的根本义务。因为,婚姻关系是以"人伦秩序为基础"的亲属身份关系。[②] 夫妻结婚后应当在一起共同生活,互享婚姻的权利,互负婚姻的义务。夫妻共同生活是婚姻关系得以维系的基本条件。自人类社会进入个体婚时代以来,夫妻相互忠实是维护一夫一妻制,保证夫妻共同生活圆满幸福的基本要求。在近现代社会,不少实行一夫一妻制的国家占主导地位的婚姻道德都要求夫妻之间互负同居义务与忠实义务。本书认为,为维护一夫一妻制婚姻家庭关系,立法者把夫妻互负同居义务与忠实义务规定在法律中,这使道德规范上升为法律规范,夫妻同居义务与忠实义务就成了法

---

① 但须注意,在社会学上,夫妻相互忠实一般是指夫妻婚后共同生活中在感情和性生活两方面相互诚实、专一。

② 参见陈棋炎、黄宗乐、郭振恭:《民法亲属新论》,三民书局 1995 年版,第 10、11 页。

定义务。①

（三）我国立法对夫妻同居义务与忠实义务的态度

在我国，1950 年《婚姻法》第 7、8 条规定：“夫妻为共同生活的伴侣，在家庭中地位平等。”“夫妻有互爱互敬、互相帮助……的义务。”这对于指导夫妻双方建立平等和睦的共同生活关系起到了积极的作用。但 1980 年《婚姻法》对于夫妻共同生活关系即同居关系未予规定，也没有对夫妻互负同居义务和忠实义务作出规定。在现实生活中，如夫妻一方违背同居义务或忠实义务，往往导致夫妻因感情破裂而提出离婚，故 1989 年《认定夫妻感情确已破裂的意见》第 7、8 条规定，诉请法院判决准予离婚的法定情形，包括：因感情不和分居已满 3 年，确无和好可能的；经人民法院判决不准离婚后又分居满 1 年，互不履行夫妻义务的；一方与他人通奸、非法同居；等等。这表明我国司法解释间接地承认夫妻互有同居义务和忠实义务。但是，由于 1980 年《婚姻法》对夫妻同居义务和忠实义务尚无规定，故其性质属于道德义务。

诚然，1980 年《婚姻法》是 1950 年《婚姻法》的继承和发展。它在夫妻人身关系方面的立法，根据男女平等原则的要求，体现了夫妻法律地位平等的精神，在一定程度上满足了调整我国夫妻人身关系的需要。但我们必须认识到，由于当时社会条件的限制，该法有关夫妻人身关系的规定仍存在一些缺失。而 1980 年《婚姻法》在夫妻同居义务和忠实义务立法上的空白，使有配偶者重婚或与他人同居而导致离婚者，不能依法承担相应的民事责任。一些深受这些破坏婚姻家庭行为之害的离婚当事人，发出了强烈要求填补此立法漏洞的呼声。② 因此，我国 2001 年修正的《婚姻法》适应调整我国婚姻家庭领域新情况的需要，总结司法实践经验，借鉴国外立法经验，在第 4 条新增“夫妻应当互相忠实，互相尊重”的规定。这是“从法律的角度，对夫妻提出的规范要求”，是“婚姻家庭道德规范的法律化”。③ 但是，对于夫妻同居义务，2001 年修正后的《婚姻法》仍无规定。2020 年 5 月 28 日通过的《民法典》继续沿用 2001 年修正的《婚姻法》的相关规定，夫妻的同居义务继续由道德予以规范。但《民法典》第 1079 条第 3 款规定：因感情不和分居满 2 年，调解无效的，为准予离婚的法定情形之一。并且该条第 5 款规定：“经人民法院判决不准离婚后，双方又分居满一年，一方再次提

---

① 国外一些国家立法对夫妻互负同居义务和忠实义务有明文规定，使其成为法定义务。例如，《法国民法典》第 212、215 条分别规定：“夫妻应相互尊重、忠诚、救助与扶助。”“夫妻相互负有在一起共同生活的义务。”参见罗结珍译：《法国民法典》，北京大学出版社 2010 年版，第 67、68 页。德国 1998 年《重新规范结婚法的法律》第 1353 条第 1 款对婚姻双方的义务补充规定：“婚姻双方相互之间有义务过共同的婚姻生活，婚姻双方相互向对方负责。”该法典第 1314 条第 2 款第 5 项还规定：“如果婚姻双方在结婚时一致认为，其无意承担本法第 1353 条规定的义务，婚姻可以被撤销。”参见陈卫佐译注：《德国民法典》（第 3 版），法律出版社 2010 年版，第 420、423 页。《瑞士民法典》第 159 条规定：“1. 举行结婚仪式后，夫妻开始共同生活。2. 夫妻双方互相承担维护共同生活之幸福及共同抚养教育子女之义务。3. 夫妻双方应当相互忠诚并相互扶助。”参见于海涌、赵希璇译：《瑞士民法典》，法律出版社 2016 年版，第 63 页。《意大利民法典》第 143 条第 2 款规定：“基于婚姻的效力，夫妻间互负忠实的义务、相互给予精神和物质扶助的义务、在家庭生活中相互合作和同居的义务。”参见费安玲等译：《意大利民法典（2004 年）》，中国政法大学出版社 2004 年版，第 44 页。
② 随着我国市场经济的发展，我国夫妻人身关系方面出现了一些新情况、新问题，如有些人婚姻家庭观念逐渐淡化，婚姻的排他性受到挑战，有配偶的人与他人姘居、重婚的现象增多。参见陈敏：《浅谈婚姻家庭案件的特点及审理》，载《法学评论》1997 年第 5 期；郑红霞：《法律有没有漏洞？》，载《中国妇女》1997 年第 5 期。
③ 参见全国人大常务委员会法工委研究室编：《中华人民共和国婚姻法实用问答》，中国物价出版社 2001 年版，第 18 页；吴高盛主编：《中华人民共和国婚姻法释义》，法律出版社 2001 年版，第 16 页。

起离婚诉讼的,应当准予离婚。"这些规定都间接地承认了夫妻应当同居生活,互有同居的义务。①

由于重婚、有配偶者与他人同居的行为严重违背了夫妻忠实义务,并且违反我国婚姻法的禁止性规定,往往可能导致离婚而破坏婚姻家庭,损害无过错配偶的合法权益。因此,对该行为的民事责任,我国 2001 年修正的《婚姻法》增设了离婚时的损害赔偿责任。②该法第 46 条规定,因重婚、有配偶者与他人同居导致离婚的,无过错方有权请求赔偿。但并非一切因违背夫妻忠实义务的婚外性行为导致离婚的,都要承担离婚损害赔偿责任。因为,婚外性行为的表现形式多种多样,性质各有不同,只有因配偶一方重婚或与他人同居而导致离婚的,无过错配偶才有权依法请求离婚损害赔偿。《民法典》在第 1091 条增加了无过错方有权请求离婚损害赔偿的兜底条款,即"有其他重大过错"。该规定的确立,意味着如果婚内出现重大过错情形导致离婚的,在离婚诉讼中无过错方可以根据此兜底条款,依法主张损害赔偿。这表明《民法典》通过改变立法技术的方式,将原来列举性规定修改为示例性规定,通过概括性的兜底条款,赋予法官对立法进行解释和扩充的自由裁量权,解决了婚姻当事人一方因另一方重大过错受到损害而得不到救济的问题。③如果婚姻期间出现其他重大过错,属于对婚姻忠实义务的违反,过错行为对于无过错方而言无疑会产生极大的心理伤害,所以赋予无过错方损害赔偿请求权,体现了对过错方的惩罚和对无过错方的权利救济,这是从法律层面对夫妻忠实义务的保障。④

第三节　夫妻财产关系

在我国,《民法典》婚姻家庭编有关夫妻财产关系的内容主要包括夫妻财产制、夫妻扶养义务和夫妻继承权三个方面。

---

① 本书认为,夫妻同居生活是保障夫妻生活圆满幸福的基本要求,故建议我国借鉴外国立法经验,今后在《民法典》修订时补充规定:夫妻互负同居生活的义务。但有不能同居生活的正当理由的,不在此限。参见陈苇:《中国婚姻家庭法立法研究》,群众出版社 2000 年版,第 165—166、168 页。

② 必须说明,在修改 1980 年《婚姻法》的过程中,对于立法是否应规定"夫妻忠实义务",我国有些学者持否定意见。他们认为,夫妻忠实义务是一项道德义务,不应当由法律来规定。"夫妇间是否相互忠诚,应该是夫妇双方之间的私事,也只应由他们私下解决,而不应诉诸公堂,寻求公共权力的干预。"参见王建勋:《把道德的东西还给道德》,马春华:《公共权力不应干涉私人领域》,载李银河、马忆南主编:《婚姻法修改论争》,光明日报出版社 1999 年版,第 27、311 页。本书认为,"夫妻应当相互忠实"既是道德的要求,也是法律的要求。如果夫妻有违背忠实义务的行为,应当区别行为的不同性质分别采取不同的方法处理,即"采用道德调整与法律调整相结合的方式,分层规范"。参见马原主编:《新婚姻法条文释义》,人民法院出版社 2002 年版,第 58—61 页。例如,通奸,除与现役军人的配偶长期通奸导致军人婚姻破裂的严重后果的构成破坏军婚罪外,一般属于不道德行为,应由道德谴责;有配偶者与他人同居、重婚等则属于违法或者犯罪行为,应当依法予以处理,使其承担相应法律责任。这样才能达到维护一夫一妻制,巩固幸福和睦的婚姻家庭关系,促进社会文明进步的目的。

③ 参见中国审判理论研究会民事审判理论专业委员会编著:《民法典婚姻家庭编条文理解与司法适用》,法律出版社 2020 年版,第 192 页。

④ 关于身份关系协议之"夫妻忠诚协议"对合同履行规则准用的探讨,参见冉克平:《"身份关系协议"准用〈民法典〉合同编的体系化释论》,载夏吟兰、龙翼飞主编:《家事法研究》(2023 年卷),法律出版社 2023 年版,第 51 页。

一、夫妻财产制

（一）夫妻财产制概述[①]

夫妻财产制又称婚姻财产制，它是规定夫妻财产关系的法律制度。其内容包括各种类型夫妻财产制的设立、变更与终止，夫妻婚前财产和婚后所得财产的归属、管理、使用、收益和处分，家庭生活费用的负担和夫妻债务的清偿，以及婚姻终止时夫妻财产的清算和分割等规范。

（二）夫妻财产制的种类

在古代立法中，基于夫妻一体主义的立法理念，对夫妻财产多采"吸收财产制"。即妻的财产因结婚而为夫家或夫所有，否认妻有独立的财产权。到近现代社会，夫妻财产制随社会的发展而变化，出现了多种形式。对其可从不同的角度进行以下分类：

1. 法定财产制与约定财产制

（1）法定财产制。法定财产制指在夫妻婚前或婚后均未就夫妻财产关系作出约定，或所作约定无效时，依法律规定而直接适用的夫妻财产制。由于各国政治、经济、文化及民族传统习惯不同，不同时代不同国家的法定财产制形式也不尽相同。

法定财产制按其适用情况不同，可分为通常法定财产制与非常法定财产制。[②] 通常法定财产制是指在通常情况下，婚姻当事人双方无约定或约定无效，依法律的直接规定而适用的财产制。世界上现代国家的通常法定财产制主要有共同财产制、分别财产制、剩余共同财产制等形式。非常法定财产制则是指出现法定事由时，在特殊情况下依据法律之规定或经夫妻一方的申请由法院宣告，撤销原依法定或约定设立的共同财产制，改设为分别财产制。

非常法定财产制依产生的程序不同，分为当然的非常财产制和宣告的非常财产制。当然的非常财产制是指夫妻一方受破产宣告时，基于法律的规定，其夫妻财产制当然设定为分别财产制。例如依《意大利民法典》的规定，在配偶一方破产的情况下，夫妻共同财产关系终止，实行分别财产制。[③] 宣告的非常财产制是指依据法定事由，经夫妻一方或债权人申请，由法院裁决宣告撤销原共同财产制，改为分别财产制。撤销共同财产制之诉的法定事由大体包括：夫妻一方无能力管理共同财产或滥用管理共同财产的权利；夫妻分居；夫妻不履行扶养家庭的义务；夫或妻的财产不足清偿其债务或夫妻财产不足清偿其总债务；夫妻一方无正当理由拒绝对共同财产的通常管理给予应有的协作或拒绝他方为夫妻财产上之处分；配偶一方受禁治产宣告；等等。[④]

[①] 参见曹诗权主编：《婚姻家庭继承法学》，中国法制出版社 1999 年版，第 160—167 页；陈苇：《中国婚姻家庭法立法研究》，群众出版社 2000 年版，第 175—180 页。

[②] 我国 2001 年修正的《婚姻法》和《民法典》均仅规定有通常法定财产制，而未规定非常法定财产制，关于非常法定财产制的立法研究，参见陈苇：《完善我国夫妻财产制的立法构想》，载《中国法学》2000 年第 1 期；薛宁兰、许莉：《我国夫妻财产制立法若干问题探讨》，载《法学论坛》2011 年第 2 期；陈法：《论我国非常法定夫妻财产制的立法建构》，载《现代法学》2018 年第 1 期。

[③] 《意大利民法典》第 191 条。

[④] 参见《德国民法典》第 1447、1448、1469 条之规定。

(2) 约定财产制。约定财产制是相对于法定财产制而言的,指由婚姻当事人以约定的方式,选择决定夫妻财产制形式的法律制度。许多国家的立法都规定了约定财产制,它具有优先于法定财产制适用的效力。在设有约定财产制的国家,其立法内容不尽相同,有详略之分和宽严之别。从立法限制的程度看,大体可分为两种情况:一种是立法限制较少的,即对婚姻当事人约定财产关系的范围和内容不予严格限制,立法既未设立几种财产制形式供当事人选择,在程序上也无特别要求。例如英国等国立法即属此类。另一种是立法限制较多的,即在约定财产制的范围上,明定可供选择的财产制种类;在约定的内容上明列不得相抵触的事由;在程序上,还要求夫妻订立要式契约,法国、德国、瑞士等国立法即属此类。

2. 统一财产制、联合财产制、共同财产制、分别财产制、剩余共同财产制

(1) 统一财产制。统一财产制指婚后除特有财产外,将妻的婚前财产估定价额,转归丈夫所有,妻则保留在婚姻关系终止时,对此项财产原物或价金的返还请求权。此制为早期资本主义国家法律所采用。[①]

(2) 联合财产制。联合财产制又称管理共同制,指婚后夫妻的婚前财产和婚后所得财产仍归各自所有,但除特有财产外,将夫妻财产联合在一起,由夫管理。夫对妻的原有财产有占有、使用、管理、收益权,必要时有处分权,而以负担婚姻生活费用为代偿;婚姻关系终止时,妻的财产由其本人收回或由其继承人继承。[②]

(3) 共同财产制。共同财产制指除特有财产外,夫妻的全部财产或部分财产归双方共同所有。依共有的范围不同,分为一般共同制、动产及所得共同制、婚后所得共同制、婚后劳动所得共同制等形式。

一般共同制,是指除特有财产外,夫妻婚前、婚后所得的一切财产(包括动产和不动产)均为夫妻共同所有的财产制。例如,我国 1950 年《婚姻法》第 10、23 条及有关立法解释所规定的夫妻财产制,即为一般共同制。[③] 动产及所得共同制,是指除夫妻婚前的不动产及特有财产外,夫妻婚前的动产及婚后所得的财产归夫妻共同所有的财产制,如法国曾采用此制。[④] 婚后所得共同制,是指除特有财产外,夫妻在婚姻关系存续期间所得的财产(包括劳动所得财产与非劳动所得财产),归夫妻共同所有的财产制。例如苏联和我国 2001 年修正的《婚姻法》均采此制。[⑤] 婚后劳动所得共同制,是指夫妻婚后劳动所得的财产归夫妻共同所有,非劳动所得的财产如继承、受赠所得财产以及其他特有财产等,则归各方个人所有的财产制。[⑥]

上述不同共有范围的共同财产制,为世界上一些国家分别采用。有的采法定财产制,如巴西、荷兰、法国等国;有的采约定财产制,如德国、瑞士等国。必须说明,为承认家务劳动的

---

① 因其将妻对婚前财产的所有权转变为婚姻终止时妻对夫的债权,使妻处于不利地位,有悖男女平等原则,故现代国家已少有采用。

② 此制源于中世纪日耳曼法,被近现代一些资本主义国家所沿用并发展。其虽较统一财产制有明显进步,但夫妻在财产关系上仍处于不平等地位,有悖男女平等原则,故现代社会原采此制的一些国家如德国、日本、瑞士等已废止此制而另采新制。

③ 中央人民政府法制委员会《关于中华人民共和国婚姻法起草经过和起草理由的报告》(1950 年 4 月 14 日)。

④《法国民法典》第 1401 条,参见李浩培、吴传颐、孙鸣岗译:《拿破仑法典(法国民法典)》,商务印书馆 1979 年版,第 192 页。

⑤ 参见马骧聪译:《苏俄婚姻和家庭法典》(1968 年)第 20、22 条,载张贤钰主编:《外国婚姻家庭法资料选编》,复旦大学出版社 1991 年版,第 195 页。

⑥ 参见仲联译:《南斯拉夫塞尔维亚社会主义共和国婚姻法》第 46 条,载任国均选编:《外国婚姻家庭法典选编》,北京政法学院民法教研室 1981 年版,第 160 页。

价值,现代夫妻财产制规定婚姻期间夫妻双方或一方所得的财产权益,事实上由夫妻双方平等地享有所有权。这既可以体现为婚后所得共同制,如我国、法国采取婚后所得共同制;也可以体现为离婚时在夫妻之间公平地分配夫妻双方或一方在婚姻期间所得的财产权益,如德国采用的剩余共同制,瑞士采用的所得分享制。[①]然而,共同财产制虽具有符合婚姻生活共同体本质的要求,有利于保障夫妻中经济能力较弱一方的权益,实现夫妻家庭地位事实上的平等等优点,但其缺陷是因夫妻一方不能未经对方同意行使共同财产权,有时不能满足夫妻个人的某些特殊需要。因此,实行共同财产制的国家大多对夫妻共有财产的范围设有限制性规定,如法律另有规定或夫妻另有约定者除外。这些规定即属于夫妻特有财产的规定。其目的在于保护夫妻个人财产所有权,并满足夫妻个人对财产关系的特殊要求。

(4)分别财产制。分别财产制指夫妻婚前、婚后所得的财产均归各自所有,各自独立行使管理、使用、收益和处分权;但不排斥夫妻以契约形式将其个人财产的管理权交付对方行使,也不排斥双方拥有一部分共同财产。[②]英美法系的多数国家及大陆法系的个别国家如日本,以分别财产制为法定财产制,还有部分国家以此制为供选择的约定财产制形式之一。[③]

(5)剩余共同财产制。剩余共同财产制指夫妻对于自己的婚前财产及婚后所得财产,各自保留其所有权、管理权、使用收益权及有限的处分权,夫妻财产制终止时,以夫妻双方增值财产(夫妻各自最终财产多于原有财产的增值部分)的差额为剩余财产,归夫妻双方分享。大陆法系的德国以剩余共同财产制作为法定财产制,法国则将其作为约定财产制之一。[④]有学者指出,剩余共同财产制"虽名为共同制,而其实为分别财产制"[⑤]。即此制以分别财产制为基础,引进共同财产制的因素,是兼具两种财产制优点的一种复合形态的财产制。

3. 特有财产制与共同财产制

如前所述,不少设有共同财产制的国家,对婚后夫妻共有财产的范围加以限制,把婚后

---

① 参见陈苇:《中国婚姻家庭法立法研究》,群众出版社 2000 年版,第 172—173 页。

② 例如,《美国纽约州家庭法》第 50 条规定:"已婚妇女现在所有的或其在婚姻存续期间取得的,或者按本章规定取得的财产,不论是动产还是不动产,以及由这些财产产生的租金、利息、收入和利润,如同婚前一样,是她个人所有的财产,既不受丈夫支配或处分,也不对丈夫的债务承担责任。"参见罗思荣译:《美国纽约州家庭法》,载张贤钰主编:《外国婚姻家庭法资料选编》,复旦大学出版社 1991 年版,第 125—126 页。

③ 必须指出,在现代社会,由于男女两性的经济地位仍然存在差距,实行分别财产制往往会造成事实上夫妻家庭地位不平等。故一些实行分别财产制的国家已在分别财产制中引入共同财产制的因素,以补救其缺陷。参见夏吟兰:《夫妻关系的沿革比较》,载巫昌祯、杨大文主编:《走向 21 世纪的中国婚姻家庭》,吉林人民出版社 1995 年版,第 124—126 页。目前,在一些实行分别财产制的英美法系国家,例如,在澳大利亚,离婚诉讼中法院可以依据公平、平等的原则作出变更婚姻当事人财产权益的命令,承认家庭中从事家务劳动一方的非直接经济贡献之价值。参见陈苇等译:《澳大利亚家庭法(2008 年修正)》,群众出版社 2009 年版,第 244—245 页。在加拿大安大略省,离婚时法院可依法对夫妻双方公平分配婚姻期间夫妻一方所得的财产。参见加拿大《安大略省家庭法》第 5 条第 6 款,载陈苇主编:《加拿大家庭法汇编》,群众出版社 2006 年版,第 98—99 页。在美国,大部分州授予法院在处理离婚案件时更多的自由裁量权,以"公平"地分配"婚姻财产"。参见[美]哈里·D. 格劳斯、[美]大卫·D. 梅耶:《美国家庭法精要》(第五版,2007 年),陈苇译,中国政法大学出版社 2010 年版,第 218 页。在大陆法系国家日本,虽然法定财产制是分别财产制,但基于承认家务劳动价值的理念和公平原则,离婚时夫妻一方依法可以请求分配取得他方在婚姻期间所得的财产。参见胡昔用:《日本:可向第三者请求赔偿》,载《法制日报》2011 年 11 月 8 日,第 10 版。

④ 《德国民法典》第 1363—1390 条;《法国民法典》第 1569—1581 条。

⑤ 因为在婚姻期间,夫妻的婚前财产及婚后各自取得的财产均归各自所有,夫妻各自独立管理自己的财产,仅在婚姻终止时,以各配偶最终财产扣除结婚时之原有财产,计算其剩余额。剩余额较少的配偶,对于剩余额较多的配偶,就剩余差额的 1/2,有债权请求权(为保全此分配请求权,各配偶之财产处分权受到限制)。参见史尚宽:《亲属法论》,中国政法大学出版社 2000 年版,第 331—332 页。

所得的一定范围的财产依法定或夫妻约定作为夫妻一方个人所有的财产。所谓夫妻特有财产，又称夫妻保留财产或夫妻个人财产，是指夫妻婚后在实行共同财产制的同时，依法律规定或夫妻约定，夫妻各自保留的一定范围的个人所有财产。特有财产制，就是在夫妻婚后实行夫妻共同财产制时，依法律规定或夫妻约定，夫妻各自保留一定个人所有财产的范围，由夫妻对该财产的管理、使用、收益及处分权，相应的财产责任，以及特有财产的效力等相关规定组成的法律制度。[①]根据特有财产发生的原因，可分为法定的特有财产和约定的特有财产。

(1) 法定的特有财产。法定的特有财产是依照法律的规定，夫妻婚后双方各自保留的个人财产。在国外立法中，其范围大体如下：夫妻个人日常生活用品和职业必需用品；具有人身性质的财产和财产权，包括人身损害和精神损害赔偿金、补助金、不可让与的物及债权等；夫妻一方因指定继承或受赠而无偿取得的财产；由特有财产所生的孳息及代位物等。

(2) 约定的特有财产。约定的特有财产是夫妻双方以契约约定归夫妻一方个人所有的财产。

总之，特有财产制是对共同财产制的限制和补充，与共同财产制并存。特有财产为夫妻各自保留的个人财产，实质上属于部分的分别财产，其效力适用分别财产制的规定。即夫妻各方对其特有财产，享有独立的占有、使用、收益及处分等权利。但对家庭生活费用，在夫妻共同财产不足以负担时，夫妻得以各自的特有财产分担。在我国，离婚时，夫妻共同财产不足以清偿共同债务时，应由夫妻以各自的个人财产分担清偿责任。[②]

综上可见，夫妻财产制种类繁多，但法定财产制与约定财产制是其他财产制发生的根据。法定财产制又分为通常法定财产制与非常法定财产制。前者适用于通常情况，后者则是在特殊情况下对法定财产制或约定财产制的变通。而共同财产制与分别财产制则是夫妻财产制的两种最基本形态。在现代社会，夫妻财产制的立法价值取向是促进夫妻间的平等、自由，同时维护第三人的利益及交易的效率与安全。当代夫妻财产制立法的发展趋势是兼采分别财产制与共同财产制的合理因素，这已成为越来越多国家夫妻财产制的改革方向。[③]

(三) 我国现行夫妻财产制[④]

在我国，根据 1980 年《婚姻法》第 13 条的规定，夫妻在婚姻关系存续期间所得的财产，归夫妻共同所有，双方另有约定的除外。夫妻对共同所有的财产，有平等的处理权。2001年修正的《婚姻法》沿用此规定，只对其作了必要的修改和补充。根据 2001 年修正的《婚姻法》第 17、18、19 条的规定，仍然采取法定财产制与约定财产制，后者具有优先于前者适用的效力。其立法精神仍然是坚持夫妻在家庭中的地位平等，保护夫妻双方的合法财产权益，并

---

① 参见史尚宽：《亲属法论》，中国政法大学出版社 2000 年版，第 358—370 页。

② 参见我国《民法典》第 1089 条。

③ 关于现代夫妻财产制的立法宗旨与立法原则，参见陈苇：《中国婚姻家庭法立法研究》(第二版)，群众出版社 2010 年版，第 217—223 页。关于现代夫妻财产制的立法价值取向，参见陈苇、黎乃忠：《现代婚姻家庭法的立法价值取向——以〈婚姻法解释(三)〉有关夫妻财产关系的规定为对象》，载梁慧星主编：《民商法论丛》(第 54 卷)，法律出版社 2014 年版，第 264—294 页。

④ 关于中国夫妻财产制的沿革，参见陈苇主编：《婚姻家庭继承法学》，法律出版社 2002 年版，第 186—189 页。关于中国内地(大陆)与港澳台夫妻财产制的比较评析，参见陈苇主编：《当代中国内地与港、澳、台婚姻家庭法比较研究》，群众出版社 2012 年版，第 285—295 页。

维护第三人的利益和交易安全。①2020 年通过的《民法典》继续沿用此规定,并在此基础上于 1062 条新增了"劳务报酬"及"投资的收益"属于夫妻共同财产。其中,"劳务报酬"主要是吸收了 1993 年《离婚财产分割意见》第 2 条的规定;"投资收益"主要是吸收了《婚姻法解释(二)》第 11 条以及《婚姻法解释(三)》第 5 条的规定。此规定扩大了夫妻共同财产的范围,更加切合现实家庭共同生活的需要。同时以有关司法解释为基础,《民法典》在第 1064、1066 条分别新增了夫妻共同债务的认定规则和婚内请求分割夫妻共同财产的两种法定情形。②

根据《民法典》第 1062—1066 条的规定,我国目前仍采取法定财产制与约定财产制相结合的夫妻财产制。然而,夫妻无论实行法定财产制或约定财产制,基于维持婚姻家庭共同生活的需要,他们都会既有夫妻共同财产与夫妻个人财产(此即夫妻的积极财产),也有夫妻共同债务与夫妻个人债务(此即夫妻的消极财产)。所以,夫妻债务关系应当属于夫妻财产制的重要调整对象,调整夫妻债务关系的法律规范应当属于夫妻财产制不可缺少的重要组成部分。在我国,2001 年修正的《婚姻法》第三章"家庭关系"对夫妻财产制以第 17、18、19 条进行了规定,其内容包括法定财产制与约定财产制,但调整夫妻债务关系的规范却呈空白,仅在第四章"离婚"中以第 41 条规定了离婚时夫妻共同债务的清偿。然而,现实生活中,对夫妻共同债务的清偿,在婚姻家庭日常生活中也会经常发生,并非只有离婚时才会发生。夫妻共同债务的依法认定和清偿,既涉及夫妻双方财产权益的保护,也涉及第三人利益和交易安全的维护。从国外立法看,法国、德国、意大利、瑞士等国的夫妻财产制中都有关于夫妻债务的负担与清偿的规范。③并且值得注意的是,1995 年《俄罗斯联邦家庭法典》对于夫妻财产关系,设专章规定了夫妻对债务的清偿责任。④由于我国夫妻财产制中欠缺夫妻债务清偿的规范,为指导人民法院审理涉及夫妻债务关系案件的需要,最高人民法院先后发布了多个司法解释。⑤根据审判实践经验,《民法典》以 2018 年《涉及夫妻债务纠纷案件适用法律解释》为基础,在婚姻家庭编第三章"家庭关系"第一节"夫妻关系"中于第 1064 条新增规定了夫妻共同债务的认定规则,填补了我国夫妻财产制在此方面的立法空白。

《民法典》第 1062—1066 条规定的我国夫妻财产制,主要内容有法定财产制、约定财产制和夫妻共同债务的认定规则,以下从这三个方面予以阐述。

1. 法定财产制

依据《民法典》规定,我国的法定财产制仍然是婚后所得共同制,我国习惯称之为夫妻共同财产制。⑥它是指在婚姻关系存续期间,夫妻双方或一方所得的财产,除法律规定或当

---

① 参见陈苇:《中国婚姻家庭法立法研究》,群众出版社 2000 年版,第 169—170、173—174 页;蒋月:《夫妻的权利与义务》,法律出版社 2001 年版,第 106 页。

② 参见 2018 年《涉及夫妻债务纠纷案件适用法律解释》和《婚姻法解释(三)》第 4 条。

③ 参见陈苇主编:《外国婚姻家庭法比较研究》,群众出版社 2006 年版,第 182、187—188、197—198、204 页。

④ 1995 年《俄罗斯联邦家庭法典》第三编为"夫妻的权利与义务",其中夫妻财产制的内容分为三章:第七章"夫妻法定财产制"、第八章"夫妻财产合同制"、第九章"夫妻对债务的责任"。即其夫妻财产制规范由法定财产制、约定财产制和夫妻对债务的责任三个部分构成。参见鄢一美译:《俄罗斯联邦家庭法典》(1995 年),载中国法学会婚姻法学研究会编:《外国婚姻家庭法汇编》,群众出版社 2000 年版,第 475—480 页。

⑤ 我国涉及处理夫妻债务关系的司法解释的具体规定,详见本章"我国夫妻共同债务认定规则的立法演变"部分。

⑥ 关于我国夫妻共同财产制的社会性别分析,参见陈苇、冉启玉:《公共政策中的社会性别——〈婚姻法〉的社会性别分析及其立法完善》,载《甘肃政法学院学报》2005 年第 1 期;夏吟兰:《对中国夫妻共同财产范围的社会性别分析——兼论家务劳动的价值》,载《法学杂志》2005 年第 2 期。

事人另有约定的外,均归夫妻共同所有,夫妻对共同所有的财产,平等地享有占有、使用、收益和处分的权利,对夫妻共同债务平等地承担清偿义务的财产制度。其主要内容包括夫妻婚前婚后所得财产的归属、夫妻共同财产和夫妻个人财产的范围、夫妻对共同财产和个人财产的权利义务(包括夫妻对共同债务和个人债务的清偿义务)以及夫妻共同财产制终止时财产的清算与分割等。

关于夫妻共同财产的概念,依《民法典》的规定,夫妻共同财产是指夫妻双方或一方在婚姻关系存续期间所得的财产,但法律另有规定或当事人另有约定的除外。

(1) 夫妻共同财产的特征。

我国夫妻共同财产具有以下特征:

第一,夫妻共同财产所有权的主体限于具有婚姻关系的夫妻,包括已办理结婚登记的具有合法婚姻关系的夫妻和被法律承认为事实婚姻关系的夫妻,不包括被宣告无效的婚姻或被撤销的婚姻的当事人、非婚同居的男女以及通奸的男女。

第二,夫妻共同财产所有权的取得时间限于婚姻关系存续期间。即合法婚姻从领取结婚证之日起(1994 年 2 月 1 日《婚姻登记管理条例》施行前,男女未办结婚登记即以夫妻名义同居,被认定为事实婚姻的,从同居之日起),到配偶一方死亡或离婚生效时止。恋爱或订婚的当事人没有婚姻关系,恋爱或订婚期间,不属婚姻关系存续期间。夫妻分居或离婚判决未生效的期间,婚姻尚未依法解除,仍为婚姻关系存续期间。

第三,夫妻共同财产的来源包括夫妻双方或一方所得的财产,但法律另有规定或当事人另有约定的除外。这里的"所得",是指对财产权利的取得,而非对财产必须实际占有。如果婚前已取得某财产所有权(如继承已开始),即使该财产在婚后才被实际占有(如婚后遗产才被分割),该财产仍不属于夫妻共同财产。相反,如婚后取得某财产权利,即使婚姻关系终止前未实际占有,如婚姻期间出版著作的稿酬尚未收到,该财产也属夫妻共同财产。

只有以上三个特征同时具备,才是夫妻共同财产。

(2) 夫妻共同财产的范围[①]。

依《民法典》第 1062 条规定,夫妻在婚姻关系存续期间所得的下列财产,为夫妻的共同财产,归夫妻共同所有:① 工资、奖金、劳务报酬;② 生产、经营、投资的收益;③ 知识产权的收益;④ 继承或者受赠的财产,但《民法典》第 1063 条第 3 项规定的除外;⑤ 其他应当归共同所有的财产。夫妻对共同所有的财产,有平等的处理权。

对于夫妻共同财产的范围,必须注意理解把握以下七点:

第一,工资、奖金、劳务报酬。[②]其中工资、奖金包括在婚姻期间夫妻双方或一方所得的工资和作为工资组成部分的奖金。劳务报酬,是指根据提供服务性劳动的数量和质量获得的劳动报酬。

第二,生产、经营、投资的收益。主要包括在婚姻期间夫妻双方或一方从事生产、经营、投资所得的劳动收入和资本性收入(如买卖股票、债券所得收益或投资于公司、企业的股份分红所得收入)。

---

① 我国有学者指出,婚后所得财产共同制并没有解决家务劳动的价值问题。妇女进入职业领域,从事有偿劳动的同时,家务劳动仍然主要由妇女承担。参见夏吟兰编著:《家事法专论》,中国政法大学出版社 2020 年版,第 330—331 页。

② 关于婚姻期间一方所得的荣誉性奖金,是否归夫妻共同所有,我国有些学者持"肯定说",有些学者持"否定说"。参见裴桦:《夫妻共同财产制研究》,法律出版社 2009 年版,第 131—132 页。

第三,知识产权的收益,包括在婚姻期间夫妻转让或许可他人使用自己的著作权、专利权、商标专用权和发明权等得到的经济收入。必须指出,"知识产权的收益"属于夫妻共同财产,但"知识产权"本身具有人身性,其属于实际取得知识产权的夫妻一方所有。《婚姻家庭编解释(一)》第 24 条规定:"民法典第一千零六十二条第一款第三项规定的'知识产权的收益',是指婚姻关系存续期间,实际取得或者已经明确可以取得的财产性收益。"①

第四,继承或者受赠的财产,但《民法典》第 1063 条第 3 项规定的除外。在婚姻期间夫妻双方或一方继承或者受赠的财产,除遗嘱或赠与合同确定只归夫或妻一方的财产外,均为夫妻共同财产。关于父母对夫妻双方购置房屋出资的性质的认定,《婚姻家庭编解释(一)》第 29 条规定:"当事人结婚前,父母为双方购置房屋出资的,该出资应当认定为对自己子女个人的赠与,但父母明确表示赠与双方的除外。当事人结婚后,父母为双方购置房屋出资的,依照约定处理;没有约定或者约定不明确的,按照民法典第一千零六十二条第一款第四项规定的原则处理。"由此可知,男女结婚前,父母为双方购置房屋出资的,除父母明确表示赠与双方外,该出资应当认定为对自己子女个人的赠与;男女结婚后,父母为双方购置房屋出资的,该出资的认定可以按照约定处理,如果没有约定或者约定不明确的,应当认定为对夫妻双方的赠与,但父母明确表示赠与一方的除外。②

此外,关于当事人在婚前或婚后约定的房产赠与,《婚姻家庭编解释(一)》第 32 条规定:"婚前或者婚姻关系存续期间,当事人约定将一方所有的房产赠与另一方或者共有,赠与方在赠与房产变更登记之前撤销赠与,另一方请求判令继续履行的,人民法院可以按照民法典第六百五十八条的规定处理。"③

第五,其他应当归共同所有的财产。此项属于概括性的规定。随着我国社会经济的发展,人们生活水平不断提高,夫妻财产的种类也在不断增多,立法不能逐一列举,所以设此概括性的兜底条款。根据《婚姻家庭编解释(一)》第 25 条的规定,婚姻关系存续期间,"其他应当归共同所有的财产"包括:① 一方以个人财产投资取得的收益;② 男女双方实际取得或者应当取得的住房补贴、住房公积金;③ 男女双方实际取得或者应当取得的基本养老金、破产安置补偿费。此外,婚姻期间发放到军人名下的复员费、自主择业费在婚姻期间所得的

---

① 关于婚姻期间夫妻一方所得知识产权离婚后可能获得的期待经济利益是否应归属于夫妻共同财产,目前我国有些学者持"肯定说",有些学者持"否定说"。参见陈苇:《婚内所得知识产权的财产期待权之归属探讨——兼谈对〈婚姻家庭法〉(1999 年法学专家建议稿)的修改建议》,载《现代法学》2000 年第 4 期;余延满:《亲属法原论》,法律出版社 2007 年版,第 269 页。

② 但必须注意,在我国《民法典》2021 年 1 月 1 日起施行前,对于父母为子女购房的出资是借贷或赠与,我国不同地区法院的认定存在不同。如我国有学者对收集的 2017—2019 年 8 个不同地区法院判决的案件进行比较研究后指出:"在绝大多数案件中,法院确定其为借贷关系,仅个别法院确认为赠与。"参见蒋月编著:《中华人民共和国婚姻法评注:夫妻关系》,厦门大学出版社 2021 年出版,第 252—262 页。

③ 《民法典》第 658 条规定:"赠与人在赠与财产的权利转移之前可以撤销赠与。经过公证的赠与合同或者依法不得撤销的具有救灾、扶贫、助残等公益、道德义务性质的赠与合同,不适用前款规定。"并且,该法第 659 条规定:"赠与的财产依法需要办理登记或其他手续的,应当办理有关手续。"此外,该法第 208、209 条规定:"不动产物权的设立、变更、转让和消灭,应当依照法律规定登记。动产物权的设立和转让,应当依照法律规定交付。""不动产物权的设立、变更、转让和消灭,经依法登记,发生效力;未经登记,不发生效力,但是法律另有规定的除外。依法属于国家所有的自然资源,所有权可以不登记。"

部分为夫妻共同财产。[①]

第六,夫妻一方个人财产在婚后产生的收益,除孳息和自然增值外,应认定为夫妻共同财产。[②]

第七,由一方婚前承租、婚后用共同财产购买的房屋,房屋权属证书登记在一方名下的,应当认定为夫妻共同财产。[③]

必须说明,关于夫妻一方在婚姻期间获得的学历、文凭及职业资格证书等,是否属于夫妻共有的"无形财产"? 对此,我国有些学者持"肯定说",有些学者持"否定说"。[④]此问题还有待继续深入研究。

(3) 夫妻个人财产的范围。

夫妻个人财产,是指夫妻一方婚前、婚后获得的个人享有所有权的财产。夫妻个人财产,又称夫妻特有财产,包括法定的特有财产与约定的特有财产。前者指夫妻依法律规定各自保留的个人财产;后者指夫妻依约定各自保留的个人财产。例如,依《民法典》规定,夫妻一方的婚前财产,属于该方的个人财产,但夫妻可以将其约定为夫妻共同财产或他方的个人财产。我国《民法典》和司法解释虽未使用夫妻特有财产的概念,但允许夫妻在婚后实行共同财产制的同时,按双方约定或依法律规定保留一定范围的个人所有财产。这些财产独立于夫妻共同财产之外,属于夫妻个人的特有财产即夫妻个人财产。

关于夫妻个人财产的范围,根据《民法典》第 1063 条的规定,下列财产为夫妻一方的个人财产:① 一方的婚前财产;② 一方因受到人身损害获得的赔偿或者补偿;③ 遗嘱或者赠与合同中确定只归一方的财产;④ 一方专用的生活用品;⑤ 其他应当归一方的财产。其中,"一方因受到人身损害获得的赔偿或者补偿"是对 2001 年修正的《婚姻法》第 18 条"一方因身体受到伤害获得的医疗费、残疾人生活补助费等费用"规定的修改完善。依据《婚姻家庭编解释(一)》第 31 条和《民法典》第 1063 条的规定,夫妻一方的个人财产,不因婚姻关系的延续而转化为夫妻共同财产,但当事人另有约定的除外。

关于夫妻个人财产的范围,应注意理解把握以下几点:

第一,夫妻婚前的个人财产。其包括婚前个人劳动所得财产、继承或受赠的财产及其他合法收入、个人出资购置的结婚物品等。并且,根据《婚姻家庭编解释(一)》第 26 条的规定,

---

[①]《婚姻家庭编解释(一)》第 71 条规定:"人民法院审理离婚案件,涉及分割发放到军人名下的复员费、自主择业费等一次性费用的,以夫妻婚姻关系存续年限乘以年平均值,所得数额为夫妻共同财产。前款所称年平均值,是指将发放到军人名下的上述费用总额按具体年限均分得出的数额。其具体年限为人均寿命七十岁与军人入伍时实际年龄的差额。"

[②]《婚姻家庭编解释(一)》第 26 条。

[③]《婚姻家庭编解释(一)》第 27 条。

[④]参见陈苇、曹贤信:《论婚内夫妻一方家务劳动价值及职业机会利益损失的补偿之道——与学历文凭及职业资格证书之"无形财产分割说"商榷》,载《甘肃社会科学》2010 年第 4 期;夏吟兰编著:《家事法专论》,中国政法大学出版社 2020 年版,第 331—334 页。

夫妻一方婚前个人财产在婚后所得的孳息和自然增值,属于夫妻一方的个人财产。[①] 必须说明,目前我国法律实务界倾向性观点为,夫妻一方个人财产在婚姻期间的自然增值应当区别对待,凡与夫妻双方的协作劳动、努力或管理等无关联而是基于市场行情和变化所致的自然增值,如房屋、古董、珠宝、黄金等因市场价格上涨所致的自然增值,应当归属于原物所有人;反之,凡与夫妻双方的协作劳动、努力或管理等有关联的自然增值,如房屋收取租金与房屋的出租和管理之劳动投入状况有密切联系,由此产生的租金收益倾向于视为"经营性收入"[②],故应当归属于夫妻共同所有。

第二,夫妻一方因人身损害而获得的赔偿和补偿。这些财产由于具有人身性,应当归该方个人所有。2001 年修正的《婚姻法》第 18 条规定,夫妻一方因身体受到伤害获得的医疗费、残疾人生活补助费等费用,属于夫妻一方的个人财产,但对其他赔偿或补偿是否属于个人财产则没有规定,实践中存在较大争议。此次《民法典》第 1063 条新规定的夫妻"一方因受到人身损害获得的赔偿或者补偿",扩大了个人财产的范围,其包括了残疾赔偿金、护理费、营养费、误工费等原来争议较大的人身损害费用,涵括的范围更广泛。因为,这些财产是与生命健康直接相关的财产,具有人身专属性,应当专属于该受害方个人所有,而不能成为夫妻共同财产。这有利于维护受害人的合法权益,保证受害人的身体康复和生活需要。[③]

第三,遗嘱或赠与合同中确定只归夫或妻一方的财产。基于尊重遗嘱人和赠与人的意愿,故将这些财产作为夫妻一方的个人财产。此外,必须注意,当事人结婚前,父母为双方购置房屋出资的,该出资应当认定为对自己子女个人的赠与,但父母明确表示赠与双方的除外。当事人结婚后,父母为双方购置房屋出资的,该出资的认定可以按照约定处理,如果没有约定或者约定不明的,应当认定为对夫妻双方的赠与,但父母明确表示赠与一方的除外。[④]

第四,夫妻个人财产中"一方专用的生活用品",包括夫妻因各自日常生活、职业所需的专用物品,如个人使用的衣物、书籍等。

第五,其他应当归一方的财产。此为概括性的规定,包括难以逐一列举的其他个人财产。此外,军人的伤亡保险金、伤残补助金、医药生活补助费均属于个人财产。[⑤]

(4) 夫妻对共同财产和个人财产的权利与义务。

第一,夫妻对共同财产的权利与义务。基于夫妻在家庭中地位平等原则,夫妻双方对于

[①] 从国外立法看,夫妻一方婚前财产在婚后所得孳息的所有权之归属,在采取婚后所得共同制的一些国家主要有以下三种立法例:一是一律属于夫妻共同财产,如《意大利民法典》第 177 条之规定;二是一律属于夫妻个人财产,如《俄罗斯联邦家庭法典》(1995 年)第 36 条之规定;三是部分共有、部分个人所有,如《法国民法典》第 1401、1406 条之规定。本书认为,法国立法例似更值得我国借鉴。即夫妻婚前个人财产在婚后所得的孳息应区别对待:除不需要夫妻投入劳力的婚后一方个人财产中的银行存款利息以及不动产的自然增值归属夫妻的个人财产外,其余的归属夫妻共同财产,这是较为合理的。这样既有利于保障婚姻家庭生活的圆满幸福,也能兼顾保护夫妻个人财产所有权。参见陈苇主编:《婚姻家庭继承法学》,法律出版社 2002 年版,第 197—198 页。关于我国目前对一方个人财产所得收益之规定的不足和完善,参见江滢:《论个人财产婚后收益之归属认定》,载《政治与法律》2014 年第 4 期。

[②] 参见最高人民法院民事审判第一庭编著:《最高人民法院婚姻法司法解释(三)理解与适用》,人民法院出版社 2015 年版,第 26 页。

[③] 参见黄薇主编:《中华人民共和国民法典婚姻家庭编释义》,法律出版社 2020 年版,第 86 页。

[④]《婚姻家庭编解释(一)》第 29 条。

[⑤]《婚姻家庭编解释(一)》第 30 条。

共同财产享有平等的占有、使用、收益和处分的权利,同时,对于共同债务平等地承担清偿义务。夫妻共同财产的性质是共同共有,夫妻对全部共同财产不分份额地平等地享受权利和承担义务。因此,不能根据夫妻双方收入的有无或高低来确定其享有共有财产所有权的有无或多少。

　　根据民法原理,处分权是所有权的重要权能之一。《民法典》第1062条第2款明确规定:"夫妻对共同财产,有平等的处理权。"关于夫或妻对夫妻共同所有的财产有平等的处理权,应当理解为:其一,夫或妻在处理夫妻共同财产上的权利是平等的。因日常生活需要而处理夫妻共同财产的,任何一方均有权决定。其二,夫或妻非因日常生活需要对夫妻共同财产做重要处理决定,夫妻双方应当平等协商,取得一致意见。他人有理由相信其为夫妻双方共同意思表示的,另一方不得以不同意或不知道为由对抗善意第三人。《婚姻家庭编解释(一)》第28条规定:"一方未经另一方同意出售夫妻共同所有的房屋,第三人善意购买、支付合理对价并办理不动产登记,另一方主张追回该房屋的,人民法院不予支持。夫妻一方擅自处分共同所有的房屋造成另一方损失,离婚时另一方请求赔偿损失的,人民法院应予支持。"可见,夫妻对共同财产的处分权是平等的,除在日常家事范围内夫妻一方有权独自决定对夫妻共同财产的处理外,其他非因日常生活需要而对夫妻共同财产作重要处理的,应当经过双方协商,取得一致意见后进行。凡重大财产问题,未经双方同意,任何一方不得擅自处分。夫妻一方未经他方同意擅自处分重要共有财产的,夫妻他方有权否认该处分的法律效力。但如第三人有理由相信其为夫妻双方共同意思表示的,不得对抗该善意第三人。由此给他方配偶造成的损失,应由擅自处分的配偶一方予以赔偿。此外,《婚姻家庭编解释(二)》第15条规定:"父母双方以法定代理人身份处分用夫妻共同财产购买并登记在未成年子女名下的房屋后,又以违反民法典第三十五条规定损害未成年子女利益为由向相对人主张该民事法律行为无效的,人民法院不予支持。"此即确认夫妻作为未成年子女的父母,以法定代理人身份处分夫妻共同财产的行为具有法律效力,其目的在于保护善意第三人的利益及交易安全。其三,夫妻一方因低俗信息进行网络打赏,或因重婚、与他人同居等违背公序良俗的行为而转让夫妻财产,或恶意串通转让夫妻一方的公司股权的;另一方有权请求返还财产,或在分割夫妻共同财产时要求对方不分或少分。《婚姻家庭编解释(二)》第6条规定:"夫妻一方未经另一方同意,在网络直播平台用夫妻共同财产打赏,数额明显超出其家庭一般消费水平,严重损害夫妻共同财产利益的,可以认定为民法典第一千零六十六条和第一千零九十二条规定的'挥霍'。另一方请求在婚姻关系存续期间分割夫妻共同财产,或者在离婚分割夫妻共同财产时请求对打赏一方少分或者不分的,人民法院应予支持。"第7条规定:"夫妻一方为重婚、与他人同居以及其他违反夫妻忠实义务等目的,将夫妻共同财产赠与他人或者以明显不合理的价格处分夫妻共同财产,另一方主张该民事法律行为违背公序良俗无效的,人民法院应予支持并依照民法典第一百五十七条规定处理。夫妻一方存在前款规定情形,另一方以该方存在转移、变卖夫妻共同财产行为,严重损害夫妻共同财产利益为由,依据民法典第一千零六十六条规定请求在婚姻关系存续期间分割夫妻共同财产,或者依据民法典第一千零九十二条规定请求在离婚分割夫妻共同财产时对该方少分或者不分的,人民法院应予支持。"第9条规定:"夫妻一方转让用夫妻共同财产出资但登记在自己名下的有限责任公司股权,另一方以未经其同意侵害夫妻共同财产利益为由请求确认股权转让合同无效的,人民法院不予支持,但有证据证明转让人与受让人恶意串通损害另一方合法权益的除外。"这些规定可有效地保护夫妻善意一方的合法权益免受侵害,有利于维护公序良俗,同时保障社会经济交易安全。

夫妻应当平等地承担共同财产的义务。依《民法典》和《婚姻家庭编解释(一)》的规定,家庭共同生活费用,应以夫妻共同财产负担,共同财产不足时,由夫妻双方以个人财产分担。夫妻为家庭共同生活包括抚养子女、共同生产经营、共同收益的投资等所负债务,均为夫妻共同债务,应当以夫妻共同财产清偿。如果夫妻共同财产不足清偿的,由夫妻双方以个人财产清偿。夫妻对共同债务承担连带清偿责任。①

第二,夫妻对个人财产的权利与义务。根据民法原理,夫妻作为所有权人,对其个人财产可依自己的意愿独立行使占有、使用、收益和处分的权利,无须征得夫妻他方同意。②同时,夫妻一方对婚姻关系存续期间所负的个人债务及其个人特有财产所生债务等,应当以该方的个人财产承担清偿责任。《民法典》第1064条第2款和第1065条第3款分别规定:"夫妻一方在婚姻关系存续期间以个人名义超出家庭日常生活需要所负的债务,不属于夫妻共同债务……""夫妻对婚姻关系存续期间所得的财产约定归各自所有,夫或者妻一方对外所负的债务,相对人知道该约定的,以夫或者妻一方的个人财产清偿。"

(5) 婚内析产的法定情形。

在我国,婚内析产的法定情形,是指夫妻一方在婚姻关系存续期间可以依法请求分割夫妻共同财产的具体情形。《民法典》第1066条规定:"婚姻关系存续期间,有下列情形之一的,夫妻一方可以向人民法院请求分割共同财产:(一)一方有隐藏、转移、变卖、毁损、挥霍夫妻共同财产或者伪造夫妻共同债务等严重损害夫妻共同财产利益的行为;(二)一方负有法定扶养义务的人患重大疾病需要医治,另一方不同意支付相关医疗费用。"本条规定是以《婚姻法解释(三)》第4条为基础作出的。③《婚姻家庭编解释(一)》第38条规定:"婚姻关系存续期间,除民法典第一千零六十六条规定情形以外,夫妻一方请求分割共同财产的,人民法院不予支持。"据此规定,在婚姻关系存续期间,对于夫妻共同财产,应当以不允许分割为原则,允许分割为例外。④因为,从夫妻共同财产的功能看,在实行婚后共同财产制的家庭中,夫妻共有财产是保障婚姻家庭生活中生产、消费等活动的重要财产;从共同财产的基本原理看,在共同共有关系消灭前,对共有财产原则上不能分割。所以,为保障婚姻家庭生活的正常进行,维护夫妻共有财产关系的稳定性,对于夫妻一方于婚姻关系存续期间请求分割夫妻

---

① 《婚姻家庭编解释(一)》第35、36条分别规定:"当事人的离婚协议或者人民法院生效判决、裁定、调解书已经对夫妻财产分割问题作出处理的,债权人仍有权就夫妻共同债务向男女双方主张权利。一方就夫妻共同债务承担清偿责任后,主张由另一方按照离婚协议或者人民法院的法律文书承担相应债务的,人民法院应予支持。""夫或者妻一方死亡的,生存一方应当对婚姻关系存续期间的夫妻共同债务承担清偿责任。"

② 但值得注意的是,我国有学者主张,为保护婚姻且基于夫妻间的扶养义务,可以考虑限制夫妻一方对特定夫妻财产如家庭住房的处分,而不论其是否属于夫妻共同财产。参见贺剑:《夫妻财产法的精神——民法典夫妻共同债务和财产规则释论》,载《法学》2020年第7期。

③ 《婚姻法解释(三)》第4条规定:"婚姻关系存续期间,夫妻一方请求分割共同财产的,人民法院不予支持,但有下列重大理由且不损害债权人利益的除外:(一)一方有隐藏、转移、变卖、毁损、挥霍夫妻共同财产或者伪造夫妻共同债务等严重损害夫妻共同财产利益行为的;(二)一方负有法定扶养义务的人患重大疾病需要医治,另一方不同意支付相关医疗费用的。"

④ 参见巫昌祯主编:《婚姻与继承法学》(第五版),中国政法大学出版社2011年版,第206页。

共同财产,应当从严掌握。① 即婚姻关系存续期间,一般不得分割夫妻共同财产,只有在两种法定情形下(一是一方具有严重损害夫妻共同财产利益的行为的;二是一方负有法定扶养义务的人患重大疾病需要医治,另一方不同意支付相关医疗费用的),夫妻一方起诉请求分割夫妻共同财产,人民法院才能依法予以准许。② 总之,《民法典》增设婚内析产的法定情形,既有利于平等地保障夫妻双方的财产权益并发挥家庭的扶养职能,也有利于保障善意第三人的利益和交易安全。③ 此外,《婚姻家庭编解释(二)》第 6 条、第 7 条第 2 款增加了我国婚内析产的法定情形,即将原有的两种增加为四种:三是凡夫妻一方未经另一方同意进行高消费打赏并损害夫妻财产利益的,另一方可以对方挥霍夫妻共同财产为由,请求在婚姻关系存续期间分割共同财产,以保障夫妻无过错方的合法财产权益;四是凡夫妻一方为重婚、与他人同居以及其他违反夫妻忠实义务等目的转让夫妻共同财产,另一方可以该方存在转移、变卖夫妻共同账产行为,严重损害夫妻共同财产利益为由,请求在婚姻关系存续期间分割共同财产。

必须明确,婚内析产后并不能改变原来适用的法定夫妻财产制。也就是说,婚姻关系存续期间,即使夫妻一方诉讼请求人民法院依法分割夫妻共同财产后,仍然继续实行夫妻共同财产制。但夫妻双方可以约定改变法定夫妻财产制,从而实行约定财产制。

(6) 夫妻共同财产制的终止及夫妻财产的清算。

夫妻共同财产制终止的原因包括:因夫妻一方死亡而终止;因离婚而终止;因其他原因,如我国夫妻可以约定改用其他夫妻财产制,而法国可依共同财产制撤销之诉等而终止。夫妻共同财产制终止将导致夫妻共同财产关系消灭,并引起夫妻财产的清算。因一方死亡而终止夫妻共同财产制时,对于夫妻共同财产的分割,我国《民法典》第 1153 条第 1 款规定:"夫妻共同所有的财产,除有约定的外,遗产分割时,应当先将共同所有的财产的一半分出为配偶所有,其余的为被继承人的遗产。"因离婚而终止夫妻财产制时,对于夫妻财产的清算和分割,详见本书第十一章"离婚的法律效力"第二节中夫妻财产制的终止之相关内容。

2. 约定财产制

(1) 约定财产制的概念。

约定财产制是夫妻依法用协议的方式,对双方在婚姻关系存续期间所得财产的归属、管理、使用、收益、处分,家庭生活费用的负担和债务清偿,以及婚姻解除时财产的清算等事项作出约定,以排除法定财产制的适用的制度。

---

① 必须说明,《民法典》新增第 1066 条作为调整婚内析产行为规范,这是针对我国目前仅有"通常法定财产制"而欠缺"非常法定财产制"的一种补救,值得肯定。但由于该条所列举的法定事由只有两项,既有可能不能满足现实生活中婚姻当事人基于其他原因(如夫妻一方实施家庭暴力而导致分居、夫妻一方对共同财产经营管理混乱或不予合作等导致共同财产严重减损等),亦要求在婚内分割共同财产的需要;也有可能因婚内析产后仍然继续实行夫妻共同财产制,不能满足有的夫妻一方在婚内析产后要求实行分别财产制的需要。所以,今后我国需要从本国实际出发,借鉴外国立法经验,增设非常法定财产制,以补充完善我国的夫妻法定财产制。关于建立我国非常法定财产制的立法建议,参见陈苇:《夫妻财产制立法研究——瑞士夫妻财产制研究及其立法对完善我国夫妻财产制的启示》,载梁慧星主编:《民商法论丛》(第15卷),法律出版社2000年版,第326—327页;薛宁兰、许莉:《我国夫妻财产制立法若干问题探讨》,载《法学论坛》2011年第2期;陈法:《论我国非常法定夫妻财产制的立法建构》,载《现代法学》2018年第1期。
② 参见最高人民法院民法典贯彻实施工作领导小组主编:《中华人民共和国民法典婚姻家庭编继承编理解与适用》,人民法院出版社2020年版,第180—182页。
③ 参见陈苇、贺海燕:《论中国民法典婚姻家庭编的立法理念与制度新规》,载《河北法学》2021年第1期。

(2) 约定财产制的内容。

在我国，《民法典》对约定财产制，具体规定了夫妻对财产关系约定的范围、内容、方式以及约定的适用及效力(对夫妻的效力和对第三人的效力)等内容。

根据《民法典》第 1065 条的规定，男女双方可以约定婚姻关系存续期间所得的财产以及婚前财产归各自所有、共同所有或者部分各自所有、部分共同所有。约定应当采用书面形式。没有约定或者约定不明确的，适用《民法典》第 1062、1063 条的规定。夫妻对婚姻关系存续期间所得的财产以及婚前财产的约定，对双方具有法律约束力。夫妻对婚姻关系存续期间所得的财产约定归各自所有，夫或者妻一方对外所负的债务，相对人知道该约定的，以夫或者妻一方的个人财产清偿。[①] 据此规定和《民法典》关于民事法律行为的一般性规定，对我国的约定财产制应从以下几点加以理解把握：

第一，约定的条件和方式。夫妻约定财产关系是一种双方民事法律行为，必须符合民事法律行为的以下构成要件，才能有效：一是约定的主体必须符合法律的要求。约定的主体必须是具有婚姻关系和完全民事行为能力的夫妻双方。约定须由夫妻双方亲自进行，不得由他人代理。二是约定须双方意思表示一致。对约定的意思表示，夫妻双方必须真实自愿。夫妻一方对于违背其真实意思，以欺诈、胁迫手段或乘人之危使其作出的约定，可以依法请求撤销。[②] 三是约定的内容必须合法。约定的内容，不得超出夫妻财产关系的范围，不得规避养老育幼、清偿第三人债务等法律义务。约定不得规避法律，不得损害国家、集体和他人的利益。四是约定的方式必须合法。约定应当采用书面形式，即约定是要式行为。

第二，约定的时间和范围。对夫妻财产约定的时间，我国《民法典》并无限制。夫妻可以在结婚前、结婚时或婚姻关系存续期间进行约定。关于约定的范围，对夫妻婚前财产或婚后所得财产均可以进行约定。关于约定的具体内容，可以约定婚前财产或婚后所得财产归各自所有、共同所有或部分各自所有、部分共同所有，即可以约定采取分别财产制、一般共同制或限定共同制等。并且，根据民法的意思自治原则，夫妻还可以约定财产的具体权能，包括财产的使用权、管理权、收益权、处分权等，也可以约定家庭生活费用的负担、债务清偿责任、婚姻关系终止时财产的清算及分割等。

第三，约定的效力。约定的效力，指夫妻对财产关系进行约定后，对双方当事人及第三人发生的法律约束力。约定的效力可分为对内效力(对夫妻双方)与对外效力(对第三人)。关于约定的对内效力，根据意思自治原则，夫妻财产关系经双方约定成立后，无论是口头约定、书面约定还是公证约定均立即对夫妻双方发生对内效力，即具有法律约束力。[③] 关于约

[①] 关于约定财产制的我国立法概况：在我国，1950 年《婚姻法》中没有夫妻约定财产关系的法律规范。依 1980 年《婚姻法》第 13 条第 1 款的规定，夫妻可以约定处理双方的财产关系。这可以满足新形势下夫妻因各种原因(如个人承包经营，再婚夫妻的财产，涉外婚姻及涉及港、澳、台同胞的婚姻等)以多种形式处理双方财产问题的需要，体现了夫妻享有平等的财产权利，有利于减少家庭纠纷，保护当事人的合法权益，促进家庭经济和社会经济的发展。但对于约定财产制的具体内容，如约定的条件、方式、时间、效力、变更及废止等该法未予规定，故可操作性不强。针对此不足，2001 年修正的《婚姻法》进一步补充完善了约定财产制，该法第 19 条原则上规定了约定财产的范围及可供选择约定的财产制内容，并明确规定约定应当采用书面形式；为第三人所明知的约定，才对第三人具有法律效力。这既能保护夫妻的合法财产权益，又能维护第三人的利益和交易安全。《民法典》第 1065 条沿用 2001 年《婚姻法》的规定，仅有个别文字的修改。

[②] 参见《民法典》第 148、150、151 条。

[③] 例如，《婚姻家庭编解释(一)》第 82 条规定："夫妻之间订立借款协议，以夫妻共同财产出借给一方从事个人经营活动或者用于其他个人事务的，应视为双方约定处分夫妻共同财产的行为，离婚时可以按照借款协议的约定处理。"

定的对外效力,依我国《民法典》第1065条第3款和《婚姻家庭编解释(一)》第37条的规定,夫妻约定财产归各自所有的,对第三人负有告知义务,并对第三人知道该约定负有举证责任。即夫妻对财产关系的约定只有已告知第三人的,才能对该第三人发生对外效力,具有法律约束力。①

第四,约定的变更和废止。对财产关系,夫妻进行约定后,依法可以对约定进行变更或废止。

第五,约定的无效与撤销。无效的夫妻财产约定,是指已经成立,但因欠缺法律行为的有效要件而不能发生法律效力的约定。可撤销的夫妻财产约定,是指因约定欠缺合法性,有撤销权的约定当事人可以诉请法院变更或撤销约定。目前,《民法典》婚姻家庭编对于夫妻财产约定的无效及撤销的条件尚未规定,应依其性质适用《民法典》中有关民事法律行为无效或被撤销的规定。②

(3) 约定财产制的适用。

在我国,法定财产制与约定财产制两者的适用原则是"有约定从约定,无约定从法定"。根据《民法典》第1065条第1款的规定,夫妻双方已自愿约定财产制的,可排斥法定财产制优先适用,即约定财产制具有优先于法定财产制适用的效力。

3. 夫妻共同债务的认定规则

在我国,根据《民法典》和相关司法解释的规定,夫妻共同债务,包括基于夫妻双方共同意思表示所负的债务、夫妻一方在婚前所欠但用于婚后家庭共同生活的债务和夫妻一方在婚姻关系存续期间以个人名义所负的债务(含为家庭日常生活需要所负的债务,超出家庭日常生活需要但为夫妻共同生活、共同生产经营、共同收益的投资所负的债务)。③

(1) 确立夫妻共同债务清偿认定规则的立法目的。

我国确立夫妻共同债务清偿认定规则的立法目的,就是为平等地保护夫妻双方财产权益和债权人财产权益,以维护婚姻家庭的共同生活和交易安全。

第一,夫妻共同债务的认定规则是夫妻关系法中不可缺少的重要内容。在社会现实生活中,为维持婚姻家庭日常生活,夫妻作为民事活动的主体要参与物质生产和家庭共同生活的消费活动,如从事生产经营、家庭日常生活用品购买等。所以,夫妻无论是实行法定财产制或约定财产制,在这些生产经营和家庭消费活动中都有可能发生夫妻共同债务清偿的问题。④就夫妻财产关系而言,夫妻双方的积极财产为夫妻共同财产,夫妻双方的消极财产则为夫妻共同债务。对于夫妻共同债务的清偿,夫妻在婚姻关系存续期间就需要处理,并非只有离婚时才进行处理。因此,调整夫妻关系的法律应当设立调整夫妻债务关系的规范。为依法准确区分夫妻共同债务与夫妻个人债务,调整夫妻关系的法律应当规定夫妻共同债务的认定规则,且该认定规则是其不可缺少的重要内容。从国外立法看,法国、德国、意大利、瑞士、日

---

① 依《瑞士民法典》第181条的规定,夫妻财产契约的缔结、变更及废除,须经公证并经当事人及法定代理人署名后,始得生效。夫妻财产契约依夫妻财产制登记后,对第三人产生效力。依《德国民法典》第1412条的规定,婚姻契约已登记或为第三人所明知后,始对第三人发生效力。依《日本民法典》第765条的规定,夫妻财产契约须在结婚申报前进行登记后,始对夫妻及第三人产生效力。
② 参见《民法典》第144—157条;《民法典总则编解释》第1条第1款。
③ 参见《民法典》第1064条和《婚姻家庭编解释(一)》第33条。
④ 夫妻债务关系属于夫妻财产关系的重要组成部分,我国学者在教材中对夫妻财产制理论阐述时,已分别对法定财产制下的夫妻债务、约定财产制下的夫妻债务和混合财产制下的夫妻债务,各自的发生原因与清偿责任主体进行了具体论述。参见杨大文主编:《亲属法》(第五版),法律出版社2012年版,第138—140页。

本、俄罗斯等国以及美国的新墨西哥州、加利福尼亚州、得克萨斯州等实行法定共同财产制的州的调整夫妻财产关系的法律中都有关于夫妻债务的负担与清偿的规范。[①]

第二,2001 年修正的《婚姻法》中欠缺较为完善的夫妻共同债务的认定规则。在我国,2020 年《民法典》颁布之前,夫妻共同债务的清偿规范仅被规定在 2001 年修正的《婚姻法》第四章"离婚制度"之中且立法存在不足,欠缺较为完善的夫妻共同债务的认定规则。[②] 在我国司法实践中,"同案不同判"的现象时有发生,这损害了非举债配偶一方的财产权益或者债权人的财产权益。[③]

第三,《民法典》汲取行之有效的司法解释确立了较为完善的夫妻共同债务认定规则。为回应婚姻期间调整夫妻共同债务关系的需要和司法实践实现有法可依、执法统一的需要,《民法典》婚姻家庭编第三章第一节"夫妻关系"中以第 1064 条新增确立了夫妻共同债务的认定规则:"夫妻双方共同签名或者夫妻一方事后追认等共同意思表示所负的债务,以及夫妻一方在婚姻关系存续期间以个人名义为家庭日常生活需要所负的债务,属于夫妻共同债务。夫妻一方在婚姻关系存续期间以个人名义超出家庭日常生活需要所负的债务,不属于夫妻共同债务;但是,债权人能够证明该债务用于夫妻共同生活、共同生产经营或者基于夫妻双方共同意思表示的除外。"此规定确立了较为完善的夫妻共同债务认定规则,彰显了既要平等地保护夫妻双方财产权益和债权人财产权益,又要兼顾维护婚姻家庭共同生活和交易安全之立法目的。[④]

(2) 夫妻共同债务的分类。

根据产生的原因不同,夫妻共同债务可以分为以下两种:法定的夫妻共同债务与约定的夫妻共同债务。

法定的夫妻共同债务,是指依据法律或司法解释而确定的夫妻共同债务。例如,夫妻一方在婚姻关系存续期间以个人名义为家庭日常生活需要所负的债务;夫妻一方在婚姻关系存续期间以个人名义超出家庭日常生活需要所负但债权人能够证明该债务用于夫妻共同生活、共同生产经营的债务;夫妻一方婚前所欠但用于婚后家庭共同生活的债务。

约定的夫妻共同债务,是指夫妻依据双方约定而确定的夫妻共同债务。如夫妻双方共同签名或者夫妻一方事后追认等基于夫妻双方共同意思表示所负的债务,属于约定的夫妻共同债务,又称"共债共签"的共同债务。[⑤]

对夫妻共同债务进行以上分类的意义在于,一般来说,对法定的夫妻共同债务,夫妻双

---

① 参见陈苇主编:《外国婚姻家庭法比较研究》,群众出版社 2006 年版,第 182、189、197—198、204、210、214—215、224—225 页。

② 参见 2001 年修正的《婚姻法》第 41 条。

③ 我国学者在"中国裁判文书网",以关键词"关于适用《中华人民共和国婚姻法》若干问题的解释(二)第二十四条"+《婚姻法》第四十一条"进行全文检索,以"2004 年 1 月 1 日至 2016 年 12 月 31 日"为检索期间,共获得 4 979 份民事判决书,通过研究分析统计数据后指出:高涨的上诉率与再审率表明,适用《婚姻法解释(二)》第 24 条的社会效果非常不容乐观。审判实践证明,该第 24 条规定的"夫妻共同债务推定"几乎无法被推翻,对非举债方的夫妻一方极其不公。以"夫妻共同债务推定"的规定遏制"假离婚、真逃债"现象,手段极端且错误,致使恶意债务、非法债务及虚假夫妻债务急剧增加。参见叶名怡:《〈婚姻法解释(二)〉第 24 条废除论——基于相关统计数据的实证分析》,载《法学》2017 年第 6 期。

④ 关于我国《民法典》确立夫妻共同债务认定规则之立法理由分析,参见陈苇、贺海燕:《论中国民法典婚姻家庭编的立法理念与制度新规》,载《河北法学》2021 年第 1 期。

⑤ 参见《民法典》第 1064 条和《婚姻家庭编解释(一)》第 33 条。

方无论有无共同举债的意思表示都应依法共同承担清偿责任,夫妻另有约定的除外,但不能对抗善意第三人。约定的夫妻共同债务是基于夫妻双方共同举债的意思表示产生的,夫妻应当共同承担清偿责任。

(3) 我国夫妻共同债务认定规则的类型。

根据《民法典》及相关司法解释,我国夫妻共同债务的认定规则主要有以下三种类型:

第一,用途规则,此为共同生活或共同受益之用途规则的简称。用途规则,又称目的推定规则、利益分享推定规则,是指基于家庭共同生活或者共同生产、经营、投资所需,夫妻一方或双方所负的债务,均应被认定为夫妻共同债务。即该债务的性质是基于用途或目的来确定的,它是因为家庭的共同生活、共同生产经营或为共同收益之投资所需而发生的,故无论此债务是否发生于婚姻期间,无论其是否取得实际收益,均是夫妻的共同债务。基于夫妻共同财产制原理,对于夫妻共同财产,夫妻双方既应当平等地享受权利,也应当平等地承担义务。也就是说,夫妻对于共同财产必须"共享盈利、共担风险"。例如依《民法典》规定,夫妻在婚姻关系存续期间所得的生产、经营、投资的收益,属于夫妻共同财产。[1] 夫妻一方在婚姻关系存续期间以个人名义超出家庭日常生活需要所负的债务,不属于夫妻共同债务,但债权人能够证明该债务用于夫妻共同生活、共同生产经营的除外。[2] 又如,《婚姻家庭编解释(一)》规定,债权人就一方婚前所负个人债务向债务人的配偶主张权利的,人民法院不予支持。但债权人能够证明所负债务用于婚后家庭共同生活的除外。[3] 以上规定均体现了夫妻共同债务认定的"用途规则"。基于此"用途规则"认定夫妻为共同生活、共同生产经营或为共同财产投资所负的债务属于夫妻共同债务。此类债务属于法定的夫妻共同债务,夫妻双方无论是否有共同举债的意思表示,夫妻一方欠债的时间无论是婚前或婚后,也无论投资是否实际取得收益。

第二,家事代理权规则,此为家事代理权推定规则的简称。家事代理权规则,是指夫妻一方在婚姻期间以个人名义为家庭日常生活所需所欠的债务,被推定为夫妻共同债务。[4] 根据《民法典》规定,夫妻互有日常家事代理权。[5] 夫妻一方在婚姻关系存续期间以个人名义为家庭日常生活需要所负的债务,属于夫妻共同债务。[6] 所以,依据家事代理权规则认定的夫妻共同债务,也属于法定的夫妻共同债务,而不论夫妻是否有共同举债的意思表示。从域外立法经验看,为保障家庭日常生活的便利需要和维护第三人利益及交易安全,许多国家(如法国、德国、瑞士、日本、英国、美国等国)立法都明确规定了夫妻日常家事代理权。[7] 我国《民法典》增设了"家事代理权规则",既有利于满足家庭日常生活的便利需要,也有利于维护第三人利益及交易安全。从我国司法实践看,对于"家庭日常生活"的范围认定,大部分

---

[1] 参见《民法典》第 1062 条第 1 款。

[2] 参见《民法典》第 1064 条。

[3] 《婚姻家庭编解释(一)》第 33 条。

[4] 必须注意,我国有法律实务工作者提出:夫妻一方负债中的共同债务,不必过分强调使用上的"共同",凡是家事需要所负的债务,无论是共用、自用或他用(第三人或国家),均为夫妻共同债务。参见王礼仁、何昌林:《夫妻债务的司法认定与立法完善》,人民法院出版社 2019 年版,第 7 页。

[5] 《民法典》第 1060 条第 1 款规定:"夫妻一方因家庭日常生活需要而实施的民事法律行为,对夫妻双方发生效力,但是夫妻一方与相对人另有约定的除外。"

[6] 《民法典》第 1064 条。

[7] 参见陈苇主编:《外国婚姻家庭法比较研究》,群众出版社 2006 年版,第 230—231 页。

法院的理解较为近似,即包括夫妻双方及其共同生活的未成年子女在日常生活中的必要开支事项,如正常的衣食住行消费、日用品购买、医疗保健、子女教育、老人赡养、文化消费等。并且,即使债务数额较高,在目的上属于"家庭日常生活需要"的债务也被一些法院认定为夫妻共同债务。例如,有法院认定举债方借款 20 万元购买家具属于"家庭日常生活需要";有法院还进一步认为,购买自住用房或车辆所负债务也属于"家庭日常生活需要"。[①]

第三,合意规则,此为夫妻双方合意的规则的简称。合意规则,是指对夫妻一方婚前所欠债务,夫妻双方可约定为共同债务;对夫妻一方婚姻期间所欠债务,夫妻双方可共同签名或事后追认为共同债务。《民法典》第 1064 条第 1 款明确规定,夫妻双方共同签名或者夫妻一方事后追认等共同意思表示所负的债务,属于夫妻共同债务。所以,依合意规则认定的夫妻共同债务,属于约定的夫妻共同债务。此类债务是基于夫妻双方共同举债的意思表示产生的,符合民法的意思自治原则。

必须注意,以上夫妻共同债务认定的三项规则中,用途规则、家事代理权规则与合意规则各有其适用的法定条件。另外,根据《民法典》第 1065 条夫妻可以约定财产关系的规定,对基于用途规则、家事代理权规则确定的法定夫妻共同债务,夫妻双方也可以约定为夫妻一方的个人债务,但此对夫妻内部债务清偿关系的变更,不能对抗善意第三人。

此外,必须说明,关于夫妻共同债务认定的"时间推定规则",其源于《婚姻法解释(二)》第 24 条第 1 款规定,即:"债权人就婚姻关系存续期间夫妻一方以个人名义所负债务主张权利的,应当按夫妻共同债务处理。但夫妻一方能够证明债权人与债务人明确约定为个人债务,或者能够证明属于婚姻法第十九条第三款规定情形的除外。"依此解释,婚姻关系存续期间夫妻一方以个人名义所负债务原则上按照夫妻共同债务处理,其被称为夫妻共同债务认定的"时间推定规则"。但随着 2018 年《涉及夫妻债务纠纷案件适用法律解释》的实施,此"时间推定规则"已被废止。[②]

(4) 我国夫妻共同债务认定规则的立法演变。

我国自 2001 年修正的《婚姻法》施行后,夫妻共同债务认定规则的立法演变情况可以分为以下三个阶段:

第一阶段,2001 年修正的《婚姻法》有关夫妻共同债务清偿规则的规定。2001 年修正

---

① 对于家事代理权之范围确定的探讨,参见冉克平:《夫妻团体法:法理与规范》,北京大学出版社 2022 年版,第 117—119 页。

② 目前我国学界对我国夫妻共同债务认定规则的分类,主要有以下不同观点:(1) 第一种观点主张其含有三项规则。其中,有学者主张其含有目的推定制、合意推定制和利益分享推定制,参见夏吟兰编著:《家事法专论》,中国政法大学出版社 2020 年版,第 351 页。有学者主张其含有目的推定规则、时间推定规则与家事代理权推定规则,参见李洪祥:《夫妻一方以个人名义所负债务清偿规则之解构》,载《政法论丛》2015 年第 2 期。有学者主张其含有家庭利益推定规则、家事代理权推定规则与共同财产利益推定规则,参见冉克平:《夫妻团体债务的认定及清偿》,载《中国法学》2017 年第 5 期。(2) 第二种观点主张其含有四项规则,包括共同生活之用途规则、双方约定之合意规则、家事代理之权限推定规则和婚姻期间借款之时间推定规则,参见陈法:《我国夫妻共同债务认定规则之检讨与重构》,载《法商研究》2017 年第 1 期。(3) 第三种观点主张其只有一项规则,因为合意规则本是合同法题中之意,家事代理规则实属用途规则,时间推定规则本质上也是用途规则的落实方式,故夫妻共同债务认定规则实质上仅指用途规则,相关司法解释也基本围绕用途规则的具体适用而展开,是据以实现实体规则的程序性事项的规定。参见张力、李倩:《夫妻共同债务认定中的用途规则——兼论最高人民法院法释〔2018〕2 号的体系融入》,载《江西师范大学学报(哲学社会科学版)》2019 年第 3 期。此外,我国还有学者主张,没有必要再适用日常家事代理权来认定夫妻共同债务,而是可将其归入"用途论"即适用用途规则。参见李洪祥:《论日常家事代理权视角下的夫妻共同债务构成》,载《当代法学》2020 年第 5 期。

的《婚姻法》在第四章"离婚"中只以第 41 条一个条文规定了离婚时的夫妻共同债务清偿，确立了因家庭共同生活欠债这一夫妻共同债务的认定规则，即"用途规则"；而在第三章"家庭关系"的夫妻财产制中夫妻共同债务的清偿规范却呈空白，仅以第 19 条第 3 款规定了夫妻个人债务的约定清偿。

第二阶段，对于夫妻共同债务的清偿规则，最高人民法院发布了适用于《婚姻法》的多个司法解释。

首先，2003 年 12 月公布的《婚姻法解释（二）》，对夫妻共同债务的认定规则及其具体情形进行了规定。其主要内容如下：其一，夫妻一方婚前个人所欠用于婚后共同生活的夫妻共同债务，此属于"用途规则"被适用的具体情形。该解释第 23 条规定："债权人就一方婚前所负个人债务向债务人的配偶主张权利的，人民法院不予支持。但债权人能够证明所负债务用于婚后家庭共同生活的除外。"其二，夫妻一方婚姻期间所欠夫妻共同债务的认定之"时间推定规则"。该解释第 24 条第 1 款规定："债权人就婚姻关系存续期间夫妻一方以个人名义所负债务主张权利的，应当按夫妻共同债务处理。但夫妻一方能够证明债权人与债务人明确约定为个人债务，或者能够证明属于婚姻法第十九条第三款规定情形的除外。"其三，夫妻对共同债务的连带责任。《婚姻法解释（二）》第 25 条规定："当事人的离婚协议或者人民法院的判决书、裁定书、调解书已经对夫妻财产分割问题作出处理的，债权人仍有权就夫妻共同债务向男女双方主张权利。一方就共同债务承担连带清偿责任后，基于离婚协议或者人民法院的法律文书向另一方主张追偿的，人民法院应当支持。"

其次，2014 年 7 月发布有关夫妻债务性质认定之举证责任分配的司法解释。2014 年 7 月发布的《最高人民法院民一庭关于婚姻关系存续期间夫妻一方以个人名义所负债务性质如何认定的答复》明确规定："在不涉及他人的离婚案件中，由以个人名义举债的配偶一方负责举证证明所借债务用于夫妻共同生活，如证据不足，则其配偶一方不承担偿还责任。在债权人以夫妻一方为被告起诉的债务纠纷中，对于案涉债务是否属于夫妻共同债务，应当按照《最高人民法院关于适用〈中华人民共和国婚姻法〉若干问题的解释（二）》第二十四条规定认定。如果举债人的配偶举证证明所借债务并非用于夫妻共同生活，则其不承担偿还责任。"[①]

再次，2017 年 2 月发布的有关虚假债务、违法犯罪所欠债务的司法解释。针对《婚姻法解释（二）》第 24 条在适用中产生的问题，2017 年 2 月 28 日公布、2017 年 3 月 1 日起施行的《最高人民法院关于适用〈中华人民共和国婚姻法〉若干问题的解释（二）的补充规定》，其在 2004 年《婚姻法解释（二）》第 24 条原有规定的基础上增加第 2、3 款："夫妻一方与第三人串通，虚构债务，第三人主张权利的，人民法院不予支持。""夫妻一方在从事赌博、吸毒等违法犯罪活动中所负债务，第三人主张权利的，人民法院不予支持。"《婚姻法解释（二）》第 24 条有关夫妻共同债务认定的"时间推定规则"的实施，虽然有效地遏制了当时存在的有些夫妻恶意逃债联手侵害债权人利益的现象，有力地维护了交易安全，但忽视了非举债一方配偶的

---

① 对于该司法解释第 24 条的相关补充规定是否造成举证责任分配不公问题的探讨，参见马贤兴：《夫妻债务司法认定及实案评析》，法律出版社 2018 年版，第 29—31 页。

财产权益保护问题。[①] 这导致有些夫妻一方与债权人恶意串通损害夫妻另一方权益的现象出现,有些夫妻一方沦为"被负债"者,而其中较多的是离婚妇女,夫妻共同债务纠纷案件呈大量增加之势,成为社会关注的热点问题。

最后,2018 年 1 月发布的《涉及夫妻债务纠纷案件适用法律解释》。2018 年 1 月最高人民法院发布的《涉及夫妻债务纠纷案件适用法律解释》,修改了《婚姻法解释(二)》第 24 条的规定,将夫妻共同债务的认定规则分为以下三种情形:其一,夫妻双方共同签字或者夫妻一方事后追认等共同意思表示所负的债务,应当认定为夫妻共同债务。此即"合意规则"或"共债共签规则"。其二,夫妻一方在婚姻关系存续期间以个人名义为家庭日常生活需要所负的债务,债权人以属于夫妻共同债务为由主张权利的,人民法院应予支持。此即"家事代理权规则"。其三,夫妻一方在婚姻关系存续期间以个人名义超出家庭日常生活需要所负的债务,债权人以属于夫妻共同债务为由主张权利的,人民法院不予支持,但债权人能够证明该债务用于夫妻共同生活、共同生产经营或者基于夫妻双方共同意思表示的除外。[②] 此项认定标准包括"用途规则"和"合意规则"。此新的司法解释实施以后,总体上能够平衡各方当事人的利益,得到社会各界的一致肯定。[③]

第三阶段,2020 年 5 月通过的《民法典》将 2018 年《涉及夫妻债务纠纷案件适用法律解释》上升为法律,在婚姻家庭编第三章第一节"夫妻关系"中第 1064 条增补确立了夫妻共同债务的认定规则。[④]

(5) 我国夫妻共同债务认定规则的具体适用。

根据《民法典》第 1064 条的规定和我国司法实践经验,夫妻共同债务的认定规则的具体适用,可以分为以下三种情形[⑤]:其一,基于夫妻共同意思所负的夫妻共同债务,又称"共债共签"的共同债务,是指夫妻双方约定或者夫妻双方共同签名或者夫妻一方事后追认的夫妻共同债务。此为适用"合意规则"认定的共同债务。其二,基于夫妻日常家事代理权所生的夫妻共同债务,又称"家事代理权推定的共同债务",是指夫妻一方以个人名义为家庭日

[①] 针对《婚姻法解释(二)》第 24 条关于夫妻共同债务的认定规则,我国学者分析指出,"利益保护完全侧重债权人一方","偏重牺牲配偶财产权来保护社会交易安全"。参见夏吟兰、薛宁兰主编:《民法典之婚姻家庭编立法研究》,北京大学出版社 2016 年版,第 202 页;另有学者认为,应当区分市场经济规则与家庭规则,将亲属财产法部分定位于家庭规则予以设计以便契合婚姻家庭不同于市场经济与市民社会之伦理。参见谢潇:《当代婚姻家庭财产法价值取向批判及其克服》,载夏吟兰、龙翼飞主编:《家事法研究》(2018 年卷),社会科学文献出版社 2018 年版,第 136—153 页。

[②] 参见 2018 年《涉及夫妻债务纠纷案件适用法律解释》第 1—3 条。

[③] 关于《婚姻法解释(二)》第 24 条之立法目的,参见黄薇主编:《中华人民共和国民法典婚姻家庭编释义》,法律出版社 2020 年版,第 88 页;关于《婚姻法解释(二)》第 24 条实施以来我国司法解释对夫妻共同债务认定规则的修改补充概况,参见夏吟兰等:《中国民法典评注:婚姻家庭编》,中国人民大学出版社 2020 年版,第 129—130 页;关于我国夫妻共同债务认定规则的司法实践情况及我国立法研究,参见陈法:《我国夫妻共同债务认定规则之检讨与重构》,载《法商研究》2017 年第 1 期;关于外国夫妻债务制度的比较研究,参见蒋月:《域外民法典中的夫妻债务制度比较研究——兼议对我国相关立法的启示》,载陈苇、陈彬主编:《中国家事审判改革暨家事法修改理论与实务研究》,中国人民公安大学出版社 2018 年版,第 179—194 页。

[④] 我国有学者指出,此规定只是确立了对夫妻共同债务的认定规则,在司法实践中应明确内部分配和外部清偿的关系。但是,内部分配应当适用何种规则,法律并未作出明确规定。对此仍然有待进一步深化研究,并在立法解释或司法解释中作出相应规定。参见夏吟兰:《〈民法典·婚姻家庭编〉男女平等原则之发展与思考》,载《中华女子学院学报》2020 年第 4 期。

[⑤] 参见最高人民法院民法典贯彻实施工作领导小组主编:《中华人民共和国民法典婚姻家庭编继承编理解与适用》,人民法院出版社 2020 年版,第 167—168 页。

常生活需要所负的夫妻共同债务。此为适用"家事代理权规则"认定的共同债务。其三,夫妻一方在婚姻关系存续期间以个人名义超出家庭日常生活需要所负的债务,不属于夫妻共同债务。但债权人能够证明该债务被用于夫妻共同生活、共同生产经营或者基于夫妻双方共同意思表示的,仍属于夫妻共同债务。此类夫妻共同债务的认定,分为两种具体情形:一是适用"用途规则"认定的夫妻一方以个人名义为共同生活、共同生产经营(包括投资)所负的共同债务;二是适用"合意规则"认定的夫妻一方以个人名义借债但基于夫妻共同意思所负的共同债务。此外,《婚姻家庭编解释(一)》第 33 条规定:"债权人就一方婚前所负个人债务向债务人的配偶主张权利的,人民法院不予支持。但债权人能够证明所负债务用于婚后家庭共同生活的除外。"这也是具体适用"用途规则"的情形之一。[1]

可见,原则上,在婚姻期间夫妻一方以个人名义超出家庭日常生活需要所负的债务,不属于夫妻共同债务,以保护未举债配偶一方的合法权益。同时,法律规定如债权人能够证明该债务被用于夫妻共同生活、共同生产经营或者基于夫妻双方共同意思表示的,则仍属于夫妻共同债务,以保护债权人的利益。由于夫妻间财产流动的私密性,债权人通常难以证明哪些财产属于债务人的责任财产[2],故法律明确规定让债权人承担举证责任,可以促使债权人在建立债权债务关系时就尽到审慎的注意义务。如果债权人建立债权债务关系时就能够做到"共债共签",虽然可能使交易效率受到一定影响,增加了一定交易成本,但可以从源头上杜绝夫妻一方"被负债"现象的发生,也可以有效避免债权人因事后无法举证证明属于夫妻共同债务而遭受不必要的损失,对于保障交易安全和夫妻一方合法权益具有积极意义。[3]并且,夫妻一方婚前所欠债务原则上属于夫妻个人债务,但债权人能够证明所负债务用于婚后家庭共同生活的除外。

综上所述,《民法典》规定的我国夫妻共同债务认定规则包括合意规则、家事代理权规则和用途规则,它们各自适用于不同的具体情形,既能够引导广大民众依法设立或认定夫妻共同债务以避免纠纷,也能够为人民法院认定夫妻共同债务提供法律依据,有利于平等地保护夫妻双方及第三人的合法权益和维护交易安全,从而保障家庭共同生活与促进社会经济发展。

二、夫妻的扶养义务

(一)扶养概述

1. 扶养的概念

扶养的概念有广义和狭义之分,广义的扶养是指法律规定的一定范围亲属之间在经济上供养和生活上扶助的权利义务。这种广义的扶养是赡养、扶养、抚养的统称,并无身份、辈分的区别,包括长辈亲属对晚辈亲属的抚养、晚辈亲属对长辈亲属的赡养和平辈亲属间的扶养。大多数国家立法采取广义说。我国《民法典》继承编和《刑法》中使用的"扶养"一词,

---

[1] 夫妻一方婚前所负债务用于婚后共同生活的部分可以认定为夫妻共同债务,由夫妻双方共同偿还的"类案检索大数据报告、可供参考的案例、裁判规则提要"等,参见杨奕主编:《夫妻共同债务纠纷案件裁判规则》,法律出版社 2021 年版,第 17—30 页。

[2] 参见贺剑:《夫妻财产法的精神——民法典夫妻共同债务和财产规则释论》,载《法学》2020 年第 7 期。

[3] 参见夏吟兰等:《中国民法典释评:婚姻家庭编》,中国人民大学出版社 2020 年版,第 130 页。

也是采取广义的解释。狭义的扶养仅指法律规定的平辈亲属之间相互在经济上供养和生活上扶助的权利义务。一些国家的立法采取狭义说。我国《民法典》婚姻家庭编将夫妻间和兄弟姐妹间相互供养和扶助的权利义务称为扶养,即亦采取狭义说。

2. 扶养的分类

扶养可从不同的角度进行分类。

(1) 抚养、扶养与赡养。依扶养主体间辈分之不同,扶养可分为抚养、扶养与赡养。抚养,即长辈亲对晚辈亲的扶养;扶养,即平辈亲之间的扶养;赡养,即晚辈亲对长辈亲的扶养。

(2) 同居的扶养与不同居的扶养。依扶养方式之不同,扶养可分为同居共同生活(经济供养与生活扶助)的扶养与不同居共同生活而给付扶养费(经济供养)的扶养。

(3) 经济供养与生活照料扶助。依扶养行为内容之不同,扶养可分为经济上的供养与生活上的照料扶助。例如,我国继父母与继子女形成抚养教育关系的认定标准之一,就是继父母对继子女有经济上供养或生活上照料的扶养事实。此外,我国现行《老年人权益保障法》第14条第1款规定:"赡养人应当履行对老年人经济上供养、生活上照料和精神上慰藉的义务,照顾老年人的特殊需要。"该条款对扶养的内容作了扩张解释,即对老年人赡养的义务包括经济上供养、生活上照料和精神上慰藉三个方面。

(4) 生活保持义务与一般生活扶助义务。依扶养的程度之不同,扶养可分为生活保持义务与一般生活扶助义务。[1]生活保持义务是指夫妻间的扶养和父母对未成年子女的抚养,是义务人无条件的必须履行的义务。这是一种无条件的在扶养人与被扶养人之间必须保持同一生活水平的扶养,故又被称为"共生义务"。因为,此种扶养义务为夫妻、父母子女身份关系不可缺少的要素,维持对方生活,即为保持自己生活。[2]一般生活扶助义务是指除夫妻间的扶养和父母对未成年子女的抚养外,其他法定的亲属间(如我国兄弟姐妹间、祖孙间)的扶养。这种扶养是有条件的,只有在一方无力独立生活,他方有扶养负担能力时,才履行扶养义务。这是一种相对的、有条件的扶养,扶养人与被扶养人之间无须保持同一生活水平,故被称为"一般生活扶助义务"。即扶养义务人仅在不降低与自己地位相当的生活水平的限度内予以扶养。

总之,生活保持义务与一般生活扶助义务的性质不同,两者的发生要件和内容也不同。根据亲属关系亲疏的不同,法律规定不同的扶养条件,确定不同的扶养程度,便于义务人更好地履行扶养义务。

3. 扶养的要件

扶养的要件是指法律规定的扶养关系成立的条件。扶养关系成立的法定条件有以下两个:

第一,扶养权利人需要被扶养。例如,因年老、年幼、病残等原因缺乏劳动能力又无生活来源,不能维持生活者,法律规定其有权请求扶养。

第二,扶养义务人有扶养的能力。扶养义务人已成年并有劳动能力、经济负担能力的,

---

[1] 世界上有些国家如德国、瑞士等国立法,依扶养关系主体之间亲属关系之远近和权利义务之多少,规定了不同的扶养条件,使义务人承担不同程度的扶养义务。参见《德国民法典》第1061—1615条;《瑞士民法典》第276、277、285、286条。

[2] 如父母以其子女的生活作为自己生活的一部分,以及夫扶养妻或妻扶养夫,即为保持自己的生活。该扶养水平应与自己的生活程度相当,即使因此而降低了与自己地位相当的生活水平,也应予以维持。

就属于法律规定的具有扶养能力。

以上两个法定要件同时具备的,则扶养权利人有权请求扶养,扶养义务人应当履行扶养义务。

必须指出,对于生活保持义务,即使扶养义务人扶养能力不足,甚至降低自己的生活水平,也须履行扶养义务。对于一般生活扶助义务,原则上扶养义务人仅在不降低与自己地位相当的生活水平的限度内予以扶养,如其扶养能力不足的,依法可免除其扶养义务,而由国家的社会保障制度予以救济。

4. 扶养的范围和顺序

(1) 扶养的范围。扶养的范围是指负有扶养义务的一定亲属的远近界限。根据《民法典》的规定,享有扶养权利和承担扶养义务的近亲属范围如下:夫妻;父母子女;兄弟姐妹;祖父母、外祖父母、孙子女、外孙子女。

(2) 扶养的顺序。扶养的顺序是指扶养义务人或者扶养权利人有数人时,确定履行扶养义务人或享受扶养权利人的先后顺位。目前,《民法典》对扶养的顺序没有具体规定,但从该法有关夫妻、父母子女、兄弟姐妹及祖孙间扶养的法定条件的规定,大体可以推出两个顺序:第一顺序,夫妻间和父母子女间的扶养权利和扶养义务;第二顺序,兄弟姐妹间及祖孙间的扶养权利和扶养义务。[1]

5. 扶养的程度和方式

(1) 扶养的程度。扶养的程度是指供给扶养的水平、标准。根据《民法典》第 1085 条和《婚姻家庭编解释(一)》第 49 条的规定,给付扶养费的数额,首先应由当事人协商决定,协商不成的,由人民法院判决。判决确定给付扶养费的数额时,人民法院应综合考虑扶养义务人的负担能力、扶养权利人的实际需要和当地的一般生活水平。

(2) 扶养的方式。扶养的方式主要有两种:一是同居共同生活的扶养。即扶养人与受扶养人同居在一起共同生活,扶养人对受扶养人在经济上供养,在生活上照料扶助,履行扶养义务。二是定期给付扶养费的扶养。即扶养人与受扶养人不同居共同生活,而通过采取定期给付扶养费的方式,履行扶养义务。

一般来说,夫妻间、父母子女间的扶养,以同居共同生活的方式为主。其他亲属间的扶养,则以定期给付扶养费的方式为主。我国《民法典》对扶养的方式未作规定,一般由当事人协商决定,协商不成的,由人民法院判决。人民法院在作出判决时应综合考虑当事人的亲属关系远近、扶养义务人的负担能力、扶养权利人的实际需要等因素确定采取何种扶养方式。

6. 扶养的变更

扶养的变更是指扶养权利人和扶养义务人的顺序、扶养方式或程度的改变。如前所述,扶养的发生须具备法定的扶养要件。如扶养权利人或扶养义务人的条件发生变化,就会引起扶养权利人和扶养义务人的顺序、扶养方式或程度发生变化。对于"扶养的变更",《民法典》有具体规定。例如,关于扶养义务人顺序的变更,根据《民法典》第 1074、1075 条对祖孙间、兄弟姐妹间的扶养条件之规定,在父母对未成年子女无力抚养时,可以变更由祖父母、外祖父母或兄姐承担抚养或扶养义务。又如,关于扶养程度的变更,根据《婚姻家庭编解释

---

[1] 我国有学者主张,直系卑血亲和直系尊血亲无论亲属关系远近,均应列于二亲等的旁系血亲即兄弟姐妹之前。参见高留志:《离婚扶养制度研究》,法律出版社 2006 年版,第 150 页。

（一）》第 58 条的规定,离婚后父或母有给付能力的,子女可依法定情形之一,请求其增加抚养费。而对子女抚养方式的变更,依《婚姻家庭编解释（一）》第 56、57 条的规定,离婚后,父母一方可以依法请求变更抚养关系。

7. 扶养的终止

扶养的终止是指当法定的情形或一定的法律事实出现时,当事人间的扶养权利和扶养义务归于消灭。依据法律的有关规定,扶养关系发生终止的原因如下:

（1）扶养关系当事人一方死亡。因扶养的权利义务具有人身性,故无论是扶养权利人还是扶养义务人一方死亡,均引起扶养关系的终止。

（2）扶养要件消灭。如果扶养关系的当事人一方或双方条件发生变化,导致扶养要件不再具备时,如扶养权利人不再需要扶养或扶养义务人丧失扶养能力,扶养关系随之终止。但扶养要件消灭是一种相对终止的原因,重新具备扶养要件的,又可以恢复扶养关系。

（3）扶养关系当事人身份关系消灭。因亲属间的扶养是基于一定的身份关系发生的,当此种身份关系消灭时,其亲属扶养关系也随之终止。例如,养父母子女关系依法解除后,养父母对未成年养子女的抚养义务随之终止;夫妻身份关系因离婚而解除时,夫妻间的扶养义务亦随之终止。①

（二）我国法律对夫妻扶养义务的规定

我国《民法典》第 1059 条规定:"夫妻有相互扶养的义务。需要扶养的一方,在另一方不履行扶养义务时,有要求其给付扶养费的权利。"

第一,夫妻间扶养义务基于婚姻的效力而发生。从扶养发生的原因看,夫妻间的扶养义务是基于婚姻的效力而产生的。它是夫妻在经济上相互供养、生活上相互扶助的义务,属于生活保持义务。其目的在于保障夫妻共同生活,是婚姻关系的必然要求。在一般情况下,这种扶养义务是在夫妻共同生活中实现的。②

第二,夫妻间扶养的性质既是义务也是权利。从扶养的性质看,夫妻间的互相扶养,既是义务也是权利。夫妻各方都有扶养对方的义务,同时,夫妻各方也都有要求对方扶养的权利。

第三,夫妻的扶养义务之履行具有强制性。夫妻相互的扶养义务属于法定义务,其履行具有强制性。当夫妻一方没有固定收入和缺乏生活来源,或者无独立生活能力或生活困难,或者因患病、年老等需要扶养,另一方不履行扶养义务时,需要扶养的一方有权请求对方扶养。如果夫妻双方因扶养发生纠纷,可以经有关部门进行调解,或直接向人民法院提起诉讼。人民法院在审理扶养案件时,应当首先进行调解,如调解无效,应当及时依法判决。如其仍拒绝履行给付扶养费义务的,扶养权利人可请求依法强制执行。如义务人拒不履行扶养义务,情节恶劣构成犯罪的,人民法院应按我国现行《刑法》有关规定追究其刑事责任。

---

① 但为弥补离婚所致夫妻扶养请求权丧失之不足,国外许多国家的立法规定有离婚扶养费请求权或离婚赡养费请求权,我国规定有离婚时生活困难的经济帮助请求权,以救济离婚配偶的生活困难。参见本书第十章第二节的有关内容。

② 关于离婚后夫妻一方给付他方的经济帮助费(在国外称为离婚扶养费)是否属于"夫妻扶养义务"的延伸,我国学者有不同的看法。参见陈苇、冉启玉:《离婚扶养制度研究——中国法与俄罗斯法之比较》,载《月旦民商法》2004 年第 6 期。

此外,根据《婚姻家庭编解释(一)》第 62 条的规定,如果无民事行为能力人的配偶有虐待、遗弃等严重损害无民事行为能力一方的人身权利或者财产权益行为,其他有监护资格的人可以依照特别程序要求变更监护关系。变更后的监护人代理无民事行为能力一方提起离婚诉讼的,人民法院应予受理。

三、夫妻的继承权

夫妻的继承权,又称配偶继承权,是指当事人结婚后基于夫妻身份而依法享有的相互继承遗产的权利。夫妻关系是家庭关系的基础和核心,夫妻间具有密切的人身关系和财产关系。夫妻继承权是婚姻的效力之一,它随夫妻人身关系的确立而产生。在我国,《民法典》第 1061 条规定:"夫妻有相互继承遗产的权利。"《民法典》第 1127、1130 条规定,配偶与子女、父母为第一顺序法定继承人,享有平等的继承权。

处理夫妻间的遗产继承应注意理解和把握以下问题:

第一,夫妻均属于第一顺序法定继承人。丈夫或妻子去世,任何人不得侵犯或限制妻对夫遗产或夫对妻遗产的继承权。

第二,确定死亡配偶遗产范围时,要注意将夫妻个人财产与其他财产相区别。只有死亡配偶遗留的个人所有财产,才属于遗产。首先应当对夫妻共同财产和家庭共同财产分别进行析产,分割出死亡配偶享有的份额,作为死亡配偶遗产的组成部分。应当注意防止将夫妻共同财产或家庭共同财产作为遗产继承,以免造成对生存配偶或其他家庭成员的财产权益的侵害。

第三,确定生存配偶遗产继承份额时,如果是在登记结婚后,夫妻尚未同居而一方死亡的,或同居时间很短而一方死亡的,另一方生存配偶的继承权虽应依法予以承认,但应根据同居时间的长短、尽义务的多少以及财产的来源情况,酌定其继承遗产的具体份额。

第四,夫妻间的继承权,随着结婚而发生,随着离婚而消灭。离婚诉讼的期间仍为婚姻关系存续期间,如夫妻一方在此期间死亡,另一方仍享有配偶继承权。

第五,《婚姻家庭编解释(一)》第 7 条规定,"未依据民法典第一千零四十九条规定办理结婚登记而以夫妻名义共同生活的男女,……1994 年 2 月 1 日民政部《婚姻登记管理条例》公布实施以前,男女双方已经符合结婚实质要件的,按事实婚姻处理"。也就是说,1994年 2 月 1 日《婚姻登记管理条例》施行前,未办理结婚登记即以夫妻名义同居的男女双方当事人,在同居期间一方死亡,另一方要求继承死者遗产,如被认定为事实婚姻关系的,可以配偶身份按我国《民法典》的有关规定处理;如被认定为同居关系,凡符合《民法典》第 1131 条规定的当事人,可根据相互扶助的具体情况,请求酌情分得适当遗产。

第六,1950 年《婚姻法》施行前的妻和妾,如果与夫仍均保留夫妻关系的,享有相同的继承权。

【本章小结】

本章的内容主要有以下两个方面:一是夫妻人身关系,主要内容包括夫妻的姓名权、人身自由权、婚姻住所约定权、日常家事代理权、忠实义务及同居义务等;二是夫妻财产关系,主要内容包括夫妻财产制、夫妻扶养义务和夫妻继承权,其中《民法典》对我国夫妻共同财产、夫妻个人财产和夫妻共同债务认定规则的具体规定是本章的重点内容。

【引导案例参考答案】

本案涉及夫妻一方婚前购房,婚前该方个人还贷 4 年,婚后用夫妻共同财产继续还贷 4 年,离婚时对于该房屋的归属和处理,夫妻双方不能达成一致意见,应如何处理的问题。我国《民法典》第 1087 条第 1 款规定:"离婚时,夫妻的共同财产由双方协议处理;协议不成时,由人民法院根据财产的具体情况,按照照顾子女、女方和无过错方权益的原则判决。"《婚姻家庭编解释(一)》第 78 条第 1 款规定:"夫妻一方婚前签订不动产买卖合同,以个人财产支付首付款并在银行贷款,婚后用夫妻共同财产还贷,不动产登记于首付款支付方名下的,离婚时该不动产由双方协议处理。依前款规定不能达成协议的,人民法院可以判决该不动产归登记一方,尚未归还的贷款为不动产登记一方的个人债务。双方婚后共同还贷支付的款项及其相对应财产增值部分,离婚时应根据民法典第一千零八十七条第一款规定的原则,由产权登记一方对另一方进行补偿。"根据以上规定,本案房屋产权的处理,应首先由甲乙双方二人协商确定该套房屋产权的归属。如果双方意见无法达成一致,人民法院可依法判决将该套房屋的产权判归甲男所有,尚未归还的贷款为产权登记一方的个人债务。对于夫妻双方婚后共同还贷 4 年支付的款项及其相对应财产增值部分,甲男应当依法向乙女给予相应的补偿,具体的计算方法如下:

婚姻关系存续期间,甲乙共偿还:3 000 元 × 12 月 × 4 年 = 144 000 元;

乙女婚内所偿还的价值占原始房价的比例为:144 000 元 /2 人 ÷ 1 000 000 元 = 0.072;

乙女享有的增值价值为:(2 000 000 元 − 1 000 000 元) × 0.072 = 72 000 元;

乙女对该房屋能够获得的补偿价值合计:144 000 元 /2 人 + 72 000 元 = 144 000 元。

【本章思考题】

1. 简述我国夫妻人身关系的主要内容。
2. 简述我国夫妻共同财产和个人财产的范围。
3. 简述我国夫妻共同债务的认定规则。
4. 简述我国夫妻约定财产制的适用条件。
5. 我国夫妻间履行扶养义务的条件有哪些?

【本章参考习题】

第六章　父母子女关系

【本章重点难点】

通过本章的学习,学生应了解父母子女关系的种类、婚生子女的推定与否认、非婚生子女的认领与准正等基本理论,重点掌握《民法典》婚姻家庭编对父母子女的权利义务之规定,难点在于把握继父母与继子女之间扶养关系形成与终止的条件及其法律后果。

【引导案例】

某高校的王教授,其妻子几年前因病去世。此后,他和正在读大四的女儿王蕾相依为命。2017 年 5 月的一次学术会议中,王教授邂逅了未婚的袁琳,两人一见钟情。王教授把他和袁琳之间的恋情告诉了女儿王蕾,遭到王蕾的强烈反对。王蕾威胁说,如果他和袁琳结婚,就与他断绝父女关系。王蕾还对父亲的婚事百般阻挠,并威胁说如果父亲再婚她就退学,导致王教授被迫没有与袁琳办理结婚登记。2018 年元旦期间,王教授和袁琳邀请一些亲朋好友吃了一顿婚宴后,便以夫妻名义开始共同生活。2019 年春节,袁琳生下一子,取名王林。袁琳为了养育儿子,便辞去了自己的工作。不幸的是,2024 年 3 月的一天,王教授突遇车祸死亡。王教授死后留有价值人民币 180 万元的遗产,但没有留下遗嘱。

请问:

1. 王蕾能否通过单方声明与父亲王教授断绝父女关系?

2. 王蕾是否有权干涉父亲王教授的再婚?

3. 王教授死亡后,哪些人对其遗产享有继承权? 袁琳是否有权取得部分遗产?

4. 如果王蕾对王林作为非婚生子女的继承权提出异议而拒绝其继承,袁琳依法应如何维护其儿子王林的合法权益?

本章阐述的主要内容有三个方面:一是父母子女关系,主要包括父母对子女抚养教育、子女对父母赡养扶助的权利义务;二是有关婚生子女的推定与否认制度、非婚生子女的认领与准正制度的基本理论以及我国现行法律规定;三是继父母与继子女关系。

在《民法典》颁布前,我国亲子关系制度的主要内容是近亲属间的抚养、赡养和扶养的义务,它们被规定在 2001 年修正的《婚姻法》和《民法通则》之中。《民法典》婚姻家庭编在沿用规定这些内容的基础上进行了修改补充,主要内容包括:一是沿用规定近亲属间的抚养、赡养和扶养的义务,包括父母子女之间的抚养、赡养义务,祖孙之间的抚养、赡养义务,兄弟姐妹间的扶养义务。此系沿用原《婚姻法》第 21、28、29 条的内容,仅对个别条文进行了文字修改。[①] 二是继续赋予婚生子女、非婚生子女、养子女、形成抚养教育关系的继子女平等的法律地位。此系沿用原《婚姻法》第25、27、23条的内容,仅对个别条文进行了文字修改。[②] 三是继续明确规定父母及其他近亲属对被监护人(未成年被监护人和成年被监护人)的监护职责及履行顺序。此系沿用原《民法通则》第16、17条的主要内容,但有部分内容和文字的修改。[③] 四是新增亲子关系的确认与否认之诉规则。[④]

第一节　父母子女关系概述

一、父母子女关系的概念和种类

(一) 父母子女关系的概念

父母子女关系,又称亲子关系,"亲"即父母,"子"即子女。它是指依照法律规定,父母子女之间产生的法律上的权利和义务关系。父母子女关系是亲属关系中最近的直系血亲关系,也是家庭关系的重要组成部分。父母子女之间相互享有法定的权利并承担法定的义务。[⑤]

(二) 父母子女关系的种类

根据父母子女关系产生的原因,现代法律将父母子女关系分为自然血亲的父母子女关系和拟制血亲的父母子女关系两类。

1. 自然血亲父母子女关系

该关系基于子女出生的法律事实而发生,包括婚生父母子女关系和非婚生父母子女关系。其特点是,他们之间具有直接血缘关系,在通常情况下,父母子女之间法律上的权利义务关系是不允许人为地解除的,只有在父母子女一方死亡或无力抚养子女的父母依法送养子女的情况下才能终止父母子女法律上的权利义务关系,但父母子女之间的血缘关系仍然存在,故关于直系血亲禁止结婚的法律对其仍然适用。

2. 拟制血亲父母子女关系

拟制血亲父母子女关系,是基于收养法律行为或父母一方的再婚配偶(继父或者继母)对未成年继子女事实上的抚养关系而发生,是基于法律认可而人为设定的父母子女关系。此拟制血亲事实上并无该种亲属的自然血缘联系,它是法律确认的具有与自然血亲同等权利义务的一种法律上的血亲关系,故又称准血亲关系,在我国包括养父母和养子女的关系、继父母和受其抚养教育的继子女的关系。其特点是,拟制血亲的父母子女关系,可因主体一方死亡、收养的解除或继父(母)与生母(父)离婚且其对未成年继子女终止抚养等原因而终止。

---

① 参见《民法典》第1067、1074、1075条。

② 参见《民法典》第1071、1072、1111条。

③ 参见《民法典》第27、28条。关于监护制度的具体内容,详见本书第八章,本章不予阐述。

④ 《民法典》第1073条。

⑤ 主编注:关于亲子法的历史变迁,参见王丽萍:《亲子法的变迁与展望》,载梁慧星主编:《民商法论丛》(第36卷),法律出版社2006年版,第196—239页。

综上,我国现行法律上具有法定权利义务关系的父母是指生父母、养父母和具有扶养关系的继父母;子女是指生子女(包括婚生子女、非婚生子女)、养子女和具有扶养关系的继子女。

另需注意的是,自20世纪以来,随着现代生物科学在医学领域的应用,人工生育技术(又称人类辅助生殖技术)得以产生并迅速发展。我国已于2001年2月20日发布了《人类辅助生殖技术管理办法》。该办法第3条规定了人类辅助生殖技术的应用范围:"人类辅助生殖技术的应用应当在医疗机构中进行,以医疗为目的,并符合国家计划生育政策、伦理原则和有关法律规定。禁止以任何形式买卖配子、合子、胚胎。医疗机构和医务人员不得实施任何形式的代孕技术。"

人工生育方式主要有母体内受孕(人工授精)和母体外受精(试管婴儿)两类。受精又分为同质受精和异质受精,而异质受精(即用第三人提供的精子对妻子进行的人工授精方法)生育的子女具有生物学上和社会意义上的两个父亲,这种复杂的父母子女关系已非传统意义上的父母子女关系。对此,婚姻家庭立法须加以关注。

在我国,代孕是不合法的,但地下代孕产业却屡禁不止,因代孕产生的纠纷也不断增加。其中,最为典型的是上海市第一中级人民法院在2016年所判的全国首例代孕子女监护权案。代孕的亲子关系认定问题引起学界和司法部门的高度关注,[1]与代孕相关的法理研究与论证有待继续深入,我国的婚姻家庭立法也须加以关注。[2]

(三) 儿童最大利益原则

1989年联合国《儿童权利公约》第2、3、6、12条确立了四项保护儿童的原则,即无歧视原则、儿童最大利益原则、保护儿童生存和发展原则、尊重儿童意见原则。其中"儿童最大利益原则"是《儿童权利公约》的核心原则,是各缔约国处理儿童事务时"首要考虑"的原则。[3]同时,我国2009年《国家人权行动计划(2009—2010年)》明确提出:"根据儿童最大利益原则,努力保障儿童的生存、发展和参与的权利。"2021年《国家人权行动计划(2021—2025)》与2021年《中国儿童发展纲要(2021—2030年)》将"儿童优先原则"作为儿童保护工作的基本原则。即在制定法律法规、政策规划和配置公共资源等方面优先考虑儿童的利益和需求;从儿童身心发展特点和利益出发处理与儿童相关的具体事务,保障儿童利益最大化。[4]从而使心智尚处在发育阶段的儿童,能够在国家、社会以及父母家人的关爱与呵护中健康成长。[5]

---

① 关于代孕亲子关系认定,参见许莉:《代孕生育中亲子关系确认规则探析——兼评上海"龙凤胎"代孕案》,载《青少年犯罪问题》2017年第1期。

② 主编注:关于我国建立代孕制度的立法建议,参见石雷:《功能主义视角下外国代孕制度研究》,华中科技大学出版社2020年版,第164—172页。

③ 1992年3月2日,中国常驻联合国大使向联合国递交了中国的批准书,使中国成为《儿童权利公约》的第110个批准国。该公约于1992年4月2日对中国生效。

④ 参见薛宁兰、王丽:《家庭暴力防治法应有之儿童观》,载夏吟兰、龙翼飞主编:《家事法研究》(2012年卷),社会科学文献出版社2012年版,第139页。

⑤ 主编注:关于家庭法应如何有效地保护和促进儿童的长远利益,参见[美]林恩·D.瓦德尔:《为了下一代的家庭正义:考虑儿童和下一代在家庭法中的利益》,载陈苇主编:《21世纪家庭法与家事司法:实践与变革》,群众出版社2016年版,第365—378页。关于亲子关系的国家公权力干预及儿童最大利益的保护,参见蒋月:《论儿童、家庭和国家之关系》,载中南财经政法大学、湖北警官学院编:《中国法学会婚姻家庭法学研究会2013年年会论文集》,2013年内部印刷,第105—113页。关于现代亲子法的指导原则,参见曹贤余:《儿童最大利益原则下的亲子法研究》,群众出版社2015年版,第91—92页。

我国作为《儿童权利公约》的签署国,在《民法典》婚姻家庭编中注重贯彻"儿童最大利益原则"的立法理念,例如,明确规定父母对未成年子女有抚养、教育和保护的义务[①];赋予婚生子女、非婚生子女、养子女和形成抚养教育关系的继子女平等的法律地位[②];明确规定父母及其他近亲属对被监护人(未成年被监护人和成年被监护人)的监护职责、履行顺序及不履行监护职责的法律责任等。[③]我国《未成年人保护法》明确规定"保护未成年人,应当坚持最有利于未成年人的原则"。这一原则贯穿体现在《未成年人保护法》的方方面面,为明确家庭、学校、政府和社会等各方主体的责任提供了新的具体指引。[④]这些立法均有利于保护儿童的最大利益,促进儿童健康成长。[⑤]

二、父母子女之间的权利义务

父母子女之间的权利义务,主要体现在父母子女间的扶养义务(包括抚养、教育和保护、赡养和扶助义务),既反映了人类个体的生命成长和延续的规律要求,也是社会保障不能替代或包容扶养之全部内涵和外延的必然,因而一直是人类扶养体系中的核心内容和家庭的最基本职能。即使社会福利程度很高、社会保障体系十分完备的国家,也只能做到经济供养的社会化,不能完全替代父母子女间的生活扶助、照料以及精神情感的依恋与抚慰。在我国,2001 年修正的《婚姻法》第 21 条明确规定了父母子女之间的抚养、赡养义务,这既反映了父母子女关系的普遍规律,又与中国固有传统相吻合,也与中国现阶段的国家、社会、家庭等实际情况相一致。[⑥]《民法典》总则编、婚姻家庭编继续沿用此规定并予以补充。《民法典》对父母子女间的权利义务的规定,主要有以下内容:

(一) 父母对未成年子女的权利义务

1. 父母有抚养未成年子女的义务

《民法典》第 1067 条第 1 款规定:"父母不履行抚养义务的,未成年子女或者不能独立生活的成年子女,有要求父母给付抚养费的权利。"抚养是指父母从物质上供养子女和在日常生活中照料子女。父母无论是在婚姻期间还是已经离婚,均对未成年子女有抚养的义务。当父母双方或者一方拒不履行抚养子女义务时,未成年子女或者不能独立生活的成年子女有请求支付抚养费的权利。

父母对未成年子女的抚养是无条件的,对成年子女的抚养则是有条件的,即父母仅对"不能独立生活的成年子女"负有抚养义务。所谓"不能独立生活的成年子女",是指尚在校接受高中及其以下学历教育,或者丧失、部分丧失劳动能力等非因主观原因而无法维持正常

① 参见《民法典》第 26 条第 1 款。
② 参见《民法典》第 1071、1072、1111 条。
③ 参见《民法典》第 27、28、34 条。
④ 参见《未成年人保护法》第 4 条。
⑤ 主编注:关于中国近现代亲子关系立法发展的研究,参见薛宁兰主编:《中华人民共和国婚姻法评注:家庭关系》,厦门大学出版社 2018 年版,第 18—20 页。
⑥ 参见薛宁兰、金玉珍主编:《亲属与继承法》,社会科学文献出版社 2009 年版,第 201 页。

生活的成年子女。[①] 所谓抚养费,包括子女生活费、教育费、医疗费等费用。[②]

在我国现实生活中,父母因外出务工或者基于其他正当理由不能直接抚养未成年子女的,有为未成年子女委托临时监护人的权利和义务。我国现行《未成年人保护法》第 22 条规定:"未成年人的父母或者其他监护人因外出务工等原因在一定期限内不能完全履行监护职责的,应当委托具有照护能力的完全民事行为能力人代为照护;无正当理由的,不得委托他人代为照护。未成年人的父母或者其他监护人在确定被委托人时,应当综合考虑其道德品质、家庭状况、身心健康状况、与未成年人生活情感上的联系等情况,并听取有表达意愿能力未成年人的意见。"采取委托方式请亲朋好友或者保姆等代为抚养未成年人时,该未成年人的监护权仍由其父母享有,父母只是委托临时监护人代替自己抚养照管未成年人。

2. 父母有教育和保护未成年子女的权利和义务

(1) 父母对未成年子女有教育的权利和义务。《民法典》第 1068 条规定,"父母有教育、保护未成年子女的权利和义务"。父母对未成年子女的教育是指父母在日常生活中对子女的世界观、人生观、价值观、生活技能等加以培育、引导和培养。此处的"教育"的主要含义是"管教",即管理、教导和约束之意,是指父母按照国家法律和社会公德的要求,采用正确、适当的方法,对子女加以必要的教导、管理和约束,使他们在思想上、品德上得以健康成长。

父母对未成年子女的教育应与学校教育、社会教育紧密结合、协调一致,为未成年人健康成长营造良好的家庭环境。我国现行《未成年人保护法》第 5 条规定:"国家、社会、学校和家庭应当对未成年人进行理想教育、道德教育、科学教育、文化教育、法治教育、国家安全教育、健康教育、劳动教育,加强爱国主义、集体主义和中国特色社会主义的教育,培养爱祖国、爱人民、爱劳动、爱科学、爱社会主义的公德,抵制资本主义、封建主义和其他腐朽思想的侵蚀,引导未成年人树立和践行社会主义核心价值观。"《家庭教育促进法》第 3 条规定:"家庭教育要以立德树人为根本任务,培育和践行社会主义核心价值观,弘扬中华民族优秀传统文化、革命文化、社会主义先进文化,促进未成年人健康成长。"

父母对未成年子女的教育要符合未成年人身心发展规律和个体差异,关注未成年人的生理、心理、智力发展状况,合理运用教育方法。《家庭教育促进法》第 14 条第 1 款规定:"父母或者其他监护人应当树立家庭是第一个课堂、家长是第一任老师的责任意识,承担对未成年人实施家庭教育的主体责任,用正确思想、方法和行为教育未成年人养成良好思想、品行和习惯。"

父母家庭教育责任缺失往往是导致未成年人生命权、健康权和身体权受到侵害的重要原因,也是未成年人成年后走上违法犯罪的主要原因之一。我国现行《预防未成年人犯罪法》第 29 条规定:"未成年人的父母或者其他监护人发现未成年人有不良行为的,应当及时制止并加强管教。"[③] 可见,父母对未成年人有进行预防犯罪教育、对其不良行为及时制止并加强管教的责任。

(2) 父母对未成年子女有保护的权利和义务。父母对子女的保护,是指父母为未成年

---

① 《婚姻家庭编解释(一)》第 41 条。

② 《婚姻家庭编解释(一)》第 42 条。

③ 目前,我国未成年人违法犯罪时有发生,究其原因,除社会上的某些负面影响因素外,部分父母不履行职责致使家庭教育欠缺是重要原因,家庭是预防子女违法犯罪的第一道防线。参见陈苇、石婷:《家庭因素对未成年人犯罪的影响及对策实证研究——以重庆市某区人民法院未成年人犯罪案件为对象》,载《青少年犯罪问题》2013 年第 5 期。

人提供生活、健康、安全等方面的保障,对未成年子女的人身利益和财产利益依法予以维护,预防、排除来自外部的各种侵害,并在子女利益受到侵害时有请求救济的权利和义务。对未成年人的保护是国家、社会、学校和家庭共同的责任,我国现行《未成年人保护法》第3条第1款规定:"国家保障未成年人的生存权、发展权、受保护权、参与权等权利。"

父母应当创造良好、和睦的家庭环境,依法履行对未成年人的保护义务。主要包括:应为未成年人提供生活、健康、安全等方面的保障;关注未成年人的生理、心理状况和情感需求;保障未成年人休息、娱乐和体育锻炼的时间,引导未成年人进行有益身心健康的活动;禁止虐待、遗弃、非法送养未成年人或者对未成年人实施家庭暴力;不得违法处分、侵吞未成年人的财产或者利用未成年人牟取不正当利益。[1] 父母有义务防止和排除针对未成年子女的来自外界的侵害,当未成年子女的利益受到不法侵害时,父母有权利也有义务请求救济,维护未成年子女的合法权益。现行《未成年人保护法》第20条规定:"未成年人的父母或者其他监护人发现未成年人身心健康受到侵害、疑似受到侵害或者其他合法权益受到侵犯的,应当及时了解情况并采取保护措施;情况严重的,应当立即向公安、民政、教育等部门报告。"为了避免未成年人因脱离父母的保护而身心受到侵害,现行《未成年人保护法》第21条规定:"未成年人的父母或者其他监护人不得使未满八周岁或者由于身体、心理原因需要特别照顾的未成年人处于无人看护状态,或者将其交由无民事行为能力、限制民事行为能力、患有严重传染性疾病或者其他不适宜的人员临时照护。未成年人的父母或者其他监护人不得使未满十六周岁的未成年人脱离监护单独生活。"

(3) 家庭教育中的父母责任。为促进未成年人的父母或者其他监护人依法履行家庭教育职责,维护未成年人合法权益,保障未成年人健康成长,《家庭教育促进法》规定了父母在家庭教育中不正确实施家庭教育应承担的法律责任。

《家庭教育促进法》第48条第1款规定:"未成年人住所地的居民委员会、村民委员会、妇女联合会,未成年人的父母或者其他监护人所在单位,以及中小学校、幼儿园等有关密切接触未成年人的单位,发现父母或者其他监护人拒绝、怠于履行家庭教育责任,或者非法阻碍其他监护人实施家庭教育的,应当予以批评教育、劝诫制止,必要时督促其接受家庭教育指导。"第49条规定:"公安机关、人民检察院、人民法院在办理案件过程中,发现未成年人存在严重不良行为或者实施犯罪行为,或者未成年人的父母或者其他监护人不正确实施家庭教育侵害未成年人合法权益的,根据情况对父母或者其他监护人予以训诫,并可以责令其接受家庭教育指导。"如果未成年人的父母或者其他监护人在家庭教育过程中对未成年人实施家庭暴力的,依照《未成年人保护法》《反家庭暴力法》等法律的规定追究法律责任。[2]

自2022年1月1日《家庭教育促进法》正式实施以来,家庭教育令在全国范围内得到广泛应用,各级公安机关、人民检察院、法院因父母履行家庭教育义务不到位向父母发出家庭教育令,通过司法手段强制督促父母履行家庭教育职责。[3]

---

[1] 参见郎芳、王丽萍:《确权与规范:解锁父母教育权行使困局》,载《中国法学会婚姻法学研究会2019年年会论文集》,2019年印制,第71—80页。

[2] 参见《家庭教育促进法》第53条。

[3] 2023年最高人民法院发布了近年来人民法院审理的9起依法保护未成年人权益的典型案例。2022年1月6日,湖南省长沙市天心区人民法院在"胡某诉陈某变更抚养权纠纷案"中发出了《家庭教育促进法》施行生效后的全国第一份家庭教育令。

3. 父母对未成年子女致人损害的民事责任

《民法典》第1068条规定："……未成年子女造成他人损害的,父母应当依法承担民事责任。"《民法典》第1188条具体规定了监护人的责任和赔偿顺序:"无民事行为能力人、限制民事行为能力人造成他人损害的,由监护人承担侵权责任。监护人尽到监护职责的,可以减轻其侵权责任。有财产的无民事行为能力人、限制民事行为能力人造成他人损害的,从本人财产中支付赔偿费用;不足部分,由监护人赔偿。"此规定有利于保护受未成年子女伤害一方的合法权益,也强化了父母管教子女的责任。

(二) 成年子女对父母有赡养扶助的义务

1. 赡养扶助和协助的相关法律规定

在我国现阶段,老年人的养老仍然以家庭养老为主,以社会养老为辅。因此,家庭成员为老年人养老的主力。我国《宪法》第49条第3款规定,"成年子女有赡养扶助父母的义务"。《民法典》第1067条第2款规定:"成年子女不履行赡养义务的,缺乏劳动能力或者生活困难的父母,有要求成年子女给付赡养费的权利。"现行《老年人权益保障法》第13条规定:"老年人养老以居家为基础,家庭成员应当尊重、关心和照料老年人。"该法第14条第3款规定:"赡养人的配偶应当协助赡养人履行赡养义务。"可见,成年子女是赡养扶助义务的主体,已婚子女的配偶是赡养扶助的协助人,不得拒绝协助赡养老人,如拒绝提供老人的生活费、拒绝支付老人的医疗费等。如有此行为的,根据《民法典》第1066条之规定,一方负有法定扶养义务的人患重大疾病需要医治,另一方不同意支付相关医疗费用的,即使在婚姻关系存续期间,夫妻一方也有权请求分割共同财产,以保证履行法定扶养义务。

2. 赡养扶助的内容

所谓赡养,是指成年子女对父母的经济供养,即提供必要的生活费用;所谓扶助,是指成年子女对父母的生活照顾和精神慰藉。我国现行《老年人权益保障法》第14条第1款规定:"赡养人应当履行对老年人经济上供养、生活上照料和精神上慰藉的义务,照顾老年人的特殊需要。"

依据现行《老年人权益保障法》第二章"家庭赡养与扶养"的规定,赡养扶助义务的内容非常广泛。例如:(1) 赡养人对患病的老年人应当提供医疗费用和护理。(2) 赡养人应当妥善安排老年人的住房,不得强迫老年人居住或者迁居条件低劣的房屋。老年人自有的或者承租的住房,子女或者其他亲属不得侵占,不得擅自改变产权关系或者租赁关系。对于老年人自有的住房,赡养人有维修的义务。(3) 赡养人有义务耕种或者委托他人耕种老年人承包的田地,照管或者委托他人照管老年人的林木和牲畜等,收益归老年人所有。(4) 家庭成员应当关心老年人的精神需求,不得忽视、冷落老年人。与老年人分开居住的家庭成员,应当经常看望或者问候老年人,即"常回家看看"。(5) 赡养人不得要求老年人承担力不能及的劳动等。

3. 赡养扶助父母无期限且不得附加任何条件

子女赡养扶助父母既是无期限的,也不得附加任何条件。赡养人不得基于放弃继承权或者其他理由,拒绝履行赡养义务。例如,有的子女以"先分家析产,后赡养老人"或以"分家析产不公"为借口,拒绝赡养老人,此类行为都是违法的。再如,有的赡养人将父母不得再婚作为尽赡养义务的附加条件,这既干涉了父母的婚姻自由,也违背了法定赡养义务的要求。《民法典》第1069条规定:"子女应当尊重父母的婚姻权利,不得干涉父母离婚、再婚以及婚后的生活。子女对父母的赡养义务,不因父母的婚姻关系变化而终止。"

在现实生活中,有一种特殊情形,即在子女未成年时,父亲或母亲对子女未尽过抚养义务甚至有过虐待、遗弃、故意伤害的行为,导致子女成年后不愿意对这样的父母承担赡养义务。在此情况下,父母是否还可以要求自己的子女尽赡养扶助义务? 我国法律目前对此无规定。本书认为,如果基于客观原因导致父母没有履行或无力履行抚养子女义务的,子女在成年后仍应对父母履行赡养扶助义务。但如果父母对子女犯有严重伤害子女感情和身心健康罪行的,除非依法请求法院宣告剥夺其父母的受赡养权,否则该被害子女仍应当承担赡养父母的义务。①

4. 赡养方式

在赡养父母方式上,无论子女是否与父母居住在一起,都应根据父母的实际需要履行赡养义务。如有多个子女的,则应根据每个子女的经济状况,共同承担对父母的经济供养责任。赡养费的数额,既要根据赡养人的经济负担能力,又要照顾父母的实际生活需要,一般而言,应不低于子女本人或当地的平均生活水平,以确保老年人的生活需要。

5. 拒不履行赡养扶助义务的法律后果

《民法典》第 1067 条第 2 款规定:"成年子女不履行赡养义务的,缺乏劳动能力或者生活困难的父母,有要求成年子女付给赡养费的权利。"需要赡养的父母可以直接向子女主张赡养费,也可以通过村民委员会、居民委员会以及子女所在单位劝说子女主动给付赡养费,父母也可以直接向人民法院提起给付赡养费之诉。有赡养扶助能力而拒绝赡养扶助老人的,如果情节恶劣,构成遗弃罪的,应依法追究其刑事责任。②

必须注意,仅"缺乏劳动能力或者生活困难的父母"可以直接向子女主张赡养费,而有劳动能力或者生活有保障的父母,虽然法院不会支持父母对子女经济上供养的请求,但是可以要求子女对其尽扶助义务,即要求子女对其进行生活上的照料和精神上的慰藉。③

(三) 父母子女之间相互有继承权

《民法典》第 1070 条规定:"父母和子女有相互继承遗产的权利。"并且根据该法第 1127 条规定,父母和子女互为第一顺序法定继承人。当父母死亡时,子女有继承父母遗产的权利;当子女死亡时,父母有继承子女遗产的权利。这里的父母包括亲生父母、养父母和形成扶养关系的继父母;子女包括婚生子女、非婚生子女、养子女和形成扶养关系的继子女。

---

① 关于此情况,我国台湾地区 2010 年"民法"及"刑法"修正草案将父母与子女间的赡养义务调整为"相对义务",即子女如曾遭父母性侵犯、虐待、遗弃或其他不法侵害,可以请求法院减轻或免除其赡养父母的义务;子女若不扶助、赡养或保护曾对他们实施杀人未遂、性侵犯、虐待或弃养等行为的父母,也可免除遗弃罪的追诉。法律的重要价值之一在于扶助弱者,平衡主体间的利益冲突,以期实现分配正义。我国台湾地区此次"修法"强调扶养义务不再是绝对义务,而是依照个案判断的相对义务,民众传统的"天下无不是父母"也会因为此次修正而产生松动,但不会瓦解扶养义务制度和动摇良善观念,修正反倒更符合扶养义务的本意,使得父母、子女间能真正为彼此着想,促进双方的情感交流和增进彼此的爱心。本书认为,相关立法的修改完善可借鉴之。

② 主编注:关于父母子女之间抚养、赡养纠纷的法律救济之研究,参见王歌雅:《扶养与监护纠纷的法律救济》,法律出版社 2001 年版,第 64—92 页。

③ 2012 年 12 月修订《老年人权益保障法》时特别增加了"与老年人分开居住的家庭成员,应当经常看望或者问候老年人"的规定,反映了父母对子女的依恋之情和子女回馈父母的养育之爱,有利于营造幸福和谐的家庭氛围,弘扬中华民族数千年来形成的尊老、敬老、养老、助老的优良传统。

第二节　生　子　女

生子女是与父母有着自然血亲关系的子女,并且根据该子女是否在其父母婚姻关系存续期间受胎或者出生,又可分为有婚姻关系的父母所生子女与无婚姻关系的父母所生子女。前者又称为婚生子女,后者又称为非婚生子女。我国《民法典》第 1071 条第 1 款规定:"非婚生子女享有与婚生子女同等的权利,任何组织或者个人不得加以危害和歧视。"即我国法律上仍然保留了"婚生子女"与"非婚生子女"的称谓。[1]

一、有婚姻关系的父母与子女的关系

(一) 婚生子女概述

婚生子女,是指在父母的婚姻关系存续期间受胎或者出生的子女。早期法律区分婚生子女和非婚生子女的目的,一是避免传宗接代时血缘关系的混乱;二是基于继承家庭财产时确认继承人的需要。现代立法更多的是为了保障婚姻当事人的合法权益以及未成年人的利益。

我国法律虽然使用了婚生子女这一概念,但对于其含义及婚生父母子女关系依据何种法律事实而产生未作规定。外国立法例大都设有婚生子女的推定制度,从法律上明确父母与婚生父母子女关系产生的根据。婚生子女推定制度以婚姻制度为前提,对保护婚生子女的利益具有一定意义。在婚生子女的推定中,决定父母子女关系的主要因素有两个,即婚姻关系和血缘关系,而不是单纯取决于父母子女间的血缘关系。但值得注意的是,在现代社会,在亲子法已取消了"婚生子女"与"非婚生子女"称谓的国家,婚生子女的推定制度已经被废止,而代之亲子关系的推定制度。[2]

(二) 婚生子女的推定与否认

1. 婚生子女的推定

婚生子女的推定,是指妻子在婚姻关系存续期间受胎或者所生子女推定为夫的婚生子女的制度。由于婚生子女的父母之间存在有婚姻关系,其须为生父之妻所生,同时其受胎必须是在婚姻关系存续期间或者有同居事实期间,要求婚生子女必须有生母之夫的血缘。目前,一些具有代表性的国家设立的父母子女关系的推定制度主要有两种推定的原则与方法:(1)"受胎说"。即在婚姻关系存续期间受胎而出生的子女,被推定为婚生子女。法国、日本等国采用该方法。(2)"出生说"。即在婚姻关系存续期间出生的子女,被推定为婚生子女。德国、俄罗斯和英美法系国家采用该方法。[3](3)"混合说"。即凡是在婚姻关系存续期间出生或在婚姻关系中受胎而在婚姻关系终止或被撤销后出生的子女,皆被推定为婚生子女。例如,《瑞士民法》第 255 条第 1 款即以出生说为原则,以受胎说为补充,即在婚姻存续期间或婚姻

---

① 参见陈苇:《中国婚姻家庭法立法研究》,群众出版社 2000 年版,第 315、356—357 页;王丽萍:《婚姻家庭法律制度研究》,山东人民出版社 2004 年版,第 192 页。

② 参见陈苇、靳玉馨:《建立我国亲子关系推定与否认制度研究》,载梁慧星主编:《民商法论丛》(总第 27 卷),金桥文化出版(香港)有限公司 2003 年版,第 261—263 页。

③ 参见陈苇主编:《外国婚姻家庭法比较研究》,群众出版社 2006 年版,第 322 页。

解除后 300 天之内所生之子女,推定夫为父。①《意大利民法典》第 231、232 条之规定即以受胎说为原则,第 233 条的补充规定则体现了以出生说为补充,即"如果配偶一方或子女本人不否认生父的身份,则认为自婚礼举行之日起未满 180 日出生的子女为婚生子女"。②

比较而言,"混合说"较为合理且更满足"婚生子女"必须包含"婚姻关系与血缘关系"两个要素。从保护子女的利益出发,对婚生子女的推定采用"混合说"较为适宜。

2. 婚生子女推定的否认

婚生子女的父亲身份既然只是一种法律上的推定,就有可能被相反的事实所推翻。如能证明丈夫有生理缺陷或者没有生育能力,或在子女可能受胎的时期夫妻未同居,或通过亲子鉴定等证实该丈夫不可能是子女的父亲,则可对婚生子女的推定提出否认。一些国家的家庭法在设立婚生子女推定的同时,又设立了婚生推定的否认制度,允许当事人提出对婚生子女的否认,以维护婚生父母子女关系的血缘真实性,使法律推定与事实尽可能相一致,从而保护当事人的权益,实现法律的公正。③

婚生子女推定的否认,是指当事人享有否认婚生子女为自己亲生子女的诉讼请求权的制度。这里的当事人仅指夫或者妻,即夫妻一方向法院起诉请求确认亲子关系不存在。根据医学理论和司法实践经验,父亲提出否认婚生子女之诉的主要依据有三:一是在妻子受孕之时夫妻未曾同居;二是丈夫自身不具有生育能力;三是有确切证据证明基于第三人原因导致孩子的错认,如孩子出生时医院因工作失误导致"抱错孩子"。如果以上三个方面的依据仍无法确定孩子的生父,可以利用现代医学上的"DNA 亲子鉴定"技术,借助鉴定来判断涉讼子女是否为婚生子女。否认婚生子女推定的事实一旦被法院查证属实并作出相应判决,确认该子女与父亲之间不存在自然血亲关系,涉讼子女就丧失了婚生子女的身份。如果婚生子女否认成立,丈夫可免除对该子女的抚养责任。

3. 我国亲子关系异议之诉的规定

我国《民法典》第 1073 条增补了亲子关系异议之诉的规定,此规定汲取了 2011 年《婚姻法解释(三)》第 2 条的内容。④《民法典》第 1073 条规定:"对亲子关系有异议且有正当理由的,父或者母可以向人民法院提起诉讼,请求确认或者否认亲子关系。对亲子关系有异议且有正当理由的,成年子女可以向人民法院提起诉讼,请求确认亲子关系。"对于此规定的理

---

① 主编注:对于亲子关系的推定,当代德国、俄罗斯和美国的现行亲子法也都是采取"以出生说为原则,以受胎说为补充"的立法。前述三国亲子法的相关法条,参见《德国民法典》第 1592—1593 条(陈卫佐译注:《德国民法典》,法律出版社 2015 年版,第 488 页);《俄罗斯联邦家庭法典》第 48 条第 1、2 款(鄢一美译:《俄罗斯联邦家庭法典》,载中国法学会婚姻法学研究会编:《外国婚姻家庭法汇编》,群众出版社 2000 年版,第 481 页);美国《统一亲子关系法》第 201、204 条[陈苇、郭庆敏译:《美国新〈统一亲子关系法〉》(2017 年修订),载梁慧星主编:《民商法论丛》(2020 年第 1 期,总第 70 卷),社会科学文献出版社 2020 年版,第 347—348 页]。

② 陈苇主编:《婚姻家庭继承法学》(第二版),群众出版社 2012 年版,第 169 页。

③ 例如,《法国民法典》第 312 条第 2 款规定,虽然可以通过婚姻关系存续期间的受胎而进行子女的婚生推定,但是,"如果夫能够提出足以证明其不能为子、女之父的事实,得在法院否认该子、女"。《意大利民法典》第 235 条规定,子女出生前的 300 日到 180 日期间,夫妻没有同居,或丈夫有性功能障碍或者没有生育能力,或妻子与他人通奸或者对丈夫隐瞒怀孕和分娩的事实,丈夫可以通过适当的证明排除生父身份的事实。参见陈苇主编:《外国婚姻家庭法比较研究》,群众出版社 2006 年版,第 281、289 页。

④《婚姻法解释(三)》第 2 条规定:"夫妻一方向人民法院起诉请求确认亲子关系不存在,并已提供必要证据予以证明,另一方没有相反证据又拒绝做亲子鉴定的,人民法院可以推定请求确认亲子关系不存在一方的主张成立。当事人一方起诉请求确认亲子关系,并提供必要证据予以证明,另一方没有相反证据又拒绝做亲子鉴定的,人民法院可以推定请求确认亲子关系一方的主张成立。"

解,应当注意把握以下两点:

首先,《民法典》第 1073 条第 1 款规定的请求确认或否认亲子关系之诉的主体,包括父、母。并且父或母提起诉讼的法定条件是对亲子关系有异议且须举证证明有"正当理由"。[①]

其次,《民法典》第 1073 条第 2 款规定的提出亲子关系确认之诉的主体,限于"成年子女"。这里的"子女",仅指"生子女",不包括养子女和继子女。并且,成年子女不能提出亲子关系否认之诉。[②]

我国现行法律没有对婚生子女否认权行使的时效限制,同时也没有丈夫可对该子女生父追偿已付抚养费的规定。在我国司法实践中,对于丈夫对该子女生父追偿已付抚养费的诉讼请求,一般是按照欺诈性抚养来认定处理的。此外必须注意,对于父母提出的否认亲子关系之诉应充分考虑对儿童身心可能造成的伤害,不能强迫儿童进行亲子鉴定。[③]

二、无婚姻关系的父母与子女的关系

(一) 非婚生子女概述

非婚生子女,是指没有婚姻关系的男女所生的子女,包括未婚男女所生的子女或者已婚男女与第三人发生性行为所生的子女、无效婚姻当事人所生的子女、妇女被强奸后所生的子女。

早期,在世界范围内普遍对非婚生子女加以虐待和歧视。我国古代称非婚生子女为"私生子、奸生子",其不仅身份卑微,在财产继承上也得不到公正的待遇,备受歧视。在现代社会,大多数国家都规定非婚生子女与婚生子女具有完全相同的法律地位,禁止对非婚生子女的虐待和歧视。

我国《民法典》第 1071 条第 1 款规定:"非婚生子女享有与婚生子女同等的权利,任何组织或者个人不得加以危害和歧视。"这表明了我国法律对非婚生子女保护的态度。[④]虽然非婚生子女的生父母没有合法的婚姻关系,但基于出生的事实,生父母与所生子女之间的血缘关系不因其未登记结婚或婚姻效力的瑕疵而受影响,这一自然血缘的事实是客观存在的。因此,无论非婚生子女是否得到生父母的承认,一经查证属实,他们之间的父母子女关系就是不可否认的。

[①] 主编注:我国学者认为,确认或否认亲子关系之诉的主体,限于父、母(即排除第三人作为诉讼请求权的主体)并增设正当理由要件,主要是为了维护家庭关系的稳定。参见薛宁兰、谢鸿飞主编:《民法典评注:婚姻家庭编》,中国法制出版社 2020 年版,第 324 页。

[②] 从调研的情况看,成年子女提出亲子关系否认之诉,主要是为逃避赡养义务,即使被否认的"父母"对其尽了抚养义务,成年子女仍请求否认亲子关系,这不符合社会主义核心价值观的要求。故法律对成年子女提出亲子关系否认之诉予以限制。参见黄薇主编:《中华人民共和国民法典婚姻家庭编解读》,中国法制出版社 2020 年版,第 126 页。

[③] 参见李明舜主编:《婚姻家庭继承法学》,武汉大学出版社 2011 年版,第 143 页。

[④] 基于联合国《儿童权利公约》倡导的"儿童最大利益原则",已有不少国家先后修改调整父母子女关系的法律,不再使用"婚生子女"与"非婚生子女"的称谓,参见陈苇:《〈中国民法典〉(草案)之婚姻家庭编和继承编的修改补充建议及理由分析》,载陈苇、王中伟主编:《中国家事审判改革暨家事立法完善理论与实践研究》,中国人民公安大学出版社 2020 年版,第 324 页。

（二）非婚生子女的准正与认领

由于非婚生子女与生母的关系一般只要基于分娩的事实即可确定,因此,非婚生子女与生父之间的关系的确认极为重要。在现代社会,为确认亲子关系,有些国家和地区同时设有"准正"和"认领"制度,而有些国家则只设立了"认领"制度。准正制度的作用,主要在于赋予非婚生子女以婚生子女的资格;认领制度的功能,主要在于确认非婚生子女与生父生母的血缘关系。"准正"和"认领"制度的最终目的都是确立非婚生子女与其生父生母法律上的权利义务关系。[①]

必须说明,在现代社会,基于对儿童的尊重和保护,有些国家的亲子关系法已经取消了"非婚生子女"的称谓,如德国、法国、埃塞俄比亚、美国、澳大利亚等国法律对于子女不再区分为"婚生"与"非婚生",而统一称为"自然子女"或"亲生子女"。[②] 所以对于无婚姻关系的父母与所生子女的亲子关系之确认,这些国家的法律已经无准正制度,而只设有认领制度,有的国家如法国在设有认领制度的同时还设有身份占有制度。[③]

1. 非婚生子女的准正

非婚生子女的准正,是指因生父母结婚或法官宣告而使婚外所生子女取得婚生子女资格的制度。准正制度始于罗马法,现代社会有些国家和地区设有准正制度。对于非婚生子女准正有两种形式:

（1）婚姻准正。指因生父母结婚而准正。婚姻准正又可分为两种情况:一是仅以生父母结婚为准正的要件。例如我国台湾地区"民法"第1064条规定:"非婚生子女,其生父与生母结婚者,视为婚生子女。"二是以生父母结婚和认领为准正的双重要件。例如《日本民法典》第789条规定:"经父认领的子女,因其父母结婚而取得婚生子女的身份。婚姻中的父母认领的子女,自认领之时起,取得婚生子女的身份。"

（2）宣告准正。也称法官宣告准正,指男女订立婚约后,因一方死亡或有婚姻障碍存在,导致婚姻准正不能实现时,可依婚约一方当事人或子女的请求,由法官宣告子女为婚生子女的制度。

以上两种准正形式,均使非婚生子女取得了婚生子女的身份。

在我国,《民法典》婚姻家庭编对非婚生子女的准正未作规定,但《婚姻家庭编解释（一）》第6条规定:"男女双方依据民法典第一千零四十九条规定补办结婚登记的,婚姻关系的效力从双方均符合民法典所规定的结婚的实质要件时起算。"因此,如果生父母在子女出生后补办结婚登记的,该子女可被视为婚生子女。

2. 非婚生子女的认领

非婚生子女的认领,即指通过法定程序使非婚生子女与其生父之间确认亲子关系的法律制度。通过认领使非婚生子女享有与婚生子女同等的权利义务。

认领的方式有两种:(1) 自愿认领。即生父承认自己为该非婚生子女的生父,并且自愿

[①] 我国学者提出,基于尊重和保护儿童利益的需要,建议我国法律取消子女的"婚生"与"非婚生"的称谓。关于构建我国的亲子关系推定与否认制度的研究,参见陈苇、靳玉馨:《建立我国亲子关系推定与否定制度研究》,载梁慧星主编:《民商法论丛》(总第27卷),金桥文化出版(香港)有限公司2003年版,第245—279页。

[②] 例如,1997年《美国统一亲子关系法》、1998年修正的《德国民法典》家庭编、2000年《瑞士民法典》中修改后的亲子法部分、2005年修改后的《法国民法典》,均不再使用"非婚生子女"的概念。参见陈苇主编:《婚姻家庭继承法学》(第三版),群众出版社2017年版,第132页的注释1和第133页的注释2。

[③] 参见《法国民法典》第334条。

对其承担抚养义务的法律行为。(2) 强制认领。即当非婚生子女的生父不主动认领时,其生母或者其他监护人或者非婚生子女本人可以诉请法院以判决的方式确认生父与子女间存在亲子关系的制度。在非婚生子女的生母要求其"生父"认领的问题上,生母应承担"生父"与其所生子女具有亲子关系的举证责任;在必要时,可以运用"DNA 亲子鉴定"技术手段确定生父与涉讼子女是否具有亲子关系。

无论是自愿认领还是强制认领,其法律效力均具有追溯力,即亲子关系溯及子女出生之时。认领后,亲子关系得以确定,适用法律关于父母子女关系的规定。

《民法典》第 1073 条第 2 款规定:"对亲子关系有异议且有正当理由的,成年子女可以向人民法院提起诉讼,请求确认亲子关系。"这应是对非婚生子女的认领规定,此处的"正当理由"可以理解为:假如亲子关系的一方已经死亡,但可以通过 DNA 亲子鉴定(如死者遗留的毛发、唾液、精液等)予以确定;如果没有条件做 DNA 亲子鉴定的,也可以提供其他必要证据,如孩子出生时医院开具的出生证明等(医院开具的出生证明有孩子父母的登记信息),人民法院由此可以推定当事人的亲子关系是否存在,如果亲子关系推定存在,则该成年子女拥有继承其父遗产的权利,从而解决非婚生子女的继承纠纷。

必须注意,在处理未成年非婚生子女的认领问题时,面对相互冲突的权利和利益,应将未成年子女享有的被抚养教育的权利置于司法保护的首位,这是"儿童最大利益原则"的要求。

(三) 非婚生子女的法律地位

《民法典》第 1071 条第 1 款规定:"非婚生子女享有与婚生子女同等的权利,任何组织或者个人不得加以危害和歧视。"可见,非婚生子女与婚生子女具有同等的法律地位,其合法权益受到法律的平等保护。同时该条第 2 款规定:"不直接抚养非婚生子女的生父或者生母,应当负担未成年子女或者不能独立生活的成年子女的抚养费。"

第三节 继 子 女

一、继父母子女概述

(一) 继父母子女的概念

配偶一方对他方与前配偶所生的子女,称继子女。子女对母亲或父亲的后婚配偶,称继父或继母。继父母和继子女的关系,是由于生父母一方死亡,或者生父母离婚后,另行结婚而形成的。从亲属关系发生的意义上说,继父母子女关系是由于生父或生母再婚而形成的姻亲关系。

(二) 继父母子女关系的类型

在通常情况下,继父母子女之间的关系属于姻亲范围。但如果继父母与继子女形成扶养关系,他们就具有了法律拟制的直系血亲关系。因此,继父母与继子女关系有三种类型:

(1) 名分型,即继父母与继子女间不存在扶养关系,双方只是一种姻亲关系。此种情形为继子女或已经成年独立生活;或者虽然未成年但仍由其生父母提供生活、教育费,没有受继父或继母的抚养教育,双方当事人无法律上的权利义务。

(2) 共同生活型(扶养型),即生父(母)与继母(父)结婚时,继子女尚未成年,其与继父母共同生活,继父母尽了抚养教育义务达到一定年限,视为有扶养关系的继父母子女。《民法典》第 1072 条规定:"继父母与继子女间,不得虐待或者歧视。继父或者继母和受其抚养教育的继子女间的权利义务关系,适用本法关于父母子女关系的规定。"继父母与继子女之间是否形成扶养型的父母子女关系,是区分继父母子女之间有无法律上权利义务的依据。必须注意,根据《婚姻家庭编解释(二)》第 18 条的规定,对《民法典》第 1072 条中继子女受继父或者继母抚养教育的事实,人民法院应当以共同生活时间长短为基础,综合考虑共同生活期间继父母是否实际进行生活照料、是否履行家庭教育职责、是否承担抚养费等因素予以认定。

(3) 收养型,即继父或继母通过收养程序收养了继子女,双方转化成养父母子女关系。根据《民法典》第 1103 条关于继父母收养继子女的特殊规定:"继父或者继母经继子女的生父母同意,可以收养继子女。"这使继父母子女关系依法转化为养父母子女关系,[1] 已不再属于继父母子女关系。

继父母与继子女之间是否形成扶养型的父母子女关系,是区分继父母子女之间有无法律上权利义务的依据。我国实务界有法官建议:"将目前的'受其抚养教育'修改为'有扶养关系',这样与继承编的规定统一起来,且'形成扶养关系'比'受其抚养教育'更准确更到位,否则容易引起歧义,以为只包括上对下的抚养,不包括下对上的赡养。这样规定也有利于保护老年人的权益,鼓励继子女主动赡养继父母。"[2] 本书赞成此观点。

二、继父母子女的法律地位

《民法典》第 1072 条规定:"继父母与继子女间,不得虐待或者歧视。继父或者继母和受其抚养教育的继子女间的权利义务,适用本法关于父母子女关系的规定。"据此,不管是否形成抚养教育关系,继父母子女间都应相互尊重、平等相待,不得虐待或歧视。未形成抚养教育关系的继子女与继父母是姻亲关系,无法定的权利义务;已形成抚养教育关系的继父母与继子女属于拟制直系血亲关系,具有与自然血亲父母子女相同的权利和义务。必须注意:

第一,形成拟制血亲的继父母与继子女都具有双重法律地位。与继父母已形成扶养关系的继子女不同于养子女,该继子女与其生父母间的权利义务关系,并不因这种扶养关系的形成而终止。也就是说,该继子女具有双重法律地位,其既与其生父母继续保持父母子女间的权利义务关系,又与继父母发生父母子女间的权利义务关系。《继承编解释(一)》第 11 条规定:"继子女继承了继父母遗产的,不影响其继承生父母的遗产。继父母继承了继子女遗产的,不影响其继承生子女的遗产。"其依据即在于此。同样,该继父母也具有双重法律地位,其既与生子女保持父母子女的权利与义务关系,又与受其抚养教育的继子女发生父母子女的权利义务关系;其既有权继承生子女的遗产,也有权继承受其抚养教育的继子女的遗产。

① 关于养父母与养子女在法律上的权利和义务,详见本书第七章的相关内容。
② 吴晓芳:《对民法典婚姻家庭编新增和修改条文的解读》,载《人民司法》2020 年第 19 期。

第二,形成拟制血亲的继父母与继子女关系之效力不能推及于双方其他近亲属。这与收养的效力不同。因为收养关系要经过收养法律程序方可建立,其中要求当事人有主观意愿,并依法进行收养登记。而继父母子女关系产生的原因主要是生父或者生母的再婚,同时继父母子女之间业已形成抚养教育关系的事实,而不考虑当事人本人的意愿,也无须履行任何法律手续,因此,其效力就不应与收养的效力相等同。这主要表现为:形成扶养关系的继父母子女之间产生父母子女间的权利义务,但继子女与继父母的近亲属之间、继父母与继子女的近亲属之间不产生近亲属间的权利义务。《继承编解释(一)》第 15 条对代位继承人的解释中明示:"被继承人的养子女、已形成扶养关系的继子女的生子女可以代位继承;被继承人亲生子女的养子女可以代位继承;被继承人养子女的养子女可以代位继承;与被继承人已形成扶养关系的继子女的养子女也可以代位继承。"其中,被代位继承人包括与被继承人形成扶养关系的继子女,而代位继承人却并未包括与被代位继承人(无论是被继承人的亲生子女、养子女还是形成扶养关系的继子女)已形成扶养关系的继子女。《继承编解释(一)》第 13 条第 1 款规定:"继兄弟姐妹之间的继承权,因继兄弟姐妹之间的扶养关系而发生。没有扶养关系的,不能互为第二顺序继承人。"由此可知,我国形成拟制血亲的继父母子女关系的效力不可推及于双方当事人的其他近亲属。

三、继父母子女关系的终止

(一) 继父母子女关系的终止原因

继父母子女关系是一种法律拟制的血亲关系或者姻亲关系,当然可以因一定的法律事实或法律行为的发生而终止。根据有关司法解释及学理通说,继父母子女关系的终止原因有两种:

1. 因一方死亡而终止

当继父母或者继子女一方死亡时,他们之间的继父母子女关系即告消灭。但是当与继父母一方再婚的生父母死亡时,已经形成拟制血亲的继父母子女关系不能自行消灭。如继子女的生父母一方要求将子女领回抚养,或者继父母不愿再抚养继子女以及继子女不愿再随继父母生活的,经生父母与继父母协商一致(如继子女年满 8 周岁的须征求其意见),才可解除继父母子女关系。

2. 因解除而终止

这里的解除又可以分为以下三种情形:

(1) 离婚解除。《婚姻家庭编解释(二)》第 19 条第 1 款规定:"生父与继母或者生母与继父离婚后,当事人主张继父或者继母和曾受其抚养教育的继子女之间的权利义务关系不再适用民法典关于父母子女关系规定的,人民法院应予支持,但继父或者继母与继子女存在依法成立的收养关系或者继子女仍与继父或者继母共同生活的除外。"由此可见,在生父与继母或生母与继父离婚后,继父母与曾受其抚养教育的继子女可以基于当事人的主张不再适用《民法典》关于父母子女关系的规定,这是基于婚姻关系的解除而导致原来形成的拟制血亲继父母子女关系的变更。但存在依法成立的收养关系或继子女仍与继父或继母共同生活的除外,这两种情况表明继父母与继子女之间仍存在密切的家庭关系或法律上的拟制血亲关系,因此仍应适用父母子女关系的规定。

(2) 协议解除。即已形成扶养关系的继父母子女关系,可以因协议而解除。这里的"协议"是指:首先,在继子女未成年时,未与子女共同生活的生父母一方要求变更扶养关系,或者抚养继子女的继父母一方不愿再抚养继子女的,经生父母、继父母协商一致,并经8周岁以上的有识别能力的继子女同意,达成的终止继父母子女关系的协议。其次,在继子女成年后,成年继子女与继父母因关系恶化无法继续共同生活,经双方协商一致而达成的终止继父母子女关系的协议。

(3) 诉讼解除。即当事人一方要求解除已形成扶养关系的继父母子女关系,但不能达成协议的,可以向人民法院起诉,由法院裁决是否准予解除继父母子女间的拟制血亲关系。审判实践中,当事人基于以下原因请求终止继父母子女关系的,人民法院可根据具体情况调解或判决终止该拟制血亲的继父母子女关系:第一,生父母一方要求将子女领回抚养,生父母另一方或继父母不同意,且继父母不尽抚养义务或有虐待、遗弃继子女行为的;第二,继父或继母不愿意对未成年继子女继续抚养教育,要求其生父母领回抚养,其生父母不同意的;第三,成年继子女与继父母关系恶化,无法继续共同生活,又达不成解除继父母子女关系协议的。

(二) 继父母子女关系终止的法律后果

1. 因继父母或继子女一方死亡而终止的法律后果

依据《民法典》第1127条的规定,已形成扶养关系的继父母或继子女一方死亡,生存的一方即为其第一顺序法定继承人,依法享有继承权。

2. 因继父母子女关系的解除而终止的法律后果

已形成扶养关系的继父母子女关系解除后,如果继子女已被继父母抚养长大成人,虽然他们之间的拟制血亲关系因解除而消灭,但是他们彼此之间的权利义务并不因此完全消灭。《婚姻家庭编解释(二)》第19条第2款规定:"继父母子女关系解除后,缺乏劳动能力又缺乏生活来源的继父或者继母请求曾受其抚养教育的成年继子女给付生活费的,人民法院可以综合考虑抚养教育情况、成年继子女负担能力等因素,依法予以支持,但是继父或者继母曾存在虐待、遗弃继子女等情况的除外。"在继父母子女关系解除后,如果继父或继母缺乏劳动能力又缺乏生活来源,在一定条件下可以请求曾受其抚养教育的成年继子女给付生活费,这既考虑了继父母在抚养教育继子女过程中的付出,也兼顾了成年继子女的负担能力和实际情况,同时排除了继父或继母曾存在虐待、遗弃继子女等情况,体现了公平和正义的原则。

必须注意,继父母与未成年的继子女之前存在过扶养关系,继父母与生父母离婚后,明确表示不抚养该继子女,且之后也没有抚养该继子女的行为;该继子女成年后亦未履行对继父母的赡养义务,则视为继父母子女关系已解除,双方的权利义务不复存在,该继子女不是继承法规定的有扶养关系的继子女。[①]

[①] 参见"邹某蕾诉高某某、孙某、陈某法定继承纠纷案",载《最高人民法院公报》2020年第6期(总第284期),第40—43页。

【本章小结】

本章主要内容有三个方面:一是有关父母子女之间抚养教育、赡养扶助的权利义务的法律规定。二是有关婚生子女的推定与否认制度、非婚生子女的认领与准正制度的基本理论以及我国现行法律的规定。三是继父母与继子女扶养关系的形成、双方的法律地位以及继父母子女关系终止的原因与法律后果。

【引导案例参考答案】

1. 王蕾不能通过单方声明与父亲王教授断绝父女关系。因为王蕾与王教授属于自然血亲的父女关系,他们之间具有直接的血缘关系,其父女关系是不能自行通过单方声明而解除的。

2. 王蕾无权干涉父亲王教授再婚,因为老年人依法享有婚姻自由权。

3. 王教授死亡后,王教授的子女即女儿王蕾、儿子王林对其遗产享有继承权,但袁琳没有继承权。因为,依据《民法典》婚姻家庭编、继承编的相关规定,父母与子女之间互有遗产继承权,互为第一顺序的法定继承人。其中的子女包括婚生子女、非婚生子女、养子女、形成扶养关系的继子女。王教授的女儿王蕾为婚生子女,儿子王林为非婚生子女,均为王教授的第一顺序法定继承人,均对父亲王教授的遗产享有继承权。袁琳与王教授因为没有办理结婚登记,虽然以夫妻名义共同生活且生育了儿子王林,但依据《婚姻家庭编解释(一)》第7条有关事实婚姻的规定,袁琳与王教授是在2018年元旦以后以夫妻名义共同生活的,不符合事实婚姻的法定条件,所以他们之间只是同居关系而无夫妻身份关系,袁琳对于王教授没有配偶继承权。但由于袁琳为在家亲自养育儿子和料理家务,已辞去了自己的工作,她属于受王教授生前扶养的人,故依据《民法典》第1131条的规定,她有权请求酌情分得适当的遗产。

4. 如果王蕾对王林享有的子女继承权提出异议,袁琳可以根据《民法典》第1073条的规定,向人民法院起诉请求确认王林与王教授的亲子关系。袁琳如果留有王教授的毛发,可以通过DNA亲子鉴定来确认,如果没有条件做DNA亲子鉴定的,可以提供必要证据,如王林出生时医院开具的出生证明等,人民法院据此可以推定确认王林与王教授的亲子关系,这样王林作为王教授的非婚生子女依法享有与婚生子女同等的法定继承权。

【本章思考题】

1. 现代父母子女关系主要有哪些种类?
2. 简述我国父母子女间权利义务的主要内容。
3. 简述我国非婚生子女的法律地位。
4. 简述继父母子女关系的终止原因及其法律后果。

【本章参考习题】

第七章　收养制度

【本章重点难点】

通过本章的学习,学生应了解收养的概念及特征,了解《民法典》婚姻家庭编有关收养的基本原则、收养的成立要件、收养的效力、收养关系的解除及其法律后果的规定,重点掌握收养的成立要件、效力及其解除的法律后果,难点在于把握收养关系之协议解除与诉讼解除的条件及其法律后果。

【引导案例】

50 岁的贺立单身多年,未曾结婚。2019 年 8 月,他经与同村的村民吴明协商,双方就收养吴明 7 岁的小儿子吴涛达成合意,订立书面收养协议,并到当地县民政局办理收养登记。此后,由于吴涛在学校表现不好,甚至因为打架斗殴被公安机关多次批评教育,贺立不愿再继续养育这个养子,便在征得吴涛同意后,于 2022 年 3 月与吴明协商以书面形式解除了收养关系,并且双方到民政部门办理了解除收养关系的登记。吴涛离开贺家后并未回到吴明身边,而是独自在外四处流浪,直至 2024 年 2 月他听说吴明已过世,遗产被自己的亲哥哥吴进全部独占,便回到家中,要求与哥哥平分父亲的遗产。而吴进以吴涛曾被贺立收养,与吴家不再有任何关系为由拒绝其参与分割父亲的遗产。

请问:吴涛是否有权继承其生父吴明的遗产? 为什么?

本章主要阐述收养制度四个方面的内容:一是我国收养制度的基本原则;二是收养的成立要件;三是收养的效力;四是收养的解除及其法律后果。

在我国《民法典》颁布前,收养制度主要被规定于 1992 年 4 月 1 日起施行、于 1998 年 11 月修正的《收养法》之中,《收养法》一直作为单行法与《婚姻法》并列。2020 年 5 月颁布的《民法典》将《婚姻法》和《收养法》均纳入婚姻家庭编,自此婚姻家庭制度与收养制度都回归到我国统一的民事法律制度体系中,且收养制度作为婚姻家庭编的组成部分也使我国婚姻家庭制度在内部体系上实现了完整统一。[1]《民法典》在将收养制度纳入婚姻家庭编时对其修改补充的主要内容有如下五项:一是增加"最有利于被收养人的原则"作为收养制度的基本原则;二是放宽了未成年被收养人的年龄限制,不再要求其必须不满 14 周岁;三是放宽了收养子女人数的限制,即无子女者可以收养两名子女,已有一名子女者只能收养一名子女;四

---

[1] 有学者认为,"收养"作为独立一章放在婚姻家庭编"家庭关系"章之后,"既能体现收养制度与家庭关系特别是亲子关系之间的逻辑联系,也能体现收养制度所具有的独特性"。参见夏吟兰:《婚姻家庭编的创新和发展》,载《中国法学》2020 年第 4 期。

是补充了更加严格的收养人条件,如收养人须无不利于被收养人健康成长的违法犯罪记录,对无配偶者(无论男性与女性)收养异性子女的年龄差须达 40 周岁等;五是补充收养程序,新增了收养评估制度。[①]

第一节　收 养 概 述

一、收养的概念和特征

(一) 收养的概念及特征

收养,一般是指在本无父母子女关系的自然人之间通过法律拟制的方法创设此类关系的民事法律行为。其法律特征主要包括以下四个方面:

(1) 收养属于民事法律行为。民事法律行为是指民事主体实施的以设立、变更、终止民事权利义务关系为目的,以意思表示为基本要素的合法行为。[②]收养关系的确立必须建立在收养人、送养人及有识别能力的被收养人自愿就收养行为达成一致意见的基础之上,该行为以通过法律拟制方式创设父母子女关系及其他近亲属间权利义务关系为目的。因此,从性质上看,收养属于民事法律行为。

(2) 收养属于要式法律行为。收养关系的确立不仅与收养人、送养人及被收养人个人切身利益密切相关,而且与社会整体利益密切相关,因此,世界上许多国家的民事立法均将收养纳入其调整的范畴,且在收养条件和收养程序上设置了较为严格的限制,以消除不法收养行为可能对当事人合法权益乃至社会秩序造成的不良影响。我国《民法典》婚姻家庭编也对收养行为的条件和程序作出了强制性规定,欠缺法定要件的收养行为无效。因此,从程序上看,收养属于要式法律行为。

(3) 收养产生法律拟制血亲关系。养子女之根本目的,在于人为创设亲子关系。[③]合法有效的收养关系将在收养人与被收养人之间确立法律拟制的父母子女关系,同时,被收养人与收养人近亲属间也会产生相应的权利义务关系。因此,从后果上看,收养产生法律拟制的血亲关系。

(4) 收养关系当事人的范围受法律限制。由于收养以拟制血亲关系的创设为其结果,故法律对收养关系当事人往往都设有特别的限定。首先,收养只能发生在非直系血亲之间,如果没有该项限制,可能造成家庭中亲属关系的不适当重叠,从而影响家庭内部权利义务的正常配置,故《民法典》婚姻家庭编虽未明文规定收养不得发生在直系血亲之间,但根据最高人民法院司法解释的精神,我国在司法实践中已确立了该项限制。[④]其次,由于收养行为是在自然人间创设拟制血亲关系,故法人或者其他社会组织不得作为收养人。因此,从主体上看,收养关系当事人的范围受法律限制。

---

① 参见《民法典》第 1044、1093、1098、1100、1102、1105 条。
② 参见李开国:《民法总则研究》,法律出版社 2003 年版,第 222 页。
③ 参见史尚宽:《亲属法论》,中国政法大学出版社 2000 年版,第 585 页。
④ 1993 年 1 月 30 日《最高人民法院关于毛玉堂与毛新国的收养关系能否成立的复函》([92]民他字第 44 号)。

（二）收养与其他类似行为的区别

1. 收养与公养的区别

公养是指儿童福利机构或社会慈善团体收容养育欠缺经济来源、无独立生活能力的未成年人之行为。收养与公养的主要区别如下：

（1）两者的性质不同。收养是一种建立民事身份的法律行为，属私法范畴。公养则是根据相关行政法规或社团章程而实施的一种社会福利措施，应属于公法范畴。

（2）两者的成立要件不同。收养行为是一种重要的身份创设行为，对各方当事人的身份和财产权益都会产生影响，故其成立要件较为严格，也要求各方当事人意思表示的真实性与一致性。公养作为国家或社会组织提供社会福利的一种具体举措，以保障作为弱势群体的孤儿或弃婴的正常生活为目的，故其在成立要件上相对简约，一般也不会就当事人的主观意愿方面作过多要求。

（3）两者的法律后果不同。收养成立后，收养人与被收养人之间乃至收养人的近亲属与被收养人之间将形成法律拟制的亲属关系。公养则不能在公养人和被公养人之间产生亲属关系（只可依法确认公养机构与被公养人之间的监护关系）。

2. 收养与寄养的区别

寄养是指父母在基于工作、生活条件等非主观原因而未直接履行对子女的抚养教育义务时，委托他人代为照管、抚养子女的行为。收养与寄养的区别如下：

（1）两者的目的不同。收养是父母将对子女的抚养义务全部且永久性地移转给他人，完全切断亲生父母子女间法律上的权利义务关系，并建立起养父母子女间的权利义务关系。而寄养是父母委托他人照管子女以保证子女的正常生活，一旦影响父母直接履行抚养义务的情况消失，父母仍必须履行其义务。

（2）两者的法律后果不同。收养成立后，除收养人及其近亲属与被收养人产生法律拟制亲属关系之外，被收养人与其生父母的法律上的权利和义务关系终止。而寄养行为不会对既有的生父母子女关系产生实质影响，被寄养的子女与受托抚养人之间也不会如收养一样产生拟制亲属关系。

二、收养的类型

收养依据不同的划分标准可被区分为多种类型。在现代社会，收养的主要类型如下：

（一）完全收养与不完全收养

以收养的效力为标准，可将收养分为完全收养与不完全收养。完全收养是指收养成立后，在确立收养人与被收养人父母子女关系的同时，完全解除被收养人与其生父母及其他近亲属间一切权利义务关系的收养。不完全收养则是指收养成立后，在确立收养人与被收养人之养父母子女关系的同时，仍保留被收养人与其生父母间一定权利义务关系的收养。[①]

[①] 主编注：关于当代意大利的完全收养与不完全收养制度，参见陈苇主编：《当代外国婚姻家庭法律制度研究》，中国人民公安大学出版社 2022 年版，第 201—202 页。

(二) 对未成年人的收养与对成年人的收养

以收养的对象为标准,可将收养分为对未成年人的收养与对成年人的收养。对未成年人的收养是指以未成年人为收养对象的收养。对成年人的收养则是指以成年人为收养对象的收养。

(三) 单独收养与共同收养

以收养人人数为标准,可将收养分为单独收养和共同收养。单独收养是指收养人为单独一人的收养,包括单身的无配偶者所为的收养和已婚夫妇之一方单独所为的收养两种情况。无配偶者收养子女为许多国家收养立法所允许,我国《民法典》第1102条也有类似规定。对于已婚夫妇之一方单独收养,各国则分歧较大,我国《民法典》允许继父或继母收养继子女也属于单方收养。共同收养则是指已婚夫妇双方共同对他人的收养。共同收养是世界各国立法所普遍规定的基本类型,也为众多国际公约所倡导。但需注意的是,除允许同性恋当事人双方共同收养子女的国家外,共同收养一般只能由具有配偶身份的夫妻双方来完成。

(四) 法定收养和事实收养

以收养的形式为标准,可将收养分为法定收养和事实收养。法定收养是指依照法律规定的实质要件和形式要件成立的收养。事实收养则是指仅于事实上形成养父母子女关系而欠缺法定形式要件的收养。前者是许多国家立法中普遍确认的一种收养类型,而后者在现代不少国家的立法中往往被认定为无效,这主要是因为现代世界的收养立法中,国家监督主义色彩日趋浓厚,对收养形式要件的要求也日趋严格。

第二节　收养制度的基本原则

一、最有利于被收养人的原则

在当前世界许多国家的收养制度中,对未成年人的收养是一种最主要的收养类型,通过收养为未成年被收养人建立一个适应其健康成长的家庭环境是收养制度希望达到的一个理想化目标,因此,现代收养立法特别强调对未成年养子女利益的保护,这也成了世界范围内许多国家收养立法发展的一个重要方向。我国《民法典》于第1044条第1款中明确规定"收养应当遵循最有利于被收养人的原则"。此原则将未成年人利益作为最优先考虑的因素,体现了联合国《儿童权利公约》倡导的"儿童最大利益原则",这不但与现代收养立法发展的趋势相符,也是我国现阶段收养制度已确立了以"育幼"功能为重心的一种反映。

二、保障被收养人和收养人的合法权益原则

根据《民法典》第1044条第1款的规定,收养应当"保障被收养人和收养人的合法权益"。这是我国在1998年修正《收养法》时新增的条文,《民法典》对此予以沿用。可见,立法者

在确立了对未成年养子女利益优先保护的基本准则之后,继续坚持对被收养人和收养人合法权益的保护,以谋求收养关系各方当事人权利保障上的平衡。收养行为是一种双方当事人意思表示一致后所为的行为,该行为的作出绝不等于收养人实施的一种无条件的施舍,收养人也有自身的权利要求,并同样也希望获得相应的法律保障。从另一个方面来看,随着在收养制度社会功能的变迁中"养老"功能的复兴,于"养老"模式下,作为收养人的老年人利益应该会成为一个新的重心,故《民法典》的这一规定无疑是合理而科学的,也使我国收养制度中的权利保障更加平衡和坚实。[①]

三、平等自愿原则

我国《民法典》婚姻家庭编之收养章中未再明确规定收养应当"遵循平等自愿的原则",但收养制度作为一种民事法律制度,其仍应遵循民法中的"平等自愿"原则。这里所称的"平等自愿"包括两方面的要求。

一是平等,即要求当事人在收养活动中法律地位平等。由于收养是一种在各方当事人达成一致意思表示的基础上依法定程序而完成的民事法律行为,如果当事人间因彼此社会经济地位的不同或民族、性别等差异而处于不对等的地位,则无法确保各方意思表示的真实性,从而必然影响到收养的合法成立。从这个意义上看,平等原则可以说是法律调整收养关系的最基本要求,其具体含义一般包括以下内容:其一,收养人、送养人和被收养人的法律地位一律平等,不允许任何一方享有超越法律的特权;其二,对收养关系成立的各项事宜应由收养当事人平等协商,不得强加己方意志于他方;其三,收养关系当事人的合法权益受法律平等保护。

二是自愿,即强调当事人在从事收养活动时的意志自由。该原则完全可以看作是意思自治原则这一民法基本原则在收养活动中的具体体现。其含义亦包括三个方面:其一,他人无权干涉收养人与送养人依法为或不为收养活动的自由;其二,当事人在收养行为相对人与收养行为方式的选择上享有自由,但不得违反法律的禁止性或强制性规定;其三,收养关系的成立及协议解除须是收养人、送养人双方自愿协商的结果,被收养人年满8周岁以上的,还必须征得其本人的同意。

四、不违背社会公德原则

社会公德系指全社会成员在社会公共生活中形成的基本道德规范及行为准则。之所以要求收养行为须符合社会公德,是因为收养行为具有强烈的伦理性,要在社会生活中有效地确立一个拟制血亲家庭,必须考虑其是否为当时的社会习惯所认可,如果仅听凭当事人所谓的"自愿"而罔顾社会公德来确立收养关系,不仅无法获得法律的承认,甚至会受到法律的制裁,如年幼者收养年长者为养子女、晚辈亲属收养长辈亲属为子女以及借收养之名行买卖儿童之实的行为等。当然,社会公德并非一成不变的,在新的社会条件下,旧的社会伦理难

[①] 主编注:关于我国收养法的立法宗旨,参见雷明光主编:《中华人民共和国收养法评注》,厦门大学出版社2016年版,第5—6页。关于我国《民法典》增设转收养制度的探讨,参见白玉:《我国收养制度立法完善研究》,中国人民公安大学出版社2023年版,第210—213页。

以认可的事物也可能会在新的社会中畅行无阻,如过去为社会习惯所不承认的寡妇再嫁、老年人再婚等在今天则不再遭到非议。同样,在收养制度的发展中也可能会含有某些"变数",这一原则的确立使我国的收养制度更具弹性,对于应对那些在具体的收养行为中会触犯众怒而法律条文尚未明文规定的情况可显得更为灵活,从而有效弥补立法的滞后性。

第三节   收养的成立

一、收养成立的实质要件 [①]

收养成立的实质要件是指依法确立收养关系所必须具备的条件。我国《民法典》关于收养成立的实质要件可分为两类:一是针对普通收养规定的一般成立要件;二是针对特殊收养规定的特殊成立要件。

(一) 普通收养关系的成立要件

在我国,根据《民法典》第1093—1098条的规定,普通收养关系的成立须符合以下条件:
1. 被收养人的条件
《民法典》第1093条规定:"下列未成年人,可以被收养:(一)丧失父母的孤儿;(二)查找不到生父母的未成年人;(三)生父母有特殊困难无力抚养的子女。"据此规定,在普通收养中被收养的主体必须符合下列条件:

(1)被收养人为未成年人。这一规定表明我国收养制度以对未成年人的收养为核心,《民法典》取消了原《收养法》对被收养的未成年人之14周岁的最高年龄限制,主要是考虑到对未成年人的权益保护,这样可以保障更多情况特殊、有迫切被收养需要的未成年人获得良好的成长环境。

(2)该未成年人无法依靠其父母抚养。这里所称"无法依靠其父母抚养",主要包括三种情况:一是其父母均已死亡;二是其被父母遗弃;三是其父母有特殊困难无力抚养。此外,根据我国《民政部关于在办理收养登记中严格区分孤儿与查找不到生父母的弃婴的通知》的规定,父母的死亡包括经人民法院宣告死亡的情况在内。

2. 送养人的条件
《民法典》第1094条规定:"下列个人、组织可以作送养人:(一)孤儿的监护人;(二)儿童福利机构;(三)有特殊困难无力抚养子女的生父母。"据此,符合我国法定条件的送养人包括:

(1)孤儿的监护人。根据我国《民法典》第27、31、32条的规定,在未成年人父母死亡的情况下,有资格担任其监护人的包括其祖父母、外祖父母,兄、姐,经未成年人的住所地的居民委员会、村民委员会或者民政部门同意并愿意承担监护责任的其他个人或组织。如果对担任监护人有争议的,由被监护人住所地的居民委员会、村民委员会或者民政部门指定监护

---

① 关于当代中国内地(大陆)与港澳台收养法的比较研究,参见陈苇主编:《当代中国内地与港、澳、台婚姻家庭法比较研究》,群众出版社2012年版,第378—433页。

人,有关当事人对指定不服的,可以向人民法院申请指定监护人;有关当事人也可以直接向人民法院申请指定监护人。没有依法具有监护资格的人的,监护人由民政部门担任,也可以由具备履行监护职责条件的被监护人住所地的居民委员会、村民委员会担任。孤儿的监护人可以送养孤儿,但为了进一步保护孤儿的合法权益,我国《民法典》第1096条还规定:监护人送养孤儿的,应当征得有抚养义务的人同意。有抚养义务的人不同意送养、监护人不愿意继续履行监护职责的,应当依照《民法典》第一编的规定另行确定监护人。这里所称的"有抚养义务的人"是指除已被确定为孤儿监护人以外的有充当监护人资格的其他人,如孤儿的有抚养能力的祖父母、外祖父母及成年兄姐等。

(2) 儿童福利机构。儿童福利机构一般由各级人民政府的民政部门设立,以向特定的社会公众提供必要救助为其工作范围。父母死亡且其他亲属均无力抚养的孤儿、查找不到生父母的弃婴与儿童都属于这类机构的救助对象,一般由相关民政部门负责将之接收进入社会福利机构并由接收机构承担养育和监护职责。根据我国收养制度的规定,经符合收养条件的收养人申请,社会福利机构可送养经其养育和监护的孤儿、弃婴和被遗弃儿童。

(3) 有特殊困难无力抚养子女的生父母。这里所称"有特殊困难无力抚养子女",是指生父母基于疾病、经济条件困难等非主观原因而不能承担对子女的抚养责任,难以保证子女的基本生活需求。根据我国《民法典》第1097条的规定,生父母送养子女的,应当双方共同送养,即使生父母已经离婚,直接抚养子女的生父母一方也须征得他方同意方可送养。生父母的单方送养仅在一方死亡或下落不明或查找不到的情况下才可得到法律承认。

(4) 特殊情况下的未成年人的监护人。根据《民法典》第1095条的规定,未成年人的父母不具备完全民事行为能力且可能严重危害该未成年人的,该未成年人的监护人可以将其送养。即在未成年人的父母因不具备完全民事行为能力而无法担任监护人时,该未成年人的监护人要送养未成年人的,还需满足父母可能严重危害未成年人的条件。且在此种情况下,监护人送养未成年人的,应依法征得其他有抚养义务的人的同意。

3. 收养人的条件

《民法典》第1098条规定:"收养人应当同时具备下列条件:(一)无子女或者只有一名子女;(二)有抚养、教育和保护被收养人的能力;(三)未患有在医学上认为不应当收养子女的疾病;(四)无不利于被收养人健康成长的违法犯罪记录;(五)年满三十周岁。"据此,收养人必须同时具备下列条件:

(1) 无子女或者只有一名子女。这一规定源于我国对计划生育的基本要求,这里的"无子女"是指作为收养人的夫妻未生育子女或所生育子女已经死亡。在我国,2015年修正的《人口与计划生育法》第18条第1款规定:"国家提倡一对夫妻生育两个子女。"针对此计划生育制度的变化,《民法典》将原《收养法》对收养人"无子女"的条件限制修改为收养人"无子女或只有一名子女",以与该计划生育制度保持一致。[①] 但必须注意,为适应我国人口发展的需要,2021年修正的《人口与计划生育法》第18条第1款已被修改为,"国家提倡适龄婚育、优生优育。一对夫妻可以生育三个子女"。

(2) 有抚养、教育和保护被收养人的能力。这里所称的"抚养、教育和保护的能力",既要求收养人应当具有完全民事行为能力且品德良好,也要求收养人应当具有履行抚养义务所

① 参见陈苇、贺海燕:《论中国民法典婚姻家庭编的立法理念与制度新规》,载《河北法学》2021年第1期。

需要的相应经济条件。

（3）未患有在医学上认为不应当收养子女的疾病。该项规定是从个人健康状况角度对收养人提出的一个专门要求。收养人如果因其个人身体条件而无法保障自身的正常生活甚至可能因所患疾病具有传染性而影响被收养人的健康，这就背离了确立未成年人收养制度的初衷，无法保证为被收养人创造良好的适合其健康成长的生活环境。

（4）无不利于被收养人健康成长的违法犯罪记录。《民法典》第1098条在1998年修正的《收养法》规定的收养人条件之基础上，新增规定了收养人应当满足"无不利于被收养人健康成长的违法犯罪记录"的条件。这是为了更好地保障被收养人的健康成长，避免被收养人遭受来自收养人的不法侵害，体现了"最有利于被收养人的原则"。

（5）已年满30周岁。该项年龄限制，一方面考虑到我国的法定婚龄和传统民间习惯以及当事人结婚后因无子女而盼望为人父母的心理状况；另一方面也能为判断收养人具备抚养的经济条件提供一个相对适当的计算点。

除上述基本条件外，《民法典》还对收养人条件作出了一些补充性规定：

第一，为保证现行计划生育原则的有效贯彻和确保养亲家庭的稳定，《民法典》第1100条第1款规定："无子女的收养人可以收养两名子女；有子女的收养人只能收养一名子女。"不过，此规定在一些特殊收养行为中并不适用。

第二，为更好地保护被收养人合法权益和维护传统道德伦理观念，《民法典》第1102条规定："无配偶者收养异性子女的，收养人与被收养人的年龄应当相差四十周岁以上。"

第三，为保持养亲家庭的和谐稳定和良好家庭环境的提供，《民法典》第1101条规定："有配偶者收养子女，应当夫妻共同收养。"

4. 必须一致同意建立收养关系

《民法典》第1104条规定："收养人收养与送养人送养，应当双方自愿。收养八周岁以上未成年人的，应当征得被收养人的同意。"根据《民法典》第19条的规定，8周岁以上的未成年人为限制民事行为能力人，如被收养人为8周岁以下的未成年人，须由收养人和送养人在自愿基础上形成收养的合意。如被收养人为8周岁以上的未成年人，则须由收养人、送养人以及被收养人本人在自愿基础上形成合意。

（二）特殊收养关系的成立要件

《民法典》就普通收养规定了以上实质要件，但在一些特殊情况下也有适当放宽之情形，这些特殊情况主要包括：

1. 收养三代以内旁系同辈血亲的子女

《民法典》第1099条规定："收养三代以内旁系同辈血亲的子女，可以不受本法第一千零九十三条第三项、第一千零九十四条第三项和第一千一百零二条规定的限制。华侨收养三代以内旁系同辈血亲的子女，还可以不受本法第一千零九十八条第一项规定的限制。"具体而言，收养三代以内旁系同辈血亲的子女时被放宽的条件是：（1）对于被收养人，其不受生父母有特殊困难无力抚养的条件限制。（2）对于送养人，在生父母作为送养人时不要求其必须有特殊困难无力抚养子女。（3）对于收养人，其不受收养异性子女时收养人与被收养人的年龄应当相差40周岁以上的限制。如果收养人是华侨的，可不受要求收养人无子女或者只有一名子女的限制。

这类收养关系的特殊性在于收养行为主体间相互具备一定的身份关系,适当地放宽收养条件不仅是对我国近亲属间收养传统习俗的遵从,也是基于照顾华侨利益的需要。

2. 收养孤儿、残疾未成年人或者儿童福利机构抚养的查找不到生父母的未成年人

《民法典》第 1100 条第 2 款规定:"收养孤儿、残疾未成年人或者儿童福利机构抚养的查找不到生父母的未成年人,可以不受前款和本法第一千零九十八条第一项规定的限制。"即此类收养可以被放宽的条件是:(1) 不受收养人无子女或者只有一名子女的限制。(2) 不受无子女的收养人可以收养两名子女和有子女的收养人只能收养一名子女的限制。因为这类收养体现出典型的扶弱济困的人道主义性质,同时也有利于减轻国家福利机构的工作压力,还能够为那些急需救助的未成年人提供相对较好的生活条件,所以适当地放宽收养条件也表明了国家对该类行为的倡导。

3. 收养继子女

《民法典》第 1103 条规定:"继父或者继母经继子女的生父母同意,可以收养继子女,并可以不受本法第一千零九十三条第三项、第一千零九十四条第三项、第一千零九十八条和第一千一百条第一款规定的限制。"据此可见,收养继子女以征得子女生父母同意为前提,同时收养条件放宽之处包括:(1) 对于被收养人,其不受被收养人是生父母有特殊困难无力抚养的子女的限制。(2) 对于送养人,其不受送养人应是有特殊困难无力抚养子女的生父母的限制。(3) 对于收养人,其不受收养人的条件限制,包括继父或继母的子女状况、抚养能力、健康状况、年龄限制。(4) 对于收养子女的人数,不受只能收养一名或两名子女的限制。

此外,根据《民法典》第 1072 条第 2 款的规定,形成抚养教育关系的继父母与继子女为拟制直系血亲关系。不过,如果继父母要改为采取收养方式的,应当依《民法典》第 1103 条的规定进行收养。

关于对继子女收养完成后,该子女与其双方生父母是否终止权利义务关系的问题,根据《民法典》第 1111 条的规定,应理解为该子女与其生父母均解除权利义务关系,因为我国实行的是完全收养制。但因此类收养实际上是子女的继父或继母单方作为收养人进行收养,该子女与继母或继父再婚的生父或生母本来就是自然血亲自不必再参与收养,因此,该收养实际终止的仅是该子女和不与其共同生活一方的生父或生母之间的权利义务关系。

4. 隔代收养

这里所称的"隔代收养",即收养他人子女为自己的孙子女或外孙子女。一般情况下,收养人与被收养人间本应以父母子女相称,但在现实生活中,由于收养人与被收养人年龄差距较大或者彼此辈分不相当,而彼此以祖孙相称,就形成了隔代收养。针对这一情况,最高人民法院 1984 年《关于贯彻执行民事政策法律若干问题的意见》第 29 条规定:"收养人收养他人为孙子女,确已形成养祖父母与养孙子女的关系的,应予承认。解决收养纠纷或有关权益纠纷时,可依照婚姻法关于养父母与养子女的有关规定,合情合理地处理。"虽然该意见已失效,但对于隔代收养,《民法典》未作规定,故上述解释依旧可以参考。需要注意的是,收养孙子女必须是收养人为自己而收养而不是代子女收养。同时,此种"隔代收养"关系当事人之间的权利和义务关系,作为被收养人的"养孙子女"与作为收养人的"养祖父母"之间应适用《民法典》或其他相关法律法规对父母子女关系的规定。

二、收养成立的形式要件

收养成立的形式要件是指为收养法所确认的,建立收养关系所必须履行的手续。在我国,《民法典》第 1105 条前 4 款规定:"收养应当向县级以上人民政府民政部门登记。收养关系自登记之日起成立。收养查找不到生父母的未成年人的,办理登记的民政部门应当在登记前予以公告。收养关系当事人愿意签订收养协议的,可以签订收养协议。收养关系当事人各方或者一方要求办理收养公证的,应当办理收养公证。"此为继续沿用 1998 年修正的《收养法》的规定。可见,收养登记是我国建立收养关系的唯一法定程序,而收养协议与收养公证则只是一种补充性程序,并不对收养的成立产生直接影响。同时,《民法典》第 1105 条第 5 款规定:"县级以上人民政府民政部门应当依法进行收养评估。"即收养评估是收养成立的必经程序。增设该程序对收养成立的形式提出了更严格的要求,有利于保障被收养人的权益。[①]

为进一步规范登记行为,发挥收养登记制度的作用,我国于 2019 年、2023 年两次修订了《中国公民收养子女登记办法》。根据《民法典》和现行《收养子女登记办法》的规定,我国成立收养的主要具体程序性要求如下。

(一) 收养登记机关

在我国,根据《民法典》第 1105 条的规定,县级以上人民政府民政部门是收养的登记机关。现行《收养子女登记办法》第 4 条则具体规定:(1) 收养社会福利机构抚养的查找不到生父母的弃婴、儿童和孤儿的,在社会福利机构所在地的收养登记机关办理登记。(2) 收养非社会福利机构抚养的查找不到生父母的弃婴和儿童的,在弃婴和儿童发现地的收养登记机关办理登记。(3) 收养生父母有特殊困难无力抚养的子女或者由监护人监护的孤儿的,在被收养人生父母或者监护人常住户口所在地(组织作监护人的,在该组织所在地)的收养登记机关办理登记。(4) 收养三代以内同辈旁系血亲的子女,以及继父或者继母收养继子女的,在被收养人生父或者生母常住户口所在地的收养登记机关办理登记。

(二) 办理收养登记的具体程序

收养登记一般包括申请、审查及公告、收养评估、登记四个具体步骤。

1. 申请

现行《收养子女登记办法》第 5 条规定:"收养关系当事人应当亲自到收养登记机关办理成立收养关系的登记手续。夫妻共同收养子女的,应当共同到收养登记机关办理登记手续;一方因故不能亲自前往的,应当书面委托另一方办理登记手续,委托书应当经过村民委员会或者居民委员会证明或者经过公证。"此体现了重视保证收养关系当事人意思表示的真实性。

根据现行《收养子女登记办法》第 6 条的规定,在申请收养登记时,收养人应当向收养登记机关提交收养申请书和下列证件、证明材料:(1) 收养人的居民户口簿和居民身份证;

---

① 我国学者认为,收养评估是由收养登记机关借助专业资源针对收养个案作出具体研判。参见邓丽:《收养法的社会化:从亲子法转向儿童法》,载《法学研究》2020 年第 6 期。

(2) 收养人所在单位或者村民委员会、居民委员会出具的本人婚姻状况、抚养教育被收养人的能力等情况的证明;(3) 县级以上医疗机构出具的未患有在医学上认为不应当收养子女的疾病的身体健康检查证明。收养查找不到生父母的弃婴、儿童的,应当提交收养人经常居住地卫生健康主管部门出具的收养人生育情况证明。如果收养非社会福利机构抚养的查找不到生父母的弃婴、儿童的,收养人还应当提交下列证明材料:(1) 收养人经常居住地卫生健康主管部门出具的收养人无子女的证明;(2) 公安机关出具的捡拾弃婴、儿童报案的证明。收养继子女的,可以只提供居民户口簿、居民身份证和收养人与被收养人生父或者生母结婚的证明。

根据现行《收养子女登记办法》第7条的规定,在申请收养登记时,送养人应当向收养登记机关提交下列证件和证明材料:(1) 送养人的居民户口簿和居民身份证(组织作监护人的,提交其负责人的身份证件)。(2)《民法典》规定送养时应当征得其他有抚养义务的人同意的,提交其他有抚养义务的人同意送养的书面意见。社会福利机构为送养人的,应当提交弃婴、儿童进入社会福利机构的原始记录,公安机关出具的捡拾弃婴、儿童报案的证明,或者孤儿的生父母死亡或者宣告死亡的证明。监护人为送养人的,还应当提交实际承担监护责任的证明、孤儿的父母死亡或者宣告死亡的证明或者被收养人生父母无完全民事行为能力并对被收养人有严重危害的证明。生父母为送养人,有特殊困难无力抚养子女的,还应当提交送养人有特殊困难的证明。因丧偶或者一方下落不明而由单方送养的,还应当提交配偶死亡或下落不明的证明。子女由三代以内同辈旁系血亲收养的,还应当提交公安机关出具的或者经过公证的与收养人有亲属关系的证明。被收养人是残疾儿童的,还应当提交县级以上医疗机构出具的该儿童的残疾证明。

2. 审查及公告

根据现行《收养子女登记办法》第8条的规定,收养登记机关收到收养登记申请书及有关材料后,应当自次日起30日内进行审查。这里的审查既包括对当事人提供的证明材料是否真实、齐备所进行的形式审查,也包括对该收养关系的成立是否符合我国《民法典》规定的条件所进行的实质审查。

另外,根据《民法典》第1105条第2款的规定,收养查找不到生父母的弃婴和儿童的,办理登记的民政部门应当在登记前予以公告。现行《收养子女登记办法》第8条规定,公告查找时间为60日。如自公告之日起满60日,弃婴、儿童的生父母或者其他监护人未予认领的,就视其为查找不到生父母的弃婴、儿童。公告期间不计算在登记办理期限内。

3. 收养评估

根据《民法典》第1105条第5款的规定,在中国境内收养均要进行收养评估。为贯彻实施《民法典》,民政部印发了《收养评估办法(试行)》,该评估办法自2021年1月1日起施行。目前,在我国内地的收养申请人,主要有中国内地居民,华侨,居住在香港、澳门、台湾地区的中国公民,外国人。对于不同类型的收养主体,《收养评估办法(试行)》根据情况作出了不同的规定:(1) 中国内地居民收养,应当适用《收养评估办法(试行)》。(2) 华侨以及居住在香港、澳门、台湾地区的中国公民收养的,当地有权机构出具收养评估报告的,民政部门可以不再重复评估;未出具收养评估报告仅提供证明材料的,民政部门可以根据证明材料进行评估。(3) 外国人收养的,收养评估按照有关法律法规规定执行。同时,根据《民法典》规定,收养继子女的,可以不受收养人"有抚养、教育和保护被收养人的能力"的限制。故《收养评估办法(试行)》规定,收养继子女的不需要进行评估。

《收养评估办法(试行)》主要规定了如下内容:(1) 收养评估的原则与要求。中国内地居民在中国境内收养子女的,民政部门应当遵循最有利于被收养人的原则,独立、客观、公正地对收养申请人是否具备抚养、教育和保护被收养人的能力进行调查、评估。(2) 收养评估的机构。民政部门进行收养评估,可以自行组织,也可以委托具备相应条件的第三方机构开展。(3) 收养评估的内容。其包括收养申请人收养动机、道德品行、受教育程度、健康状况、经济及住房条件、婚姻家庭关系、共同生活家庭成员意见、抚育计划、邻里关系、社区环境、与被收养人融合情况等。(4) 收养评估的流程。包括书面告知、评估准备、实施评估、出具评估报告。

4. 登记

收养登记机关在完成上述的审查、公告程序,收到出具的收养评估报告后,对证明材料齐备、符合收养条件的,应准予登记并发给收养登记证,收养关系即从登记完成之日起确立。收养登记机关对不符合《民法典》规定之收养条件的不予登记,并需对当事人说明理由。

第四节 收养的效力

收养的效力,是指收养关系成立后在当事人间产生的法律后果,包括合法收养的效力和违法收养的无效两部分。

一、合法收养的效力

收养关系一经合法成立,其法律效力包括拟制效力和解消效力两部分。

(一) 拟制效力

根据《民法典》的规定,合法的收养行为会在当事人及其近亲属间产生法律拟制的效果,具体表现在以下三个方面:

1. 收养人与被收养人之间产生法律拟制的父母子女关系

收养人与被收养人间父母子女关系的确立是合法收养行为所产生的最直接效力,该关系确立后,养父母子女间的权利义务内容主要包括:

(1) 养父母对养子女有抚养教育和保护的权利和义务。养父母在收养成立后即成为养子女的监护人和法定代理人,不仅不能虐待、遗弃养子女,还必须履行各项义务以保证养子女的人身财产权利不受侵害,并对未成年养子女致国家、集体或他人损害的行为承担赔偿责任。如养父母无正当理由而不履行抚养义务,未成年或无独立生活能力的养子女有权依法向养父母追索抚养费。

(2) 成年养子女对养父母有赡养扶助和保护的义务。养子女经养父母抚养成年后,对丧失劳动能力或有生活困难的养父母应该履行赡养扶助和保护的义务,如无正当理由而拒绝履行该义务,则养父母有权依法向养子女追索赡养费。

(3) 养父母与养子女间有相互继承遗产的权利。根据《民法典》第1111条第1款的规定,自收养关系成立之日起,养父母与养子女间的权利义务关系,适用该法关于父母子女关系的规定。根据《民法典》第1070、1127条的规定,父母和子女有相互继承遗产的权利。父母子女互为第一顺序法定继承人。故养父母子女间互享第一顺序的法定继承权。

(4) 养子女姓名可依法变更。《民法典》第 1112 条规定:"养子女可以随养父或者养母的姓氏,经当事人协商一致,也可以保留原姓氏。"

2. 被收养人与收养人的近亲属间产生拟制血亲关系

合法收养行为不仅能够在养子女与养父母间建立起拟制血亲关系,其拟制效力还涵盖被收养人和收养人的近亲属。根据《民法典》第 1111 条第 1 款的规定,养子女与养父母的近亲属间的权利义务关系,适用该法关于子女与父母的近亲属关系的规定,也就是说,在我国,养子女与收养人的父母形成养祖孙关系的,适用法律对祖孙间权利义务的规定;养子女与收养人的其他子女(包括婚生子女、非婚生子女、养子女、形成抚养教育关系的继子女)间形成养兄弟姐妹关系的,适用法律对兄弟姐妹间权利义务的规定。

3. 被收养人的后代与收养人及其近亲属间产生拟制血亲关系

合法收养行为的拟制效力还拓展到被收养人的晚辈直系血亲与收养人及其近亲属之间。被收养人经收养人抚养成年后,如果生育子女且与收养人间始终保持收养关系,则被收养人的后代与收养人及其近亲属间亦产生拟制血亲关系。

(二) 解消效力

收养的拟制效力使被收养人与收养人及其近亲属间确立了法律上的权利义务关系,有利于养父母子女间迅速建立起稳固真挚的感情。不过,要保证被收养人全面融入养亲家庭,还必须对被收养人与其生父母及其近亲属间原有的权利义务关系加以适当处理,否则不仅会造成权利义务关系的不当重复,而且可能影响到收养关系的长期稳定。《民法典》第 1111 条第 2 款规定:"养子女与生父母以及其他近亲属间的权利义务关系,因收养关系的成立而消除。"可见,合法收养关系一旦成立,在被收养人与收养人及其近亲属间产生拟制血亲关系的同时,被收养人与其生父母及其近亲属间的权利义务即终止。不过,须特别强调的是,被收养人与生父母及其近亲属彼此间存在的血缘关系是法律无法改变的客观事实,不会因收养而消除,因此,我国法律禁止直系血亲和三代以内旁系血亲结婚的条款依然对彼此具有约束力。

二、违法收养的无效

收养的无效,是指已经成立的收养行为因其欠缺收养法规定的法定要件而致该行为不能产生法律上的效力。

(一) 收养无效的原因

根据《民法典》第 1113 条的规定,收养无效的原因包括:

1. 违反《民法典》第一编关于民事法律行为无效规定的收养行为无效

具体包括以下情况:

(1) 收养人或送养人不具有相应的民事行为能力。行为人应具有相应行为能力是我国民事基本法要求的成立民事法律行为的一项基本条件,收养作为一种民事身份法律行为当然必须遵循这一要求。

（2）收养人、送养人或年满8周岁以上的被收养人意思表示不真实。收养关系必须建立在自愿和平等协商的基础上，如一方以欺诈、胁迫等手段使对方有违自己的真实意思而成立的收养无法律效力。

（3）违反法律、行政法规的强制性规定，违背公序良俗。这里的"违反法律法律、行政法规的强制性规定"是指违反除《民法典》婚姻家庭编第五章"收养"以外的其他法律、行政法规的强制性规定，如以收养为名行买卖儿童之实的收养即为无效。而所谓的"违背公序良俗"，则一般是指某种收养行为不符合社会公共秩序或违背善良风俗的基本要求，如收养长辈亲属为养子女的行为即属此类无效收养行为。

2. 违反《民法典》有关收养规定的收养行为无效

《民法典》的收养制度从实质要件和形式要件两个方面对收养行为的合法性加以确认，因此，不具备成立收养关系所必需的实质要件或形式要件的收养行为不产生收养的法律效力。

（二）收养无效的确认程序及其法律后果

根据《民法典》和现行《收养子女登记办法》，我国对无效收养行为的确认途径有二：一是通过诉讼程序确认，即人民法院依收养关系当事人的请求判决收养无效，或者在审理有关案件过程中依职权对发现的无效收养加以确认。二是通过行政程序确认。现行《收养子女登记办法》第13条规定："收养关系当事人弄虚作假骗取收养登记的，收养关系无效，由收养登记机关撤销登记，收缴收养登记证。"即收养登记机关也可确认收养无效，但对此是否完全由收养登记机关依职权进行，现行法律法规尚无明文规定。

关于无效收养行为的后果，根据《民法典》第1113条第2款的规定，无效的收养行为自始无效。经收养登记机关确认的无效收养行为同样自始无效，根据现行《收养子女登记办法》第12、13条的规定，收养登记机关应撤销登记，收缴收养登记证，并可建议有关组织对直接责任人员给予批评教育，或者依法给予行政处分、纪律处分。此外，对于以收养为名行买卖儿童之实的行为人，还应当依法追究其刑事责任。

三、《收养法》施行前形成的收养关系之效力的确认

1991年12月通过的《收养法》在我国婚姻家庭法律体系中属颁行较晚的法律，直到1992年4月1日起才正式施行。在此以前，我国民间早已存在许多实际的收养行为，由于当时没有相应的法律法规对此类民间收养行为加以调整，因此往往在形式上甚至实质条件方面与此后的法律规定存在一定的差异。为维持此类养亲家庭的稳定与和睦，也为保护此类收养中各方当事人的实际利益，对1991年《收养法》施行前形成的民间收养行为也必须根据一定的标准确定其效力。由于1991年《收养法》中对此无规定，根据我国相关司法解释和司法实践，可以作如下处理：

第一，对依照当时有关规定办理了收养公证或户籍登记手续的收养一律承认其效力。第二，对于1991年《收养法》施行前已经形成的事实收养关系应予以承认。1984年最高人民法院发布的《关于贯彻执行民事政策法律若干问题的意见》第28条规定："亲友、群众公认，或有关组织证明确以养父母与养子女关系长期共同生活的，虽未办理合法手续，也应按收养关系对待。"可见，在《收养法》施行前形成的事实收养关系，只要符合1991年《收养法》

规定的实质要件,即使欠缺登记这一法定的形式要件仍可承认其效力。但在1991年《收养法》施行后,欠缺形式要件的民间收养行为,即使完全符合1991年《收养法》规定的实质要件,依然是无效的收养。《民法典》沿用了1991年《收养法》对收养形式要件的规定,即建立收养关系应当向县级以上人民政府民政部门登记。[①] 所以,依现行法欠缺形式要件的民间收养行为是无效的收养。

第五节　收养的解除

收养关系是对血亲关系的一种法律拟制,在养亲家庭内部因某种问题而导致收养关系的恶化或事实解体的可能性存在时,必须从法律上确认其明确的解除途径,以免损害收养关系各方当事人的合法权益。因此,针对收养关系的解除,我国《民法典》规定了协议解除和诉讼解除两种方式,并对收养关系解除的条件及法律后果作出了具体规定。

一、协议解除

(一) 协议解除收养的条件

根据《民法典》第1114条第1款的规定,收养关系在养子女成年前可经收养人和送养人一致同意而予以解除,如果养子女已年满8周岁的,还必须征得该子女的同意。

根据《民法典》第1115条的规定,收养关系在养子女成年后可经收养人和被收养人一致同意而予以解除。在此情况下,因养子女已成年,故无须征求送养人意见。

上述两种情况均要求当事人具有完全民事行为能力。另外,对于夫妻共同收养且要求解除的情况,《民法典》虽未明文规定,但根据共同收养制度的规定来看,解除收养时应由夫妻共同终止收养关系,除非一方无法正确表达自身意愿。

(二) 协议解除收养的程序

《民法典》第1116条规定:"当事人协议解除收养关系的,应当到民政部门办理解除收养关系登记。"在通过协议方式解除此类收养关系时,首先要求当事人持居民户口簿、居民身份证、收养登记证和解除收养关系的书面协议共同到被收养人常住户口所在地的收养登记机关办理解除收养关系登记。收养登记机关收到解除收养关系登记申请书及有关材料后,应当自次日起30日内进行审查;对符合《民法典》规定的,为当事人办理解除收养关系的登记,收回收养登记证,发给解除收养关系证明。

二、诉讼解除

(一) 诉讼解除收养的条件

根据《民法典》第1114条第2款的规定,收养人不履行抚养义务,有虐待、遗弃等侵害

---

① 参见《民法典》第1105条第1款。

未成年养子女合法权益行为的,送养人有权要求解除养父母与养子女间的收养关系。送养人、收养人不能达成解除收养关系协议的,送养人可以向人民法院起诉。换言之,在这种情况下,首先基于送养人的请求应先由其与收养人双方就收养关系的解除进行协商,如果协议达成,则适用协议解除的程序,只有在协商不成的情况下,送养人才可采取诉讼方式。

根据《民法典》第1115条的规定,养父母与成年养子女关系恶化、无法共同生活且无法就收养关系的解除达成协议的,当事人双方均可以向人民法院起诉。

(二) 诉讼解除收养的程序

诉讼解除收养首先必须由收养关系当事人一方依我国现行《民事诉讼法》的规定向有管辖权的人民法院提起诉讼。人民法院依法受理后,应当在案件审理过程中认真审查当事人请求解除收养关系的事实和理由,结合相关证据材料查明事实并依法裁决。

在送养人以收养人有不履行抚养义务或其他如虐待、遗弃等侵害未成年养子女合法权益行为为由提起诉讼时,人民法院如查证收养人确实存在该类行为,则应判决解除该收养关系。但在收养关系成立后送养人反悔而收养人无过错的情况下,人民法院应依法保护合法收养关系而驳回送养人的诉讼请求,并应对其进行适当的批评教育。

养父母与成年养子女因关系恶化、无法共同生活而诉请法院解除收养关系的,人民法院首先应当进行调解,在调解无效的情况下方可判决解除。

三、解除收养的法律后果

收养关系一经解除,无论采取协议还是诉讼的形式,都会产生相应的法律后果。其具体内容如下:

(一) 收养解除对当事人身份关系的效力

根据《民法典》第1117条的规定,收养关系解除后,对当事人身份关系产生以下两个方面的效力:

第一,从收养关系解除之日起,养子女与养父母及其他近亲属间的权利义务关系即行消除。

第二,从收养关系解除之日起,未成年养子女与生父母及其他近亲属间的权利义务关系自行恢复;而成年养子女与生父母及其他近亲属间的权利义务关系是否恢复,可以协商确定。这一规定既考虑到未成年养子女在解除原有收养关系后须尽快确定其抚养义务人以保证其正常生活,又考虑到养子女成年后即使解除原有收养关系,也可能因与其生父母情感的生疏而不愿恢复彼此间的父母子女关系。同时,收养解除对财产关系的效力也会对成年养子女恢复与其生父母的权利义务关系产生影响,从而需要双方经慎重考虑后再加以确认。

(二) 收养解除对当事人财产关系的效力

根据《民法典》第1118条的规定,收养解除后对当事人财产关系的效力主要表现为以下三个方面:

第一,收养解除后,被养父母抚养成年的养子女,对既缺乏劳动能力又缺乏生活来源的养父母,应当给付生活费。

第二,因养子女成年后虐待、遗弃养父母而解除收养的,养父母可以要求该养子女补偿收养期间支出的抚养费。

第三,基于生父母的要求而解除收养的,养父母可以要求生父母适当补偿收养期间支出的生活费和教育费,但因养父母虐待、遗弃养子女而解除收养的除外。

【本章小结】

本章主要内容有四个方面:一是我国收养法的基本原则;二是收养的成立要件,包括实质要件与形式要件;三是收养的效力,包括拟制效力和解消效力;四是收养的解除及其法律后果,包括收养的协议解除和诉讼解除,以及收养解除后在各方当事人间引起的权利义务关系之变更。

【引导案例参考答案】

本案涉及对收养关系解除及其效力的理解。我国《民法典》第1114条第1款规定:"收养人在被收养人成年以前,不得解除收养关系,但是收养人、送养人双方协议解除的除外。养子女八周岁以上的,应当征得本人同意。"同时,该法第1116条规定:"当事人协议解除收养关系的,应当到民政部门办理解除收养关系登记。"依此规定,在养子女成年前,收养关系可以在送养人与收养人一致同意的基础上办理登记解除,本案即属其例。同时,依照该法第1117条的规定,收养关系解除后,养子女与生父母以及其他近亲属间的权利义务关系自行恢复。吴涛在收养关系解除时属于未成年人,尽管其在此后并未与生父共同生活,但并不影响他与生父间权利义务关系的恢复,而按照我国《民法典》第1127条的规定,子女是父母第一顺序的法定继承人。因此,吴进以吴涛曾被收养为由拒绝其参与继承是没有法律根据的,吴涛有权依法继承其生父吴明的遗产。

【本章思考题】

1. 简述我国收养制度的基本原则。
2. 简述普通收养关系成立的实质要件。
3. 简述收养成立的形式要件及其立法理由。
4. 简述收养的法律效力。
5. 简述解除收养关系的法律后果。

【本章参考习题】

第八章 祖孙关系和兄弟姐妹关系

【本章重点难点】

通过本章的学习,学生应了解我国《民法典》婚姻家庭编对祖孙之间、兄弟姐妹之间权利和义务的规定,重点掌握祖孙之间抚养、赡养的法定条件和兄弟姐妹之间扶养的法定条件,难点在于把握属于姻亲关系的继祖孙之间互无法律上的权利和义务。

【引导案例】

2015 年,刘杰 3 岁的时候父亲去世,随母亲改嫁而与继父谢良共同生活。谢良非常喜欢刘杰,在生活中对其照顾非常周到。由于谢良是独子,其父母谢文和张文芳也与他一起共同生活。自 2020 年 3 月起,谢良与妻子双双外出打工,留下两位老人负责照料刘杰的日常生活。2024 年 2 月,刘杰 12 岁时,谢良和刘杰的生母因交通事故死亡。

请问:继祖父母谢文和张文芳是否有抚养继孙刘杰的义务?

本章主要阐述我国祖孙关系和兄弟姐妹关系,主要内容有两个方面:一是祖孙之间抚养、赡养的法定条件;二是兄弟姐妹之间扶养的法定条件。在 2020 年我国《民法典》颁布前,祖孙关系和兄弟姐妹关系主要被规定在 2001 年修正的《婚姻法》之中。[①]《民法典》婚姻家庭编继续沿用原《婚姻法》规定的祖孙关系和兄弟姐妹关系的内容,仅进行了个别文字的修改补充。

第一节 祖 孙 关 系

一、祖孙关系概述

祖孙关系,包括祖父母与孙子女关系、外祖父母与外孙子女关系。祖孙关系可根据其产生原因,区分为自然血亲的祖孙关系、拟制血亲的养祖孙关系和属于姻亲的继祖孙关系。

就我国当前的社会状态而言,尽管以夫妻关系和父母子女关系为中心的核心家庭已成了主要的家庭模式,但祖孙间的相互扶养仍然作为一种补充型的扶养方式而存在,也就是说,在一般情况下,祖孙之间不发生权利义务关系,其相互之间扶养关系的发生是有条件的。

---

① 参见 2001 年修正的《婚姻法》第 28、29 条。

在我国,1950 年《婚姻法》对祖孙关系未予规定,直到 1980 年《婚姻法》才将其纳入近亲属的范围来加以调整,于第 22 条规定:"有负担能力的祖父母、外祖父母,对于父母已经死亡的未成年的孙子女、外孙子女,有抚养的义务。有负担能力的孙子女、外孙子女,对于子女已经死亡的祖父母、外祖父母,有赡养的义务。"2001 年修正的《婚姻法》第 28 条和《民法典》第 1074 条继续沿用此规定。据此规定,在一定条件下祖父母与孙子女、外祖父母与外孙子女之间,依法具有抚养与赡养义务。

二、祖孙间的抚养义务、赡养义务

(一) 祖父母、外祖父母对孙子女、外孙子女的抚养条件

第一,孙子女、外孙子女是未成年人。孙子女、外孙子女不满 18 周岁,这是其有权要求其祖父母、外祖父母抚养的基本条件之一。已经成年的孙子女、外孙子女,不论其是否具有独立生活之能力,祖父母、外祖父母均不再负有抚养的义务。

第二,祖父母、外祖父母有负担能力。此处所称"有负担能力"主要是指,在维持自己生活及承担第一顺序的法定扶养义务之外,祖父母或外祖父母仍有抚养孙子女、外孙子女的经济条件。无论是祖父母还是外祖父母,谁有负担能力,谁就应该承担起对孙子女、外孙子女的抚养责任。如果祖父母、外祖父母中数人均有负担能力,则应根据他们的经济情况共同负担或者由双方协商解决。

第三,孙子女、外孙子女的父母已经死亡或父母无力抚养。此处所称"死亡"包括自然死亡和宣告死亡;父母无力抚养是指父母不能以自己的劳动收入和其他收入满足子女合理的生活、教育等日常必要的花费。具体包括三种情形:(1) 孙子女、外孙子女的父母均已死亡;(2) 父母一方死亡,但是另一方确无能力抚养;(3) 父母双方均已丧失抚养能力。

以上三个法定条件必须同时具备,祖父母、外祖父母才承担对孙子女、外孙子女的抚养义务。另需注意的是,祖父母、外祖父母对孙子女、外孙子女的抚养义务,不以祖孙双方同居一家并共同生活为条件。

(二) 孙子女、外孙子女对祖父母、外祖父母的赡养条件

第一,孙子女、外孙子女已成年且有负担能力。此处所称"负担能力"主要是指,孙子女、外孙子女具有赡养其祖父母、外祖父母的经济条件。因此,如孙子女、外孙子女本身系未成年人,或者虽已成年但存在患有严重疾病或缺乏劳动能力等情况,则无须承担该项赡养义务。

第二,祖父母、外祖父母的子女已经死亡或者无赡养能力。此处所称"死亡"亦包括自然死亡和宣告死亡;无赡养能力是指不能以自己的劳动收入和其他收入满足祖父母、外祖父母的合理的生活等日常必要的花费。具体包括三种情形:(1) 祖父母、外祖父母的子女均已死亡;(2) 祖父母、外祖父母的子女中部分已经死亡,未死亡子女无赡养能力;(3) 祖父母、外祖父母的子女均无赡养能力。

第三,祖父母、外祖父母有受赡养的必要。此处所称"有受赡养的必要"主要是指,祖父母、外祖父母因劳动能力的丧失或其他情形导致生活发生困难,不能维持其正常生活之需要。

　　以上三个法定条件必须同时具备,孙子女、外孙子女才承担对祖父母、外祖父母的赡养义务。该规定的适用同样也不以同居一家且共同生活为条件。

　　从上述规定不难看出,祖孙间扶养义务的承担均必须具备法定条件,这是对父母子女之间的抚养和赡养关系的补充,也是家庭功能得以充分发挥的需要。

三、祖孙间的继承权

　　根据我国《民法典》继承编的规定,祖父母、外祖父母是第二顺序的法定继承人,只有符合以下条件之一时,祖父母、外祖父母才可继承孙子女、外孙子女的遗产:其一,第一顺序的法定继承人死亡;其二,第一顺序的法定继承人放弃继承权;其三,第一顺序的法定继承人丧失继承权。

　　需要注意的是,根据我国《民法典》继承编的规定,孙子女、外孙子女未被列入第一顺序或第二顺序的法定继承人,但孙子女、外孙子女是先于被继承人死亡子女的代位继承人(《民法典》第 1128 条)。如果其父母先于祖父母、外祖父母死亡的,他们应通过代位继承的方式来继承祖父母、外祖父母的遗产。《继承编解释(一)》第 15 条还规定,被继承人的养子女、已形成扶养关系的继子女的生子女可代位继承;被继承人亲生子女的养子女可代位继承;被继承人养子女的养子女可代位继承;与被继承人已形成扶养关系的继子女的养子女也可以代位继承。由此可知,代位继承人不包括与被代位继承人形成扶养关系的继子女,即继孙子女或继外孙子女不得代位继承其继祖父母或继外祖父母的遗产。因为继父母与受其抚养教育的继子女之拟制血亲关系不能推及其他近亲属。

第二节　兄弟姐妹关系

一、兄弟姐妹关系概述

　　兄弟姐妹属旁系血亲,而且是旁系血亲中最为亲密的一种,包括全血缘(同父同母)的兄弟姐妹、半血缘(同父异母或同母异父)的兄弟姐妹、养兄弟姐妹和有扶养关系的继兄弟姐妹。

　　一般而言,依照我国《民法典》婚姻家庭编关于父母子女关系的相关规定,兄弟姐妹均应由其父母抚养,但在父母因特殊情况而无力承担该义务时,兄弟姐妹间则在法定条件下承担扶养义务。在我国,1950 年《婚姻法》对兄弟姐妹关系未予规定,1980 年《婚姻法》结合我国社会生活中兄姐对弟妹加以扶养的情况于第 23 条规定:"有负担能力的兄、姐,对于父母已经死亡或父母无力抚养的未成年的弟、妹,有扶养的义务。"此后,1984 年最高人民法院《关于贯彻执行民事政策法律若干问题的意见》第 26 条进一步规定:"由兄、姐抚养长大的有负担能力的弟、妹,对丧失劳动能力、孤独无依的兄、姐,有扶养的义务。"该规定将弟妹对兄姐进行扶养的情况也包括在内,而由于这些规定符合我国的实际国情,2001 年修正的《婚姻法》明确规定了兄弟姐妹间的扶养关系,该法第 29 条规定:"有负担能力的兄、姐,对于父母已经死亡或父母无力抚养的未成年的弟、妹,有扶养的义务。由兄、姐扶养长大的有负担能力的弟、妹,对于缺乏劳动能力又缺乏生活来源的兄、姐,有扶养的义务。"《民法典》第 1075

条亦沿用此规定。

二、兄弟姐妹间的扶养义务

（一）兄、姐对弟、妹的扶养条件

第一，弟、妹未成年。这是指弟、妹未满 18 周岁，且无独立生活能力。如果弟、妹已满 16 周岁不满 18 周岁，但能够以自己的劳动收入作为生活的主要来源，兄、姐无扶养的义务；如果弟、妹已经成年但无独立生活能力，兄、姐亦无扶养义务。

第二，兄、姐有负担能力。有负担能力是指兄、姐已经成年，并且具备相应的经济负担能力。

第三，父母已经死亡或者无力抚养。父母已经死亡是指父母均已死亡，具体包括自然死亡和宣告死亡；父母无力抚养则是指父母的各项收入均无法满足子女生活、教育等日常必要的花费，具体包括父母一方死亡，另一方确无能力抚养以及父母双方均丧失抚养能力的情况。

以上三个法定条件必须同时具备，兄、姐才承担对弟、妹的扶养义务。值得注意的是，如果成年兄、姐对未成年弟、妹的扶养关系与祖父母、外祖父母对未成年孙子女、外孙子女的抚养关系同时存在时，应当由谁承担抚养义务？对此，我国《民法典》并没有明文规定。但根据我国《民法典》第 1074、1075 条的规定，只要符合该两项条款规定的条件，即应当依法承担相应的扶养义务，并无顺序上的先后之别。多个共同扶养人共同分担扶养义务，可以更好地确保这一目的的实现，而且就每个扶养义务人而言，也可以相对减轻其经济负担。

（二）弟、妹对兄、姐的扶养条件

第一，弟、妹由兄、姐扶养长大。即弟、妹必须是完全依靠或者主要依靠兄、姐的扶养长大成人。

第二，弟、妹有负担能力。有负担能力是指弟、妹已经成年，并且具备相应的经济负担能力。

第三，兄、姐有受扶养之必要。即兄、姐属于缺乏劳动能力又缺乏生活来源的人，确实需要扶养。这里所称"缺乏生活来源"，指没有维持生活的财产，包括没有第一顺位的扶养义务人（配偶、父母及成年子女）提供扶养，或第一顺位的扶养义务人无力扶养之情况。

以上三个法定条件必须同时具备，弟、妹才承担对兄、姐的扶养义务。因为抚养子女首先是父母的职责，兄弟姐妹之间的相互扶养是作为一种补充形式存在的，且属于生活扶助义务，即在不降低扶养义务人自己生活水平的限度内给予的扶养。上述规定的适用均不以扶养双方同居一家并共同生活为条件。

三、兄弟姐妹间的继承权

根据我国《民法典》第 1127 条的规定，兄弟姐妹为第二顺序的法定继承人，只有在第一顺序继承人均死亡或者第一顺序继承人均放弃继承或丧失继承权时，被继承人的兄弟姐妹才能够参加遗产的继承。此外，《继承编解释（一）》第 13 条第 1 款规定："继兄弟姐妹之间的继承权，因继兄弟姐妹之间的扶养关系而发生。没有扶养关系的，不能互为第二顺序继承人。"

【本章小结】

本章主要内容有两个方面：一是祖孙之间抚养、赡养的法定条件，包括祖父母、外祖父母抚养孙子女、外孙子女的法定条件与孙子女、外孙子女赡养祖父母、外祖父母的法定条件；二是兄弟姐妹之间扶养的法定条件，包括兄、姐扶养弟、妹的法定条件与弟、妹扶养兄、姐的法定条件。

【引导案例参考答案】

本案涉及继祖孙之间的法律关系问题。对此，学界有两种不同看法。有学者将祖父母、外祖父母的婚生子女、经认领的非婚生子女、养子女和有抚养关系继子女所生的子女均视为我国《民法典》第1074条规定中"孙子女和外孙子女"的范畴；[①] 另有学者则认为双方未形成扶养关系的"继祖孙在我国法律中属于姻亲关系，不适用我国现行《婚姻法》关于祖孙间权利义务的相关规定"[②]。尽管我国《民法典》并未就其第1074条中所称"孙子女、外孙子女"的范围作出明确的规定，但我国《继承编解释（一）》第15条规定：被继承人的养子女、已形成扶养关系的继子女的生子女可以代位继承；被继承人亲生子女的养子女可以代位继承；被继承人养子女的养子女可以代位继承；与被继承人已形成扶养关系的继子女的养子女也可以代位继承。同时，该解释第13条第1款规定：继兄弟姐妹之间的继承权，因继兄弟姐妹之间的扶养关系而发生。没有扶养关系的，不能互为第二顺序继承人。结合上述规定可见，《继承编解释（一）》明确排除与继祖父母之间未形成扶养关系的继孙子女、继外孙子女之代位继承权，并对继兄弟姐妹间继承权的赋予进行限制，要求彼此间有直接扶养关系存在。本书认为，这些都表明我国立法及司法解释对继父母子女间拟制血亲关系的拟制范围进行了限缩性的认定，即继父母子女之间、继兄弟姐妹之间、继祖孙之间的拟制血亲关系，限于事实上存在扶养关系的继父母子女、继兄弟姐妹、继祖孙之间，凡不存在扶养关系的继父母子女、继兄弟姐妹、继祖孙之间则属于姻亲关系。因此，本案中作为继祖父母的谢文与张文芳由于与继孙刘杰长期共同生活，并尽了协助照料刘杰的义务，其已形成有扶养关系的继祖孙关系，故他们依法有抚养继孙刘杰的义务。

【本章思考题】

1. 简述祖父母、外祖父母抚养孙子女、外孙子女的法定条件。
2. 简述孙子女、外孙子女赡养祖父母、外祖父母的法定条件。
3. 简述兄、姐对弟、妹承担扶养义务的法定条件。
4. 简述弟、妹对兄、姐承担扶养义务的法定条件。

【本章参考习题】

---

① 参见马忆南：《婚姻家庭继承法学》（第二版），北京大学出版社2011年版，第226页。

② 陈苇主编：《婚姻家庭继承法学》（第二版），群众出版社2012年版，第224页。

第九章 监护制度

【本章重点难点】

通过本章的学习,学生应了解《民法典》对监护制度的规定,重点掌握未成年人监护与成年人监护的开始、法定监护人的范围与顺序、监护人的职责与权利以及监护职责的履行,难点在于把握未成年人的监护与亲权的关系、撤销监护人资格的法定情形。

【引导案例】

余某(女)婚后于2013年1月生下一女孩张某某。3年前,余某因与丈夫张某感情不和,在当地民政局登记离婚,在离婚协议中双方约定,张某某随父亲生活,母亲余某每月给付女儿抚养费1 000元,并每半月接回女儿共度2天周末以行使探望子女的权利。2023年6月,张某在外地发生交通事故死亡。此后张某某一直随奶奶刘某共同生活。2024年1月,余某要求接回女儿张某某由自己直接抚养并行使监护权,因与刘某协商未果,遂将刘某诉至当地某区人民法院。

该法院审理后认为,父母对未成年子女的监护权是基于父母子女关系而产生的,父母是未成年子女的第一顺序法定监护人,任何人不得对其监护权予以剥夺和限制。此案中,张某某的父亲已经去世,其母亲余某现在是张某某唯一的第一顺序法定监护人,现余某要求自己抚养女儿并对其行使监护权,理由正当。法院遂依法判决,余某自判决生效之日起对其女儿直接抚养并行使监护权,刘某不得影响和干扰余某对其女儿张某某行使监护权。

一审宣判后,刘某不服一审判决,以余某本人长期没有直接抚养女儿应当撤销其监护人的资格为由,向二审法院提起上诉。

请问:

1. 我国法定监护人的顺序是什么?

2. 余某法定监护人的资格能否被人民法院撤销?为什么?

本章阐述的主要内容有五项:一是监护的类型、未成年人的监护与亲权的关系;二是未成年人监护的开始,未成年人之监护人的类型、范围与顺序;三是成年人监护的开始,成年人之监护人的类型、范围与顺序;四是监护人的职责与权利、履职原则及法律责任;五是监护的撤销、变更与终止。

在我国《民法典》颁布前,监护制度主要被规定在《民法通则》第二章第二节"监护"之中 ①,此外,当时的《未成年人保护法》对未成年人的监护也进行了部分规定。《民法典》总则

---

① 参见《民法通则》第16—19条。

编第二章第二节"监护"在沿用原《民法通则》第二章第二节"监护"主要内容的基础上,对我国监护制度修改补充的主要内容如下:一是在立法体系上,构建了"家庭监护为基础,社会监护为补充,国家监护为兜底"的监护制度体系。[1] 二是在立法原则上,《民法典》延续了原《民法通则》的规定,明确了"最有利于被监护人"和"尊重被监护人的真实意愿"原则,这是我国履行《残疾人权利公约》义务的体现。三是在立法内容上,一方面增加了撤销监护资格的三种法定情形、申请主体与申请对象以及监护撤销后的临时监护;另一方面增加了临时生活照料措施。《民法典》对我国监护制度的上述修改补充使之构成了较为完善的制度体系。[2]

第一节　监护制度概述

监护制度是一项重要的民事法律制度。它涉及对未成年人和具有特殊情况的成年人之合法权益的法律保护。在现实社会中,自然人一般都生活在一定家庭之中。因此,监护制度具有以"亲属监护为主,机构监护为辅"的特点。也就是说,法定监护人主要由近亲属担任,监护职责主要由近亲属承担。[3] 所以,学习婚姻家庭法时,需要学习和研究监护制度。

一、监护的概念

监护,是指依照法律规定,对未成年人和需要特殊照护的成年人的人身、财产以及其他合法权益进行监督和保护的法律制度。我们通常依据监护的范围宽窄不同,将监护制度分为广义与狭义两种。广义的监护制度,是指对一切未成年人和限制民事行为能力及无民事行为能力的成年人的人身和财产权益进行监督和保护的法律规范的总称。狭义的监护制度,是指对无父母或父母不能照护的未成年人(指不在亲权保护下的未成年人),以及其他限制民事行为能力人或无民事行为能力人的人身和财产权益进行监督和保护的法律规范的总称。可见,狭义的监护制度与广义的监护制度两者的区别在于,前者排除了父母对未成年子女的人身和财产上的监督和保护的内容,另行设立亲权或父母照护权制度对此加以规定。大陆法系大多数国家即采用狭义的监护制度。[4] 也就是说,在采用广义的监护制度的国家,亲权被包括在监护之中,谈不上两者的联系与区别;在采用狭义的监护制度的国家,监护是对不处于亲权或父母照护权保护下的未成年人和具有特殊情况的成年人实施的监督保护措

---

[1] 我国学者对民法典监护制度立法体系的研究,参见陈苇、李艳:《中国民法典之监护制度立法体系构建研究》,载《西南政法大学学报》2017年第2期。

[2] 我国学者认为,民法典的监护制度体系包含多种监护方式,纳入了多个监护主体,最大限度地保障残障者权益。主要有两方面体现:一是监护人选任有三重保障;二是申请撤销监护人资格的主体有三重保障。参见李霞、左君超:《〈民法典〉成年监护制度的进步及瞻望》,载《中华女子学院学报》2020年第4期。

[3] 主编注:从国外立法看,不少国家的监护制度是由婚姻家庭法规定的,监护制度是民法典之婚姻家庭法的重要组成部分。例如,德国、瑞士的监护制度被集中规定在各自的民法典的"亲属编"(德国)或"家庭编"(瑞士)之中;日本、俄罗斯的监护制度虽然有部分被规定在民法典"总则编"中,但被规定在"总则编"中的主要是监护制度的通则性一般规定(但俄罗斯的成年人监护制度被规定在总则编),监护制度的具体内容主要被规定在民法典的"亲属编"(如日本)或"家庭法典"(例如俄罗斯的未成年人监护制度是被规定在《俄罗斯联邦家庭法典》)之中。参见陈苇、李艳:《中国民法典之监护制度立法体系构建研究》,载《西南政法大学学报》2017年第2期。

[4] 参见杨立新:《〈民法总则〉制定与我国监护制度之完善》,载《法学家》2016年第1期。

施。[①] 根据《民法典》第 27、28 条之规定,我国采广义的监护制度。

二、监护的类型

监护可以从不同的角度,进行以下分类:

(一)未成年人监护与成年人监护

监护可分为未成年人监护与成年人监护,这是目前世界上许多国家的监护制度中最基本的两种类型。未成年人监护与成年人监护是根据被监护人年龄与心智状态所作的划分。此分类源于罗马法,并被近现代许多国家的立法所沿袭。[②] 在我国,根据《民法典》的规定,依据被监护人的年龄,我国监护的类型可分为未成年人监护与成年人监护。

1. 未成年人监护

在采取狭义的监护制度的国家,未成年人监护是指,对不在父母亲权之下的未成年人的人身和财产实行的监督和保护制度或对不在父母照护权之下的未成年人的人身和财产实行的监督和保护制度。即狭义的监护制度是针对不处在父母的亲权或照护权下的未成年子女的监督和保护制度。[③] 目前,我国采用广义的监护制度,未成年人的监护包括父母对未成年子女的监护与非父母对未成年女子的监护。[④]《民法典》第 27 条规定:"父母是未成年子女的监护人。未成年人的父母已经死亡或者没有监护能力的,由下列有监护能力的人按顺序担任监护人:(一)祖父母、外祖父母;(二)兄、姐;(三)其他愿意担任监护人的个人或者组织,但是须经未成年人住所地的居民委员会、村民委员会或者民政部门同意。"

2. 成年人监护

成年人监护简称"成年监护",它是专为特定的成年人所设的保护制度。[⑤] 成年人监护,在历史上曾被称为"禁治产人监护""准禁治产人监护"。至近现代社会,在欧洲一些国家,"禁治产监护""准禁治产监护"逐渐退出民法典,被现代民法上的"成年人监护制度"所取代。目前,在德、法、瑞、日等国的民法典中,"成年人监护制度"的名称已经被修改,分别被

[①] 参见陈苇:《中国婚姻家庭法立法研究》,群众出版社 2000 年版,第 459 页。

[②] 主编注:例如,《法国民法典》在第一卷"人"法中设立第九编、第十编、第十一编,分别规定了父母对未成年子女的亲权制度、非父母对未成年子女的监护制度和成年人的保护(即监护)制度,参见罗结珍译:《法国民法典》,北京大学出版社 2010 年版,第 114—170 页;《德国民法典》在第四编"亲属法"第二章"亲属"第五节规定了父母照顾制度(即父母对未成年子女照顾的权利和义务);在第三章分别规定了非父母对未成年子女的监护制度、成年人法律上的照管(即监护)制度、对未成年人和成年人的保佐制度,参见陈卫佐译注:《德国民法典》(第 4 版),法律出版社 2015 年版,第 502—517、530—564 页;《瑞士民法典》在第二编"家庭法"第二分编"父母"第八章"亲子关系的效力"中,第三节规定了父母对未成年子女的亲权和财产管理制度,第五节规定了非父母对未成年人的监护制度,并在第二编"家庭法"第三分编专门规定了成年人保护(即监护)制度,参见于海涌、赵希璇译:《瑞士民法典》,法律出版社 2016 年版,第 109—122、123—124、132—165 页。

[③] "父母照顾"又称"父母照护",是《德国民法典》上使用的一个名词,它取代过去曾经使用的"亲权"这一名词。相比之下,亲权所强调的是"亲"即父亲和母亲对子女的一种"权力"。在儿童权利应当受到普遍尊重的今天,德国的法律术语中不再使用"亲权"一语,而代之以"父母照顾",即父母照顾未成年子女的义务和权利的总和。

[④] 关于未成年人监护制度的公法化变革研究,参见陈苇、高伟:《未成年人监护制度公法化研究》,载陈苇:《中国婚姻家庭法立法研究》(第二版),群众出版社 2010 年版,第 470—555 页。

[⑤] 主编注:关于我国监护制度对特定群体的人权保障研究,参见夏吟兰:《民法总则监护制度对特定群体之人权保障》,载夏吟兰、龙翼飞主编:《家事法研究》(2019 年卷),社会科学文献出版社 2019 年版,第 11—26 页。

称为"成年照管制度"(德国)、"成年人保护制度"(法国、瑞士)、"成年后见制度"(日本)等,但也有的国家仍然称其为"成年人监护、保佐制度"(智利)[1]、"成年人监护与保育制度"(西班牙)[2]。我国仍称其为"成年人监护制度",例如《民法典》第28条规定了成年人之法定监护人的范围与顺序及其适用的法定情形,第33条规定了成年人之意定监护人的设立和适用情形。

(二) 法定监护与意定监护

法定监护与意定监护的划分标准,是确定监护人的依据是法律的规定还是当事人的意愿。区分法定监护和意定监护的意义在于两者的适用对象和范围不同。《民法典》中的监护制度对两者均作出规定。

1. 法定监护

法定监护,是指对于未成年人的监护和成年人的监护关系依据法律的规定而确立、变更与消灭等法律制度的总称,包括对于未成年人、成年人的法定监护的开始、监护设置的实质要件、形式要件、监护的类型、监护人的权利和义务、监护职责的履行等皆由法律规定。根据《民法典》的规定,我国法定监护的类型可以依据不同的标准进行划分,具体包括:未成年人的法定监护(其包括父母对未成年子女的监护与非父母对未成年人的监护)和成年人的法定监护;临时监护和固定监护、自然人监护和机构监护等。[3]

2. 意定监护

意定监护有广义和狭义之分,狭义的意定监护仅指成年人意定监护。[4]即成年人本人依据自己意愿,通过法律行为选任监护人,并与之订立委托监护合同,由本人将自己的监护事务的全部或部分(医疗、护理、雇用、消费、住房等)委任于监护人,并授予其必要的代理权限,以此为内容订立意定监护协议。[5]我国目前司法实践中的意定监护,多数为成年人本人为自己设立的成年人意定监护。[6]而广义的意定监护,除成年人意定监护外,还包括遗嘱监护和委托监护。遗嘱监护,又称遗嘱指定监护,指父母以遗嘱为未成年子女或需要监护的成年子女指定监护人。[7]委托监护,指在符合法律规定的情形下,父母等监护人将其监护职责委托给他人代为履行。

在我国,意定监护可分为父母的遗嘱指定监护、委托监护和成年人意定监护。

(1) 父母的遗嘱指定监护。根据《民法典》第29条的规定,被监护人的父母担任监护人的,可以通过遗嘱指定监护人,此即父母的遗嘱指定监护。为指导司法实践,当被指定的遗

---

① 参见《智利共和国民法典》第338条,徐涤宇译:《智利共和国民法典》(2000年修订本),北京大学出版社2014年版,第53页。

② 参见《西班牙民法典》第222—298条,潘灯、马琴译:《西班牙民法典》,中国政法大学出版社2013年版,第94—115页。

③ 参见《民法典》第27、28、32、36条。

④ 参见《民法典》第33条。

⑤ 参见李霞:《意定监护制度论纲》,载《法学》2011年第4期。

⑥ 参见李欣:《老年人意定监护之医疗与健康代理制度研究》,法律出版社2018年版,第16页。

⑦ 主编注:根据我国《民法典》第29条的规定,被监护人的父母可以通过遗嘱为未成年子女或需要监护的成年子女指定监护人。国外法亦有关于遗嘱监护的规定,例如,根据《德国民法典》第1776条和《法国民法典》第403条的规定,父或母可以遗嘱指定监护人,如果父与母已经指定不同人的,以最后死亡的父母一方的指定为准。参见陈卫佐译注:《德国民法典》(第4版),法律出版社2015年版,第531页;罗结珍译:《法国民法典》,北京大学出版社2010年版,第134页。

嘱监护人不同意担任遗嘱监护人时,2022 年最高人民法院发布的《总则编解释》第 7 条第 1 款规定:"担任监护人的被监护人父母通过遗嘱指定监护人,遗嘱生效时被指定的人不同意担任监护人的,人民法院应当适用民法典第二十七条、第二十八条的规定确定监护人。"对于父母指定的遗嘱监护的适用问题,该解释第 7 条第 2 款规定:"未成年人由父母担任监护人,父母中的一方通过遗嘱指定监护人,另一方在遗嘱生效时有监护能力,有关当事人对监护人的确定有争议的,人民法院应当适用民法典第二十七条第一款的规定确定监护人。"①此规定解决了死亡父母一方的遗嘱指定监护与生存父母一方的法定监护何者优先适用的争议问题。

(2) 委托监护。根据现行《未成年人保护法》第 22 条的规定,未成年人的父母或者其他监护人因外出务工等原因在一定期限内不能完全履行监护职责的,应当委托具有照护能力的完全民事行为能力人代为照护;无正当理由的,不得委托他人代为照护。此即委托监护。未成年人的父母或者其他监护人在确定被委托人时,应当综合考虑其道德品质、家庭状况、身心健康状况、与未成年人生活情感上的联系等情况,并听取有表达意愿能力的未成年人的意见。具有下列情形之一的,不得作为被委托人:曾实施性侵害、虐待、遗弃、拐卖、暴力伤害等违法犯罪行为;有吸毒、酗酒、赌博等恶习;曾拒不履行或者长期怠于履行监护、照护职责;其他不适宜担任被委托人的情形。根据现行《未成年人保护法》第 23 条的规定,未成年人的父母或者其他监护人应当及时将委托照护情况书面告知未成年人所在学校、幼儿园和实际居住地的居民委员会、村民委员会,加强和未成年人所在学校、幼儿园的沟通;与未成年人、被委托人至少每周联系和交流一次,了解未成年人的生活、学习、心理等情况,并给予未成年人亲情关爱。未成年人的父母或者其他监护人接到被委托人、居民委员会、村民委员会、学校、幼儿园等关于未成年人心理、行为异常的通知后,应当及时采取干预措施。

必须明确,委托监护仅为监护职责的托付,并不能变更监护人的法律地位。根据《总则编解释》第 13 条的规定:"监护人因患病、外出务工等原因在一定期限内不能完全履行监护职责,将全部或者部分监护职责委托给他人,当事人主张受托人因此成为监护人的,人民法院不予支持。"

(3) 成年人意定监护。根据《民法典》第 33 条的规定,具有完全民事行为能力的成年人,可以与其近亲属、其他愿意担任监护人的个人或者组织事先协商,以书面形式确定自己的监护人。协商确定的监护人在该成年人丧失或者部分丧失民事行为能力时,履行监护职责。此即成年人意定监护,又称成年人委托监护。

(三) 协议监护与指定监护

协议监护与指定监护,是针对法定监护人确定依据的一种分类。其划分标准是法定监护人的选择确定依据是当事人的协商决定还是相关机构、法院的指定。在我国,根据《民法典》的规定,对于未成年人或成年人的法定监护人的选择确定,可分为协议监护与指定监护。

1. 协议监护

协议监护,是指在数名法定监护人中,对于未成年人或成年人的法定监护人的选择,由当事人协议确定。根据《民法典》第 30 条的规定,依法具有监护资格的人之间可以协议确

---

① 《民法典》第 27 条第 1 款规定,父母是未成年子女的监护人。

定监护人,协议确定监护人应当尊重被监护人的真实意愿。具有监护资格的人可以协议共同监护。根据《总则编解释》第 8 条第 2 款的规定:"依法具有监护资格的人之间依据民法典第三十条的规定,约定由民法典第二十七条第二款、第二十八条规定的不同顺序的人共同担任监护人,或者由顺序在后的人担任监护人的,人民法院依法予以支持。"

必须注意,不能通过协议监护免除父母对未成年人的监护权。《总则编解释》第 8 条第 1 款规定:"未成年人的父母与其他依法具有监护资格的人订立协议,约定免除具有监护能力的父母的监护职责的,人民法院不予支持。协议约定在未成年人的父母丧失监护能力时由该具有监护资格的人担任监护人的,人民法院依法予以支持。"

2. 指定监护

指定监护,是指数名法定监护人对于未成年人或成年人的法定监护人之确定有争议的,由居(村)委会、民政部门或法院指定监护人。根据《民法典》第 31 条第 1、2 款的规定,对监护人的确定有争议的,由被监护人住所地的居民委员会、村民委员会或者民政部门指定监护人,有关当事人对指定不服的,可以向人民法院申请指定监护人;有关当事人也可以直接向人民法院申请指定监护人。居民委员会、村民委员会、民政部门或者人民法院应当尊重被监护人的真实意愿,按照最有利于被监护人的原则在依法具有监护资格的人中指定监护人。

有关当事人对居(村)委会或民政部门指定不服的,应当及时向法院申请指定监护人。《总则编解释》第 10 条规定:"有关当事人不服居民委员会、村民委员会或者民政部门的指定,在接到指定通知之日起三十日内向人民法院申请指定监护人的,人民法院经审理认为指定并无不当,依法裁定驳回申请;认为指定不当,依法判决撤销指定并另行指定监护人。有关当事人在接到指定通知之日起三十日后提出申请的,人民法院应当按照变更监护关系处理。"同时,对于人民法院指定监护人应当遵循的原则和考虑的具体因素,《总则编解释》第 9 条规定:"人民法院依据民法典第三十一条第二款、第三十六条第一款的规定指定监护人时,应当尊重被监护人的真实意愿,按照最有利于被监护人的原则指定,具体参考以下因素:(一)与被监护人生活、情感联系的密切程度;(二)依法具有监护资格的人的监护顺序;(三)是否有不利于履行监护职责的违法犯罪等情形;(四)依法具有监护资格的人的监护能力、意愿、品行等。人民法院依法指定的监护人一般应当是一人,由数人共同担任监护人更有利于保护被监护人利益的,也可以是数人。"

(四) 临时监护与固定监护

临时监护与固定监护,是针对法定监护时间长短的一种分类。其划分标准是监护人对未成年人或成年人承担监护职责的时间是临时性的还是固定的、长期性的。

1. 临时监护

临时监护和固定监护的划分在英美法系立法中最为常见,其中英国《意思能力法》的规定详尽,该法第 3031 条规定,法院可以为成年人在指定永久监护人前指定一个紧急性临时监护人。当法院发现无能力人的身体、精神健康或安全有被严重损害的危险时,或发现他的财产正处在被消耗的危险中时,应当指定紧急性临时监护人,且法院必须明确限定该监护人的职责。紧急性临时监护人在正式法定监护人被指定后 90 天内被撤销。

在我国,《民法典》具体规定了对未成年人或成年人的临时监护的适用情形。第 31 条第 3 款规定,指定监护人前,被监护人的人身权利、财产权利以及其他合法权益处于无人保护状态的,由被监护人住所地的居民委员会、村民委员会、法律规定的有关组织或者民政部门担任临时监护人。第34条第4款规定,因发生突发事件等紧急情况,监护人暂时无法履行监护职责,被监护人的生活处于无人照料状态的,被监护人住所地的居民委员会、村民委员会或者民政部门应当为被监护人安排必要的临时生活照料措施。第36条第1款规定,监护人有下列情形之一的,人民法院根据有关个人或者组织的申请,撤销其监护人资格,安排必要的临时监护措施,并按照最有利于被监护人的原则依法指定监护人:(1)实施严重损害被监护人身心健康的行为;(2)怠于履行监护职责,或者无法履行监护职责且拒绝将监护职责部分或者全部委托给他人,导致被监护人处于危困状态;(3)实施严重侵害被监护人合法权益的其他行为。

此外,关于对未成年人的临时监护措施,现行《未成年人保护法》第92条规定:"具有下列情形之一的,民政部门应当依法对未成年人进行临时监护:(一)未成年人流浪乞讨或者身份不明,暂时查找不到父母或者其他监护人;(二)监护人下落不明且无其他人可以担任监护人;(三)监护人因自身客观原因或者因发生自然灾害、事故灾难、公共卫生事件等突发事件不能履行监护职责,导致未成年人监护缺失;(四)监护人拒绝或者怠于履行监护职责,导致未成年人处于无人照料的状态;(五)监护人教唆、利用未成年人实施违法犯罪行为,未成年人需要被带离安置;(六)未成年人遭受监护人严重伤害或者面临人身安全威胁,需要被紧急安置;(七)法律规定的其他情形。"现行《未成年人保护法》第93条规定:"对临时监护的未成年人,民政部门可以采取委托亲属抚养、家庭寄养等方式进行安置,也可以交由未成年人救助保护机构或者儿童福利机构进行收留、抚养。临时监护期间,经民政部门评估,监护人重新具备履行监护职责条件的,民政部门可以将未成年人送回监护人抚养。"

2. 固定监护

与临时监护相对应的为固定监护。根据《民法典》的规定,未成年人或成年人的固定监护有以下三种适用情形:第一,法定监护人履行固定的监护职责。依据《民法典》第27、28、30、31条确定的法定监护人,应当依法履行其法定的固定监护职责。《民法典》第31条第4款明确规定,监护人被指定后,不得擅自变更;擅自变更的,不免除被指定的监护人的责任。第二,意定监护人履行意定的监护职责。即依据《民法典》第29、33条确定的意定监护人,应当根据遗嘱监护、指定监护或委托监护的约定,履行意定的固定监护职责。第三,民政部门的长期监护职责。现行《未成年人保护法》第94条规定:"具有下列情形之一的,民政部门应当依法对未成年人进行长期监护:(一)查找不到未成年人的父母或者其他监护人;(二)监护人死亡或者被宣告死亡且无其他人可以担任监护人;(三)监护人丧失监护能力且无其他人可以担任监护人;(四)人民法院判决撤销监护人资格并指定由民政部门担任监护人;(五)法律规定的其他情形。"[1]

此外,民政部门承担临时监护或者长期监护职责的,财政、教育、卫生健康、公安等部门应当根据各自职责予以配合。县级以上人民政府及其民政部门应当根据需要设立未成年人救助保护机构、儿童福利机构,负责收留、抚养由民政部门监护的未成年人。[2]

---

[1] 必须注意,现行《未成年人保护法》第95条规定,民政部门进行收养评估后,可以依法将其长期监护的未成年人交由符合条件的申请人收养。收养关系成立后,民政部门与未成年人的监护关系终止。
[2] 现行《未成年人保护法》第96条。

（五）自然人监护与机构监护

自然人监护与机构监护是依据监护人是自然人还是机构组织来划分的。

1. 自然人监护

自然人监护，是指由自然人依据法律的规定或遗嘱指定或委托指定而担任未成年人或成年人的监护人，履行法定的或意定的监护职责。目前，监护职责主要是由法定的或意定的近亲属监护人实际履行，故自然人监护是一种最主要的监护类型。

2. 机构监护

机构监护是指依据法律的规定，在法定事由发生时，由法律指定的机构担任未成年人或成年人的监护人，履行法定的监护职责，包括临时的监护职责或固定的监护职责。机构监护一般是作为自然人监护的补充。例如，《民法典》第 31 条第 3 款规定："依据本条第一款规定指定监护人前，被监护人的人身权利、财产权利以及其他合法权益处于无人保护状态的，由被监护人住所地的居民委员会、村民委员会、法律规定的有关组织或者民政部门担任临时监护人。"第 32 条规定："没有依法具有监护资格的人的，监护人由民政部门担任，也可以由具备履行监护职责条件的被监护人住所地的居民委员会、村民委员会担任。"可见，机构监护的主体是国家的民政部门或者基层社会组织。其性质属于国家监护，其履行监护职责的经费由国家社会福利资金承担。[①]

对于承担监护职责的主体，无论是自然人或是机构，均应具备监护能力。《总则编解释》第 6 条规定："人民法院认定自然人的监护能力，应当根据其年龄、身心健康状况、经济条件等因素确定；认定有关组织的监护能力，应当根据其资质、信用、财产状况等因素确定。"

三、未成年人监护与亲权的关系

（一）父母对未成年人的亲权与非父母对未成年人的监护的概念

父母对未成年人的亲权，是指父母对未成年子女人身和财产的监督和保护。我国台湾地区学者史尚宽先生将其定义为：父母基于其身份，"对未成年子女的教养保护为目的之权利义务之集合"。[②] 父母对未成年人的亲权的特点为：第一，亲权是父母基于其身份所享有的权利和义务；第二，亲权的对象为未成年人，是父母对自己的未成年子女之权利和义务；第三，亲权的内容是父母对未成年子女的照料、保护和教育，以保护教养未成年子女为目的；第四，就性质而言，亲权既是权利也是义务，其主要体现为父母的职责，父母既不得抛弃其权利，也不得滥用其权利。

非父母对未成年人的监护，是指对无父母或父母不能照护的未成年人（即不在亲权保护下的未成年人）的人身和财产权益进行监督和保护。非父母对未成年人的监护的特点为：第一，未成年人的监护是对不处于父母亲权下的未成年人设置的制度，目的在于弥补其行为能力之不足，以保护未成年人的人身和财产权益；第二，监护的内容亦可分为身体上之监护与

---

① 主编注：关于国家监护制度的价值取向与规范路径的探讨，参见夏吟兰主编：《从父母责任到国家监护——以保障儿童人权为视角》，中国政法大学出版社 2018 年版，第 195—260 页。

② 参见史尚宽：《亲属法论》，中国政法大学出版社 2000 年版，第 658 页。

财产上之监护;第三,就性质而言,监护既是权利也是义务,其主要体现为监护人的职责。[①]

(二) 父母对未成年人的亲权与非父母对未成年人的监护之异同比较

父母对未成年人的亲权与非父母对未成年人的监护既有联系,又有区别,后者被视为前者的补充与延续。我国立法目前采取广义监护的概念,没有确立亲权制度,对于父母与非父母对未成年人的监护,在《民法典》总则编的第二章"自然人"的第二节"监护"中统一进行规定。[②]

1. 两者的共同点

父母对未成年人的亲权与非父母对未成年人的监护,两者的联系主要体现在:首先,在对象上,亲权与监护均是以未成年人作为对象;其次,在内容上,亲权与监护都是对未成年人的人身及财产进行监督和保护;最后,只有在未成年人无父母或父母不能行使亲权,或者父母的亲权被剥夺时,才能为未成年人设立非父母的监护人。因此,监护是作为亲权的延续与补充而存在的。

2. 两者的不同点 [③]

父母对未成年人的亲权与非父母对未成年人的监护,主要有以下区别:第一,从立法指导思想看,对亲权原则上采取家庭自治主义;对监护原则上采取国家干预主义。第二,亲权的成立以亲子关系为基础,亲权人对未成年子女负有抚养义务;而监护人与未成年被监护人之间没有这种特定的人身关系和抚养义务关系。第三,亲权人因亲子关系而自然取得亲权,无须经特别批准,只有在某些法定特殊情况下才受限制;而监护人之监护权必须具有法定事由或经法定程序才能取得。第四,亲权人对于子女的财产进行处分的限制较少,且多享有对财产的用益权;而监护人对被监护人的财产处分则受到严格的限制,且不享有该财产的用益权。第五,监护人在监护开始时必须对被监护人的财产列出清单,并对该财产的管理负有报告义务;而对亲权人则一般无此限制。第六,监护人行使监护权须接受监督机构的监督;而亲权的行使一般不设专门的监督机构。

第二节　未成年人之监护

根据前述监护的类型,从监护的发生依据,未成年人之监护可以从不同的角度分为:未成年人的法定监护与意定监护、未成年人的协议监护与指定监护、未成年人的临时监护与固定监护、未成年人的自然人监护与机构监护。其中,协议监护与指定监护、临时监护与固定监护、自然人监护与机构监护,均属于法定监护的不同类型,在第一节监护的类型中已有介绍。为便于学生重点学习和理解把握,以下主要阐述《民法典》中规定的未成年人的法定监护与未成年人的意定监护。

[①] 关于现代未成年人监护制度的发展趋势,参见陈苇:《论现代婚姻家庭法的立法宗旨与变革趋势及其启示》,载陈苇等:《中国婚姻家庭法理论与实践研究》,中国人民公安大学出版社 2019 年版,第 17—18 页。关于中国未成年人监护制度下儿童受抚养权保护研究,参见 Chen Wei&Shi Lei, China: On Protection of the Child's Right to Care under the Minor Guardianship System in China,in Margaret Brinig,ed. *International Survey of Family Law 2019 Edition*, pp.59—78.

[②] 参见《民法典》第 27、34—39 条。

[③] 参见陈苇:《中国婚姻家庭法立法研究》,群众出版社 2000 年版,第 364 页。

一、未成年人之监护的开始

依照《民法典》第 17 条和第 26 条第 1 款的规定,我国父母对未成年子女的法定监护,因自然人的出生而开始。不满 18 周岁的自然人为未成年人。父母对未成年子女负有抚养、教育和保护的义务。《民法典》第 1068 条规定,"父母有教育、保护未成年子女的权利和义务"。父母对未成年子女的保护和教育,属于父母监护职责的重要组成部分。

未成年人之意定监护,分为父母遗嘱指定监护与父母委托监护。依据《民法典》第 1121 条第 1 款之规定,继承从被继承人死亡时开始。由于遗嘱的生效时间为被继承人死亡之时,因此,父母双方或一方以遗嘱指定监护的,该遗嘱指定的监护应当始于最后一方父母死亡之时。依据现行《未成年人保护法》第 22 条第 1 款的规定,父母因外出务工或者其他原因不能履行对未成年人监护职责的,应当委托具有照护能力的其他完全民事行为能力人代为照护。因此,父母的委托监护,始于父母因外出务工或者其他原因而不能履行对未成年人监护职责之时。

未成年人之监护开始后,非法使被监护人脱离监护的,应当承担法律责任。《侵权责任编解释》第 1 条规定:"非法使被监护人脱离监护,监护人请求赔偿为恢复监护状态而支出的合理费用等财产损失的,人民法院应予支持。"第 2 条规定:"非法使被监护人脱离监护,导致父母子女关系或者其他近亲属关系受到严重损害的,应当认定为民法典第一千一百八十三条第一款规定的严重精神损害。"[①] 第 3 条规定:"非法使被监护人脱离监护,被监护人在脱离监护期间死亡,作为近亲属的监护人既请求赔偿人身损害,又请求赔偿监护关系受侵害产生的损失的,人民法院依法予以支持。"

二、未成年人之监护人的范围与顺序

我国未成年人之法定监护人的范围和顺序,从监护人的身份角度,可分为父母对未成年人的监护与非父母对未成年人的监护。依据《民法典》第 27 条之规定,父母是未成年子女的监护人。未成年人的父母已经死亡或者没有监护能力的,由下列有监护能力的人按顺序担任监护人:(1) 祖父母、外祖父母;(2) 兄、姐;(3) 其他愿意担任监护人的个人或者组织,但是须经未成年人住所地的居民委员会、村民委员会或者民政部门同意。同时,根据现行《未成年人保护法》第 7 条第 1 款之规定,未成年人的父母或者其他监护人依法对未成年人承担监护职责。可见,父母为第一顺序法定监护人;祖父母、外祖父母为第二顺序法定监护人;成年兄、姐为第三顺序法定监护人;第四顺序法定监护人为其他愿意担任监护人的个人或者组织,但是须经未成年人住所地的居民委员会、村民委员会或者民政部门同意。

必须注意,对于未成年人之意定监护人的范围与顺序,凡属于父母遗嘱指定监护的,应当依据父母遗嘱的指定来确定;凡属于父母委托监护的,应当依据父母委托的指定来确定。

---

① 《民法典》第 1183 条规定:"侵害自然人人身权益造成严重精神损害的,被侵权人有权请求精神损害赔偿。因故意或者重大过失侵害自然人具有人身意义的特定物造成严重精神损害的,被侵权人有权请求精神损害赔偿。"

第三节　成年人之监护

根据前述监护的类型,从监护的发生依据,成年人之监护可以从不同的角度分为:成年人的法定监护与意定监护、成年人的协议监护与指定监护、成年人的临时监护与固定监护、成年人的自然人监护与机构监护。为便于学生的重点学习和理解把握,以下主要阐述《民法典》中规定的成年人的法定监护与成年人的意定监护。

一、成年人之监护的开始

依照《民法典》第17条、第18条第1款的规定,18周岁以上的自然人为成年人。成年人为完全民事行为能力人,可以独立实施民事法律行为。依照《民法典》第24条第1款的规定,不能辨认或者不能完全辨认自己行为的成年人,其利害关系人或者有关组织,可以向人民法院申请认定该成年人为无民事行为能力人或者限制民事行为能力人。可见,在我国,成年人无民事行为能力或者限制民事行为能力,是为其设立成年人之法定监护的法定条件。[①]

有关自然人之行为能力认定的依据,根据我国审判实践经验,不能完全辨认自己行为的成年人进行的民事活动,是否与其精神健康状态相适应,可以从行为与本人生活相关联的程度、本人的精神状态能否理解其行为并预见相应的行为后果、行为标的数额等方面认定。如果没有判断能力和自我保护能力,不知其行为后果的,可以认定为不能辨认自己行为的人;对于比较复杂的事物或者比较重大的行为缺乏判断能力和自我保护能力,并且不能预见其行为后果的,可以认定为不能完全辨认自己行为的人。当事人是否患有精神病等影响辨认能力的疾病,人民法院应当根据司法精神病学鉴定或者参照医院的诊断、鉴定确认。在不具备诊断、鉴定条件的情况下,也可以参照群众公认的当事人的精神状态认定,但应以利害关系人没有异议为限。

成年人之意定监护的开始,根据《民法典》第33条的规定,具有完全民事行为能力的成年人,可以与其近亲属、其他愿意担任监护人的个人或者组织事先协商,以书面形式确定自己的监护人。协商确定的监护人在该成年人丧失或者部分丧失民事行为能力时,履行监护职责。可见,我国成年人之意定监护始于该签署成年人委托监护协议的成年人丧失或者部分丧失民事行为能力之时。成年人之意定监护可以在一定期限内协议解除。《总则编解释》第11条第1款规定:"具有完全民事行为能力的成年人与他人依据民法典第三十三条的规定订立书面协议事先确定自己的监护人后,协议的任何一方在该成年人丧失或者部分丧失民事行为能力前请求解除协议的,人民法院依法予以支持。该成年人丧失或者部分丧失民事行为能力后,协议确定的监护人无正当理由请求解除协议的,人民法院不予支持。"

[①] 主编注:目前,我国已进入人口老龄化社会,关于完善我国老年人监护的必要性之研究,参见李欣:《私法自治视域下的老年人监护制度研究》,群众出版社2013年版,第267—274页。对于老年人监护目的之研究,我国学者指出"老年人的监护不应再单纯地以维护交易安全为目的,而是应当更加尊重其作为社会成员……的自主决定权,并满足本人对人身事务、财产管理事务的实际需求"。参见李霞:《老龄监护措施替代机制研究》,光明日报出版社2022年版,第36页。

二、成年人之监护人的范围与顺序

我国的成年人之监护人,可依据监护人产生的依据,分为法定监护人与意定监护人两种类型。法定监护人的范围和顺序是依据法律的规定而确定的。《民法典》第28条规定:"无民事行为能力或者限制民事行为能力的成年人,由下列有监护能力的人按顺序担任监护人:(一)配偶;(二)父母、子女;(三)其他近亲属;(四)其他愿意担任监护人的个人或者组织,但是须经被监护人住所地的居民委员会、村民委员会或者民政部门同意。"根据《民法典》第33条的规定,我国意定监护人的范围和顺序是依据当事人的委托监护协议而确定的。

第四节　监护人的职责与权利、履职原则及法律责任

一、监护人的职责与权利

根据《民法典》第34条第1、2款之规定,监护人的职责包括:代理被监护人实施民事法律行为,保护被监护人的人身权利、财产权利以及其他合法权益等。监护人依法履行监护职责产生的权利,受法律保护。在司法实践中,考察监护人履行监护职责的主要内容有:保护被监护人的身体健康;照顾被监护人的生活;管理和保护被监护人的财产;代理被监护人进行民事活动;对被监护人进行管理和教育;在被监护人合法权益受到侵害或者与人发生争议时,代理其进行诉讼。监护人的监护能力,应当根据监护人的身体健康状况、经济条件以及与被监护人在生活上的联系状况等因素确定。此外,在未成年人监护中,本着子女最大利益原则,法律强调国家对于未成年人监护的监督。

关于履行监护职责应当遵循的原则,《民法典》第35条第1款明确规定,监护人应当按照最有利于被监护人的原则履行监护职责。监护人除为维护被监护人利益外,不得处分被监护人的财产。根据《总则编解释》第9条第1款的规定,最有利于被监护人的原则具体参考以下因素:(1)与被监护人生活、情感联系的密切程度;(2)依法具有监护资格的人的监护顺序;(3)是否有不利于履行监护职责的违法犯罪等情形;(4)依法具有监护资格的人的监护能力、意愿、品行等。

根据最有利于被监护人的履职原则,未成年人的监护人履行监护职责,在作出与被监护人利益有关的决定时,应当根据被监护人的年龄和智力状况,尊重被监护人的真实意愿。

在未成年人的监护中,必须注意以下几个方面:第一,关于家庭教育职责,未成年人的父母或者其他监护人应当学习家庭教育知识,接受家庭教育指导,创造良好、和睦、文明的家庭环境。共同生活的其他成年家庭成员应当协助未成年人的父母或者其他监护人抚养、教育和保护未成年人。[①]第二,关于履行监护职责的要求,未成年人的父母或者其他监护人应当履行下列监护职责:(1)为未成年人提供生活、健康、安全等方面的保障;(2)关注未成年人的生理、心理状况和情感需求;(3)教育和引导未成年人遵纪守法、勤俭节约,养成良好的思

---

① 现行《未成年人保护法》第15条。

想品德和行为习惯;(4) 对未成年人进行安全教育,提高未成年人的自我保护意识和能力;(5) 尊重未成年人受教育的权利,保障适龄未成年人依法接受并完成义务教育;(6) 保障未成年人休息、娱乐和体育锻炼的时间,引导未成年人进行有益身心健康的活动;(7) 妥善管理和保护未成年人的财产;(8) 依法代理未成年人实施民事法律行为;(9) 预防和制止未成年人的不良行为和违法犯罪行为,并进行合理管教;(10) 其他应当履行的监护职责。①

在成年人监护中,根据最有利于被监护人的履职原则,成年人的监护人履行监护职责,应当最大限度地尊重被监护人的真实意愿,保障并协助被监护人实施与其智力、精神健康状况相适应的民事法律行为。对被监护人有能力独立处理的事务,监护人不得干涉。② 此外,为保护无民事行为能力的夫妻一方的合法权益,根据《婚姻家庭编解释(一)》第 62 条的规定,监护人可代理无民事行为能力一方提起离婚诉讼。

二、监护人的法律责任

监护人的法律责任,是指监护人不履行监护职责应当承担的法律后果。根据我国《民法典》第 34 条第 3 款的规定,监护人不履行监护职责或者侵害被监护人合法权益的,应当承担法律责任。

关于监护人对被监护人致人损害的赔偿责任,《民法典》第 1188 条规定:"无民事行为能力人、限制民事行为能力人造成他人损害的,由监护人承担侵权责任。监护人尽到监护职责的,可以减轻其侵权责任。有财产的无民事行为能力人、限制民事行为能力人造成他人损害的,从本人财产中支付赔偿费用;不足部分,由监护人赔偿。"《侵权责任编解释》第 4 条规定:"无民事行为能力人、限制民事行为能力人造成他人损害,被侵权人请求监护人承担侵权责任,或者合并请求监护人和受托履行监护职责的人承担侵权责任的,人民法院应当将无民事行为能力人、限制民事行为能力人列为共同被告。"第 5 条规定:"无民事行为能力人、限制民事行为能力人造成他人损害,被侵权人请求监护人承担侵权人应承担的全部责任的,人民法院应予支持,并在判决中明确,赔偿费用可以先从被监护人财产中支付,不足部分由监护人支付。监护人抗辩主张承担补充责任,或者被侵权人、监护人主张人民法院判令有财产的无民事行为能力人、限制民事行为能力人承担赔偿责任的,人民法院不予支持。从被监护人财产中支付赔偿费用的,应当保留被监护人所必需的生活费和完成义务教育所必需的费用。"第 6 条规定:"行为人在侵权行为发生时不满十八周岁,被诉时已满十八周岁的,被侵权人请求原监护人承担侵权人应承担的全部责任的,人民法院应予支持,并在判决中明确,赔偿费用可以先从被监护人财产中支付,不足部分由监护人支付。前款规定情形,被侵权人仅起诉行为人的,人民法院应当向原告释明申请追加原监护人为共同被告。"

此外,关于监护人对未成年人造成他人损害的赔偿责任,《侵权责任编解释》第 7 条规定:"未成年子女造成他人损害,被侵权人请求父母共同承担侵权责任的,人民法院依照民法

---

① 现行《未成年人保护法》第 16 条。
② 参见《民法典》第 35 条第 3 款。

典第二十七条第一款、第一千零六十八条以及第一千一百八十八条的规定予以支持。"[①] 第 8 条规定:"夫妻离婚后,未成年子女造成他人损害,被侵权人请求离异夫妻共同承担侵权责任的,人民法院依照民法典第一千零六十八条、第一千零八十四条以及第一千一百八十八条的规定予以支持。一方以未与该子女共同生活为由主张不承担或者少承担责任的,人民法院不予支持。离异夫妻之间的责任份额,可以由双方协议确定;协议不成的,人民法院可以根据双方履行监护职责的约定和实际履行情况等确定。实际承担责任超过自己责任份额的一方向另一方追偿的,人民法院应予支持。"第 9 条规定:"未成年子女造成他人损害的,依照民法典第一千零七十二条第二款的规定,未与该子女形成抚养教育关系的继父或者继母不承担监护人的侵权责任,由该子女的生父母依照本解释第八条的规定承担侵权责任。"

关于监护人与受委托监护人的法律责任承担,《民法典》第 1189 条规定:"无民事行为能力人、限制民事行为能力人造成他人损害,监护人将监护职责委托给他人的,监护人应当承担侵权责任;受托人有过错的,承担相应的责任。"《侵权责任编解释》第 10 条规定:"无民事行为能力人、限制民事行为能力人造成他人损害,被侵权人合并请求监护人和受托履行监护职责的人承担侵权责任的,依照民法典第一千一百八十九条的规定,监护人承担侵权人应承担的全部责任;受托人在过错范围内与监护人共同承担责任,但责任主体实际支付的赔偿费用总和不应超出被侵权人应受偿的损失数额。监护人承担责任后向受托人追偿的,人民法院可以参照民法典第九百二十九条的规定处理。仅有一般过失的无偿受托人承担责任后向监护人追偿的,人民法院应予支持。"

关于监护人与教唆人、帮助人教唆、帮助无民事行为能力人、限制民事行为能力人实施侵权行为的法律责任承担,《侵权责任编解释》第 11 条规定:"教唆、帮助无民事行为能力人、限制民事行为能力人实施侵权行为,教唆人、帮助人以其不知道且不应当知道行为人为无民事行为能力人、限制民事行为能力人为由,主张不承担侵权责任或者与行为人的监护人承担连带责任的,人民法院不予支持。"第 12 条规定:"教唆、帮助无民事行为能力人、限制民事行为能力人实施侵权行为,被侵权人合并请求教唆人、帮助人以及监护人承担侵权责任的,依照民法典第一千一百六十九条第二款的规定,教唆人、帮助人承担侵权人应承担的全部责任;监护人在未尽到监护职责的范围内与教唆人、帮助人共同承担责任,但责任主体实际支付的赔偿费用总和不应超出被侵权人应受偿的损失数额。监护人先行支付赔偿费用后,就超过自己相应责任的部分向教唆人、帮助人追偿的,人民法院应予支持。"[②] 第 13 条规定:"教唆、帮助无民事行为能力人、限制民事行为能力人实施侵权行为,被侵权人合并请求教唆人、帮助人与监护人以及受托履行监护职责的人承担侵权责任的,依照本解释第十条、第十二条的规定认定民事责任。"

关于被监护人受损的法律责任承担,《侵权责任编解释》第 14 条规定:"无民事行为能力人或者限制民事行为能力人在幼儿园、学校或者其他教育机构学习、生活期间,受到教育

[①]《民法典》第 27 条第 1 款规定:"父母是未成年子女的监护人。"第 1068 条规定:"父母有教育、保护未成年子女的权利和义务。未成年子女造成他人损害的,父母应当依法承担民事责任。"第 1188 条规定:"无民事行为能力人、限制民事行为能力人造成他人损害的,由监护人承担侵权责任。监护人尽到监护职责的,可以减轻其侵权责任。有财产的无民事行为能力人、限制民事行为能力人造成他人损害的,从本人财产中支付赔偿费用;不足部分,由监护人赔偿。"

[②]《民法典》第 1169 条第 2 款的规定:"教唆、帮助他人实施侵权行为的,应当与行为人承担连带责任。教唆、帮助无民事行为能力人、限制民事行为能力人实施侵权行为的,应当承担侵权责任;该无民事行为能力人、限制民事行为能力人的监护人未尽到监护职责的,应当承担相应的责任。"

机构以外的第三人人身损害,第三人、教育机构作为共同被告且依法应承担侵权责任的,人民法院应当在判决中明确,教育机构在人民法院就第三人的财产依法强制执行后仍不能履行的范围内,承担与其过错相应的补充责任。被侵权人仅起诉教育机构的,人民法院应当向原告释明申请追加实施侵权行为的第三人为共同被告。第三人不确定的,未尽到管理职责的教育机构先行承担与其过错相应的责任;教育机构承担责任后向已经确定的第三人追偿的,人民法院依照民法典第一千二百零一条的规定予以支持。"①

此外,《民法典》规定,无民事行为能力人、限制民事行为能力人的监护人是其法定代理人,法定代理人不履行代理职责应承担法律责任,被代理人行使请求权有诉讼时效的限制。代理包括委托代理和法定代理。委托代理人按照被代理人的委托行使代理权。法定代理人依照法律的规定行使代理权。代理人不履行或者不完全履行职责,造成被代理人损害的,应当承担民事责任。代理人和相对人恶意串通,损害被代理人合法权益的,代理人和相对人应当承担连带责任。无民事行为能力人或者限制民事行为能力人对其法定代理人的请求权的诉讼时效期间,自该法定代理终止之日起计算。未成年人遭受性侵害的损害赔偿请求权的诉讼时效期间,自受害人年满18周岁之日起计算。②

第五节　监护的撤销、变更与终止

一、监护的撤销

(一) 监护的撤销之法定情形

监护的撤销是指监护人就任后,如有实施侵害被监护人的违法行为或无正当理由不履行监护职责的,对该监护人可经法定程序,由人民法院依法判决撤销监护资格并任命其他监护人。《民法典》第36条第1款规定:"监护人有下列情形之一的,人民法院根据有关个人或者组织的申请,撤销其监护人资格,安排必要的临时监护措施,并按照最有利于被监护人的原则依法指定监护人:(一)实施严重损害被监护人身心健康的行为;(二)怠于履行监护职责,或者无法履行监护职责且拒绝将监护职责部分或者全部委托给他人,导致被监护人处于危困状态;(三)实施严重侵害被监护人合法权益的其他行为。"

关于未成年人监护人的撤销,现行《未成年人保护法》第108条规定,未成年人的父母或者其他监护人不依法履行监护职责或者严重侵犯被监护的未成年人合法权益的,人民法院可以根据有关人员或者单位的申请,依法作出人身安全保护令或者撤销监护人资格。被撤销监护人资格的父母或者其他监护人应当依法继续负担抚养费用。2014年四部门《处理监护人侵害未成年人权益行为的意见》第35条规定:"被申请人有下列情形之一的,人民法院可以判决撤销其监护人资格:(一)性侵害、出卖、遗弃、虐待、暴力伤害未成年人,严重损害

---

① 《民法典》第1201规定:"无民事行为能力人或者限制民事行为能力人在幼儿园、学校或者其他教育机构学习、生活期间,受到幼儿园、学校或者其他教育机构以外的第三人人身损害的,由第三人承担侵权责任;幼儿园、学校或者其他教育机构未尽到管理职责的,承担相应的补充责任。幼儿园、学校或者其他教育机构承担补充责任后,可以向第三人追偿。"

② 参见《民法典》第23、163、164、190、191条。

未成年人身心健康的;(二)将未成年人置于无人监管和照看的状态,导致未成年人面临死亡或者严重伤害危险,经教育不改的;(三)拒不履行监护职责长达六个月以上,导致未成年人流离失所或者生活无着的;(四)有吸毒、赌博、长期酗酒等恶习无法正确履行监护职责或者因服刑等原因无法履行监护职责,且拒绝将监护职责部分或者全部委托给他人,致使未成年人处于困境或者危险状态的;(五)胁迫、诱骗、利用未成年人乞讨,经公安机关和未成年人救助保护机构等部门三次以上批评教育拒不改正,严重影响未成年人正常生活和学习的;(六)教唆、利用未成年人实施违法犯罪行为,情节恶劣的;(七)有其他严重侵害未成年人合法权益行为的。"

关于成年人之监护人的撤销,《婚姻家庭编解释(一)》第 62 条规定:"无民事行为能力人的配偶有民法典第三十六条第一款规定行为,其他有监护资格的人可以要求撤销其监护资格,并依法指定新的监护人;变更后的监护人代理无民事行为能力一方提起离婚诉讼的,人民法院应予受理。"成年人之意定监护人也可依法撤销。《总则编解释》第 11 条第 2 款规定:"该成年人丧失或者部分丧失民事行为能力后,协议确定的监护人有民法典第三十六条第一款规定的情形之一,该条第二款规定的有关个人、组织申请撤销其监护人资格的,人民法院依法予以支持。"

(二)监护的撤销之请求权主体

《民法典》第 36 条规定了监护的撤销之请求权主体包括个人和组织。个人和组织包括:其他依法具有监护资格的人,居民委员会、村民委员会、学校、医疗机构、妇女联合会、残疾人联合会、未成年人保护组织、依法设立的老年人组织、民政部门等。上述规定的个人和民政部门以外的组织未及时向人民法院申请撤销监护人资格的,民政部门应当向人民法院申请。

(三)监护的撤销之法律后果

(1)被撤销监护资格者停止履行监护职责。监护人不履行监护职责,侵害被监护人的合法权益,经相关人员或者机构申请,经人民法院判决撤销监护人的监护资格后,被撤销监护资格者停止履行监护职责。

(2)安排临时监护措施与指定监护人。如前所述,根据《民法典》的规定,监护人具有法定的撤销监护资格的情形之一的,人民法院根据有关个人或者组织的申请,依法撤销其监护人资格,安排必要的临时监护措施,并按照最有利于被监护人的原则依法指定监护人。被撤销监护资格者应当继续履行法定扶养义务。也即依法负担被监护人抚养费、赡养费、扶养费的父母、子女、配偶等,被人民法院撤销监护人资格后,应当继续履行负担的义务。[①]

(四)监护的撤销之恢复

在监护不利的情形消失后,被撤销监护资格者可依法定程序申请恢复其监护人的资格。《民法典》第 38 条规定:"被监护人的父母或者子女被人民法院撤销监护人资格后,除对被监护人实施故意犯罪的外,确有悔改表现的,经其申请,人民法院可以在尊重被监护人真实意愿的前提下,视情况恢复其监护人资格,人民法院指定的监护人与被监护人的监

---

① 参见《民法典》第 36、37 条。

护关系同时终止。"

二、监护的变更与终止

监护的变更,是指设定监护的法定情形发生变化或监护人本人的情况发生变化而不能履行监护职责的,从而需要变更监护关系。前者如,非父母对未成年人的监护,如果该未成年子女的父母之精神障碍已经治愈而恢复民事行为能力的,该非父母对未成年人的监护需要变更为父母对未成年子女的监护。后者如,若监护人不履行监护职责或侵害被监护人的合法权益的,其他有监护资格的人或单位可以向法院提起诉讼,要求变更监护关系。但必须注意,根据《民法典》第 31 条第 4 款的规定,监护人被指定后,不得擅自变更;擅自变更的,不免除被指定的监护人的责任。根据《总则编解释》第 12 条第 2 款的规定:"被依法指定的监护人与其他具有监护资格的人之间协议变更监护人的,人民法院应当尊重被监护人的真实意愿,按照最有利于被监护人的原则作出裁判。"

监护的终止,是指设定监护的法定情形已经消失或监护人已经不能履行监护职责的,从而导致终止监护关系。《民法典》第 39 条规定:"有下列情形之一的,监护关系终止:(一)被监护人取得或者恢复完全民事行为能力;(二)监护人丧失监护能力;(三)被监护人或者监护人死亡;(四)人民法院认定监护关系终止的其他情形。监护关系终止后,被监护人仍然需要监护的,应当依法另行确定监护人。"[①]

此外,《总则编解释》第 12 条第 1 款规定:"监护人、其他依法具有监护资格的人之间就监护人是否有民法典第三十九条第一款第二项、第四项规定的应当终止监护关系的情形发生争议,申请变更监护人的,人民法院应当依法受理。经审理认为理由成立的,人民法院依法予以支持。"

【本章小结】

本章主要内容有五个方面:一是监护制度概述,包括监护的概念、类型和未成年人的监护与亲权的关系;二是未成年人之监护,包括未成年人之监护的开始和未成年人之监护人的类型、范围与顺序;三是成年人之监护,包括成年人之监护的开始和成年人之监护人的类型、范围与顺序;四是监护人的职责与权利、履职原则及法律责任;五是监护的撤销、变更与终止。

【引导案例参考答案】

关于我国法定监护人的顺序,根据《民法典》第 27 条的规定,父母是未成年子女的监护人。未成年人的父母已经死亡或者没有监护能力的,由下列有监护能力的人按顺序担任监护人:(1)祖父母、外祖父母;(2)兄、姐;(3)其他愿意担任监护人的个人或者组织,但是须经未成年人住所地的居民委员会、村民委员会或者民政部门同意。因为,父母是未成年子女最近的直

[①] 主编注:关于监护终止的效力,我国《民法典》尚无规定。监护终止的效力,主要包括监护人就财产管理事项等向已经具有完全民事行为能力的被监护人、法院或其他相关机关移交。如果监护终止后的新监护人或已经具有完全民事行为能力的被监护人发现原监护人有侵害被监护人财产权益的违法行为,应当在诉讼时效期间内向监护人提出赔偿请求或向人民法院起诉要求原监护人赔偿。关于我国台湾地区监护终止的效力之立法研究,参见陈苇主编:《当代中国内地与港、澳、台婚姻家庭法比较研究》,群众出版社 2012 年版,第 620、645 页。

系长辈血亲,作为未成年子女的法定监护人既是权利,也是义务。父母对未成年子女的监护责任,始于子女的出生或父母子女身份的法律拟制。在未成年人的父母已经死亡或丧失监护能力且无父母遗嘱指定监护的情况下,应当依据《民法典》第27条第2款规定的顺序确定法定监护人。法定监护人的顺序中,前一顺序优先于后一顺序。

根据《民法典》第1084—1086条的规定,父母与子女间的关系,不因父母离婚而消除。离婚后,子女无论由父或母直接抚养,仍是父母双方的子女。离婚后,父母对于子女仍有抚养和教育的权利和义务。离婚后,一方抚养的子女,另一方应负担必要的生活费和教育费。离婚后,不直接抚养子女的父或母,有探望子女的权利,另一方有协助的义务。

关于撤销监护人资格的法定情形,根据《民法典》第36条第1款的规定,监护人有下列情形之一的,人民法院根据有关个人或者组织的申请,撤销其监护人资格,安排必要的临时监护措施,并按照最有利于被监护人的原则依法指定监护人:(1) 实施严重损害被监护人身心健康的行为;(2) 怠于履行监护职责,或者无法履行监护职责并且拒绝将监护职责部分或者全部委托给他人,导致被监护人处于危困状态;(3) 实施严重侵害被监护人合法权益的其他行为。也即,前一顺序有监护资格的人无监护能力或对被监护人明显不利的,人民法院可根据最有利于被监护人的原则,从后一顺序有监护资格的人中择优确定。被监护人有识别能力的,还应征求被监护人的意见。

本案中,余某对女儿张某某的法定监护权是基于父母子女关系而产生的,任何人不得加以剥夺和限制。即使余某与张某离婚,母亲余某根据离婚协议仍承担每月给付女儿抚养费1 000元的义务,并行使每半月接回女儿共度2天周末以探望子女的权利。也就是说,余某在离婚后仍然享有对女儿张某某的监护权包括探望权。张某某在父亲去世后,其母余某就成了她唯一的第一顺序法定监护人。虽在父亲死亡后,张某某与祖母刘某共同生活了约7个月的时间,但由于余某本人具有监护能力,且不具有撤销监护资格的法定情形,故刘某不服一审判决上诉请求撤销余某监护人资格,不能获得人民法院的支持。而余某要求接回女儿张某某由自己直接抚养并行使监护权,既有利于儿童的健康成长,也符合法律的规定,应当得到人民法院的支持。

【本章思考题】

1. 简述法定监护与意定监护的类型。
2. 简述我国未成年人之法定监护人的范围与顺序。
3. 简述我国成年人之法定监护人的范围与顺序。
4. 简述我国撤销监护人资格的法定情形。
5. 简述我国撤销监护人资格的法律后果。

【本章参考习题】

第十章 登记离婚与诉讼离婚制度

【本章重点难点】

通过本章的学习,学生应了解我国离婚立法的指导思想,重点掌握行政登记离婚的条件和程序、诉讼离婚中的两项特别保护、判决准予离婚的法定理由,难点在于理解认定夫妻感情确已破裂的法定条件。

【引导案例】

刘某,男,27 岁。2018 年 7 月,刘某研究生毕业后到 A 公司工作,经人介绍认识了 B 公司女青年张某。双方恋爱近一年后,于 2019 年 6 月登记结婚。2023 年 7 月,张某生育一男孩。转眼间,半年过去了。刘某越看越觉着孩子长得与自己不像,遂向妻子提出质疑并要求做亲子鉴定。2024 年 2 月,刘某向法院起诉要求与张某离婚。法院在庭审调查过程中,面对亲子鉴定意见,张某承认了自己婚后与同事魏某发生性关系并怀孕的事实。法院查明了上述事实,经调解,刘某坚决要求离婚,法院遂判决准予离婚,小孩由张某抚养。张某不服,她认为女方在怀孕期间和分娩后 1 年内,男方不得提起离婚诉讼。因此,张某上诉至中级人民法院。二审法院经审理,认为此案事实清楚,证据充分,适用法律正确,处理得当,故判决驳回上诉,维持原判。

请问:法院受理刘某的离婚诉讼并作出判决是否正确?为什么?

本章阐述的主要内容包括:离婚的特征,离婚与婚姻无效、婚姻可撤销的区别和联系,离婚立法主义的历史发展,我国处理离婚问题的指导思想;我国登记离婚的条件和程序;我国诉讼外的调解与诉讼内的调解;我国诉讼离婚的两项特殊保护规定;我国判决准予离婚的法定理由。

在我国,《民法典》颁布前,登记离婚与诉讼离婚制度主要被规定在 2001 年修正的《婚姻法》及相关司法解释①之中。《民法典》婚姻家庭编对我国登记离婚和诉讼离婚的程序与法定理由之修改补充主要有如下两个方面:

第一,对登记离婚的实质要件和程序要件进行补充完善。在沿用 2001 年修正的《婚姻法》第 31 条规定的基础上,《民法典》修改补充采用了 3 个条文:(1) 对登记离婚的实质要件和形式要件,首次明确登记离婚应当签订书面离婚协议(即补充形式要件),并规定离婚协议应当载明的具体事项(即实质要件),包括双方自愿离婚的意思表示和对子女抚养、财产及

---

① 参见 2001 年修正的《婚姻法》第 31—35 条和 2001 年《婚姻法解释(一)》第 22、23 条以及其他相关司法解释。

债务处理等事项协商一致的意见(第 1076 条)。这兼顾了个人自由与社会责任。[①](2) 新增登记离婚的冷静期(第 1077 条)。对登记离婚程序增加规定离婚冷静期,可以使离婚当事人双方冷静后慎重考虑是否离婚和妥善处理离婚涉及的子女抚养、财产及债务等问题,体现了我国"保障离婚自由,防止轻率离婚"的指导思想。[②](3) 明确登记离婚应当审查查明的事项(第 1078 条)。此条沿用了 2001 年修正的《婚姻法》第 31 条最后一句,即婚姻登记机关对登记离婚应当查明事项的规定。

第二,对诉讼离婚判决准予离婚的法定理由进行增补。《民法典》第 1079 条在沿用 2001 年修正的《婚姻法》第 32 条的离婚理由和离婚程序的基础上,新增第 5 款:"经人民法院判决不准离婚后,双方又分居满一年,一方再次提起离婚诉讼的,应当准予离婚。"此条款体现了尊重当事人的"婚姻自由"[③],可以解决在现实生活中久拖不决的离婚案件,符合我国"保障离婚自由"的指导思想。[④]

第一节　离婚概述

一、婚姻终止的概念和原因

(一) 婚姻终止的概念及其与婚姻无效、婚姻可撤销的区别

婚姻的终止,是指合法有效的婚姻关系因发生一定的法律事由而消灭。

首先,婚姻终止不同于婚姻无效。(1) 两者的发生原因不同。婚姻终止的原因是一方或双方当事人死亡或者离婚;婚姻无效的原因是重婚、有禁止结婚的亲属关系、未达法定婚龄。(2) 两者的效力不同。婚姻无效为自始无效,即无效婚姻在依法被确认无效时,才确定该婚姻自始不受法律保护[⑤];而婚姻终止的效力则向将来发生。(3) 两者的请求权人不同。婚姻因离婚而终止时,离婚的请求权一般只属于婚姻当事人本人;而婚姻无效的请求权人包括婚姻当事人和利害关系人。(4) 两者的发生时间不同。婚姻因离婚而终止时,仅限于婚姻当事人生前;而婚姻无效的请求权不仅可以在当事人生前行使,而且,"夫妻一方或者双方死亡后,生存一方或者利害关系人依据民法典第一千零五十一条的规定请求确认婚姻无效的,人民法院应当受理"[⑥]。(5) 两者的实现方式不同。婚姻因离婚而终止时,可以通过行政登记离婚程序也可以通过诉讼离婚程序;而婚姻无效则只能向人民法院申请,由法院判决确认婚姻无效。

---

① 参见夏吟兰等:《中国民法典释评·婚姻家庭编》,中国人民大学出版社 2020 年版,189 页。

② 参见黄薇主编:《中华人民共和国民法典婚姻家庭编解读》,中国法制出版社 2020 年版,第 137—138 页。

③ 参见最高人民法院民法典贯彻实施工作领导小组主编:《中华人民共和国民法典婚姻家庭编继承编理解与适用》,人民法院出版社 2020 年版,第 265 页。

④ 主编注:关于我国离婚制度设计应当注意平衡三个关系——配偶双方的利益、离婚配偶与共同子女的利益、家庭私的利益与国家社会公的利益之研究,参见樊丽君主编:《中华人民共和国婚姻法评注·离婚》,厦门大学出版社 2021 年版,第 52—58 页。

⑤《婚姻家庭编解释(一)》第 20 条。

⑥《婚姻家庭编解释(一)》第 14 条。

其次,婚姻终止也不同于婚姻可撤销。(1) 两者的发生原因不同。婚姻终止的原因已如前述;婚姻可撤销的原因依据《民法典》的规定是受胁迫或者一方在婚前隐瞒重大疾病。[①] (2) 两者的效力不同。在我国,婚姻撤销是自始无效;而婚姻终止的效力是面向将来而发生。

(二) 婚姻终止的原因

1. 婚姻因当事人死亡而终止

(1) 婚姻因当事人自然死亡而终止。婚姻当事人的死亡包括自然死亡和宣告死亡。配偶一方或者双方自然死亡,婚姻关系的主体不复存在,从而引起婚姻关系的消灭,在继承法上,发生遗产继承等法律后果;在婚姻法上,发生婚姻关系终止,生存配偶可以再婚的法律后果。

(2) 婚姻因当事人被宣告死亡而终止。宣告死亡即法律推定死亡。根据《民法典》第51条的规定,被宣告死亡的人的婚姻关系,自死亡宣告之日起消除。但是,宣告死亡毕竟与自然死亡不同,前者只是法律上的一种推定。在被宣告死亡后,该被宣告死亡人可能并未真正死亡。因此,《民法典》第49条规定:"自然人被宣告死亡但是并未死亡的,不影响该自然人在被宣告死亡期间实施的民事法律行为的效力。"同时,根据《民法典》第51条的规定,死亡宣告被撤销的,婚姻关系自撤销死亡宣告之日起自行恢复,但是,其配偶再婚或者向婚姻登记机关书面声明不愿意恢复的除外。

2. 婚姻因离婚而终止

离婚是婚姻关系存续期间配偶解除婚姻关系的民事法律行为。凡符合法定条件和履行法定程序的离婚,依法发生婚姻关系解除的法律后果。这种法律后果,对婚姻当事人,包括夫妻身份关系消灭、夫妻共同财产分割等后果;对子女,涉及子女随何方父母生活、抚养费的负担和探望权等。

离婚作为婚姻终止的法定事由之一,具有以下三个特点:

(1) 离婚的主体是具有合法婚姻关系的男女双方当事人。就协议离婚而言,协议离婚的主体是履行过婚姻登记手续的当事人。就判决离婚而言,离婚诉讼中的原告和被告必须具有法律认可的婚姻关系。合法婚姻关系以外的任何第三人不得以原告身份提起离婚诉讼。在我国,《民法典》第1076条第1款要求夫妻双方自愿离婚的,应当签订书面离婚协议,并亲自到婚姻登记机关申请离婚登记。《民法典》第1079条第1款规定,夫妻一方要求离婚的,可以由有关组织进行调解或者直接向人民法院提起离婚诉讼。

根据现行《民事诉讼法》第65条的规定,离婚案件有诉讼代理人的,本人除不能表达意志的以外,仍应出庭;确因特殊情况无法出庭的,必须向人民法院提交书面意见。可见,除特殊情况外,离婚须由婚姻当事人本人提起或应诉。

离婚案件诉讼主体是婚姻当事人本人的含义是,若当事人本人是完全民事行为能力人,其不仅可以独立提起或应诉,也可以委托他人作为诉讼代理人;"如果婚姻关系中一方或双方为限制民事行为能力人,由于其未完全丧失辨认能力和控制能力,因此离婚应由其自行决

---

① 我国2001年修正的《婚姻法》第11条仅规定,受胁迫为可撤销婚;《民法典》第1052条规定受胁迫为婚姻可撤销的理由,第1053条新增了一方隐瞒重大疾病作为婚姻可撤销的理由。

定"①。实践中,争议比较大的是无民事行为能力人的离婚问题,由于其不具备离婚的诉讼行为能力,离婚诉讼就必然涉及法定代理人。当无民事行为能力人是离婚案件的被告时,由代理人参与诉讼是没有争议的,但是对于他人能否代理无民事行为能力人主动提起离婚诉讼,司法实践中存在争议,《婚姻家庭编解释(一)》第 62 条规定:"无民事行为能力人的配偶有民法典第三十六条第一款规定行为,其他有监护资格的人可以要求撤销其监护资格,并依法指定新的监护人;变更后的监护人代理无民事行为能力一方提起离婚诉讼的,人民法院应予受理。"此为无民事行为能力人的监护人,代理无民事行为能力人作为原告提起离婚诉讼提供了司法依据。

此外,现行《适用民事诉讼法解释》第 234 条对无民事行为能力人的法定代理人应当出庭诉讼作出了具体规定:"无民事行为能力人的离婚诉讼,当事人的法定代理人应当到庭;法定代理人不能到庭的,人民法院应当在查清事实的基础上,依法作出判决。"

(2) 离婚是当事人生存期间以解除婚姻关系为目的而实施的行为。离婚是合法婚姻关系的解除,因此,离婚与婚姻的无效或撤销存在着根本的区别,离婚与婚姻终止也存在不同,前已述及,不再赘述。

(3) 离婚作为解除婚姻关系的民事法律行为,包括协议离婚和判决离婚。协议离婚,是指婚姻当事人双方依据婚姻法的规定基于意思表示一致解除婚姻关系,并就夫妻的共同财产分割、共同债务清偿和子女抚养等问题有适当处理的法律行为。协议离婚的方式,包括在民政部门进行的登记离婚和提起离婚诉讼经人民法院依法调解双方当事人达成调解合意的离婚。判决离婚是婚姻当事人一方基于其离婚的意思表示,提出离婚诉讼,请求解除婚姻关系,法院依法裁决是否准予离婚的诉讼法律行为。

二、离婚立法主义的历史发展

离婚制度的发展,大体经历了从禁止离婚主义到许可离婚主义、从限制离婚主义到自由离婚主义、从过错离婚主义到无过错离婚主义三个阶段。

(一) 禁止离婚主义

禁止离婚主义是中世纪教会法的主张,基于婚姻是"神作之合"的基督教的教义,教会法禁止离婚。在罗马法上,离婚是指婚姻因配偶一方或双方失去"婚意"而解除,它不是独立于婚姻的一种制度,而是婚姻观念的结果。也就是说,这种婚姻观念要求持续的合意,当合意消失时,男人和女人必然不再被视为夫妻。在当时,离婚就其性质而言,不要求形式,简单的口头通知、书面通知或通过传信人通知就足够了。随着基督教的影响,罗马皇帝开始限制离婚,从而人们把离婚分为合意离婚和片意离婚,在尊重合意离婚的同时,人们开始试图限制片意离婚,如在优士丁尼时期,非法离婚会受到刑罚,合法离婚中的过错配偶也会被科以刑罚,但是,尽管有这些严厉的限制,罗马的婚姻观念和离婚观念在优士丁尼法中尚未发

---

① 最高人民法院审判监督庭编著:《最高人民法院婚姻法司法解释(三)理解与适用》,人民法院出版社 2011 年版,第 129 页。

生变化。到了中世纪,教会改变了婚姻观念,并使婚姻在本质上不可解除。[①] 中世纪开始,在欧洲,基于婚姻是"神作之合"的基督教的教义,教会法禁止离婚。对于事实上无法共同生活的夫妻,则用别居制度加以缓和。别居就是经过法院或宗教法庭裁判,解除夫妻同居义务以及其他部分义务,但不解除婚姻关系的制度,即所谓的分床分食制。但双方仍负有贞操义务、扶养义务,并享有继承财产的权利。随着宗教改革运动的发展,欧洲根据信仰的不同被分为了信仰天主教和信仰马丁路德所创设的新教两部分。在新教地区,婚姻家庭脱离教会的管辖,回归世俗国家,并且开始实行离婚制度,禁止离婚主义逐渐被许可离婚主义所取代。当时,离婚理由仅限于通奸等夫妻一方有重大过错的情形,但毕竟禁止离婚主义的坚冰已被打破,离婚制度从而进入第二个阶段,即许可离婚主义阶段。

中国古代也有婚姻终身性的观念。《礼记》曰:"妻者齐也,一与之齐,终身不改。"但在史实中,离婚之事,见于经传者,例不胜举。[②]

(二) 许可离婚主义

许可离婚主义,又称法定离婚原因主义,即在具备法定原因时允许解除婚姻关系。就许可离婚主义而言,根据许可离婚的程度不同,又分为专权离婚主义、限制离婚主义、自由离婚主义三种。

1. 专权离婚主义

专权离婚主义,又称夫权离婚主义,即男方家长或者丈夫本人享有离婚的权利,妻子不享有离婚权利的立法主张。在此种离婚立法主张之下,丈夫的意志决定了离婚与否,妻子处于被遗弃的地位。这种专权离婚主义为奴隶社会、封建社会的大多数国家所采用,如我国古代法中专权离婚主义的"七出"之法律规定,即是男方家长或男方本人出妻的法定理由。[③] 此种离婚制度主要由当时社会男子的特权地位所决定,是男女不平等的法律文化在离婚制度中的表现。

2. 限制离婚主义

限制离婚主义,即对离婚进行严格限制的离婚法律制度。限制离婚主义的发展经历了以下三个阶段:

第一个阶段是过错离婚主义。过错离婚主义,即将通奸、虐待、侮辱等可归责于配偶一方的违反婚姻义务的情形作为离婚理由的离婚立法主张。过错离婚的特点是:(1) 离婚的请求权只属于无过错配偶。在过错离婚制度中,只有一方配偶对婚姻破裂有过错、须负责时,他方配偶才可以提起离婚诉讼。(2) 过错离婚原因是绝对的离婚原因。所谓的绝对离婚原因与相对的离婚原因对称,是指在离婚诉讼中,只要该种离婚原因被证实,法官就必须为离婚判决的离婚原因。而相对离婚原因是指,虽该种离婚原因已被法庭证实,但斟酌其他情形,法官仍可为不准予离婚判决的原因,即阻却离婚的法定事由。例如,依《日本民法典》第770条第2款的规定,即使存在该条第1款规定的四项裁判准予离婚的原因(其中有两项为过错

---

① 关于罗马法离婚制度的内容,参见[意]彼德罗·彭梵得:《罗马法教科书》,黄风译,中国政法大学出版社1992年版,148—150页。

② 参见陈鹏:《中国婚姻史稿》,中华书局2005年版,第591页。

③ "七出"是我国古代男家出妇、男子休妻的七项法定理由,包括不孝、无子、淫、妒、恶疾、口多言、盗窃。

原因),法院在斟酌一切情况后认为继续婚姻更为妥当时,可以驳回离婚请求。①(3) 与过错主义立法主张相适应的离婚理由立法方式,多为列举主义,但也有国家的离婚法中采取概括的过错主义离婚理由,如 1900 年《德国民法典》第 1568 条规定,夫妻之一方严重违反婚姻义务或因不名誉或不道德之行为,而致婚姻关系彻底破裂,以至于不能期待婚姻关系继续者,得提起离婚之诉,这就是一个概括的离婚理由。

第二个阶段是目的离婚主义。目的离婚主义,即因一些不可归责于配偶双方,但能够干扰婚姻目的实现的某种客观情况作为离婚理由的立法主张。随着人们对婚姻的进一步认识,人们逐渐发现,双方对婚姻的破裂都无过错,但由于某种客观情况的出现,如一方患有不治之精神病、患有法律禁止结婚的疾病、生死不明等,仍然会导致婚姻关系无法维持,于是立法者又将这些原因作为离婚的法定理由列举出来。目的主义离婚理由的出现,标志着离婚立法从过错离婚主义向无过错离婚主义的转变,此即客观破裂主义。

第三个阶段是无过错主义。随着社会的发展、婚姻观念的转变,人们对婚姻的本质认识进一步深化,对离婚也进一步宽容,许多国家在离婚理由上,开始采取完全的无过错主义。例如,1921 年《瑞士民法典》第 142 条规定,因发生了严重损害婚姻关系的事件,致使配偶双方均无法继续维持婚姻共同生活时,配偶中的任何一方均可诉请离婚。② 德国 1946 年的婚姻法从之,《日本民法典》第 770 条第 5 款、《韩国民法典》第 840 条第 6 款从之。但在 1969 年之前,无过错离婚理由在一些国家离婚法中只是离婚理由之一,过错离婚理由仍占主要地位。1969 年,美国加利福尼亚州进行离婚法改革,把"婚姻关系无可挽回的破裂"和"精神错乱"作为离婚理由,开启了离婚法历史上无过错离婚革命的先河。此后的二三十年间,这一改革浪潮波及美洲、欧洲和亚洲的许多国家和地区。婚姻关系无可挽回的破裂之无过错离婚法逐渐成为世界性立法潮流。③

3. 自由离婚主义

自由离婚主义是指夫妻双方或一方可以根据其意愿自由提出离婚请求,法律并不要求具备一定离婚理由的离婚制度。自由离婚主义与破裂主义的根本区别在于自由离婚主义不要求离婚必须具备法定的离婚理由,只要一方或双方当事人具有离婚意愿即可离婚;而破裂主义离婚则将婚姻已经破裂作为法定的离婚理由,在一方或者双方当事人具有离婚意愿的情况下,婚姻必须已经破裂,才能准予离婚。自由离婚的规定可以追溯到古罗马时期④,然而成为一项法律原则确是在苏联十月革命胜利以后。在历史上,苏联十月革命胜利以后,为消除宗教婚姻对婚姻家庭关系的严重影响,对离婚制度进行了重大改革,实行自由离婚主义,取消了对离婚的限制。例如,1918 年颁布的《身份登记、婚姻、家庭和监护法典》规定,婚姻

① 参见王爱群译:《日本民法典》,法律出版社 2014 年版,第 122 页。
② 参见殷生根、王燕译:《瑞士民法典》,中国政法大学出版社 1999 年版,第 42 页。
③ 主编注:如何认定婚姻关系无可挽回的破裂,按照《德国民法典》第 1565 条第 1 款的规定,是指夫妻双方的共同生活关系已不复存在,并且不存在夫妻双方将其恢复的可能性。也就是说,婚姻的破裂是无法挽回的。参见[德]迪特尔·马丁等:《德国的离婚法报告——离婚原因及离婚后配偶的扶养》,张帅宾等译,载梁慧星主编:《民商法论丛》(第 43 卷),法律出版社 2009 年版,第 165 页。关于当代外国家庭法的新发展,对英国现代离婚制度的修改动向研究,参见石雷:《英国现代离婚制度研究》,群众出版社 2015 年版,第 271—277 页。对澳大利亚家事纠纷解决机制的新发展及其启示的研究,参见陈苇等:《中国婚姻家庭理论与实践研究》,中国人民公安大学出版社 2019 年版,第 530—541 页。
④ 罗马法上的无夫权婚姻的解除,参见江平、米健:《罗马法基础》(修订本第三版),中国政法大学出版社 2004 年版,第 172 页;丘汉平:《罗马法》,中国方正出版社 2004 年版,第 99 页。

关系的解除只需夫妻一方单方面提出申请,由国家身份处予以登记即可,从而废除了限制离婚主义,实行完全的自由离婚主义。1926 年颁布的《苏俄婚姻、亲属及监护法典》第 18 条规定:"夫妻在生存期间,婚姻得由双方同意,以及一方之片面要求消灭。"根据这一规定,夫妻双方同意离婚的,双方向登记局提出离婚登记申请,即可获离婚。一方要求离婚,对方不同意离婚的,登记局依一方申请也准登记,解除婚姻关系。1944 年该法典对离婚程序进行了修改,恢复了诉讼离婚制度,增加了诉讼离婚的法院前置调解程序,但法律没有规定判决离婚的条件,是否准予离婚,由法官自由裁量。夫妻双方自愿离婚的,由户政机关登记离婚,发给离婚证。[①]

苏联确立的自由离婚主义,对我国离婚立法影响深远。在我国,1931 年《中华苏维埃共和国婚姻条例》和 1934 年《中华苏维埃共和国婚姻法》都没有明确规定离婚理由。新中国成立后,1950 年《婚姻法》也没有明确规定离婚理由。仅在第 17 条第 1 款规定,男女双方自愿离婚的,准予离婚。男女一方坚决要求离婚的,经区人民政府或司法机关调解无效时,亦准予离婚,直到 1980 年《婚姻法》才明确将"夫妻感情确已破裂,调解无效"作为准予离婚的法律原则。2001 年修正的《婚姻法》和 2021 年施行的《民法典》婚姻家庭编均坚持沿用此准予离婚的法律原则。

随着社会的发展,许多国家的法律都是采取离婚自由主义[②],但对离婚也设立了一定的限制条件。例如,在瑞典,夫妻任何一方都有权利提出离婚,但在下列三种情况下,需要遵守 6 个月的考虑期:(1) 如果双方配偶明确申请离婚;(2) 如果一方配偶一直与一个 16 岁以下的自己的子女共同生活;(3) 如果只有一方配偶申请离婚。[③]在芬兰,自 1987 年离婚法改革后,夫妻双方和夫妻一方都有权请求离婚,但需要遵守 6 个月的考虑期。[④]可见,瑞典、芬兰的立法均采取自由离婚主义,婚姻破裂已经不是离婚的条件,当事人具备离婚意愿是离婚的基本前提,但对离婚均设有离婚考虑期的限制条件。

三、我国处理离婚问题的指导思想

保障离婚自由和反对轻率离婚,是我国婚姻法的一贯指导思想。在我国,早在 1950 年 4 月,中央人民政府法制委员会向中央人民政府委员会第七次会议所作的《关于中华人民共和国婚姻法起草经过和起草理由的报告》中就明确指出,"《婚姻法》第五章'离婚'是关于具体保障离婚自由和反对轻率离婚的规定"[⑤]。1953 年中央贯彻婚姻法运动委员会《贯彻婚姻法宣传提纲》重申:"婚姻法保护正当的离婚自由,也反对轻率的离婚。"[⑥]1980 年《婚姻法》

[①] 参见陈苇主编:《婚姻家庭继承法学》(第二版),群众出版社 2012 年版,第 238 页。

[②] 主编注:在现代社会,不少国家离婚制度的立法理念在不断更新,离婚制度的内容也在不断发展。关于离婚制度立法理念之人文主义嬗变,参见冉启玉:《人文主义视阈下的离婚法律制度研究》,群众出版社 2012 年版,第 77—116 页。关于英国现代离婚制度的发展概况之研究,参见石雷:《英国现代离婚制度研究》,群众出版社 2015 年版,第 30—37 页。关于澳大利亚离婚制度历史演进的研究,参见郭庆敏:《澳大利亚离婚制度研究》,中国人民公安大学出版社 2022 年版,第 19—38 页。

[③] Jürgen Rieck, *Ausländisches Familienrecht*, Verlag C:H:Beck,München 2006. Schwede,S.14–15.

[④] Jürgen Rieck, *Ausländisches Familienrecht*, Verlag C:H:Beck,München Finnland,2010,S.10.

[⑤] 刘素萍主编:《婚姻法学参考资料》,中国人民大学出版社 1989 年版,第 68 页。

[⑥] 中央贯彻婚姻法运动委员会:《贯彻婚姻法宣传提纲》,载《人民日报》1953 年 2 月 25 日,第 1 版。

正式实施以前,中央宣传部和全国妇联印发了《中华人民共和国婚姻法宣传要点》,认为"保障离婚自由,反对轻率离婚"是新婚姻法的主要内容之一。2001 年修正的《婚姻法》和 2021 年施行的《民法典》婚姻家庭编均继续坚持"保障离婚自由,反对轻率离婚"这一处理离婚问题的指导思想。

(一)保障离婚自由

1. 离婚自由的概念

离婚自由,是指夫妻享有依法定条件和程序解除婚姻关系的自由。离婚自由是婚姻自由不可缺少的重要内容,缺少离婚自由的婚姻自由是不完整的,不是真正的婚姻自由。婚姻法保障离婚自由,首先保障公民在婚姻关系破裂时有提出离婚的权利;其次保障公民选择离婚方式的权利。公民可以根据自身的情况,选择到婚姻登记机关或者人民法院解除婚姻关系,任何人不得非法限制和干涉。

2. 保障离婚自由的必要性

第一,坚持离婚自由是婚姻本质和内在规定的客观要求。作为自然属性和社会属性统一体的婚姻关系,是夫妻共同生活的伦理实体。婚姻包含夫妻之间的感情生活、性生活、经济生活等各方面的内容。如果夫妻的感情生活、性生活,经济生活等各方面的共同生活已经破裂,就意味着这一婚姻已经死亡。我国离婚立法采取破裂主义[①],无论当事人一方或双方是否有过错,只要夫妻感情确已破裂,法律即允许解除这种死亡的婚姻,这是婚姻本质的要求。因此,保障离婚自由是我国离婚立法的指导思想。

第二,实行离婚自由可以使夫妻感情确已破裂的婚姻关系得到解除,使当事人得以解脱,有可能重新组建新的幸福和睦家庭。夫妻间的感情是婚姻关系赖以维系的基本要素。如果夫妻感情已经破裂,又不存在恢复的可能,婚姻关系就失去了存在的意义和条件。勉强维持这种已经死亡的婚姻,对当事人以及子女、社会均属不利。实行离婚自由,可以满足当事人正当的解除婚姻关系的要求,通过法定途径解除名存实亡的婚姻关系,从而使当事人有可能重建幸福美满的婚姻家庭。

第三,实行离婚自由可以把离婚纳入制度化、规范化的轨道,有利于增强人们的法律意识,用法律的手段保护自己的离婚权利和其他相关的合法权益。离婚关系到一个家庭的解体,涉及配偶双方、子女以及其他近亲属重大的人身和财产利益,实现离婚自由,规范离婚的条件和程序,规范离婚的法定后果,有利于当事人将自己的离婚行为纳入法律规定的轨道,保护自己的合法权益。

(二)反对轻率离婚

与离婚自由相联系的问题就是在离婚立法和司法实践中如何处理离婚自由与反对轻率离婚的关系。轻率离婚,是指在婚姻关系尚未破裂的情况下,轻易草率地解除婚姻关系。造成这种轻率态度的原因有两方面。其一,主要是对婚姻的价值以及社会意义缺乏正确认识,缺乏应有的对家庭和对社会的责任心和义务感,缺乏处理婚姻危机的经验。当婚姻生活出

---

① 主编注:我国有学者指出,现代离婚立法对于离婚理由实行破裂主义,是因为婚姻破裂为"本",过错行为和无责事件为"末",立法不能舍本逐末,更不能本末倒置。参见胡志超:《中国破裂主义离婚法律制度》,法律出版社 2010 年版,第 67 页。

现危机时,不慎重地考虑如何挽救婚姻,不珍惜夫妻情感,而是轻率地把离婚作为解决矛盾的手段,基于个人的"自尊"和"面子"感情用事。其二,受到两性关系自由主义和极端个人主义的影响,喜新厌旧,见异思迁,任性处理婚姻问题。轻率离婚是一种对个人、对家庭、对社会不负责任的行为,是对离婚自由的曲解和滥用。

　　婚姻关系是一种社会关系,婚姻家庭是社会的细胞组织和基本单位,婚姻家庭关系不稳定,往往可能影响社会稳定。轻率离婚的危害性体现在:不利于维护当事人本人的根本利益;对配偶他方,对子女,对其他近亲属都可能造成直接或间接的物质上和精神上的损害,危害社会风气;有可能导致恶性事件的发生。反对轻率离婚,既是保护自然人根本的家庭利益和社会利益的要求,也体现了婚姻本质的要求。在国外,一方面,法律从离婚条件和程序上保障离婚自由;另一方面,法律通过离婚时财产分割、离婚后扶养以及其他法律制度保障弱势配偶和子女的利益,从而增加离婚的经济成本,以防止轻率离婚。我国法律对离婚程序和离婚条件的设定,亦体现了立法者保障离婚自由、反对轻率离婚的立法精神。对待离婚问题,必须坚持保障离婚自由和反对轻率离婚,两者相辅相成,从而正确理解和认真贯彻我国婚姻法的基本指导思想。[①]

第二节　登记离婚制度

一、登记离婚的条件和程序

(一)登记离婚的概念和特征

　　登记离婚,是指婚姻当事人双方达成离婚合意并通过婚姻登记机关解除婚姻关系的离婚制度。从离婚的方式是在行政机关登记的角度来讲,登记离婚又称行政登记离婚;从夫妻双方自愿的角度讲,登记离婚在我国又称协议离婚、双方自愿离婚,在外国法中又称两愿离婚、合意离婚。在我国,协议离婚有广义和狭义两种。广义的协议离婚包括行政程序的协议离婚和诉讼内的协议离婚。诉讼内协议离婚是指,离婚诉讼的当事人在诉讼过程中经法官调解后,双方当事人达成离婚协议而解除婚姻关系的离婚方式。狭义的协议离婚仅指行政程序的协议离婚。

　　我国的登记离婚具有如下特征:一是离婚是双方自愿的行为;二是双方当事人对子女抚养、财产以及债务等事项的处理协商达成一致意见;三是双方通过婚姻登记的行政程序解除婚姻关系。

(二)我国登记离婚的条件

　　《民法典》第 1076 条规定:"夫妻双方自愿离婚的,应当签订书面离婚协议,并亲自到婚姻登记机关申请离婚登记。离婚协议应当载明双方自愿离婚的意思表示和对子女抚养、财

[①] 主编注:关于离婚自由与限制的研究,参见夏吟兰:《离婚自由与限制论》,中国政法大学出版社 2007 年版。关于离婚制度的人文主义研究,参见冉启玉:《人文主义视阈下的离婚法律制度研究》,群众出版社 2012 年版。

产以及债务处理等事项协商一致的意见。"

根据上述规定,登记离婚的当事人须满足下列条件:

1. 双方当事人须为合法夫妻且具有完全民事行为能力

申请登记离婚的当事人双方必须具有合法的夫妻身份,且其结婚登记是在中国内地办理的。此条件意味着,登记离婚的双方必须是依法办理过结婚登记手续的婚姻当事人。未婚同居者,有配偶者与他人同居者,未办理结婚登记的"事实婚姻"的当事人如果申请办理登记离婚的,婚姻登记机关都不予受理。如果当事人双方就是否具有婚姻关系发生争议,或就子女抚养、财产分割问题有争议的,就须通过诉讼程序解决。

申请登记离婚的双方当事人必须具有完全民事行为能力。根据《民法典》第 1076 条的规定,登记离婚要求申请登记的当事人双方"应当签订书面离婚协议……离婚协议应当载明双方自愿离婚的意思表示和对子女抚养、财产以及债务处理等事项协商一致的意见"。这就要求当事人具有作出此意思表示的行为能力。作出登记离婚的意思表示所对应的行为能力是什么? 我国台湾地区学者认为,民法规定两愿离婚,自须有离婚之合意,以有意思能力为必要。[①] 但我国大陆学术界和实务界一般均认为,登记离婚的当事人应具有完全民事行为能力。[②] 现行《婚姻登记条例》第 14 条也明确规定,办理离婚登记的当事人属于无民事行为能力人或者限制民事行为能力人的,婚姻登记机关不予受理。

2. 双方当事人须有离婚的合意

即在离婚问题上双方当事人都自愿,这是登记离婚的最基本要件。双方自愿离婚,要求双方当事人对离婚的意思表示是真实的、一致的,而非单方自愿或者第三人自愿,对于仅有一方当事人申请离婚的,婚姻登记机关不予受理。

3. 双方当事人须对子女抚养达成合意

子女抚养问题主要包括子女归谁直接抚养,抚养费如何分担,抚养费的给付期限、办法,子女的探视等,协议要体现保护未成年人利益的原则。

4. 双方当事人须对财产及债务处理等事项协商一致

协商事项主要涉及共同财产的分割,共同债务的清偿,经济困难一方的经济帮助或离婚时对尽较多义务一方家务劳动的补偿。此外,有的可能还涉及离婚损害赔偿。

综上,具有完全民事行为能力的夫妻双方对上述几个方面的内容达成书面离婚协议后,即可向离婚登记机关申请离婚登记。

(三) 我国登记离婚的程序

1. 登记离婚的机关

(1) 婚姻登记机关的级别管辖。根据我国现行《婚姻登记条例》第 2 条第 1 款的规定,内地居民办理婚姻登记的机关是县级人民政府民政部门或者省、自治区、直辖市人民政府按照便民原则确定的乡(镇)人民政府。

(2) 离婚登记的全国通办。我国现行《婚姻登记条例》第 13 条第 1 款规定:"内地居民自愿离婚的,男女双方应当签订书面离婚协议,亲自到婚姻登记机关共同申请离婚登记。"此

---

① 参见史尚宽:《亲属法论》,中国政法大学出版社 2000 年版,第 464 页。

② 参见本书编写组编:《婚姻登记条例知识问答》,法律出版社 2003 年版,第 71—72 页;李明舜主编:《婚姻家庭继承法学》,武汉大学出版社 2011 年版,第 210 页。

规定确立了离婚登记的全国通办,即男女双方自愿离婚的,应当亲自到《婚姻登记条例》第 2 条第 2 款规定的婚姻登记机关办理。

2. 登记离婚的程序

根据《民法典》第 1076—1078 条以及现行《婚姻登记条例》第 13、15、16、17 条的规定,我国登记离婚的程序包括申请、离婚冷静期、审查、登记四个环节。

(1) 申请。《民法典》第 1076 第 1 款规定:"夫妻双方自愿离婚的,应当签订书面离婚协议,并亲自到婚姻登记机关申请离婚登记。"现行《婚姻登记条例》第 13 条第 1 款规定:"内地居民自愿离婚的,男女双方应当签订书面离婚协议,亲自到婚姻登记机关共同申请离婚登记。"要求男女双方签订书面离婚协议,亲自到婚姻登记机关共同申请离婚登记,是婚姻登记机关办理登记离婚的基本要求,目的是通过和双方当事人的见面,确认离婚是出自当事人的自愿,并且双方当事人已经就离婚、离婚可能涉及的子女、财产等问题达成了一致的协议。根据《民法典》第 1076 第 2 款、现行《婚姻登记条例》第 13 条第 3 款的规定,离婚协议应当载明双方自愿离婚的意思表示和对子女抚养、财产以及债务处理等事项协商一致的意见。

根据现行《婚姻登记条例》第 15 条第 1 款的规定,申请离婚登记的内地居民应当出具下列证件:本人的居民身份证;本人的结婚证。

(2) 离婚冷静期。离婚冷静期是指夫妻申请通过登记程序解除婚姻时,法律赋予当事人的思考离婚决定或者撤回离婚申请的法定期间。《民法典》增设离婚冷静期主要是为了解决"实践中,由于离婚登记手续过于简便,轻率离婚现象增多,不利于家庭稳定"[①] 的问题。

《民法典》第 1077 条规定:"自婚姻登记机关收到离婚登记申请之日起三十日内,任何一方不愿意离婚的,可以向婚姻登记机关撤回离婚登记申请。前款规定期限届满后三十日内,双方应当亲自到婚姻登记机关申请发给离婚证;未申请的,视为撤回离婚登记申请。"因此,《民法典》第 1077 条规定的离婚冷静期包括如下几方面内容:第一,冷静期起算日期和期限。冷静期的期限是从申请离婚之日起 30 日。第二,冷静期的内容。在 30 日离婚冷静期内,当事人应当冷静思考离婚决定的正确性。任何一方对离婚申请反悔的,可以向婚姻登记机关撤回离婚登记申请。第三,冷静期届满后的效果。冷静期届满后 30 日内,双方应当亲自到婚姻登记机关申请发给离婚证;未申请的,视为撤回离婚登记申请。

(3) 审查。《民法典》第 1078 条规定:"婚姻登记机关查明双方确实是自愿离婚,并已对子女抚养、财产及债务处理等事项协商一致的,予以登记,发给离婚证。"现行《婚姻登记条例》第 16 条第 1 款规定,"婚姻登记机关应当在法律规定期限内,根据当事人的申请,核对离婚登记当事人出具的证件、书面材料并询问相关情况"。据此,登记机关应当在法定期限内对当事人的离婚申请进行审查,查明当事人出具的证件、书面材料是否齐全,询问当事人是否自愿离婚,以及当事人对子女抚养、财产、债务等问题达成的协议是否合法有效。这种审查主要是形式审查,即只要登记机关对当事人所提供的证件和证明材料的审查尽了应有的谨慎义务,婚姻登记机关所做的登记就是合法有效的。现行《婚姻登记条例》第 17 条规定:"婚姻登记机关在办理离婚登记过程中,可以根据情况及时对离婚登记当事人开展心理辅导、调解等工作。"因此,婚姻登记机关在审查过程中,可以根据自愿、合法原则根据情况对

---

① 黄薇主编:《中华人民共和国民法典婚姻家庭编解读》,中国法制出版社 2020 年版,第 177 页。

离婚登记当事人开展心理辅导、调解等工作。

（4）登记。现行《婚姻登记条例》第 16 条第 1 款规定，"对当事人确属自愿离婚，并已经对子女抚养、财产以及债务处理等事项协商一致，男女双方亲自到收到离婚登记申请的婚姻登记机关共同申请发给离婚证的，婚姻登记机关应当当场予以登记，发给离婚证"。对不符合《民法典》婚姻家庭编和《婚姻登记条例》规定的，登记机关不予登记，并向当事人说明理由。

对于结婚证、离婚证遗失或者损毁的，根据现行《婚姻登记条例》第 21 条的规定，当事人需要补领结婚证或者离婚证的，可以持居民身份证或者该条例第 8 条第 2 款至第 4 款规定的有效身份证件向婚姻登记机关申请办理。婚姻登记机关对当事人的婚姻登记档案进行查证，确认属实的，应当为当事人补发结婚证或者离婚证。

（5）婚姻登记机关不予受理离婚登记的法定情形。现行《婚姻登记条例》第 14 条规定："申请离婚登记的当事人有下列情形之一的，婚姻登记机关不予受理：（一）未达成离婚协议的；（二）属于无民事行为能力人或者限制民事行为能力人的；（三）其结婚登记不是在中国内地办理的。"

二、关于登记离婚的几个问题

（一）对当事人主张"假离婚"的处理

《婚姻家庭编解释（二）》第 2 条规定："夫妻登记离婚后，一方以双方意思表示虚假为由请求确认离婚无效的，人民法院不予支持。"第 3 条规定："夫妻一方的债权人有证据证明离婚协议中财产分割条款影响其债权实现，请求参照适用民法典第五百三十八条或者第五百三十九条规定撤销相关条款的，人民法院应当综合考虑夫妻共同财产整体分割及履行情况、子女抚养费负担、离婚过错等因素，依法予以支持。"

（二）登记离婚后就财产分割协议的履行发生纠纷向人民法院起诉的问题

《婚姻家庭编解释（一）》第 69 条第 2 款规定："当事人依照民法典第一千零七十六条签订的离婚协议中关于财产以及债务处理的条款，对男女双方具有法律约束力。登记离婚后当事人因履行上述协议发生纠纷提起诉讼的，人民法院应当受理。"此条是就登记离婚后财产分割协议的履行引起的纠纷所作的规定。因为男女双方到民政部门登记离婚，就财产分割问题达成的协议，是当事人在平等自愿的前提下协商一致的结果。对于任何一方当事人来说，这都是对自己财产的自由处分，根据该条规定，协议对男女双方具有法律约束力，当事人因履行上述协议发生纠纷提起诉讼的，人民法院应当受理。

（三）登记离婚后当事人就财产分割反悔起诉要求人民法院进行处理

《婚姻家庭编解释（一）》第 70 条规定："夫妻双方协议离婚后就财产分割问题反悔，请求撤销财产分割协议的，人民法院应当受理。人民法院审理后，未发现订立财产分割协议时存在欺诈、胁迫等情形的，应当依法驳回当事人的诉讼请求。"即如果登记离婚后当事人就财产分割协议反悔，只有因订立协议时存在欺诈、胁迫等情形，当事人请求变更或撤销的，人民法院才予以支持。

(四) 附协议离婚条件的财产分割协议的效力

对于离婚诉讼前当事人双方达成的离婚协议的效力问题,《婚姻家庭编解释(一)》第69条第1款规定:"当事人达成的以协议离婚或者到人民法院调解离婚为条件的财产以及债务处理协议,如果双方离婚未成,一方在离婚诉讼中反悔的,人民法院应当认定该财产以及债务处理协议没有生效,并根据实际情况依照民法典第一千零八十七条和第一千零八十九条的规定判决。"可见,此司法解释将以协议登记离婚或者到法院调解离婚两种形式为条件的财产分割协议的性质视为附条件的民事法律行为。由于在所附条件未成就时,民事行为不能发生法律效力,所以,如果当事人未能协议离婚,该财产分割协议不发生法律效力。

第三节　诉讼离婚制度

一、诉讼离婚的概念

诉讼离婚,是指夫妻一方基于法定离婚理由向人民法院提起离婚诉讼,人民法院依法通过调解或判决,解除当事人婚姻关系的一种离婚方式。

诉讼离婚适用于以下两类案件:无争议的离婚案件和有争议的离婚案件。无争议的离婚案件主要是指夫妻双方在是否离婚以及子女抚养、财产分割等问题上没有争议,但因其他原因不愿意通过行政程序离婚,而选择到法院解除婚姻关系。有争议的离婚案件又包括三种情况:一是夫妻一方要求离婚,而另一方不同意的;二是夫妻双方同意离婚,但在子女抚养、财产等问题上不能达成一致意见的;三是夫妻双方未办理结婚登记而以夫妻名义共同生活,符合法定条件的解除事实婚姻的。

二、诉讼外调解

诉讼外调解,又称诉讼前调解,是指在离婚诉讼开始前,由有关部门对离婚当事人进行的调解。《民法典》第1079条第1款规定:"夫妻一方要求离婚的,可以由有关组织进行调解或者直接向人民法院提起离婚诉讼。"据此规定,诉讼前调解具有以下特点:第一,须发生在离婚诉讼开始前;第二,适用于男女一方要求离婚引起的纠纷;第三,不是离婚诉讼的必经程序,当事人一方提出离婚的,既可以由有关部门进行调解,也可以不经有关部门调解直接向人民法院起诉,人民法院不得以未经有关部门调解而拒绝受理;第四,有关部门是指当事人所在单位、当地群众团体和人民调解组织。没有单位的农村或城市居民,可以由村(居)民委员会进行调解。调解既可以由一个部门进行,也可由几个单位联合进行。调解应该遵循自愿、合法的原则,不得带有强制性。

诉讼外调解的结果,可能产生以下三种情况:一是调解和好,消除纠纷。二是经调解后,原本要离婚的一方仍坚持离婚,不同意离婚的一方也改变了态度同意离婚,双方达成了离婚协议,并就子女抚养和离婚时财产分割达成了一致的协议。但这种离婚协议是没有法律效力的,须由双方当事人到当地婚姻登记机关申请登记离婚,经婚姻登记机关审查合格,发给离婚证,才发生法律效力。三是调解无效,双方当事人仍未达成同意离婚的协议,此时的离婚纠纷只能通过诉讼程序解决。

三、诉讼内调解

诉讼内调解,是指在诉讼期间由人民法院进行的调解。《民法典》第 1079 条第 2 款规定,"人民法院审理离婚案件,应当进行调解"。这一调解是诉讼中调解。诉讼中调解具有三个特点:第一,诉讼中调解是必经程序。人民法院审理离婚案件,必须进行调解。调解是必经程序,未经调解的案件,一般不得即行判决。实践中通常的做法是,在查明事实、分清是非的基础上,首先进行双方和好的调解;如果夫妻感情确已破裂,调解和好无效,可转而进行双方离婚的调解。第二,人民法院进行调解要遵循自愿、合法的原则:一方面,必须是当事人自愿接受调解。调解是离婚案件审理的必经程序,但并不意味着当事人必须接受,法院不能强迫当事人接受调解。另一方面,在调解过程中,当事人所达成的离婚调解协议也必须是自愿的,是当事人双方自愿协商的结果。第三,调解贯穿离婚诉讼的全过程。人民法院在审理离婚案件的整个过程中都应该注重调解工作。从期间上看,人民法院自受理离婚案件至案件判决以前,审判人员都可以依职权主动进行调解。从人民法院的审级上看,无论是一审还是二审,审判人员都可以开展调解工作。①

人民法院调解的结果也分为以下三种情形:(1) 双方和好。在这种情况下,原告撤诉的,记录在案,离婚纠纷结案。同时,根据现行《适用民事诉讼法解释》第 214 条第 2 款的规定,原告撤诉或者按撤诉处理的离婚案件,没有新情况、新理由,6 个月内又起诉的,比照现行《民事诉讼法》第 127 条第 7 项的规定不予受理。(2) 经过调解,由一方要求离婚变成双方自愿离婚,并就子女抚养和财产分割达成了协议,在这种情况下,由人民法院制作离婚调解书,离婚调解书经双方当事人签收后,即发生法律效力,双方夫妻身份关系结束,权利义务终止。(3) 调解无效。即一方仍坚持离婚,另一方不同意离婚;或者双方都同意离婚,但就子女抚养或者财产分割达不成一致的协议,在这种情况下,法院应当作出判决。此外,如果在调解书送达前一方反悔,不同意离婚的,人民法院应当作出准予离婚或者不准予离婚的判决。

四、我国离婚诉讼的管辖

(一) 一般地域管辖

1. 被告所在地法院管辖

根据我国现行《民事诉讼法》及现行《适用民事诉讼法解释》的规定,原告提起离婚诉讼的,依照原告就被告原则,应当由被告住所地或者居住地人民法院管辖,具体情形包括:

(1) 原告、被告均被注销户籍的,现行《适用民事诉讼法解释》第 6 条规定:"被告被注销

---

① 主编注:关于域外家事调解制度之概况,参见来文彬:《家事调解制度研究》,群众出版社 2014 年版,第 83—162 页。关于家事法院制度的产生与发展、功能与优势等,参见陈爱武:《家事法院制度研究》,北京大学出版社 2010 年版,第 1—70 页。

户籍的,依照民事诉讼法第二十三条①规定确定管辖;原告、被告均被注销户籍的,由被告居住地人民法院管辖。"

(2) 双方当事人都被监禁或被采取强制性教育措施的,由被告原住所地人民法院管辖。被告被监禁或者被采取强制性教育措施 1 年以上的,由被告被监禁地或者被采取强制性教育措施地人民法院管辖。②

(3) 夫妻双方离开住所地超过 1 年,一方起诉离婚的案件,由被告经常居住地人民法院管辖;若被告没有经常居住地的,由原告起诉时被告居住地人民法院管辖。③

2. 原告所在地法院管辖

作为原告就被告原则的例外,可以由原告所在地法院管辖的情形包括:④(1) 被告不在中华人民共和国领域内居住的;(2) 被告下落不明或被宣告失踪的;(3) 被告被监禁或被采取强制性教育措施的;(4) 被告被注销户籍的。此外,现行《适用民事诉讼法解释》第 12 条第 1 款规定,夫妻一方离开住所地超过 1 年,另一方起诉离婚的案件,可以由原告住所地人民法院管辖。

3. 原告、被告原所在地法院均能管辖

根据现行《适用民事诉讼法解释》第 16 条的规定,中国公民双方在国外但未定居,一方向人民法院起诉离婚的,原告、被告双方原住所地法院均有管辖权。

(二) 特殊案件的管辖

离婚诉讼中的特殊案件主要指当事人为军人的案件,依据现行《适用民事诉讼法解释》第 11 条规定,双方当事人均为军人或者军队单位的民事案件由军事法院管辖。

五、我国诉讼离婚的两项特殊保护

(一) 诉讼离婚中对现役军人婚姻的特别保护

《民法典》第 1081 条规定:"现役军人的配偶要求离婚,应当征得军人同意,但是军人一方有重大过错的除外。"这一规定体现了对现役军人的婚姻的特别保护。早在革命根据地时期,中国共产党的婚姻家庭法就对军婚加以保护。1934 年 4 月 8 日公布的《中华苏维埃共和国婚姻法》第 11 条第 1 句规定:"红军战士之妻要求离婚须得其夫同意。"1943 年 1 月 21 日晋察冀边区第一届参议会通过,同年 2 月 4 日晋察冀边区行政委员会公布的《晋察冀边区婚姻条例》第 16 条规定,抗日军人之配偶,非于抗日军人生死不明逾 4 年后,不得为离婚之请求。1949 年中华人民共和国成立后,1950 年《婚姻法》第 19 条第 1 款规定:"现役革命军人与家庭有通讯关系的,其配偶提出离婚,须得革命军人的同意。"1980 年《婚姻法》第 26

---

① 《民事诉讼法》第 23 条规定:"下列民事诉讼,由原告住所地人民法院管辖;原告住所地与经常居住地不一致的,由原告经常居住地人民法院管辖:(一)对不在中华人民共和国领域内居住的人提起的有关身份关系的诉讼;(二)对下落不明或者宣告失踪的人提起的有关身份关系的诉讼;(三)对被采取强制性教育措施的人提起的诉讼;(四)对被监禁的人提起的诉讼。"

② 现行《适用民事诉讼法解释》第 8 条。

③ 现行《适用民事诉讼法解释》第 12 条第 2 款。

④ 现行《适用民事诉讼法解释》第 6 条。

条规定:"现役军人的配偶要求离婚,须得军人同意。"为了消除1980年《婚姻法》对军婚无限制保护所带来的弊端,维护非军人配偶一方的合法权益,2001年修正的《婚姻法》第33条在1980年《婚姻法》第26条的基础上增加"但军人一方有重大过错的除外"的规定。较之于2001年修正的《婚姻法》,《民法典》第1081条只是将原来的"须得军人同意",修改为"应当征得军人同意"。

必须注意,应当征得军人的同意,不是绝对的,是存在除外情形的。针对这一规定,应注意以下问题:

第一,适用《民法典》第1081条必须符合的条件:一是婚姻当事人中须一方为非军人,另一方为现役军人,①如果双方均系现役军人,则依据离婚的一般规定处理;二是离婚请求须由非军人配偶一方提出,如果离婚的请求是由军人配偶一方提出的,应当按离婚的一般规定处理。

第二,适用《民法典》第1081条的除外情形。根据该法第1081条规定的精神,法律在保护现役军人婚姻权利的同时,也应当依法对非军人婚姻权利予以保护。根据该法第1081条的但书规定,当非军人一方提出离婚,如现役军人一方存在重大过错,可以不必征得军人的同意。何谓现役军人的重大过错?《婚姻家庭编解释(一)》第64条规定:"民法典第一千零八十一条所称的'军人一方有重大过错',可以依据民法典第一千零七十九条第三款前三项规定及军人有其他重大过错导致夫妻感情破裂的情形予以判断。"《民法典》第1079条第3款第1—3项规定的导致夫妻感情破裂的情形是:(1) 重婚或者与他人同居;(2) 实施家庭暴力或者虐待、遗弃家庭成员;(3) 有赌博、吸毒等恶习屡教不改。因此,现役军人具有以下情形,可以视为有重大过错:(1) 现役军人重婚或与他人同居的;(2) 现役军人实施家庭暴力或虐待,遗弃家庭成员的;(3) 现役军人有赌博、吸毒等恶习屡教不改的;(4) 现役军人有其他重大过错导致夫妻感情破裂的。

第三,根据《民法典》第1081条规定的精神,现役军人一方不同意离婚且无重大过错的,在调解中应多做非军人一方的工作,劝其珍惜与军人的感情,如果调解无效,一般应判决不准离婚,此情况下,非军人一方的胜诉权受到限制。

(二) 诉讼离婚中对女方的特殊保护

对于男方来讲,离婚诉权在一定期间是受到限制的。《民法典》第1082条规定:"女方在怀孕期间、分娩后一年内或者终止妊娠后六个月内,男方不得提出离婚;但是,女方提出离婚或者人民法院认为确有必要受理男方离婚请求的除外。"

第一,这一特别规定的性质。此规定是通过在一定时间内限制男方离婚请求权以保护妇女儿童利益的特殊法律措施,其仅仅是推迟男方行使离婚诉权的程序性规定,并不涉及是否准予离婚的实体问题。

第二,这一特别规定的意义。实行离婚自由,并不排除法律对某些情况作一些必要的限制。女方在怀孕期间和分娩后1年内,身体上和精神上需要特别照顾,正在发育的胎儿、婴儿也需要父母双方的悉心照料,在此期间,禁止男方提出离婚是非常必要的,通常情况下,在

---

① 现役军人,是指在中国人民解放军和中国人民武装警察部队服现役、具有军籍的干部和战士。虽在部队工作但并未取得军籍的职工和其他人员,以及已经退役、复员或者转业的人员,均不属于现役军人。离休干部虽然保留军籍,但属于不在位的军人,也不属于现役军人。

此期间男方起诉离婚的,法院原则上不予受理。

第三,这一特别规定的除外情形。法律规定了两种适用该特别规定的除外情形:(1) 在女方怀孕期间、分娩后 1 年内或终止妊娠后 6 个月内,女方本人提出离婚请求的,法律不加限制。因为女方在此期间提出离婚请求,往往都是有特殊原因,存在不堪精神、肉体上的折磨等紧迫事由,且本人对离婚及其后果已经有了思想准备,如不及时受理,可能会损害妇女和儿童的合法利益。如果限制女方在此期间的离婚请求权,是与该特别规定的立法本意相违背的。(2) 鉴于离婚诉讼有许多复杂和特殊的原因,即使是在女方怀孕期间、分娩后 1 年内或终止妊娠后 6 个月内,人民法院也可以在确有必要时受理男方的离婚请求。所谓"确有必要",根据审判实践的经验和有关司法解释,主要指两种情况:一种是在此期间,双方确有不能继续共同生活的重大而急迫的理由,如一方对他方有危及生命、人身安全的可能等;另一种是女方怀孕系与他人通奸所致,为防止意外,人民法院应予受理。1955 年《最高人民法院关于女方因通奸怀孕男方能否提出离婚的批复》规定,"在这种情况下,男方提出离婚时,如婚后通奸怀孕的事实为女方所不争执或经查属实,则法院应该受理"。该批复还指出:"男女一方婚前与他人发生性行为,应与婚后通奸行为加以区别,一般不能作为对方提出离婚的理由。"因为婚姻关系尚未确立时,男女双方之间未产生夫妻间的相互忠实的法律义务,婚前性行为属道德问题,不属法律问题,所以此种情形不属确有必要受理的范围。

第四,适用这一特别规定应注意以下几个问题:

(1) 在此期间,男方提出离婚,女方也表示同意,但是在子女抚养和财产分割问题上各持己见的,能否受理男方的离婚请求?《民法典》第 1082 条规定的"确有必要"是有特定含义的,女方同意离婚不属这种情况,应该限制男方诉权,如法院通知男方不予受理后,女方仍然坚持要求离婚,则可由女方另行起诉。

(2) 产后婴儿死亡仍应受 1 年期间的限制。依据 1957 年《最高人民法院关于女方产后三个月婴儿死亡男方可否提出离婚问题的复函》的精神,女方分娩后 1 年内,男方不得提出离婚。

(3) 人民法院未发现女方怀孕判决离婚的,在上诉期间,女方发现怀孕提起上诉的,依据 1957 年《最高人民法院关于原审法院在未发现女方怀孕时判决离婚宣判后女方发现怀孕提起上诉应如何处理问题的复函》,二审法院应即撤销原判决,驳回原告的起诉,不必发回原审法院重新审判。

六、我国判决准予离婚的法定理由

判决准予离婚的法定理由,又称判决离婚的法定理由,即法院判决准予离婚的法定情形或称法定事由。

(一) 我国判决离婚的法定理由之历史发展 [①]

判决离婚的法定理由,是法院审理离婚案件时判决准予离婚的法律依据。我国 1950 年

---

① 主编注:关于我国内地(大陆)与港、澳、台地区离婚法律制度的比较研究,参见陈苇主编:《当代中国内地与港、澳、台婚姻家庭法比较研究》,群众出版社 2012 年版,第 434—556 页。

《婚姻法》没有具体列举判决准予离婚的法定情形,仅在第 17 条概括性地规定,男女双方自愿离婚的,准予离婚。男女一方坚决要求离婚的,经区人民政府或司法机关调解无效时,亦准予离婚。1980 年《婚姻法》明确地概括性规定夫妻"感情确已破裂,调解无效",这是人民法院判决准予离婚的法律原则。对于如何认定夫妻感情确已破裂,最高人民法院 1989 年《认定夫妻感情确已破裂的意见》规定:"判断夫妻感情是否确已破裂,应当从婚姻基础、婚后感情、离婚原因、夫妻关系的现状和有无和好的可能等方面综合分析。根据婚姻法的有关规定和审判实践经验,凡属下列情形之一的,视为夫妻感情确已破裂。一方坚决要求离婚,经调解无效,可依法判决准予离婚。"该司法解释规定的 14 种情形,包括:(1) 一方患有法定禁止结婚疾病的,或一方有生理缺陷,或其他原因不能发生性行为,且难以治愈的。(2) 婚前缺乏了解,草率结婚,婚后未建立起夫妻感情,难以共同生活的。(3) 婚前隐瞒了精神病,婚后经治不愈,或者婚前知道对方患有精神病而与其结婚,或一方在夫妻共同生活期间患精神病,久治不愈的。(4) 一方欺骗对方,或者在结婚登记时弄虚作假,骗取《结婚证》的。(5) 双方办理结婚登记后,未同居生活,无和好可能的。(6) 包办、买卖婚姻,婚后一方随即提出离婚,或者虽共同生活多年,但确未建立起夫妻感情的。(7) 因感情不和分居已满 3 年,确无和好可能的,或者经人民法院判决不准离婚后又分居满 1 年,互不履行夫妻义务的。(8) 一方与他人通奸、非法同居,经教育仍无悔改表现,无过错一方起诉离婚,或者过错方起诉离婚,对方不同意离婚,经批评教育、处分,或在人民法院判决不准离婚后,过错方又起诉离婚,确无和好可能的。(9) 一方重婚,对方提出离婚的。(10) 一方好逸恶劳、有赌博等恶习,不履行家庭义务,屡教不改,夫妻难以共同生活的。(11) 一方被依法判处长期徒刑,或其违法、犯罪行为严重伤害夫妻感情的。(12) 一方下落不明满 2 年,对方起诉离婚,经公告查找确无下落的。(13) 受对方的虐待、遗弃,或者受对方亲属虐待,或虐待对方亲属,经教育不改,另一方不谅解的。(14) 因其他原因导致夫妻感情确已破裂的。可见,在这些列举的具体情形中,既有配偶一方具有严重过错的离婚理由,如第(4)(8)(9)(10)(11)(13)项;又有目的主义的离婚理由,如第(1)(3)项;还有破裂主义的离婚理由,如第(2)(5)(7)等项。2001 年修正的《婚姻法》第 32 条仍沿用 1980 年《婚姻法》的概括性规定,继续将夫妻"感情确已破裂"作为判决准予离婚的法定理由,但吸收了我国司法实践的经验,新增加列举性规定。其明确列举规定了五项认定"夫妻感情确已破裂"的具体法定情形,增加了法律的可操作性。2001 年修正的《婚姻法》第 32 条第 3 款规定:"有下列情形之一,调解无效的,应准予离婚:(一)重婚或有配偶者与他人同居的;(二)实施家庭暴力或虐待、遗弃家庭成员的;(三)有赌博、吸毒等恶习屡教不改的;(四) 因感情不和分居满二年的;(五)其他导致夫妻感情破裂的情形。"同时,第 32 条第 4 款规定:"一方被宣告失踪,另一方提出离婚诉讼的,应准予离婚。"这实际上是一个新的被视为夫妻感情确已破裂而准予离婚的法定情形。《民法典》第 1079 条是关于诉讼离婚理由和程序的规定。该条在 2001 年修正的《婚姻法》第 32 条原来的离婚理由和离婚程序的基础上,新增了第 5 款,即"经人民法院判决不准离婚后,双方又分居满一年,一方再次提起离婚诉讼的,应当准予离婚",并在立法用语上有少量的调整。

（二）我国判决离婚的法定理由之原因分析 [1]

1980 年《婚姻法》将夫妻"感情确已破裂"作为判决准予离婚的法定理由,这在当时的历史条件下,是一个很大的进步。现将我国判决离婚的法定理由之原因分析如下:

第一,婚姻关系的性质决定应以夫妻感情确已破裂作为准予离婚的法定理由。婚姻是男女因情爱和性爱的结合,从本质上说,现代社会提倡婚姻关系成为一种以感情为基础的两性结合的社会关系。婚姻应当以感情为基础,结婚是爱情发展的结果,是基于感情的精神和肉体的结合。如果夫妻已经不相爱了,互相仇视,基于感情的精神和肉体的结合都不存在了,仅存在法律的外壳,那么这种婚姻的存在也是徒有虚名。如不准离婚,就违反了夫妻关系的客观规律,不符合婚姻道德。在夫妻感情确已破裂的情况下判决准予离婚就是对客观事实的承认。[2] 如果我们一味强调婚姻关系的稳定,就好比人去世了我们不为其举行葬礼,任其腐烂发臭。试想,当夫妻貌合神离、同床异梦,双方矛盾激化时,如不及时使双方解脱,就将必然会给夫妻双方、家庭、子女带来更大的痛苦,甚至出现自杀、凶杀、从家庭外寻找刺激和寄托、堕落等悲惨结局。如果通过合法途径解除这种事实上已破裂的婚姻关系,就能使双方都从不幸婚姻中解脱出来,也使双方有机会再重新建立美满的家庭。列宁说过,"实际上离婚自由并不意味着家庭关系'瓦解',反而会使这种关系在文明社会中唯一可能的和稳固的民主基础上巩固起来"[3]。确实,从个别家庭来看,婚姻是瓦解了,从整个社会来看,婚姻质量却提高了,因此,我国将夫妻感情确已破裂作为准予离婚的法定理由是正确的。

第二,将夫妻感情已破裂作为准予离婚的法定理由是我国几十年立法、司法实践经验的总结。1950 年《婚姻法》对判决离婚的法定情形没有规定。"文化大革命"期间,极"左"思潮盛行,有人提出"唯正当理由论",离与不离以原告提出的离婚理由是否正当为依据,理由正当则准予离婚,反之则不准予离婚。以是否有正当理由作为判断离婚与否的标准是片面的,其结果是造成大量已经破裂的婚姻无法解除。1980 年《婚姻法》总结了我国长期的司法实践经验,确立以夫妻感情是否确已破裂作为准予或不准予离婚的原则界限。

第三,将夫妻感情确已破裂作为准予离婚的法定理由符合现代婚姻立法的发展趋势。1969 年,美国加利福尼亚州率先采纳无过错离婚理由后,世界上很多国家先后抛弃过错主义原则,实行破裂主义原则。首先是在美国,1970 年,统一国家法律全国委员会一致通过了《统一结婚与离婚法》。该法确认离婚的唯一理由是婚姻关系无可挽回地破裂。从 1971 年到 1977 年,美国有 8 个州采纳了这个法案(有的是部分采纳),有 24 个州采纳了无过错离婚的某些形式。到 1989 年,有 49 个州和哥伦比亚特区都明确采纳了一些"当代无过错"离婚

---

[1] 主编注:关于裁判离婚理由的分析,参见马忆南、罗玲:《裁判离婚理由立法研究》,载夏吟兰、龙翼飞主编:《家事法研究》(2015 年卷),社会科学文献出版社 2015 年版,第 49—70 页。王礼仁:《论我国现行离婚制度的修改与完善》,载夏吟兰、龙翼飞主编:《家事法研究》(2016 年卷),社会科学文献出版社 2016 年版,第 51 页。

[2] 英国法律改革委员会在《离婚理由的改革——选择的领域》中提道:"如果婚姻关系已经无可挽回地破裂,则应该允许解除法律纽带,而且应该为它提供一个体面的丧礼。"转引自王洪:《婚姻家庭法》,法律出版社 2003 年版,第 151 页。

[3] 《列宁全集》第 25 卷,人民出版社 2017 年版,第 254 页。

理由。[①] 在欧洲,1969 年英国进行离婚法改革,把婚姻破裂作为唯一的离婚理由;[②] 1975 年法国离婚法改革,确立了破裂主义离婚理由;[③] 1976 年德国进行离婚法改革,把婚姻破裂作为唯一的离婚理由。[④] 可见,我国 1980 年《婚姻法》将"夫妻感情确已破裂"作为判决准予离婚的法定理由,符合现代社会国际上离婚法的发展趋势。

在当今世界,这场始于 20 世纪 70 年代的破裂主义离婚立法浪潮,已经深刻地改变了人们的婚姻家庭观念和婚姻家庭结构。虽然无过错离婚法的实施带来了离婚率的提高和传统家庭的瓦解、离婚妇女和子女贫困化等弊端。但离婚与过错相分离、离婚容易化已经成为一种不可逆转的趋势。目前,离婚法的立法和研究的重点也日益转向离婚后果法。正如德国学者所言:"像在其他大多数国家一样,对于德国现行离婚法而言,重要的不是离婚本身,而是离婚后果的规则。"[⑤]

(三) 认定夫妻感情确已破裂的方法

审判人员如何从纷繁复杂的离婚纠纷中认定夫妻感情确已破裂? 根据我国审判实践经验,人民法院审理离婚案件,准予或不准离婚应以夫妻感情是否确已破裂作为区分界限。判断夫妻感情确已破裂,应当从婚姻基础、婚后感情、离婚原因和有无和好可能等方面综合分析。

第一,看婚姻基础。即看男女双方的感情状况是自主的、半自主的还是封建包办的,是基于感情的还是基于利益的。一般来讲,自主婚姻都比较稳固,调解和好的希望较大。因此,在认定感情是否确已破裂时,婚姻基础很重要。当然也不能教条、机械地认为,凡是自由恋爱的都要白头到老,凡是封建包办的都要判离。

第二,看婚后感情状况。对于双方从领取结婚证后到离婚时的感情发展走向,要全面分析,不能被表面现象所迷惑,要注意感情变化的原因是自身还是外界,从而把握住夫妻感情变化的整体趋势,作出正确的判断。

第三,看离婚原因。引起离婚的真实原因要搞清楚,各个案件的离婚原因千差万别,非常复杂。但离婚原因是分析夫妻感情是否破裂的主要依据,是双方在诉讼中争执的焦点。因此,原告为了达到离婚的目的,往往夸大事实,或者隐瞒事实真相和真实动机,捏造事实或制造假象,而被告为了不离婚,也可能会同样进行不符合实际的陈述。因此,对于离婚案件,要注意查明离婚的真正原因,这样才能对判离或不离胸有成竹,使案件处理得合情、合理、合法,取得较好的效果。

第四,看有无和好因素。审判实践表明,起诉到法院的离婚纠纷,通过人民法院的依法调解,重新和好的占相当大的比例。审判人员对于离婚案件中感情尚未确已破裂具有和好因素的夫妻,应当依法调解和好或应判决不准予离婚。

---

① 主编注:在美国,离婚法改革发展迅速,到 20 世纪 80 年代中期,各州都采用了无过错离婚,只是形式不一。1985 年,南达科他州是最后一个放弃单纯依据过错而准予离婚的州,参见[美]哈里·D. 格劳斯、大卫·D. 梅耶:《美国家庭法精要》(第五版,2007 年),陈苇译,中国政法大学出版社 2010 年版,第 119 页。

② 参见陈苇主编:《外国婚姻家庭法比较研究》,群众出版社 2006 年版,第 419 页。

③ 参见陈苇主编:《外国婚姻家庭法比较研究》,群众出版社 2006 年版,第 338 页。

④ 参见陈苇主编:《外国婚姻家庭法比较研究》,群众出版社 2006 年版,第 401 页。

⑤ [德]妮娜·德特洛夫:《离婚的财产法后果:批评性评析和欧洲前景展望》,樊丽君译,载《法律科学(西北政法大学学报)》2012 年第 5 期。

（四）认定夫妻感情确已破裂的法定情形

《民法典》第 1079 条规定了经调解无效,视为夫妻感情确已破裂,判决准予离婚的几项法定情形。法官在对离婚案件的审理中,从婚姻基础、婚后感情、离婚原因、有无和好因素进行了综合分析后,根据《民法典》第 1079 条第 3 款的规定,有下列情形之一,调解无效的,应当准予离婚:(1) 重婚或者与他人同居;(2) 实施家庭暴力或者虐待、遗弃家庭成员;(3) 有赌博、吸毒等恶习屡教不改;(4) 因感情不和分居满 2 年;[①] (5) 其他导致夫妻感情破裂的情形。[②] 第(5)项是一个概括条款,为人民法院在不同的离婚诉讼中认定夫妻感情确已破裂提供了依据。所谓其他情形,是指上述四种列举行为、生活状态之外的行为或状态。在这几种认定夫妻感情破裂的具体情形中,前三项属于过错离婚理由,第四项属于破裂离婚理由。必须注意,《婚姻家庭编解释(一)》第 63 条规定:"人民法院审理离婚案件,符合民法典第一千零七十九条第三款规定'应当准予离婚'情形的,不应当因当事人有过错而判决不准离婚。"

另外,《民法典》第 1079 条第 4 款规定:"一方被宣告失踪[③],另一方提起离婚诉讼的,应当准予离婚。"这是在夫妻感情确已破裂之外的又一诉请离婚的法定理由。夫妻一方失踪,生死不明达一定期限,使夫妻间的权利义务难以履行,婚姻所具有的共同生活目的难以实现,因此,2001 年修正的《婚姻法》第 32 条第 4 款增加了这一离婚理由,《民法典》沿用了此规定。《民法典》第 1079 条第 5 款规定:"经人民法院判决不准离婚后,双方又分居满一年,一方再次提起离婚诉讼的,应当准予离婚。"这一规定的目的在于解决离婚诉讼中"久调不决"的问题。该规定最早见于 1989 年《认定夫妻感情确已破裂的意见》第 7 条。该条规定,"因感情不和分居已满 3 年,确无和好可能的,或者经人民法院判决不准离婚后又分居满 1 年,互不履行夫妻义务的",视为夫妻感情确已破裂。在 2001 年《婚姻法》修正之后,最高人民法院 1989 年《认定夫妻感情确已破裂的意见》第 7 条"因感情不和分居已满 3 年"的规定已经与《婚姻法》第 32 条关于"因感情不和分居满 2 年"的规定抵触,故其已不再适用。但针对该条文的后半部分情形,2001 年修正后的《婚姻法》《婚姻法解释(一)》《婚姻法解释(二)》均未作规定,审判实践中多次起诉离婚的现象较为普遍,因此判决不准许离婚后的分居情况可以作为认定感情是否破裂的依据之一,有利于合理解决实际情况。[④]

在我国《民法典》编纂过程中征求意见时,司法部门普遍反映,在审判实践中,经法院判决不准离婚后再次起诉离婚的现象比较普遍,建议将法院判决不准离婚后的分居情况作为认定可否离婚的依据之一在法律中作出规定。立法机关经过调查后增设了这一规定。在

---

① 感情不和,是指夫妻之间的喜爱之情受到损害。分居是指夫妻一方或双方在没有共同生活的意思支配下,分开生活。根据国外婚姻法学理论,分居包括体素和心素。分居的体素即分居的客观要件,是指夫妻间的家庭共同生活尤其是婚姻共同生活已不存在,如分床分食等;分居的心素即分居的主观要件,是指夫妻一方拒绝与婚姻共同生活而不愿意恢复家庭共同生活,即配偶一方具有分居的意愿(不愿意与另一方进行家庭生活)和动机(为了拒绝婚姻共同生活)。具备这两个要素,才构成法律意义上的分居。

② 主编注:关于我国设立分居制度的必要性及立法构想,参见陈苇、罗晓玲:《设立我国分居制度的社会基础及其制度构想》(上、下),载《政法论丛》2011 年第 1 期、2011 年第 2 期。关于我国夫妻分居制度的功能与价值分析,参见姜大伟:《我国夫妻分居法律制度建构研究》,中国政法大学出版社 2015 年版,第 208—222 页。

③ 《民法典》第 40 条规定:"自然人下落不明满二年的,利害关系人可以向人民法院申请宣告该自然人为失踪人。"即在我国,自然人下落不明满 2 年的,利害关系人可以向人民法院提出申请,人民法院经公告查找满一定期限,失踪人仍然下落不明的,即可依法宣告其失踪。一方配偶被宣告失踪,另一方配偶向人民法院提起离婚诉讼的,适用此条。

④ 从我国司法实践看,2014 年《深圳市中级人民法院关于审理婚姻家庭纠纷案件的裁判指引》第 22 条规定,经人民法院判决不准离婚后双方又分居满 1 年,互不履行夫妻义务而再次起诉的,经调解和好无效,可以判决准予离婚。

我国审判实践中,对于被告不同意离婚的案件,法院判驳的数量远远高于判离的数量,且此类案件中,法院判离的可能性与当事人起诉离婚的次数具有一定的正相关性。在一项抽样调查中,对于被告同意离婚的案件,法院无一例外地判决准予当事人离婚;而对于被告不同意离婚的案件,原告第一次起诉,法院支持原告诉讼请求的,仅占第一次起诉离婚案件的5.1%;第二次起诉离婚,法院予以支持原告诉讼请求的占第二次起诉离婚案件的26.1%;第三次、第四次起诉离婚,法院支持原告诉讼请求的合计占第三次、第四次起诉离婚案结案总数的41.1%。对于第一次起诉,被告不同意的,除非证据非常充分,能够证明夫妻感情确已破裂,法院大多会以夫妻感情尚未破裂或者尚未完全破裂为由判决驳回原告的诉讼请求。而在原告第二次起诉时,即使没有新情况、新理由,法院判决离婚的可能性也要大一些,因为反复起诉离婚,本身就可以认定夫妻关系未能改善和感情破裂。现实生活中,也有一些当事人在法院判决不准离婚后即分居生活,经过一段时间之后再次提起离婚诉讼,此种情况下,法院判决离婚的可能性当然较前次更大。[①] 由于我国司法实践中存在部分离婚诉讼"久调不决""久调不判"的问题,所以《民法典》增设了此规定,以解决这一问题。在《民法典》实施后,第一次判不离的案件,原告只需再分居1年,就可以获得离婚判决,可以有效地避免"久调不决"和"久调不判"。

【本章小结】

本章主要内容如下:离婚的概念和特征,离婚与婚姻终止、婚姻无效与婚姻可撤销的区别和联系;离婚立法主张有禁止离婚与许可离婚,许可离婚从限制离婚到自由离婚、从过错离婚到无过错离婚的发展历程;登记离婚的条件和程序,登记离婚后一方反悔的司法处理;诉讼外的调解与诉讼内的调解、诉讼离婚的管辖以及诉讼离婚的两项特殊保护规定;对我国判决准予离婚的法定理由、立法依据以及认定夫妻感情确已破裂的法定具体情形的分析。

【引导案例参考答案】

根据《民法典》婚姻家庭编保护妇女和未成年人合法权益的原则,第1082条规定,"女方在怀孕期间、分娩后一年内或者终止妊娠后六个月内,男方不得提出离婚"。因为,女方在怀孕期间、分娩后或者终止妊娠后,身体受到较大的损伤,有的精神也受到一定的损伤,需要一定的时间修养以恢复身心健康。作为丈夫和父亲,对于妻子的身体恢复,对于婴儿的喂养都负有法定的义务。但是,鉴于离婚诉讼原因的复杂性,该法第1082条"但书"规定:"女方提出离婚或者人民法院认为确有必要受理男方离婚请求的除外。"所谓"确有必要",根据审判实践经验和有关司法解释,主要指两种情况:一种是在此期间,夫妻双方确有不能继续共同生活的重大而急迫的理由,如一方对他方有危及生命、人身安全的可能等;另一种是女方怀孕系与他人通奸所致,为防止意外,人民法院应予受理。1955年《最高人民法院关于女方因通奸怀孕男方能否提出离婚的批复》规定,在这种情况下,男方提出离婚时,如婚后通奸怀孕的事实为女方所不争执或经查属实,则法院应该受理。据此,若女方怀孕是婚后与他人发生性行为所致,不应受到《民法典》第1082条规定的特殊保护。

---

① 参见林建军主编:《中国式离婚调查报告》,法律出版社2016年版,第33页。

　　本案中,女方婚后与婚外异性发生性关系导致怀孕,本人对此事实已承认,法院结合亲子鉴定意见所查明的事实也证明女方怀孕是婚后与他人发生性行为所致,因此,不能适用《民法典》第1082条的规定,不能限制男方的离婚诉权。人民法院受理本案并作出判决是有法律依据的,是正确的。

【本章思考题】

　　1. 简述婚姻终止与婚姻无效、婚姻可撤销的区别。

　　2. 简述我国处理离婚问题的指导思想。

　　3. 简述我国登记离婚的条件和程序。

　　4. 简述我国诉讼中调解的特点及后果。

　　5. 简述我国诉讼离婚中的两项特殊保护。

　　6. 简述我国认定夫妻感情确已破裂的法定情形。

【本章参考习题】

第十一章 离婚的法律效力

【本章重点难点】

通过本章的学习,学生应了解离婚对婚姻当事人在身份上和财产上的效力、离婚损害赔偿以及离婚对父母子女的法律后果,重点掌握离婚时夫妻共同财产的分割原则、共同债务的清偿、离婚经济补偿请求权、离婚损害赔偿请求权、离婚父母对子女抚养问题的处理及探望权的行使条件等内容。本章难点在于理解和掌握离婚时各种夫妻共同财产的具体分割方法。

【引导案例】

刘某(女)与陈某(男)于2017年5月登记结婚,陈某入赘刘家。2019年3月生育一子陈某伟。2019年8月,陈、刘夫妇出资19.6万元购进客运大客车一辆,挂靠在某汽车客运服务公司名下经营。2021年10月,该车被陈某擅自转让给杨某,陈某从杨某处收取现金人民币9.5万元,并获得杨某旧大客车一辆。刘、陈二人于2020年6月还共同出资6.3万元向他人购置坐落在刘某所在村房屋一套,由一家三口共同居住,经评估现价为7.5万元。此外,夫妻双方于2023年1月22日签署了夫妻共同债务清单,确定共同债务为10.4万元。

刘某于2023年2月5日以被告陈某与婚外异性同居的行为导致夫妻感情破裂为由起诉要求离婚。经法院调解后,被告陈某同意离婚并要求双方所生儿子陈某伟随其一起生活。

请问:

1. 刘某诉请与陈某解除婚姻关系,法院依法应如何处理?

2. 如果法院判决离婚,双方当事人的儿子陈某伟应由谁直接抚养? 抚养费该由谁承担?

3. 刘某与陈某双方共同购置的住房、换回的旧大客车及现金9.5万元该如何处理? 为什么?

4. 离婚时,刘某与陈某的共同债务该如何处理? 为什么?

离婚的法律效力,又称离婚的法律后果。它是指离婚对婚姻当事人的人身关系、财产关系和亲子关系等方面所产生的一系列法律后果。依法正确处理离婚后婚姻当事人的人身关系、财产关系以及离婚后的父母子女关系,对保护离婚当事人及其子女的合法权益具有重要意义。

本章阐述的主要内容有三个方面:一是离婚对当事人的法律效力,包括人身关系的效力和财产关系的效力两个方面。二是离婚损害赔偿制度。三是离婚对父母子女的法律后果。

在我国,《民法典》颁布前,离婚的法律效力主要被规定在2001年修正的《婚姻法》和相关司法解释之中。① 与 2001 年修正的《婚姻法》相比,《民法典》婚姻家庭编对离婚法律效力的主要修改补充内容如下:一是补充了离婚对子女的法律后果,包括明确不满 2 周岁的子女为哺乳期的子女,以由母亲直接抚养为原则;已满 2 周岁的子女抚养问题,父母双方协商不成的,按照最有利于未成年子女的原则判决;子女已满 8 周岁的,应当尊重其真实意愿。② 这为人民法院处理未成年子女的抚养问题提供了法律依据,并彰显了联合国《儿童权利公约》倡导的儿童最大利益原则。二是补充了离婚对夫妻的财产后果,规定了离婚时判决处理夫妻共同财产的原则,即离婚时夫妻对共同财产处理协商不成的,人民法院按照照顾子女、女方和无过错方权益的原则判决。③ 三是对离婚经济补偿制度的修改,将夫妻“书面约定财产归各自所有”的前提条件删除,扩大了经济补偿的适用范围。④ 四是对离婚经济帮助制度的修改,删除了“另一方应从其住房等个人财产中”给予补偿的具体帮助措施的规定,扩大了经济帮助的解释范围。⑤ 五是对离婚损害赔偿制度的补充,对离婚损害赔偿法定事由增补了兜底条款“(五)有其他重大过错”,扩大了离婚损害赔偿制度的适用范围。⑥

第一节　离婚对当事人身份上的效力

离婚对当事人身份上的效力,是指离婚在夫妻身份关系方面所引起的法律后果。夫妻之间的身份关系因离婚而解除,基于夫妻身份而产生的夫妻间人身关系也随之消灭。这是离婚最为直接的法律后果。从国外立法看,离婚对当事人身份上的效力主要包括:(1) 夫妻姓氏的恢复与保留。在因婚姻而导致夫妻姓氏发生变化的场合,夫妻因离婚可恢复其婚前的姓氏,或可由双方协议或法院裁决保留婚后姓氏。(2) 夫妻间的同居义务消灭。一些国家的婚姻法明确规定夫妻互负同居义务,该义务因离婚而终止。(3) 再婚的自由。因离婚双方当事人恢复独身,双方均为无配偶者,享有再婚自由权。(4) 日常家事代理权终止。夫妻因婚姻共同生活而互享日常家事代理权,离婚后,此代理权终止。(5) 姻亲关系消灭。

在我国,根据《民法典》婚姻家庭编对于夫妻人身关系的规定,离婚对夫妻身份上的效力主要表现为以下四个方面。

一、夫妻的身份关系消灭

男女双方因结婚而产生夫妻身份关系,互为配偶,具有固定的配偶身份和称谓,夫妻间因此种亲属身份而在人身上、财产上发生各种权利义务关系。夫妻间的配偶身份因离婚而终止,原夫妻之间基于身份关系而产生的一切权利义务关系亦消除。

---

① 参见 2001 年修正的《婚姻法》第 36—38 条;《婚姻法解释(一)》第 24—26 条。
②《民法典》第 1084 条第 3 款。
③《民法典》第 1087 条第 1 款。
④《民法典》第 1088 条。
⑤《民法典》第 1090 条。
⑥《民法典》第 1091 条。

二、夫妻的日常家事代理权终止

在婚姻关系存续期间,夫妻间基于特定的人身关系和财产关系,在日常家事的范围内互为代理人,并承担由此而产生的法律后果。当婚姻关系终止时,基于配偶身份而产生的日常家事的代理权即终止。

三、双方当事人获得再婚的权利

婚姻关系解除后,男女双方各自重新成为无配偶者,双方均恢复了结婚的资格,取得了再婚的自由权利,一方对他方不得加以干涉。①

四、姻亲关系消灭

姻亲关系因结婚而发生,但是否因离婚而消灭有两种主张,即消灭主义和不消灭主义。采消灭主义的国家立法规定,姻亲关系因离婚而终止,如日本、韩国。采不消灭主义的国家则认为姻亲关系并不因离婚而终止,如《德国民法典》第1590条第2款规定:"即使姻亲关系所由建立的婚姻已解除,姻亲关系也存续。"《瑞士民法典》也有此规定。我国《民法典》婚姻家庭编根据民众的传统习俗规定,当婚姻因一方死亡而终止时,姻亲关系并不自然消灭,这在我国《民法典》第1129条中亦有体现②;当婚姻因离婚而终止时,姻亲关系是否消灭,法无明文,听从当事人自便。

值得注意的是,在有些国家的立法中,关于禁止近亲结婚的法律效力,在直系姻亲关系解除后仍继续存在。例如,《日本民法典》第735条规定,直系姻亲间不得结婚。即使在婚姻关系依第728条规定终止后,亦同。而我国《民法典》婚姻家庭编无此限制性规定,但在民间习俗上是有此禁忌的。

第二节　离婚对当事人财产上的效力

离婚对当事人财产上的效力,是指离婚在夫妻财产关系方面所引发的一系列法律后果。离婚不仅终止了夫妻间的人身关系,也终止了夫妻间的财产关系,包括引发夫妻财产的清算、共同财产的分割、共同债务的清偿、离婚经济补偿请求权以及离婚经济帮助等。在我国,离婚对当事人财产上的效力如下:

---

① 依登记程序离婚的,其再婚自由权自领取离婚登记证之日起享有;依诉讼程序离婚的,其再婚自由权自人民法院离婚调解书或判决书生效之日起享有。必须说明的是,经一审法院判决的离婚,一方不服向上级法院提起上诉的,原审法院所作的离婚判决并未生效,双方在此期间都不能再婚,否则构成重婚。经二审法院判决维持原判准予离婚的,当事人在终审判决后才取得再婚的自由权利。如果二审法院改判不准离婚,当事人之间的婚姻关系依然存在,双方均不得再行结婚。
② 我国《民法典》第1129条规定:"丧偶儿媳对公婆,丧偶女婿对岳父母,尽了主要赡养义务的,作为第一顺序继承人。"

一、夫妻扶养义务的终止

离婚后,随着夫妻身份关系的消灭,夫妻间相互扶养的义务同时解除,任何一方都没有再给付对方扶养费的义务,任何一方也没有再向对方请求扶养费的权利。依《民法典》第1090条的规定,离婚时如果一方生活困难,有负担能力的另一方应当给予适当帮助。此处的扶养义务有一定的条件和时效性,与婚姻期间夫妻间的扶养义务在性质和内容上均有所不同。[①]

二、配偶继承权的丧失

《民法典》第1061条规定,夫妻有相互继承遗产的权利。夫妻互为对方遗产的法定继承人。如果夫妻一方先于另一方死亡,另一方可以法定继承人的身份继承死亡配偶的遗产。当夫妻身份因离婚而消灭时,当事人相互继承遗产的资格不复存在,其配偶继承权也归于消灭。

三、夫妻财产关系的终止

(一) 夫妻共同财产的分割

1. 离婚时财产分割的范围

依照我国《民法典》第1062、1065条的规定,我国实行法定财产制和约定财产制两种制度。夫妻双方有约定的,离婚时应按约定处理;约定无效的,按法定财产制处理。我国的夫妻共同财产制虽然为婚后所得共同财产制,但这并不意味着离婚时在夫妻名下的财产都是夫妻共同财产。要正确处理夫妻离婚时的财产问题,首先应当明确哪些财产属于夫妻共同财产,哪些财产属于夫妻个人财产,哪些又属于其他家庭成员的财产。

(1) 确定夫妻共同财产的范围。应当根据我国《民法典》婚姻家庭编和最高人民法院有关司法解释,确定夫妻共同财产的范围,这是离婚时分割夫妻共同财产的前提。[②]

(2) 夫妻共同财产与家庭财产的区分。家庭财产是指家庭成员的共同财产和各自所有的财产的总和。家庭财产包括夫妻个人所有的财产、夫妻双方共同所有的财产、其他家庭成员个人所有的财产以及全体家庭成员共同所有的财产。如果未成年人通过继承、受赠、获得奖励或因人身受到伤害获得赔偿金等均属于其个人财产,父母作为其监护人仅享有管理权,而不能将其作为父母的共同财产。离婚时能够被分割的仅限于夫妻的共同财产。对于家庭成员的共同财产,应当首先分家析产,分出属于夫妻共同所有的部分,然后夫妻双方再对此加以分割。在离婚诉讼中,法院对于确实难以查清的家庭财产,可以告知当事人另案处理,或者中止离婚诉讼,待析产案件处理后再恢复离婚诉讼。

---

① 主编注:关于离婚扶养的请求权基础之研究,参见张学军:《论离婚后的扶养立法》,法律出版社2004年版,第234—285页。

② 参见本书第五章有关夫妻共同财产范围的内容。

2. 夫妻共同财产的分割方式和方法

《民法典》第 1087 条第 1 款规定:"离婚时,夫妻的共同财产由双方协议处理;协议不成的,由人民法院根据财产的具体情况,按照照顾子女、女方和无过错方权益的原则判决。"据此,分割夫妻共同财产的方式有两种:协议分割和判决分割。

(1) 协议分割。协议分割是夫妻双方离婚时,在平等自愿的基础上,就共同财产的处理达成一致意见的分割方式。夫妻双方通过协商达成共识,只要其内容是双方真实意思表示且合法,法律即予以承认。因此,协议分割夫妻共同财产,体现了法律对夫妻财产权利的尊重,彰显了意思自治原则。

根据《婚姻家庭编解释(一)》第 69 条的规定,当事人达成的以协议离婚或者到人民法院调解离婚为条件的财产以及债务处理协议,如果双方离婚未成,一方在离婚诉讼中反悔的,人民法院应当认定该财产以及债务处理协议没有生效,并根据实际情况依照《民法典》第 1087 条和第 1089 条的规定判决。当事人依照《民法典》第 1076 条签订的离婚协议中关于财产以及债务处理的条款,对男女双方具有法律约束力。登记离婚后当事人因履行上述协议发生纠纷提起诉讼的,人民法院应当受理。该解释第 70 条还规定,夫妻双方协议离婚后就财产分割问题反悔,请求撤销财产分割协议的,人民法院应当受理。人民法院审理后,未发现订立财产分割协议时存在欺诈、胁迫等情形的,应当依法驳回当事人的诉讼请求。

此外,《婚姻家庭编解释(二)》第 20 条规定:"离婚协议约定将部分或者全部夫妻共同财产给予子女,离婚后,一方在财产权利转移之前请求撤销该约定的,人民法院不予支持,但另一方同意的除外。一方不履行前款离婚协议约定的义务,另一方请求其承担继续履行或者因无法履行而赔偿损失等民事责任的,人民法院依法予以支持。双方在离婚协议中明确约定子女可以就本条第一款中的相关财产直接主张权利,一方不履行离婚协议约定的义务,子女请求参照适用民法典第五百二十二条第二款规定,由该方承担继续履行或者因无法履行而赔偿损失等民事责任的,人民法院依法予以支持。离婚协议约定将部分或者全部夫妻共同财产给予子女,离婚后,一方有证据证明签订离婚协议时存在欺诈、胁迫等情形,请求撤销该约定的,人民法院依法予以支持;当事人同时请求分割该部分夫妻共同财产的,人民法院依照民法典第一千零八十七条规定处理。"

(2) 判决分割。判决分割是夫妻双方就共同财产的分割达不成一致意见时,由人民法院依法作出裁决的分割方式。根据《民法典》第 1087 条的规定[1],人民法院审理离婚案件对夫妻共同财产进行处理时,应当根据财产的具体情况,按照照顾子女、女方和无过错方权益的原则判决。对夫或者妻在家庭承包经营中享有的权益等,应当依法予以保护。[2]人民法院判决分割夫妻共同财产时,应遵循以下三项原则:

第一,男女平等原则。男女平等是婚姻法的基本原则,体现在夫妻共同财产分割上,夫妻双方对共同财产有平等分割的权利;对共同债务也应平等地承担清偿的义务。[3]在日常

---

[1] 1993 年《离婚财产分割意见》自 2021 年 1 月 1 日《民法典》施行后已被废止,故该意见仅供参考。

[2] 主编注:我国有学者撰文比较分析我国与德国离婚财产分割之立法,指出德国法某些值得借鉴之处。参见于晓丽:《比较中德婚姻法之离婚财产分割的合理性》,载中国法学会婚姻家庭法学研究会、辽宁师范大学法学院编:《中国法学会婚姻家庭法学研究会 2012 年年会论文集》,2012 年印制,第 109—113 页。

[3] 必须注意,夫妻对共同财产有平等分割的权利,不等于夫妻的共同财产必须均等分割。因为,对于共同财产的分割,《民法典》第 1087 条明确规定了"照顾子女、女方和无过错方权益的原则"。

生活中,夫妻双方的收入通常是有差别的,一般表现为男方经济收入高于女方。在分割夫妻共同财产时,不能因为女方经济收入较低,或者女方没有经济收入而少分或不分给其财产。在农村,女方离婚后,其责任田、口粮田和宅基地应当受到保障。离婚时,任何一方对共同财产都依法享有平等的分割权利,那种以财产上的让步作为离婚的交换条件以及“财产在谁手中就归谁所有”的主张,侵犯了他方当事人的合法权益,与法律规定的精神是相悖的。

第二,照顾子女和女方权益的原则。坚持这一原则,首先应将未成年子女的利益放在首要地位,其次是照顾女方的合法权益。由于父母的离婚往往会给未成年子女今后的生活带来一定的影响,为使下一代健康地成长,能有一个较好的生长环境,在分割夫妻共同财产时,要根据子女的生活和学习的需要,给直接抚养未成年子女的一方适当多分一些财产,以照顾子女的实际需要。目前,我国由于经济、社会及传统价值观念等各方面因素的影响,男女事实上不平等的现象仍然存在。这主要是由于女性受教育、就业的机会与男性有一定的差距,经济能力总体上弱于男性。另外,女性在家务中付出的往往较多,而这又难以物化为财产收益。因此,在分割夫妻共同财产时,有必要照顾女方的权益并给以适当多分,保证妇女不因经济问题而影响其行使离婚的权利,避免妇女因离婚而造成生活困难。

第三,照顾无过错方权益的原则。照顾无过错方权益的原则与离婚损害赔偿制度是一个问题的两个方面。在现代社会,人们已经抛弃了离婚是对有过错方的惩罚和对无过错方的补偿的观念,在婚姻关系是否应当解除的问题上,不看婚姻破裂的原因,即不追究过错行为,只看婚姻本身是否已经“死亡”,并不将离婚作为对过错方的惩罚。但是,在分割夫妻共同财产时,应当照顾无过错方,使其在财产上适当多分,以慰抚其因他方的过错行为导致的婚姻破裂而在感情、精神上遭受的伤害和痛苦,这体现了法律的公平与正义。由于“照顾”不是一种民事责任,而“损害赔偿”是一种民事责任,因此,对照顾针对的过错行为可作较为宽泛的解释,而对导致损害赔偿的过错行为须作严格的限定。依据《民法典》第1091条规定,只有存在重婚、有配偶者与他人同居、实施家庭暴力、虐待或遗弃家庭成员以及有其他重大过错而导致离婚的,无过错方才有权主张损害赔偿。现实生活中,导致离婚的过错情形多种多样,有的仅属于一般过错而不属于法定的四种情形或其他重大过错。因此,《民法典》第1087条增设照顾无过错方权益原则,为因一般过错而离婚的无过错方提供救济依据。

必须说明,关于照顾无过错方权益原则与离婚损害赔偿能否同时适用,我国曾经有“肯定说”与“否定说”之争。[①] 持否定说者认为,既然我国增设了离婚损害赔偿制度,就可以取消照顾无过错方权益原则,其忽视了离婚过错的多样性与法定离婚损害赔偿过错的局限性。持肯定说者主张,离婚赔偿与照顾无过错原则两者可以并用,导致离婚的一种过错承担两种赔偿后果,有失公平、公正。所以,对于照顾无过错方权益与离婚损害赔偿的具体适用,应当分别适用于不同的过错情形,在同一离婚案件中两者不能同时并用。也就是说,具有离婚损害赔偿的法定过错或其他重大过错情形导致离婚的,离婚时应当适用离婚损害赔偿;没有离婚损害赔偿的法定过错或其他重大过错情形,而只有其他一般过错如通奸、婚外恋、吸毒、赌博等导致离婚的,应当适用照顾无过错方原则。

---

① 主编注:关于离婚损害赔偿与照顾无过错方原则的适用之学术争议观点的具体分析,参见陈苇主编:《婚姻家庭继承法学》,群众出版社2005年版,第271—272页;薛宁兰、谢鸿飞主编:《民法典评注:婚姻家庭编》,中国法制出版社2020年版,第431—432页。

离婚时分割夫妻共同财产的具体方法如下：

第一，实物分割。即在不影响其财产的使用价值和特定用途下，对财产进行实际分配。双方各自根据其享有的份额分割取得相应财产。

第二，价金分割。即将共有物变卖，双方对变卖所得价金进行分割后各自取得价金。价金分割是在共有物不能分割或分割后有损其财产的使用价值和特定用途时使用的分割方法。

第三，价值补偿。即夫妻一方取得共有物，另一方获得相当于一半价格的补偿，取得价金。

3. 分割夫妻共同财产时应注意的问题

(1) 关于彩礼返还问题。目前，结婚前给付彩礼的习俗在我国有些地区还相当普遍。不少家庭为给付彩礼债台高筑，负担较重。虽然我国提倡婚姻应当以爱情为基础，不主张也不支持结婚以给付彩礼为条件，但如果对请求返还彩礼问题完全不予处理，可能会使一些当事人的财产权益受到严重损害，而其他一些当事人则获得不当得利，有失公平。为此，《婚姻家庭编解释(一)》第 5 条规定了可以请求返还彩礼的三种情形：一是双方没有办理结婚登记手续的；二是双方办理了结婚登记手续但确未共同生活的；三是婚前给付并导致给付人生活困难的。必须注意，在后两种情形下请求返还彩礼的，应当以双方离婚为条件。

2024年，最高人民法院对涉彩礼纠纷案件适用法律问题作了进一步规定，明确禁止借婚姻索取财物。一方以彩礼为名借婚姻索取财物，另一方要求返还的，人民法院应予支持。人民法院在审理涉彩礼纠纷案件中，可以根据一方给付财物的目的，综合考虑双方当地习俗、给付的时间和方式、财物价值、给付人及接收人等事实，认定彩礼范围。下列情形给付的财物，不属于彩礼：一方在节日、生日等有特殊纪念意义时点给付的价值不大的礼物、礼金；一方为表达或者增进感情的日常消费性支出；其他价值不大的财物。根据《涉彩礼纠纷案件适用法律的规定》，人民法院对于涉彩礼纠纷案件应当区分以下两种情况处理：第一，如果双方已办理结婚登记且共同生活，离婚时一方请求返还按照习俗给付的彩礼的，人民法院一般不予支持。但是，如果共同生活时间较短且彩礼数额过高的，人民法院可以根据彩礼实际使用及嫁妆情况，综合考虑彩礼数额、共同生活及孕育情况、双方过错等事实，结合当地习俗，确定是否返还以及返还的具体比例。人民法院认定彩礼数额是否过高，应当综合考虑彩礼给付方所在地居民人均可支配收入、给付方家庭经济情况以及当地习俗等因素。第二，如果双方未办理结婚登记但已共同生活，一方请求返还按照习俗给付的彩礼的，人民法院应当根据彩礼实际使用及嫁妆情况，综合考虑共同生活及孕育情况、双方过错等事实，结合当地习俗，确定是否返还以及返还的具体比例。①

(2) 关于军人的各种费用。根据《婚姻家庭编解释(一)》第 71 条的规定，军人的伤亡保险金、伤残补助金、医药生活补助费属于个人财产，这些费用是维持军人自身生存所必需的费用，夫妻双方离婚时，这些费用应当属于军人本人，不能作为夫妻共同财产进行分割。对于军人的复员费、自主择业费等一次性费用，以夫妻关系存续年限乘以年平均值，所得数额

---

① 参见《涉彩礼纠纷案件适用法律的规定》第 2、3、5、6 条。

为夫妻共同财产。离婚时夫妻双方可以进行分割。①

（3）关于夫妻共同财产中的有价证券及股份。②夫妻双方离婚时,对于共同财产中的股票、债券、投资基金份额等有价证券以及未上市股份有限公司股份的分割,首先由夫妻双方协商分割,协商不成或者按市价分配有困难的,人民法院可以根据数量按比例进行分配。③

（4）关于夫妻共同财产在有限责任公司、合伙企业组织、独资企业中的出资。处理这些纠纷常常会涉及夫妻以外的第三人的利益。妥善解决这些复杂问题,除了要正确适用《民法典》婚姻家庭编的相关规定外,还必须与《公司法》《合伙企业法》《个人独资企业法》等法律法规的规定和精神保持一致。同时,还要坚持以下原则:一是《民法典》规定的男女平等原则,保护妇女、未成年人、老年人、残疾人合法权益的原则;二是自愿协商原则;三是维护其他股东、合伙人合法权益原则;四是有利于生产和生活的原则。只有这样,才能既保护婚姻当事人的合法权益,又保护其他人的合法权益。

第一,在有限责任公司的出资。根据《婚姻家庭编解释(一)》第73条的规定,人民法院审理离婚案件,涉及分割夫妻共同财产中以一方名义在有限责任公司的出资额,另一方不是该公司股东的,按下面两种情形处理:一是夫妻双方协商一致将出资额部分或者全部转让给该股东的配偶,其他股东过半数同意,并且其他股东均明确表示放弃优先购买权的,该股东的配偶可以成为该公司股东;二是夫妻双方就出资额转让份额和转让价格等事项协商一致后,其他股东半数以上不同意转让,但愿意以同等条件购买该出资额的,人民法院可以对转让出资所得财产进行分割。其他股东半数以上不同意转让,也不愿意以同等条件购买该出资额的,视为其同意转让,该股东的配偶可以成为该公司股东。用于证明过半数股东同意的证据,可以是股东会决议,也可以是当事人通过其他合法途径取得的股东的书面声明材料。

此外,《婚姻家庭编解释(二)》第10条规定:"夫妻以共同财产投资有限责任公司,并均登记为股东,双方对相应股权的归属没有约定或者约定不明确,离婚时,一方请求按照股东名册或者公司章程记载的各自出资额确定股权分割比例的,人民法院不予支持;对当事人分割夫妻共同财产的请求,人民法院依照民法典第一千零八十七条规定处理。"

第二,在合伙企业中的出资。根据《婚姻家庭编解释(一)》第74条的规定,人民法院审理离婚案件,涉及分割夫妻共同财产中以一方名义在合伙企业中的出资,另一方不是该企业合伙人的,当夫妻双方协商一致,将其合伙企业中的财产份额全部或者部分转让给对方时,按以下情形分别处理:一是其他合伙人一致同意的,该配偶依法取得合伙人地位;二是其他合伙人不同意转让,在同等条件下行使优先受让权的,可以对转让所得的财产进行分割;三是其他合伙人不同意转让,也不行使优先购买权,但同意该合伙人退伙或者削减部分财产份额的,可以对结算后的财产进行分割;四是其他合伙人既不同意转让,也不行使优先受让权,又不同意该合伙人退伙或者削减部分财产份额的,视为全体合伙人同意转让,该配偶依法取得合伙人地位。

---

① 但应明确,这里所称年平均值,是指发放到军人名下的上述费用总额按具体年限均分得出的数额。其具体年限为人均寿命70岁与军人入伍时实际年龄的差额。例如,甲某(男)18岁入伍,25岁与乙某(女)结婚,40岁离开部队自主择业,从部队领得自主择业费6万元,42岁时甲与乙离婚,其自主择业费年平均值为60 000÷(70-18)=1 154(元),其中夫妻共同财产的数额为1 154×17=19 618(元),其配偶可分得9 809元。

② 主编注:关于夫妻共有股权分割与继承问题的研究,可参见周游:《股权利益分离视角下夫妻股权共有与继承问题省思》,载《法学》2021年第1期。

③ 参见《婚姻家庭编解释(一)》第72条。

第三,在独资企业中的投资。根据《婚姻家庭编解释(一)》第 75 条的规定,夫妻以一方名义投资设立个人独资企业的,人民法院分割夫妻在该个人独资企业中的共同财产时,应当按照以下情形分别处理:一是一方主张经营该企业的,对企业资产进行评估后,由取得企业资产所有权一方给予另一方相应的补偿;二是双方均主张经营该企业的,在双方竞价基础上,由取得企业资产所有权的一方给予另一方相应的补偿;三是双方均不愿意经营该企业的,按照《个人独资企业法》等有关规定办理。

(5) 与生产经营有关的夫妻共同财产。夫妻一方以夫妻共同财产与他人合伙经营的,入伙的财产可以分给一方所有,分得入伙财产的一方对另一方应给予相当于入伙财产一半价值的补偿。属于夫妻共同财产的生产资料,如家庭拥有的汽车、拖拉机、机械设备、工厂厂房等,可分给有经营条件和能力的一方,分得该生产资料的一方对另一方应给予相当于一半价值的补偿。对夫妻共同经营的当年无收益的养殖、种植业等,离婚时应从有利于发展生产、有利于经营管理的角度考虑,予以合理分割或折价处理。

(6) 夫妻一方直播打赏款项。根据《婚姻家庭编解释(二)》第 6 条的规定,夫妻一方未经另一方同意,在网络直播平台用夫妻共同财产打赏,数额明显超出其家庭一般消费水平,严重损害夫妻共同财产利益的,可以认定为《民法典》规定的"挥霍"。另一方请求在婚姻关系存续期间分割夫妻共同财产,或者在离婚分割夫妻共同财产时请求对打赏一方少分或者不分的,人民法院应予支持。

(7) 夫妻分居两地分别管理、使用的婚后所得财产,具体分割时,可采取归各自所有、差额补偿的形式。

(8) 离婚时一方尚未取得经济利益的知识产权,归一方所有。但在分割夫妻共同财产时,可根据具体情况对另一方给予适当的照顾。

(9) 分割一方继承的遗产。婚姻关系存续期间,夫妻一方继承的遗产除被继承人在遗嘱中确定只归夫妻一方所有的以外,原则上都属于夫妻共有的财产。但在离婚时,如果一方依法可以继承的遗产在继承人之间尚未实际分割,另一方请求分割这部分夫妻共同财产,人民法院则应当告知当事人在继承人之间实际分割遗产后另行起诉。[①]

(10) 分割养老保险金。婚姻关系存续期间,夫妻双方实际取得或者应当取得的养老保险金属于夫妻共同财产。但离婚时夫妻一方尚未退休、不符合领取基本养老金条件,另一方请求按照夫妻共同财产分割基本养老金的,人民法院不予支持;婚后以夫妻共同财产缴纳基本养老保险费,离婚时一方主张将养老金账户中婚姻关系存续期间个人实际缴纳部分及利息作为夫妻共同财产分割的,人民法院应予支持。[②]

4. 对妨害夫妻共同财产分割行为的处理

在司法实践中,有时会发生离婚当事人一方用各种手段妨害夫妻共同财产分割的情况。例如,有的离婚当事人一方事先故意将属于夫妻共同所有的财产加以隐藏、转移、变卖、毁损、挥霍,或者伪造夫妻共同债务企图侵占另一方财产等。这些行为是对另一方合法财产权利的侵害。行为人既有主观上的过错,又在客观上造成了损害结果,构成财产方面的侵权。为此,对受害方应当予以法律上的救济,让行为人承担相应的法律责任。《民法典》第 1092

---

① 参见《婚姻家庭编解释(一)》第 81 条。

② 参见《婚姻家庭编解释(一)》第 80 条。

条规定："夫妻一方隐藏、转移、变卖、毁损、挥霍夫妻共同财产,或者伪造夫妻共同债务企图侵占另一方财产的,在离婚分割夫妻共同财产时,对该方可以少分或者不分。离婚后,另一方发现有上述行为的,可以向人民法院提起诉讼,请求再次分割夫妻共同财产。"人民法院对前述规定的妨害民事诉讼的行为,依照《民事诉讼法》的规定予以制裁。根据《民法典》第1092条和《婚姻家庭编解释(一)》第84条的规定,对上述妨害行为可以采取三项对策:(1)可以在离婚分割夫妻共同财产时对行为人采取少分或不分的原则。(2)离婚后,被侵权一方可以向法院起诉,请求再次分割离婚前的夫妻共同财产,诉讼时效期间为3年,从当事人发现之日起计算。(3)在离婚诉讼过程中,行为人的这类行为也是一种妨害和破坏民事诉讼程序的行为,人民法院为保证诉讼程序和执行活动的顺利进行,可以对其依法采取强制措施。此外,对离婚后尚未分割的夫妻共同财产的处理问题,根据《婚姻家庭编解释(一)》第83条的规定,离婚后,一方以尚有夫妻共同财产未处理为由向人民法院起诉请求分割的,经审查该财产确属离婚时未涉及的夫妻共同财产,人民法院应当依法予以分割。

总之,在分割夫妻共同财产时,要正确区分夫妻共同财产的界限,严格依法办事,坚持夫妻共同财产的分割原则和方法,注意保护各方当事人的合法权益,以体现法律的公平与正义。

5. 离婚时房屋问题的处理

(1) 公房的使用、承租问题。在我国,根据《民法典》婚姻家庭编、《妇女权益保障法》,并参考1996年《关于审理离婚案件中公房使用、承租若干问题的解答》①的精神,在离婚案件中,当事人对公房的使用、承租问题发生争议,自行协商不成,或者经当事人双方单位或有关部门调解不成的,人民法院应坚持男女平等和保护妇女、未成年人、老年人、残疾人合法权益等原则,考虑双方的经济收入,实事求是,合情合理地予以解决。

对于夫妻共同居住的公房,具有下列情形之一,离婚后,双方均可承租:第一,婚前由一方承租的公房,婚姻关系存续5年以上的;第二,婚前一方承租的本单位的房屋,离婚时,双方均为本单位职工的;第三,一方婚前借款投资建房取得的公房承租权,婚后夫妻共同偿还借款的;第四,婚后一方或双方申请取得公房承租权的;第五,婚前一方承租的公房,婚后因该承租房屋拆迁而取得房屋承租权的;第六,夫妻双方单位投资联建或者联合购置的共有房屋的;第七,一方将其承租的本单位的房屋,交回本单位或交给另一方单位后,另一方单位另给调换房屋的;第八,婚前双方均租有公房,婚后合并调换房屋的;第九,其他应当认定为夫妻双方均可承租的情形。

对于上述双方均可承租的公房,应依照下列原则予以处理:第一,照顾抚养子女的一方;第二,男女双方在同等条件下,照顾女方;第三,照顾残疾或生活困难的一方;第四,照顾无过错的一方。在具体处理时应当根据房屋的实际情况区别对待:如公房面积较大能够隔开分室居住使用的,则可隔开由双方分别居住,或者经过协商将公房另行调换两处面积较小的公房分别居住,或者将公房一方承租,而由承租方给另一方解决住房等。如果公房面积较小,不能隔开分室使用,则应根据有关原则经过调解判决由一方承租使用,并由承租方对另一方给予适当的补偿。

对于一方婚前承租的公房另一方无权承租。一方对另一方婚前承租的公房无权承租而

---

① 该解答自2021年1月1日起《民法典》施行后已被废止,仅供参考。

解决住房确有困难的,如果原夫妻共同居住的公房面积较大可以分室居住的,可以调解或者判决暂时居住,但暂住期限一般不超过 2 年,暂住方应当交纳与房屋租金等额的使用费及其他必要的费用。如果原承租公房面积不大不能分室居住,承租公房一方又有负担能力的,则应由承租方给予一次性经济帮助。

(2) 夫妻共同出资而取得"部分产权"的房屋。部分产权,是指职工以标准价格购买公有住房后享有部分权能,并且这种权能受到法定限制的产权。部分产权的权能包括永久居住权、使用权、继承权和有限处分权、收益权等。夫妻双方有书面约定的,按约定处理。没有约定的,如房屋面积较大能够分室居住使用的,人民法院可令双方分割使用,各取得分割所得房屋的"部分产权"。对不宜分割使用的房屋,人民法院可依照《民法典》规定的照顾直接抚养子女方、照顾残疾或生活困难方、照顾无过错方等原则,将房屋"部分产权"分给一方,由分得房屋"部分产权"的一方,一般按所得房屋产权的比例,依照离婚时当地政府有关部门公布的同类住房标准价,给予对方一半价值的补偿。对夫妻双方均争要房屋"部分产权"的,在双方同意或者双方的经济、住房条件基本相同的条件下,人民法院亦可采取竞价方式解决双方的争议。

(3) 夫妻共有的商品房。商品房属于私人全部产权的房屋,应按照其他夫妻共同财产进行分割,遵守分割夫妻财产的基本原则和各项规定。对于完全属于一方的个人财产,如果另一方离婚后生活困难、无房居住,可以暂时居住 2 年,或者离婚夫妻一方以其住房等个人财产给予生活有困难的另一方以适当的帮助。

(4) 婚后父母出资为子女购买的房屋。[①]《婚姻家庭编解释(一)》第 29 条第 2 款规定:"当事人结婚后,父母为双方购置房屋出资的,依照约定处理;没有约定或者约定不明确的,按照民法典第一千零六十二条第一款第四项规定的原则处理。"也就是说,结婚后,父母为夫妻双方购置房屋出资的,可分为两种情况处理:一是有约定的,依照约定处理,以体现意思自治原则;二是无约定或者约定不明确的,依法律的规定处理,即按照《民法典》第 1062 条第 1款第 4 项规定的原则,属于夫妻共同财产。并且,《婚姻家庭编解释(二)》第 8 条明确规定,婚姻关系存续期间,夫妻购置房屋由一方父母全额出资,如果赠与合同明确约定只赠与自己子女一方的,按照约定处理;没有约定或者约定不明确的,离婚分割夫妻共同财产时,人民法院可以判决该房屋归出资人子女一方所有,并综合考虑共同生活及孕育共同子女情况、离婚过错、对家庭的贡献大小以及离婚时房屋市场价格等因素,确定是否由获得房屋一方对另一方予以补偿以及补偿的具体数额。婚姻关系存续期间,夫妻购置房屋由一方父母部分出资或者双方父母出资,如果赠与合同明确约定相应出资只赠与自己子女一方的,按照约定处理;没有约定或者约定不明确的,离婚分割夫妻共同财产时,人民法院可以根据当事人诉讼请求,以出资来源及比例为基础,综合考虑共同生活及孕育共同子女情况、离婚过错、对家庭的贡献大小以及离婚时房屋市场价格等因素,判决房屋归其中一方所有,并由获得房屋一方对另一方予以合理补偿。

(5) 一方婚前签订房屋买卖合同,以个人财产首付并在银行贷款,婚后用夫妻共同财产

[①] 主编注:关于父母为子女出资购买房屋的权属与出资性质的研究,参见陈思琴:《父母出资购买之房屋权属与出资性质认定研究》,载李俊主编:《中国民法典婚姻家庭编与继承编理论与实务研究》,群众出版社 2024 年版,第 103—114 页;王丹:《父母为子女婚后出资购房问题研究——〈民法典婚姻家庭编解释(二)〉第 8 条评析》,载《中国应用法学》2025 年第 1 期。

还贷,该房屋登记于首付款支付方名下的,离婚时该房屋由双方协议处理。[①]协议不成的,法院可以判决该房屋归产权登记一方,尚未归还的贷款为产权登记一方的个人债务。双方婚后共同还贷支付的款项及其相对应财产增值部分,应根据《民法典》第 1087 条第 1 款规定的原则,由产权登记一方对另一方进行补偿。[②]

(6) 婚姻关系存续期间,双方用夫妻共同财产出资购买以一方父母名义参加房改的房屋,登记在一方父母名下,离婚时另一方主张按照夫妻共同财产对该房屋进行分割的,人民法院不予支持。购买该房屋时的出资,可以作为债权处理。[③]

(7) 夫妻共有房屋的价值及归属有争议的。根据《婚姻家庭编解释(一)》第 76 条的规定,双方对夫妻共同财产中的房屋价值及归属无法达成协议时,人民法院按以下情形处理:第一,双方均主张房屋所有权并且同意竞价取得的,应当准许;第二,一方主张房屋所有权的,由评估机构按市场价格对房屋作出评估,取得房屋所有权的一方应当给予另一方相应的补偿;第三,双方均不主张房屋所有权的,根据当事人的申请拍卖、变卖房屋,就所得价款进行分割。

(8) 因婚姻赠与房屋的处理。根据《婚姻家庭编解释(二)》第 5 条的规定,婚前或者婚姻关系存续期间,当事人约定将一方所有的房屋转移登记至另一方或者双方名下,离婚诉讼时房屋所有权尚未转移登记,双方对房屋归属或者分割有争议且协商不成的,人民法院可以根据当事人诉讼请求,结合给予目的,综合考虑婚姻关系存续时间、共同生活及孕育共同子女情况、离婚过错、对家庭的贡献大小以及离婚时房屋市场价格等因素,判决房屋归其中一方所有,并确定是否由获得房屋一方对另一方予以补偿以及补偿的具体数额。婚前或者婚姻关系存续期间,一方将其所有的房屋转移登记至另一方或者双方名下,离婚诉讼中,双方对房屋归属或者分割有争议且协商不成的,如果婚姻关系存续时间较短且给予方无重大过错,人民法院可以根据当事人诉讼请求,判决该房屋归给予方所有,并结合给予目的,综合考虑共同生活及孕育共同子女情况、离婚过错、对家庭的贡献大小以及离婚时房屋市场价格等因素,确定是否由获得房屋一方对另一方予以补偿以及补偿的具体数额。此外,给予方有证据证明另一方存在欺诈、胁迫、严重侵害给予方或者其近亲属合法权益、对给予方有扶养义务而不履行等情形,请求撤销前述规定的民事法律行为的,人民法院依法予以支持。

离婚时,双方对尚未取得所有权或尚未取得完全所有权的房屋有争议且协商不成的,人民法院不宜判决房屋所有权的归属,应当根据实际情况判决由当事人使用。待房屋完全取得所有权后,当事人有争议的,可以另行向人民法院提起诉讼。

6. 离婚时对夫或妻之土地承包经营权的保护

根据我国现行《宪法》以及《民法典》物权编和婚姻家庭编的有关规定,农村集体经济组织成员的土地承包经营权受法律保护。夫妻作为农村承包经营户中的主要成员,与其他家庭成员共同享有土地承包经营权,对所承包的土地享有占有、使用和收益的权利。离婚时,夫或妻的土地承包经营权平等地受法律保护,任何人不得侵犯。但在实际生活中,女方的土地承包经营权在离婚后常常受到侵犯。女方结婚后,在娘家的土地可能被收回;离婚后,在

---

① 参见李俊、朱晓旭:《论离婚时按揭房产的法律处置》,载夏吟兰、龙翼飞主编:《家事法研究》(2016 年卷),社会科学文献出版 2016 年版,第 130—146 页。

② 参见《婚姻家庭编解释(一)》第 78 条。

③ 参见《婚姻家庭编解释(一)》第 79 条。

婆家的责任田又无法带走,即使男方同意分出,也不便于耕作,这样就使得离婚妇女丧失了对土地承包的权利,生活陷入困境。为切实保护广大农村妇女的合法权益,我国《民法典》在第 1087 条第 2 款规定:"对夫或者妻在家庭土地承包经营中享有的权益等,应当依法予以保护。"《农村土地承包法》第 31 条进一步明确规定,"妇女离婚或者丧偶,仍在原居住地生活或者不在原居住地生活但在新居住地未取得承包地的,发包方不得收回其原承包地"。由此可见:

(1) 农村妇女离婚后,集体经济组织应当保留对原承包土地的合法使用权。原夫妻关系解除后,所在的农村集体经济组织负责对原先由家庭共同使用和承包的土地予以划分和变更。在重新划分承包地和变更承包经营合同时,在数量上和质量上不因男女性别有所差异。

(2) 农村妇女离婚后,其户籍迁移另地的,由新居住地的农村集体经济组织负责为其划分承包地。

(3) 农村妇女离婚后,新居住地未取得承包地的,原居住地的发包方不得收回其原承包地。

(4) 夫妻关系存续期间从事的多种经营和承包责任田及粮田的当年收益,在离婚时应当作为夫妻共同财产处理。对夫妻关系存续期间共同经营无收益的养殖业、种植业等,离婚时应本着有利于发展生产、有利于经营的原则,予以合理分割,不能分割的折价处理,以保障离婚妇女迁移另地的生活所需。

(二) 夫妻债务的清偿

《民法典》第 1089 条规定:"离婚时,夫妻共同债务应当共同偿还。共同财产不足清偿或者财产归各自所有的,由双方协议清偿;协议不成的,由人民法院判决。"据此,在离婚时,夫妻对债务的处理必须要分清是共同债务,还是个人债务,前者由夫妻双方共同负清偿的责任;后者由夫妻一方个人承担清偿责任,另一方没有代为清偿的义务,但双方另有约定的除外。

1. 夫妻共同债务的清偿

根据《民法典》第 1064 条的规定,我国的夫妻共同债务包括夫妻双方共同签名或者夫妻一方事后追认等共同意思表示所负的债务,在婚姻关系存续期间夫妻一方以个人名义为家庭日常生活需要所负的债务和超出家庭日常生活需要但用于夫妻共同生活、共同生产经营所负的债务,以及夫妻一方婚前所负用于婚后家庭共同生活的债务。可见,我国的夫妻共同债务的构成,必须具备以下三个条件:

第一,夫妻共同债务发生的时间,一般应在婚姻关系存续期间内,即从夫妻双方登记结婚之日至婚姻关系终止之日所负的债务。但夫妻一方婚前所负的债务确实用于婚后共同生活的,亦为夫妻共同债务。[①]

第二,夫妻共同债务的用途,其一般是用于维持家庭共同生活或共同生产、经营或为共同财产收益的投资活动。首先,为家庭共同生活所负的债务,包括因购置生活用品、购置或修建住房所负的债务,履行抚养教育义务和赡养义务、治疗疾病所负的债务,以及其他日常生活中发生的应当由夫妻双方负担的债务。其次,为夫妻共同的生产、经营活动或为共同财

---

① 参见《婚姻家庭编解释(一)》第 33 条。

产收益的投资活动所负的债务,包括双方共同从事工商业或在农村承包经营所负的债务、为共同财产的收益从事投资或其他金融证券交易活动所负的债务以及应缴纳的税款,经夫妻双方同意由一方经营且收入用于共同生活所负的债务,夫妻一方用夫妻共同财产投资以个人名义从事生产、经营活动或虽由一方独自筹资生产经营但收益用于共同生活所负的债务等。最后,基于意思自治原则,夫妻双方亦可基于自愿约定而产生共同债务。

必须注意,《婚姻家庭编解释(一)》第 34 条规定:"夫妻一方与第三人串通,虚构债务,第三人主张该债务为夫妻共同债务的,人民法院不予支持。夫妻一方在从事赌博、吸毒等违法犯罪活动中所负债务,第三人主张该债务为夫妻共同债务的,人民法院不予支持。"

第三,夫妻共同债务的清偿责任是连带之债。[①] 夫妻共同债务属于连带债务,对外夫妻双方应当依法对债权人承担连带清偿责任。但如夫妻共同财产不足清偿的,或者双方约定财产归各自所有没有共同财产清偿的,对共同债务的偿还方式及清偿比例等,由夫妻双方协商确定;如果协商不成,由人民法院考虑双方当事人的具体情况依法判决确定。

人民法院审理离婚案件,处理夫妻共同债务时,如果有共同债务,应先清偿债务,再分割剩余的共同财产。具体操作如下:(1) 离婚时双方有共同财产的,对于已届清偿期的共同债务应由共同财产偿还。(2) 双方共同财产不足清偿,或者财产归各自所有的,或者离婚时尚未到期的共同债务,由双方协议确定各自所应承担的份额。《婚姻家庭编解释(一)》第 35 条第 1 款规定:"当事人的离婚协议……已经对夫妻财产分割问题作出处理的,债权人仍有权就夫妻共同债务向男女双方主张权利。"据此,该协议只是夫妻双方约定各自分担债务的份额,并不具有对外效力,该项债务仍为连带债务,债权人仍然有权向夫妻双方或一方请求履行清偿义务。[②] 此外,《婚姻家庭编解释(二)》第 3 条规定:"夫妻一方的债权人有证据证明离婚协议中财产分割条款影响其债权实现,请求参照适用民法典第五百三十八条或者第五百三十九条规定撤销相关条款的,人民法院应当综合考虑夫妻共同财产整体分割及履行情况、子女抚养费负担、离婚过错等因素,依法予以支持。"(3) 双方协议不成的,由人民法院判决。人民法院根据双方的经济状况、经济能力及照顾直接抚养子女一方和女方的原则,判决由双方按一定比例清偿。法院的生效判决书、裁定书、调解书确定的只是夫妻各自分担的债务份额,仅有夫妻内部效力,对外该债务仍为连带之债。(4) 夫妻一方就共同债务承担连带清偿责任后,主张由另一方按照离婚协议或者人民法院的法律文书承担相应债务的,人民法院应予支持。[③]

2. 夫妻个人债务的清偿

夫妻个人债务是指夫妻一方婚前或者婚后以个人名义所负与共同生活无关的债务。根据《婚姻家庭编解释(一)》的规定,并具体考察债务的发生原因或用途,下列债务应属于个人债务:

(1) 夫妻一方婚前所负的债务,但债权人能够证明所负债务用于婚后家庭共同生活的

---

① 《婚姻家庭编解释(一)》第 35、36 条分别规定:"当事人的离婚协议或者人民法院生效判决、裁定、调解书已经对夫妻财产分割问题作出处理的,债权人仍有权就夫妻共同债务向男女双方主张权利。一方就夫妻共同债务承担清偿责任后,主张由另一方按照离婚协议或者人民法院的法律文书承担相应债务的,人民法院应予支持。""夫或者妻一方死亡的,生存一方应当对婚姻关系存续期间的夫妻共同债务承担清偿责任。"

② 参见最高人民法院民法典贯彻实施工作领导小组主编:《中华人民共和国民法典婚姻家庭编继承编理解与适用》,人民法院出版社 2020 年版,第 320—321 页。

③ 参见《婚姻家庭编解释(一)》第 35 条第 2 款。

除外。[①]

(2) 夫妻一方婚后以个人名义所负的债务,且夫妻一方能够证明该债务确为欠债人的个人债务。这主要有两种情形:一是债权人与债务人明确约定该项债务属于个人债务;二是属于《民法典》第 1065 条第 3 款规定的情况,即夫妻对婚姻关系存续期间所得的财产约定归各自所有,夫或者妻一方对外所负的债务,相对人知道该约定的,以夫或者妻一方的个人财产清偿。

(3) 一方未经对方同意,擅自资助与其没有抚养义务关系的亲朋所负的债务。

(4) 一方未经对方同意,独自筹资从事经营活动,其收入确未用于共同生活所负的债务。

(5) 其他应当由个人承担的债务,如一方因个人违法犯罪行为所负的债务、为满足私欲而挥霍所负的债务等。

夫妻个人债务应当由其个人财产清偿,对方不负连带清偿责任。如果对方同意以共同财产清偿的,法律也不禁止。用于清偿个人债务的夫妻个人财产,包括法定的个人财产、约定的个人财产以及离婚时分割夫妻共同财产所得的个人份额。

夫妻之间订立借款协议,以夫妻共同财产出借给一方从事个人经营活动或者用于其他个人事务的,应视为双方约定处分夫妻共同财产的行为,离婚时可以按照借款协议的约定处理。[②]

(三) 离婚时的经济补偿

1. 设立离婚经济补偿制度的意义

2001 年《婚姻法》新增第 40 条规定:"夫妻书面约定婚姻关系存续期间所得的财产归各自所有,一方因抚育子女、照料老人、协助另一方工作等付出较多义务的,离婚时有权向另一方请求补偿,另一方应当予以补偿。"此规定赋予对家庭付出较多义务一方的补偿请求权,是离婚时的救济方式之一。此规定在主体上没有性别的限制,任何一方,无论男女,只要符合法定条件,均可享有离婚补偿请求权。但在现实生活中,因抚养子女、照料老年人、协助另一方工作付出较多义务的绝大多数是妇女,补偿请求权正是考虑到女方在家庭中的实际付出,使经济上处于劣势的一方在离婚时得到补偿,从而打消她们对离婚的顾虑,以保障离婚自由的真正实现。此规定对已婚妇女的保护更加充分,是实现法律公平和正义的重要体现。

设立离婚经济补偿制度,承认家务劳动与社会劳动具有同等的价值,是我国立法的一大进步。由于 2001 年修正的《婚姻法》第 40 条的规定将经济补偿制度限制在夫妻"书面约定婚姻关系存续期间所得的财产归各自所有"的前提下,故该条对实行共同财产制的夫妻不能适用。也就是说,实行共同财产制的夫妻,虽然一方为家庭付出了较多义务,但在离婚时因不符合该制度的适用范围就不能获得经济补偿。[③]针对此立法缺陷,《民法典》第 1088 条将此条规定修改为:"夫妻一方因抚育子女、照料老年人、协助另一方工作等负担较多义务的,离婚时有权向另一方请求补偿,另一方应当给予补偿。具体办法由双方协议;协议不成的,

---

① 参见《婚姻家庭编解释(一)》第 33 条。

② 参见《婚姻家庭编解释(一)》第 82 条。

③ 主编注:关于我国离婚经济补偿制度应当有条件地适用于实行共同财产制的夫妻之研究,参见陈苇、于林洋:《论我国离婚经济补偿制度的命运:完善抑或废除》,载《法学》2011 年第 6 期。关于我国离婚经济补偿制度仅适用于实行分别财产制的夫妻之立法缺陷分析,参见夏吟兰编著:《家事法专论》,中国政法大学出版社 2020 年版,第 295—296 页。

由人民法院判决。"即此条已将夫妻"书面约定婚姻关系存续期间所得的财产归各自所有"（约定实行分别财产制）的前提条件删除，扩大了离婚经济补偿的适用范围。这使得在婚姻期间从事家务劳动较多义务的一方，无论实行分别财产制还是共同财产制，离婚时都能够依法请求一定的经济补偿，体现了对家务劳动价值的承认，使得夫妻之间对婚姻期间所得财产的分配更加公平合理。[①]

2. 离婚经济补偿请求权的行使条件

（1）请求经济补偿的时间限于离婚之时。夫妻双方中一方因抚育子女、照料老年人、协助另一方工作等负担较多义务行使经济补偿请求权的，应当在离婚时向对方一并提出。如果在离婚时不请求对方补偿的，离婚后，该请求权随即消失。

（2）享有补偿请求权的一方是承担义务较多的一方。承担义务较多，是指在家务劳动中付出了较多的时间和精力，如在抚育子女、照料老年人、协助另一方工作等方面负担较多义务。付出较多义务的一方有权要求对其所付出的义务予以补偿。补偿的数额应与一方所付出的劳动价值相当。具体数额应由双方协议，协议不成的，由人民法院判决。根据《婚姻家庭编解释（二）》第 21 条的规定，离婚诉讼中，夫妻一方有证据证明在婚姻关系存续期间因抚育子女、照料老年人、协助另一方工作等负担较多义务，依据《民法典》第 1088 条规定请求另一方给予补偿的，人民法院可以综合考虑负担相应义务投入的时间、精力和对双方的影响以及给付方负担能力、当地居民人均可支配收入等因素，确定补偿数额。

四、离婚时对生活困难一方的经济帮助

《民法典》第 1090 条规定："离婚时，如果一方生活困难，有负担能力的另一方应当给予适当帮助。具体办法由双方协议；协议不成的，由人民法院判决。"可见，此规定删除了 2001 年修正的《婚姻法》第 42 条中"另一方应从其住房等个人财产中"给予补偿的具体帮助措施，仅作出了对于离婚时生活确有困难的夫妻一方，有负担能力的他方应当进行适当帮助的原则性规定。[②] 本条规定平等地适用于男女双方，但就本条规定的针对性而言，主要是帮助女方解决离婚时的生活困难。因为，目前我国男女两性的经济能力仍然存在一定的差距，离婚时，有生活困难的一方以女方居多。对生活有困难的一方给予经济上的帮助，有助于消除生活困难一方特别是女方在离婚问题上的经济顾虑，有助于离婚自由的充分实现。[③]

[①] 主编注：关于承认家务劳动价值，对夫妻在婚姻期间所得财产权益实行公平分配，以加强对经济能力较弱的一方（往往是妻方，尤其是专事家务劳动的妻方）的保护之域外立法趋势研究，参见陈苇：《论现代婚姻家庭法的立法宗旨与变革趋势及其启示》，载陈苇等：《中国婚姻家庭法理论与实践研究》，中国人民公安大学出版社 2019 年版，第 10—12 页。

[②] 主编注：我国有学者指出，此规定删除了一方以住房等个人财产对生活困难者进行帮助的列举情形，并非法律对该列举中的情形持否定态度，而是因该列举的情形不够严谨，实践中易引起"生活困难"与"住房困难"的判断混乱。删除实施经济帮助的具体措施，一方面可以使经济帮助的解释范围扩大，有利于法官根据自由裁量权增加对困难一方经济帮助的内容与形式；但另一方面，由于删减了具体的帮助措施，特别是删除了"以个人财产"予以帮助的规定，有可能会导致离婚经济帮助制度的虚化，甚至出现以适当多分割夫妻共同财产的形式取代经济帮助的情况。参见夏吟兰：《〈民法典·婚姻家庭编〉男女平等原则之发展与思考》，载《中华女子学院学报》2020 年第 4 期。

[③] 主编注：关于当代国外离婚扶养制度的改革及趋势，参见冉启玉：《离婚扶养制度研究》，群众出版社 2013 年版，第 130—166 页。

（一）离婚经济帮助的条件

离婚经济帮助是指夫妻离婚时如一方生活困难,经双方协议或者人民法院判决,由有负担能力的另一方给予适当资助的制度。

离婚经济帮助有条件地发生于离婚之时,它既不以婚姻关系存续期间夫妻一方付出较多的义务为条件,也不以一方是否对离婚有过错为必要,而是以一方在离婚时存在生活困难为前提条件,故其与离婚经济补偿制度以及离婚损害赔偿制度都不同。并且,离婚经济帮助也不同于夫妻间的扶养义务:夫妻间的扶养义务,是夫妻在婚姻期间的法定义务,它发生于婚姻成立之时,且只能存在于婚姻关系存续期间,并随着婚姻的终止而解除;离婚经济帮助,则属于夫妻扶养义务在离婚后的延伸或延续。离婚时,具备法定条件的扶养权利方有权依法请求扶养义务方承担离婚经济帮助的义务,故离婚经济帮助仍然属于一种法定义务。[①]

离婚时,夫妻一方请求夫妻他方给予经济帮助,必须符合以下条件:

(1) 一方有生活困难。要求帮助的一方必须是生活确有困难并且自己无力解决,如离婚时分得的财产不足以维持其合理的生活需要,或本人不能通过参加适当的工作维持其生活需要,或本人丧失劳动能力又无其他生活来源,生活难以维持等。《婚姻家庭编解释(二)》第22条规定:"离婚诉讼中,一方存在年老、残疾、重病等生活困难情形,依据民法典第一千零九十条规定请求有负担能力的另一方给予适当帮助的,人民法院可以根据当事人请求,结合另一方财产状况,依法予以支持。"此外,必须注意,婚姻关系中的过错不应当在考虑之列,也就是说,有过错的一方如果离婚时生活确有困难,也可以请求无过错方给予适当经济帮助。[②]

(2) 经济帮助具有时限性。这种帮助仅限于一方在离婚当时生活有困难,而不是离婚后任何时间发生困难都可以要求另一方帮助。

(3) 提供帮助的一方须有负担能力,即仅限于其力所能及的程度。

（二）离婚经济帮助的方法

离婚时,一方当事人符合应当获得另一方给予经济帮助的条件的,首先应当由双方协议,协议不成的,由人民法院根据具体情况判决予以确定。人民法院判决时应当考虑双方的收入和财产、就业能力、子女抚养情况以及婚姻期间的生活水平等因素,合理地确定经济帮助的具体方式和数额。针对不同情况,人民法院判决离婚经济帮助的具体方法如下:

(1) 离婚时,一方年轻有劳动能力,生活暂时有困难的,另一方可给予短期的或一次性的经济帮助。

(2) 结婚多年,一方年老病残、失去劳动能力而又无生活来源的,另一方应在住房和生活方面,给予适当的安排。在经济上可视具体情况,给予一次性帮助或长期的帮助。

必须注意,第一,提供离婚经济帮助的一方所提供的钱款、住房及其他财物,应从该方个人所有的财产中支付,不应与夫妻共同财产的分割混为一谈。离婚经济帮助是一方对困

---

① 主编注:关于离婚经济帮助的性质,我国有些学者认为它是婚姻关系解除时派生出来的一种责任,参见杨大文主编:《婚姻法教程》,法律出版社1986年版,第198页;巫昌祯主编:《婚姻与继承法学》,中国政法大学出版社1997年版,第182页。然而,我国有些学者则认为它是夫妻扶养义务的延伸,正如合同解除后的"后合同义务"一样,参见陈苇、冉启玉:《离婚扶养制度研究——中国大陆法与俄罗斯法之比较》,载《月旦民商法》2004年第6期;黄薇主编:《中华人民共和国民法典婚姻家庭编释义》,法律出版社2020年版,第179页。

② 参见黄薇主编:《中华人民共和国民法典婚姻家庭编释义》,法律出版社2020年版,第181页。

难一方的有条件的帮助;夫妻共同财产的分割,是夫妻双方对共同财产依法享有的权利。不能用离婚经济帮助的方式取代共同财产的分割,以防止经济较弱一方的财产权利受到损害。第二,在执行离婚经济帮助期间,受资助一方另行结婚或经济收入足以维持时,对已经确定的帮助费尚未执行或者未全部执行的,帮助一方即可停止给付。第三,原定离婚经济帮助执行完毕,受助方又要求对方再给予帮助的,人民法院不予支持。[①]

第三节　离婚损害赔偿

一、离婚损害赔偿概述

（一）离婚损害赔偿制度概述

离婚损害赔偿制度是指婚姻当事人一方因法定过错行为的发生而导致离婚,基于无过错方的诉讼请求,由过错方赔偿无过错方损失并承担相应民事责任的一种法律救济制度。

婚姻的缔结尽管是当事人自主自愿的行为,但它却并不仅仅是当事人的自由合意,它从产生之日起,便承载了诸如种族延续、经济互助、维系社会伦理秩序等社会功能,使它更多的成为一种伦理实体、一种重要的社会行为。[②]双方当事人在缔结婚姻时,就意味着其将要无可选择地承担起婚姻共同体所承载的各种责任和义务。当一方违背婚姻义务时,也就损害了另一方的合法权益;同时损害了婚姻的社会功能,破坏了社会秩序。而当损害程度足以导致婚姻破裂时,那么,法律在确认当事人离婚的同时,要求过错方对其违背义务的行为承担相应的损害赔偿的法律后果。这不仅体现了法律对婚姻社会功能的维护,也是对无过错方受损权利的必要补偿和救济。离婚过错损害赔偿制度的确立,也是当代亲属法中的公平原则在离婚问题上的必然要求。[③]正是基于以上原因,一些国家和地区在离婚法中规定了离婚损害赔偿制度。例如,《法国民法典》第 266 条规定:"如离婚被判为过错全在夫或妻一方,则该方得判赔偿损害,以补偿他方因解除婚姻而遭受的物质或精神损失。"

（二）我国离婚损害赔偿制度的作用

2001 年,我国立法机关在修正《婚姻法》时,考虑到婚姻家庭领域重婚、家庭暴力、虐待、遗弃等侵权行为的现实存在,为了能有效地实现法律遏制、补偿、平衡社会权益之功效,在借鉴其他国家和地区立法经验的基础上,于该法第 46 条首次确立了离婚损害赔偿法律制度,填补了此项立法空白。《民法典》第 1091 条沿用此制度,并根据我国现实需要增加第 5 项"有其他重大过错"作为兜底条款,补充完善了此项制度。离婚损害赔偿制度具有以下作用:

---

① 在我国,离婚经济帮助制度虽已实行多年,但由于其制度设计上的一些不足,如适用条件过于严格、经济帮助数额过低难以解决生活困难者的实际困难、住房帮助的规定难以落实等,使其没有发挥出应有的离婚救济作用。所以,我国有学者建议对其进行改进和完善。参见陈苇、石雷:《离婚救济法律制度的创新思路》,载《社会科学辑刊》2013 年第 1 期。

② 参见杨遂全等著:《婚姻家庭法典型判例研究》,人民法院出版社 2003 年版,第 308 页。

③ 参见姚红等编著:《中华人民共和国婚姻法释解》,群众出版社 2001 年版,第 210 页。

第一,填补受害人的损害,保障无过错方的合法权益。从我国婚姻家庭关系的现状来看,重婚、有配偶者与他人同居以及家庭暴力、虐待、遗弃家庭成员等违法行为还时有发生,因以上原因导致的离婚案件占有一定的比例,过错方的违法行为直接给其配偶造成了一定的人身伤害和财产损失。离婚损害赔偿制度的确立,使无过错方受损的权益得到必要的救济和补偿,同时通过对过错方过错行为的处罚,有利于抑制重婚、有配偶者与他人同居、家庭暴力等违法行为的发生。这是离婚赔偿制度最基本的作用。

第二,给予受害人以精神抚慰。夫妻一方的重大过错行为,不仅造成夫妻另一方在人身和物质方面的损害,也会给无过错方造成一定的精神损害,要求过错方承担损害赔偿责任,也可以填补受害人精神损害,从而使受害人在获得物质补偿的同时,获得精神上的安抚和心理上的慰藉。

第三,制裁违法行为。损害赔偿作为侵权行为人应当承担的民事责任之一,具有制裁违法行为人的作用。通过责令过错方承担损害赔偿责任,降低甚或抵消了侵权人的获益,达到对违法者进行制裁的目的。

第四,告诫他人,预防违法行为的发生。作为社会规范的法律,通过对过错方采取一定的制裁措施,教育和提醒其他有违法意图的行为人,避免违法侵权行为的再发生,从而发挥法律的教育、指引作用。[1]

(三) 我国确立离婚损害赔偿制度的意义

第一,离婚损害赔偿制度体现了婚姻义务的本质要求。[2]法律预先设定了配偶间的义务和责任,这些义务既有要求当事人积极作为的,如尊重对方人格、相互扶养、共同生活等;也有要求当事人消极不作为的,如禁止重婚、禁止与婚外异性同居、禁止家庭暴力、禁止虐待或遗弃等。在婚姻关系存续期间,夫妻双方应当全面地履行其法定义务。当一方违背法律规定逃避义务和责任时,一方面可由当事人采取一些措施自觉调适和解决,使婚姻关系继续维持和发展;另一方面,对于重大的过错行为侵害了对方合法权益,导致婚姻关系解体的,法律要求过错方承担相应的赔偿责任,既是对其违反义务行为的必要惩处,也是维护婚姻义务严肃性和法律权威性的基本要求。

第二,离婚损害赔偿制度是配偶身份权民法属性的必然反应。[3]现代社会的配偶身份权是建立在人格独立、人格自由、人格平等和人格尊严的前提之下的,配置了夫妻之间尊重、扶养、生育等权利义务的内容,进入婚姻共同体的当事人必须按照配偶身份权的规则约束自我,只有这样,才能既维护自己的权利,也尊重对方的权利。与配偶身份权相配套,法律应当确定侵犯身份权的后果归属及救济性措施。由于配偶权属私法的范畴,所以,只能通过民法调整的方法和民事责任的手段来规范。[4]

---

① 参见陈苇:《建立我国离婚损害赔偿制度研究》,载《现代法学》1998 年第 6 期。

② 参见杨立新、秦秀敏主编:《中华人民共和国婚姻法释义与适用》,吉林人民出版社 2001 年版,第 478 页。

③ 参见杨立新、秦秀敏主编:《中华人民共和国婚姻法释义与适用》,吉林人民出版社 2001 年版,第 478 页。

④ 无过错方能否要求第三者给予损害赔偿? 所谓第三者,一般是指明知对方有配偶而与其发生男女两性关系,进而同居甚至重婚的行为。由于第三者的插足,往往导致夫妻关系的破裂。离婚时,无过错一方能否向第三者要求损害赔偿? 目前我国学术界对此问题的认识并不一致。在司法实践中,由于诸如第三者概念的界定、取证的困难、第三者介入与当事人婚姻破裂之间是否一定存在因果关系等一系列问题的存在,我国《民法典》并未规定第三者承担损害赔偿责任。

第三,离婚损害赔偿制度是保护无过错方合法权益,维护和睦、健康的婚姻家庭关系的现实需要。由于侵害婚姻家庭成员的违法过错行为的存在,不仅给无过错方造成了身心、财产的损害,也直接影响了其他家庭成员的正常生活。所以,法律通过要求过错行为人承担损害赔偿的方式,对其进行法律责任的追究,不仅补救了受害人的权益,也教育广大民众和家庭成员主动履行法律义务,维护平等、和睦的婚姻家庭关系。

二、离婚损害赔偿请求权的成立条件

《民法典》第 1091 条规定:"有下列情形之一,导致离婚的,无过错方有权请求损害赔偿;(一)重婚;(二)与他人同居;(三)实施家庭暴力;(四)虐待、遗弃家庭成员;(五)有其他重大过错。"

(一) 离婚损害赔偿的构成要件

根据我国《民法典》的规定,离婚损害赔偿包括以下五个构成要件:

第一,必须有破坏婚姻家庭关系的法定过错行为。行为人一方违背夫妻之间的法定义务,实施了破坏婚姻家庭关系的法定过错行为。《民法典》第 1091 条将承担损害赔偿的法定过错行为限定为:重婚;与他人同居;实施家庭暴力;虐待、遗弃家庭成员;有其他重大过错行为。必须明确,这些法定过错行为均属于破坏婚姻家庭关系的重大过错行为,应依法承担离婚损害赔偿责任。至于因通奸、赌博、吸毒等一般过错行为导致离婚的,均不属于承担离婚损害赔偿责任的法定过错行为。[①]

第二,过错行为人主观上出于故意。行为人明知自己的行为会侵害对方的合法利益或明知其行为是违背法律规定的,却故意实施该法定的五种违法行为而导致离婚,损害其配偶的合法权益。

第三,必须有损害事实的存在。过错方违法行为的发生,导致夫妻感情破裂而离婚,给无过错方的人身、财产和精神利益都造成了一定的损害。

第四,过错行为与损害事实之间存在因果关系。只需证明对方有重婚,与他人同居,实施家庭暴力,虐待、遗弃家庭成员或有其他重大过错行为而导致离婚即可。

第五,离婚当事人要求损害赔偿的,须以自己无法定过错为前提。《婚姻家庭编解释(一)》第 90 条规定,夫妻双方均有《民法典》第 1091 条规定的过错情形,一方或者双方向对方提出离婚损害赔偿请求的,人民法院不予支持。

(二) 离婚损害赔偿的范围

根据《婚姻家庭编解释(一)》第 86 条的规定,离婚损害赔偿包括物质损害赔偿和精神损害赔偿两个方面。

第一,物质损害赔偿。物质损害主要是指因过错方的过错行为而造成的无过错方实际财产利益的减少。如因家庭暴力行为致使无过错方身体受到伤害而支出的医药费、治疗费等。按照一般的财产侵权理论,物质损害赔偿实行全部赔偿原则。

[①] 参见陈苇主编:《婚姻家庭继承法学》(第三版),群众出版社 2017 年版,第 237 页;肖峰编著:《民法典婚姻家庭编条文精释与案例实务》,法律出版社 2020 年版,第 284 页。

第二,精神损害赔偿。精神损害主要是指因过错方的违法行为,给无过错方造成了一定的精神压抑和痛苦等精神利益的损害。精神损害赔偿的目的是抚慰受害人受伤的心灵。《民法典》第 1183 条第 1 款规定:"侵害自然人人身权益造成严重精神损害的,被侵权人有权请求精神损害赔偿。"

三、离婚损害赔偿请求权的行使

离婚时,无论是因人身损害造成的物质损害还是精神损害,无过错方都有权要求过错方承担损害赔偿责任,给付损害赔偿费。

(一) 离婚损害赔偿请求权的行使

根据《婚姻家庭编解释(一)》第 88、89 条规定,离婚损害赔偿请求权的行使,主要包括以下四个方面的内容:

第一,人民法院负有告知义务。由于有些离婚当事人不知法律的有关规定,人民法院审理离婚案件时,应当将《民法典》第 1091 条规定的离婚损害赔偿的条件,当事人有关的权利义务,以书面形式告知当事人。其目的是使无过错方知道享有这一权利,以决定是否行使离婚损害赔偿请求权,同时使过错方明确应当依法承担的离婚损害赔偿义务。

第二,无过错方作为离婚原告的行使方式和期限。无过错方作为原告向人民法院要求与过错方离婚并主张要求过错方承担离婚损害赔偿的,应当在起诉离婚时提出或离婚诉讼中经人民法院书面告知其权利后随即提出;过期不提出的,视为放弃该权利。

第三,无过错方作为离婚被告的行使方式和期限。过错方作为原告向人民法院起诉要求与无过错方离婚的,无过错方可以在一审离婚诉讼中提出离婚损害赔偿请求;无过错方既不同意离婚,也不提出损害赔偿请求的,可以就此单独提出离婚损害赔偿请求诉讼。一审时无过错方作为被告未提出损害赔偿请求,二审期间提出的,人民法院应当进行调解,调解不成的,告知当事人另行起诉。双方当事人同意由二审法院一并审理的,二审法院可以一并裁判。

第四,登记离婚后无过错方向人民法院请求损害赔偿的处理。当事人双方协议离婚,并在婚姻登记机关办理了离婚登记手续后,无过错方以过错方有法定过错为理由向人民法院提出损害赔偿请求的,人民法院应当受理。但当事人在协议离婚时已经明确表示放弃该项请求的,人民法院不予支持。

(二) 离婚损害赔偿费数额的确定

对符合离婚损害赔偿条件,经无过错方在离婚诉讼中或离婚后的法定诉讼时效期间内[1]提出请求的,人民法院应当对赔偿请求进行调解,调解不成的,人民法院对物质损害应判决过错方据实承担赔偿金。在确定精神损害赔偿数额时,应根据 2020 年修正的《确定民事侵权精神损害赔偿责任的解释》第 5 条的规定,参考下列因素综合确定:(1) 侵权人的过错程度;(2) 侵权行为的目的、方式、场合等具体情节;(3) 侵权行为所造成的后果;(4) 侵权人的

---

[1] 参见《民法典》第 188 条。

获利情况;(5) 侵权人承担责任的经济能力;(6) 受诉法院所在地平均生活水平。

此外,必须说明,根据《婚姻家庭编解释(一)》第 4 条的规定,在婚姻关系存续期间,当事人不起诉离婚而仅以《民法典》第 1043 条 [①] 为依据提起诉讼的,人民法院不予受理;已经受理的,裁定驳回起诉。

第四节　离婚对父母子女的法律后果

一、离婚后的父母子女关系

《民法典》第 1084 条第 1 款规定:"父母与子女间的关系,不因父母离婚而消除。离婚后,子女无论由父或者母直接抚养,仍是父母双方的子女。"

离婚只消除夫妻关系,不能消除父母与子女关系。夫妻关系是双方当事人合意的两性结合,既可以依法成立,也可以依法解除。父母子女关系是基于子女出生而形成的自然血亲关系,不能人为地解除。离婚所变更的只是父母对子女的抚养形式,而不是父母子女关系。[②] 在我国,《民法典》婚姻家庭编关于父母子女间权利义务的规定,仍适用于离婚后的父母子女关系。夫妻即使离婚,他们作为父母对子女仍有抚养教育的义务;子女对父母亦有赡养扶助的义务;相互间仍有继承遗产的权利。

养父母与养子女间的权利义务关系,不因养父母离婚而解除。养父母离婚后,未成年养子女不论由哪一方抚养,仍是养父母双方的子女。但这种拟制血亲关系毕竟不同于自然血亲关系,在某些特殊情况下,如经养父母与其生父母协商一致并取得已满 8 周岁的养子女同意,可依法解除收养关系,未成年的养子女由生父母抚养,但变更和解除必须符合《民法典》的有关规定,不得侵犯未成年养子女的合法权益。

离婚时,继父母与形成抚养教育关系的继子女间的权利义务关系是否解除,应视具体情况而定,已在前文第六章第三节"继子女"中有所论述。

二、离婚后子女随何方父母生活的确定

离婚后,父母子女关系不变,但变更了父母对子女的抚养形式,即子女只能随父母一方生活,另一方以给付抚育费及行使对子女的探望权来履行其抚养教育子女的权利和义务。因此,离婚后,子女随哪一方父母生活,不仅直接关系到子女的权益,也是离婚诉讼中争执较多且难以解决的焦点问题。对此,《民法典》第 1084 条第 2、3 款规定:"离婚后,父母对于子女仍有抚养、教育、保护的权利和义务。离婚后,不满两周岁的子女,以由母亲直接抚养为原

[①] 《民法典》第 1043 条规定:"家庭应当树立优良家风,弘扬家庭美德,重视家庭文明建设。夫妻应当互相忠实,互相尊重,互相关爱;家庭成员应当敬老爱幼,互相帮助,维护平等、和睦、文明的婚姻家庭关系。"

[②] 主编注:关于当代国家如法国、意大利、日本、俄罗斯、英国和澳大利亚等离婚对未成年子女法律后果的研究,参见陈苇主编:《当代外国婚姻家庭法律制度研究》,中国人民公安大学出版社 2022 年版,第 81—82、215—216、340—341、399、473—474、640—642 页。关于诉讼离婚中儿童权利保护的必要性研究,参见张庆林:《中国诉讼离婚中儿童权利保护研究》,中国人民公安大学出版社 2021 年版,第 77—132 页。

则。已满两周岁的子女,父母双方对抚养问题协议不成的,由人民法院根据双方的具体情况,按照最有利于未成年子女的原则判决。子女已满八周岁的,应当尊重其真实意愿。"《婚姻家庭编解释(一)》对此作了解释。综合起来,处理离婚后子女抚养问题,必须从有利于未成年子女身心健康成长的原则出发,把维护子女利益放在首位,再结合父母双方的抚养能力和抚养条件,妥善解决。具体情况如下:

第一,不满 2 周岁的子女,以由母亲直接抚养为原则。这是由哺乳期内的母婴生理特点所决定的,母乳哺育及母亲的精心照料,是婴儿健康成长的重要条件。同时,不满 2 周岁的子女由哺乳的母亲抚养,既是母亲的权利也是其义务,母亲不得推卸抚养婴儿的责任。

母亲有下列情形之一,父亲请求直接抚养的,人民法院应予支持:(1) 母亲患有久治不愈的传染性疾病或其他严重疾病,子女不宜与其共同生活的。(2) 母亲有抚养条件不尽抚养义务,而父亲要求子女随其生活的。(3) 因其他原因,子女确无法随母亲生活的。(4) 父母双方协议,不满 2 周岁的子女随父亲生活,并对子女健康成长无不利影响的,可予准许。

第二,已满 2 周岁的未成年子女的直接抚养人,首先应由父母双方协议,协议不成的,由人民法院判决。父母双方均要求直接抚养的,人民法院判决时,依据《婚姻家庭编解释(一)》第 46、47 条的规定,一方有下列情形之一的,可予优先考虑:(1) 已做绝育手术或因其他原因丧失生育能力的。(2) 子女随其生活时间较长,改变生活环境对子女健康成长明显不利。(3) 无其他子女,而另一方有其他子女。[①] (4) 子女随其生活,对子女成长有利,而另一方患有久治不愈的传染性疾病或者其他严重疾病,或者有其他不利于子女身心健康的情形,如有赌博、吸毒等恶习,或者无抚养子女的经济条件等,不宜与子女共同生活的。(5) 子女单独随祖父母或者外祖父母共同生活多年,且祖父母或者外祖父母要求并且有能力帮助子女照顾孙子女或者外孙子女的。对于父母双方均要求直接抚养的,《婚姻家庭编解释(二)》第 14 条规定:"离婚诉讼中,父母均要求直接抚养已满两周岁的未成年子女,一方有下列情形之一的,人民法院应当按照最有利于未成年子女的原则,优先考虑由另一方直接抚养:(一)实施家庭暴力或者虐待、遗弃家庭成员;(二)有赌博、吸毒等恶习;(三)重婚、与他人同居或者其他严重违反夫妻忠实义务情形;(四)抢夺、藏匿未成年子女且另一方不存在本条第一项或者第二项等严重侵害未成年子女合法权益情形;(五)其他不利于未成年子女身心健康的情形。"

第三,8 周岁以上的未成年子女,应考虑其本人意愿。[②] 因为 8 周岁以上的未成年人是限制民事行为能力人,对事物有了一定的认识和判断能力。对于其随父或随母生活,应征求其本人意见。

第四,在有利于保护子女利益的前提下,父母双方协议轮流抚养子女的,人民法院应予支持。实践中,离婚诉讼中争养独生子女的现象较为普遍,增加了人民法院审理案件的难度。采取轮流抚养的办法,能使子女得到较完整的父爱与母爱,满足了父母双方抚养子女的愿望,也可减少人民法院处理离婚纠纷的阻力和难度。因此,双方协议轮流抚养的,如果对子女确实有利,人民法院应予支持。但应注意避免不断改变孩子的生活环境对其健康成长的不利影响。

---

① 主编注:对于第(1)项和第(3)项规定,我国有些学者认为体现的是父母利益优先,这不符合"子女最大利益优先原则",参见陈苇、谢京杰:《论〈儿童最大利益优先原则〉在我国的确立——兼论〈婚姻法〉等相关法律的不足及其完善》,载《法商研究》2005 年第 5 期。

② 参见《民法典》第 19 条。

三、离婚后父母一方对子女的探望权

《民法典》第 1086 条规定:"离婚后,不直接抚养子女的父或者母,有探望子女的权利,另一方有协助的义务。行使探望权利的方式、时间由当事人协议;协议不成的,由人民法院判决。父或者母探望子女,不利于子女身心健康的,由人民法院依法中止探望;中止的事由消失后,应当恢复探望。"这是 2001 年修正的《婚姻法》新增的条文,其确立了离婚后父或者母对未成年子女的探望权制度,《民法典》婚姻家庭编沿袭了此规定。

(一) 探望权的概念

探望权,又称探视权、会面交往权①,是指父母离婚后,不直接抚养子女的父母一方享有对其未成年子女进行探望、联系、交往、短期共同生活的权利。探望权具有以下基本特征:

第一,探望权是离婚后父或母与子女交往的一项法定权利。探望权是基于父母子女的身份和血缘关系而产生的一项法定权利。《民法典》第 1084 条第 1 款规定,父母与子女的关系,不因父母离婚而消除。离婚后,子女无论由父或者母直接抚养,仍是父母双方的子女。离婚后不与未成年子女共同生活的一方,通过看望、关心子女或与子女短时间共同生活,可以教育子女,与子女交流感情,可以得到精神抚慰。探望子女也可以使未成年子女享有正常的父母之爱,减少家庭破裂给他们幼小心灵带来的创伤,有利于未成年子女的健康成长。

第二,探望权的主体。探望权的权利主体为离婚后不直接抚养子女的父母一方;义务主体为直接抚养子女的父母一方。②看望自己的子女,并与之交往、短时间共同生活为人之常情,抚养子女的一方负有不得妨碍其行使权利、积极协作的义务,并应为其提供方便条件,保证对方权利的实现。

第三,探望权的行使不得损害子女的身心健康。探望权是《民法典》婚姻家庭编赋予不

---

① 关于离婚后未行使未成年子女监护权的父母一方对子女的探视权或交往权的研究,参见陈苇:《离婚后父母对未成年子女监护权问题研究——兼谈我国〈婚姻法〉相关内容的修改与补充》,载《中国法学》1998 年第 3 期。

② 主编注:近年来,有的人民法院在审判中支持祖父母、外祖父母在一定条件下享有探望权,认为我国 2001 年修正的《婚姻法》中虽然没有明确规定祖父母可以探望孙子女,但亦未明文禁止祖父母探望孙子女,本着法无明文规定即可为的原则,对于祖父母探望孙子女的诉讼请求不应一概否定,而应该结合具体的情况加以确认。探望权属于身份权范畴,父母作为孩子的血亲自然拥有探望子女的权利,而祖父母作为孙子女的直系亲属,享有亲属关系上的权利义务,其探望子女的权利应来源于父母的亲权,在亲权无法实现的情况下,祖父母的探望可以视为是对亲权的补充。参见(2016)京 01 民终 622 号民事判决书。值得注意的是,随着我国《民法典》的实施,我国法律实务界有人认为,探望权是亲权的重要组成部分,故探望权的主体不能突破亲权的主体范围,即祖父母、外祖父母或兄弟姐妹等其他近亲属不是探望权的主体。参见最高人民法院民法典贯彻实施工作领导小组主编:《中华人民共和国民法典婚姻家庭编继承编理解与适用》,人民法院出版社 2020 年版,第 298—299 页。但从域外立法看,为贯彻联合国 1989 年《儿童权利公约》倡导的"儿童最大利益原则",促进儿童的健康成长,有些国家的探望权(或称会面交往权、子女接触令又称子女交往令)主体范围除父母外还有祖父母辈直系亲属、兄弟姐妹旁系亲属等,并且子女也是该权利的主体。例如,根据澳大利亚家庭法规定的"子女接触令",其交往权的主体包括子女与父母等亲属即是双向的权利主体,任何人不得妨碍或阻止父母、祖父母、外祖父母、兄弟姐妹以及与儿童的照顾、福利有关的其他人与儿童依据此命令相聚;任何人不得妨碍或阻止儿童与父母、祖父母、外祖父母、兄弟姐妹以及与儿童的照顾、福利有关的其他人依据此命令进行交流。参见陈苇主编:《当代外国婚姻家庭法律制度研究》,中国人民公安大学出版社 2022 年版,第 642 页。又如,1995 年《俄罗斯联邦家庭法典》第 55 条规定,子女有与父母、祖父母、外祖父母、兄弟姐妹和其他亲属来往的权利。父母离婚、婚姻被确认无效或者父母分居不影响子女的权利。参见鄢一美译:《俄罗斯联邦家庭法典》(1995 年),载中国法学会婚姻法学研究会编:《外国婚姻家庭法汇编》,群众出版社 2000 年版,第 484 页。

直接抚养子女一方的法定权利,也是子女应当享受到完整父母之爱的权利。但是这种权利是一种义务性权利,其行使不得损害子女的身心健康。如果父或母探望子女,不利于子女身心健康的,有关人员可到法院诉请依法中止其探望权。[①]

我国设立探望权制度,一方面,主要是针对现实生活中因探望子女而引发的纠纷日益增多的现象。由于一些当事人错误地认为"子女归谁抚养就归谁所有",直接抚养子女的一方把子女当作个人私有财产,拒绝对方探望子女,甚至对探望子女的一方大打出手;有些不直接抚养子女的一方也认为自己与子女的关系仅局限于给付子女的抚育费,而忽视了对子女的探望权、对子女教育的参与权、与子女共享天伦之乐的权利。另一方面,主要是保护未成年子女的利益,使之最大化。目前我国有些离婚父母一方误认为探望权只是自己享有的一种权利,故是可以放弃的。本书认为,探望权不可以被放弃。探望权是基于父子或母子关系而产生的一种派生权利,具有长期性、专属性和不可替代性。探望权的性质,不仅是未直接抚养子女的父母一方享有的权利,也是其在抚养教育子女方面应尽的一项义务和职责。其目的首先是最大限度地保护未成年人的健康成长,之后才是满足不直接抚养子女的父或母一方维系亲情的需要。因为,未成年子女的健康成长,需要来自父母双方的关爱和抚养教育,探望权可以维系不直接抚养子女的父或母一方与子女的亲子关系,不直接抚养子女的父或母一方通过与子女会面交往可直接履行对子女教育的义务,有利于保持和巩固亲情,弥补因父母离婚给未成年子女造成的精神伤害,有利于未成年子女的健康成长,促进社会的和谐稳定。因此,如果在离婚协议中约定父母一方自行放弃探望权,此约定侵犯了未成年子女与不直接抚养子女的父母一方的会面交往和当面接受父母教育的合法权益,违背了《民法典》第1068条关于父母对未成年子女有教育义务的强制性规定,应当属于无效的约定。[②] 设立探望权制度,是我国政府落实联合国《儿童权利公约》关于"儿童最大利益原则"的具体体现,是我国婚姻家庭立法的一大进步。

（二）探望权的行使

《民法典》第1086条第2款规定:"行使探望权利的方式、时间由当事人协议;协议不成的,由人民法院判决。"据此,行使探望权的时间、方式,有两种确定方式,即父母协商和法院判决。首先应当由父母协商,因为父母是探望权的权利主体和义务主体,如果他们能协商解决,有利于平衡各方和子女的利益,容易得到执行。当然,如果达不成协议,探望权人可以向人民法院提出请求,由人民法院依法对探望的时间和方式作出判决。对于已经生效的离婚判决,如果没有涉及探望权,当事人也可以就探望权问题单独提起诉讼,人民法院应予受理。在婚姻登记机关办理离婚登记手续的,应当同时就探望子女的时间、方式等达成协议,并写入离婚协议书,婚姻登记机关应对其内容进行审查。如果离婚当事人对未成年子女探望问题达不成协议,或协议内容不合法的,不能通过行政程序登记离婚。

（三）探望权的中止和恢复

《民法典》第1086条第3款规定:"父或者母探望子女,不利于子女身心健康的,由人民

---

① 参见《婚姻家庭编解释（一）》第67条。

② 参见《民法典》第153条第1款规定的违反强制性规定的民事法律行为无效。

法院依法中止探望;中止的事由消失后,应当恢复探望。"据此,探望权中止的法定条件是探望权的行使不利于子女身心健康。至于不利于子女身心健康的情形有哪些,《民法典》婚姻家庭编及相关司法解释并未具体列举。一般而言,其情形主要有:一是探望权人患有严重传染性疾病或其他严重疾病,可能危及子女健康的;二是探望权人在行使探望权时对子女有侵权行为或者犯罪行为,损害子女利益的;三是探望权人与子女感情严重恶化,子女坚决拒绝探望的;四是其他不利于子女身心健康的行为,如探望权人有酗酒、吸毒、骚扰子女等行为。

中止探望权的请求人为未成年子女、直接抚养子女的父或者母以及其他对未成年子女负担抚养、教育、保护义务的法定监护人。[①]

中止探望权必须经过人民法院判决,其他任何机关、任何人包括父母双方均无权中止探望权。直接抚养子女的一方如果认为对方行使探望权,不利于子女身心健康的,不能自行决定不让对方探望子女,而应依法向人民法院申请中止。《婚姻家庭编解释(一)》第 66 条规定,"当事人在履行生效判决、裁定或者调解书的过程中,一方请求中止探望的,人民法院在征询双方当事人意见后,认为需要中止探望的,依法作出裁定"。

中止探望权,只是暂时停止不直接抚养子女一方探望子女的权利,并非完全剥夺。当以上不利于子女身心健康的情形消失后,被中止探望权的人应向人民法院提出请求,人民法院应当根据当事人的请求书面通知其恢复探望。[②]

此外,《婚姻家庭编解释(二)》第 12 条第 1 款规定:"父母一方或者其近亲属等抢夺、藏匿未成年子女,另一方向人民法院申请人身安全保护令或者参照适用民法典第九百九十七条规定申请人格权侵害禁令的,人民法院依法予以支持。"并且,第 13 条规定:"夫妻分居期间,一方或者其近亲属等抢夺、藏匿未成年子女,致使另一方无法履行监护职责,另一方请求行为人承担民事责任的,人民法院可以参照适用民法典第一千零八十四条关于离婚后子女抚养的有关规定,暂时确定未成年子女的抚养事宜,并明确暂时直接抚养未成年子女一方有协助另一方履行监护职责的义务。"

四、子女抚养关系的变更

离婚后,随着时间的推移,父母的抚养能力、抚养条件可能发生变化或者出现其他新情况,从而引发抚养关系产生新的纠纷。对此,可由父母双方协议变更子女的抚养关系,协议不成时,由人民法院判决。父母一方要求变更子女抚养关系,有下列情形之一的,人民法院应予支持:(1) 与子女共同生活的一方因患严重疾病或者因伤残无力继续抚养子女。(2) 与子女共同生活的一方不尽抚养义务或有虐待子女行为,或其与子女共同生活对子女身心健康确有不利影响。(3) 已满 8 周岁的子女,愿随另一方生活,该方又有抚养能力。(4) 有其他正当理由需要变更。[③] 根据《婚姻家庭编解释(二)》第 11 条第 2 款的规定,抢夺、藏匿未成年子女一方以另一方存在赌博、吸毒、家庭暴力等严重侵害未成年子女合法权益情形,主张其抢夺、藏匿行为有合理事由的,人民法院应当告知其依法通过撤销监护人资格、中止探望或者变更抚养关系等途径解决。当事人对其上述主张未提供证据证明且未在合理期限内提

---

① 参见《婚姻家庭编解释(一)》第 67 条。
② 参见《婚姻家庭编解释(一)》第 66 条。
③ 参见《婚姻家庭编解释(一)》第 56 条。

出相关请求的,人民法院依照前述规定处理。

五、子女抚养费的负担与变更[①]

(一) 子女抚养费的负担

《民法典》第 1085 条规定,离婚后,子女由一方直接抚养的,另一方应当负担部分或者全部抚养费。负担费用的多少和期限的长短,由双方协议;协议不成的,由人民法院判决。关于子女抚养费的协议或者判决,不妨碍子女在必要时向父母任何一方提出超过协议或者判决原定数额的合理要求。根据《婚姻家庭编解释(一)》第 42 条的规定,抚养费包括子女生活费、教育费、医疗费等费用。据此,离婚后,父母双方都有负担子女抚养费的平等义务。子女无论随父亲还是随母亲生活,对方都应当自觉地给付子女抚养费。在具体处理时,应首先由父母双方协议,协议不成的,由人民法院判决。在协议离婚时,如果抚养子女的一方既有负担能力,又愿意独自负担全部费用,也允许对方不分担抚养费,但经查实,抚养方的抚养能力明显不能保障子女所需费用,影响子女健康成长的,不予支持。根据《婚姻家庭编解释(二)》第 16 条的规定,离婚协议中关于一方直接抚养未成年子女或者不能独立生活的成年子女、另一方不负担抚养费的约定,对双方具有法律约束力。但是,离婚后,直接抚养子女一方经济状况发生变化导致原生活水平显著降低或者子女生活、教育、医疗等必要合理费用确有显著增加,未成年子女或者不能独立生活的成年子女请求另一方支付抚养费的,人民法院依法予以支持,并综合考虑离婚协议整体约定、子女实际需要、另一方的负担能力、当地生活水平等因素,确定抚养费的数额。前述但书规定情形下,另一方以直接抚养子女一方无抚养能力为由请求变更抚养关系的,人民法院依照《民法典》第 1084 条规定处理。

1. 子女抚养费的数额

父母双方离婚后有平等的负担子女生活费和教育费的义务,但义务主体的平等,并不意味着抚养费用数额的平均分担。子女抚养费的数额应根据子女的实际需要,父母双方的负担能力和当地的实际生活水平确定。

(1) 父母有固定收入的,抚养费一般可按其月总收入的 20% ~ 30% 的比例给付。负担两个以上子女抚养费的,比例可适当提高,但一般不得超过月总收入的 50%。

(2) 父母无固定收入的,抚养费的数额可依据当年总收入或同行业平均收入,参照上述比例确定。

(3) 有特殊情况的,可适当提高或降低上述比例。例如双方收入悬殊较大,一方收入较少或生活难以维持,而另一方收入较高,经济条件优越,则收入高的一方应适当提高比例,收入少的一方可降低其比例。[②]

2. 抚养费的给付期限

子女抚养费的给付期限,一般至子女 18 周岁为止。16 周岁以上不满 18 周岁,以其劳动收入为主要生活来源,并能维持当地一般生活水平的,父母可停止给付抚养费。

---

① 主编注:关于公权力适度干预是保障子女抚养费协议或者判决执行的必要手段之探讨,参见樊丽君主编:《中华人民共和国婚姻法评注:离婚》,厦门大学出版社 2021 年版,第 206 页。

② 参见《婚姻家庭编解释(一)》第 49 条。

对不能独立生活的成年子女,父母有给付能力的,仍应负担必要的抚养费。依据《婚姻家庭编解释(一)》第41条的规定,不能独立生活的成年子女,是指尚在校接受高中及其以下学历教育,或者丧失、部分丧失劳动能力等非因主观原因而无法维持正常生活的成年子女。

根据《婚姻家庭编解释(二)》第17条的规定,离婚后,不直接抚养子女一方未按照离婚协议约定或者以其他方式作出的承诺给付抚养费,未成年子女或者不能独立生活的成年子女请求其支付欠付的抚养费的,人民法院应予支持。前述规定情形下,如果子女已经成年并能够独立生活,直接抚养子女一方请求另一方支付欠付的费用的,人民法院依法予以支持。

3. 抚养费的给付方法

(1) 定期给付。子女的抚养费应定期给付,这是一般原则。定期给付,通常是指按月、按季度、按年或按收获季节给付。

(2) 一次性给付。给付子女的抚养费有条件的可一次性给付。一次性给付,是指按月或按年应付的抚养费的数额,乘以将子女抚养到法定年龄的期限,计算出总数,一次性给付完毕。实践中,对一方要求一次性给付的要慎重处理。确有必要一次性给付的,要注意掌握条件。根据审判实践经验,对于出国出境人员、有能力支付的私营企业主、下落不明的一方以财产折抵的等情形,可以一次性给付。

(3) 以物折价。对于一方无经济收入或下落不明的,可以用财物折抵子女抚养费。离婚时,为了便于执行,对子女抚养费的数额、给付期限和办法,都应当在调解协议或判决书中加以明确。

4. 父母监护人资格被撤销时的抚养费给付

《民法典》第37条规定:"依法负担被监护人抚养费、赡养费、扶养费的父母、子女、配偶等,被人民法院撤销监护人资格后,应当继续履行负担的义务。"据此,被撤销监护人资格的父、母应当继续负担子女的抚养费用。[1]

(二) 子女抚养费的变更

离婚后,由于父母经济条件、子女需要等情况发生变化,可由父母双方协议变更子女的抚养费;协议不成的,可以起诉请求法院变更。抚养费的变更包括抚养费的增加、减少、免除三种情况。

1. 子女抚养费的增加

具有下列情形之一,子女要求有负担能力的父或者母增加抚养费的,人民法院应予支持:(1) 原定抚养费数额不足以维持当地实际生活水平的。(2) 因子女患病、上学,实际需要已超过原定数额的。(3) 有其他正当理由应当增加的。例如,物价上涨、生活地域发生变化、有给付义务的父方或母方经济收入明显增加等。

至于子女抚养费是否增加及增加多少,应当由双方当事人协议,协议不成时,由人民法院依法裁决。

2. 子女抚养费的减少或免除

子女抚养费的数额可以在特定条件下减少甚至免除:(1) 抚养子女的生父母一方再婚,其再婚配偶愿意负担子女抚养费的部分或全部,另一方生父母的负担可以酌情减少或者免

---

[1] 参见2014年四部门《处理监护人侵害未成年人权益行为的意见》第42条。

除。(2) 负有给付义务的一方确有实际困难,如长期患病或丧失劳动能力,无经济来源,确实无力给付的,也可以通过协商或者判决酌情减免。(3) 有给付能力的一方,因犯罪被判刑收监改造,无力给付的。

抚养费的减少或者免除直接关系到子女的切身利益,人民法院在决定时应慎重考虑,严格把握。应当指出的是,在一定条件下减少或免除当事人应当支付的抚养费并没有消除父母对子女抚养教育的义务。因此,在减少甚至免除的特定条件消失后,负有抚养费给付义务的一方经济条件明显好转时,应当自行恢复给付。

六、离婚后父母对未成年子女致人损害民事责任的承担

《民法典》第 1188 条规定:"无民事行为能力人、限制民事行为能力人造成他人损害的,由监护人承担侵权责任。监护人尽到监护职责的,可以减轻其侵权责任。有财产的无民事行为能力人、限制民事行为能力人造成他人损害的,从本人财产中支付赔偿费用;不足部分,由监护人赔偿。"

夫妻双方离婚后,未成年子女致人损害的,应首先由与该子女共同生活的父母一方承担民事责任。只有在该方不能独立承担民事责任时,才由未与子女共同生活的父母另一方共同承担民事责任。即使父母被撤销监护人资格,也应当继续负担未成年人的因监护侵害行为产生的各项费用。[①]

【本章小结】

本章主要内容有三个方面:一是离婚对当事人的法律效力,包括人身关系的效力和财产关系的效力两个方面。离婚对当事人财产关系的效力主要包括离婚时夫妻财产的清算、离婚时的经济补偿、离婚时对生活困难一方的经济帮助。二是离婚损害赔偿制度,包括离婚损害赔偿请求权的成立条件和离婚损害赔偿请求权的行使。三是离婚对父母子女的法律后果,包括离婚后子女随何方父母生活的确定、离婚后父母一方对子女的探望权和子女抚养费的负担与变更。

【引导案例参考答案】

1. 本案中,因被告陈某与婚外异性同居的行为导致夫妻感情确已破裂,法院经调解后,当事人双方都同意离婚,应予准许。法院应告知原告《民法典》第 1091 条有关离婚损害赔偿的规定。

2. 婚生之子陈某伟随母亲刘某生活为宜,父亲陈某应给付抚养费。对于未成年子女由离婚父母何方直接抚养,人民法院应根据《民法典》第 1084 条第 3 款"有利于未成年子女"健康成长的原则判决。本案中的父亲陈某因有婚外性行为并导致夫妻感情破裂,其生活作风不严肃对孩子的健康成长可能不利,尤其是孩子长期和母亲刘某及外祖父母一起生活,其生活、学习均在刘家,现在突然改变孩子的生活和学习环境,对孩子的健康成长不利。为此,人民法院应依法将孩子判归由母亲刘某直接抚养,父亲陈某按月总收入的 30% 比例每月给付子女抚养费。

---

① 参见 2014 年四部门《处理监护人侵害未成年人权益行为的意见》第 42 条。

3. 对于夫妻共同财产的归属,本案中的刘某与陈某没有约定,应按照法定财产制的规定处理。《民法典》第 1087 条第 1 款规定:"离婚时,夫妻的共同财产由双方协议处理;协议不成的,由人民法院根据财产的具体情况,按照照顾子女、女方和无过错方权益的原则判决。"刘某与陈某在分割夫妻共同财产上有争议,经法院调解达不成协议,则由人民法院判决解决,人民法院在判决时应遵循男女平等,照顾子女和女方权益,有利生产、方便生活、照顾无过错一方,不损害国家、集体和他人利益等原则进行判决。本案中,导致夫妻感情破裂的主要原因是陈某的婚外与异性同居行为,他是导致夫妻感情破裂的过错方。夫妻双方对共同财产有平等的处理权,陈某擅自将价值 19.6 万元的大客车转让后换得一辆旧大客车及现金 9.5 万元,陈某未经夫妻双方一致同意擅自处分共有财产,一般应认定无效。但第三人杨某系善意有偿取得该财产,应当维护第三人的合法权益,故该损失应由擅自处理夫妻共同财产的陈某承担。此外,考虑到孩子归刘某直接抚养,从有利于孩子生活稳定角度出发,人民法院应依法判决,双方共同购置的住房归刘某所有,旧大客车一辆归陈某所有,对于出让大客车的现金 9.5 万元,应当依据照顾无过错方原则,照顾无过错方刘某适当多分财产。

4. 刘、陈婚姻期间所欠的共同债务 10.4 万元,法院可判决刘、陈各自清偿一半。根据《婚姻家庭编解释(一)》第 35 条的规定,债权人杨某仍有权向刘、陈双方主张债权,即刘、陈双方离婚后仍是杨某的连带债务人,只是在刘、陈内部才按照人民法院判决的份额承担清偿责任。

【本章思考题】

1. 简述离婚时夫妻共同财产的分割原则。
2. 简述离婚时如何依法清偿夫妻共同债务。
3. 简述请求离婚经济补偿的法定条件。
4. 简述请求离婚经济帮助的法定条件。
5. 简述离婚损害赔偿责任的构成要件。
6. 父母离婚后子女的抚养费应如何负担?
7. 简述探望权的行使以及探望权的中止和恢复。

【本章参考习题】

第十二章 继承制度概述

【本章重点难点】

通过本章的学习,学生应了解继承与继承制度的基本概念,重点掌握我国《民法典》继承编的基本原则,继承开始的时间,继承权的取得、行使与丧失,以及遗产的范围等基本理论,难点在于把握我国有关继承权的取得、行使与丧失的法律规定。

【引导案例】

画家王某某生前先后结过三次婚,与第一任妻子育有两子王甲和王乙。与第二任妻子于1984年1月结婚,1990年离婚,育有一女王丙。与第三任妻子李某某于1992年1月1日在朋友家里认识,经过一段时间相互了解后,双方于同年3月1日起以夫妻名义同居,当时双方均符合结婚的法定条件;1994年1月生育一子王丁,双方于2002年3月1日补办结婚登记后领取了结婚证。2024年3月1日,王某某因突发疾病去世。

王某某留下的财产除两处房屋外,另有现金及存款80万余元,书画作品812幅,其中2002年3月1日补办结婚登记以后创作的作品共148幅,因无法实际按各幅画的价值等额分割,法院便按照公证书登记的顺序重新进行编号,所有双号作品分给李某某,所有单号作品按法定继承处理。

请问:法院对于遗产范围的认定和分割是否正确?为什么?

本章主要阐述五个方面的内容:一是继承的基本理论,包括继承的概念、特征、分类,继承法律关系,以及《民法典》继承编修订的主要内容;二是《民法典》继承编的基本原则;三是继承的开始;四是继承权;五是遗产的范围。

第一节 继承的特征与继承法律关系

一、继承的概念与特征

(一) 继承的概念

在我国,《民法典》继承编没有对继承的概念进行明确的界定。一般来说,继承有广义和狭义之分。广义的继承是指生者对死者生前所享有的身份和财产上的权利义务的承受,身份上的承受包括死者王位、爵位、户主及其他身份地位的承受等。而狭义的继承则专指生者对死者的财产继承,即继承人依照法律的直接规定或被继承人的有效遗嘱,无偿取得其死亡近亲属遗留的个人合法财产的一种法律制度。近现代法律中的继承是狭义的继承,即财产继承。

在继承法律关系中,死亡并留有财产的自然人为被继承人,依法承受被继承人财产上的权利义务的自然人是继承人。

(二)继承的特征

继承作为民法中的重要法律制度,其具有以下法律特征:

第一,自然人的自然死亡或者被宣告死亡是继承发生的法定原因。继承必须是基于被继承人的死亡而发生的,不管被继承人生前有无遗嘱,遗嘱是否有效,只要被继承人死亡这一法律事实出现,同时,死亡的被继承人又遗留有合法的个人财产,继承就会发生。如果自然人没有死亡,或者虽然死亡,但没有遗留下任何个人合法财产,继承就不会发生。

第二,继承法律关系的权利主体具有特定性。世界各国法律都对继承法律关系的权利主体进行了一定范围的限定,我国《民法典》继承编规定的继承人只能是被继承人特定的亲属,包括被继承人的配偶、父母子女、兄弟姐妹、祖父母、外祖父母、孙子女、外孙子女以及对公、婆或岳父母尽了主要赡养义务的丧偶儿媳或丧偶女婿等。

第三,继承关系的客体是被继承人死亡时遗留的财产。继承关系的客体仅限于被继承人死亡时拥有的个人合法财产。国有财产、集体所有的财产或者他人所有的财产都不能成为继承关系的客体。

第四,有合法的继承人且继承人未丧失继承权。继承的发生还有赖于被继承人死亡时其有合法的继承人来继承其财产。所谓合法的继承人即法定继承人和合法有效遗嘱指定的继承人,同时,继承人没有法律规定的丧失继承权的情形。如果死者没有继承人,或者继承人丧失了继承权,继承就不会发生。

第五,继承死者的财产权利和清偿债务相统一。按照法律规定,继承人在无偿取得被继承人财产和债权的同时,还应当在遗产的实际价值范围内清偿被继承人生前所欠的税款和债务。这一规定体现了财产继承中的权利与义务相一致的精神。

第六,继承是死者财产转移的基本方式。自然人死亡后,其遗产的转移方式有法定继承、遗嘱继承、遗赠、遗赠扶养协议、无人继承又无人受遗赠的遗产处理等几种。就我国的情况而言,在上述几种遗产转移方式中,法定继承和遗嘱继承是死者财产转移的基本方式。[①]

二、继承的类型

依照不同的标准,可以将继承划分为不同的类型。

(一)法定继承与遗嘱继承

按照财产继承的方式,继承可以分为法定继承和遗嘱继承。法定继承是直接根据法律

---

① 主编注:关于我国部分省市民众的法定继承观念、遗嘱继承习惯、遗产分割及遗产债务清偿习惯的实证调查研究,参见陈苇、王中伟主编:《中国民法典编纂视野下家事审判改革暨家事法修改研究》,中国人民公安大学出版社 2019 年版,第 209—256 页。

规定的继承人范围、继承顺序、继承份额及遗产分配的方法继承被继承人遗产的继承方式。遗嘱继承是继承人依据被继承人生前在其合法有效的遗嘱中作出的意思表示来继承被继承人遗产的继承方式。法定继承和遗嘱继承都是自古以来就有的,但其主次地位在不同的历史时期、不同的国家而有所不同,古代社会法定继承处于主导地位,近现代则是遗嘱继承处于优先的地位,特别强调在遗产继承中首先要尊重被继承人本人的意愿。自然人生前可以通过立遗嘱的方式将自己的合法财产进行处分,也可以不立遗嘱而按照法定的继承方式,在其死后处理其合法财产。自然人死亡时,有遗嘱的,必须按照其遗嘱来办理遗产继承;无遗嘱或遗嘱无效的,按法定继承办理;遗嘱部分无效的,则无效部分所涉及的财产,也按照法定继承来办理。[①]

(二) 单独继承与共同继承

按照参与继承的人数之不同,继承可以分为单独继承和共同继承。单独继承是指只有一个继承人的继承,由其一个人继承被继承人的全部遗产。单独继承一般又有两种情形,一种是被继承人死亡后,其只有一个符合法律规定的近亲属可以继承其全部遗产;另一种是死者虽然有多位继承人,但是按照法律规定只有一人可以继承死者的全部遗产,如长子继承、幼子继承等,这种情形只有古代法律中有规定,现代各国继承法已予以废除。

共同继承是指继承人为两人以上时,由他们共同继承被继承人的遗产。在司法实务中,发生遗产继承纠纷的,基本上都是共同继承。根据继承人应继承遗产份额的不同,共同继承又可以分为均等继承和不均等继承。前者是指同一顺序的继承人原则上平均分割被继承人的遗产,如我国《民法典》第1130条第1款规定:"同一顺序继承人继承遗产的份额,一般应当均等。"后者是指同一顺序的继承人可以继承的遗产份额不均等,某些特定的继承人能够多分遗产,而其他继承人则要少分遗产。

(三) 有限责任继承与无限责任继承

根据继承人在继承被继承人遗产时所承担的债务清偿责任的不同,继承可以分为有限责任继承与无限责任继承。前者又称为限定继承,是指继承人在继承所继承的遗产实际价值总额范围内清偿被继承人所欠的税款和债务,而无须用继承人自己的个人所有财产来清偿的继承方式。后者是指继承人对被继承人生前所欠的税款和债务要承担无限清偿责任的继承方式。即如果被继承人的遗产能够清偿其生前所欠的税款和债务的,继承人可以用该遗产来清偿;如果被继承人的遗产不够清偿其生前所欠的税款和债务的,继承人要以自己个人所有的财产予以清偿。目前,我国实行的是限定继承。我国《民法典》第1161条规定:"继承人以所得遗产实际价值为限清偿被继承人依法应当缴纳的税款和债务。超过遗产实际价值部分,继承人自愿偿还的不在此限。继承人放弃继承的,对被继承人依法应当缴纳的税款和债务可以不负清偿责任。"

[①] 主编注:关于继承法在现代法律体系中的地位研究,参见龙翼飞主编:《中华人民共和国继承法评注:总则》,厦门大学出版社 2020 年版,第 5—6 页。关于家庭主义道德观对中国财产继承制度历史与现实影响的探讨,参见 [美] 黄宗智:《实践与理论:中国社会、经济与法律的历史与现实研究》,法律出版社 2015 年版,第 609 页。

（四）本位继承、代位继承与转继承

按照继承人是否以本人的继承人资格参加继承之不同,继承可以分为本位继承、代位继承与转继承。[1] 本位继承是指,继承人按照法律规定以本人的继承人资格和顺序参与继承遗产的方式。例如我国配偶、子女、父母为第一顺序的法定继承人。[2] 继承开始后如无遗嘱继承时,他们就可依法以自己第一顺序法定继承人的资格参与第一顺序的法定继承。代位继承是指,被继承人的子女等本位继承人先于被继承人死亡,由本位继承人的代位继承人依照法律的规定代替继承被继承人遗产的法定继承方式。不同国家法律规定的代位继承的原因、代位继承人的范围以及代位继承的份额有所不同。[3] 在我国,《民法典》第 1128 条规定:"被继承人的子女先于被继承人死亡的,由被继承人的子女的直系晚辈血亲代位继承。被继承人的兄弟姐妹先于被继承人死亡的,由被继承人的兄弟姐妹的子女代位继承。代位继承人一般只能继承被代位继承人有权继承的遗产份额。"转继承是指继承人在继承开始后、遗产分割前死亡,并没有放弃继承且无遗嘱的情况下,其应当继承的遗产依法转由他的继承人取得的一种继承方式。例如我国《民法典》第 1152 条规定:"继承开始后,继承人于遗产分割前死亡,并没有放弃继承的,该继承人应当继承的遗产转给其继承人,但是遗嘱另有安排的除外。"必须明确,以上三种继承人,包括本位继承人、代位继承人与转继承人,他们的继承权都是源于法律的直接规定,所以他们均属于法定继承人。

三、继承法律关系

（一）继承法律关系的概念

继承法律关系,是指由《民法典》继承编所调整的、基于被继承人死亡的事实而发生的继承人之间、继承人与其他民事主体之间的财产方面的权利义务关系。继承法律关系包括法定继承法律关系和遗嘱继承法律关系。法定继承法律关系是发生在法定继承人之间、法定继承人与继承参加人之间、继承参加人之间以及他们与其他民事主体之间的权利义务关系。遗嘱继承法律关系是发生在遗嘱继承人之间、遗嘱继承人与继承参加人之间、继承参加人之间以及他们与其他民事主体之间的权利义务关系。在一个继承关系中,有可能同时存在法定继承关系和遗嘱继承关系。遗嘱继承优先于法定继承是世界各国继承法的通例。

（二）继承法律关系的特征

继承法律关系作为一种特殊的民事法律关系,既具有民事法律关系的一般属性,也有区别于一般民事法律关系的如下特征:

第一,继承法律关系主要是一种以身份关系为基础的财产法律关系,它不同于一般的债权和物权关系,不以商品经济关系为基础,不适用等价有偿的原则。

---

[1] 参见史尚宽:《继承法论》,中国政法大学出版社 2000 年版,第 10 页。

[2] 《民法典》第 1127 条第 1 款。

[3] 主编注:关于法国、德国、瑞士、日本、意大利、俄罗斯等大陆法系国家与英国、美国、澳大利亚等英美法系国家之九国代位继承制度的比较研究,参见陈苇主编:《外国继承法比较与中国民法典继承编制定研究》,北京大学出版社 2011 年版,第 411—413 页。

第二,继承法律关系的权利主体只能是自然人,而且只能是被继承人的特定亲属,不包括法人和国家;义务主体除了极少的负有协助继承人实现其继承权的义务外,一般只要求承担对权利人行使法定权利不予干涉、妨碍的义务。

第三,继承人的权利义务是继承法律关系的核心内容,继承法律关系中的权利仅限于遗产的继承权。

第四,继承法律关系的客体仅限于被继承人生前所遗留的个人合法财产,其范围远比一般民事法律关系的客体狭窄。

第五,继承法律关系和婚姻家庭法律关系密切相连。

（三）继承法律关系三要素

继承法律关系的三要素包括主体、客体和内容。

1. 继承法律关系的主体

继承法律关系的主体是按照法律规定或者遗嘱指定而享有继承权利和承担与继承相关义务的人。被继承人不是继承法律关系的主体,因为继承是从被继承人死亡时开始的。继承人是继承法律关系的基本主体,是指依法享有继承权、能够取得被继承人遗产的人,包括法定继承人和遗嘱继承人。

法定继承人是指根据法律规定直接承受被继承人遗产的继承人。法定继承人要按照法定的顺序依法享受继承权利,其法律地位在一定条件下可以被替代。《民法典》继承编对法定继承人的规定具有三大特点:一是法定继承人只能是自然人,且主要是被继承人的近亲属,即属于《民法典》第1045条所规定的相互有权利义务关系的近亲属[1]。其中,配偶、父母、子女为第一顺序法定继承人,兄弟姐妹、祖父母、外祖父母为第二顺序法定继承人,孙子女、外孙子女等直系晚辈血亲以及侄子女、外甥子女为法定代位继承人。[2]二是对公、婆或岳父、岳母尽了主要赡养义务的丧偶儿媳、丧偶女婿作为第一顺序法定继承人。三是只设定了两个继承顺序。

遗嘱继承人是指依据被继承人生前留下的合法有效的遗嘱承受其遗产的继承人。遗嘱继承人的法律地位是不可以被替代的。《民法典》第1133条第2款对遗嘱继承人进行了限定,规定遗嘱继承人只能是法定继承人中的一人或者数人。

实务中还应当注意继承人与继承参与人、遗产承受人的区别。继承参与人是指除了继承人以外的参与了继承活动的人,包括但不限于遗嘱见证人、遗嘱执行人、遗产管理人、酌情分得部分遗产的人等。遗产承受人则是指所有承受被继承人遗产的人,包括继承人、受遗赠人、其他可以酌情分得遗产的人。

2. 继承法律关系的客体

继承法律关系的客体是指遗产,即被继承人死亡时遗留下来的个人合法财产。它既包括不动产,也包括动产、金钱、有价证券、债权等。

---

① 《民法典》第1045条规定:"亲属包括配偶、血亲和姻亲。配偶、父母、子女、兄弟姐妹、祖父母、外祖父母、孙子女、外孙子女为近亲属。配偶、父母、子女和其他共同生活的近亲属为家庭成员。"

② 《民法典》第1128条第1、2款规定:"被继承人的子女先于被继承人死亡的,由被继承人的子女的直系晚辈血亲代位继承。被继承人的兄弟姐妹先于被继承人死亡的,由被继承人的兄弟姐妹的子女代位继承。"可见,侄子女、外甥子女虽然不是近亲属,但他们属于法定继承中的代位继承人。

3. 继承法律关系的内容

继承法律关系的内容是指权利主体所享有的权利和义务主体所承担的义务。其中,权利主体所享有的权利仅限于对遗产的继承权,而继承权的行使又依赖于被继承人死亡这一法律事实的出现。义务主体所承担的义务除了个别的负有协助继承人实现其权利的义务外,一般人只需要承担不作为的义务就行,即对权利人行使其继承权不予以妨碍和干涉的义务。

四、我国民法典继承编修订的主要内容

在我国,《民法典》继承编是在 1985 年《继承法》和 1985 年《执行继承法的意见》的基础上修订而成的。《民法典》第六编"继承",共计四章 45 条,包括一般规定、法定继承、遗嘱继承和遗赠、遗产的处理。该继承编在《民法典》各编中是条文最少的,修改的内容也是最少的。它吸收了 1985 年《继承法》和 1985 年《执行继承法的意见》多年行之有效的立法内容与司法实践经验,同时考虑到三十多年来我国公民财产继承观念的变化和继承习惯,充分体现了保护自然人私有财产继承权以及国家社会经济发展对完善我国继承制度的要求,符合遗产流转的总体要求。[①] 总体上看,《民法典》继承编在 1985 年《继承法》和 1985 年《执行继承法的意见》基础上修改了 33 条,其中涉及表述调整、增减内容(无知识点变动)的有 16 条,涉及知识点新增、修改的有 17 条。其修改补充的主要内容如下:

（一）一般规定

1. 修改了遗产范围的立法模式和内容

1985 年《继承法》对遗产范围作了列举式加兜底条款的规定。《民法典》继承编对遗产的范围作了修改,采取概括式的规定,并增加了除外条款。《民法典》第 1122 条规定:"遗产是自然人死亡时遗留的个人合法财产。依照法律规定或者根据其性质不得继承的遗产,不得继承。"此概括式规定扩大了遗产的范围,也即所有自然人死亡后遗留的合法财产都是遗产,包括网络财产、虚拟货币等,都可以被继承。凡是法律不禁止传承的财产都可以作为遗产,能够最大限度地保障自然人私有财产继承的需要。同时,概括式规定更能够适应现代市场经济发展和社会生活变化的需求,也是许多国家继承立法的通例。[②]《民法典》第 1122 条对可以继承的遗产范围作了两个排除,一是法律规定不能继承的财产不是遗产,比如国家资源的使用权;二是按性质不能继承的财产不是遗产,比如带有身份关系属性的土地承包经营权、宅基地使用权等。

2. 确立了被继承人死亡时间的推定规则

《民法典》继承编将 1985 年《执行继承法的意见》第 2 条有关互有继承权的继承人在同一事故中死亡时间的确定规则上升为法条。《民法典》第 1121 条规定:"继承从被继承人死亡时开始。相互有继承关系的数人在同一事件中死亡,难以确定死亡时间的,推定没有其他继承人的人先死亡。都有其他继承人,辈份不同的,推定长辈先死亡;辈份相同的,推定同时死亡,相互不发生继承。"这使特殊情况下被继承人死亡时间的确定更加明确。

---

① 主编注:关于现代继承法的发展趋势及其对我国《民法典》继承编的立法启示研究,参见陈苇等:《中国继承法理论与实践研究》,中国人民公安大学出版社 2019 年版,第 24—44 页。

② 主编注:关于遗产范围界定之探讨,参见杜江涌:《遗产债务法律制度研究》,群众出版社 2013 年版,第 13—37 页。

3. 明确了接受继承与放弃继承的具体要求

《民法典》第 1124 条规定："继承开始后,继承人放弃继承的,应当在遗产处理前,以书面形式作出放弃继承的表示;没有表示的,视为接受继承。受遗赠人应当在知道受遗赠后六十日内,作出接受或者放弃受遗赠的表示;到期没有表示的,视为放弃受遗赠。"此规定明确了继承人放弃继承的意思表示必须要采用书面形式;将原《继承法》受遗赠人接受或者放弃受遗赠的意思表示必须在知道受遗赠后"两个月"改为"60 日"内作出,此时间更为具体准确。

4. 继承权丧失法定事由的修改补充与增补宽宥制度

《民法典》继承编对原《继承法》有关继承权丧失的规定作了修改与补充。《民法典》第 1125 条规定："继承人有下列行为之一的,丧失继承权:(一)故意杀害被继承人;(二)为争夺遗产而杀害其他继承人;(三)遗弃被继承人,或者虐待被继承人情节严重;(四)伪造、篡改、隐匿或者销毁遗嘱,情节严重;(五)以欺诈、胁迫手段迫使或者妨碍被继承人设立、变更或者撤回遗嘱,情节严重。继承人有前款第三项至第五项行为,确有悔改表现,被继承人表示宽恕或者事后在遗嘱中将其列为继承人的,该继承人不丧失继承权。受遗赠人有本条第一款规定行为的,丧失受遗赠权。"其中,第 1 款第 4 项增加了隐匿遗嘱情节严重的丧失继承权;并增加第 5 项,以欺诈、胁迫手段迫使或者妨碍被继承人设立、变更或者撤回遗嘱,情节严重的丧失继承权。

《民法典》第 1125 条第 2 款规定了继承权丧失后的宽宥制度,明确继承人相对丧失继承权的情形。虽然继承人实施了丧失继承权的行为,但如果继承人确有悔改表现,被继承人表示宽恕、愿意指定由该继承人继承遗产的,该继承人仍然享有继承权。宽宥制度既给继承人犯错后一个悔改的机会,又尊重被继承人的意愿;既是意思自治原则的体现,也符合我国传统的家庭伦理感情。

（二）法定继承制度

1. 修改代位继承制度,增加旁系血亲代位继承人

在沿用 1985 年《继承法》第 11 条规定的"被继承人的子女的晚辈直系血亲"为代位继承人的基础上,《民法典》第 1128 条增加第 2 款："被继承人的兄弟姐妹先于被继承人死亡的,由被继承人的兄弟姐妹的子女代位继承。"并将 1985 年《继承法》关于"代位继承人一般只能继承他的父亲或者母亲有权继承的遗产份额"的规定,修改为"代位继承人一般只能继承被代位继承人有权继承的遗产份额"。可见,我国的代位继承分为直系血亲代位继承和旁系血亲代位继承两类,《民法典》继承编增加了旁系血亲代位继承,即被继承人的侄子女和外甥子女为旁系血亲代位继承人。这实际上扩大了法定继承人的范围,符合我国社会现实的需求,符合遗产流转规律和我国遗产传承传统,增加了财产在较近血亲之间传承的可能性,不至于最后因为无人继承而将遗产收归国家或集体所有制组织所有。

2. 放宽受被继承人扶养的酌分遗产请求权人的条件

以 1985 年《继承法》第 14 条规定为基础,《民法典》第 1131 条规定："对继承人以外的依靠被继承人扶养的人,或者继承人以外的对被继承人扶养较多的人,可以分给适当的遗产。"此规定删除了"缺乏劳动能力又没有生活来源"的限定条件。

（三）遗嘱继承和遗赠制度

1. 增补遗嘱信托

《民法典》继承编第 1133 条第 4 款规定，自然人可以依法设立遗嘱信托。通过遗嘱信托的方式，由父母指定有资质的信托机构担任受托人，可以解决部分家庭的遗产传承后继承人本人可能无力管理或挥霍财产的难题。此遗嘱信托的规定也使信托法有了继承法的支持。当然，遗嘱信托作为一种信托应当按照信托法处理，同时需要通过司法解释进一步明确遗嘱信托的具体条件与程序。

2. 增加遗嘱的法定形式

《民法典》继承编在 1985 年《继承法》规定的公证遗嘱、自书遗嘱、代书遗嘱、录音遗嘱和口头遗嘱基础上，新增打印遗嘱和录像遗嘱为法定遗嘱形式，使遗嘱形式由原来的五种增加为七种。这两种新遗嘱形式不仅可以提高设立遗嘱的效率，还可以避免因为被继承人缺乏书写能力、身体状况限制其无法亲笔书写大量文字，或者因书写字迹潦草、语句表述不清而引发遗嘱争议。特别是录像遗嘱，可以更加便捷高效，也能更加真实地反映被继承人的意愿。同时，《民法典》也对打印遗嘱和录像遗嘱规定了严格的制作条件。[①]

3. 取消公证遗嘱适用效力优先，确立最后遗嘱适用效力优先规则

依 1985 年《继承法》第 20 条第 3 款的规定，公证遗嘱具有优先适用效力，即遗嘱人所确立的不同类型遗嘱之适用效力以及遗嘱变更、撤销的规则，并不是以立遗嘱人的最后真实意愿为基准的。一直以来，1985 年《继承法》赋予公证遗嘱的优先适用效力产生了很多争议和问题，其中比较突出的问题是，公证遗嘱很多时候不能代表被继承人最后的真实意愿。[②]《民法典》继承编取消了公证遗嘱的优先效力，明确规定以最后的遗嘱为准[③]。这有利于保障当事人的遗嘱自由，体现了对被继承人的真实意愿的尊重和保护。

（四）遗产的处理

1. 确立遗产管理人制度

遗产管理人制度是《民法典》继承编新增的内容，从第 1145 条到第 1149 条，用 5 个条文全面规定了遗产管理人制度，由此填补了 1985 年《继承法》的立法空白。上述条文对于遗产管理人的产生、争议解决程序、管理职责、过错责任的承担以及报酬请求权予以具体规定，实现了遗产管理的制度化，在避免遗产毁损、保证遗产安全的同时，保护继承人和遗产债权人的利益，贯彻了权利与义务相统一的原则。

2. 设立转继承制度

《民法典》第 1152 条规定："继承开始后，继承人于遗产分割前死亡，并没有放弃继承的，该继承人应当继承的遗产转给其继承人，但是遗嘱另有安排的除外。"此规定把 1985 年《执

---

① 《民法典》第 1136、1137 条。

② 我国学者明确指出："承认公证遗嘱的绝对优先效力，排斥了用其他形式遗嘱撤销公证遗嘱的可能性，不利于保护遗嘱人的意思自由。"参见王利明主编：《中国民法典学者建议稿及立法理由 人格权编·婚姻家庭编·继承编》，法律出版社 2005 年版，第 564 页。关于公证遗嘱适用的效力理论，结合我国民众继承习惯的研究，参见陈法：《论我国公证遗嘱适用的效力位阶——以法律的价值理论与民众继承习惯的现实为视角》，载《现代法学》2012 年第 5 期。

③ 《民法典》第 1142 条规定："遗嘱人可以撤回、变更自己所立的遗嘱。立遗嘱后，遗嘱人实施与遗嘱内容相反的民事法律行为的，视为对遗嘱相关内容的撤回。立有数份遗嘱，内容相抵触的，以最后的遗嘱为准。"

行继承法的意见》第 52 条的规定提升为法律,并予补充了但书规定,使我国转继承制度更加完善。

3. 补充遗赠扶养协议制度

《民法典》继承编以 1985 年《继承法》第 31 条的规定为基础,扩大了扶养义务人的范围,第 1158 条明确规定自然人可以与继承人以外的组织或者个人签订遗赠扶养协议。这就意味着,社会化的家庭养老或将成为未来养老产业的新方向。明确继承人以外的组织或者个人均可以成为扶养人,可以满足养老形式多样化的需求,随着我国人口老龄化程度加深,一些空巢、孤寡老人的养老问题日益凸显,适当扩大扶养义务人的范围,让这类老人有了"老有所依"的法律保障。

第二节　《民法典》继承编的基本原则

在我国,关于《民法典》继承编的基本原则,《民法典》继承编并没有一一列举,而是贯穿于继承编的各项制度当中,它体现着继承编的立法指导思想。[1]一般说来,《民法典》继承编的基本原则主要包括以下五项。

一、保护自然人私有财产继承权原则

在我国,《民法典》第 1120 条明确规定:"国家保护自然人的继承权。"由此可见,保护自然人私有财产继承权是《民法典》继承编最重要的基本原则,也是《民法典》继承编的立法目的和立法宗旨。现行《宪法》第 13 条第 2 款规定:"国家依照法律规定保护公民的私有财产和继承权。"《民法典》第 124 条规定:"自然人依法享有继承权。自然人合法的私有财产,可以依法继承。"

《民法典》继承编保护自然人私有财产继承权原则,主要体现在以下五个方面:一是凡是自然人死亡时遗留的个人合法财产都是遗产,继承人都可以继承,它不仅包括生活资料,也包括法律允许自然人拥有的生产资料。二是根据私法自治原则,自然人可以根据自己的意愿订立遗嘱,在不违法的前提下,以遗嘱继承或遗赠的方式,处分自己个人所有的财产。如果自然人死亡时没有订立遗嘱的,其遗留的遗产由其法定继承人继承。三是继承人享有继承权,不受有无民事行为能力的限制。四是除法律的特别规定[2]外,自然人的继承权不得被非法剥夺。五是当自然人的继承权遭受不法侵害时,有权在法律规定的诉讼时效期间内向人民法院请求法律保护。

二、继承权男女平等原则

《民法典》第 1126 条规定:"继承权男女平等。"这一原则规定彻底摒弃了中国几千年封

---

[1] 关于改革开放 30 年中国继承法制建设的情况与遗嘱继承、法定继承制度等研究的概况,参见陈苇主编:《改革开放三十年(1978—2008):中国婚姻家庭继承法研究之回顾与展望》,中国政法大学出版社 2010 年版,第 349—535 页。关于现代继承法的基本原则探讨,参见陈苇、冉启玉:《现代继承法的基本原则研究》,载陈苇等:《中国继承法理论与实践研究》,中国人民公安大学出版社 2019 年版,第 3—23 页。

[2]《民法典》第 1125 条明确规定了继承人丧失继承权的法定事由。

建宗法制度下的"女子不得继承""男尊女卑"的旧思想,明确了继承权的主体不能因为性别的不同而在权利上有差别,禁止在继承关系中歧视或排斥女性。这一原则具体体现在:一是男女均享有按照自己的意愿以遗嘱处分自己遗产的权利;二是法定继承人的范围和继承顺序男女平等;三是同一顺序的法定继承人不分男女,继承遗产的份额原则上均等;四是代位继承权和转继承权男女平等;五是对公婆或者岳父母尽了主要赡养义务的丧偶儿媳或丧偶女婿,享有平等的继承权,都可以作为第一顺序的法定继承人。

除继承权男女平等原则外,《民法典》继承编还规定了婚生子女、非婚生子女、养子女和有扶养关系的继子女的继承权平等;生父母、养父母和有扶养关系的继父母的继承权平等等内容。

三、养老育幼原则

养老育幼是中华民族的传统美德,也是《民法典》继承编的一项重要原则,贯穿于继承编的各项制度中。这一原则具体体现在以下方面:一是继承人与被继承人之间有相互扶养的法律义务是确定继承人范围和法定继承顺序的出发点;二是在遗产分配上,对生活有特殊困难,缺乏劳动能力又没有生活来源的人,应给予适当照顾[1];三是自然人可以在生前与继承人以外的组织或者个人签订遗赠扶养协议,以解决本人年老体衰时(尤其是鳏寡孤独老人)安度晚年的问题[2];四是遗嘱应当为缺乏劳动能力又没有生活来源的继承人保留必要的遗产份额,以保证他们基本的生活需要;五是遗产分割时应当保留胎儿的应继份额[3]。

四、权利义务相一致原则

《民法典》继承编规定的基本权利就是继承权。根据《民法典》继承编的有关规定,法定继承或遗嘱继承中都有部分内容反映了权利义务相一致原则的要求。尤其在法定继承时分配遗产的考虑因素,一般都是继承人尽扶养义务的情况。具体来讲,主要体现在:一是对被继承人尽了主要扶养义务或者与被继承人共同生活的继承人,分配遗产时,可以多分;二是有扶养能力和有扶养条件的继承人,不尽扶养义务的,分配遗产时,应当不分或者少分;三是对被继承人生前不负有扶养义务而对被继承人扶养较多的人,可以分给他们适当的遗产;四是对被继承人负有法定扶养义务而虐待、遗弃被继承人情节严重的,丧失继承权。此外,无论是法定继承人或遗嘱继承人,凡自愿接受继承遗产者都应依法在遗产的实际价值范围内清偿被继承人生前所欠的税款和债务。

五、互谅互让、协商处理继承和遗产的原则

互谅互让、协商处理遗产的原则是《民法典》继承编和司法实务一贯坚持的原则,它要

---

[1] 《民法典》第 1131 条规定:"对继承人以外的依靠被继承人扶养的人,或者继承人以外的对被继承人扶养较多的人,可以分给适当的遗产。"

[2] 《民法典》第 1158 条规定:"自然人可以与继承人以外的组织或者个人签订遗赠扶养协议。按照协议,该组织或者个人承担该自然人生养死葬的义务,享有受遗赠的权利。"

[3] 《民法典》第 1155 条。

求当事人在处理遗产时要互谅互让、团结和睦。《民法典》第 1132 条规定:"继承人应当本着互谅互让、和睦团结的精神,协商处理继承问题。遗产分割的时间、办法和份额,由继承人协商确定;协商不成的,可以由人民调解委员会调解或者向人民法院提起诉讼。"这一规定和原则具体体现在:一是在法定继承时的遗产分配上,虽然法律规定同一顺序的法定继承人应当均等分割,但如果经过协商同意,也可以不均等分割;二是遗产分割的时间、办法和份额,可以由继承人协商确定;三是继承人自己协商不成的,还可以由人民调解委员会或者人民法院进行调解解决。

第三节　继承的开始

继承的开始是指继承法律关系的发生。被继承人死亡是继承开始的唯一原因。

一、继承开始的时间

如何确定继承开始的时间,对于继承人关系重大。首先,法定继承人的范围要根据继承开始的时间来确定。只有继承开始时与被继承人之间有法定的近亲属关系的人,才有继承权;只有继承开始时没有丧失继承权的人,才能成为继承人参与继承被继承人的遗产;只有继承开始时生存的法定继承人或者遗嘱继承人才能通过继承取得遗产,如果继承开始前法定的被代位继承人死亡的,会发生代位继承,如果继承开始后遗产分割前死亡的,会发生转继承。其次,遗嘱只有在遗嘱人死亡时才发生法律效力,因此,要根据继承开始的时间来确定遗嘱的效力。最后,要根据继承开始的时间来确定遗产的范围和继承人的应继份额。

继承开始的时间就是自然人死亡的时间。《民法典》第 1121 条第 1 款规定:"继承从被继承人死亡时开始。"《继承编解释(一)》第 1 条规定:"继承从被继承人生理死亡或者被宣告死亡时开始。宣告死亡的,根据民法典第四十八条规定确定的死亡日期,为继承开始的时间。"由此可见,被继承人死亡包括自然死亡(即生理死亡)和宣告死亡两种。

(一) 生理死亡时间的确定

生理死亡又称自然死亡,是人的生命的绝对消灭,至于是正常死亡(如因病死亡)还是非正常死亡(如因事故死亡或者自杀死亡)无关紧要。如何认定自然死亡的时间,民法上一直存在各种学说,比如呼吸停止说、脑死亡说、心脏搏动停止说、脉搏停止说等。在我国目前的司法实践中,一般以呼吸停止和心脏搏动停止为生理死亡的时间。具体死亡时间可依据下列情况确定:死亡证明中记载自然人死亡时间的,以死亡证明中记载的为准;没有死亡证明的,以户籍登记或者其他有效身份登记记载的自然人死亡时间为准;死亡证明与户籍登记册中的记载不一致的,应当以死亡证明为准;有其他证据足以推翻以上记载时间的,以该证据证明的时间为准;继承人对被继承人的死亡时间有争议的,应当以人民法院查证的时间为准。

(二) 互有继承权的继承人在同一事故中死亡的时间确定

两个以上互有继承权的人在同一事故中死亡,其死亡时间如何确定,将直接影响到继承人的利益。世界各国继承法对此问题的规定各有不同,比如瑞士[1]、日本[2]、英国[3]等。《民法典》第 1121 条第 2 款规定,相互有继承关系的数人在同一事件中死亡,难以确定死亡时间的,推定没有其他继承人的人先死亡。都有其他继承人,辈分不同的,推定长辈先死亡;辈分相同的,推定同时死亡,相互不发生继承。此规定体现了两个原则,即保护继承人利益和尊重自然法则。

(三) 宣告死亡时间的确定

宣告死亡是指自然人离开自己的住所,下落不明达到法定期限,人民法院经利害关系人的申请,依法宣告失踪人死亡的法律制度。《民法典》第 48 条规定,被宣告死亡的人,人民法院宣告死亡的判决作出之日视为其死亡的日期;因意外事件下落不明宣告死亡的,意外事件发生之日视为其死亡的日期。

二、继承开始的地点

(一) 确定继承开始地点的意义

继承开始地点亦称继承开始的场所,对该地点的确定有重大意义:一是从继承关系的主体来看,有利于继承人参加继承、接受遗产、继承开始的通知、遗产管理人的确定、遗产的保管等,因为继承人、受遗赠人通常是以继承开始的地点作为行使继承权和接受遗产的地点,而在继承开始地点的继承人或者遗产管理人负有通知其他继承人并保管遗产的责任;二是从继承关系的客体来看,由于被继承人生前最后的住所地与主要遗产所在地通常情况下是一致的,继承开始的地点常常也是主要遗产的集中地,所以确定继承开始地点有利于调查被继承人的遗产,确定遗产的范围;三是从国家的角度来看,有利于人民法院的审判管辖[4]和当事人参加诉讼,有利于保护国家财产不受非法侵害。

(二) 继承开始地点的确定

继承开始的地点是继承人参与继承法律关系,行使继承权,接受遗产的场所。不少国家的继承法都对继承开始的地点有明确的规定。[5]在我国,《民法典》继承编没有就继承开始的地点作出规定。[6]但对于专属管辖,我国现行《民事诉讼法》第 34 条规定:"下列案件,由

---

[1] 《瑞士民法典》第 32 条第 2 项规定,如不能证明多数人死亡的先后顺序时,得推定其为同时死亡。

[2] 《日本民法典》第 32 条之二规定,死亡的数人中,某一人是否于他人死亡后尚生存事实不明时,推定数人同时死亡。

[3] 英国 1925 年《财产法案》第 184 条规定,同时遇难,不能确定谁先死亡的,年轻者视较年长者后死亡。

[4] 我国现行《民事诉讼法》第 34 条第 3 项规定:"因继承遗产纠纷提起的诉讼,由被继承人死亡时住所地或者主要遗产所在地人民法院管辖。"

[5] 《日本民法典》第 883 条规定:"继承于被继承人的住所开始。"《法国民法典》第 110 条规定:"继承开始的地点,由住所决定。"《瑞士民法典》第 538 条第 1 项规定:"继承就全部财产,在被继承人最后住所地开始。"

[6] 关于我国继承开始的地点之确定,目前我国学术界的看法不一,有的学者主张以被继承人生前住所地为继承开始的地点,参见刘春茂主编:《中国民法学·财产继承》,中国人民公安大学出版社 1990 年版,第 519 页;有的学者主张以被继承人的生前最后住所地或者主要遗产所在地为继承开始的地点,参见薛宁兰、金玉珍主编:《亲属与继承法》,社会科学文献出版社 2009 年版,第 371 页;有些学者则主张以住所地主义为原则,仅在特殊情况和涉外继承中兼采财产地主义,参见陈苇主编:《外国继承法比较与中国民法典继承编制定研究》,北京大学出版社 2011 年版,第 130 页。

本条规定的人民法院专属管辖:(一)因不动产纠纷提起的诉讼,由不动产所在地人民法院管辖;……(三)因继承遗产纠纷提起的诉讼,由被继承人死亡时住所地或者主要遗产所在地人民法院管辖。"据此规定,对于我国继承开始地点的确定,应当以被继承人死亡时住所地或者其主要遗产所在地为继承开始的地点。

三、继承的通知

继承开始后,出于各种原因,有的继承人可能不知道继承开始的事实。所以,继承开始后,应当把被继承人死亡的事实通知继承人或者遗嘱执行人,以便于继承人、遗嘱执行人及时有效地处理有关继承问题。这是继承开始的一个必要环节,也是继承人行使继承权的一个前提条件。

《民法典》第1150条规定:"继承开始后,知道被继承人死亡的继承人应当及时通知其他继承人和遗嘱执行人。继承人中无人知道被继承人死亡或者知道被继承人死亡而不能通知的,由被继承人生前所在单位或者住所地的居民委员会、村民委员会负责通知。"此条明确了负有通知义务的人:一是知道被继承人死亡的继承人,即知道被继承人死亡的继承人应当及时将这一事实通知其他继承人和遗嘱执行人;二是如果继承人中无人知道被继承人死亡,或者虽然知道被继承人死亡却无法通知的(患有疾病或民事行为能力有欠缺),则被继承人生前所在单位或者住所地的居民委员会、村民委员会是法定的负有通知义务的主体。

继承开始的通知是继承法明确规定的一项义务,负有通知义务的继承人或者单位、组织都应当积极履行。人民法院在审理继承案件时,如果知道有继承人而无法通知的,分割遗产时,要保留其应继承的遗产,并确定该遗产的保管人或者保管单位。[①]

第四节   继　承　权

一、继承权的概念和特征

(一)继承权的概念

继承权是自然人依照法律规定或者被继承人的合法有效遗嘱,而承受被继承人遗产的权利。法定继承人享有的是法定继承权,遗嘱继承人享有的是遗嘱继承权。继承权可以分为客观意义上的继承权和主观意义上的继承权。

客观意义上的继承权发生在继承开始之前,是自然人依照法律规定或者遗嘱的指定而具有的接受被继承人遗产的资格。比如,父亲立下遗嘱,遗嘱中表明在自己身故后将自己个人拥有的财产全部由二儿子继承,由于此时立遗嘱人并没有死亡,所以,其所立的遗嘱并没有生效,其二儿子所享有的并不是实际取得父亲遗产的权利,只是将来有可能通过该遗嘱继承父亲遗产的权利(资格)。二儿子要想通过该遗嘱实际取得父亲的遗产必须是在父亲死亡

[①]《继承编解释(一)》第30条。

后,父亲在死亡前没有修改过该遗嘱,并且该遗嘱合法有效。又如,夫妻在生存时具有相互
继承遗产的权利,也是客观意义上的继承权。因此,客观意义上的继承权实际上是一种继承
期待权。[①] 由于它是基于继承人与被继承人的身份关系或遗嘱关系而客观存在的一种继承
资格,具有专属性,不可以放弃和转让。同时,这种非现实的继承资格又是具有可变性的,比
如,它可能因为夫妻离婚而丧失,也可能因为遗嘱的设立或者变更而变化。

主观意义上的继承权是指继承开始后,在继承人没有丧失继承期待权及被继承人留有
遗产的情况下,或者遗嘱合法有效,继承人得依照法律规定或遗嘱指定而实际取得遗产的权
利。这种权利是在继承开始后,由继承期待权转化而来的,是继承人能够现实取得被继承
人遗产的权利,所以,又称继承既得权。主观意义上的继承权既可以依法行使,也可以自愿
放弃。

（二）继承权的特征

通常所说的继承权是继承既得权,它具有以下法律特征:

第一,继承权是特殊的财产权。继承权是以自然人的财产所有权和利益为内容的,因而
它是财产权不是人身权。由于它的权利人只能是自然人,而且必须与被继承人有着特定的
亲属关系,所以,继承权是一种基于亲属身份关系而产生的财产权。继承权是一种不同于物
权和债权,并且与物权和债权并列的具有独立属性的财产权。[②]

第二,继承权是绝对权,具有排他性。由于继承权的权利主体是特定的,而义务主体是
不特定的。所以,除了继承人以外的一切自然人、法人、集体和国家都负有不得侵犯继承人
之继承权的义务。

二、继承权的取得

继承权的取得是指继承人承受被继承人遗产的权利依据。自从继承制度产生以来,血
缘关系和婚姻关系就是享有继承权的最基本前提。但是,随着社会的发展,被继承人遗嘱
的指定和扶养关系也逐渐成为取得继承权的根据。在我国,根据《民法典》继承编第 1127—
1129 条和第 1133 条的规定,我国继承权的取得根据可以分为以下两种:一是依据法律的规
定,取得法定继承权;二是依据被继承人的合法有效的遗嘱指定,取得遗嘱继承权。

对我国继承权的取得根据之理解,必须注意以下两点:第一,依我国法律规定,法定继承
权的取得依据包括婚姻关系、血缘关系和扶养关系。例如,夫妻之间法定继承权的取得,依
据的是婚姻关系;父母与子女之间法定继承权的取得,祖父母、外祖父母与孙子女、外孙子
女之间法定继承权的取得,兄弟姐妹之间法定继承权的取得,以及兄弟姐妹的子女之法定代位
继承权的取得,依据的是血缘关系;尽了主要赡养义务的丧偶儿媳或丧偶女婿对公婆或岳父
母之法定继承权的取得,则是依据扶养关系。[③] 第二,依我国法律规定,遗嘱继承权的取得依

[①]　近年来,我国有学者对继承期待权理论提出质疑,否认期待权理论。参见章正璋:《继承权法律保护的六个疑难问题
　　探析》,载《现代法学》2012 年第 4 期。

[②]　关于继承权是否属于财产权,我国有学者提出质疑,认为其不属于财产权而是取得权。参见章正璋:《继承权法律保
　　护的六个疑难问题探析》,载《现代法学》2012 年第 4 期。

[③]　参见《民法典》第 1127—1129 条。

据是合法有效的遗嘱。合法有效的遗嘱之订立,必须符合法定的条件和程序。[①]

此外,与被继承人具有一定的亲属身份关系,是我国法律限定遗嘱继承人范围的依据,即我国的遗嘱继承人只能在法定继承人的范围内指定。至于被继承人死亡的法律事实,用以明确继承开始的原因和起算时间。如果被继承人死亡时没有遗留遗产或者没有法定继承人范围内亲属生存,则不会发生法定继承或遗嘱继承的问题。

三、继承权的接受与放弃

(一) 继承权的接受

继承权的接受是指继承人为意思表示愿意继承而接受被继承人的遗产。

关于接受继承的法定期限,《民法典》第 1124 条第 1 款规定:"继承开始后,继承人放弃继承的,应当在遗产处理前,以书面形式作出放弃继承的表示;没有表示的,视为接受继承。"这就是说,继承的接受,不论是法定继承还是遗嘱继承,只要继承人没有在继承开始之后、遗产分割之前以书面形式表示放弃继承的,都视为接受继承。

接受继承须有一定的方式。根据《民法典》继承编的规定,继承人接受继承的意思表示方式有明示和默示两种。只要继承人在遗产处理前没有作出书面放弃继承的表示的,就视为接受继承。因此,被继承人死亡后,不管继承人是否对遗产进行了管理,也不管他们是否占有和支配着遗产,只要他们没有以书面形式表示放弃继承,法律上就推定他们已经接受了继承。遗产尚未分割的,即为诸继承人共同共有。从实践上看,这样规定符合我国的民间习惯,有利于保护继承人的权利,尤其有利于保护遗产暂未分割时继承人的合法权益。

(二) 继承权的放弃

继承权的放弃是指继承人在继承开始后,遗产分割前,所明确作出的不继承被继承人遗产的意思表示。法律赋予继承人放弃继承权的自由,既是对个人权利的尊重,也有利于发扬团结和睦、互谅互让的道德风尚。

《民法典》第 1124 条第 1 款规定:"继承开始后,继承人放弃继承的,应当在遗产处理前,以书面形式作出放弃继承的表示;没有表示的,视为接受继承。"可见,由于继承权的放弃是继承人对其继承权的一种处分,所以,继承人只能在继承开始后遗产分割前放弃继承权。在继承开始前,继承权仅仅是继承人享有的继承遗产的一种资格,不能放弃;遗产分割后,继承人已经实际取得遗产的所有权,其放弃的已不是继承权。《继承编解释(一)》第 35 条规定:"继承人放弃继承的意思表示,应当在继承开始后、遗产分割前作出。遗产分割后表示放弃的不再是继承权,而是所有权。"

放弃继承权,必须以明示的方式作出,而且必须以书面形式表示。按照《继承编解释(一)》,继承人放弃继承应当以书面形式向遗产管理人或者其他继承人表示。[②] 在诉讼中,继承人向人民法院以口头方式表示放弃继承的,要制作笔录,由放弃继承的人签名。[③]

---

① 参见《民法典》第 1133—1143 条。

②《继承编解释(一)》第 33 条。

③《继承编解释(一)》第 34 条。

放弃继承权实际上是对继承地位和继承份额的放弃。放弃继承后,被放弃的遗产将由其他继承人继承。放弃了继承权,也就不必对被继承人依法应当缴纳的税款和债务承担清偿的责任。《继承编解释(一)》第32条规定,继承人因放弃继承权,致其不能履行法定义务的,放弃继承权的行为无效。即继承人如提出放弃继承权以免除其法定扶养、抚养、赡养义务为条件的,或者放弃继承权后无法履行其法定扶养、抚养、赡养义务的,其放弃继承权的行为无效。针对现实生活中请求否认夫妻一方放弃继承效力的案件,《婚姻家庭编解释(二)》第11条规定:"夫妻一方以另一方可继承的财产为夫妻共同财产、放弃继承侵害夫妻共同财产利益为由主张另一方放弃继承无效的,人民法院不予支持,但有证据证明放弃继承导致放弃一方不能履行法定扶养义务的除外。"例如,继承人为规避对其子女的抚养义务而放弃继承已故配偶遗产的行为无效。

放弃继承权是对既得财产权利的自愿放弃,因而不能附加任何条件。一方面,放弃继承不能附加任何指定性条件,如指定将自己的应继份额给予特定的继承人。因为这种指定并非放弃继承,而是在接受继承后对其应继份额的处分。另一方面,也不能附加限制性条件,如以限制他人放弃或者接受继承为自己放弃继承权的条件,因为这种条件有碍于他人对自己权利的自由行使。①

继承权的放弃是单方民事行为,只要继承人明确作出放弃的意思表示就发生继承权放弃的效力,且继承权放弃的效力溯及自继承开始之时。

(三) 继承权的接受与放弃的具体要求

首先,从行为的性质来看,接受或放弃继承,涉及当事人的切身利益,该意思表示应当由继承人亲自作出,一般不得代理。如果当事人本人是无民事行为能力人或者限制民事行为能力人,其法定代理人一般也只能行使积极地表示接受的代理权。法定代理人一般不能代理被代理人放弃继承权,如果代理行为损害被代理人利益,应认定其无效。

其次,继承权的接受或放弃除须符合法定形式外,原则上不得撤回。一是接受或者放弃继承应当符合法定的形式;放弃继承必须是明示形式,接受继承则可采用明示或者默示推定形式。二是放弃和接受继承原则上不得撤回。《继承编解释(一)》第36条规定:"遗产处理前或者在诉讼进行中,继承人对放弃继承反悔的,由人民法院根据其提出的具体理由,决定是否承认。遗产处理后,继承人对放弃继承反悔的,不予承认。"

再次,接受、放弃继承的效力具有总括性。一是从接受或放弃继承的效力范围看,具有总括性。继承人应当就所得的全部遗产利益为接受或者放弃,不能接受一部分,放弃一部分,这就是接受、放弃的不可分性。二是接受、放弃继承不能只是针对遗产而不承担对应的义务(如清偿相应的遗产债务或者税款)。因此,继承的接受就是继承人对继承的确认,从而享有继承人的权利、承担继承人的义务;继承的放弃则是继承人对继承的抛弃,从而不享有继承人的权利和不承担义务。所以,接受、放弃之意思表示在效力范围上具有总括性和决定继承权命运的终局性,不得为部分接受或部分放弃。

最后,如果当事人于遗产分割前死亡,继承人未表示放弃继承的,可发生转继承的效力。

---

① 关于我国放弃继承规则的司法实践现状研究,参见陈法:《我国放弃继承规则的司法适用困境及其立法完善》,载夏吟兰、龙翼飞主编:《家事法研究》(2024年卷),法律出版社2024年版,第167—181页。

《民法典》第1152条规定:"继承开始后,继承人于遗产分割前死亡,并没有放弃继承的,该继承人应当继承的遗产转给其继承人,但是遗嘱另有安排的除外。"

四、继承权的行使

继承权的行使是指在继承开始后,继承人按照法律规定接受或者放弃继承,参与遗产的分配与处理,以及当继承权受到侵害时提起诉讼的法律行为。按照我国法律规定,权利的行使一般都需要有相应的行为能力,继承权的行使亦不例外。依据《民法典》所规定的自然人的民事行为能力的不同,继承权的行使方式也有下列不同:

第一,完全民事行为能力的继承人对其继承权的行使。具有完全民事行为能力的继承人,可以依法独立地行使继承权,而不受他人干涉。他们可以独立自主地决定是接受继承还是放弃继承,有权参与遗产的分配与处理,当其继承权遭受侵害时可以独立提起诉讼。

第二,限制民事行为能力的继承人对其继承权的行使。《民法典》第19条规定:"八周岁以上的未成年人为限制民事行为能力人,实施民事法律行为由其法定代理人代理或者经其法定代理人同意、追认;但是,可以独立实施纯获利益的民事法律行为或者与其年龄、智力相适应的民事法律行为。"所以,限制民事行为能力的继承人继承权的行使主要由其法定代理人代为行使。法定代理人代理被代理人行使继承权、受遗赠权,不得损害被代理人的利益。法定代理人一般不能代理被代理人放弃继承、受遗赠权,其代理行为明显损害被代理人利益的,应认定为无效。限制民事行为能力人在征得其法定代理人同意后,也可以行使继承权。

第三,无民事行为能力的继承人对其继承权的行使。《民法典》第20条规定:"不满八周岁的未成年人为无民事行为能力人,由其法定代理人代理实施民事法律行为。"8周岁以下的未成年人或者成年人不能辨认自己行为的,由其法定代理人代理实施民事法律行为。对于无民事行为能力的人,由其监护人担任法定代理人。监护人应当依法予以确定。法定代理人应当从保护无民事行为能力人的合法权益出发,代理无民事行为能力人正确行使继承权。如果没有对无民事行为能力人产生重大不利的情况,法定代理人不得代其作出放弃继承的意思表示。如果法定代理人滥用代理权,给被代理的继承人造成实际损害的,应当承担民事责任;法定代理人与第三人恶意串通的,由法定代理人与第三人承担连带责任。

五、继承权的丧失

(一) 继承权丧失的概念

继承权的丧失又称继承权的剥夺,按照《民法典》继承编的规定,是指继承人因对被继承人或其他继承人实施违反《民法典》继承编规定的不法行为,而被取消其继承被继承人遗产的权利。继承权的丧失实质上是根据法律规定取消继承人的继承资格,所以,继承权的丧失是继承人继承被继承人遗产之资格的丧失,继承权的丧失必须要有法律规定的事由。

依据继承权应被剥夺时可否不予剥夺,或者被剥夺后是否可以恢复,继承权的丧失可以分为绝对丧失和相对丧失两类。继承权的绝对丧失,又称终局丧失,指一旦发生某种法定事由,不问被继承人的态度如何,继承人的继承权将无可挽回地丧失,该继承人绝对不得也不能享有继承权。继承权的相对丧失，又称非终局丧失，指因为发生了某种导致继承权丧失的法定事由，依法应当剥夺继承人的继承权，但因为被继承人表示宽恕，对该继承人的继承权可以不予剥夺或者予以恢复。

（二）继承权丧失的法定事由 [①]

我国继承权丧失的原因是由法律直接规定的。《民法典》第 1125 条第 1、2 款规定："继承人有下列行为之一的，丧失继承权：（一）故意杀害被继承人；（二）为争夺遗产而杀害其他继承人；（三）遗弃被继承人，或者虐待被继承人情节严重；（四）伪造、篡改、隐匿或者销毁遗嘱，情节严重；（五）以欺诈、胁迫手段迫使或者妨碍被继承人设立、变更或者撤回遗嘱，情节严重。继承人有前款第三项至第五项行为，确有悔改表现，被继承人表示宽恕或者事后在遗嘱中将其列为继承人的，该继承人不丧失继承权。"可见，凡有下列行为之一的继承人，丧失继承权：

（1）故意杀害被继承人。继承人故意杀害被继承人是一种剥夺他人生命的严重犯罪行为，除了应当受到刑法制裁外，按照《民法典》继承编的规定，亦应剥夺其继承权。构成故意杀害被继承人的行为须具备三个条件：一是继承人须实施了杀害被继承人的行为。如果所杀害的不是被继承人，或者继承人实施的不是杀害行为，则不能构成该行为。二是继承人主观上有杀害被继承人的故意。至于是直接故意还是间接故意，则在所不问。如果继承人主观上并没有杀害的故意，或是过失导致被继承人死亡的，则不构成该行为。凡是故意杀害被继承人的，无论出于何种动机，采用何种手段，也无论是否受到刑事制裁，都将绝对丧失继承权。但属于过失杀害或者出于正当防卫而杀害被继承人的，不丧失继承权。三是无论该故意行为既遂还是未遂，均丧失继承权，并且为绝对丧失继承权。《继承编解释（一）》第 7 条规定："继承人故意杀害被继承人的，不论是既遂还是未遂，均应当确认其丧失继承权。"

（2）为争夺遗产而杀害其他继承人。构成该法定事由要具备两个条件：一是继承人杀害的对象必须是继承人以外的其他法定继承人范围以内的人。如果继承人所杀害的不是法定继承人，则不属于该行为。二是从主观上看，继承人杀害其他继承人的目的是争夺遗产，而且是故意而为之。如果不是为了争夺遗产而是出于其他动机和目的杀害其他继承人的，亦不属于该行为。只要同时具备以上两个条件，继承人的继承权即绝对丧失，而不论继承人的杀害行为是既遂还是未遂，亦不论其是否被追究刑事责任。

必须注意，《继承编解释（一）》第 8 条规定："继承人有民法典第一千一百二十五条第一款第一项或者第二项所列之行为，而被继承人以遗嘱将遗产指定由该继承人继承的，可以确认遗嘱无效，并确认该继承人丧失继承权。"可见，继承人如有故意杀害被继承人的行为或为争夺遗产而杀害其他继承人的，均绝对丧失继承权。

（3）遗弃被继承人或者虐待被继承人情节严重。遗弃被继承人是指继承人对没有劳动能力又没有生活来源的被继承人，无正当理由拒不履行扶养义务。构成该法定事由要具备两个条件：一是被遗弃的是没有独立生活能力的被继承人；如果被继承人有独立生活能力，则不会造成被遗弃的后果。二是继承人有能力和条件尽扶养义务而故意不尽扶养义务；如果继承人自身不具备条件和能力尽扶养义务，则其不履行扶养义务亦不构成遗弃。遗弃不

① 主编注：关于中国内地（大陆）与港澳台继承权丧失的法定事由之比较研究，参见陈苇、宋豫主编：《中国大陆与港、澳、台继承法比较研究》，群众出版社 2007 年版，第 185—187 页。关于外国继承权丧失的法定事由之比较评析，参见陈苇主编：《外国继承法比较与中国民法典继承编制定研究》，北京大学出版社 2011 年版，第 212—216 页。

仅限于继承人的积极行为,也包括消极行为,如子女对年老且生活不能自理的父母置之不理。只要继承人的行为构成遗弃被继承人,继承人的继承权就丧失。

虐待被继承人是指继承人以各种手段对被继承人进行肉体上的摧残或者精神上的折磨。按照《民法典》继承编的规定,虐待被继承人,只有情节严重的才丧失继承权。而情节是否严重,要从实施虐待行为的时间、手段、后果、社会影响等方面来认定。一般来说,如果继承人对被继承人的虐待行为具有长期性、经常性,而且手段比较恶劣,后果比较严重的,可认定为情节严重。继承人虐待被继承人情节严重的,可构成虐待罪;但不论是否追究其刑事责任,继承人都丧失继承权。《继承编解释(一)》第6条规定:"继承人是否符合民法典第一千一百二十五条第一款第三项规定的'虐待被继承人情节严重',可以从实施虐待行为的时间、手段、后果和社会影响等方面认定。虐待被继承人情节严重的,不论是否追究刑事责任,均可确认其丧失继承权。"

继承人因遗弃被继承人或者虐待被继承人情节严重而丧失继承权的属于相对丧失(详见后述继承权丧失的宽宥)。

(4) 伪造、篡改、隐匿或者销毁遗嘱,情节严重。伪造遗嘱是指故意以被继承人的名义制作假遗嘱。由于继承人伪造的遗嘱并不是被继承人的意思表示,所以,不管继承人是何种动机,只要客观上有制作假遗嘱的行为,均可构成伪造遗嘱。篡改遗嘱是指继承人故意擅自改变或者歪曲被继承人所立遗嘱的内容。由于继承人篡改被继承人遗嘱的行为改变了被继承人的意思表示,限制了被继承人生前对自己财产的处置,所以,只要是继承人改变了被继承人遗嘱的内容,就构成篡改遗嘱。隐匿遗嘱是指继承人故意将被继承人的遗嘱进行隐瞒或者藏匿,不拿出来让其他继承人知道。显然该遗嘱对藏匿遗嘱的继承人不利,如在现实生活中,有人因为遗嘱可能对其将来继承财产不利,就借用自己保管的机会把遗嘱藏起来,导致遗产无法按照被继承人的意愿进行分割;只要客观上有藏匿遗嘱的行为,就构成藏匿遗嘱。销毁遗嘱是指继承人将被继承人所立的遗嘱完全破坏、毁灭的行为。由于销毁遗嘱行为完全否定了被继承人生前的意愿,是对被继承人生前处置自己财产权利的剥夺,因此是违法的。

伪造、篡改、隐匿或者销毁遗嘱,情节严重的,依法丧失继承权。《继承编解释(一)》第9条规定:"继承人伪造、篡改、隐匿或者销毁遗嘱,侵害了缺乏劳动能力又无生活来源的继承人的利益,并造成其生活困难的,应当认定为民法典第一千一百二十五条第一款第四项规定的'情节严重'。"

继承人因伪造、篡改、隐匿或者销毁遗嘱情节严重而丧失继承权的属于相对丧失(详见后述继承权丧失的宽宥)。

(5) 以欺诈、胁迫手段迫使或者妨碍被继承人设立、变更或者撤回遗嘱,情节严重。为了严格尊重被继承人遗嘱的真实意思表示,对使用欺诈、胁迫手段迫使、妨碍被继承人以自己的真实意思表示设立、变更或撤回遗嘱的继承人以警示和惩戒,《民法典》继承编明确规定,继承人为了自己的私利,用非法的欺诈、胁迫手段迫使或者阻碍、妨碍被继承人设立、变更或者撤回遗嘱,使被继承人不能按照自己的真实意愿设立遗嘱或者变更遗嘱或者撤回遗嘱,妨碍被继承人遗嘱自由,情节严重的,丧失继承权。此亦为相对丧失继承权(详见后述继承权丧失的宽宥)。

（三）继承权丧失的宽宥

继承权丧失的宽宥，是指继承人虽然实施了法律规定的丧失继承权的行为，但其确有悔改表现，而且被继承人表示宽恕或者事后在遗嘱中将其列为继承人的，该继承人不丧失继承权。

在我国，根据《民法典》第 1125 条的规定，继承人具有该条第 1 款第 3 项至第 5 项的行为，其确有悔改表现，被继承人表示宽恕或者事后在遗嘱中将其列为继承人的，该继承人不丧失继承权。即以下三种行为属于相对丧失继承权的行为：一是遗弃被继承人或者虐待被继承人情节严重；二是伪造、篡改、隐匿或者销毁遗嘱，情节严重；三是继承人因以欺诈、胁迫手段迫使或者妨碍被继承人设立、变更或者撤回遗嘱，情节严重。也就是说，继承人虽然实施了以上丧失继承权的行为，但事后确有悔改表现，而且被继承人生前又表示宽恕，或者事后在遗嘱中将其列为继承人的，该继承人不丧失继承权。

《民法典》第 1125 条对继承人的"宽宥制度"保障了被继承人的遗嘱自由，尊重了被继承人的个人意愿，允许其宽恕本条第 1 款第 3 项至第 5 项的本应丧失继承权的继承人而恢复其继承权，体现了民法的意思自治原则。宽宥制度也是给继承人犯错后一个悔改的机会，如果子女犯了错就立刻被剥夺继承的权利，一方面剥夺了子女改过自新的机会；另一方面，恐怕深爱自己子女的父母也不愿意见到这样的情况发生。因此，只要被继承人原谅了前述三种行为的继承人，则适用宽宥制度，不再当然剥夺继承人的继承权。

（四）继承权丧失的效力

丧失继承权的法定事由可以发生于继承开始后，也可以发生在继承开始前。由于继承权的丧失是使继承人失去继承的资格，所以，继承权的丧失应当于继承开始时即发生效力。

我国继承权丧失制度的特征：我国除被继承人可以遗嘱取消法定继承人的继承权外，对基于法定事由的继承权丧失采取当然丧失主义，只要存在丧失继承权的法定事由，就自动发生丧失继承权的效力。[①] 根据我国司法解释规定[②]，在遗产继承中，继承人之间因是否丧失继承权发生纠纷，诉讼到人民法院的，由人民法院根据我国《民法典》第 1125 条有关继承权丧失法定事由的规定，判决确认其是否丧失继承权。

继承权的丧失，是继承人对特定被继承人的继承权的丧失，仅对该特定的被继承人的个人合法财产发生效力。但根据相关司法解释的规定，继承人丧失继承权的，其晚辈直系血亲不得代位继承。但如该代位继承人缺乏劳动能力又没有生活来源，或对被继承人尽赡养义务较多的，可适当分给遗产。[③]

六、继承权的保护

我国《民法典》保护自然人合法的继承权利，当自然人的继承权受到他人的不法侵害

[①] 在国外，继承权的丧失有当然丧失和宣告丧失两种立法例，后者主要为防止任意剥夺继承权，参见陈苇主编：《外国继承法比较与中国民法典继承编制定研究》，北京大学出版社 2011 年版，第 214—215 页。

[②] 参见《继承编解释（一）》第 5 条。

[③]《继承编解释（一）》第 17 条。

时,其可以通过非诉讼或者诉讼的方式保护自己的继承权利。现实生活中,继承人的继承权利被侵害的情形经常发生,比如:第三人不法占有继承财产;个别继承人多占继承财产;第三人或者继承人伪造、篡改、毁损遗嘱;继承人中的一人或者数人,排斥其他合法继承人,在遗产分割前抢占或者侵吞被继承人的全部财产,比较典型的是亲生子女排斥养子女的合法继承权、男性继承人排斥女性继承人的合法继承权等;非继承人侵害继承人的继承权或者非法占有被继承人的遗产;虽然属于法定继承人范围以内,但依法无权继承遗产的人,或者其他表见遗产承受人(如放弃或者丧失继承权的继承人、无效遗嘱或者被撤销遗嘱中指定的继承人和受遗赠人)侵害真正继承人的继承权,非法占有被继承人的遗产;遗产分割前擅自处分继承人应得遗产;等等。不管是遗嘱继承还是法定继承,当继承人的继承权遭受非法侵害时,继承人既可以与侵权人协商或者调解解决双方的纠纷,依法维护自己的合法权益,也可以请求人民法院通过诉讼程序予以确认、保护自己继承被继承人遗产的权利。

继承纠纷如果通过诉讼解决必须是在继承开始以后。根据《民法典》第188条的规定,继承权纠纷提起诉讼的期限为3年,自继承人知道或者应当知道其权利被侵犯之日起计算。但是,自继承开始之日起超过20年的,人民法院不予保护,有特殊情况的,人民法院可以根据权利人的申请决定延长。关于遗产继承纠纷之诉讼时效的中止与中断,应当根据《民法典》第194、195条有关诉讼时效的中止、中断的有关规定处理。即在诉讼时效期间的最后6个月内,因法定的障碍,不能行使请求权的,诉讼时效中止。例如,因不可抗力的事由导致继承人无法主张继承权的,或者因继承开始后未确定继承人或者遗产管理人而不能行使请求权的,诉讼时效中止。如果因遗产继承纠纷,继承人已向非法侵占遗产人提出返还遗产的请求或者非法侵占遗产人已同意返还遗产,或者继承人已向人民法院提起诉讼的,诉讼时效中断。

第五节 遗   产

一、遗产的概念和特征

(一) 遗产的概念

遗产是继承法律关系的客体,即继承权的标的。我国《民法典》第1122条对遗产作了明确的界定:"遗产是自然人死亡时遗留的个人合法财产。依照法律规定或者根据其性质不得继承的遗产,不得继承。"即遗产是自然人死亡时遗留的,可以依法转移给他人的个人合法财产。

(二) 遗产的特征

遗产具有以下法律特征:

第一,时间性。遗产是被继承人死亡时遗留的,具有特定的时间性。在被继承人死亡前,其对自己所拥有的财产享有所有权,该财产不是遗产,继承人亦不享有主观意义的继承权。只有当被继承人死亡后,其民事主体资格丧失,遗留的财产才能成为遗产。遗产处理之后,已经转移给承受人所有,亦不再具有遗产的性质。

第二,限定性。能够作为被继承人遗产并可以依法移转给他人的只能是民事上的个人所有财产,如所有权、债权、债务、知识产权等。被继承人生前所享有的人身权利以及基于人身权利而享有的权利义务,不能作为遗产。

第三,专属性和合法性。遗产必须是被继承人死亡时遗留下来的、能够转移给他人的个人合法财产,包括被继承人单独所有的财产和被继承人与他人共有的财产中属于被继承人的份额。被继承人生前占有的他人的财产、共有财产中属于他人的份额、被继承人非法取得的财产、依法不能由被继承人个人所有的财产等都不能作为遗产。[①]

二、遗产的范围

《民法典》继承编对遗产的范围,采取概括式的立法体例,在概括性正面规定之后,增加了除外的规定。《民法典》第 1122 条规定:"遗产是自然人死亡时遗留的个人合法财产。依照法律规定或者根据其性质不得继承的遗产,不得继承。"这一概括性规定扩大了遗产的范围,也就是所有自然人死亡后遗留的依法可以继承的合法财产都是遗产。概括性规定更加灵活,法律解释的空间更大,具有更好的涵摄力,凡是法律不禁止传承的财产都可以作为遗产,能够最大限度地保障自然人私有财产继承的需要。同时,概括性规定更能够适应现代市场经济发展和社会生活变化的需求。[②] 按照第 1122 条的规定,结合《民法典》、相关司法解释的规定及司法实务,遗产的范围具体应当包括但不限于以下四个方面:

(一)物权

《民法典》第 114 条第 2 款规定:"物权是权利人依法对特定的物享有直接支配和排他的权利,包括所有权、用益物权和担保物权。"

自然人个人拥有所有权的动产和不动产都可以作为遗产继承。自然人个人享有所有权的房屋可以作为遗产,但农民占有的宅基地的所有权不属于其个人,故不是遗产。由于房地不可分离,所以,继承人在继承被继承人的房屋所有权时,可以取得相应的宅基地使用权。自然人个人所拥有的各种动产都可以作为遗产,比如机动车、高档装饰品、高档家用电器、文物和图书资料等。但是,对于特别珍贵的文物,须按照我国《文物保护法》的相关规定处理。

他物权是与财产所有权有关的财产权,亦是不完全的物权,包括用益物权和担保物权。在我国,他物权主要有抵押权、留置权、质权、土地承包经营权、国有自然资源的使用权等。其中,能够作为继承权客体的他物权包括抵押权、留置权、质权等。《继承编解释(一)》第 2 条规定:"承包人死亡时尚未取得承包收益的,可以将死者生前对承包所投入的资金和所付出的劳动及其增值和孳息,由发包单位或者接续承包合同的人合理折价、补偿。其价额作为遗产。"

[①] 关于遗产是否需要加上"合法"之限制词,我国有些学者已进行探讨并提出"否认说",参见陈苇主编:《外国继承法比较与中国民法典继承编制定研究》,北京大学出版社 2011 年版,第 256—257 页。

[②] 主编注:关于遗产范围界定之探讨,参见杜江涌:《遗产债务法律制度研究》,群众出版社 2013 年版,第 13—37 页。

(二) 债权

债是依据合同的约定或者法律规定,在当事人之间产生的一种特定的权利义务关系。《民法典》第 118 条规定:"民事主体依法享有债权。债权是因合同、侵权行为、无因管理、不当得利以及法律的其他规定,权利人请求特定义务人为或者不为一定行为的权利。"即凡是自然人个人合法拥有的可以与人身关系相分离的债权,不论是合同之债、侵权行为之债、不当得利之债、无因管理之债,还是单方法律行为所生之债,都可以作为遗产,由其继承人继承。

(三) 知识产权

知识产权是人们在科学、技术、文化、艺术等领域,从事智力活动而创造的财富,是被法律确认的权利。《民法典》第 123 条第 1 款规定,民事主体依法享有知识产权。[①] 其范围非常广泛,包括专利权、商标权、著作权、地理标志、商业秘密、集成电路布图设计、植物新品种及其他科技成果权。知识产权具有双重属性,既包括人身权利,也包括财产权利。自然人享有的知识产权中的人身权利具有不可让渡性,不能列入遗产的范围。只有自然人个人所有的知识产权中的财产权,才能作为继承权的客体。此外,知识产权的财产权还具有时间性,公民拥有的知识产权只有在法律规定的保护期间内,其财产权利才能够作为遗产继承。即使是自然人个人拥有的知识产权,一旦超过了法定的保护期间,都将成为全人类共同的财富。

(1) 自然人个人所有的著作权中的财产权。公民基于自己创作完成或者通过继受取得的文字作品,口述作品,音乐、戏剧、曲艺、舞蹈、杂技艺术作品,美术、建筑作品,摄影作品,电影和以类似摄制电影的方法创作的作品,工程设计图、产品设计图、地图、示意图等图形作品和模型作品,计算机软件,法律、行政法规规定的其他作品的使用和许可使用而获得报酬的权利,可以作为遗产依法继承。上述作品之著作权中的人身权,如署名权、修改权、保护作品完整性的权利不能作为遗产,但可以由其继承人行使保护权。自然人生前没有发表的作品,如果其本人没有明确表示不发表,在其死后 50 年内可以由其继承人行使发表权,同时,该作品发表后在保护期间内的财产权利也可由其继承人继承。

(2) 自然人个人所有的商标权中的财产权。自然人个人是商标注册人时,对其注册商标享有专有使用权、禁止使用权、许可使用权、转让权和求偿权。如果自然人在其拥有的注册商标的有效期内死亡,其注册商标的财产权利可以作为遗产继承。但继承人应当依法办理该商标所有权人名址的变更登记手续。继承人在取得商标所有权后,可以行使注册商标的财产权利及申请商标续展。

(3) 自然人个人所有的专利权中的财产权。自然人个人作为专利权人,对其已经取得专利权的发明、实用新型、外观设计等发明创造享有专利权。自然人专利权中的人身权利是指基于发明人或设计人特定的身份形成的,体现为其有权在专利文件中写明自己是发明人或设计人的权利,它不可转让和继承。自然人专利权中的财产权利包括自然人自己实施该专利、许可他人实施该专利、转让该专利以及禁止他人未经许可而为生产经营目的制造、使用、

[①] 我国《民法典》第 123 条规定:"民事主体依法享有知识产权。知识产权是权利人依法就下列客体享有的专有的权利:(一)作品;(二)发明、实用新型、外观设计;(三)商标;(四)地理标志;(五)商业秘密;(六)集成电路布图设计;(七)植物新品种;(八)法律规定的其他客体。"

许诺销售、销售、进口其专利产品,或者使用其专利方法以及使用、许诺销售、销售、进口依照该专利方法直接获得的产品。自然人死亡后,其拥有的尚在保护期内的专利权的上述财产权利以及通过上述权利的行使所获得的财产利益均可以作为遗产继承。

(4) 自然人个人所有的商业秘密及其他科技成果权中的财产权。自然人个人所拥有的商业秘密,是指不为公众所知悉、能为权利人带来经济利益、具有实用性并经权利人采取保密措施的技术信息和经营信息。自然人个人所拥有的商业秘密,在其死亡后,可以作为遗产继承。

(5) 自然人对自己的科学发现、发明创造、集成电路布图设计、植物新品种和其他科技成果所获得的奖金及其他物质奖励属于财产权利,在其死亡后,可以作为遗产继承。

(6) 对于个体工商户的名称权,我国《民法典》第 110 条第 2 款规定:"法人、非法人组织享有名称权、名誉权和荣誉权。"第 129 条还规定:"民事权利可以依据民事法律行为、事实行为、法律规定的事件或者法律规定的其他方式取得。"所以,个体工商户的字号作为一种无形财产,在其业主死亡后,可以作为遗产继承。

(四) 股权和其他投资性权利

自然人个人所拥有的股权是指自然人在各种公司、企业投资所享有的股权。自然人个人所拥有的储蓄和其他投资性权利,指自然人个人在金融机构的存款本金及其利息,以及其个人合法持有的各种有价证券,如支票、本票、汇票、股票、债券、国库券等。自然人个人所拥有的股权和其他投资性权利都可以作为遗产继承。

数据与网络虚拟财产。《民法典》第 127 条规定:"法律对数据、网络虚拟财产的保护有规定的,依照其规定。"根据这一规定及《民法典》第 1122 条的规定,自然人所有的网络财产、虚拟货币等可以作为遗产由其继承人继承。

《民法典》继承编对遗产的范围作了概括性规定,说明自然人遗产的范围十分广泛,凡是法律没有禁止继承的财产都是遗产,在此不一一列举。

三、认定遗产应注意的问题

(一) 不能作为遗产的物及权利义务

1. 遗体

对于遗体是否可以作为继承权客体的问题,国内外学者都有着不同的观点。有人认为,遗体是物,其所有权转归继承人,属于遗产的一部分。有人认为,遗体不是物,也不是财产所有权的标的,而是其近亲属埋葬权的标的或者是其亲属人格权的标的。[①] 本书认为,遗体虽然也是物,但是,它不能作为死者的遗产,由继承人继承。首先,人的身体是自然人固有的人身权利的本源,这些人身权利是不可以转移的,比如姓名权、名誉权、人格权等并不能因为自然人的死亡而丧失。后人根据社会公共道德准则并尊重死者生前的愿望妥善处理死者的遗体,是尊重死者人格权的基本要求。其次,作为特殊物的遗体不能转化为继承人的私有财产。

---

① 参见刘春茂主编:《中国民法学·财产继承》,中国人民公安大学出版社 1990 年版,第 107 页。

最后,死者生前如果对自己遗体的处理有遗嘱,应当尊重死者本人的意愿。

　　2. 被继承人的人身权利及与人身有关的权利义务

　　《民法典》第 1122 条第 2 款规定:"依照法律规定或者根据其性质不得继承的遗产,不得继承。"据此规定及相关法律的规定,自然人的人身权利及其基于人身权利而产生的财产权利不能作为继承的标的。在我国,自然人可以依法取得一些国有自然资源的使用权,如采矿权、狩猎权、渔业权、养殖权等。国有自然资源使用权一旦为特定人拥有,既不得随意转让,也不得继承。所以,前述国有自然资源使用权都不能作为遗产而由其继承人继承。宅基地的使用权以及应由自然人亲自履行的具有人身性质的合同,比如承揽合同、演出合同等,也不能作为遗产继承。

　　3. 其他不能作为遗产的权利与财产

　　人身保险合同中指定了受益人的人寿保险金、支付给死者家属的抚恤金、丧葬费和生活补助费以及合伙经营权等,不能作为遗产继承。

　　(二) 注意遗产与夫妻共同财产的区分

　　第一,死亡夫妻一方的法定个人财产和约定个人财产都属于遗产。按照《民法典》第 1063 条规定,属于夫妻一方个人所有的财产有:一方的婚前财产;一方因受到人身损害获得的赔偿或者补偿;遗嘱或者赠与合同中确定只归夫或妻一方的财产;一方专用的生活用品;其他应当归一方的财产,如军人的伤亡保险金、伤残补助金、医药生活补助费等。由于这些财产是丈夫或者妻子一方法定的个人所有财产,所以,一方死亡后,其遗留的上述财产应作为其遗产。按照《民法典》第 1065 条第 1 款的规定,夫妻在婚前或者婚姻关系存续期间,可以约定婚姻关系存续期间所得的财产以及婚前财产归各自所有、共同所有或者部分各自所有、部分共同所有。如果夫妻有约定的个人财产,凡约定属于死者一方的财产都属于遗产。

　　第二,夫妻共同财产中属于死者个人财产的部分才属于遗产。对于夫妻共同财产,除有约定的外,遗产分割时,应当先将共同所有的财产的一半分出为配偶所有,其余的为被继承人的遗产。[①]

　　(三) 注意遗产与家庭共有财产的区分

　　在我国的家庭中,其成员除夫妻外,还可能有父母、子女、祖父母、外祖父母、孙子女、外孙子女、兄弟姐妹等。这些家庭成员在共同生活中,既有属于自己的个人财产,也可能形成家庭成员共同所有的财产,包括家庭成员通过共同劳动、共同购置、共同继承或共同受赠等方式取得的共同财产。当某个家庭成员死亡时,应当首先确定其个人财产的范围以及其在家庭成员共有财产中的份额。《民法典》第 1153 条第 2 款规定:"遗产在家庭共有财产之中的,遗产分割时,应当先分出他人的财产。"只有属于死者个人的财产以及其在共同财产中析出的份额,才属于遗产。共同财产中其他家庭成员享有的份额不能作为遗产。

---

① 《民法典》第 1153 条第 1 款。

【本章小结】

本章主要内容有五个方面:一是继承的特征、分类和继承法律关系,《民法典》继承编修订的主要内容;二是《民法典》继承编的基本原则;三是继承的开始;四是继承权,包括继承权的取得、接受与放弃、行使、丧失、恢复与保护;五是遗产的范围。

【引导案例参考答案】

该人民法院对该案的处理是不符合法律规定的,主要理由如下:

第一,该案由于被继承人画家王某某生前没有留下遗嘱,所以,应当按照法定继承来继承被继承人的遗产。

第二,第一顺序的法定继承人有:被继承人的第三任妻子李某某,儿子王甲、王乙和王丁,女儿王丙。

第三,对于遗产的范围,首先,两处房屋和现金及存款80万余元,如果能够证明是画家王某某与第三任妻子李某某在1992年3月1日同居生活以后取得的,则应认定为双方的夫妻共同财产(因为双方在2002年3月1日补办结婚登记后领取了结婚证,其结婚时间应当从1992年3月1日双方以夫妻名义同居之日起算),其中的一半是王某某的遗产,由其继承人继承;另一半则是生存配偶李某某的个人财产。如果不能证明是夫妻双方的共同财产,则应当全部作为遗产处理。其次,812幅书画作品,全部都应当认定为画家王某某的个人财产,由其法定继承人依法继承。按照《民法典》婚姻家庭编第1062条第1款的规定,夫妻在婚姻关系存续期间所得知识产权的收益,归夫妻共同所有,无论是1992年3月1日双方以夫妻名义同居之日起王某某创作的作品或是2002年3月1日办理登记结婚以后王某某创作的148幅作品,它们都属于王某某个人享有著作权的作品,因为没有出卖取得经济利益,故都不能属于夫妻共同财产。所以,该法院把2002年以后的作品148幅作为夫妻共同财产处理是不正确的,而依法应当全部作为王某某的遗产处理。

【本章思考题】

1. 简述继承的概念与特征。
2. 简述我国《民法典》继承编的基本原则。
3. 简述继承开始的时间和地点的法律规定。
4. 简述继承权取得和行使的条件。
5. 继承权丧失的法定情形有哪些?
6. 简述遗产的范围。

【本章参考习题】

第十三章 法定继承

【本章重点难点】

通过本章的学习,学生应了解法定继承的基本理论,重点掌握我国《民法典》有关法定继承人的范围、顺序以及遗产分配原则的规定,难点在于把握遗产分配的原则、代位继承与转继承的区别。

【引导案例】

1997 年,张某与妻子周某结婚,婚后育有一女张蕾,一子张鹏。2019 年,张蕾与唐力结婚生育一子唐磊;2020 年,张鹏与李洁结婚生育一子张佳。2016 年张某与妻子周某离婚时,张某分得一套房产。2017 年,张某经人介绍认识黄某;2018 年,两人登记结婚,黄某带其与前夫所生之女李逸(8 岁)与张某一起共同生活。夫妻关系存续期间,张某与再婚妻子黄某约定,将张某的上述房产作为夫妻共同财产,双方签订夫妻财产约定协议并到公证处办理了公证。2024 年 3 月,张某因病去世。同年 6 月遗产分割前,张蕾因车祸身亡。张鹏为继承其父遗产起诉至法院。

请问:本案哪些人有权继承张某的遗产? 张某的遗产依法应当如何进行分配? 张蕾的遗产如何分配? 为什么?

本章主要阐述四个方面的内容:一是我国法定继承人的范围和顺序;二是法定继承的遗产分配原则;三是酌分遗产;四是代位继承与转继承。

在我国《民法典》颁布前,法定继承制度主要被规定在 1985 年《继承法》及其司法解释之中。[①] 2020 年 5 月颁布的《民法典》继承编在沿用 1985 年《继承法》法定继承制度的基础上,对法定继承制度的修订主要有两处:一是新增被继承人的兄弟姐妹的子女作为代位继承人。[②] 这实际上扩大了法定继承人的范围。二是放宽受被继承人扶养的酌分遗产请求权人的条件,删除了 1985 年《继承法》第 14 条规定的依靠被继承人扶养的人须具有"缺乏劳动能力又没有生活来源"之限制条件[③],即仅以其存在受扶养关系为准。这实际上扩大了酌分遗产请求权人的范围。以上两处修订的内容,一方面体现了发挥代位继承制度将遗产保留在有血缘关系的家族内部且持续向下流转的功能;另一方面体现了尽可能维护被继承人生前形成的扶养关系之稳定性,发挥遗产的扶养职能。这些修订有利于避免遗产因无人取得

---

① 参见 1985 年《继承法》第 10—15 条和 1985 年《执行继承法的意见》第 19—34 条。

②《民法典》第 1128 条第 2 款。

③《民法典》第 1131 条。

而收归国有,彰显了《民法典》保护自然人私有财产继承权的原则。[①]

第一节 法定继承概述

一、法定继承的概念和特征

(一)法定继承的概念

法定继承,又被称为无遗嘱继承,是指在被继承人死亡前未订立遗嘱处分其遗产或者所立遗嘱无效的情况下,按照法律规定的继承人范围、继承顺序进行继承并按照遗产分配原则进行遗产分配的一种继承方式。[②]

(二)法定继承的特征[③]

按照《民法典》继承编关于法定继承的规定,其基本特征主要表现在以下两个方面:

第一,法定性。法定继承与遗嘱继承不同的是,法定继承人的范围、继承顺序以及遗产分配原则等都由法律直接规定,属于强制性规范,除法律另有规定外,不得违反和变更。

第二,以人身关系或扶养关系为基础。在遗嘱继承中,立遗嘱人可以依其意思自治选择与其具有或不具有人身关系的自然人、法人或其他组织等作为继承人。然而,在法定继承中,能够享有继承权的是与被继承人之间具有人身关系或扶养关系的人。即法定继承权的取得根据,主要有婚姻关系、血缘关系(包括拟制血亲关系)和扶养关系。由此,《民法典》继承编将配偶、父母、子女、兄弟姐妹、祖父母和外祖父母、对公婆或岳父母尽了主要赡养义务的丧偶儿媳和丧偶女婿列为法定继承人;被继承人的子女的直系晚辈血亲、被继承人的兄弟姐妹的子女列为代位继承人。[④]

二、法定继承的适用范围

《民法典》第 1123 条规定:"继承开始后,按照法定继承办理;有遗嘱的,按照遗嘱继承或者遗赠办理;有遗赠扶养协议的,按照协议办理。"可见,遗赠扶养协议、遗嘱优先于法定继承被适用,只有在无有效的遗赠扶养协议且无有效的遗嘱之时,才适用法定继承。

《民法典》第 1154 条规定,有下列情形之一的,遗产中的有关部分按照法定继承办理:

[①] 参见陈苇、贺海燕:《论民法典继承编的立法理念与制度新规》,载《河北法学》2020 年第 11 期。

[②] 关于当代中国十省市民众的法定继承观念与遗产处理习惯的实证调查研究的统计数据,参见陈苇主编:《当代中国民众财产继承观念与遗产处理习惯实证调查研究》(上卷、下卷),中国人民公安大学出版社 2019 年版,第 23—29、136—141、227—234、322—327、418—424、510—516、613—619、727—732、809—814、904—909 页。

[③] 关于改革开放 30 年间我国法定继承制度研究的情况,参见陈苇、曹贤信:《改革开放三十年中国无遗嘱继承制度研究之回顾与展望》,载陈苇主编:《改革开放三十年(1978—2008):中国婚姻家庭继承法研究之回顾与展望》,中国政法大学出版社 2010 年版,第 416—477 页。

[④] 主编注:关于法定继承制度的功能之探讨,参见李艳:《法定继承制度研究》,中国人民公安大学出版社 2021 年版,第 44—46 页。

(1) 遗嘱继承人放弃继承或者受遗赠人放弃受遗赠。(2) 遗嘱继承人丧失继承权或者受遗赠人丧失受遗赠权。(3) 遗嘱继承人、受遗赠人先于遗嘱人死亡或者终止。(4) 遗嘱无效部分所涉及的遗产。(5) 遗嘱未处分的遗产。

《继承编解释(一)》第 4 条规定:"遗嘱继承人依遗嘱取得遗产后,仍有权依照民法典第一千一百三十条的规定取得遗嘱未处分的遗产。"因此,遗嘱继承人有权依遗嘱取得遗嘱所处分的财产,还有权依法定继承参与遗嘱未处分的遗产的继承。

第二节　法定继承人的范围及顺序

一、法定继承人的范围

法定继承人,是指直接根据法律规定继承死者遗产的人。确定法定继承人范围的依据,主要包括婚姻关系、血缘关系(包括法律拟制的血亲关系)和扶养扶助关系。[1] 在我国,根据《民法典》第 1127、1129 条的规定,我国法定继承人的范围包括:配偶、子女、父母;兄弟姐妹、祖父母、外祖父母;对公婆尽了主要赡养义务的丧偶儿媳或对岳父母尽了主要赡养义务的丧偶女婿。[2] 此外,根据《民法典》第 1128 条的规定,被继承人的子女的直系晚辈血亲、被继承人兄弟姐妹的子女是法定的代位继承人。必须说明,与 1985 年《继承法》第 11 条的规定相比,《民法典》新增"被继承人的兄弟姐妹的子女"为代位继承人,这实际上扩大了法定继承人的范围。可见,我国的法定继承人包括本位继承人和代位继承人,前者是以自己的继承顺位参加继承,如配偶、子女、父母,兄弟姐妹、祖父母、外祖父母以及尽了主要赡养义务的丧偶儿媳和丧偶女婿;后者是以被代位继承人的继承顺位参加继承,仅限于以下两种人:一是被继承人子女的直系晚辈血亲(无代数限制),二是被继承人兄弟姐妹的子女。[3]

(一) 配偶

婚姻关系是取得继承权的基本依据。男女双方自结婚之日起即成为夫妻,双方互为配

---

[1] 主编注:关于法定继承范围与顺序的法理基础之研究,参见王歌雅、任江:《中华人民共和国继承法评注:法定继承》,厦门大学出版社 2019 年版,第 62 页。

[2] 关于我国法定继承人的范围之修改,学者们的观点不尽一致。第一种观点认为,应对我国法定继承人的范围进行适当调整,增加侄(甥)子女为法定继承人,而将有扶养关系的继子女和尽了主要赡养义务的丧偶儿媳、丧偶女婿均排除在法定继承人之外。参见陈苇、杜江涌:《我国法定继承制度的立法构想》,载《现代法学》2002 年第 3 期;陈苇等:《〈中华人民共和国继承法〉修正案》(学者建议稿)》,载陈苇主编:《中国继承法修改热点难点问题研究》,群众出版社 2013 年版,第 561—563 页。第二种观点认为,应将我国继承人的范围扩大到四亲等以内亲属,包括配偶、子女及其直系卑血亲、父母、祖父母、外祖父母、兄弟姐妹、四亲等以内的其他亲属,参见杨立新、杨震:《〈中华人民共和国继承法〉修正草案建议稿》,载《河南财经政法大学学报》2012 年第 5 期。

[3] 主编注:必须说明,在我国法律实务界,有人认为,孙子女、外孙子女,在其父母先于祖父母外祖父母去世的情况下是代位继承人,不是受遗赠人。但如果父母健在,孙子女、外孙子女可以成为受遗赠人。也就是说,其认为在后一种情况下,孙子女、外孙子女不是法定继承人,所以可以成为受遗赠人。本书认为,此认识不符合我国 1985 年《继承法》和《民法典》继承编的立法本意。1985 年《继承法》和《民法典》继承编均是在法定继承中规定的代位继承。这表明,我国的法定继承人包括本位继承人和代位继承人。并且,根据 1985 年《继承法》第 16 条第 3 款和《民法典》继承编第 1133 条第 3 款的规定,我国受遗赠人中的自然人只能是法定继承人以外的人。所以,当被继承人以遗嘱方式指定孙子女、外孙子女取得遗产时,因他们本来就属于法定继承人,故应当属于遗嘱继承,而不是遗赠。

偶。根据《民法典》的规定,夫妻有相互继承遗产的权利;配偶互为第一顺序的法定继承人。[①]
在确定配偶的继承权时,以下四个问题值得注意:

第一,配偶继承权的取得,是基于合法有效的婚姻关系的成立和存续。因此,配偶继承权以一方死亡时存在合法有效的婚姻关系为前提。如果男女一方死亡时,没有合法有效的婚姻关系,则另一方不能享有配偶继承权。合法有效的婚姻关系,如果在被继承人死亡之前已解除,则配偶身份因婚姻解除而终止,配偶继承权也因此消灭。

第二,无效婚姻、可撤销婚姻的当事人在婚姻关系被宣告无效或被宣告撤销后,双方互不享有配偶继承权。

第三,同性之间以及异性之间的非婚同居关系和重婚的两性关系,因不具有婚姻的效力,双方当事人之间不具有配偶身份,因此不能享有配偶继承权。但根据《婚姻家庭编解释(一)》第 7 条之规定,对未依《民法典》第 1049 条办理结婚登记而以夫妻名义共同生活的男女同居关系,如系 1994 年 2 月 1 日民政部《婚姻登记管理条例》公布施行以前,男女双方已经符合结婚实质要件的,按事实婚姻处理,故此种情况下,事实婚姻双方当事人互相享有配偶继承权。如系 1994 年 2 月 1 日民政部《婚姻登记管理条例》公布实施后,男女双方符合结婚实质要件的,如其补办结婚登记,仍按合法婚姻处理,则男女互有配偶继承权;如其不补办结婚登记,则按同居关系处理,男女双方相互不享有配偶继承权。

第四,对 1950 年《婚姻法》施行前已形成的一夫多妻、一夫一妻多妾或一妻多夫等婚姻关系,属历史遗留问题,其婚姻关系的历史有效性,使妻、妾或夫相互的配偶身份持续有效,如本人未提出解除关系,一般不予干涉。[②]故上述夫与妻或妾之间相互享有遗产继承权。

(二) 子女

子女与父母存在着最近的血缘关系以及最基本的扶养关系,根据《民法典》第 1070、1127 条的规定,父母和子女有相互继承遗产的权利。子女和父母互为第一顺序法定继承人。[③]子女包括婚生子女、非婚生子女、养子女和有扶养关系的继子女。这四种类型的子女享有平等的继承权。[④]

1. 生子女

生子女包括婚生子女和非婚生子女。婚生子女,是指有合法婚姻关系的男女所生育的子女,以及婚姻关系存续期间夫妻一致同意人工授精所生的子女;非婚生子女,是指没有合法婚姻关系的男女所生育的子女。根据《民法典》规定,非婚生子女享有与婚生子女同等的权利。[⑤]因此父母的生子女无论是婚生还是非婚生,均享有平等的继承权。

2. 养子女

养子女,是指经合法收养的子女。养子女基于与养父母之间合法的收养关系取得对养父母遗产的继承权。根据《民法典》第 1111 条第 1 款的规定,养父母和养子女间的权利义务,

---

① 参见《民法典》第 1061、1127 条。

② 参见 1952 年中央人民政府司法部颁布的《关于〈婚姻法〉施行前重婚处理原则》。

③ 主编注:对于父母与子女同为第一顺序法定继承人,我国学者已提出了不同意见。参见张玉敏:《继承法律制度研究》,法律出版社 1999 年版,第 207—208 页;陈苇、杜江涌:《我国法定继承制度的立法构想》,载《现代法学》2002 年第 3 期。

④ 参见陈苇、冉启玉:《现代继承法的基本原则研究》,载陈苇等:《中国继承法理论与实践研究》,中国人民公安大学出版社 2019 年版,第 18 页。

⑤《民法典》第 1071、1127 条。

适用对父母子女关系的有关规定。因此,养子女享有与亲生子女同等的继承权。在养子女对养父母遗产继承权问题上,有以下几点值得关注:

(1) 养子女在收养关系成立后,享有对养父母遗产的继承权,其对生父母遗产的继承权消灭。但根据《继承编解释(一)》第 10 条的规定,养子女对养父母尽了赡养义务,又对生父母扶养较多的,除可依《民法典》第 1127 条的规定继承养父母的遗产外,还可以依《民法典》第 1131 条的规定分得生父母适当的遗产。

(2) 养子女与养父母的收养关系解除后,则对其养父母遗产的继承权随之消灭。根据《民法典》第 1117 条的规定,收养关系解除后,养子女与养父母以及其他近亲属间的权利义务关系即行消除,与生父母及其他近亲属间的权利义务关系自行恢复。但是,成年养子女与生父母以及其他近亲属间的权利义务关系是否恢复,可以协商确定。故未成年的养子女在收养关系解除后,与生父母的权利义务关系自行恢复,即自动取得对生父母的遗产的继承权。但成年养子女只有在协商确定恢复与生父母关系时,才享有对生父母遗产的继承权。

(3) 对于 1992 年《收养法》施行前(1992 年 4 月 1 日起施行)形成的事实收养关系,如果不违背当时有关法律政策规定的条件,应予承认。形成事实收养关系的养父母与养子女互有遗产继承权。

3. 有扶养关系的继子女

《民法典》第 1127 条规定,父母和子女互为第一顺序继承人,父母包括"有扶养关系的继父母",子女包括"有扶养关系的继子女"。关于有扶养关系的继子女与继父母之间的遗产继承权处理,应注意以下问题:

(1) 扶养关系的认定问题。关于扶养关系的认定标准,《民法典》未作出规定,但根据《继承编解释(一)》第 19 条的规定,对被继承人生活提供了主要经济来源,或在劳务等方面给予了主要扶助的,应当认定其尽了主要赡养义务或主要扶养义务。我国司法实务中,法院多将继父母对继子女在经济上的供养、生活上的照顾以及共同生活的时间等作为判断扶养关系是否成立的考虑因素,有的法院还将继子女对继父母在经济上赡养、生活上照顾等作为继子女与继父母已形成扶养关系的判断标准。①

(2) 有扶养关系的继子女与继父母关系解除后,则其对继父母的遗产继承权消灭。《民法典》婚姻家庭编及《婚姻家庭编解释(一)》均未对继父母子女关系的解除作出规定,一般认为,在双方已通过抚养教育关系形成拟制血亲时,原则上不能自然解除,但双方权利义务产生的亲属基础毕竟是婚姻关系,因此在婚姻关系因为离婚或一方死亡而解除的情况下,对已经转化为拟制血亲的继父母与继子女关系,应允许基于一定的特殊原因解除。② 故此,如双方拟制血亲关系已解除,则相互的遗产继承权亦因此而消灭。

(3) 有扶养关系的继子女对生父母遗产仍有继承权。根据《继承编解释(一)》第 11 条第 1 款的规定,继子女继承了继父母遗产的,不影响其继承生父母的遗产。因此,与继父母之间形成了扶养关系的继子女除有权继承继父母的遗产外,还有权继承生父母的遗产。

---

① 在(2023)沪 0101 民初 17739 号判决书中,法院认为,虽继子女的母亲与继父结婚时,继子女已成年。但继子女对作为继父的被继承人做到了生活上照顾、感情上关心、经济上支持,尽到了赡养和扶助义务,与被继承人形成了扶养关系,故法院确认继子女为被继承人的第一顺序法定继承人。

② 参见最高人民法院民法典贯彻实施工作领导小组主编:《中华人民共和国民法典婚姻家庭编继承编理解与适用》,人民法院出版社 2020 年版,第 218 页。

　　必须说明,《民法典》婚姻家庭编第 1072 条第 2 款规定,继父或者继母和受其抚养教育的继子女间的权利义务关系,适用父母子女关系的有关规定。其中包括相互继承遗产的权利。可见,《民法典》婚姻家庭编对继父母与继子女之间关系的认定,采用是否"形成抚养教育关系"的判断标准,即此"抚养"关系是单向的,只有继父母对继子女的抚养关系。凡形成抚养教育关系的,属于拟制血亲关系,具有等同于生父母子女之间权利和义务,包括互有继承遗产的权利;没有形成抚养教育关系的,则属于直系姻亲关系,不具有父母子女的权利和义务,包括互无继承遗产的权利。[①] 依《民法典》继承编第 1127 条的规定,有扶养关系的继子女和有扶养关系的继父母均为法定继承人。并且,根据《继承编解释(一)》第 19 条规定的"扶养"关系之认定标准,继父母与继子女之间的"扶养"关系是双向的,既包括继父母对继子女尽了主要抚养义务,也包括继子女对继父母尽了主要赡养义务。但由于《民法典》婚姻家庭编第 1072 条规定的"抚养"关系是单向的,只有继父母对继子女的抚养关系,就义务主体的范围而言,扶养是宽于抚养的。[②] 本书认为,《民法典》继承编认可继父母与继子女之间双向的"扶养"关系,可以彰显《民法典》倡导的"弘扬家庭美德"的立法精神,有利于鼓励家庭成员履行养老、育幼的义务。

　　(三) 父母

　　父母,是子女最近的直系尊亲属,其依血缘关系或扶养关系取得对子女遗产的法定继承权。根据《民法典》的规定,父母和子女相互享有继承权。父母为子女的第一顺序法定继承人。对子女有遗产继承权的父母,包括生父母、养父母和有扶养关系的继父母。[③]

　　1. 生父母

　　生父母和生子女之间是天然的血缘关系,这一关系不因父母是否结婚或离婚而发生改变,生父母对生子女(包括婚生子女和非婚生子女)的遗产有继承权。

　　2. 养父母

　　养父母基于收养的成立之法律拟制直系血亲关系取得对养子女遗产的继承权,但收养解除后该继承权消灭。不同的是,养子女基于收养的成立,在取得对养父母遗产继承权的同时,失去对生父母遗产的继承权。但养父母基于收养的成立,取得对养子女遗产继承权的同时,仍享有对其生子女遗产的继承权。

　　3. 有扶养关系的继父母

　　继父母基于对继子女的抚养教育,与继子女之间形成有抚养教育关系的继父母子女关系,属于拟制血亲关系,适用父母子女关系的规定,享有对继子女遗产的继承权。如前所述,有扶养关系的继父母与继子女拟制血亲关系解除后,其对继子女遗产继承权消灭。此外,继父母基于真实的血缘关系,仍享有对生子女遗产的继承权。根据《继承编解释(一)》第 11 条第 2 款的规定,继父母继承了继子女遗产的,不影响其继承生子女的遗产。

① 关于我国"形成扶养教育关系的继父母子女互为法定继承人"的规定,我国有些学者认为不够合理。参见课题组负责人张玉敏:《中国继承法立法建议稿及立法理由》,人民出版社 2006 年版,第 92 页。有些学者建议删除此规定,而通过增设形成扶养关系的继父母和继子女享有遗产酌分请求权来保护其权益。参见陈苇主编:《外国继承法比较与中国民法典继承编制定研究》,北京大学出版社 2011 年版,第 417、422 页。
② 参见黄薇主编:《中华人民共和国民法典继承编释义》,法律出版社 2020 年版,第 48 页。
③ 参见《民法典》第 1127、1070 条。

（四）兄弟姐妹

兄弟姐妹是最近的旁系血亲，相互间基于血缘关系或扶养关系取得继承权。根据《民法典》第 1127 条的规定，兄弟姐妹（包括同父母的兄弟姐妹、同父异母或同母异父的兄弟姐妹、养兄弟姐妹、有扶养关系的继兄弟姐妹）互为第二顺序的法定继承人。

1. 亲兄弟姐妹

亲兄弟姐妹包括同父同母的兄弟姐妹、同父异母或同母异父的兄弟姐妹。他们之间具有全血缘联系或半血缘关系，相互享有遗产继承权，互为第二顺序的法定继承人。

2. 养兄弟姐妹

养兄弟姐妹包括养子女与养子女之间、养子女与生子女之间的关系，他们是基于收养关系的成立而产生的法律拟制旁系血亲关系，其相互之间的权利义务适用亲兄弟姐妹之间权利义务关系的规定。根据《继承编解释（一）》第 12 条的规定，养子女与生子女之间、养子女与养子女之间，系养兄弟姐妹关系，可以互为第二顺序继承人。但是，被收养人与其亲兄弟姐妹间的权利义务关系，因收养关系的成立而消除，不能互为第二顺序继承人。

3. 有扶养关系的继兄弟姐妹

根据《继承编解释（一）》第 13 条的规定，继兄弟姐妹之间的继承权，因继兄弟姐妹之间的扶养关系而发生，没有扶养关系的，不能互为第二顺序继承人。对于继兄弟姐妹之间扶养关系形成的认定标准，同前述继父母子女之间关于扶养关系的判断。必须注意，继兄弟姐妹之间相互继承了遗产的，不影响其继承亲兄弟姐妹的遗产。

（五）祖父母、外祖父母

祖父母、外祖父母对孙子女、外孙子女而言，是除父母以外血缘关系最近的直系尊亲属。根据《民法典》第 1127 条的规定，祖父母、外祖父母是第二顺序的法定继承人。这里的祖父母、外祖父母包括：生祖父母和生外祖父母；养祖父母和养外祖父母；形成扶养关系的继祖父母和继外祖父母。

（六）对公婆尽了主要赡养义务的丧偶儿媳和对岳父母尽了主要赡养义务的丧偶女婿

儿媳与公婆、女婿与岳父母属姻亲关系，相互之间无法律上的权利和义务，一般情况下也无遗产继承权。但根据《民法典》第 1129 条的规定，丧偶儿媳对公婆，丧偶女婿对岳父母，尽了主要赡养义务的，作为第一顺序继承人。该条规定主要是根据权利义务相一致原则。[①] 在丧偶儿媳以及丧偶女婿的继承权上，有以下问题值得注意：

第一，主要赡养义务的认定。根据《继承编解释（一）》第 19 条的规定，对被继承人生活提供了主要经济来源，或者在劳务等方面给予了主要扶助的，应当认定其尽了主要赡养义务。

第二，尽了主要赡养义务的丧偶儿媳或丧偶女婿，依法享有对公婆或岳父母遗产的继承权，不论他们是否再婚，均为第一顺序法定继承人。

第三，尽了主要赡养义务的丧偶儿媳或丧偶女婿作为第一顺序继承人时，不影响其子女

---

① 我国有学者认为，丧偶儿媳或丧偶女婿继承权的现有规定存在不足，参见杨立新、朱呈义：《继承法专论》，高等教育出版社 2006 年版，第 162 页。有些学者建议删除此规定，然后对尽了主要赡养义务的丧偶儿媳和丧偶女婿增设遗产酌分请求权。参见陈苇主编：《外国继承法比较与中国民法典继承编制定研究》，北京大学出版社 2011 年版，第 417、422 页。

代位继承。

二、法定继承的顺序

法定继承的顺序,是指由法律直接规定的各法定继承人继承遗产的先后次序。继承开始后,各法定继承人按其继承顺序参与继承。继承顺序在前的法定继承人,有优先参加遗产继承的权利。继承顺序在后的法定继承人,只有在前一顺序继承人无一人存在,或者前一顺序继承人全部丧失继承权或放弃继承权,或者前一顺序继承人中部分继承人丧失继承权并且其余继承人又放弃继承权时,才能参加遗产继承。

《民法典》第 1127 条第 1、2 款规定:"遗产按照下列顺序继承:(一)第一顺序:配偶、子女、父母;(二)第二顺序:兄弟姐妹、祖父母、外祖父母。继承开始后,由第一顺序继承人继承,第二顺序继承人不继承;没有第一顺序继承人继承的,由第二顺序继承人继承。"[1]此外,《民法典》第 1129 条规定:"丧偶儿媳对公婆,丧偶女婿对岳父母,尽了主要赡养义务的,作为第一顺序继承人。"

由上可见,《民法典》继承编确定各法定继承人继承顺序的依据主要有四个:一是婚姻关系;二是血缘关系(包括法律拟制的血亲关系)的远近;三是扶养关系;四是民族风俗习惯、伦理道德观念以及立法态度等。将有婚姻关系的配偶、最近的直系尊亲属父母和最近的直系卑亲属子女,以及尽了主要赡养义务的丧偶儿媳或丧偶女婿列为第一顺序继承人;将旁系血亲兄弟姐妹以及较之父母子女稍远一亲等的直系尊亲属祖父母、外祖父母列为第二顺序继承人,正是上述依据的具体体现。孙子女、外孙子女对祖父母、外祖父母遗产的继承,甥侄对叔姑伯舅姨遗产的继承,是以代位继承人的方式实现的。法定继承人范围和继承顺序的确定,体现了继承关系承载着以血缘为基础的扶养义务的履行,体现了基于扶养义务的履行而引发的对财产的分配及对财富的平衡,更体现了继承人和被继承人之间的伦理关怀。[2]

---

[1] 关于法定继承人继承顺序的修改建议,国内学者有不同意见,主要有三种观点:第一种观点认为,第一顺序为子女及其晚辈直系血亲,以亲等近者优先;第二顺序为父母;第三顺序为兄弟姐妹及其子女;第四顺序为祖父母、外祖父母;配偶为不固定继承顺序的法定继承人,其可以与第一、第二、第三顺序的继承人共同继承。参见陈苇主编:《外国继承法比较与中国民法典继承编制定研究》,北京大学出版社 2011 年版,第 417、422 页;陈苇、冉启玉:《完善我国法定继承人范围和顺序立法的思考》,载《法学论坛》2013 年第 2 期。第二种观点认为,第一顺序为配偶、子女、父母;第二顺序为孙子女、外孙子女、兄弟姐妹、祖父母、外祖父母;第三顺序为曾祖父母、外曾祖父母、伯、叔、姑、舅、堂兄弟姐妹、表兄弟姐妹、侄子女、外甥子女等四代以内的其他直系或旁系血亲。参见杨立新、杨震:《〈中华人民共和国继承法〉修正草案建议稿》,载《河南财经政法大学学报》2012 年第 5 期。第三种观点认为,第一顺序为子女及其直系卑血亲,亲等近者优先;第二顺序为父母;第三顺序为祖父母、外祖父母、兄弟姐妹;第四顺序为四亲等以内的其他亲属;配偶无固定继承顺序,可以和任一顺序继承人共同继承遗产,无第一、第二顺序继承人时,配偶得全部遗产。丧偶儿媳、丧偶女婿适用特别继承制度,可保留目前的规定。参见邵世星:《论我国法定继承人范围和顺序的完善》,载中国法学会婚姻家庭法学研究会、辽宁师范大学法学院编:《中国法学会婚姻家庭法学研究会 2012 年年会论文集》,2012 年印制,第 267 页。

[2] 参见杨震、王歌雅:《中国继承法:建构在传统与现代之间》,2012 年中国民法学研究会第一次代表大会论文。

第三节　法定继承的份额与酌分遗产

一、法定继承的份额

法定继承的遗产分配原则,是指在按法定继承方式继承遗产时,就如何确定数名同一顺序的法定继承人各自应继承遗产份额的标准。我国《民法典》第 1130 条规定:"同一顺序继承人继承遗产的份额,一般应当均等。对生活有特殊困难又缺乏劳动能力的继承人,分配遗产时,应当予以照顾。对被继承尽了主要扶养义务或者与被继承人共同生活的继承人,分配遗产时,可以多分。有扶养能力和有扶养条件的继承人,不尽扶养义务的,分配遗产时,应当不分或者少分。继承人协商同意的,也可以不均等。"可见,《民法典》继承编对法定继承中的遗产分配,确立了以下四个原则。

(一) 同等条件下的均等分配原则

同一顺序的法定继承人,在经济条件、劳动能力以及对被继承人履行扶养义务等情形大体相同时,其继承遗产的份额应当均等。公平分割遗产,是现代继承法遗产分割制度的立法趋势之一。[①]

(二) 对特殊继承人照顾多分原则

对生活有特殊困难,并且又缺乏劳动能力的继承人,分配遗产时,应当予以照顾。继承人因为年幼、年老、疾病或身残等原因,缺乏经济来源或欠缺劳动能力导致其生活困难,难以维持当地最低生活水平时,应当适当照顾,多分遗产。[②]优先照顾弱势继承人的利益,充分实现遗产扶养职能,这也是现代继承法遗产分割制度的立法发展趋势之一。

(三) 权利义务相一致原则

根据继承人对被继承人尽扶养义务的情况确定其继承遗产的份额。第一,对被继承人尽了主要扶养义务或者与被继承人共同生活的继承人,分配遗产时,可以多分。依《继承编解释(一)》第 19 条的规定,对被继承人生活提供了主要经济来源,或在劳务等方面给予了主要扶助的,应当认定其尽了主要赡养义务或主要扶养义务。第二,依《民法典》第 1130 条第 4 款的规定,有扶养能力和有扶养条件的继承人,不尽扶养义务的,分配遗产时,应当不分或者少分。但《继承编解释(一)》第 23 条的规定则是"可以不分或少分",有扶养能力和扶养条件的继承人虽然与被继承人共同生活,但对需要扶养的被继承人不尽扶养义务,分配遗产时,可以少分或者不分。此外,根据该解释第 22 条之规定,继承人有扶养能力和扶养条件,愿意尽扶养义务,但被继承人因有固定收入和劳动能力,明确表示不要求其扶养的,分配遗

---

① 参见陈苇主编:《中国遗产处理制度系统化构建研究》,中国人民公安大学出版社 2019 年版,第 487 页。

② 主编注:关于配偶的应继份是否应予以特殊照顾,参见李俊:《论法定继承中配偶的顺序及应继份的确认》,徐志超:《我国配偶法定继承顺序和应继份制度研究——以案例分析为视角》,载陈苇主编:《中国继承法修改热点难点问题研究》,群众出版社 2013 年版,第 195—214、215—223 页。

产时,一般不应因此而影响其继承份额。

(四) 协商处理原则

继承人协商同意的,也可以不均等。同一顺序法定继承人经平等协商、互谅互让,自愿达成遗产分配协议的,无论是否均等,都是其意思自治的结果,是继承人对自己权利的处分,法律对此应充分尊重。

二、酌分遗产

以 1985 年《继承法》第 14 条规定为基础,《民法典》第 1131 条规定:"对继承人以外的依靠被继承人扶养的人,或者继承人以外的对被继承人扶养较多的人,可以分给适当的遗产。"此规定删除了 1985 年《继承法》第 14 条中"缺乏劳动能力又没有生活来源"的限定,即放宽了受被继承人扶养的酌分遗产请求权人的条件。赋予依靠被继承人扶养人的酌分请求权,扩大了遗产酌分请求权的主体范围,体现了发挥遗产扶养功能的原则;赋予对被继承人扶养较多的人遗产酌分请求权,体现了权利义务一致性原则,弘扬了社会主义核心价值观,有利于社会主义精神文明建设。[1]《继承编解释(一)》第 20 条对"适当的遗产"解释为:依照《民法典》第 1131 条规定可以分给适当遗产的人,分给他们遗产时,按具体情况可以多于或者少于继承人。

(一) 遗产酌分请求权人与遗产酌分请求权的概念

遗产酌分请求权人,是指除法定继承人外,依靠被继承人扶养的人,或者继承人以外的对被继承人扶养较多的人。遗产酌分请求权,是指遗产酌分请求权人以《民法典》第 1131 条为根据,请求酌情从被继承人的遗产中分得适当份额的权利。

(二) 遗产酌分请求权的法律特征

1. 遗产酌分请求权的权利主体特定
遗产酌分请求权的权利主体是法定继承人以外依靠被继承人扶养的人,以及继承人以外对被继承人扶养较多的人。

2. 遗产酌分请求权的取得依据法定
只有存在《民法典》第 1131 条规定的两种情形之一的,酌分请求权人才能取得遗产酌分请求权。酌分请求权人只有在被继承人生前依靠被继承人扶养,或者在被继承人生前对其扶养较多时才享有遗产酌分权。遗产酌分请求权的立法设计,既体现了《民法典》对弱者的人文关怀,也体现了权利义务相一致的基本原则。

3. 遗产酌分的份额不确定
遗产酌分请求权人请求酌分遗产的份额,按具体情况可多于或少于继承人的继承份额,即酌分遗产的数额是不确定的,应主要根据遗产酌分请求权人缺乏劳动能力的程度以及自主谋生的技能、酌分请求权人依靠被继承人扶养的程度或者对被继承人实际扶养的程度、各

[1] 最高人民法院民法典贯彻实施工作领导小组主编:《中华人民共和国民法典婚姻家庭编继承编理解与适用》,人民法院出版社 2020 年版,第 546 页。

法定继承人的情况以及遗产总额的多少等因素综合考量。

(三) 遗产酌分请求权的保护

依照《民法典》第 1131 条可以分给适当遗产的人,在其依法取得被继承人遗产的权利受到侵犯时,其本人有权以独立的诉讼主体资格向人民法院提起诉讼。[①]

第四节　代位继承与转继承

一、代位继承的概念和条件

(一) 代位继承权的概念

代位继承,是指被继承人的子女或者兄弟姐妹先于被继承人死亡时,由被继承人子女的直系晚辈血亲或者被继承人兄弟姐妹的子女代替先死亡的长辈直系血亲或者被继承人的兄弟姐妹,继承被继承人遗产的一项法定继承制度。在代位继承中,先于被继承人死亡的继承人,称为被代位继承人或被代位人;代替被代位人继承遗产的人称为代位继承人或代位人;代位人代替被代位人继承遗产的权利,即代位继承权。

我国《民法典》第 1128 条规定:"被继承人的子女先于被继承人死亡的,由被继承人的子女的直系晚辈血亲代位继承。被继承人的兄弟姐妹先于被继承人死亡的,由被继承人的兄弟姐妹的子女代位继承。代位继承人一般只能继承被代位继承人有权继承的遗产份额。"相较 1985 年《继承法》第 11 条关于代位继承的规定,《民法典》第 1128 条新增了被继承人的兄弟姐妹的子女,即被继承人的侄子女和外甥子女作为代位继承人,以回应我国人民群众对扩大法定继承人范围的需要,体现被继承人创造的财富尽可能在家族内流传的立法目的,符合我国的实际需要和民众的继承习惯。由此,我国的代位继承人有两类:直系血亲代位继承人和旁系血亲代位继承人。[②]

根据《继承编解释(一)》第 14、15 条的规定,被继承人的子女包括被继承人的亲生子女、养子女以及已形成扶养关系的继子女;直系晚辈血亲包括被继承人的孙子女、外孙子女、曾孙子女、外曾孙子女,在这种情形的代位继承中,代位继承人不受辈数的限制。但在被继承人兄弟姐妹的子女代位继承的情形中,代位继承人只限于被继承人的兄弟姐妹的子女。

关于代位继承权的性质,学界有两种不同的观点:一是"代表权利说",认为代位继承人继承被继承人的遗产,不是基于自己本身固有的权利,而是代表被代位继承人参加继承,即代位继承人是以被代位继承人的地位而取得被代位继承人的应继份额。所以当被代位继承人丧失继承权时,代位继承人也丧失了代位继承权。二是"固有权利说",认为继承人参加继承是自己本身所固有的权利,代位继承人是基于自己的权利继承被继承人的遗产。所以即

---

① 《继承编解释(一)》第 21 条。

② 主编注:关于法国、德国、瑞士、日本、意大利、俄罗斯等大陆法系国家与英国、美国、澳大利亚等英美法系国家之九国代位继承制度的比较研究,参见陈苇主编:《外国继承法比较与中国民法典继承编制定研究》,北京大学出版社 2011 年版,第 411—413 页。

使被代位的继承人丧失了继承权,代位继承人依然有权利继承被继承人的遗产。我国继承立法采用"代表权利说",被代位继承人丧失继承权的,代位继承人不得代位继承。

(二) 代位继承权须具备的条件

第一,在法定继承中,被代位人先于被继承人死亡。这有两层含义:(1) 代位继承只适用于法定继承,不适用于遗嘱继承和遗赠;(2) 被代位人先于被继承人死亡,这是代位继承适用的前提和基础。

第二,被代位人包括被继承人的子女和被继承人的兄弟姐妹。被继承人的配偶、父母、祖父母、外祖父母等先于被继承人死亡的,均不发生代位继承。

第三,代位继承人包括被继承人子女的晚辈直系血亲和被继承人兄弟姐妹的子女。根据《继承编解释(一)》第 14、15 条的规定,被继承人的孙子女、外孙子女、曾孙子女、外曾孙子女都可以代位继承,代位继承人不受辈数的限制。被继承人的子女(包括生子女、养子女以及已形成扶养关系的继子女)的生子女、养子女都可以代位继承。[1] 但在被继承人兄弟姐妹的子女代位继承的情形中,代位继承人只限于被继承人的兄弟姐妹的子女。

第四,被代位人必须有继承权,且只能继承被代位人的继承份额。根据《民法典》第 1128 条第 3 款的规定,代位继承人一般只能继承被代位继承人有权继承的遗产份额。代位继承人有二人以上的,则由数个代位继承人共同继承被代位人之应继遗产份额。根据《继承编解释(一)》第 17 条的规定,被代位人丧失继承权的,其晚辈直系血亲不得代位继承。[2]

二、转继承的概念和特征

(一) 转继承的概念

转继承,是指继承人在继承开始后(也即是被继承人死亡后)、遗产分割前死亡,其应继

---

[1] 必须说明,《继承编解释(一)》第 15 条沿用了 1985《执行继承法的意见》第 26 条的内容,依该条规定,与被继承人子女(包括生子女、养子女以及已形成扶养关系的继子女)形成扶养关系的继子女,不能代位继承。我国司法实践中,对此问题的处理意见不一,出现了同案不同判现象。如在(2018)苏 06 民终 2479 号判决中,法院认为根据《执行继承法的意见》第 26 条的规定,被继承人继子女的继子女并不在可以代位继承的范围内,因此不得代位继承;在(2018)辽 07 民再 1 号判决中,再审法院认为,形成扶养关系的继子女既不符合《继承法》第 11 条"晚辈直系血亲"的规定,1985 年《执行继承法的意见》第 26 条规定的代位继承人也不包含被继承人生子女的继子女,故不能代位继承;在(2023)晋民申 1793 号裁定书中,法院认为,继父母子女关系究其根本源起于婚姻关系,具有姻亲属性,他们之间的权利义务范围应该局限在继父母子女之间,不能超出范围去得到血亲才能享有的权利。故继承人的子女是继子女的,该继子女不能够代位继承,即使继子女已经与继承人形成抚养关系,亦不能改变。但在(2017)云 2823 民初 741 号判决中,法院则适用《继承法》第 11 条的规定,认为有抚养关系的继子女系继父母的拟制直系血亲,可以代位继承;在(2019)鄂民申 3676 号裁定中,法院认为,被继承人的子女先于被继承人死亡的,由被继承人子女的晚辈直系血亲代位继承,根据一般法理,晚辈直系血亲应包括自然血亲和拟制血亲,尽管 1985 年《执行继承法意见》第 26 条没有明确列举有抚养关系的继子女享有代位继承权,但并不表示其他涉及拟制血亲的情形不符合代位继承的规定。本书认为,由于已形成扶养关系的继子女与继父母之间的拟制血亲关系不能推及其他近亲属,故《继承编解释(一)》第 15 条坚持沿用 1985 年《执行继承法的意见》第 26 条的规定,是科学、合理的。

[2] 我国有些学者认为,此规定与现代法律的自己责任原则精神相悖,是不合理的。合理的制度设计应该是,无论被代位人是否丧失继承权,其晚辈直系血亲都应享有代位继承权。参见陈苇、宋豫主编:《中国大陆与港、澳、台继承法比较研究》,群众出版社 2007 年版,第 294 页。

承的遗产份额除遗嘱另有安排的外转由其法定继承人继承。《民法典》第 1152 条规定："继承开始后，继承人于遗产分割前死亡，并没有放弃继承的，该继承人应当继承的遗产转给其继承人，但是遗嘱另有安排的除外。"[①] 在转继承法律关系中，死亡的继承人称为原继承人，原继承人的继承人称为转继承人。当数个同一顺序转继承人共同继承时，则应由他们共同继承并分割原继承人享有的遗产份额。

（二）转继承的特征

第一，转继承的发生是基于原继承人于继承开始后、遗产分割前死亡，这是转继承发生的时间条件。被继承人死亡后，原继承人只要没有明确表示放弃继承，就依法享有继承被继承人遗产中应继份的权利。如果该原继承人于遗产分割前死亡，其继承应继份的权利就转由其合法继承人继承，此亦谓二次继承或再继承。

第二，原继承人须未明确表示放弃继承。如果原继承人于继承开始后及自身死亡前已明确表示放弃继承，其继承权已经被抛弃，转继承法律关系无从产生。

第三，转继承人须是原继承人的合法继承人，其可继承的是原继承人的应继份额。原继承人如在死亡前已就该应继份订立遗嘱，则按遗嘱继承办理；如未立遗嘱处分，则按法定继承办理，原继承人的法定继承人依法定继承顺序，继承原继承人的应继份。

三、代位继承与转继承的区别

代位继承和转继承是两种不同的继承方式，因其产生的前提条件之差异，在其适用范围、继承主体等方面都存在着差别，其主要区别表现在：

第一，发生条件不同。代位继承发生的条件是被代位继承人先于被继承人死亡；转继承发生的条件则是原继承人在被继承人死亡后但遗产尚未分割前死亡。

第二，被代位人与原继承人范围不同。代位继承中，被代位人仅限于被继承人的子女或被继承人的兄弟姐妹。转继承中，原继承人可以是一切合法继承人以及受遗赠人，包括被继承人的直系晚辈血亲，也包括被继承人的配偶、父母等其他继承人。

第三，代位人与转继承人的范围不同。代位继承中，代位继承人只限于被继承人子女的直系晚辈血亲或者被继承人兄弟姐妹的子女。转继承中，转继承人只要是原继承人的合法继承人即可，既可以是原继承人的直系晚辈亲属，也可以是原继承人的配偶、父母以及兄弟姐妹等其他合法继承人。

第四，适用的范围不同。代位继承只适用于法定继承；转继承既适用于法定继承，又适用于遗嘱继承。也就是说，无论是法定继承或是遗嘱继承，只要在继承开始后，继承人未表示放弃继承而于遗产分割前死亡的，原继承人继承遗产的权利可由其合法继承人继承，但要注意的是，遗嘱继承另有安排的除外。

[①] 该条规定主要源于 1985 年《执行继承法的意见》第 52 条的规定，并作了适当补充。

【本章小结】

本章主要阐述四个方面的内容:一是,我国法定继承人的范围和顺序。法定继承人,可以分为本位继承人与代位继承人。在本位继承人中,第一顺序法定继承人有配偶、子女、父母;第二顺序法定继承人有兄弟姐妹、祖父母、外祖父母。对公婆、岳父母尽了主要赡养义务的丧偶儿媳、丧偶女婿,作为第一顺序法定继承人。在代位继承人中,被继承人子女的直系晚辈血亲以及被继承人兄弟姐妹的子女,为代位继承人。二是,法定继承的遗产分配原则。其包括均等分配原则、权利义务一致原则、特殊继承人照顾多分原则和协商处理原则。三是,酌分遗产。继承人以外依靠被继承人扶养的人和继承人以外对被继承人扶养较多的人,均享有酌分遗产请求权。四是,代位继承与转继承。在被继承人的子女先于被继承人死亡时,该子女的直系晚辈血亲可代位继承其应继份;被继承人的兄弟姐妹先于被继承人死亡时,该兄弟姐妹的子女可代位继承其应继份。继承开始后,继承人于遗产分割前死亡且没有放弃继承的,该继承人应当继承的遗产转给其继承人,但遗嘱另有安排的除外。

【引导案例参考答案】

本案涉及法定继承人的范围、继承顺序以及转继承问题。在我国,《民法典》第1127条第1—4款规定了法定继承人的范围及顺序为:"遗产按照下列顺序继承:(一)第一顺序:配偶、子女、父母;(二)第二顺序:兄弟姐妹、祖父母、外祖父母。继承开始后,由第一顺序继承人继承,第二顺序继承人不继承;没有第一顺序继承人继承的,由第二顺序继承人继承。本编所称子女,包括婚生子女、非婚生子女、养子女和有扶养关系的继子女。本编所称父母,包括生父母、养父母和有扶养关系的继父母。"同时,《民法典》第1152条规定,继承开始后,继承人于遗产分割前死亡,并没有放弃继承的,该继承人应当继承的遗产转给其继承人,但是遗嘱另有安排的除外。本案中,被继承人张某生前没有立遗嘱,其遗产应当按法定继承分配。张某的第一顺序法定继承人有其再婚妻子黄某、其亲生子女张鹏和张蕾、与其形成抚养教育关系的继女李逸。但由于张蕾在遗产分割前死亡且无遗嘱,故张蕾继承遗产的权利转移给其法定继承人包括夫唐力、子唐磊和母周某,他们3人可继承张蕾对张某遗产的应继份额。

由于张某将其与黄某结婚前的个人房产,与黄某约定并公证为夫妻共同财产,所以在遗产分割时应先对该房产进行分割,分出属于黄某的一半,该房产的另一半才属于遗产。根据上述第一顺序法定继承人的人数,应将遗产分为4份,由其再婚妻黄某、其亲生子女张鹏和张蕾、与其形成抚养教育关系的继女李逸各得一份。因张蕾后于其父死亡,其应继份发生转继承,由其3个转继承人(即张蕾遗产的第一顺序法定继承人)其夫唐力、其子唐磊和其母周某共同继承。

张蕾的其他遗产同样由其第一顺序法定继承人,其夫唐力、其子唐磊和其母周某3人继承。而其兄张鹏作为张蕾的第二顺序继承人,在张蕾有第一顺序继承人时不能参加继承,其继妹李逸由于没有与张蕾形成扶养关系而属于姻亲关系,不属于张蕾遗产的继承人。

【本章思考题】

1. 简述我国法定继承人的范围和顺序。
2. 简述我国法定继承的遗产分配原则。

3. 简述我国代位继承人的范围和条件。

4. 简述代位继承与转继承的区别。

【本章参考习题】

第十四章 遗嘱继承

【本章重点难点】

　　通过本章的学习,学生应了解遗嘱继承的基本概念,理解我国遗嘱继承法律制度的基本理论,重点掌握遗嘱继承的适用条件以及遗嘱的成立、生效、无效、不生效及撤回、变更,难点在于把握遗嘱有效成立的法定条件和法定形式。

【引导案例】

　　刘某与吴某于 1985 年 2 月结婚,婚后育有刘甲(长子)、刘乙(独女)和刘丙(幼子)3 人。2000 年 3 月,刘某从其父母处继承(无遗嘱)了店面房一套。2001 年 5 月,妻子吴某因病去世(吴某父母此前均已去世),临死之前当着刘某和 3 个子女的面,把佩戴多年的戒指交给刘乙作留念,并口头嘱咐刘某,自己去世后所有的首饰都归刘乙继承。2006 年 2 月,刘某购买了一套住宅(商品房)。2008 年 5 月,刘某经人介绍与陈某认识,5 个月后两人办理了结婚登记。2015 年11 月,刘某自己亲笔书写遗嘱一份且签名并注明年、月、日,表示自己去世后,其从父母处继承来的店面房归刘甲,住宅归刘丙。2018 年 7 月,刘某的再婚妻子陈某突发重病,从此生活难以自理,也没有收入。2019 年 3 月,陈某的弟弟认为陈某没有得到很好的照顾,在取得刘某同意后将陈某送到某康养中心。2021 年 5 月,刘某在生病住院期间,当着来探望自己的老同事李某和田某的面口述遗嘱,由李某用钢笔记录在白纸上,然后刘某和李某、田某都在记录下遗嘱的纸上签名并注明年、月、日。刘某在该遗嘱中表示自己存放在朋友家的一幅画由刘乙继承。2022 年 11 月,刘某将店面房以 160 万元的价格出售。2024 年 2 月,刘某在医院去世,去世前请求在身边的表侄夏某和 2 名护士帮忙见证,留下口头遗嘱,表示去世后家里的电器全部归夏某,包括住宅、存款及字画在内的其余所有财产均由刘甲、刘乙、刘丙 3 人平等继承。

　　请问:本案中出现了哪几份遗嘱? 其各自的法律效力如何? 为什么?

　　本章阐述的主要内容有四个方面:一是遗嘱与遗嘱继承的概念、遗嘱继承的适用以及遗嘱自由原则;二是遗嘱的成立,包括遗嘱能力、遗嘱的意思表示、内容及形式;三是遗嘱的效力,包括遗嘱的生效、无效与不生效;四是遗嘱的变更、撤回和执行。

　　在我国《民法典》颁布前,1985 年《继承法》及相关司法解释规定的遗嘱继承制度主要内容包括:遗嘱继承人的范围、遗嘱的形式、公证遗嘱适用优先的规则、遗嘱见证人、必留份、遗嘱的撤销与变更、附义务的遗嘱及其效力、遗嘱的无效等。[①] 2020 年 5 月颁布的《民

---

① 参见 1985 年《继承法》第 16—22 条和 1985 年《执行继承法的意见》第 35—43 条。

法典》继承编在沿用 1985 年《继承法》的遗嘱制度基础上,主要有以下修改补充:一是增补规定遗嘱信托,规定自然人可以依法设立遗嘱信托(第 1133 条)。二是增加法定的遗嘱形式。在沿用原《继承法》的公证遗嘱、自书遗嘱、代书遗嘱、录音遗嘱和口头遗嘱基础上,新增打印遗嘱和录像遗嘱为法定的遗嘱形式(第 1136、1137 条)。并且,为保证遗嘱人真实意愿的体现,对代书遗嘱、打印遗嘱和录音录像遗嘱规定了具体的制作要求(第 1135、1136、1137 条)。三是确立最后遗嘱适用效力优先的规则,删除了原《继承法》的公证遗嘱适用效力优先的规则(第 1142 条)。以上修改补充内容,有利于保障实现遗嘱人以遗嘱方式自由处分个人所有财产的意愿,彰显了遗嘱自由原则。

第一节　遗嘱和遗嘱继承

一、遗嘱和遗嘱继承的概念和特征

(一) 遗嘱的概念和特征

遗嘱在人类社会已经历了较长的历史时期。公元前 18 世纪,《汉穆拉比法典》中便有关于遗嘱的规定,[①]而古罗马有一套较为完备的遗嘱法律制度。[②]罗马法中的遗嘱,其功能经历了"用特别庄重的方式指定'家长'继承人"到"用比较郑重的方式处分个人遗产"的变迁,并成为现代遗嘱制度的重要源头。[③]我国在春秋时期已经出现遗嘱,但相应的成文法规则直到唐朝才出现。[④]在清末变法运动之前的皇权专政时期,我国的遗嘱主要指用来安排祭祀、家产等身后"家事"的行为。[⑤]清末变法以来,我国的遗嘱理念及制度逐渐现代化,遗嘱的功能越来越集中于"处分个人财产"。

在我国现代社会,根据《民法典》的规定,自然人可以通过遗嘱为不具有完全民事行为能力的子女指定监护人、表达遗体捐献意愿、处分个人财产和指定遗嘱执行人。[⑥]由此,对我国现行法中的遗嘱可作如下界定:遗嘱,指自然人为处分个人财产、安排相关事务,依法定方式成立并于其死亡后生效的单方民事法律行为。与一般民事法律行为相比,遗嘱具有以下

---

① 该法第 165 条规定:"如自由民以田园、房屋赠与其所爱之继承人,且给他以盖章之文书,则父死之后,兄弟分产之时,此子应取其父之赠物,此外诸兄弟仍应均分父之家产。"《世界著名法典汉译丛书》编委会编:《汉穆拉比法典》,法律出版社 2000 年版,第 35 页。

② 古罗马最早的遗嘱成文规则,见之于《十二表法》(公元前 450 年)。该法第 5 表第 3 条规定:"凡以遗嘱处分自己的财产,或对家属指定监护人的,具有法律上的效力。"后期如《关于遗嘱的富里法》(公元前 200 年)、《沃科尼法》(公元前 169 年)、《法尔其第法》(公元前 40 年)等都对遗嘱继承问题作出了规定。到了优士丁尼时期,关于遗嘱的成文法规则已非常完备,且接近现代遗嘱法。参见费安玲:《罗马继承法研究》,中国政法大学出版社 2000 年版,第 100—156 页;魏小军:《遗嘱有效要件研究——以比较法学为主要视角》,中国法制出版社 2010 年版,第 33—34 页。

③ 参见魏小军:《遗嘱有效要件研究——以比较法学为主要视角》,中国法制出版社 2010 年版,第 48—51 页。

④ 迄今所见到的资料中,最早的成文法规则见于唐《丧葬令》:"诸身丧户绝者,所有部曲、奴婢、店宅、资财,并令近亲转易货卖,将营葬事及量营功德之外,余财并与女。无女均入以次近亲。无亲戚者,官为检校。若亡人在日,自有遗嘱处分,证验分明者,不用此令。"转引自 [日] 仁井田升:《唐令拾遗》,栗劲等编译,长春出版社 1989 年版,第 771 页。

⑤ 参见史尚宽:《继承法论》,中国政法大学出版社 2000 年版,第 395 页。

⑥ 参见《民法典》第 29、371、1006、1133 条。

特征：

第一，遗嘱是单方民事法律行为。遗嘱基于遗嘱人单方的意思表示便能成立，无须其他人的同意，所以属于单方民事法律行为的一种。在社会生活中，双方民事法律行为占据大多数，遗嘱作为单方民事法律行为的一种，区别于大多数民事法律行为。

第二，遗嘱于遗嘱人死亡时或死亡后发生法律效力。多数民事法律行为因当事人的选择确定生效时间，且往往在当事人生存之时。而遗嘱的生效时间只能是遗嘱人死亡之时，或死亡之后所附条件成就或所附期限届至之时，因而呈现出其特殊性。遗嘱人死亡之前，其可以撤回或变更遗嘱。一旦遗嘱人死亡，遗嘱便不得再被撤回或变更。当然，如遗嘱存在意思表示或法律上的瑕疵，即便遗嘱人死亡，其仍可被宣告为无效。

第三，遗嘱是要式民事法律行为。遗嘱必须依法律规定的方式订立，否则不能有效成立，属要式民事法律行为。根据私法自治原则，当事人有权自主决定所实施的民事法律行为的形式，故其他民事法律行为以非要式为主。[①] 遗嘱的要式性也使其区别于其他多数民事法律行为。

第四，遗嘱须由遗嘱人亲自订立。遗嘱意思表示必须由遗嘱人亲自为之，不得代理。[②] 相比之下，其他大多数民事法律行为都可适用代理。

（二）遗嘱继承的概念和特征

遗嘱继承，指按照遗嘱人生前所立遗嘱来确定继承人及其所继承遗产的种类、份额的遗产处理方式。[③] 根据我国《民法典》和相关司法解释的规定，遗嘱继承具有以下特征：

第一，遗嘱继承与法定继承相比，首先，两者成立的条件不同。遗嘱继承以存在有效遗嘱为积极条件。被继承人生前未立遗嘱，或虽然立了遗嘱但被撤回或被宣告无效，便不再适用遗嘱继承。相比之下，法定继承则是以发生被继承人死亡的事实为积极条件，以不存在针对同一遗产的遗嘱及遗赠扶养协议为消极条件。其次，两者适用的顺序不同。遗嘱继承优先于法定继承适用。遗嘱继承是被继承人意思自治的结果；而法定继承是在被继承人未立遗嘱时，法律依照大众习惯对被继承人意思进行统一推定的规定。被继承人在遗嘱中对继承人的指定和继承份额的确定，只要没有违反法律的强制性规定，一般都应遵从，从而在相应的遗产分配上排斥法定继承。[④] 最后，两者能否代位继承不同。遗嘱继承不得代位继承。代位继承主要体现按支继承的传统，故属于法定继承制度的内容。根据《民法典》第1154条的规定，遗嘱继承人先于被继承人死亡的，按法定继承办理。由此，我国现行法中的代位继承规则不适用于遗嘱继承。

---

① 其典型者为法律关于合同形式的规定。我国《民法典》第469条规定："当事人订立合同，可以采用书面形式、口头形式或者其他形式。书面形式是合同书、信件、电报、电传、传真等可以有形地表现所载内容的形式。以电子数据交换、电子邮件等方式能够有形地表现所载内容，并可以随时调取查用的数据电文，视为书面形式。"

② 这一特征在英美法系国家已经被突破。在英国、澳大利亚等国家的立法中，已经允许特定情形下的遗嘱代理。详见魏小军：《遗嘱有效要件研究——以比较法学为主要视角》，中国法制出版社2010年版，第137—139页。

③ 主编注：关于遗嘱继承的社会经济、政治、宗教、道德基础之探讨，参见李宏：《遗嘱继承的法理基础研究》，中国法制出版社2010年版，第1—63页。

④ 我国《民法典》第1154条规定："有下列情形之一的，遗产中的有关部分按照法定继承办理：(一)遗嘱继承人放弃继承或者受遗赠人放弃受遗赠；(二)遗嘱继承人丧失继承权或者受遗赠人丧失受遗赠权；(三)遗嘱继承人、受遗赠人先于遗嘱人死亡或者终止；(四)遗嘱无效部分所涉及的遗产；(五)遗嘱未处分的遗产。"

第二,遗嘱继承与遗赠相比,两者承受遗产的主体不同。根据《民法典》第 1133 条第 2、3 款的规定,在我国,遗嘱继承的受益人为法定继承人;而遗赠的受益人为国家、集体或者法定继承人以外的组织、个人。

第三,遗嘱继承与遗嘱信托相比,两者遗嘱处分的目的不同。遗嘱继承的目的为使相关遗产权利直接归属于遗嘱继承人;而遗嘱信托的目的为将相关遗产权利转移给受托人,由受托人为遗嘱信托受益人的利益进行管理或者处分。①

二、遗嘱继承的适用条件

遗嘱继承的适用,须同时符合积极条件和消极条件。

(一) 积极条件

遗嘱继承适用的积极条件,是按遗嘱要求安排继承事项须首先具备的事实。在我国,此前提事实为被继承人生前立下了有效的遗嘱。根据我国《民法典》,遗嘱只能由被继承人生前亲自订立,立遗嘱时遗嘱人有完全民事行为能力,并且其内容、形式均符合法律规定,否则不能发生遗嘱的效力。

(二) 消极条件

遗嘱继承适用的消极条件,是按遗嘱要求安排遗产继承事项时,须先排除的事实。在我国,该类须排除的事实包括以下三项:

第一,不存在针对同一遗产的有效遗赠扶养协议。遗赠扶养协议中的受遗赠人,往往于继承开始前已经履行了扶养义务,其所受遗赠在一定程度上是所提供扶养的对价,故应优先于无偿的遗嘱继承。《民法典》第 1123 条规定:“继承开始后,按照法定继承办理;有遗嘱的,按照遗嘱继承或者遗赠办理;有遗赠扶养协议的,按照协议办理。”所以,针对同一遗产的遗赠扶养协议应当比遗嘱优先适用,只有不存在有效的遗赠扶养协议时,遗嘱继承方能适用。

第二,遗嘱继承人未放弃继承权,也未丧失继承权。继承开始后,继承人可以放弃继承权,放弃继承的效力追溯到继承开始的时间。这意味着,继承人一经放弃继承权,使该继承人受益的遗嘱继承内容便不能适用。② 该继承人按照遗嘱应继承的份额适用法定继承的规定。此外,继承人因法定事由丧失继承权的,除可由被继承人以明示的方式表示宽恕从而恢复继承权之外,不能成为继承人。③

第三,遗嘱继承人没有先于遗嘱人死亡。遗嘱人在遗嘱中对特定继承人的利益授予具

---

① 主编注:遗嘱信托的基础构架是,被继承人即委托人预先在遗嘱中明确设立信托的意思表示,将其全部或者部分遗产作为信托财产而转移给受托人。遗嘱信托的财产分配,不同于普通遗嘱“一次性”分配财产方式,在委托人死亡后受托人依照遗嘱信托人的意愿,为照顾特定的受益人做出财产规划,为实现受益人的特定利益,以自己的名义管理及处分信托财产,将管理的信托财产分时分次分批给予受益人,从而具有防止挥霍、财产永续留存以及一定的风险隔离功能。参见魏小军主编:《家事法实务教程》,知识产权出版社 2024 年版,第 354—355 页。关于完善我国遗嘱信托制度的探讨,参见陈汉:《论遗嘱信托制度之完善》,载夏吟兰、龙翼飞主编,李秀华执行主编:《家事法研究》(2024 年卷),法律出版社 2024 年版,第 203—213 页。
② 《民法典》第 1124 条、《继承编解释(一)》第 37 条。
③ 《民法典》第 1125 条、《继承编解释(一)》第 8 条。

有人身性。如被指定的继承人先于遗嘱人死亡,相应遗嘱内容将不能生效,其晚辈直系血亲也不能代位继承,所涉及的遗产按法定继承处理。[①]

三、遗嘱自由原则

(一) 遗嘱自由的含义

遗嘱自由,即自然人享有通过遗嘱处分自己死后遗留个人财产及相关事务的自由。遗嘱自由是继承法的一项重要原则。

近代民法强调所有权绝对。如此,确立个人可在生前对将遗留至死后的财产进行处分的原则——遗嘱自由,是其应有之意。现代民法虽更多地考虑到了财产的社会属性,从而对所有权绝对原则有所修正,但遗嘱自由仍然是意思自治原则的重要体现之一。其中缘由,除了尊重和保护人权、维持社会传统之外,经济效率也是其重要一面。因为,遗嘱充分尊重所有人的意愿,对激发其创造意愿、促成遗产更有效地流转,都具有积极意义。

在我国,《民法典》第 1133 条规定:"自然人可以依照本法规定立遗嘱处分个人财产,并可以指定遗嘱执行人。自然人可以立遗嘱将个人财产指定由法定继承人中的一人或者数人继承。自然人可以立遗嘱将个人财产赠与国家、集体或者法定继承人以外的组织、个人。自然人可以依法设立遗嘱信托。"遗嘱自由原则的制度体现是多方面的,主要包括:第一,选定遗嘱受益人。遗嘱人可以在法定继承人中指定受益人(指定继承),也可以直接排除某些法定继承人的继承权,还可以在法定继承人之外选定受益人(遗赠)。第二,确定被继承或遗赠之遗产的名称、数量。遗嘱人有权决定遗嘱继承人可继承之遗产的名称、数量,决定受遗赠人受遗赠之遗产的名称、数量。第三,附加适当条件和期限。遗嘱人可为继承及受遗赠设定一定条件或期限,只有当所设条件成就或期限届至,遗嘱方得发生法律效力。第四,在法律允许的范围内,确定订立遗嘱的具体方式。遗嘱虽是要式行为,但并非毫无自主之处。遗嘱人可以在法律规定的多种遗嘱方式中选择一种来订立遗嘱,《民法典》第 1134—1139 条规定了自书遗嘱、代书遗嘱、打印遗嘱、录音录像遗嘱、口头遗嘱及公证遗嘱 6 种形式的遗嘱;还可以在遗嘱方式类型确定之后决定将采用的具体操作方法,比如对书写笔的选择、对见证人的选择等。

(二) 遗嘱自由的限制

有自由,就有限制。法律保护遗嘱自由,以使遗嘱人充分地享受作为财产权人的利益,免受来自公权力的随意侵蚀和第三人的侵害。但同时为了保护他人的权益、社会公共利益,也需要对遗嘱自由进行限制。[②]整体而言,对遗嘱自由的限制可分为实质条件限制和形式条件限制两个方面。

1. 遗嘱自由的实质条件限制

对遗嘱自由的实质限制主要涉及遗嘱所能处分的事项范围、遗产额度、遗嘱受益人的范围等。首先,法律认可的遗嘱处分事项有其范围限制,超出此范围的遗嘱内容通常得不到法

---

① 《民法典》第 1154 条。
② 参见蒋月:《论遗嘱自由之限制:立法干预的正当性及其路径》,载《现代法学》2012 年第 5 期。

律的承认。在我国,为子女以外的其他无民事行为能力或限制行为能力的遗属指定监护人、将未成年子女送养、收养子女等,其效力目前未能受到法律承认。

其次,几乎所有的法域都赋予被继承人一定范围的亲属对遗产享有某些特别权利。早在古罗马时期,法律就规定,遗嘱处分时必须为近亲属保留一定份额的遗产,此即限制遗嘱自由的特留份制度。目前,绝大多数大陆法系国家和地区都设有特留份制度。[①] 被继承人只能处分个人财产的一部分,其余必须依法保留给其近亲属——其特留份权利人。如被继承人在遗嘱中所作处分超过了法律所允许的份额,特留份权利人有权请求扣减。[②] 在英美法系国家和地区,如英国、澳大利亚等国家或州地区的立法规定,遗产必须首先用来供养遗属,有剩余的方能由被继承人的遗嘱予以处分;美国法则要求遗产必须先用于满足寡妇份、动产先取份、可变份额等被继承人之遗属的特取需要,有剩余的方可由被继承人的遗嘱予以处分。[③] 我国《民法典》第 1141 条规定:"遗嘱应当为缺乏劳动能力又没有生活来源的继承人保留必要的遗产份额。"此即我国关于遗嘱所能处分遗产额度的限制性规定,学理上通常称之为"必留份或必遗份"。[④]

最后,对遗嘱受益人范围的限制。此限制历来都存在。早在古罗马时期,异邦人、女性曾长期被排除在遗嘱继承人之外。在我国,继承人故意杀害被继承人(无论既遂还是未遂)或为争夺遗产而杀害其他继承人的,依法绝对性地丧失继承权,不能作为遗嘱继承人;另外,遗嘱见证人、办理公证遗嘱的公证员及其近亲属不能同时作为其所参与之遗嘱的继承人。[⑤] 这些都构成对遗嘱所能授予利益对象范围的限制。

2. 遗嘱自由的形式条件限制

遗嘱遵循要式主义的核心含义,要求遗嘱人必须在法律规定的遗嘱订立方式中选择一种,不能自由创设遗嘱订立的方式。通过限制遗嘱的订立形式之自由,可使遗嘱人更慎重地对待遗嘱,并且有利于遗嘱生效时对其中意思表示真实性的查明(遗嘱人已经死亡),减少因利害关系人相互猜忌而引发的纠纷,有利于认定遗嘱的效力并据其处理遗产,最终有利于社会的安定、和谐。

---

① 主编注:关于特留份制度的基本内容及其伦理价值,参见夏吟兰:《特留份制度之伦理价值分析》,载《现代法学》2012 年第 5 期。关于设立特留份制度的必要性,参见杨慧怡、刘史丹:《论在〈继承法〉中设立特留份制度——从司法过程考察制度合理性》,载陈苇主编:《中国继承法修改热点难点问题研究》,群众出版社 2013 年版,第 115—127 页。

② 至于特留份的份额,不少国家或地区法律规定为遗产净额的 1/4 到 1/2 之间。例如,《日本民法典》第 1028 条规定:"兄弟姐妹以外的继承人,按下列规定得到特留份:只有直系尊亲属为继承人时,为被继承人财产的三分之一;于其他情形,为被继承人财产的二分之一。"参见王书江译:《日本民法典》,中国法制出版社 2000 年版,第 186 页。

③ 对此问题,美国各州立法之间存在差异。参见魏小军:《遗嘱有效要件研究——以比较法学为主要视角》,中国法制出版社 2010 年版,第 155—162 页。

④ 在我国,只有存在"缺乏劳动能力又没有生活来源的继承人"时,才必须为他们留下必要遗产,否则被继承人都可以自由处分;而大陆法系民法典中的特留份,则是只要具备某些特定的近亲属关系,被继承人就必须为他们保留一定份额的遗产。所以,就自由处分遗产的范围而言,我国法律中的遗嘱自由,比大陆法系国家民法典中规定的自由处分遗产范围更大。有些学者认为,我国现在遗嘱自由太多了,应在未来法律的修改过程中予以限制,并建议以特留份制度取代现行法中的必留份。而有些学者则认为,必留份和特留份都各有其优缺点,但就我国当前国情而言,建议保留必留份。参见魏小军:《遗嘱有效要件研究——以比较法学为主要视角》,中国法制出版社 2010 年版,第 155—162 页;许莉:《我国〈继承法〉应增设特留份制度》,载《法学》2012 年第 8 期。

⑤ 《民法典》第 1140 条规定,继承人及其利害关系人不能作为遗嘱见证人。《公证法》第 23 条第 3 项规定,公证员不得办理与本人及近亲属有利害关系的公证。

第二节 遗嘱的成立

遗嘱要有效成立,须同时具备的条件如下。[①]

一、遗嘱人必须有遗嘱能力

遗嘱作为民事法律行为的一种,其行为人应当具备相应的行为能力。这种行为能力,通常被称作遗嘱能力。

遗嘱能力是立遗嘱人所需具备的行为能力,[②] 是特殊民事行为能力的一种。这意味着,并非任何人都可以订立遗嘱。要成为遗嘱人,须符合一定条件。对此条件,不同历史时期及不同国家或地区的立法,有不同规定。我国《民法典》坚持遗嘱能力的二分法原则,即遗嘱人要么有遗嘱能力,要么没有遗嘱能力,不存在限制遗嘱能力之说。[③] 并且我国法律中的遗嘱能力等同于完全民事行为能力,也即只有完全民事行为能力人才具有遗嘱能力,无民事行为能力人和限制民事行为能力人均不具有遗嘱能力。

根据《民法典》第18条的规定,18周岁以上的成年公民,具有完全民事行为能力;16周岁以上不满18周岁的公民,以自己的劳动收入为主要生活来源的,视为完全民事行为能力人。但是,18周岁以上的成年公民,如系不能辨认自己行为的精神病人,属无民事行为能力人;如系不能完全辨认自己行为的精神病人,属限制民事行为能力人。

必须注意,对是否有遗嘱能力的判断,必须依立遗嘱时的情况来判断。无民事行为能力人或者限制民事行为能力人所立的遗嘱,即使其本人后来具有完全民事行为能力,仍属无效遗嘱。遗嘱人立遗嘱时具有完全民事行为能力,后来成为无民事行为能力人或者限制民事行为能力人的,不影响遗嘱的效力。[④]

二、遗嘱的意思表示必须真实

遗嘱作为被继承人意思自治的实现方式,必须体现被继承人的真实意愿,否则沦为财富非正当移转的工具。所以,遗嘱意思表示真实,对遗嘱的有效成立而言必不可少。

意思表示,是指将企图发生一定私法上效果的意思,表示于外部的行为。意思表示由两个要素构成,一个是内心意思,另一个是此内心意思的外部表示。[⑤] 意思表示真实,则是指行为人的意思表示是其内心意志的真实反映。遗嘱的意思表示必须真实,即要求遗嘱的订立,

---

[①] 从学理上对遗嘱的成立与有效进行区分时,把遗嘱是否成立归为事实判断,把遗嘱之成立是否有效归为价值判断。本章的遗嘱成立条件是指遗嘱有效成立的法定条件,是成立和有效的有机统一。

[②] 参见陈苇主编:《婚姻家庭继承法学》,法律出版社2002年版,第467页。

[③] 比较法上,有部分国家或地区立法规定了限制(相对)遗嘱能力。比如澳大利亚立法允许未成年人在获得法院许可时订立遗嘱,在加拿大魁北克省,未成年人可订立遗嘱处分价值低微的财产。

[④] 《继承编解释(一)》第28条。

[⑤] 参见王泽鉴:《民法总则》,中国政法大学出版社2001年版,第335页。

完全出于遗嘱人的自主,并且遗嘱中所表达的意思与遗嘱人的真实意思一致。[①]

三、遗嘱的内容必须合法

遗嘱在体现遗嘱人意愿的同时,还须受到法律的约束。就遗产处分而言,遗嘱内容须遵守的法律规定,主要包括以下三个方面:

第一,遗嘱中只能处分遗嘱人自己的财产。遗嘱中不得处分不属于遗嘱人的他人财产。比如,遗嘱人不能在所立遗嘱中对夫妻共有财产的全部进行处分,也不能对已经通过分家析产归他人所有的财产进行处分。

第二,遗嘱应当为缺乏劳动能力又没有生活来源的继承人保留必要的遗产份额。对缺乏劳动能力又没有生活来源的继承人,被继承人生前一般都负有扶养的义务。当被继承人死亡时,其扶养义务的终止,可导致受扶养人的生活陷入困境。对此,法律规定,被继承人的遗产应为缺乏劳动能力又没有生活来源的继承人作必要的份额保留,以使他们的生活获得适当保障。

第三,遗嘱的内容不得违反法律、行政法规的强制性规定,不得违背社会公德,不得损害社会公共利益。比如,遗嘱人不得附加侵犯他人婚姻自主权的条件。

四、遗嘱的形式必须符合法律规定

遗嘱的形式,是指遗嘱人单方处分身后遗留财产的意思表示的方式。遗嘱一旦生效,将发生财产转移的效果。但那时遗嘱人已经死亡,对其中意思表示真伪的查明会比其他法律行为更困难。正因为如此,利害关系人对遗嘱的真实性也更容易存有疑虑。为此,法律有必要对遗嘱形式予以合理规制。

(一) 遗嘱订立的法定形式

《民法典》第 1134—1139 条规定了遗嘱的 6 种形式,并对每种形式提出了相应要求。

1. 自书遗嘱

自书遗嘱,通常又称亲笔遗嘱。自书遗嘱由遗嘱人亲笔书写、签名,注明年、月、日。[②]这里的亲笔书写,仅指用毛笔、钢笔、圆珠笔等传统书写方式,表达遗嘱意愿。用打字机打字,通过键盘或手写笔方式输入电脑、手机等电子设备并保存,输入电子设备后用打印机打印

---

① 对意思表示真实的判断,有三种不同的标准:其一为主观主义标准,即完全以行为人的内心意愿为依据进行判断;其二为客观主义标准,即从行为人表达出来的意思来认定其内心意愿;其三为折中主义标准,即主客观兼顾的标准。对遗嘱案件来说,遗嘱生效时遗嘱人已经去世,对其内心意思的查明比一般法律行为更困难,为避免巨额的裁判成本,也为避免法官获得过大的自由裁量权,第一种标准应该首先被排除。对于后二者,各有利弊,客观主义标准更有利于裁判的作出,折中主义则比客观主义能更高程度地实现公平。本书倾向第三种观点。

② 关于自书遗嘱未注明年、月、日是否影响其有效成立,学界存在不同看法。参见赵莉:《我国遗嘱形式要件的认定及完善——中日比较法的视野》,载《北方法学》2012 年第 5 期;李琴玉:《自书遗嘱缺少落款日期 依法应认定遗嘱无效》,载中国法院网。

等,都不属于亲笔书写的范围。[①] 此外,自然人在遗书中涉及死后个人财产处分的内容,确为死者的真实意思表示,有本人签名并注明了年、月、日,又无相反证据的,可以按自书遗嘱对待。[②]

2. 代书遗嘱

代书遗嘱,通常又称代笔遗嘱,是由遗嘱人口述遗嘱内容,他人代为书写并见证的遗嘱。在现实生活中,部分遗嘱人因不能正常书写、不愿亲自书写或希望通过他人的见证减少未来可能发生的遗产争议等原因,订立代书遗嘱。代书遗嘱应当有两个以上见证人在场见证,由其中一人代书,注明年、月、日,并由代书人、其他见证人和遗嘱人各自亲笔签名。

3. 打印遗嘱

打印遗嘱是为了适应现代社会打印技术的广泛运用而在《民法典》中新增加的遗嘱订立形式。打印遗嘱的遗嘱内容须通过打印方式予以固定、呈现,同时须有两名以上的见证人在场见证,并由遗嘱人和见证人在打印的遗嘱文本的每一页上签名,此外还须注明年、月、日。

4. 录音录像遗嘱

录音录像遗嘱,是指遗嘱人以录音录像形式订立的遗嘱,分为录音遗嘱和录像遗嘱。[③] 根据《民法典》第 1137 条的规定,[④] 录音录像应当有两个以上见证人在场见证。由于录音录像所形成的文件容易被剪辑处理,录音录像遗嘱也较容易被伪造或篡改。所以,应对录音录像遗嘱订立中的在场见证提出严格要求。一般而言,此在场见证应当同时符合以下要求:第一,有两名以上具有见证资格的见证人;第二,全部见证人同时见证了录音录像遗嘱的制作;第三,见证的时间,应当包括录音录像遗嘱制作的全过程;第四,见证人应当在遗嘱录音录像中,记录其姓名或肖像,以及遗嘱订立的年、月、日。

5. 口头遗嘱

口头遗嘱,是指遗嘱人以口头表述,依凭见证人记忆的遗嘱。口头遗嘱不要求用载体保存其内容,其内容的再现完全依赖见证人的记忆及表述,所以容易出错及伪造。为了尽可能地避免遗嘱欺诈、错误,口头遗嘱限于危急情况时订立。危急情况解除后,遗嘱人能够用书面或者录音录像形式立遗嘱的,所立的口头遗嘱无效。订立口头遗嘱应当有两个以上见证人在场见证。

6. 公证遗嘱

公证遗嘱,是指在公证机关依法公证的情形下订立的遗嘱。公证遗嘱的订立须遵守下列要求:[⑤]

第一,遗嘱人须向公证机关提出申请并获受理。遗嘱公证由遗嘱人住所地、经常居住地、遗嘱行为发生地的公证机关管辖;处分不动产的遗嘱可由不动产所在地的公证机关管辖。

---

① 关于自书遗嘱可否由遗嘱人通过亲自打印的方式订立,在我国理论和实务界一直存有争议。在《民法典》将打印单独作为订立遗嘱的方式之后,应认为已排除了打印作为自书遗嘱订立方式的可能。

② 《继承编解释(一)》第 27 条。

③ 参见黄薇主编:《中华人民共和国民法典继承编解读》,中国法制出版社 2020 年版,第 87 页。

④ 《民法典》第 1137 条规定的录音录像遗嘱规则,系由《继承法》第 17 条中的录音遗嘱规则修订而来。也即《继承法》仅规定了录音遗嘱,《民法典》则规定为录音录像遗嘱。

⑤ 参见我国《公证法》第 25、26 条,《公证程序规则》第 11、14、17—51、53、60 条,《遗嘱公证细则》。

此外,我国驻外使(领)馆可以依照法律的规定或者我国缔结或者参加的国际条约的规定,办理遗嘱公证。遗嘱人申办遗嘱公证应当亲自到公证机关提出申请。遗嘱人亲自到公证机关有困难的,可以书面或者口头形式请求有管辖权的公证机关指派公证人员到其住所或者临时处所办理。申办遗嘱公证,遗嘱人应当填写公证申请表,并提交下列证件和材料:(1) 居民身份证或者其他身份证件;(2) 遗嘱涉及的不动产、交通工具或者其他有产权凭证的财产的产权证明;(3) 公证人员认为应当提交的其他材料。遗嘱人填写申请表确有困难的,可由公证人员代为填写,遗嘱人应当在申请表上签名。申请人应当在申请表上签名或者盖章,不能签名、盖章的由本人捺指印。对符合条件的,公证机关应当受理。

第二,公证机关须对遗嘱人的情况及遗嘱内容进行审查。公证机关应当对遗嘱人的身份及意思表示是否真实、有无受胁迫或者受欺骗等情况进行审查。公证人员询问遗嘱人,除见证人、翻译人员外,其他人员一般不得在场。谈话笔录应当场向遗嘱人宣读或者由遗嘱人阅读,遗嘱人无异议后,遗嘱人、公证人员、见证人等应当在笔录上签名。

第三,公证机关办理遗嘱公证,应当由两人共同办理。承办公证遗嘱的公证员应当两人共同全程亲自办理。特殊情况下只能由一名公证员办理时,应当请一名见证人在场,见证人应当在询问笔录上签名或者盖章。

第四,公证机关经审查,认为申请公证的事项符合规定的,应当自受理之日起 15 个工作日内向当事人出具公证书。

(二) 遗嘱见证人的资格

在前述 6 种法定遗嘱形式中,代书遗嘱、打印遗嘱、录音录像遗嘱、口头遗嘱和只有一名公证员参与的公证遗嘱,都要求必须有遗嘱见证人参与。之所以作这种规定,一来可以增加遗嘱的严肃性,让遗嘱人更加慎重地对待立遗嘱行为;二来有利于证明遗嘱的真实性,尽可能地避免遗嘱欺诈,减少遗嘱相关纠纷。为了保证遗嘱见证人更好地履行职责,发挥其作用,有必要对其资格提出要求。整体而言,这类要求主要针对两个方面:一是遗嘱见证人的身体、心理条件应足以胜任见证事务;二是遗嘱见证人应当不存在足以影响其客观、公正地履行见证职责的情形。

《民法典》第 1140 条对遗嘱见证人的资格进行了规定,下列人员不得担任见证人:

1. 无民事行为能力人、限制民事行为能力人以及其他不具有见证能力的人

在我国,无民事行为能力人,包括不满 8 周岁的未成年人和不能辨认自己行为的精神病人;限制民事行为能力人,包括 8 周岁以上的未成年人(但 16 周岁以上不满 18 周岁以自己的劳动收入为主要生活来源的公民除外),以及不能完全辨认自己行为的精神病人。对何谓其他不具有见证能力的人,法律并未明确列举,一般可作如下解释:首先指因身体原因,视力或听力不正常,因而无法履行见证职责的人,不具有见证能力;其次,不识字的人应认为不具有代书遗嘱、公证遗嘱的见证能力,不会书写的人不具有担任代书人的见证能力;再次,与遗嘱人语言不通的人,应认为不具有相应的见证能力;最后,因醉酒、药物等无论何种原因,暂时性没有意识或者失去控制的人,不具有见证能力。

2. 继承人、受遗赠人

《民法典》第 1140 条第 2 项规定继承人、受遗赠人不能作为遗嘱见证人,旨在排除与遗嘱安排存在紧密利益联结的继承人、受遗赠人的见证人资格,避免遗嘱人受到不当影响。被

继承人在遗嘱中授予利益的人,无论是法定继承人还是法定继承人以外的人,都不能作为见证人。①

3. 与继承人、受遗赠人有利害关系的人

首先,继承人、受遗赠人的近亲属,按社会一般观念应该都属于与继承人、受遗赠人有利害关系的人,不能作为遗嘱见证人。其次,根据《继承编解释(一)》第 24 条的规定,继承人、受遗赠人的债权人、债务人,共同经营的合伙人,也应当视为与继承人、受遗赠人有利害关系,不能作为遗嘱的见证人。

第三节　遗嘱的效力

遗嘱效力,即遗嘱的法律约束力。遗嘱作为一种民事法律行为,是被继承人意思自治的主要实现方式。其效力主要体现为,被继承人生前依法订立遗嘱,自由处分其个人所有财产的行为被法律承认有效,遗嘱人死亡后由遗嘱执行人或继承人执行该遗嘱,使遗嘱的内容得以实现。

一、遗嘱的生效

遗嘱是一种被继承人生前订立、死后生效的民事法律行为。被继承人生前订立的符合法定条件和法定形式的遗嘱,其生效时间为遗嘱人死亡之时。也就是说,只有在遗嘱人死亡后,遗嘱才能发生法律效力,才能被遗嘱执行人或继承人执行。在遗嘱人死亡之前,遗嘱不发生法律效力,不能被遗嘱执行人或继承人执行。

遗嘱人的死亡,包括自然死亡和宣告死亡。前者指遗嘱人因疾病等原因,生命终止;后者指遗嘱人下落不明达到法定期限,人民法院根据利害关系人的申请,通过法定程序宣告遗嘱人死亡。

二、遗嘱的无效

遗嘱的无效,是指遗嘱成立后因不符合法定条件或法定形式而不被法律承认效力,不能发生遗嘱人预期的法律后果。根据《民法典》的规定,遗嘱的无效主要有以下 10 种情形:

第一,无遗嘱能力人所立的遗嘱无效。遗嘱能力是订立遗嘱所须具有的特殊行为能力。无遗嘱能力人因缺乏此种特殊行为能力,其所立遗嘱为无效遗嘱。根据《民法典》第 1143 条第 1 款的规定,无民事行为能力人或者限制行为能力人均为无遗嘱能力人,他们订立的遗嘱无效。必须注意,如前所述,《继承编解释(一)》第 28 条明确规定,对遗嘱人是否有遗嘱能力,以遗嘱订立时的年龄及精神状况为标准进行判断。

第二,受欺诈、胁迫所立的遗嘱无效。遗嘱人意思表示真实,是遗嘱有效成立的条件。当遗嘱人因受欺诈、胁迫立遗嘱时,该遗嘱便不符合意思表示真实的条件。依《民法典》第 1143 条第 2 款的规定,受欺诈、胁迫所立的遗嘱无效。其中,受欺诈所立的遗嘱,指遗嘱人

---

① 至于未从遗嘱中获益的第一及第二顺序法定继承人,是否仍不能作为见证人,则存在一定争议。

因他人故意告知虚假情况或者隐瞒真实情况,被诱导而错误订立的遗嘱。受胁迫所立的遗嘱,指他人以给遗嘱人及其亲友的生命健康、荣誉、名誉、财产等造成损害为要挟,迫使遗嘱人违背真实意思立下的遗嘱。

第三,伪造的遗嘱无效。伪造的遗嘱,即凭空捏造的遗嘱人的意思表示。因在事实上本不存在遗嘱及其订立者,故不能发生遗嘱的效力。依《民法典》第1143条第3款的规定,伪造的遗嘱无效。

第四,被篡改的遗嘱内容无效。遗嘱人订立遗嘱后,遗嘱被人篡改,从而使其所体现的"遗嘱内容"与遗嘱人原意思表示不一致。显然,被篡改的遗嘱内容,并非遗嘱人的真实意思表示,因而不能发生遗嘱效力。但此部分瑕疵,原则上不应影响其他部分的效力,以最大限度地尊重遗嘱人意愿。依《民法典》第1143条第4款的规定,遗嘱被篡改的,篡改的内容无效。

第五,遗嘱中所处分的财产不属于遗嘱人的,相应部分无效。遗嘱人只能处分自己的财产,不能处分他人的财产,否则会对他人财产权造成侵害。《继承编解释(一)》第26条规定:"遗嘱人以遗嘱处分了国家、集体或者他人财产的,应当认定该部分遗嘱无效。"当然,遗嘱的部分无效,不影响其他部分的效力。对于财产是否属于遗嘱人的判断,应当以遗嘱人死亡时为准。也就是说,如果遗嘱人订立遗嘱时,处分了不属于自己的财产,但于死亡之前拥有了该财产,则该遗嘱内容仍然有效。

第六,故意杀害被继承人或为争夺遗产而杀害其他继承人的人,属于绝对丧失继承权的人,其被遗嘱指定为继承人或受遗赠人的,该部分遗嘱内容无效。[①]

第七,遗嘱没有为缺乏劳动能力又没有生活来源的继承人保留必要遗产份额的,相应部分无效。[②]遗嘱应当为缺乏劳动能力又没有生活来源的继承人保留必要的遗产份额,否则就违反了《民法典》的规定,相应内容无效。在依法(而非依遗嘱人意愿)为没有生活来源的继承人留下必要的遗产份额后,遗嘱其他部分的效力不受影响。继承人是否缺乏劳动能力又没有生活来源,应当按遗嘱生效时该继承人的具体情况确定。[③]

第八,遗嘱人在危急情况下订立的口头遗嘱,在危急情况消除后,遗嘱人能够以书面或者录音录像形式立遗嘱的,该口头遗嘱无效。

第九,不符合法定形式要求的遗嘱无效。遗嘱是要式法律行为,其订立必须符合法律规定。如前所述,《民法典》规定了自书、代书、打印、录音录像、口头和公证6种遗嘱形式,遗嘱人所立遗嘱必须符合其中一种形式的要求。在实践中经常引起争议的是,有充分证据证明遗嘱人在遗嘱中所作意思表示真实,但存在形式上的瑕疵,此情形下是否应认可遗嘱的效力。也就是,遗嘱的要式主义是应予以严格贯彻,还是适度缓和? 根据1985年《执行继承法

---

① 《继承编解释(一)》第8条规定:"继承人有民法典第一千一百二十五条第一款第一项或者第二项所列之行为,而被继承人以遗嘱将遗产指定由该继承人继承的,可以确认遗嘱无效,并确认该继承人丧失继承权。"
② "李某、郭某阳诉郭某和、童某某继承纠纷案"(最高人民法院指导性案例50号)。
③ 《继承编解释(一)》第5条第2款。

的意见》,遗嘱应遵循严格的要式主义,[①] 这一观点得到司法实务的响应。[②] 但也有不少法院持相反观点,认为形式瑕疵原则上不影响遗嘱效力。

第十,违反法律行政法规的(效力类)强制性规定及公序良俗的遗嘱,原则上无效。遗嘱作为民事法律行为的一种,原则上应遵循民事法律行为的一般规定。司法实务中,向婚外情人遗赠的遗嘱、干涉他人婚姻自由的遗嘱通常会被判定无效。

三、遗嘱的不生效

遗嘱的不生效,是指有效成立的遗嘱,因故不能产生现实约束力。一般而言,遗嘱的不生效主要包括以下三种情形:

第一,遗嘱指定的继承人或受遗赠人,在继承开始之前死亡的,遗嘱的相应内容不生效。根据我国《民法典》第 1154 条的规定,遗嘱继承和遗赠不适用代位继承规则。如果遗嘱继承人、受遗赠人先于遗嘱人死亡的,遗产中的有关部分按照法定继承办理,遗嘱相应内容不能生效。遗嘱所指定的受益人在遗嘱所附生效条件成就之前死亡的,遗嘱的相应内容也不发生法律效力。

第二,遗嘱所附之解除条件,在继承开始前已成就的,该遗嘱不发生效力。

第三,继承开始后、遗产分割前,遗嘱指定的继承人放弃继承或受遗赠人放弃受遗赠的,遗嘱的相应部分不生效。

第四节　遗嘱的变更、撤回和执行

一、遗嘱的变更和撤回

(一) 遗嘱变更和撤回的含义

1. 遗嘱变更和撤回的概念

遗嘱变更,是指遗嘱人以一定的方式对原来所立遗嘱的部分内容予以改变的行为。遗嘱撤回,是指遗嘱人取消原来所立遗嘱内容的行为。对已设立的遗嘱进行撤回或变更,是遗嘱自由的重要实现方式之一。《民法典》第 1142 条第 1 款规定:"遗嘱人可以撤回、变更自己所立的遗嘱。"

[①] 1985 年《执行继承法的意见》第 35 条规定:"继承实施前订立的,形式上稍有欠缺的遗嘱,如内容合法,又有充分证据证明确为遗嘱人真实意思表示的,可以认定遗嘱有效。"据此可以认为,我国 1985 年《继承法》实施后订立的遗嘱,如形式稍有欠缺,仍应认定为无效。2011 年《最高人民法院研究室关于代书遗嘱虽不符合法定形式要件但确系遗嘱人真实意思表示能否认定有效问题的答复》也指出,不符合法定形式要件的代书遗嘱不宜认定为有效。不过,2020 年 12 月颁布的《继承编解释(一)》中没有与 1985 年《执行继承法的意见》第 35 条内容相近的条款,故对于形式稍有欠缺的遗嘱,应认定为无效。

[②] 典型者如 2018 年《北京高院关于审理继承纠纷案件若干疑难问题的解答》第 17 条的规定,"未严格按照法律规定的形式要件作出的遗嘱,人民法院应认定无效。签署日期不全的自书遗嘱应为无效"。

2. 遗嘱变更与遗嘱撤回的相互关系

遗嘱变更与遗嘱撤回,前者立足于变,后者立足于撤,二者差异明显。但我国法律中的遗嘱撤回包括全部撤回和部分撤回,[①]变更又必然意味着对所变部分的撤回。如此,我国法律中的遗嘱变更与遗嘱撤回,存在交叉关系。

(二) 遗嘱变更和撤回的基本条件

第一,遗嘱变更和撤回的主体,限于遗嘱人本人,不得由他人代为进行。变更和撤回遗嘱,是遗嘱自由的实现方式,与遗嘱订立一样不适用代理。

第二,遗嘱变更和撤回时,遗嘱人应具有遗嘱能力。变更和撤回遗嘱,将对之前所立遗嘱进行调整,因而遗嘱人应具有与订立遗嘱相同的心智状况。故遗嘱人对遗嘱进行变更和撤回,必须具有遗嘱能力。

第三,遗嘱的变更、撤回,应当在遗嘱生效前进行。在遗嘱发生法律效力后,因遗嘱人已经死亡,不存在变更或撤回遗嘱之可能。[②]

第四,遗嘱的变更、撤回系出自遗嘱人的真实意思。非出于遗嘱人真实意思的变更、撤回行为,不能发生遗嘱变更、撤回的法律效力。

(三) 遗嘱变更、撤回的方式

遗嘱变更、撤回的方式有明示和默示两种。

1. 明示变更、撤回

明示变更、撤回,是指遗嘱人订立新遗嘱并在其中明确表示变更或撤回原来所立遗嘱。明示变更、撤回遗嘱的要求主要包括以下两点:第一,遗嘱人须以语言文字对变更、撤回原来所立遗嘱的意思进行表示。第二,遗嘱人变更、撤回原来所立遗嘱的意思表示,必须通过订立新遗嘱的方式进行,且该新遗嘱符合法律关于遗嘱形式的要求。

2. 默示变更、撤回

默示变更、撤回,是指遗嘱人虽未明确表示要变更或撤回原来所立遗嘱,但以其行为表明变更或撤回原来所立遗嘱。

第一,遗嘱人先后立有数份内容相抵触的遗嘱,视为遗嘱人所订立的最后一份遗嘱对先立遗嘱相应内容进行了变更、撤回。《民法典》第 1142 条第 3 款规定:"立有数份遗嘱,内容相抵触的,以最后的遗嘱为准。"

第二,遗嘱订立后,遗嘱人作出新的非遗嘱的意思表示,对遗嘱所涉及的财产进行处理且其内容与遗嘱相反的,可认为遗嘱人已经改变了之前在遗嘱中表达的意愿。《民法典》第 1142 条第 2 款规定:"立遗嘱后,遗嘱人实施与遗嘱内容相反的民事法律行为的,视为对遗嘱相关内容的撤回。"

第三,遗嘱人故意废弃或摧毁遗嘱载体的,应视情况作撤回处理。遗嘱订立后,会依其订立方式形成相应的载体。如该载体属于仅存的原件且为遗嘱人所知情时,遗嘱人故意废

---

① 《民法典》第 1142 条第 2 款。

② 如前所述,受欺诈、胁迫所立的遗嘱无效。故遗嘱一旦生效后,如利害关系人发现该遗嘱系受欺诈或胁迫所立,应申请法院宣告无效。这一点,区别于合同法关于受欺诈、胁迫所立合同的规定,也区别于婚姻家庭法关于受欺诈、胁迫所缔结婚姻的规定。

弃或摧毁遗嘱载体应认为其有意撤回。如同一遗嘱有多个载体,比如遗嘱人同一天书写了多份内容相同的自书遗嘱,或者订立录音录像遗嘱时同时使用多个设备形成了多份内容一致的遗嘱,遗嘱人故意废弃或摧毁其中一部分,原则上不应按撤回遗嘱处理。此外,非出于遗嘱人意志的遗嘱载体灭失、涂销,不能发生遗嘱撤回的效果。

二、遗嘱的执行

(一) 遗嘱执行的概念

遗嘱执行是遗嘱生效后,为实现遗嘱内容而实施的行为。遗嘱执行是落实遗嘱人遗愿,维护遗嘱受益人正当权益的重要步骤,是实现遗嘱自由的最后环节。

遗嘱执行须具备两个基本条件:一是存在合法有效的遗嘱;二是有适格的遗嘱执行人。前者是遗嘱执行的前提和对象,后者是遗嘱执行的主体。

(二) 遗嘱执行人

遗嘱执行人,即通过一定的步骤,将遗嘱内容予以实现的人。遗嘱生效时,遗嘱人已经死亡,遗嘱内容的付诸实施,必须依赖独立的遗嘱执行人。遗嘱执行人在遗嘱内容的实施过程中扮演着重要角色,并由此会对遗嘱受益人及其他利害关系人产生影响。故法律通常对遗嘱执行人的资格、确定及法律地位等事项进行规定。

1. 遗嘱执行人的资格

遗嘱执行需要实施一系列的法律行为,以实现遗嘱内容。我国现行法并未对遗嘱执行人的行为能力予以专门规定,遗嘱执行人的资格问题应以相关规定和法学原理为依据予以确定。

(1) 无论是自然人,还是法人或其他组织,只要其具备相应的民事行为能力,均可以担任遗嘱执行人。换言之,遗嘱执行人并不仅限于自然人,还可以是法人或其他组织。

(2) 自然人担任遗嘱执行人的,须具备完全民事行为能力。限制民事行为能力人和无民事行为能力人均不得担任遗嘱执行人。

(3) 法人和其他组织担任遗嘱执行人的,应区分是否以营利为目的。法人或其他组织以营利为目的担任遗嘱执行人的,应获得有关部门批准。律师事务所、公证机关、法律服务所担任遗嘱执行人的,原则上无须单独批准。法人或其他组织不以营利为目的担任遗嘱执行人的,无须国家有关部门批准,但向不特定对象提供遗嘱执行服务的仍须经过批准。

2. 遗嘱执行人的产生

遗嘱执行人的产生,主要有两种方式:一是遗嘱人指定产生;二是根据法律规定或习惯产生。

(1) 遗嘱人在遗嘱中指定。由遗嘱人指定遗嘱执行人,一方面是遗嘱自由的实现;另一方面可以减少遗嘱生效后利害关系人就遗嘱执行人选问题可能产生的争执。《民法典》第1133 条第 1 款规定:"自然人可以依照本法规定立遗嘱处分个人财产,并可以指定遗嘱执行人。"遗嘱人除了可以在遗嘱中直接指定执行人外,还可以授权第三人指定遗嘱执行人。由第三人根据授权指定的遗嘱执行人,与遗嘱人直接指定的遗嘱执行人具有相同的法律地位。无论是遗嘱人直接指定遗嘱执行人,还是由第三人根据授权指定遗嘱执行人,都是单方行为。被指定的遗嘱执行人可以接受,也可以拒绝。被指定的遗嘱执行人拒绝就任的,须另行确定遗嘱执行人。

(2) 根据法律规定或习惯产生。如果遗嘱人没有指定遗嘱执行人,或者所指定的遗嘱执行人没有或丧失相应资格,或拒绝就任,则由其他依法产生的遗产管理人负责执行遗嘱。[①]

3. 遗嘱执行人的职责

我国现行法没有直接就遗嘱执行人的职责作出规定。大体而言,遗嘱执行人的职责可以分为两类。一类是常规的遗产管理职责。根据《民法典》的规定,遗嘱执行人为当然的遗产管理人,故应履行法律规定的遗产管理人的职责:(1) 清理遗产并制作遗产清单;(2) 向继承人报告遗产情况;(3) 采取必要措施防止遗产毁损、灭失;(4) 处理被继承人的债权债务;(5) 按照遗嘱或者依照法律规定分割遗产;(6) 实施与管理遗产有关的其他必要行为。[②]另一类是依遗嘱规定须由遗嘱执行人履行的其他职责。例如遗嘱执行人根据遗嘱担任不具有完全民事行为能力的继承人的监护人,或者担任遗嘱信托受托人的,自然须履行监护人或信托受托人的职责。

【本章小结】

本章主要阐述了四个方面的内容:一是遗嘱与遗嘱继承,主要包括遗嘱与遗嘱继承的概念、遗嘱继承的适用条件、遗嘱自由原则;二是遗嘱的成立,主要包括遗嘱人必须有遗嘱能力、遗嘱的意思表示必须真实、遗嘱的内容必须合法、遗嘱的形式必须符合法律规定;三是遗嘱的效力,主要包括遗嘱的生效、遗嘱的无效、遗嘱的不生效;四是遗嘱的变更、撤回和执行。

【引导案例参考答案】

本案中出现了四份遗嘱,其中吴某一份、刘某三份。

(1) 吴某于 2001 年 5 月订立的遗嘱。该遗嘱系口头表达,应符合口头遗嘱的法定要件。但其订立时的在场人均为第一顺序继承人,故因缺乏适格的见证人而不能有效成立。吴某经由该遗嘱行为所作的意思表示不能发生法律效力。刘乙无权依凭该遗嘱要求继承吴某遗留的首饰。吴某给刘乙戒指,系赠与且已经履行,故刘乙获得该戒指的所有权。

(2) 刘某于 2015 年 11 月订立的遗嘱。该遗嘱符合自书遗嘱的要求。其中对店面房(因系夫妻共同财产)的处分,仅 5/8 有效;余下 3/8 系刘甲、刘乙和刘丙从吴某处继承的份额,刘某无权通过遗嘱进行处分。该遗嘱对刘某个人财产,即其住宅的处分有效。该遗嘱涉及店面房处分的内容,于 2022 年 11 月因刘某出售该店面房而视同撤回。遗嘱涉及住宅的内容,因与刘某 2024 年 2 月订立的遗嘱相抵触,而应以后者为准(视同撤回)。

(3) 刘某于 2021 年 5 月订立的遗嘱。该遗嘱符合代书遗嘱的要求。但被继承人在该遗嘱中未为缺乏劳动能力又没有生活来源的再婚妻子陈某保留必要的遗产份额,故相应部分无

[①] 这里所说的遗嘱执行人,是实质意义上而言的。《民法典》第 1145 条规定遗嘱执行人为当然的遗产管理人,系由遗嘱指定。

[②] 《民法典》第 1145、1147 条。

效,但不影响其他部分的效力。该遗嘱的有效部分,与刘某 2024 年 2 月订立的遗嘱相抵触,而应以后者为准(视同撤回)。

(4) 刘某于 2024 年 2 月订立的遗嘱。该遗嘱符合口头遗嘱的要求。夏某作为受遗赠人不能担任见证人,但因有两名其他适格见证人,故不影响遗嘱效力。该遗嘱在刘某所立遗嘱中时间最靠后,故在内容相抵触的情况下优先适用。但该遗嘱未为缺乏劳动能力又没有生活来源的再婚妻子陈某保留必要的遗产份额,故相应部分无效,但不影响其他部分的效力。

【本章思考题】

1. 遗嘱继承的消极条件有哪些?

2. 我国《民法典》规定的遗嘱形式有哪些?

3. 哪些人不能担任遗嘱见证人?

4. 简述遗嘱无效的法定情形。

5. 简述遗嘱执行人的职责。

【本章参考习题】

第十五章　遗赠和遗赠扶养协议

【本章重点难点】

通过本章的学习,学生应了解遗赠和遗赠扶养协议的概念,重点掌握遗赠的接受与放弃的法定形式和期限、遗赠扶养协议的生效与解除的法定条件,难点在于把握遗赠扶养协议的解除条件及其法律后果。

【引导案例】

王秀珍老人生前住在某县城马家巷,自家有土木结构一楼一底住房一幢,面积约60平方米,因旧城改造,2022年8月,王秀珍与拆迁公司签订拆迁补偿协议,补偿方式为原地块回迁安置。住房按2 000元每平方米,商铺按20 000元每平方米补偿,但补偿房尚未建设。老人分别于2019年和2022年亲自书写订立了两份遗嘱。由于此前老人一直与周延涛(二儿子)生活,故第一份遗嘱内容写明,遗产全部由二儿子继承,双方还签订了由二儿子承担母亲生养死葬义务的遗赠扶养协议。第二份遗嘱则写明"田地和房屋等全部收益的所有权、使用权在本人死亡后由周延庆(长子)、周延涛(二儿子)、周延松(小儿子)之妻平均分割"。

2024年1月20日,老人辞世后,对老人遗留的住房等权益,其指定的继承人之间在分割时发生争议,其二儿子主张按第一份遗嘱之遗赠扶养协议执行,而其他指定继承人则主张按第二份遗嘱执行,双方争执不下,于是被继承人的大儿子和小儿媳将周延涛告上法庭。

请问:本案中二儿子周延涛提及的与被继承人生前签订的遗赠扶养协议是否有效? 王秀珍老人所立的两份遗嘱效力如何? 为什么?

本章阐述的主要内容有两个方面:一是遗赠,包括遗赠的概念和特征,遗赠与遗嘱继承、赠与的区别,遗赠的接受与放弃和受遗赠权的丧失。二是遗赠扶养协议,包括遗赠扶养协议的概念和特征,遗赠扶养协议当事人的权利和义务、遗赠扶养协议的解除。在我国《民法典》颁布前,我国的遗赠制度和遗赠扶养协议制度都规定在1985年《继承法》及其司法解释之中。[①] 2020年5月颁布的《民法典》继承编在沿用1985年《继承法》的遗赠制度和遗赠扶养协议制度的基础上,主要的修订内容如下。一是对于遗赠制度的修改补充有两处:其一,将受遗赠人接受或者放弃受遗赠的意思表示期限修改为"六十日内",这比1985年《继承法》规定的"两个月内"的期限更为精确;其二,受遗赠权丧失的法定事由,适用关于继承权丧失

---

① 参见1985年《继承法》第5、6、16、21条,第25条第2款,第31、34条和1985年《执行继承法的意见》第5、8、36、43、53、56、62条。

的法定事由,这填补了我国受遗赠权丧失的法定事由之立法空白。[①] 二是对于遗赠扶养协议义务主体的修改补充,即:"自然人可以与继承人以外的组织或者个人签订遗赠扶养协议。按照协议,该组织或者个人承担该自然人生养死葬的义务,享有受遗赠的权利。"[②] 这与1985年《继承法》将遗赠扶养协议义务主体限于继承人以外的人和集体所有制组织相比,实际上扩大了遗赠扶养协议义务主体的范围,有利于充分发挥遗赠扶养协议对家庭养老和社会保障养老的补充功能。[③]

第一节　遗　　赠

一、遗赠的概念和特征

(一)遗赠的概念

遗赠,是指自然人以遗嘱的方式将其个人财产的一部或全部赠送给国家、集体或法定继承人之外的人,并于其死后生效的法律行为。其中,立遗嘱人被称为遗赠人,按照遗嘱的指定接受遗产的人,称为受遗赠人。我国《民法典》第1133条第3款规定:"自然人可以立遗嘱将个人财产赠与国家、集体或者法定继承人以外的组织、个人。"

遗赠制度源于罗马法,早期的遗赠作为遗嘱的从属部分存在,通过遗赠将遗产分配给没有被指定为继承人的子女,以弥补遗嘱继承的缺陷。到了中世纪,遗赠成为教会取得教徒财产的重要手段,并发展成为遗嘱制度的组成部分,近现代许多国家的继承立法中基本上都有关于遗赠的规定。[④]

(二)遗赠的法律特征

第一,遗赠是单方法律行为。遗赠是遗赠人以遗嘱的形式将自己的财产赠与继承人以外的其他人,即受遗赠人。遗赠的成立不需要征得受遗赠人的同意,只需要遗赠人单独作出意思表示即可,但在遗赠人死亡后受遗赠人享有决定是否接受遗赠的权利。

第二,遗赠是要式法律行为。遗赠应以遗嘱的方式进行,因此遗赠人设立、变更、撤销遗赠都必须符合遗嘱的形式要件,否则不产生法律效力。

第三,遗赠是无偿法律行为。遗赠是一种无偿的财产让与行为,这种财产让与既可以是对遗赠人财产权利的让与,也可以是对受遗赠人财产义务的免除。但遗赠人只能将财产权利让与受遗赠人,不能将财产义务交由受遗赠人承担。如果遗赠人在遗嘱中对让与财产附加财产性义务,其所附的义务不得超出其让与财产权利的范围。

[①] 参见《民法典》第1124条、第1125条第3款。

[②] 《民法典》第1158条。

[③] 参见陈苇、贺海燕:《论民法典继承编的立法理念与制度新规》,载《河北法学》2020年第11期。

[④] 主编注:关于大陆法系和英美法系的部分国家之遗赠与继承合同制度的立法概况,参见陈苇主编:《外国继承法比较与中国民法典继承编制定研究》,北京大学出版社2011年版,第437—475页。关于遗赠制度的功能之研究,参见贺海燕:《遗赠制度研究》,中国人民公安大学出版社2023年版,第68—72页。

第四,遗赠是遗赠人死亡后发生效力的法律行为。遗赠人死亡是遗赠生效的前提条件,因此,遗赠人生前可以根据自己的意愿随时变更、撤销遗赠。而受遗赠人在遗赠人生前也不得要求执行遗赠。

第五,遗赠是必须由受遗赠人亲自表示接受的法律行为。受遗赠人为国家、集体或者法定继承人以外的人,具有特定性和不可替代性。如果受遗赠人是个人,其先于遗赠人死亡,其受遗赠权便自然消灭,不能由其继承人继承。如果受遗赠人是集体组织,其于遗赠人死亡时已经不存在,其受遗赠权也随之消失。但是在继承开始后受遗赠人明确表示接受遗赠,而在遗产分割前死亡的,其接受的财产可以转移给他的继承人,即遗赠可以适用转继承。

二、遗赠与遗嘱继承、赠与的区别

(一) 遗赠与遗嘱继承的区别

遗赠和遗嘱继承,都是遗嘱人以遗嘱的形式处分个人财产,并于遗嘱人死亡时发生法律效力的法律行为。但两者有如下区别:

第一,主体范围不同。遗嘱继承人的范围仅限于法定继承人,包括配偶、子女(孙子女、外孙子女等晚辈直系血亲为代位继承人)、父母、祖父母、外祖父母、兄弟姐妹(兄弟姐妹的子女为代位继承人)。此外,丧偶儿媳或女婿对公婆或岳父母尽了主要赡养扶助义务的,可以作为第一顺序的法定继承人。而受遗赠人的范围是国家、集体及法定继承人以外的组织、个人。

第二,权利的内容不同。遗嘱继承人在继承被继承人的财产权利的同时,要承担财产义务即负责清偿被继承人的债务。而受遗赠人只享受财产权利而不承担财产义务,即使属于附义务的遗赠,受遗赠人承担财产义务也限于在受遗赠财产范围内履行义务。我国《民法典》第 1162 条规定:"执行遗赠不得妨碍清偿遗赠人依法应当缴纳的税款和债务。"即须在清偿被继承人的遗产债务后的剩余财产中交付遗赠。

第三,权利行使的方式不同。遗嘱继承人在继承开始后、遗产处理前,没有作出放弃或接受继承的意思表示的,视为接受继承。而受遗赠人应当在知道受遗赠后 60 日内作出接受或者放弃遗赠的意思表示。到期没有表示的,视为放弃受遗赠。

第四,取得遗产的方式不同。遗嘱继承人在继承开始后,可直接参与遗产的管理和分配,以实现其继承权。而受遗赠人在作出接受遗赠的意思表示后,只能请求继承人或遗嘱执行人等交付受遗赠物以协助其实现受遗赠权。

(二) 遗赠与赠与的区别

赠与是赠与人生前将自己的财产无偿给予受赠人,受赠人表示接受赠与的民事法律行为。遗赠与赠与都是财产所有人将自己的财产无偿地转让给他人的法律行为,但两者有如下区别:

第一,行为的性质不同。遗赠是单方法律行为,遗赠人只需要单方面作出遗赠的意思表示行为就成立,而不需要征得受赠人的同意。而赠与是双方法律行为,赠与人与受赠人双方意思表示必须一致,赠与才能成立。

第二,行为的生效时间不同。遗赠是遗赠人生前作出的并于死后生效的法律行为。而赠与的生效时间,我国《民法典》第 658 条规定:"赠与人在赠与财产的权利转移之前可以撤销赠与。经过公证的赠与合同或者依法不得撤销的具有救灾、扶贫、助残等公益、道德义务性质的赠与合同,不适用前款规定。"据此,赠与的生效分为两种情况,一种是在赠与合同成立时就生效,另一种是在赠与财产权利转移时生效。

第三,行为的方式不同。遗赠是以遗嘱的方式来转移其财产权利,是要式法律行为,必须要符合法律规定的遗嘱的形式要件,即公证遗嘱、自书遗嘱、代书遗嘱、录音录像遗嘱、口头遗嘱、打印遗嘱 6 种形式。而赠与是非要式法律行为,即赠与方与受赠方可以随意采取书面或口头的形式。

第四,处分财产的范围不同。遗赠在遗赠人以遗嘱的形式处分其财产时,必须依法为缺乏劳动能力又没有生活来源的继承人保留必要的份额。而赠与是赠与人以合同的形式处分其生前财产,除为了逃避债务而实施的恶意赠与外,法律对赠与人处分自己的财产一般不作限制性的规定。

三、遗赠的接受和放弃

《民法典》第 1124 条第 2 款规定:"受遗赠人应当在知道受遗赠后六十日内,作出接受或者放弃受遗赠的表示;到期没有表示的,视为放弃受遗赠。"[1] 可见,在我国,受遗赠人接受遗赠必须在法定期限内以明示的方式作出意思表示,如果到期没有表示接受遗赠的,则推定为放弃受遗赠。对于受遗赠人接受或者放弃受遗赠的意思表示期限,与 1985 年《继承法》规定的"两个月内"的期限相比,《民法典》继承编将其修改为"六十日内"的用语更为精确。由于在一年时间里,一个月的天数有 30 天、31 天之分,而且每年 2 月的天数有 28 天或 29 天。[2] 如果以 2 个月作为期限,就有可能出现受遗赠人接受或者放弃受遗赠的意思表示的期限不一。所以,《民法典》将受遗赠人接受或者放弃受遗赠的意思表示的期限明确规定为60 日内,就可以避免期限不一的情况发生。

四、受遗赠权的丧失

《民法典》第 1125 条第 1 款规定:"继承人有下列行为之一的,丧失继承权:(一)故意杀害被继承人;(二)为争夺遗产而杀害其他继承人;(三)遗弃被继承人,或者虐待被继承人情节严重;(四)伪造、篡改、隐匿或者销毁遗嘱,情节严重;(五)以欺诈、胁迫手段迫使或者妨碍被继承人设立、变更或者撤回遗嘱,情节严重。"第 1125 条第 3 款规定:"受遗赠人有本条第

---

[1] 必须说明,在我国继承法学理论界,关于遗赠的接受是否必须采取必须明示的方式,有"肯定说"与"否定说"。持"肯定说"的学者认为,遗产在继承开始时即移转于继承人,受遗赠权仅具有债权效力,所以继承人对继承的接受无须明示,沉默就意味着接受继承。而遗赠权的接受必须明示,默示则视为放弃。参见中国民法典草案建议稿课题组负责人梁慧星:《中国民法典草案建议稿附理由:继承编》,法律出版社 2013 年版,第 164 页。持"否定说"的学者认为,放弃受遗赠权是受遗赠人的一项权利,放弃遗赠应该明确表示,没有明确表示放弃受遗赠则应推定为接受遗赠,这更有利于保护受遗赠人接受遗赠的权利。参见陈苇主编:《外国继承法比较与中国民法典继承编制定研究》,北京大学出版社 2011 年版,第 480 页。

[2] 这取决于该年份是否是闰年,如果是闰年,2 月份为 29 天,如果不是闰年,2 月份为 28 天。

一款规定行为的,丧失受遗赠权。"《民法典》第 1125 条第 3 款有关受遗赠权丧失的法定事由之规定,填补了 1985 年《继承法》的立法空白。受遗赠人如果具有继承权丧失的法定事由,则依法丧失受遗赠权。这有利于预防和减少受遗赠人侵害遗嘱人或继承人合法权益的违法行为,有利于保障遗嘱人处分遗产的自由。

第二节　遗赠扶养协议

一、遗赠扶养协议概述

（一）遗赠扶养协议的概念

遗赠扶养协议是指遗赠人（或称受扶养人）与扶养人之间签订的由扶养人承担遗赠人生养死葬的义务,遗赠人死亡时其财产遗赠给扶养人所有的协议。其中扶养人是继承人以外的自然人或组织。

我国《民法典》第 1158 条规定:"自然人可以与继承人以外的组织或者个人签订遗赠扶养协议。按照协议,该组织或者个人承担该自然人生养死葬的义务,享有受遗赠的权利。"遗赠扶养协议是我国继承立法的一个创新,它是在我国农村"五保户"制度的基础上形成和发展起来的具有中国特色的法律制度。遗赠扶养协议制度是我国养老、扶老制度的重要补充,它可以使一些需要扶养的人尤其是无法定扶养义务人的自然人的生养死葬得到保障,在一定程度上减轻了国家、社会的负担,弥补了社会保障救济的不足。

（二）遗赠扶养协议的法律特征[①]

根据《民法典》第 1158 条的规定,我国的遗赠扶养协议具有以下特征:

第一,遗赠扶养协议的主体具有限定性。遗赠扶养协议的主体只能是继承人以外的组织或者个人。

第二,遗赠扶养协议是双方法律行为。遗赠扶养协议是遗赠人和扶养人双方意思表示一致而达成的协议,其变更和解除都需要双方协商一致,除了受《民法典》继承编调整外,遗赠扶养协议还受我国《民法典》合同编的调整。[②]

第三,遗赠扶养协议是双务有偿法律行为。遗赠扶养协议是以遗赠和扶养为内容的协议,其中扶养人负有承担遗赠人生养死葬的义务,同时享有获得遗赠人遗产的权利;而遗赠人享有接受扶养人扶养的权利,同时要承担把自己死亡时遗留的个人所有财产遗赠给扶养人的义务。双方彼此之间既承担义务,又享受权利。

[①] 在国外,有些国家设立有继承合同制度。所谓继承合同,是指被继承人与继承人、其他自然人、法人和其他组织等就继承权或者受遗赠权的取得或消灭等达成的合意。我国的遗赠扶养协议实质也属于继承合同的一种。但我国目前未设立继承合同制度,不承认其效力。有关国外两大法系国家之继承合同制度的比较研究及建立我国继承合同制度的构想,参见陈苇主编:《外国继承法比较与中国民法典继承编制定研究》,北京大学出版社 2011 年版,第 433—435、457—464、472—476、482—484、488—496 页;朱凡:《我国〈继承法〉增设继承扶养合同研究》,载陈苇主编:《中国继承法修改热点难点问题研究》,群众出版社 2013 年版,第 519—534 页。

[②] 《民法典》第 464 条规定:"合同是民事主体之间设立、变更、终止民事法律关系的协议。"

第四,遗赠扶养协议是诺成性法律行为。遗赠扶养协议是诺成性合同,合同一经成立就生效,双方不得随意变更或解除。但由于其特殊性,遗赠扶养协议的双方享受权利和承担义务的时间有差异。合同成立后,首先由扶养人承担对遗赠人生养死葬的义务,然后在遗赠人死后扶养人才能取得遗赠人的遗产,在遗赠人死亡前,扶养人不得要求提前取得遗赠人的个人所有财产。

第五,遗赠扶养协议在遗产的转移方式上效力最高。《民法典》第 1123 条规定:"继承开始后,按照法定继承办理;有遗嘱的,按照遗嘱继承或者遗赠办理;有遗赠扶养协议的,按照协议办理。"根据《继承编解释(一)》第 3 条的规定,被继承人生前与他人订有遗赠扶养协议,同时又立有遗嘱的,继承开始后,如果遗赠扶养协议与遗嘱没有抵触,遗产分别按协议和遗嘱处理;如果有抵触,按协议处理,与协议抵触的遗嘱全部或者部分无效。

(三) 遗赠扶养协议与遗赠的区别

遗赠扶养协议和遗赠都是遗赠人以遗嘱的形式把自己的财产权利转移给法定继承人以外的人,并且受遗赠人的受遗赠权在遗赠人死后才能生效的法律行为,但两者有如下区别:

第一,两者的性质不同。遗赠扶养协议是双方法律行为,其设立、变更和解除都需要双方当事人协商一致。遗赠是单方法律行为,只需要遗赠人单方作出意思表示行为即可成立,无须征得受遗赠人的同意。

第二,两者的内容不同。遗赠扶养协议是有偿法律行为,扶养人获得遗产是以履行扶养义务为前提的,而遗赠人接受扶养则是以死后赠与财产为代价的,双方互负权利和义务。遗赠是无偿法律行为,遗赠人单方面负有转移财产权利的义务,而受赠人有权利决定是否接受。

第三,两者的生效时间不同。遗赠扶养协议是诺成性法律行为,双方意思表示一致合同就成立并生效,扶养人就开始履行扶养义务,而遗赠人的财产给付义务在其死亡之后才由其继承人或遗嘱执行人向扶养人履行。遗赠是以遗赠人的死亡为生效时间,是死因法律行为。

第四,两者的效力不同。根据《民法典》第 1123 条的规定,如死者生前既有遗嘱又有遗赠扶养协议且两者相互抵触时,适用遗赠扶养协议,与遗赠扶养协议抵触的遗嘱(包括遗赠和遗嘱继承)全部或部分无效。[①]

二、遗赠扶养协议当事人的义务和权利

(一) 遗赠人的义务和权利

遗赠人的义务是将其财产遗赠给扶养人。遗赠人对在遗赠扶养协议中指定遗赠给扶养人的财产,在其生前可以占有、使用、收益,但不得处分。遗赠人擅自处分财产,致使扶养人无法实现受遗赠权利的,扶养人有权解除遗赠扶养协议,并得要求受扶养人补偿其已经付出的供养费用。遗赠人的权利是其生前有权要求扶养人按照协议对其进行扶养,死后对其进行安葬。

[①] 主编注:关于我国遗赠扶养协议与一般合同的区别,参见刘文:《继承法律制度研究》,中国政法大学出版社 2016 年版,第 285—287 页。

（二）扶养人的义务和权利

扶养人的义务就是在遗赠人生前扶养遗赠人，在遗赠人死后安葬遗赠人。扶养人不认真履行扶养义务的，遗赠人有权请求解除遗赠扶养协议。如果遗赠人死亡前未解除该协议的，对不尽扶养义务或者以非法手段谋夺遗赠人财产的扶养人，经遗赠人的亲属或者有关单位的请求，人民法院可以剥夺扶养人的受遗赠权。扶养人的权利就是在遗赠人死后有权按照协议取得受遗赠的财产。

三、遗赠扶养协议的解除

遗赠扶养协议的解除，是指协议双方当事人协商一致或由于一方行为致使合法有效的遗赠扶养协议被解除，从而其效力归于消灭的法律行为。

关于遗赠扶养协议解除的原因，通常有以下两种情况：第一，双方当事人协商一致，导致协议解除。第二，由于一方无正当理由不履行协议，导致其解除。

关于一方无正当理由不履行遗赠扶养协议解除的后果，《继承编解释（一）》第40条规定："继承人以外的组织或者个人与自然人签订遗赠扶养协议后，无正当理由不履行，导致协议解除的，不能享有受遗赠的权利，其支付的供养费用一般不予补偿；遗赠人无正当理由不履行，导致协议解除的，则应当偿还继承人以外的组织或者个人已支付的供养费用。"

【本章小结】

本章主要内容有两个方面：一是遗赠制度，包括遗赠的概念和特征，遗赠与遗嘱继承、赠与的区别，遗赠的接受与放弃，受遗赠权的丧失。二是遗赠扶养协议制度，包括遗赠扶养协议的概念和特征，遗赠扶养协议当事人的权利和义务，遗赠扶养协议的解除。

【引导案例参考答案】

在我国，遗赠扶养协议之扶养义务是一种双方约定的扶养义务，特别强调被扶养人与扶养人之间本无法定的扶养义务，否则就是对法定义务的抛弃，其效力不被法律所承认。本案中，二儿子周延涛与被继承人王秀珍老人是母子关系，周延涛负有赡养母亲的法定义务，因此，其不具有与被继承人签订遗赠扶养协议的主体资格，由于其所签订的协议内容以扶养作为接受遗赠的条件，应当属于无效的协议。

依我国《民法典》第1158条的规定，自然人可以与继承人以外的组织或者个人签订遗赠扶养协议。按照协议，该组织或者个人承担该自然人生养死葬的义务，享有受遗赠的权利。并且，《继承编解释（一）》第3条规定，被继承人生前与他人订有遗赠扶养协议，同时又立有遗嘱的，继承开始后，如果遗赠扶养协议与遗嘱没有抵触，遗产分别按协议和遗嘱处理；如果有抵触，按协议处理，与协议抵触的遗嘱全部或者部分无效。

我国《民法典》继承编及其相关司法解释确立了遗赠扶养协议优先于遗嘱适用、遗嘱优先于法定继承适用，即遗赠扶养协议最优先适用的原则，而遗赠扶养协议最优先适用的立法目的，就在于将遗嘱人处分个人财产自由权与养老育幼功能相结合。本案中，二儿子周延涛因不具备与其母亲签订遗赠扶养协议的主体资格，其所签遗赠扶养协议无效。至于被继承人先后订立的两份自书遗嘱,根据后遗嘱优先于前遗嘱的规则,第二份遗嘱具有优先适用的效力。只有在后遗嘱(即第二份遗嘱)无效时,才可以主张按前遗嘱取得遗嘱继承权。但如前遗嘱也无效,则也不能按前遗嘱执行。

【本章思考题】
1. 简述遗赠的法律特征。
2. 简述遗赠的接受与放弃的法定形式和期限。
3. 简述受遗赠权丧失的法定事由。
4. 简述遗赠扶养协议的法律特征。
5. 简述遗赠与遗嘱继承、遗赠扶养协议及赠与的区别。

【本章参考习题】

第十六章 遗产的处理

【本章重点难点】

通过本章的学习,学生应了解我国《民法典》继承编关于遗产处理的规定,重点掌握遗产的管理、被继承人债务的清偿、遗产的分割的基本理论,难点在于把握遗产的管理、被继承人债务清偿与遗产的分割的法律规定。

【引导案例】

李建国与王红于 2004 年结婚,4 年后离婚,无子女。2010 年,李建国与赵丽再婚,育有一子李刚。2024 年 1 月 30 日,李建国因病去世。其生前立有书面遗嘱:指定赵丽为遗嘱执行人,将自己遗产中的 2 万元留给前妻王红;2 万元留给儿子李刚。李建国死亡时,其夫妻共同财产包括:价值 10 万元的旧房屋;存款 6 万元;其他财物折合人民币 4 万元。此外,还有其个人债务 8 万元。王红在得知李建国的遗嘱内容后,表示接受。赵丽按照遗嘱先将相应遗产交付王红,然后才将剩余的遗产与李刚分割继承。当李建国的债权人前来要求清偿李建国死亡时遗留的债务时,赵丽认为,王红不是被继承人李建国的继承人而取得了遗产,被继承人的债务应由王红首先负责清偿。

请问:

1. 本案的遗产管理人如何确定?

2. 遗产分割完毕后,被继承人的债务应如何清偿? 为什么?

本章阐述的主要内容有四个方面:一是遗产的管理;二是被继承人债务的清偿;三是遗产的分割;四是无人承受的遗产和"五保户"遗产的处理。

根据《民法典》第 1145—1163 条的规定,我国遗产处理制度的主要内容包括:遗产管理人、继承开始的通知、遗产的保管、转继承、遗产的认定、法定继承的适用范围、胎儿的预留份、遗产分割的原则和方法、再婚时对所继承遗产的处分权、遗赠扶养协议、遗产债务清偿、无人承受遗产的归属、限定继承、不同取得遗产方式的主体之清偿遗产债务的顺序等。[①] 在《民法典》颁布前,我国遗产处理制度主要被规定在 1985 年《继承法》和相关司法解释之中。[②] 《民法典》继承编第四章"遗产的处理"在沿用 1985 年《继承法》及其司法解释的基础上,主

[①] 主编注:关于遗产处理制度的基本内容与原则的研究,参见陈苇主编:《中国遗产处理制度系统化构建研究》,中国人民公安大学出版社 2019 年版,第 11—31 页。关于遗产处理制度的功能之探讨,参见陈苇主编:《中华人民共和国继承法评注:遗产的处理》,厦门大学出版社 2019 年版,第 5—16 页。

[②] 参见 1985 年《继承法》第 23—34 条和 1985 年《执行继承法的意见》第 44—62 条。

要有以下修改补充:一是新增遗产管理人制度,填补了我国该领域继承法律的空白[①];二是增加转继承规则,这是以 1985 年《执行继承法的意见》第 52 条的内容为基础,并补充其适用条件"遗嘱另有安排的除外"[②];三是补充法定继承的适用范围,具体补充了两项[③],即"受遗赠人丧失继承权"的情形和受遗赠人发生"终止"的情形[④];四是扩大遗赠扶养协议扶养义务主体的范围[⑤];五是明确遗产债务清偿的限制条件,即分割遗产,应当清偿被继承人所欠的税款和债务,但应当为缺乏劳动能力又无生活来源的继承人保留必要的遗产。[⑥]

第一节 遗产的管理

一、遗产管理的概述

(一) 遗产管理人制度的设立

在我国,《民法典》继承编第四章首次设立遗产管理人制度,在立法层面上对遗产继承的处理提供了明确的法律途径和法律保障,填补了我国继承法律的空白,打破了法律实务中遗产管理人角色空缺的局面,有利于保护继承人、受遗赠人与被继承人的债权人的合法权益,确保遗产得到公平分配,对我国继承法律制度的完善具有重要意义。[⑦]

《民法典》出台前,1985 年《继承法》仅在第 16、24 条规定了"遗嘱执行人"和"遗产保管人",没有对"遗产管理人"进行规定。1985 年《继承法》虽然规定了"遗嘱执行人",但仅适用于由立遗嘱人指定遗嘱继承的情形,不适用于法定继承的情形。此外,1985 年《继承法》并未对遗嘱执行人的任职资格、职权范围、如何实施等问题作出规定,也没有配套制度予以规范,缺乏可操作性。因此,即便遗嘱人在其遗嘱中指定了"遗嘱执行人",被指定的主体也往往因为没有相应的法律规定而无法履职,导致相关矛盾凸显。同样,就"遗产保管人"而言,也仅仅是对其规定了临时保管义务,职责过于单一,无法有效解决遗产继承过程中产生的问题。另外,1985 年《继承法》侧重对遗产处理中继承人之间的关系进行法律调整,缺少对债权人权益的保护。因而现实生活中屡屡出现遗产范围不明确、遗产遭到隐匿及转移、继承人之间无法统一行动、继承人的附随义务得不到监督、遗产债权人与继承人信息不对称致其权利受到侵害等问题,为确保遗产得到妥善管理、顺利分割,避免和减少继承引发的纠纷,

[①]《民法典》第 1145—1149 条。

[②]《民法典》第 1152 条,详见本书第十三章第四节的相关内容,此不赘述。

[③]《民法典》第 1154 条第 2、3 项。

[④] 主编注:《民法典》第 1154 条第 3 项补充的遗嘱继承人、受遗赠人先于遗嘱人"终止",即指国家、集体作为受遗赠人时,如果在遗赠人死亡之前受遗赠的国家代表机构或集体已经不存在或已经终止,则其不具备受遗赠的能力,此时所涉及的遗产亦按照法定继承办理。参见最高人民法院民法典贯彻实施工作领导小组主编:《中华人民共和国民法典婚姻家庭继承编理解与适用》,人民法院出版社 2020 年版,第 670 页。

[⑤]《民法典》第 1158 条。

[⑥]《民法典》第 1159 条。

[⑦] 主编注:关于遗产管理制度的目的与价值取向的探讨,参见陈苇主编:《中国遗产处理制度系统化构建研究》,中国人民公安大学出版社 2019 年版,第 111—113 页。关于遗产管理制度的域外立法的考查与评析,参见石婷:《遗产管理制度研究》,群众出版社 2017 年版,第 112—163 页。

建立遗产管理人制度就显得尤为重要。[1]

《民法典》第1145—1149条,用5个条文规定了遗产管理人制度。此制度明确规定了遗产管理人的产生方式、具体职责、民事责任及获取报酬的权利,填补了我国该领域继承立法的空白,增强了遗产处理制度的可操作性,有利于指引遗产管理人妥善管理、依法分割遗产,更好地维护继承人、受遗赠人和被继承人的债权人的合法权益。[2]

(二) 遗产管理人的概念

遗产管理人,是指在继承开始后,由遗嘱指定或依照法律规定产生的对被继承人遗产履行清理、保护、管理、分割等职责的自然人、法人或其他组织。

必须注意,遗产管理人与遗嘱执行人不同。二者虽都是为管理遗产所设,但在产生方式及适用范围上存在区别。遗嘱执行人是指被继承人在遗嘱中所指定的执行其遗产的人,其依据被继承人的意思而设定。而被继承人在遗嘱中指定遗嘱执行人仅是遗产管理人产生的方式之一,遗产管理人还包括在被继承人没有遗嘱,或虽有遗嘱,但是并没有指定遗嘱执行人的情况下,依据法律规定或者其他方式所产生的管理遗产的人。因此,遗嘱执行人只适用于遗嘱继承的情形,而遗产管理人的适用范围则包括法定继承、遗嘱继承、遗赠等情形。可见,"遗产管理人"概念的提出,避免了对遗嘱执行人和遗产管理人两者类似职责的重复规定,有利于统一解决包括遗嘱继承、法定继承等多种情境下的遗产保存、管理及分割等问题,符合现实需求。

遗产管理人也不同于遗产保管人。《民法典》第1151条规定:"存有遗产的人,应当妥善保管遗产,任何组织或者个人不得侵吞或者争抢。"可见,遗产保管人是"存有遗产的人",其职责是"应当妥善保管遗产",不管是从两者的身份来源还是职责范围来看,遗产管理人都不同于遗产保管人。

(三) 遗产管理人的作用

根据《民法典》第1147条有关遗产管理人职责的规定,其在遗产处理中主要具有以下四个方面的作用:

第一,妥善管理遗产,保护遗产安全,发挥遗产效用。在继承开始后至遗产分配以前,被继承人的遗产若没有遗产管理人负责管理,很有可能会贬值、毁损、灭失。某些遗产纠纷旷日持久,遗产纠纷期间无人管理遗产,既不利于遗产的有效保护,也不利于社会经济运行。遗产管理人履职而负责清理遗产并制作遗产清单,妥善管理遗产,保护遗产安全,能够减少遗产毁损和灭失的风险,保护遗产安全。并且,遗产管理人的妥善管理可以使遗产保值增值,有利于发挥遗产效用。

第二,处理被继承人的债权债务,依遗嘱或法律规定分割遗产,保障遗产公平有序分配。遗产管理人处理被继承人的债权债务后,依遗嘱或法律公平有序地分配遗产,可以减少遗产分割纠纷,有利于保护继承人、受遗赠人的财产权益和遗产债权人的权益及交易安全。

---

[1] 主编注:关于我国设立遗产管理制度的社会基础,参见陈苇、石婷:《我国设立遗产管理制度的社会基础及其制度构建》,载《河北法学》2013年第7期。

[2] 关于我国遗产管理人制度的立法构想,参见刘乙璞:《我国遗产管理人制度的立法构想》,载《长沙理工大学学报(社会科学版)》2016年第4期;石婷:《遗产管理制度的体系化研究》,载《学术探索》2016年第5期。

　　第三,参加涉及遗产处理的诉讼,维护遗产债权人的利益。当继承人发现被继承人的债务大于遗产时,往往会选择放弃继承。其一旦放弃继承,对于被继承人的遗产也就不承担清偿责任,可能导致债权人无法了解债务人的遗产情况,无法对遗产进行有效处理。又如,当债权人通过诉讼要求债务人清偿债务的过程中债务人死亡的,需要等待继承人表明是否参加诉讼,而债权人通常无法穷尽继承人信息,可能会出现遗漏当事人等情况,导致债权人的合法权益无法得到及时有效的保护。遗产管理人有参加涉及遗产处理相关诉讼的权利和职责,有利于维护遗产债权人的利益。

　　第四,保护无人承受的遗产。在我国,无人继承又无人受遗赠的遗产归国家或者集体组织所有,在现实中对于这些遗产往往疏于管理,通过遗产管理人可以使遗产免受损害。在没有继承人的情形下,遗产管理人可以及时处理无主财产,有利于保护无人承受的遗产,维护遗产债权人及第三人的合法权益。

　　二、遗产管理人的任职资格

　　所谓遗产管理人的任职资格,指在遗产清理、保存、管理和分配过程中,遗产管理人必须具备的履职能力。

　　依据《民法典》第 1147 条的规定,遗产管理人需要承担 6 项遗产管理职责,因此应当对其提出明确的任职资格要求,但《民法典》对此未作规定,可以参考现有破产管理人制度。

　　在国外,根据一些国家的法律规定,遗产管理人的任职资格一般包括以下三个方面:第一,遗产管理人应当具备完全的民事行为能力;第二,遗产管理人不限于自然人,法人及其他组织也可以被指定为遗产管理人;第三,遗产管理人不能负有大额债务或破产。如遗产管理人负有大额债务,从而存在被列为失信被执行人、甚至陷入破产的风险,则极有可能导致其在处理遗产管理人相关事务时受到客观限制。此外,遗产管理人应对遗产管理尽到善良管理义务,如遗产管理人深陷债务危机,将不排除其突破道德底线、违背勤勉尽责义务的可能。[①]

　　在我国,《民法典》没有规定遗产管理人作出哪些行为会被剥夺管理人资格,但《民法典》第 1148 条规定:“遗产管理人应当依法履行职责,因故意或者重大过失造成继承人、受遗赠人、债权人损害的,应当承担民事责任。”据此,可以作为辞退、更换、解任遗产管理人的考量因素。[②] 因此,在尊重被继承人意愿、维护继承人、受遗赠人和债权人合法权益的基础上,为了实现遗产管理人的作用,确有必要对遗产管理人任职资格作出明确规定。

　　三、遗产管理人的产生

　　依据《民法典》第 1145、1146 条的规定,遗产管理人的产生有以下五种方式:
　　第一,遗嘱指定遗产管理人。遗嘱指定了遗嘱执行人的,被指定人即为遗产管理人。继承开始后,遗嘱执行人为遗产管理人。

[①] 主编注:关于国外遗产管理人资格与产生方式的立法现状与评析,参见陈苇主编:《中国遗产处理制度系统化构建研究》,中国人民公安大学出版社 2019 年版,第 114—118 页。

[②] 关于辞退、更换、解任遗产管理人的有关论述,参见王歌雅:《〈民法典·继承编〉:制度补益与规范精进》,载《求是学刊》2020 年第 1 期。

第二,继承人推选遗产管理人。遗嘱未指定遗嘱执行人,或指定的遗嘱执行人无法履行管理义务的,继承人应当及时推选遗产管理人,可以协商确定继承人中的一人或者数人或者第三人担任遗产管理人。

第三,继承人共同担任遗产管理人。继承人未能推选出合适管理人的,则由继承人共同担任遗产管理人。

第四,民政部门或者村民委员会担任遗产管理人。对于没有继承人或者继承人均放弃继承的,则由被继承人生前住所地的民政部门或者村民委员会担任遗产管理人。

第五,法院指定遗产管理人。对遗产管理人的确定有争议的,经利害关系人申请,法院可以指定遗产管理人。[①]

遗产管理人的产生,其目的是保障被继承人的遗嘱得以适当执行或者其遗产根据法律规定进行分配,维护继承人、受遗赠人、遗产债权人的合法权益,在一定程度上体现的是被继承人的意志以及对继承人及遗产债权人等权利的保护。因此,就遗产管理人的产生方式而言,《民法典》以被继承人指定的遗嘱执行人为最优先,在没有遗嘱执行人(含被指定的遗嘱执行人拒任)时,考虑到继承人一般是熟悉被继承人情况或被继承人可以信赖的人选,因而规定由继承人共同或其推选的代表担任遗产管理人。同时,现实中不乏因种种原因导致相关主体之间冲突不断,对遗产管理人的确定产生较大争议,利害关系人(应当包括继承人、受遗赠人、遗产债权人)可以向人民法院申请指定遗产管理人。法院可以根据具体案件的实际情况,从有利于顺利推进遗产的管理及分配工作和化解各方纠纷的角度,指定其认为适合的人选担任遗产管理人。目前,我国已有律师事务所担任遗产管理人的先例见诸报端。[②]但是,除遗嘱的指定外,不管以其他何种方式来指定遗产管理人的,均应着重考虑保证所指定的遗产管理人具有履职能力且能够审慎履职,以充分维护继承人、受遗赠人、债权人及其他利害关系人的合法权益。

四、遗产管理人的职责

依据《民法典》第 1147 条的规定,遗产管理人应当履行下列职责:

第一,清理遗产并制作遗产清单。在继承开始后,遗产管理人应及时清理遗产,包括积极遗产和消极遗产,查验被继承人的财产状况,在此基础上制作清晰完整的遗产清单。[③]

第二,向继承人报告遗产情况。遗产管理人应向继承人及时报告,以便继承人了解遗产情况。可以参照适用破产管理人对债权人会议的报告制度。

第三,采取必要措施防止遗产毁损、灭失。在管理遗产时,遗产管理人应当根据相应遗产的不同种类、性质和用途等,采取合理的管理和处分措施,以防止遗产毁损、灭失。

第四,处理被继承人的债权债务。首先,遗产管理人要确定被继承人债务的范围。被继

---

① 应当注意:遗产管理人的产生是有递进顺序的,应遵循"遗嘱执行人担任→继承人推选→继承人共同担任→有争议时由法院指定→无人承受时由民政部门或者村委会担任"的顺序产生。

② 《成都商报》2019 年 11 月 5 日刊登了《首现律所"遗产管理人"》一文,一家四川的律师事务所接受继承人的委托担任了遗产管理人,并借鉴域外立法经验及破产管理人制度的有关流程进行了遗产的清产核资,召开了第一次利害关系人会议,还代表被继承人就遗产所涉债权债务关系出庭应诉。

③ 主编注:关于我国遗产清单制度的立法建议,参见陈苇、刘宇娇:《中国民法典继承编之遗产清单制度系统化构建研究》,载《现代法学》2019 年第 5 期。

承人债务既包括被继承人的生前债务,也包括继承开始时产生的债务,如必留份、遗赠之债等,还包括遗产管理费用、遗产清算费用、诉讼费用等继承费用。其次,遗产管理人要按照一定顺位确定遗产债务的清偿顺序,及时处理被继承人的债权债务。

第五,按照遗嘱或者依照法律规定分割遗产。遗产管理人分割遗产的依据包括遗嘱和法律规定。遗产管理人分割遗产的首要依据是遗嘱,被继承人在遗嘱中有遗产分割指示的,遗产管理人应当遵守。继承人订立的遗产分割协议违背遗嘱的,对遗产管理人无约束力。在无遗嘱或遗嘱无效时,遗产管理人分割遗产的法律依据,包括《民法典》第 1130 条法定继承遗产分配,第 1131 条酌情分得遗产,第 1132 条继承人协商、调解和诉讼分得遗产,第 1155 条保留胎儿的继承份额,第 1156 条遗产分割发挥效用的原则和分割方法,第 1159 条清偿债务和必留份,等等。

第六,实施与管理遗产有关的其他必要行为。此条款是对遗产管理人职责的兜底规定。"其他必要行为"是指遗产管理人为遗产的保值、增加或者处理,或为清偿债务所为的事实行为或法律行为,是为遗产之清理、保护、管理、分割所必要的一切处置,包括排除执行妨碍等。另外,《民法典》第 1133 条第 4 款规定,"自然人可以依法设立遗嘱信托",对遗嘱的信托管理亦应属于此类职责。

《民法典》第 1147 条列示了遗产管理人的 6 项职责,可以看出,遗产管理人的职责主要是对遗产尽到管理义务。但因《民法典》未明确相关具体内容,实施中易引发争议与疑问,比如:处理被继承人债权债务时,遗产管理人的诉讼地位是什么? 通常,权利与义务是相统一的,为了使遗产管理人更好地履行职责,应该进一步明确和完善遗产管理人的权利义务及法律责任。结合域外立法的有关经验,并参考破产管理人的相关职权,我国的遗产管理人职责范围宜作进一步扩充,并赋予遗产管理人履职所必需的权利和应尽的义务。[①] 在相关立法被补充完善之前,在选任遗产管理人时,可以通过与遗产管理人签订委托合同来设立权利义务关系。

五、遗产管理人未尽职责的民事责任

《民法典》第 1148 条规定:"遗产管理人应当依法履行职责,因故意或者重大过失造成继承人、受遗赠人、债权人损害的,应当承担民事责任。"遗产管理人应当勤勉尽责、恪尽职守,忠实履行法律规定的职责。如果未依法履职,且因故意或者重大过失造成继承人、受遗赠人、债权人损害的,应承担民事责任。[②]

六、遗产管理人的报酬请求权

《民法典》第 1149 条规定:"遗产管理人可以依照法律规定或者按照约定获得报酬。"此

[①] 关于遗产管理人职责可以扩充的职责范围、遗产管理人应有的履职权利、遗产管理人负有的义务等内容,参见陈苇、石婷:《我国设立遗产管理制度的社会基础及其制度构建》,载《河北法学》2013 年第 7 期;黄昶盛:《遗产管理人问题研究》,载《知识经济》2014 年第 9 期。

[②] 关于遗产管理人应当承担的法律责任,有学者建议可以通过委托合同约定违约情形、赔偿方式等内容约束遗产管理人的行为,明确相应的民事责任。参见王改萍:《论遗产管理人民事责任的承担》,载《山西高等学校社会科学学报》2015 年第 6 期。

体现了权利和义务相一致的原则,也有助于激发遗产管理人的工作积极性。

《民法典》规定遗产管理人有权获得报酬,但未进行细化规定。根据我国企业破产案件管理人报酬确定的相关规定,管理人报酬系根据债务人最终清偿的财产价值总额,在一定比例限制范围内分段确定。由于财产价值一定程度上体现了案件的复杂程度及管理人需要投入的工作时间,所以,这一计算方式有其合理性。对于遗产管理人而言亦是如此,建议可按照遗产价值的一定比例计算遗产管理人的报酬,并且可以根据继承案件和遗产管理人履行职责的实际情况进行调整。确定或者调整遗产管理人的报酬方案时,可以考虑以下因素:继承案件的复杂性、遗产管理人的勤勉程度、遗产管理人作出的实际贡献、遗产管理人承担的风险和责任、遗产管理人住所地居民可支配收入及物价水平、其他影响遗产管理人报酬的情况等。遗产管理人报酬从被继承人遗产中优先支付。[①]

第二节 被继承人债务的清偿

一、被继承人债务的确定

(一) 被继承人债务的概念

被继承人债务是指在被继承人死亡时遗留的根据法律规定或约定应由被继承人清偿的财产义务,是被继承人生前应当偿还而其死亡时尚未偿还的债务。被继承人的债务本应由其自己清偿,但因其死亡而无法实现,故由接受遗产人(继承人或受遗赠人)在遗产实际价值范围内负责清偿,即接受遗产人取得的是财产权利和财产义务的统一体,不能只接受财产权利,而不承担财产义务。继承遗产与清偿债务相统一,是现代继承法的基本要求。所以,被继承人的债务应当由接受遗产人在遗产的实际价值范围内偿还。

(二) 被继承人债务的特征

第一,被继承人债务是其生前所欠的债务。丧葬费用、遗产管理费用等被继承人死后所产生的债务与被继承人生前所欠债务不同,这些费用或应由继承人承担(如丧葬费用),或因遗产本身价值的正常减损或消耗(如遗产管理费用)而应从遗产中支付;被继承人债务则是法定或约定的义务,它基于被继承人生前所为的民事行为。继承开始是区分被继承人债务和继承人债务的分界点:被继承人生前所欠债务的偿还应以所继承遗产为限;继承开始后所欠下的与被继承人有关的债务(如丧葬费用)、与遗产有关的债务(遗产管理费用、遗产继承费用),都是被继承人死后所产生的债务,应当与被继承人债务区别处理。依我国民间习惯,安葬死者是继承人的义务,其费用应由继承人自行承担;而处理继承事务所发生的费用,主要包括因遗产的管理、分割和执行遗嘱等活动而支出的必要费用,为遗产处理中的自身消耗,对全体继承利害关系人而言,属于共益费用,故应当用遗产优先偿付。

[①] 主编注:关于我国遗产管理制度的立法设想,参见陈苇、石婷:《我国设立遗产管理制度的社会基础及其制度构建》,载《河北法学》2013 年第 7 期;刘耀东:《继承法修改中的疑难问题研究》,法律出版社 2014 年版,第 272—287 页。

第二,被继承人债务是被继承人欠下的应由其个人承担清偿责任的债务。被继承人的债务包括:(1) 为满足被继承人个人需要所欠的,指与家庭共同生活需要或增加家庭共有财产、偿还家庭共同债务无关的债务。但被继承人以个人名义欠下的债务并非全部为被继承人债务,现实生活中,有些债务虽在名义上、形式上是被继承人债务,但按其实质不能机械地认定为被继承人的个人债务。例如,为夫妻或家庭生活需要而负债,是夫妻或者家庭共同债务,其中应由被继承人清偿的部分,才是被继承人债务;又如,由于继承人不尽扶养、抚养、赡养义务,使被继承人迫于生活需要而欠债的,此为负前述义务的继承人的债务。(2) 非以被继承人个人名义所欠,且非其个人生活所需,但依法或依约定应由其承担清偿责任的债务。例如抚养子女、赡养老人以及夫妻共同债务约定由被继承人之夫妻一方承担清偿责任的部分。

(三) 被继承人债务的范围

确定被继承人生前债务的范围,是确定清偿责任的前提。[①] 被继承人债务主要包括以下三类:其一,被继承人依照我国税法的规定应当缴纳的税款;其二,被继承人因合同、侵权行为、不当得利、无因管理所欠的债务;其三,其他属于被继承人的债务,如合伙债务中属于被继承人应当承担的债务、被继承人承担的保证债务等。[②]

二、清偿被继承人债务的原则

(一) 总体承受遗产原则

《民法典》第 1159 条规定:"分割遗产,应当清偿被继承人依法应当缴纳的税款和债务;但是,应当为缺乏劳动能力又没有生活来源的继承人保留必要的遗产。"《民法典》第 1161 条第 2 款规定:"继承人放弃继承的,对被继承人依法应当缴纳的税款和债务可以不负清偿责任。"

遗产作为一个总体,既包括财产权利,又包括财产义务。当继承人表示接受遗产时,就意味着他全面继承了被继承人的遗产,即他不仅取得了被继承人生前所享有的财产权利,也要承担被继承人生前负担的财产义务。接受继承,就是对遗产的财产权利和财产义务的一并接受;放弃继承,就是对遗产的财产权利和财产义务的一并放弃。接受继承的继承人同时接受了债务清偿责任,放弃继承的继承人不承担债务清偿的责任,这是权利义务相一致原则的体现。

(二) 限定继承原则

限定继承,是指接受继承的继承人在其继承遗产的价值范围内承担清偿责任,超过遗产实际价值的部分,继承人不负清偿责任。限定继承的例外情形是继承人自愿偿还的,不受限

---

① 主编注:为及时、准确地确定被继承人生前债务的范围,需要设立配套的遗产债务申报通知与公告制度。关于遗产债务申报通知与公告制度的研究,参见刘宇娇:《遗产债务清偿制度研究》,中国人民公安大学出版社 2024 年版,第 143—191 页。

② 参见郭明瑞、房绍坤:《继承法》(第二版),法律出版社 2004 年版,第 200 页。

定继承的限制。此外，必须明确，由于继承人有扶养能力而不尽扶养义务，致被继承人为满足基本生活需要而欠下的债务，实质上并不属于被继承人的个人债务，继承人对其不履行扶养义务所生债务依法应当以自己的个人财产承担清偿责任。

历史上对遗产继承的原则曾有概括继承原则和限定继承原则两种。概括继承原则，是指除了与被继承人之人身相联系的债权、债务或其他权利义务外，继承人要总括地继承被继承人的一切财物和财产上的一切权利义务。概括继承原则具有浓厚的身份继承色彩，其多在古代社会被采用，而"父债子还"的适用结果对继承人来说是极不公平的，加重了其责任。所以，对于遗产债务的清偿责任，现代社会许多国家采取限定继承原则，同时有条件地适用概括继承原则。

《民法典》第 1161 条规定："继承人以所得遗产实际价值为限清偿被继承人依法应当缴纳的税款和债务。超过遗产实际价值部分，继承人自愿偿还的不在此限。继承人放弃继承的，对被继承人依法应当缴纳的税款和债务可以不负清偿责任。"这表明我国采取的是限定继承原则[①]，对遗产债务清偿采取有限清偿责任，即接受遗产的继承人只在所接受遗产的实际价值范围内承担清偿被继承人债务的责任。但继承人也可以自愿对超过遗产实际价值的部分承担无限清偿责任。

（三）保留必要份额原则

《民法典》第 1159 条规定："分割遗产，应当清偿被继承人依法应当缴纳的税款和债务；但是，应当为缺乏劳动能力又没有生活来源的继承人保留必要的遗产。"根据这一规定，继承人中有缺乏劳动能力又没有生活来源的人，即使遗产不足清偿债务，也应为其保留适当遗产，以满足其基本生活需要，然后再清偿债务。

（四）清偿债务优于执行遗赠原则

《民法典》第 1162 条规定："执行遗赠不得妨碍清偿遗赠人依法应当缴纳的税款和债务。"因此，在处理遗产时，应首先清偿被继承人的债务，清偿债务后剩余的遗产才可以执行遗赠，清偿债务优先于执行遗赠。此规定的目的在于防止利用遗赠形式转移财产，从而损害遗产债权人的利益。因为遗赠实际上是被继承人在其遗产上设立的死后债务，其效力应后位于被继承人的生前债务。只有在被继承人的遗产清偿其生前债务后尚有余额时，才能执行遗赠。[②]

三、清偿被继承人债务的方法

《民法典》继承编对清偿方法未作具体规定，司法实务中的做法有以下两种：

第一种是先清偿债务后分割遗产。共同继承人首先从遗产中清算出遗产债务，并将清

---

① 主编注：关于接受限定继承的主观要件与客观要件之探讨，参见黎乃忠：《限定继承制度研究》，群众出版社 2017 年版，第 46—63 页。

② 主编注：关于遗赠扶养协议的遗赠与普通的遗赠两者的清偿顺序（给付顺序）及其理由之研究，参见陈苇、姜大伟：《我国遗产债务清偿顺序之探析》，载陈苇主编：《中国继承法修改热点难点问题研究》，群众出版社 2013 年版，第 504—505 页。

算出的相当于遗产债务数额的遗产交付给债权人;然后,根据各继承人应继承的份额,分配剩余遗产。《民法典》第 1159 条已明确规定,"分割遗产,应当清偿被继承人依法应当缴纳的税款和债务"。此先偿债务后分遗产的清偿方法有利于保护遗产债权人的利益。

第二种是先分割遗产后清偿债务。共同继承人首先根据他们应当继承的遗产份额分割遗产,同时分摊遗产债务;然后,各继承人根据自己分摊的债务数额向债权人清偿。为保护遗产债权人的利益,各共同继承人对遗产债务的清偿应承担连带责任。如某共同继承人的清偿超过其应继份的部分,可向其他共同继承人追偿。

以上两种方式,相比较而言,前者有利于债权人的债权及时、完整地受偿,可以防止因遗产分割完毕致使债务得不到完全清偿而发生纠纷。所以,应当首先采取先清偿债务后分割遗产的方式,只有因客观原因确实无法先清偿遗产债务时,才先分割遗产后清偿债务,并且各共同继承人对遗产债务的清偿承担连带责任。

此外,由于被继承人债务的清偿方式不同,清偿时间不一,而债务清偿的时间对债权人影响甚大。遗产数量有限、债权人众多时,如果法律不限制遗产债务清偿的时间,而任由遗产管理人或继承人去偿还,则先受清偿的债权通常可以获得满足,而其他债权人的债权可能毫无保障,所以,法律应当限制遗产债务清偿的时间,至少在债权人申报债权以前,债权总额尚未基本确定时,不应当清偿遗产债务。对此,许多国家法律中都有这方面的限制性规定。例如,《瑞士民法典》第 586 条第 1 项规定:"在制作遗产清单期间,不得要求继承人履行被继承人的债务。"《民法典》继承编没有规定遗产债务的清偿时间。为避免清偿部分债权人债权而使其他债权人受损害的不公平的事情发生,在遗产管理人编制遗产清单期间,因债权总额尚未确定,应当禁止清偿遗产债务。继承人为清偿的,如果损害其他债权人的利益的应为无效清偿。[①]从司法实践中看,清偿被继承人的债务后才开始分割遗产的较为常见。但有时在被继承人死亡后,债权人可能不知这一情况,因此,为保护债权人的利益,在清偿被继承人的债务前,继承人应及时通知债权人申报债权,以避免债权人的债权届时无法实现。对于已到期的债务,继承人应从遗产总额中及时加以清偿,对于未到期的债务,继承人也可以提前清偿,从未分割的遗产总额中扣除。[②]

四、清偿被继承人债务的顺序

当遗产债权人为多个且遗产又不足以清偿全部遗产债务时,需要确定遗产债务的清偿顺序,它直接关系到遗产债权人的利益能否得以实现。依照《民法典》第 1159 条和《民事诉讼法》《企业破产法》等有关法律规定,被继承人债务应按如下顺序清偿:第一顺序是为保全、管理、分配遗产而产生的继承费用;第二顺序是工资和劳保费用;第三顺序是国家税款;第四顺序是其他债权。[③]

[①] 参见房绍坤、范李瑛、张洪波编著:《婚姻家庭与继承法》(第五版),中国人民大学出版社 2018 年版,第 266 页。

[②] 主编注:关于我国遗产债权人利益的保护之研究,参见陈苇主编:《中国继承法修改热点难点问题研究》,群众出版社 2013 年版,第 415—436 页。

[③] 关于我国被继承人债务清偿顺序的立法构想,参见陈苇:《我国遗产债务清偿顺序的立法构建》,载《法学》2012 年第 8 期;陈苇、姜大伟:《我国遗产债务清偿顺序之探析》,载陈苇主编:《中国继承法修改热点难点问题研究》,群众出版社 2013 年版,第 448—506 页。

在多种遗产取得方式并存,且遗产已被分割而未清偿被继承人的债务时,需要依法确定遗产债务清偿的不同顺位。为保护债权人的利益,同时考虑到各种继承方式的法律效力,《民法典》第1163条规定:"既有法定继承又有遗嘱继承、遗赠的,由法定继承人清偿被继承人依法应当缴纳的税款和债务;超过法定继承遗产实际价值部分,由遗嘱继承人和受遗赠人按比例以所得遗产清偿。"

第三节　遗产的分割

一、遗产分割概述

(一) 遗产分割的概念

遗产分割是指各遗产承受人在继承开始后,按照各自应继份分配遗产的法律行为。遗产分割发生在多数继承人共同继承的场合,以各继承人的地位以及应继份的确定为前提,是遗产在各继承人之间的实际分配。继承开始后,遗产是共同继承人或者继承人与其他遗产取得权人的共同财产。在遗产分割之前,要注意保管好遗产,《民法典》第1151条规定:"存有遗产的人,应当妥善保管遗产,任何组织或者个人不得侵吞或者争抢。"对于因遗产保管而花费的费用,应从遗产中支付。遗产分割的效力,就是遗产共有关系消灭,分割后的遗产归属于各个继承人所有。

遗产分割不同于实际生活中的分家析产,两者的区别在于:其一,主体不同。分家析产的主体是家庭共有财产的共有人;参与遗产分割的是遗产管理人、继承人和受遗赠人等。其二,标的不同。分家析产的标的是家庭共有财产;遗产分割的标的是死者死亡时遗留的个人合法财产,即遗产。其三,产生原因不同。分家析产是基于共有人分割家产的合意而发生的;遗产分割的依据,是基于被继承人死亡并留有遗产的事实,[①]从而依遗嘱或依法律的规定分割遗产。

(二) 遗产分割的时间

依《民法典》第1121条第1款规定,继承从被继承人死亡时开始。在继承人有数人的情况下,遗产的分割在被继承人死亡时即可开始。遗产分割的时间可以是继承开始后的任何时间,继承人得随时享有遗产分割请求权。但通常在遗产分割之前,往往要经过一段时间的共同所有时期。

在遗产分割的时间上,应当注意区分它与继承开始的时间是不同的。遗产分割的时间可以是共同继承人协商约定的,如协商不成也可以由一位共同继承人提出请求,由法院诉讼判决确定。遗产分割的时间可以是继承开始后的任何时间,而继承开始的时间是法定的,法律规定继承只能从被继承人死亡时开始。并且,遗产分割的时间产生继承人实际占有遗产的效力,而继承开始的时间产生继承人取得遗产所有权的效力。

---

① 参见佟柔主编:《继承法学》,法律出版社1986年版,第164—165页。

（三）遗产分割的原则

为维护继承人的切身利益,保证遗产分割公平合理,遗产分割应在一定的原则指导下进行。依据《民法典》继承编的规定和司法解释的精神,遗产分割应遵行以下原则:

1. 尊重被继承人意愿原则

尊重被继承人意愿原则,是指遗嘱继承中的遗产分割原则,如被继承人订立有遗嘱,在遗嘱中对于遗产分割的方法已有指定或者已委托他人代为决定的,只要是遗嘱人真实的意思表示,并且不违反法律、社会公共利益和社会公德的,应当认定为有效,应当尊重被继承人的意愿,按遗嘱的指定分割。

2. 遗产分割自由原则

遗产分割自由原则,是指各共同继承人在继承开始后可以随时请求分割遗产,但如有遗嘱的指定或法律的规定之限制除外。所谓随时可以请求分割遗产,是指继承开始后,任何一个继承人不论什么时候,也不论什么原因都可以请求分割遗产,其他继承人不得拒绝,并负有协助分割的义务。遗产共有只是一种暂时性的共有关系,以遗产分割为终局目的和结果。遗产分割请求权从性质上说属于形成权,继承人可以随时行使,不因时效而消灭。但遗产分割自由原则也受到一定的限制,从一些国家的规定来看,继承人约定不分割或者遗嘱禁止分割时,遗产分割自由受到限制。[①]

3. 均等分割为一般原则、不均等分割为特殊原则

均等分割为一般原则、不均等分割为特殊原则,是法定继承中的遗产分割原则。《民法典》第 1130 条第 1 款规定:"同一顺序继承人继承遗产的份额,一般应当均等。"此规定是指各继承人条件大致相同的情况下均等分割遗产,特殊情况下可以不均等。依该条第 2—5 款的规定,不均等分割遗产的情形主要有:(1) 对生活有特殊困难又缺乏劳动能力的继承人,分配遗产时,应当予以照顾;(2) 对被继承人尽了主要扶养义务或者与被继承人共同生活的继承人,分配遗产时,可以多分;(3) 有扶养能力和有扶养条件的继承人,不尽扶养义务的,分配遗产时,应当不分或者少分;(4) 继承人协商同意的,也可以不均等。

此外,根据《民法典》第 1131 条的规定,对继承人以外的依靠被继承人扶养的人,或者继承人以外的对被继承人扶养较多的人,可以分给适当的遗产。所谓分给适当的遗产,指按具体情况既可能少于继承人的平均数额,也可能等于或高于平均数额。[②] 并且,人民法院对故意隐匿、侵吞或争抢遗产的继承人,可以酌情减少其应继承的遗产。[③]

4. 保留胎儿的继承份额原则

保留胎儿的继承份额原则,是指只要有胎儿存在,不管其是否出生,其应得的份额必须首先保留。《民法典》第 1155 条规定:"遗产分割时,应当保留胎儿的继承份额。胎儿娩出时是死体的,保留的份额按照法定继承办理。"《继承编解释(一)》第 31 条规定:"应当为胎儿保留的遗产份额没有保留的,应从继承人所继承的遗产中扣回。为胎儿保留的遗产份额,如胎儿出生后死亡的,由其继承人继承;如胎儿娩出时是死体的,由被继承人的继承人继承。"

[①] 在国外,关于遗产分割自由原则的限制主要有:非经遗产债务清偿,不得分割遗产;遗嘱禁止在一定期间内分割的,不得分割遗产;继承人协议在一定期间内不得分割的,不得分割遗产;在有尚未出生的继承人的情况下,暂时禁止分割遗产。参见杨立新、朱呈义:《继承法专论》,高等教育出版社 2006 年版,第 302 页。

[②]《继承编解释(一)》第 20 条。

[③]《继承编解释(一)》第 43 条。

也就是说,对于遗产的分割,无论是依遗嘱的指定分割或由当事人协商分割或由人民法院判决分割,都应当首先保留胎儿的继承份额。

5. 发挥遗产效用原则

《民法典》第 1156 条规定:"遗产分割应当有利于生产和生活需要,不损害遗产的效用。不宜分割的遗产,可以采取折价、适当补偿或者共有等方法处理。"据此,人民法院在分割遗产中的房屋、生产资料和特定职业所需要的财产时,应依据有利于发挥其使用效益和继承人的实际需要,兼顾各继承人的利益进行处理。因此,在实际分割遗产时,宜将生产资料尽可能分配给有生产经营能力的继承人;对于生活资料的分割,要考虑到继承人的实际需要,首先分配给有特殊需要的继承人。

6. 互谅互让、协商处理原则

这一原则是指继承人可以主动灵活地自行协商确定关于遗产分割的时间、方法和份额等操作性规则。《民法典》第 1132 条规定:"继承人应当本着互谅互让、和睦团结的精神,协商处理继承问题。遗产分割的时间、办法和份额,由继承人协商确定;协商不成的,可以由人民调解委员会调解或者向人民法院提起诉讼。"

(四) 遗产分割的方法

分割遗产前,应首先确认遗产的范围、遗产承受人的种类及地位。遗产承受人,指在特定的继承关系中有权承受遗产的遗嘱继承人、受遗赠人、法定继承人及酌分遗产人。在现实生活中,被继承人生前基于生产经营活动和家庭共同生活,往往与配偶、家庭成员或其他民事主体发生财产共有关系。因此,在遗产分割时,应先区分出被继承人个人财产和夫妻共同财产、家庭共有财产、其他形式共有财产。[①]

关于遗产的分割,如果遗嘱已经指定了分割方法,则应遵照执行;如果遗嘱没有指定分割方法的,由继承人具体协商遗产的分割方法;继承人协商不成的,可以由人民调解委员会调解,或者向人民法院提起诉讼。可见,遗产分割可按照被继承人的指示、继承人的协议、调解或人民法院的裁判四种途径进行。继承人或人民法院要根据遗产的性能、种类、存在状况和继承人的具体情况,合理选择分割方法。依据《民法典》第 1156 条的规定,遗产分割的方法主要有以下四种:其一,实物分割。此方法多适用于宜实物分割的遗产,如遗产中的可分物。其二,折价分割,又称变价分割。对不宜实物分割或者继承人都不愿取得的遗产,可予以变卖,换取价金,再由各继承人按照应得遗产份额的比例,对价金进行分割。其三,补偿分割。对不宜分割的遗产,如果继承人中有人愿意取得该遗产,则由该继承人取得该遗产的所有权,然后按照其他继承人应得遗产份额的比例分别补偿相应的价金。其四,保留共有的分割。继承人都愿意保留的遗产,或继承人愿意继续保持遗产共有状况的,则可将其作为共同所有的财产,采取共同继承人共有方式,确定各继承人的共有份额,由各继承人按各自应得的遗产份额,确定其对该项财产所应享有的权利与应分担的义务。但要注意,在确定共有份额后,继承人之间即从对遗产的共同共有关系转化为对普通共有财产的按份共有关系。

---

① 主编注:为使遗产在共同继承人之间能被公平地分配,遗产分割时应当将某些共同继承人在被继承人生前取得的特定赠与财产计入遗产总额后再进行分配,此即国外一些国家的遗产归扣制度。我国有些学者建议我国应设立此制度,参见李洪祥:《遗产归扣制度的理论、制度构成及其本土化》,载《现代法学》2012 年第 5 期;陈苇、杜志红:《我国设立归扣制度的基础与制度构建研究》,载《政法论丛》2013 年第 2 期。

二、遗产分割的效力

(一) 遗产分割效力的溯及力

由于遗产的分割一般都是在继承开始后的一段时间进行,那么遗产分割的效力是从遗产分割时开始,还是从继承开始时开始? 这就是遗产分割的溯及效力问题。[①] 因为在遗产分割前,各继承人对遗产所享有的应继份额已经确定,只有在遗产分割后,各继承人对其应继份额的所有权才转化为现实的占有,所以遗产分割的效力应溯及至继承开始之时。在继承开始后遗产分割前,遗产为各共同继承人暂时的共有财产。遗产分割的过程,就是各共同继承人将其应继份额从共同财产中特定化的过程,遗产分割后,各共同继承人间的应继份额就从共同财产中分离出来,为各继承人实际取得而占有。至此,财产共有关系消灭,并视为自始未发生。[②]《民法典》继承编没有明确规定遗产分割的法律效力,通说采溯及主义。由于我国采取当然继承主义,在继承开始后,继承人就取得遗产,遗产的分割只是将继承人的应继份加以特定化而已,并不是重新设立继承人的权利。如前所述,从继承开始到遗产分割之前,各继承人对于遗产只是暂时的共有关系,继承人因遗产分割所取得的财产为直接继承被继承人的遗产,它与一般共有物的分割是不同的。同时,放弃继承的效力溯及继承开始的时间。由此也可推知我国司法实践中采用溯及主义。[③]

(二) 遗产分割后各共同继承人相互间对遗产的担保责任

无论是采取转移主义还是宣告主义的国家,都规定了共同继承人之间的相互担保责任。《民法典》继承编目前没有规定遗产分割对各共同继承人的内部效力。为了保护各共同继承人的利益,我国应当设立共同继承人相互间的担保责任。

1. 对遗产瑕疵的担保责任

这是指遗产分割后,各共同继承人对其他继承人因分割所得的遗产的瑕疵,在一定条件下负有担保责任。承担此担保责任必须具备的条件是:(1) 遗产的瑕疵必须是在遗产分割前就已经存在;(2) 遗产的瑕疵必须是非因分得该遗产的继承人本人的过失而产生;(3) 遗产的瑕疵必须是分得该遗产的继承人在遗产分割时不知其存在;(4) 各共同继承人之间对遗产的瑕疵的担保责任,未经被继承人用遗嘱予以免除,也未被各共同继承人以契约加以限制。

2. 对遗产被追夺的担保责任

这是指遗产分割后,各共同继承人对其他继承人所分得的遗产,承担因遗产被追夺的担保责任。之所以出现此情况,可能是因为其分得的财产,原来并不是被继承人的财产,或虽是被继承人的财产,但被继承人生前对该财产已进行了合法处分,而在遗产分割时,各继承

[①] 对此,国外主要有以下两种立法例:一是转移主义,又称不溯及主义。即遗产分割是一种交换,各继承人因分割而互相让与各自应有的所有部分,而取得分配给自己的财产的单独所有权。此遗产分割具有转移或创设的效力。二是宣告主义,又称溯及主义。即因遗产分割而分配给继承人的财产,视为自继承开始时业已归属于各继承人所有,遗产分割不过是宣告既有的状态。参见杨立新、朱呈义:《继承法专论》,高等教育出版社 2006 年版,第 310 页。

[②] 参见刘春茂主编:《中国民法学·财产继承》,中国人民公安大学出版社 1990 年版,第 596 页。

[③] 主编注:关于外国两大法系国家遗产分割制度的比较研究及对我国立法的建议,参见陈苇主编:《外国继承法比较与中国民法典继承编制定研究》,北京大学出版社 2011 年版,第 569—645 页。

人对此不知情,误认为属于遗产加以分割,以致出现某继承人分得的遗产被追夺,对此,其他共同继承人应负担保责任。

3. 对债权的担保责任

各共同继承人对其他继承人所分得的债权应负的担保责任,有以下两种情况:(1) 对未附停止条件而已届清偿期或不定期的债权,各共同继承人就遗产分割时债务人的支付能力,承担担保责任;(2) 对附有停止条件或尚未到期的债权,各共同继承人对分得此种债权的继承人,仅就条件成立时或清偿期到来时债务人的支付能力,承担担保责任。[①]

第四节　无人承受的遗产和"五保户"遗产的处理

一、无人承受的遗产的处理

(一) 无人承受的遗产的概念和界定

无人承受的遗产,是指继承开始后,没有人依法继承或者接受遗赠的被继承人的财产,也即没有法定继承人、遗嘱继承人、受遗赠人承受的遗产。

无人承受的遗产的产生原因包括:其一,死者既无法定继承人,又未立遗嘱指定受遗赠人,也未签订遗赠扶养协议的;其二,继承人都放弃或者丧失继承权,受遗赠人放弃或丧失受遗赠权;其三,被继承人仅用遗嘱处分了一部分遗产,在无法定继承人时,未加处分的另一部分遗产属无人承受的遗产;其四,被继承人虽用遗嘱处分了遗产,但遗嘱无效且又无法定继承人的;其五,被继承人用遗嘱取消了一切法定继承人的继承权,但又未指定受遗赠人,或虽指定受遗赠人,但其放弃或丧失受遗赠权,或者先于被继承人死亡,且未签订遗赠扶养协议的。[②]

无人承受的遗产与无主财产不同。无主财产是指依法不属于任何人的财产,其财产没有所有人或者所有人下落不明;而无人承受的遗产有所有人,却无人继承或无人受遗赠该财产,当然并不排除存在该财产上的债权,如遗产酌给债权。无主财产多发生在一般的民事活动中;而无人承受的遗产发生在特定的继承关系中。无主财产的处理,应经过人民法院特别程序加以确认和解决其归属;而无人承受的遗产的处理,直接根据继承法的规定确定其归属,如无利害关系人提出争议,无须经过人民法院审理解决。

(二) 无人承受的遗产的处理

《民法典》第 1160 条规定:"无人继承又无人受遗赠的遗产,归国家所有,用于公益事业;死者生前是集体所有制组织成员的,归所在集体所有制组织所有。"可见,我国对无人承受的遗产的处理应区别死者生前的身份,以此来决定遗产的归属。如死者生前是集体所有制组织成员的,遗产归集体组织所有;死者生前是集体所有制组织以外的人的,遗产归国家所有,并且《民法典》新增规定此类遗产"用于公益事业",这一规定符合社会公众对无人继承又无

---

① 参见陈苇主编:《婚姻家庭继承法学》(第三版),中国政法大学出版社 2018 年版,第 358—359 页。
② 参见马俊驹、余延满:《民法原论》(第四版),法律出版社 2010 年版,第 969 页。

人受遗赠遗产收归国有后的合理预期。

在无人承受的遗产的处理中,应当注意死者债务的清偿。按照《民法典》第 1161 条第 1 款的规定,继承人继承遗产应当以所得遗产的实际价值为限清偿被继承人的债务。同理,取得无人承受的遗产的国家或集体所有制组织,也应当在取得遗产的实际价值范围内负责清偿死者生前所欠的税款和债务。由于死者无继承人,故为料理丧事而支付的合理费用,亦从遗产中支付。上述税款、费用和债务清偿完毕后,国家或集体所有制组织才能取得剩余部分的遗产。[①]

二、"五保户"遗产的处理

(一)"五保"制度概述

"五保"制度是我国农村集体组织的一项社会保险制度,是在吃、穿、住、医、葬方面给予村民的生活照顾和物质帮助,主要针对没有或者丧失劳动能力、生活上又没有依靠的老、弱、孤、寡、残人员,即因生活有特殊困难而在农村集体经济组织里享受"保吃、保穿、保住、保医、保葬"待遇的人员。农村集体经济组织负责供养这些"五保户",使他们幼有所育、老有所养、死有所葬,生老病死都有依靠。根据国务院 2006 年《农村五保供养工作条例》,该制度具体内容如下:

第一,供养对象。老年、残疾或者未满 16 周岁的村民,无劳动能力、无生活来源又无法定赡养、抚养、扶养的义务人,或者其法定赡养、抚养、扶养的义务人无赡养、抚养、扶养之能力的,享受农村五保供养待遇。

第二,供养内容。所谓"五保",主要包括保吃、保穿、保医、保住、保葬(未成年人为保教)。具体为:(1) 供给粮油、副食品和生活用燃料;(2) 供给服装、被褥等生活用品和零用钱;(3) 提供符合基本条件的住房;(4) 及时治疗疾病,对生活不能自理的给予照料;(5) 妥善办理丧葬事宜;(6) 五保对象未满 16 周岁或者已满 16 周岁仍在接受义务教育的,还应当保障其依法接受义务教育。

第三,供养标准。农村五保供养经费不得低于本地区农村居民上一年度人均纯收入的 60%。农村五保供养标准不得低于当地村民的平均生活水平,并根据当地村民平均生活水平的提高适时调整。

第四,供养形式。农村五保供养对象可以集中供养或在家分散供养。农村五保供养对象可以自行选择供养形式。集中供养的农村五保供养对象,由农村五保供养服务机构提供供养服务;分散供养的农村五保供养对象,可以由村民委员会提供照料,也可以由农村五保供养服务机构提供有关供养服务。村民委员会可以委托村民对分散供养的农村五保供养对象提供照料。

[①] 关于外国两大法系国家无人承受遗产制度的比较研究及对我国立法的建议,参见陈苇主编:《外国继承法比较与中国民法典继承编制定研究》,北京大学出版社 2011 年版,第 646—679 页。关于我国无人承受遗产制度的立法构建,参见陈苇、高伟:《我国内地无人承受遗产制度之重构——以中国内地与港、澳、台地区立法比较为视角》,载《学术交流》2008 年第 1 期。

(二)"五保户"遗产的处理

"五保户"遗产是指享受五保供养的自然人死亡后所遗留的财产。"五保户"遗产与无人继承的遗产不完全相同,二者的处理也有所区别。根据《民法典》第 1158、1160、1131 条和相关司法解释的规定,对于农村"五保户"遗产应该按照以下规则处理:

第一,我国农村集体组织对"五保户"实行"五保"时,双方订有扶养协议的,按照扶养协议处理。

第二,扶养人或集体组织与受扶养人订有遗赠扶养协议,扶养人或集体组织无正当理由不履行,致协议解除的,不能享有受遗赠的权利,其支付的供养费用一般不予补偿;受扶养的遗赠人无正当理由不履行,致协议解除的,则应偿还扶养人或集体组织已支付的供养费用。

第三,农村集体组织与"五保户"生前未订立扶养协议的,"五保户"有遗嘱继承人或者法定继承人要求继承的,按照遗嘱继承或者法定继承处理,但集体组织有权要求扣回"五保"费用。

第四,"五保户"没有继承人或者继承人放弃继承或者丧失继承权的,如果其生前为农村集体组织的成员,遗产归集体组织所有;如果其生前不是农村集体组织的成员,则遗产归国家所有,用于公益事业。

第五,对"五保户"生前有过一定扶助关系的人,可以依《民法典》第 1131 条规定请求酌分适当遗产。

【本章小结】

本章主要内容有四个方面:一是遗产的管理,包括遗产管理人的任职资格、产生、职责与民事责任以及遗产管理人的报酬请求权;二是被继承人债务的清偿,包括被继承人债务的确定与清偿被继承人债务的原则、方法及顺序;三是遗产的分割,包括遗产分割的时间、原则、方法和效力;四是无人承受的遗产和"五保户"遗产的处理。

【引导案例参考答案】

对于本案的依法处理,应当注意把握以下要点:

1. 应当依法确定遗产管理人。《民法典》第 1145 条规定,"继承开始后,遗嘱执行人为遗产管理人;没有遗嘱执行人的,继承人应当及时推选遗产管理人;继承人未推选的,由继承人共同担任遗产管理人;没有继承人或者继承人均放弃继承的,由被继承人生前住所地的民政部门或者村民委员会担任遗产管理人。"据此,李建国生前立有书面遗嘱指定赵丽为遗嘱执行人,所以赵丽为本案的遗产管理人。

2. 应当依法确定遗产的范围。《民法典》第 1122 条第 1 款规定:"遗产是自然人死亡时遗留的个人合法财产。"据此,李建国死亡时的夫妻共同财产包括:价值 10 万元的旧房屋,存款 6 万元,其他财物折合人民币 4 万元,其中的一半财产应属于李建国的遗产。其遗产具体包括:旧房屋折价 5 万元,存款 3 万元,其他财物折价 2 万元,合计总价值 10 万元。

3. 继承遗产应依法在遗产实际价值范围内清偿被继承人的债务。《民法典》第 1161 条第 1 款规定,"继承人以所得遗产实际价值为限清偿被继承人依法应当缴纳的税款和债务"。据此,对于被继承人的债务,本案的法定继承人赵丽和李刚、遗嘱继承人李刚和受遗赠人王红,都应当在所得遗产的实际价值范围内承担清偿责任。

4. 执行遗赠先于法定继承。《民法典》第1123条规定："继承开始后,按照法定继承办理;有遗嘱的,按照遗嘱继承或者遗赠办理;有遗赠扶养协议的,按照协议办理。"据此,王红和李刚可依遗嘱各自取得遗产2万元。遗嘱处分剩余的遗产价值6万元,应按照法定继承办理,由妻子赵丽与儿子李刚共同继承。

5. 既有法定继承又有遗嘱继承和遗赠的,应当依法定顺序清偿遗产债务。《民法典》第1163条规定："既有法定继承又有遗嘱继承、遗赠的,由法定继承人清偿被继承人依法应当缴纳的税款和债务;超过法定继承遗产实际价值部分,由遗嘱继承人和受遗赠人按比例以所得遗产清偿。"据此,李建国所欠的个人债务8万元,应首先由法定继承人赵丽和李刚用所得的遗产6万元偿还,然后对不足清偿的2万元债务,应由遗嘱继承人李刚和受遗赠人王红各自按比例从所得遗产中分别偿还1万元。

【本章思考题】

1. 简述我国遗产管理人的产生方式。
2. 简述我国遗产管理人的职责及其民事责任。
3. 我国清偿被继承人债务的原则有哪些?
4. 简述我国遗产债务的清偿顺序与方法。
5. 我国遗产分割的原则和方法有哪些?
6. 简述遗产分割的法律效力。
7. 简述我国无人承受的遗产的处理。

【本章参考习题】

第十七章　少数民族、华侨、港澳台居民的婚姻家庭

【本章重点难点】

通过本章的学习,学生应了解民族自治地方关于婚姻法的变通规定、处理民族婚姻家庭纠纷的注意事项以及办理涉及华侨、港澳台地区居民婚姻和收养登记的规定,重点掌握民族自治地方婚姻法变通规定的主要内容、涉侨及涉港澳台地区居民的婚姻家庭问题的处理规则,难点在于把握我国内地(大陆)居民与港澳台地区居民婚姻的处理规定。

【引导案例】

2020 年 12 月 5 日,居住在四川马边自治县的一对彝族表兄妹,21 岁的某甲(男)与 18 岁的某乙(女),按照当地的习俗举行了婚礼,结为夫妻,但一直未办理结婚登记手续。2021 年 10 月,某乙生了一个女孩,某甲对某乙生女甚感不满,要求某乙再为他生一个男孩。但某乙因生育时难产,险些性命难保,就不想再生孩子,并做了绝育手术。从此,某甲与某乙经常为此事发生矛盾。2022 年 10 月 24 日,某乙终于忍受不了某甲的打骂,带着刚满 1 周岁的女儿离家出走。同年 12 月 10 日,某乙在本县与 21 岁的汉族青年某丙登记结婚。某甲得知此事后,便找到某乙,要求某乙回家,某乙不从。2024 年 1 月 10 日,某甲以某乙重婚为由向人民法院提起诉讼,要求解除某乙与某丙的婚姻关系。

请问:某乙与某丙是否构成重婚? 某乙与某丙的婚姻是否有效?

本章阐述的主要内容有两个方面:一是少数民族婚姻家庭,包括少数民族婚姻家庭的概念和特点、民族自治地方的变通性立法以及处理民族婚姻家庭纠纷应注意的问题;二是涉及华侨、港澳台居民的婚姻和收养,包括对华侨、港澳台居民的婚姻与收养问题的各类处理规则。

必须说明以下两方面情况:第一,民族自治地方法律的适用原则是"特别法优先于普通法"。在我国《民法典》颁布前,对于少数民族婚姻家庭关系的法律调整,2001 年修正的《婚姻法》第 50 条规定:"民族自治地方的人民代表大会有权结合当地民族婚姻家庭的具体情况,制定变通规定。自治州、自治县制定的变通规定,报省、自治区、直辖市人民代表大会常务委员会批准后生效。自治区制定的变通规定,报全国人民代表大会常务委员会批准后生效。"此即"特别法优先于普通法"。因此,我国民族自治地方大多根据当地民族婚姻家庭的具体情况制定了本地区的变通规定。2020 年 5 月颁布的《民法典》中已经无此"制定变通

规定"的内容,但根据我国现行《民族区域自治法》第 19 条的规定 ①,民族自治地方有权从本地区实际情况出发制定变通规定,基于"特别法优于普通法"的法律适用原则,对于《民法典》婚姻家庭编中不符合民族自治地方实际情况的内容,仍然可以优先适用民族自治地方已经制定的相关变通规定。第二,对于涉及华侨、港澳台居民的婚姻和收养关系在内地(大陆)办理的法律适用,可分为以下两个阶段:一是在我国《民法典》颁布前可分为以下两种情况:(1) 对此类婚姻关系在内地(大陆)办理的,适用 2001 年修正的《婚姻法》的结婚条件和程序的规定以及《婚姻登记条例》的规定;(2) 对此类收养关系在内地(大陆)办理的,适用 1998 年修正的《收养法》和 1999 年《中国公民收养子女登记办法》(2019 年修订)以及 1999 年 5 月 25 日民政部《华侨以及居住在香港、澳门、台湾地区的中国公民办理收养登记的管辖以及所需要出具的证件和证明材料的规定》。二是 2021 年 1 月 1 日《民法典》实施后,对此类婚姻关系和收养关系在内地办理的,应当适用《民法典》婚姻家庭编对婚姻关系和收养关系的规定,并且在程序上适用现行《婚姻登记条例》和《中国公民收养子女登记办法》(2023 年修订)以及《华侨以及居住在香港、澳门、台湾地区的中国公民办理收养登记的管辖以及所需要出具的证件和证明材料的规定》。

第一节　少数民族婚姻家庭

在我国,根据现行《宪法》的规定,各少数民族聚居的地方实行民族区域自治,设立自治机关,行使自治权。根据《立法法》第 85 条和《民族区域自治法》第 19 条的规定,民族自治地方的人民代表大会有权依照当地民族的政治、经济和文化的特点,制定自治条例和单行条例。并且,自治条例和单行条例可以依照当地民族的特点,对法律和行政法规的规定作出变通规定,但不得违背法律或者行政法规的基本原则,不得对《宪法》和《民族区域自治法》的规定以及其他有关法律、行政法规专门就民族自治地方所作的规定作出变通规定。

我国是一个统一的多民族国家。长期以来,由于生产条件、生活方式、文化传统、宗教信仰等诸多方面的原因,各个民族在政治、经济、文化、法律制度、风俗习惯等方面均形成了本民族自身的特点。作为最能反映风土人情、习惯传统的婚姻家庭制度更是如此。因此,虽然《民法典》是民事基本法律,在中华人民共和国主权范围内对所有管辖对象均应予以适用,但是,为了尊重少数民族的婚姻习俗及传统,确保婚姻家庭法律规范与各民族自治地方的具体情况相适应,各民族自治地方人大有权结合当地民族婚姻家庭的具体情况,制定变通规定。这不仅是党和国家民族政策的具体体现,也是宪法原则在民事法律领域的具体化。自中华人民共和国成立以来,民族自治地方从本民族实际出发大多专门制定了调整本民族地区少数民族婚姻家庭关系的变通性规定。

---

① 我国现行《民族区域自治法》第 19 条规定:"民族自治地方的人民代表大会有权依照当地民族的政治、经济和文化的特点,制定自治条例和单行条例。自治区的自治条例和单行条例,报全国人民代表大会常务委员会批准后生效。自治州、自治县的自治条例和单行条例报省、自治区、直辖市的人民代表大会常务委员会批准后生效,并报全国人民代表大会常务委员会和国务院备案。"

一、少数民族婚姻家庭的概念和特点

(一) 少数民族婚姻家庭的概念

中国自古以来就是一个统一的多民族国家。中华人民共和国成立后,通过识别并经中央政府确认的民族共有 56 个。由于汉族以外的 55 个民族相对而言人口较少,习惯上称为"少数民族"。少数民族婚姻家庭,简称"民族婚姻家庭",是指少数民族之间、少数民族与汉族以及少数民族族内的婚姻与家庭关系。

(二) 少数民族婚姻家庭的特点

1. 婚姻家庭关系主体的特殊性

这里所称的特殊性,是指婚姻家庭关系主体中双方或一方是少数民族。少数民族婚姻家庭关系主体的这一特征是少数民族婚姻家庭关系最根本、最为突出的特征,且决定了少数民族婚姻关系的其他特性。

2. 婚姻家庭习俗的"地方性"

这里所称的"地方性",是指各民族人民居住生活的地理区域和社会环境的不同,导致了少数民族的婚姻家庭习俗表现出浓郁的地方(区域)性特色。我国少数民族人数虽少,但分布在全国 70% 的地区,散居在不同区域的少数民族间,婚姻习俗不一,即使是同一民族内部,不同支系之间亦有较大差异。

3. 婚姻家庭文化的"民族性"

这里所称的"民族性",是指基于少数民族的传统文化、宗教信仰、生活方式以及婚姻家庭习俗对少数民族婚姻家庭的深刻影响而形成的各自的民族特色。少数民族婚姻家庭在受到本民族所特有的传统文化、宗教信仰、生活方式以及婚姻家庭习俗的影响下,形成了各具民族传统、民族特色的婚姻家庭形态。

4. 婚姻家庭形态的"差异性"

这里所称的"差异性",是指由于各少数民族婚姻家庭习俗的地方性以及婚姻家庭文化的民族性,决定其婚姻家庭形态存在鲜明的差异。不仅各少数民族之间的婚姻家庭形态不同,即使是同一少数民族在不同地区的婚姻家庭形态,由于受其他少数民族或者汉族的影响,也有不同程度的差异。

二、民族自治地方的变通性立法

为了照顾少数民族婚姻家庭的实际情况,尊重于少数民族健康有益的婚姻家庭形态和传统习俗,我国婚姻立法历来授权各民族自治地方在执行婚姻法时,可以依据宪法规定的权限,遵循婚姻家庭法的原则,结合当地民族婚姻家庭的具体情况,对婚姻家庭法律规范作出变通性立法,包括变通的或补充的规定。

(一) 民族自治地方制定变通规定的机关和程序

1. 制定变通规定的机关

根据我国《宪法》《立法法》《民族区域自治法》等法律的规定,有权制定变通规定的机关是民族自治地方的人民代表大会。除自治乡外,自治区、自治州、自治县的人民代表大会都可依法制定执行我国《民法典》婚姻家庭编的变通规定。

2. 制定变通规定的程序

根据《立法法》第 85 条以及《民族区域自治法》第 19 条的规定,民族自治地方人民代表大会制定的变通规定必须报批后才能生效。其中,自治州、自治县制定的变通规定,报省、自治区、直辖市人民代表大会常务委员会批准后生效;自治区制定的变通规定,报全国人民代表大会常务委员会批准后生效。

(二) 民族自治地方制定变通规定的情况

在我国,自 1980 年《婚姻法》实施以来,根据《婚姻法》《民法典》和《立法法》《民族区域自治法》的规定,许多民族自治地方(包括自治区、自治州、自治县)先后制定了执行《婚姻法》或者施行《民法典》婚姻家庭编的变通规定(条例)或补充规定。

1. 自治区制定变通规定的情况

在我国 5 个少数民族自治区中,广西壮族自治区是唯一没有制定过执行《婚姻法》变通规定的自治区。其他自治区的变通规定包括:《西藏自治区施行〈中华人民共和国婚姻法〉的变通条例》(2004 年修正)《新疆维吾尔自治区执行〈中华人民共和国婚姻法〉的补充规定》(1988 年修正)《宁夏回族自治区执行〈中华人民共和国婚姻法〉的补充规定》(1981 年)[1]《内蒙古自治区执行〈中华人民共和国婚姻法〉的补充规定》(2003 年修正)[2]。但是,目前仅有西藏自治区和新疆维吾尔自治区的变通规定仍在生效。

2. 自治州制定变通规定的情况

1980 年《婚姻法》实施后,四川省、贵州省、青海省、甘肃省以及新疆维吾尔自治区的一些自治州已制定执行婚姻法的变通规定。例如,《阿坝藏族羌族自治州施行〈中华人民共和国婚姻法〉的补充规定》(1988 年)、《伊犁哈萨克自治州施行〈中华人民共和国婚姻法〉的补充规定》(2005 年修订) 等。随着 2021 年 1 月 1 日起《民法典》的实施,已制定执行婚姻法的变通规定的自治州纷纷开始根据最新立法修改其变通或者补充规定[3],或者废止既有施行婚姻法的补充规定[4],颁布施行《民法典》婚姻家庭编的变通规定或者施行《民法典》结婚年龄的变通规定。[5]

3. 自治县制定变通规定之情况

在我国,自 1980 年《婚姻法》施行后,四川省、云南省、贵州省、甘肃省以及青海省的一

---

[1] 2024 年 1 月 26 日,宁夏回族自治区人民代表大会通过决定,废止了《宁夏回族自治区执行〈中华人民共和国婚姻法〉的补充规定》。

[2] 2021 年 11 月 16 日,内蒙古自治区人民代表大会常务委员会通过决定,废止了《内蒙古自治区执行〈中华人民共和国婚姻法〉的补充规定》。

[3] 例如,2021 年,甘孜藏族自治州人民代表大会常务委员会通过决定修正《甘孜藏族自治州施行〈中华人民共和国婚姻法〉的补充规定》(1982 年),不仅根据《民法典》婚姻家庭编作了内容修正,题目也修改为《甘孜藏族自治州施行〈中华人民共和国民法典〉婚姻家庭编的变通规定》。阿坝藏族羌族自治州等也是如此。

[4] 例如,《伊犁哈萨克自治州施行〈中华人民共和国婚姻法〉的补充规定》2022 年被废止。

[5] 例如,凉山彝族自治州、玉树藏族自治州、果洛藏族自治州、海南藏族自治州、海西蒙古族藏族自治州、海北藏族自治州等自治州均颁布了施行《民法典》结婚年龄或者《民法典》婚姻家庭编的变通规定,同时废止其既有施行婚姻法结婚年龄或者婚姻法的变通规定。

些自治县已制定该地区执行婚姻法的变通规定。① 在《民法典》实施后，一些自治县也根据《民法典》对其变通规定予以修正或者颁布新规。② 此外，云南省南涧彝族自治县、贵州省松桃苗族自治县、贵州省紫云苗族布依族自治县等也曾制定了各自执行婚姻法的变通规定，但现均已废止。③

这些民族自治地方法规的颁布施行，加强了民族自治地方婚姻家庭的法制建设，促进了民族自治地方婚姻家庭制度的改革。

(三) 民族自治地方变通规定的适用

1. 变通规定与我国《民法典》婚姻家庭编的关系

在我国，民族自治地方制定的前述执行《婚姻法》或《民法典》婚姻家庭编的变通规定与《民法典》婚姻家庭编的关系属于特别法与一般法的关系，根据法律适用的一般原理，在法律适用时特别法应当优先于一般法。因此，自《民法典》婚姻家庭编施行后，民族自治地方作出了变通规定的，应按变通规定执行；无变通规定的，则适用《民法典》婚姻家庭编的规定。

2. 变通规定的适用范围

(1) 适用的空间范围。民族自治地方制定的变通规定，仅适用于本自治地方行政区划内的婚姻家庭关系，对于不在本自治地方行政区划内的婚姻家庭关系不得适用变通规定，即使这些婚姻家庭中的成员属于本少数民族也不例外。

(2) 适用的主体范围。我国民族自治地方制定的变通规定，有的规定仅适用于本自治地

---

① 其主要包括：云南省《沧源佤族自治县对〈婚姻法〉的变通规定》(1981 年)、《云南省孟连傣族拉祜族佤族自治县对〈婚姻法〉的变通规定》(1981 年)、云南省《宁蒗彝族自治县对〈婚姻法〉的变通规定》(1981 年)、云南省《耿马傣族佤族自治县执行〈中华人民共和国婚姻法〉的补充规定》(1982 年)、《云南省澜沧拉祜族自治县变通执行〈婚姻法〉的规定》(1982 年)、《云南省西盟佤族自治县变通执行〈婚姻法〉意见》(1982 年)、贵州省《镇宁布依族苗族自治县执行〈中华人民共和国婚姻法〉变通规定》(1985 年)、《甘肃省阿克塞哈萨克族自治县施行〈中华人民共和国婚姻法〉部分条款的变通规定》(1993 年)、青海省《化隆回族自治县关于施行〈中华人民共和国婚姻法〉的补充规定》(1981 年)、青海省《河南蒙古族自治县关于施行〈中华人民共和国婚姻法〉的补充规定》(1982 年)、青海省《循化撒拉族自治县关于施行〈中华人民共和国婚姻法〉的补充规定》(1982 年)、青海省《互助土族自治县关于施行〈中华人民共和国婚姻法〉的补充规定》(2018 年修订)、青海省《门源回族自治县关于施行〈中华人民共和国婚姻法〉的补充规定》(1983 年)、青海省《民和回族土族自治县施行中华人民共和国婚姻法的变通规定》(1986 年)、青海省《大通回族土族自治县关于施行〈中华人民共和国婚姻法〉结婚年龄的变通规定》(1987 年)、四川省《峨边彝族自治县施行〈中华人民共和国婚姻法〉的补充规定》(1989 年)、四川省《马边彝族自治县施行〈中华人民共和国婚姻法〉的补充规定》(1989 年)等。

② 有的颁布新规，例如，2023 年《门源回族自治县施行〈中华人民共和国民法典〉结婚年龄的变通规定》施行，《门源回族自治县施行〈中华人民共和国婚姻法〉的补充规定》同时废止；2022 年《大通回族土族自治县施行〈中华人民共和国民法典〉结婚年龄的变通规定》施行，《大通回族土族自治县关于实施〈中华人民共和国婚姻法〉结婚年龄的变通规定》同时废止。有的根据《民法典》修正原变通规定，例如，2021 年对《马边彝族自治县施行〈中华人民共和国婚姻法〉的补充规定》予以修正，该法规名称也被修正为《马边彝族自治县施行〈中华人民共和国民法典〉婚姻家庭编的补充规定》；2021 年对《峨边彝族自治县施行〈中华人民共和国婚姻法〉的补充规定》予以修正，该法规名称修改为《峨边彝族自治县施行〈中华人民共和国民法典〉婚姻家庭编的补充规定》。

③ 例如，2011 年贵州省人民代表大会民族宗教委员会对《关于废止黔南布依族苗族自治州执行〈中华人民共和国婚姻法〉变通规定的决定》审议结果的报告称："《黔南布依族苗族自治州执行〈中华人民共和国婚姻法〉变通规定》颁布实施以来，对尊重该自治州少数民族婚姻习俗和传统，保护公民婚姻家庭的合法权益，加强民族团结发挥了积极的作用。随着自治州经济社会的发展，少数民族公民的婚育观念已经改变，晚婚晚育、优生优育等良好风尚已基本形成，《变通规定》已无施行的必要，应当废止。"

方行政区划内的少数民族(包括本少数民族及其他少数民族)而非汉族①,而大多数规定适用于该自治州行政区域内各少数民族公民以及与少数民族公民通婚的汉族公民②。换言之,对于本自治地方行政区划内的汉族婚姻家庭关系(不包括与少数民族通婚的汉族)一般不适用变通规定,应当适用《民法典》婚姻家庭编的规定。

三、民族自治地方变通性立法的主要内容③

各民族自治地方根据本行政区划内少数民族婚姻家庭具体情况所作的变通规定不尽相同,其主要变通的内容有以下三个方面:

(一) 有关基本原则内容的变通规定

1. 细化保障婚姻自由原则

婚姻自由是我国婚姻法的一项基本原则。为保障其贯彻实施,各少数民族自治地方的变通规定,针对本民族实际与现状,特别细化了若干禁止性规定:(1) 禁止干涉丧偶妇女再婚。为保障少数民族地区丧偶妇女的婚姻自由权,大多民族自治地方均在其变通规定中明确禁止干涉丧偶妇女之再婚自由。④(2) 禁止利用宗教干涉婚姻家庭。为了防止少数民族宗教信仰对婚姻家庭的破坏,一些民族自治地方的变通规定进一步强调禁止利用宗教干涉婚姻家庭。⑤(3) 禁止干涉不同民族的男女通婚。为保障不同民族男女的通婚自由及防止干涉本民族男女与外民族通婚,许多民族自治地方在补充规定中强调,不同民族的男女通婚受法律保护。⑥

2. 变通贯彻一夫一妻制原则

青海、西藏及四川的个别少数民族地区,由于历史原因和民族习惯,还残存着兄弟共妻、朋友共妻、姐妹共夫等各种形式的一夫多妻制和一妻多夫制。这些已成既定事实的婚姻关系有着深刻的历史根源,必须慎重对待。许多民族自治地方均在其变通规定中分"两步走",

---

① 《甘南藏族自治州施行〈中华人民共和国婚姻法〉结婚年龄变通规定》第 3 条规定:"本规定适用于居住在甘南藏族自治州内的藏族及其他各少数民族公民。"新疆、西藏以及宁夏地区的一些变通规定亦有此规定。

② 《甘孜藏族自治州施行〈中华人民共和国民法典〉婚姻家庭编的变通规定》第 2 条规定:"本变通规定适用于自治州行政区域内各少数民族公民,以及与少数民族公民通婚的汉族公民。"《阿坝藏族羌族自治州施行〈中华人民共和国民法典〉婚姻家庭编的补充规定》第 9 条规定:"本补充规定适用于自治州各少数民族,也适用于同少数民族结婚的汉族。"

③ 本部分介绍的变通性立法除施行《民法典》结婚年龄或者婚姻家庭编的补充规定外,还包括各民族自治地方针对1980 年《婚姻法》执行的变通规定,因为尽管自 2021 年 1 月 1 日《民法典》正式实施之日起,1980 年《婚姻法》及2001 年修正的《婚姻法》均被废止,但不少民族自治地方的变通或补充规定还没有修改,在《民法典》实施后依然适用。

④ 例如,四川省《峨边彝族自治县施行〈中华人民共和国民法典〉婚姻家庭编的补充规定》第 3 条规定:"禁止干涉丧偶妇女的婚姻自由,不得强迫丧偶妇女转房。"四川省《马边彝族自治县施行〈中华人民共和国民法典〉婚姻家庭编的补充规定》第 4 条规定:"禁止干涉丧偶妇女的婚姻自由。丧偶妇女再行婚嫁,任何人都不得阻挠。禁止强迫丧偶妇女转房。丧偶妇女有权依法处理属于其本人的财产,任何人不得干涉。"

⑤ 例如,青海省《循化撒拉族自治县关于施行〈中华人民共和国婚姻法〉的补充规定》第 5 条规定:"严禁宗教干涉婚姻自由,不准以宗教仪式代替法定的婚姻手续。"

⑥ 例如,四川省《峨边彝族自治县施行〈中华人民共和国民法典〉婚姻家庭编的补充规定》第 4 条规定:"依法保护各民族公民之间的合法婚姻,彝族公民和其他民族公民依法通婚,任何组织和个人不得以任何形式阻挠或歧视。"

"阶段性"变通贯彻一夫一妻制,即:一方面,坚持确立及进一步强调一夫一妻制原则,禁止一夫多妻或一妻多夫;另一方面,对基于历史原因形成的一夫多妻一定程度上予以承认与维持,以积极、稳妥地逐步实现一夫一妻制原则。[1]

　　3. 适当放宽生育限制[2]

　　1991 年 5 月 12 日发布的《中共中央、国务院关于加强计划生育工作严格控制人口增长的决定》明确规定,少数民族也要实行计划生育,但考虑到各少数民族人口、寿命以及生育的现状,对其计划生育的要求可比照汉族适当放宽,并授权各省、自治区具体灵活规定。[3] 在 21世纪,随着我国人口数量和结构的变化,有部分省市逐步实施放开二胎的政策,至 2015 年修正的《人口与计划生育法》施行,我国已经全面实施放开二胎政策。[4] 该法第 18 条规定:"国家提倡一对夫妻生育两个子女。符合法律、法规规定条件的,可以要求安排再生育子女。具体办法由省、自治区、直辖市人民代表大会或者其常务委员会规定。少数民族也要实行计划生育,具体办法由省、自治区、直辖市人民代表大会或者其常务委员会规定。夫妻双方户籍所在地的省、自治区、直辖市之间关于再生育子女的规定不一致的,按照有利于当事人的原则适用。"可见,自 2015 年修正的《人口与计划生育法》施行后,我国已经对汉族统一实施全面二胎政策,提倡一对夫妻生育两个子女。而随着《人口与计划生育法》2021 年的修正,我国正式开启"三孩"时代。[5] 根据《人口与计划生育法》的规定,少数民族也要实行计划生育,具体办法由省、自治区、直辖市人民代表大会或者其常务委员会规定。[6] 各少数民族除在执行《婚姻法》或者《民法典》变通规定里予以规定外,还制定了地方人口与计划生育条例。例如,2021 年 11 月 30 日第八次修正的《宁夏回族自治区人口与计划生育条例》第 23 条规定:"提倡适龄婚育、优生优育。一对夫妻可以生育三个子女。再婚夫妻婚前生育的子女,不纳入现家庭子女数合并计算。"第 24 条规定:"夫妻一方为本自治区户籍,另一方为其他省(自治区、直辖市)户籍的,双方户籍所在地关于再生育子女的规定不一致的,按照有利于当事人的原则适用。"

---

[1] 例如,《西藏自治区施行〈中华人民共和国婚姻法〉的变通条例》第 2 条规定:"废除一夫多妻、一妻多夫等封建婚姻,对执行本条例之前形成的上述婚姻关系,凡不主动提出解除婚姻关系者,准予维持。"《四川省阿坝藏族自治州施行〈中华人民共和国婚姻法〉的补充规定》第 3 条规定:"实行一夫一妻制,禁止重婚。对实施本规定前形成的一夫多妻和一妻多夫的婚姻关系,当事人不提出解除的,不予理置。"该州人大常委会施行补充规定的说明中解释:"如有男女一方提出解除,就应坚决支持,予以解除。""在本规定实施以后,如再发生一夫多妻或一妻多夫的婚姻关系,应以重婚罪论处。"

[2] 尽管《民法典》婚姻家庭编删除了计划生育的相关规定,不再将其作为婚姻家庭编的基本原则,但这并非是否定计划生育,只是因有专门法律规定而已。

[3] 例如,《新疆维吾尔自治区执行〈中华人民共和国婚姻法〉的补充规定》第 9 条规定:"在少数民族中也要实行计划生育,但必须加强宣传教育,积极创造条件,逐步推行。对汉族和少数民族实行计划生育要有区别,对汉族要求要严,对少数民族要适当放宽。"《阿坝藏族羌族自治州施行〈中华人民共和国民法典〉婚姻家庭编的补充规定》第 5 条规定,"实行计划生育,提倡晚婚晚育"。

[4] 中共中央政治局 2021 年 5 月 31 日召开会议,听取"十四五"时期积极应对人口老龄化重大政策举措汇报,审议《中共中央、国务院关于优化生育政策促进人口长期均衡发展的决定》,决定进一步优化生育政策,实施一对夫妻可以生育三个子女政策及配套支持措施。

[5] 2021 年修正的《人口与计划生育法》第 18 条第 1 款规定:"国家提倡适龄婚育、优生优育。一对夫妻可以生育三个子女。"

[6] 参见 2021 年修正的《人口与计划生育法》第 18 条第 3 款的规定。

（二）有关结婚、离婚的变通规定

1. 适当降低法定最低婚龄

在我国，许多少数民族都有早恋、早婚的习俗，男女在十六七岁就可能结婚，1980 年《婚姻法》和《民法典》规定的法定最低婚龄（男不得早于 22 周岁，女不得早于 20 周岁）要求与其婚嫁风俗习惯的实际不相符合。为此，我国各民族自治地方均制定执行 1980 年《婚姻法》或者《民法典》结婚年龄的变通规定，将其适用对象的法定最低结婚年龄规定变通为：男不得早于 20 周岁，女不得早于 18 周岁。[①]

2. 变通规定禁婚亲的范围

（1）变通"三代以内旁系血亲禁婚"的规定。在我国，由于部分少数民族长期盛行族内通婚、近亲通婚（尤其是表兄弟姐妹结婚）的习俗与现实情况，1980 年《婚姻法》规定的禁止三代以内的旁系血亲间结婚难以实行。因此，有的民族自治地方对此作了变通规定，仅大力提倡三代以内的旁系血亲不结婚[②]，或推迟"三代以内旁系血亲禁婚"规定的执行时间[③]。必须指出，为了优生优育，越来越多的民族自治地方已坚持贯彻"三代以内旁系血亲禁婚"的规定。[④]

（2）尊重少数民族"近亲不婚"的传统习惯。在我国，有些少数民族历来盛行"近亲不婚"的传统习俗，其禁止结婚的近亲属范围不同程度地超出我国 1980 年《婚姻法》和《民法典》"直系血亲和三代以内的旁系血亲"之规定。为了传承这一传统习俗，尊重民族习惯与生活方式，允许少数民族保持其民族婚姻的传统习惯，就此作出变通规定。[⑤]

3. 坚持结婚、离婚须遵循法定程序

（1）重申结婚、离婚必须履行法定手续。由于民族习俗和宗教的影响，有的少数民族地区，男女结婚、离婚一般只按民族习俗举行一定的婚礼仪式或宗教仪式，而不依法定程序办理法律手续。为了加强对少数民族婚姻关系的法律调整，保护合法婚姻，一些民族自治地方在变通规定中进一步强调必须坚持结婚、离婚的法定程序。[⑥]

[①] 例如，《果洛藏族自治州施行〈中华人民共和国民法典〉结婚年龄的变通规定》第 2 条规定："具有本州户籍的少数民族结婚年龄，男不得早于二十周岁，女不得早于十八周岁。门源回族自治县、大通回族土族自治县、玉树藏族自治州、黄南藏族自治州、海南藏族自治州、海北藏族自治州各自《施行〈中华人民共和国民法典〉结婚年龄的变通规定》第 2 条以及《凉山彝族自治州施行〈中华人民共和国民法典〉婚姻家庭编的变通规定》第 3 条、《甘孜藏族自治州施行〈中华人民共和国民法典〉婚姻家庭编的变通规定》第 3 条均有相同内容规定。

[②] 例如，《内蒙古自治区执行〈中华人民共和国婚姻法〉的补充规定》第 4 条规定："大力提倡三代以内的旁系血亲不结婚。"值得注意的是，该规定 2021 年已废止。

[③] 例如，《宁夏回族自治区执行〈中华人民共和国婚姻法〉的补充规定》第 3 条规定："《中华人民共和国婚姻法》禁止三代以内的旁系血亲结婚的规定，回族推迟到 1983 年 1 月 1 日起执行。"值得注意的是，该规定 2024 年已废止。

[④] 例如，《新疆维吾尔自治区执行〈中华人民共和国婚姻法〉的补充规定》第 3 条规定："依照《中华人民共和国婚姻法》的规定，禁止三代以内的旁系血亲结婚。"《阿坝藏族羌族自治州施行〈中华人民共和国民法典〉婚姻家庭编的补充规定》第 6 条规定："直系血亲或者三代以内的旁系血亲禁止结婚。"

[⑤] 例如，《甘肃省阿克塞哈萨克族自治县施行〈中华人民共和国婚姻法〉部分条款的变通规定》第 3 条规定："自治县境内的哈萨克族直系血亲和四代以内的旁系血亲（至重外孙）禁止结婚，并继续提倡七代以内的旁系血亲不结婚的传统习惯。"

[⑥] 例如，《阿坝藏族羌族自治州施行〈中华人民共和国民法典〉婚姻家庭编的补充规定》第 8 条规定："结婚、离婚应当依照《中华人民共和国民法典》婚姻家庭编的规定，严格履行法律手续。订婚不是结婚的法定程序，不具有法律效力。"《新疆维吾尔自治区执行中华人民共和国婚姻法的补充规定》第 6 条规定，"禁止一方用口头或文字通知对方的方法离婚"；第 7 条规定，"禁止用宗教仪式代替法定结婚登记"。

（2）尊重少数民族传统的婚嫁仪式。少数民族的婚嫁仪式各具特色、丰富多彩,反映了各民族文化和历史的发展。例如,傣族男女结婚要请寨中有威望的老人祝福,并在新郎、新娘手上拴线,以示吉祥;景颇族结婚时男方先将姑娘"偷"回家中,然后再提亲、宴请宾客;等等。[1]对于这些传统的仪式,在不违背婚姻法基本原则、不违背法定登记要求的前提下,应当予以尊重和保护。[2]

（三）其他方面的变通规定

针对少数民族存在一些与我国 1980 年《婚姻法》、《民法典》以及新时代要求不相符合的风俗习俗,各民族自治地方的变通规定还具体细化了若干"移风易俗"的规定:(1) 强调订婚不是结婚的必经程序。针对少数民族盛行订婚习俗的"特点",一些民族自治地方在变通或补充规定中强调,订婚不是结婚的必经程序。[3](2) 强调生父对非婚生子女抚养费的负担。针对非婚生子女严重受歧视的现象以及抚养费全由生母负担的习惯,一些民族自治地方的变通或补充规定进一步强调非婚生子女享有与婚生子女同等权利,生父应当负担非婚生子女的抚养费。[4]

四、处理民族婚姻家庭纠纷应注意的问题

民族婚姻家庭关系的地方性、民族性以及差异性等特点决定民族婚姻家庭纠纷很多时候并非单纯是一个法律问题,而是牵涉民族文化传统、风俗习惯、生活方式等诸多事宜。因此,在处理这类纠纷时,还要注意依据民族政策,尊重少数民族风俗习惯办事,正确处理民族婚姻家庭纠纷。具体而言,应予注意的问题如下。

（一）民族通婚问题

1950 年 12 月,内务部《关于对少数民族婚姻处理的批复》特别规定,法律上并不限制不同民族间结婚,但如因民族的风俗习惯或教规关系,不准与外族通婚时,应本着个人利益服从整体利益的原则,说服男女双方当事人尊重民族习俗,不要勉强结合,以免引起群众反感及民族纠纷。不同民族间发生婚姻纠纷时,当地人民政府应……以照顾民族风俗习惯为原则,邀集当地民族代表人物及男女双方当事人进行调解。

---

[1] 关于我国各少数民族婚嫁仪式的详细介绍,参见雷明光:《中国少数民族婚姻家庭法律制度研究》,中央民族大学出版社 2009 年版。

[2] 例如,《西藏自治区施行〈中华人民共和国婚姻法〉的变通条例》第 5 条规定:"结婚、离婚必须履行登记手续。"第 3条规定:"对各少数民族传统的婚嫁仪式,在不妨害婚姻自由原则的前提下,应予尊重。"

[3] 例如,《阿坝藏族羌族自治州施行〈中华人民共和国民法典〉婚姻家庭编的补充规定》第 8 条规定:"结婚、离婚应当依照《中华人民共和国民法典》婚姻家庭编的规定,严格履行法律手续。订婚不是结婚的法定程序,不具有法律效力。"

[4] 例如,青海省《果洛藏族自治州施行〈中华人民共和国婚姻法〉的变通规定》(2021 年已废止)第 6 条规定:"非婚生子女享有与婚生子女同等权利,任何人不得危害和歧视。非婚生子女的生父,应负担其子女必要的生活费和教育费的一部或全部,直至子女能独立生活为止。"《西藏自治区施行〈中华人民共和国婚姻法〉的变通条例》第 6 条规定:"对非婚生子女生活费和教育费的负担,应按中华人民共和国婚姻法第十九条的规定执行。改变全由生母负担的习惯。"

(二) 不同民族男女所生子女的民族从属问题

对不同民族男女所生子女或收养的子女的民族从属问题,一般由父母协商处理。而且,根据 2016 年 1 月 1 日实施的《中国公民民族成份登记管理办法》的规定,个人的民族成份,只能依据父亲或母亲的民族成份确定、登记。这里的父母,包括生父母、养父母和与继子女有抚养教育关系的继父母。公安部门在办理新增人口户口登记时,应当根据新增人口父母的民族成份,确认其民族成份。未满 18 周岁的公民,如果父母婚姻关系发生变化,其民族成份与直接抚养的一方不同,或者其民族成份与继父(母)的民族成份不同,或者其民族成份与养父(母)的民族成份不同,可以申请变更其民族成份一次。年满 18 周岁的公民,在其年满18 周岁之日起的 2 年内,可以依据其父或者其母的民族成份申请变更一次。未满 18 周岁的公民变更民族成份,应当由其父母或者其他法定监护人提出申请;年满 18 周岁的公民申请变更民族成份,应当由其本人提出申请。

(三) 少数民族一方与汉族一方离婚时争养子女的问题

少数民族一方与汉族一方通婚后,双方在离婚时对抚养子女发生争执的,1957 年《最高人民法院关于回族男方与汉族女方离婚后对子女抚养问题发生争执应如何处理的复函》规定,应尽量调解解决。如调解不成时,应本着保障贯彻少数民族政策和保障子女利益出发进行处理,哺乳期内的子女一般判决由母方抚养,哺乳期后的子女,除显然对子女不利者外,应判决由少数民族一方母方或父方抚养。但根据 2012 年《最高人民法院关于废止 1979 年底以前发布的部分司法解释和司法解释性质文件(第八批)的决定》,该复函已经被废止,因此,少数民族一方与汉族一方通婚后,双方在离婚时对抚养子女发生争执的,如果民族自治地方没有变通规定,应该按照《民法典》第 1067、1068、1071、1072、1084、1085、1086、1087 条等规定予以处理。

第二节 涉及华侨、港澳台居民的婚姻和收养

涉及华侨、港澳台居民的婚姻和收养,是指华侨、港澳台居民之间或者华侨、港澳台居民与内地(大陆)居民之间依据我国内地法律在内地办理的婚姻、收养事项。在我国,由于此类婚姻收养关系的主体双方均是中国人且在我国内地办理,故一律适用《民法典》等法律的规定。

一、涉及华侨、港澳台居民的婚姻

(一) 涉及华侨的婚姻

1. 结婚问题

华侨同国内居民在国内结婚,一律适用《民法典》婚姻家庭编规定的结婚条件和程序,

并按现行《婚姻登记条例》办理结婚登记。①

(1) 办理结婚登记的机关。根据现行《婚姻登记条例》第 2 条第 2 款、第 7 条第 2 款和《婚姻登记工作规范》第 5 条第 1 款的规定,华侨同国内居民在中国内地结婚的,男女双方应当共同到省、自治区、直辖市人民政府民政部门或者省、自治区、直辖市人民政府民政部门确定的机关办理。

(2) 申请人须出具的证件和书面材料。申请结婚登记的国内居民一方须持本人身份证、本人无配偶以及与对方当事人没有直系血亲和三代以内旁系血亲关系的签字声明;华侨一方须持我国驻该国使(领)馆颁发的本人护照以及经我国驻该国使(领)馆认证的居住国公证机关出具的或直接由我国驻该国使(领)馆出具的本人无配偶以及与对方当事人没有直系血亲和三代以内旁系血亲关系的证明。② 如果同国内居民申请结婚登记的华侨来自和我国无外交关系的国家(地区),须持有华侨居住国(地区)公证机关公证并经与我国和华侨居住国(地区)都有外交关系的第三国使(领)馆认证的无配偶证明。

2. 离婚问题

关于华侨离婚,应根据不同情况分别予以处理:

(1) 定居在国外的华侨与国内居住的居民离婚。如果双方自愿离婚并对子女、财产处理达成协议的,应向国内一方居民常住户口所在地的省、自治区、直辖市人民政府民政部门或者省、自治区、直辖市人民政府民政部门确定的机关申请离婚登记。但结婚登记不是在中国内地办理的,应向人民法院起诉,依诉讼程序办理。

华侨一方在居住国法院起诉与国内居民离婚,如果双方对外国法院离婚判决无异议的,不予干预。如果国内一方向人民法院申请承认外国法院离婚判决效力的,由中级人民法院受理、审查并裁定其效力:如该判决不违反我国法律的基本准则或国家利益、社会利益的,裁定承认其效力;否则裁定驳回申请且不得上诉。

(2) 夫妻双方均是定居在国外的华侨离婚。夫妻双方均是定居在国外的华侨离婚,原则上应向居住国有关机关申请办理离婚手续。其原是由我驻外使(领)馆办理结婚登记,现由于某种原因居住国有关机关不受理该离婚请求,如双方达成离婚协议的,可向原办理结婚登记的我驻外使(领)馆申请离婚登记;如属于夫妻一方要求离婚的,则应向出国定居前最后户籍所在地或住所地的人民法院起诉,依我国现行《民事诉讼法》的规定予以审理。

(二) 涉及港、澳居民的婚姻

1. 涉及港、澳居民的结婚

(1) 港、澳居民同内地居民在内地结婚。港、澳居民同内地居民在内地结婚的,如果其他法律未有特别规定,适用《民法典》婚姻家庭编和现行《婚姻登记条例》之规定。

办理婚姻登记的机关。根据现行《婚姻登记条例》第 2 条第 2 款、第 7 条第 2 款以及

---

① 为了方便华侨,我国相关法律法规鼓励华侨按居住国的法律在当地办理结婚登记或举行结婚仪式,只要其婚姻与我国婚姻法的基本原则不相抵触,即承认其效力。若申请结婚的当事人双方均是居住在国外的华侨,且居住国法律承认外国使(领)馆办理结婚登记的,其也可到我国驻该国使(领)馆申请办理结婚登记。参见 1983 年《华侨婚姻规定》等。值得注意的是,1983 年《华侨婚姻规定》已于 2007 年 10 月 29 日被民政部废止,废止原因是有关内容已被 2003 年《婚姻登记条例》吸收。

② 现行《婚姻登记条例》第 8 条、2015 年修订的《婚姻登记工作规范》第 34 条。

《婚姻登记工作规范》第 5 条第 1 款的规定,港、澳居民同内地居民在内地办理结婚手续的,男女双方应当共同到省、自治区、直辖市人民政府民政部门或者省、自治区、直辖市人民政府民政部门确定的机关申请办理婚姻登记。

申请人须出具的证件和书面材料。根据现行《婚姻登记条例》第 8 条以及《婚姻登记工作规范》第 31、32 条的规定,港、澳居民同内地居民在内地办理结婚手续的,办理结婚登记的内地居民应当出具:本人身份证;本人无配偶以及与对方当事人没有直系血亲和三代以内旁系血亲关系的签字声明。办理结婚登记的港、澳居民应当出具:本人的有效通行证或者港澳居民居住证、身份证;经居住地公证机构公证的本人无配偶以及与对方当事人没有直系血亲和三代以内旁系血亲关系的声明。

(2) 港、澳居民同内地居民在港、澳地区结婚。根据《涉外民事关系法律适用法》第 21—25 条的规定,可类推适用婚姻缔结地的香港地区或澳门地区法律。只要没有重婚等违法情形,我国内地法律均承认其为合法的婚姻关系。

2. 涉及港、澳居民的离婚

(1) 港、澳居民与内地居民离婚。根据现行《婚姻登记条例》第 13 条第 2 款的规定,夫妻一方是内地居民,另一方是港、澳居民,双方自愿离婚并对子女抚养、财产处理达成了一致书面协议的,须共同亲自到省、自治区、直辖市人民政府民政部门或者省、自治区、直辖市人民政府民政部门确定的机关申请离婚登记。但如其结婚登记不是在中国内地办理的,婚姻登记机关不予受理。[①]

根据现行《婚姻登记条例》第 15 条的规定,港、澳居民同内地居民在内地办理离婚手续的,办理离婚登记的内地居民应当出具:本人身份证;本人的结婚证;双方当事人共同签署的离婚协议书。办理离婚登记的港、澳居民应当出具:本人的有效通行证或者港澳居民居住证、身份证;本人的结婚证;双方当事人共同签署的离婚协议书。婚姻登记机关依现行《婚姻登记条例》、《婚姻登记工作规范》以及《民政部关于贯彻落实〈中华人民共和国民法典〉中有关婚姻登记规定的通知》的规定,经 30 天离婚冷静期后审查决定是否予以登记、发证。

夫妻一方是内地居民,另一方是港、澳居民,一方要求离婚,或双方自愿离婚,但对子女、财产处理未达成协议,或虽达成协议,一方不能亲自申请离婚登记的,应向内地居民一方户籍所在地的基层人民法院起诉。人民法院按我国《民法典》的规定进行调解或判决。如果判决离婚,子女抚养费、共同财产分割所得财产以及一方对另一方的经济帮助费、损害赔偿费,原则上应一次性给付。如一次性给付有困难的,应由在内地有相当财产的居民予以担保。

(2) 夫妻双方均是港、澳居民的离婚。如果夫妻双方都是居住在港、澳的居民,并且是在内地办理结婚登记,现因特殊情况,要求回内地办理离婚的,应向内地的原婚姻登记机关申请离婚登记或向原办理结婚登记的机关所在地的人民法院起诉离婚。

[①] 我国现行《婚姻登记条例》第 14 条规定,办理离婚登记的当事人有下列情形之一的,婚姻登记机关不予受理:"……(三)其结婚登记不是在中国内地办理的。"

(三) 大陆居民与台湾地区居民的婚姻 ①

为了加强大陆居民与台湾地区居民的婚姻登记管理,1998 年 12 月 10 日,民政部曾专门颁布实施了《大陆居民与台湾居民婚姻登记管理暂行办法》,以统一登记规定。在我国,2003 年《婚姻登记条例》颁布实施后,该条例取代该暂行办法,成为大陆居民与台湾地区居民在中国大陆办理婚姻登记的主要法律规范。

1. 大陆居民与台湾地区居民的结婚

(1) 办理结婚登记的机关。根据现行《婚姻登记条例》第 2 条第 2 款和第 7 条第 2 款的规定,大陆居民同台湾地区居民在中国大陆结婚的,男女双方应当共同到省、自治区、直辖市人民政府民政部门或省、自治区、直辖市人民政府民政部门确定的机关申请婚姻登记。

(2) 申请人应出具的证件和书面材料。根据现行《婚姻登记条例》第 8 条的规定,申请办理结婚登记的大陆居民应出具:本人身份证;本人无配偶以及与对方当事人没有直系血亲和三代以内旁系血亲关系的声明。台湾地区居民则应出具:本人的有效通行证或者台湾居民居住证、身份证;经居住地公证机构公证的本人无配偶以及与对方当事人无直系血亲和三代以内旁系血亲关系的声明。

2. 大陆居民与台湾地区居民的离婚

(1) 双方自愿离婚。根据现行《婚姻登记条例》第 13 条第 2 款、第 15 条的规定,大陆居民与台湾地区居民在大陆要求离婚,如果双方自愿离婚并对子女抚养、财产处理达成一致书面离婚协议的,须共同到省、自治区、直辖市人民政府民政部门或者省、自治区、直辖市人民政府民政部门确定的机关申请离婚登记。但如果夫妻双方不是在大陆办理结婚登记的,或双方对子女抚养、财产处理未达成协议的,或一方是无民事行为能力或限制民事行为能力人的,婚姻登记机关均不受理双方的离婚申请。

根据《民法典》第 1076—1078 条、现行《婚姻登记条例》第 15、16 条以及 2020 年 11 月 24 日发布的《民政部关于贯彻落实〈中华人民共和国民法典〉中有关婚姻登记规定的通知》的规定,大陆居民与台湾地区居民在大陆办理离婚登记的程序,可分为以下四个阶段:

一是申请与受理。办理离婚登记的大陆居民应当出具:本人身份证;本人的结婚证;双方当事人在婚姻登记机构现场共同填写签署的离婚协议书。办理离婚登记的台湾地区居民应当出具:台湾地区居民来往大陆通行证或者其他有效旅行证件;本人在台湾地区居住的有效身份证;本人的结婚证;双方当事人在婚姻登记机构现场共同签署的离婚协议书。婚姻登记机关受理双方的离婚申请后,按照《婚姻登记工作规范》有关规定对当事人提交的上述材料进行初审。初审无误后,发给《离婚登记申请受理回执单》;不符合离婚登记申请条件的,不予受理,当事人可要求出具《不予受理离婚登记申请告知书》。

二是离婚冷静期。自婚姻登记机关收到离婚登记申请并向当事人发放《离婚登记申请受理回执单》之日起 30 日内(自婚姻登记机关收到离婚登记申请之日的次日开始计算期间,期间的最后一日是法定休假日的,以法定休假日结束的次日为期间的最后一日),任何一方不愿意离婚的,可以持本人有效身份证件和《离婚登记申请受理回执单》(遗失的可不提供,

---

① 本部分所称"大陆居民与台湾地区居民的婚姻",如无特别说明,均仅指大陆居民与台湾地区居民在我国大陆的结婚、离婚、"复婚"。必须说明,《民法典》第 1083 条使用的是"重新进行结婚登记"这一更为科学的表述,而不是社会俗称的"复婚"。

但需书面说明情况),向受理离婚登记申请的婚姻登记机关撤回离婚登记申请,并亲自填写《撤回离婚登记申请书》。经婚姻登记机关核实无误后,发给《撤回离婚登记申请确认单》。

三是审查。自离婚冷静期届满后 30 日内(自冷静期届满日的次日开始计算期间,期间的最后一日是法定休假日的,以法定休假日结束的次日为期间的最后一日),双方未共同到婚姻登记机关申请发给离婚证的,视为撤回离婚登记申请。自离婚冷静期届满后 30 日内,双方当事人应当持前述证件和材料,共同到婚姻登记机关申请发给离婚证。婚姻登记机关按照《婚姻登记工作规范》第 56、57 条规定的程序和条件执行和审查。婚姻登记机关对不符合离婚登记条件的,不予办理,当事人可要求出具《不予办理离婚登记告知书》。

四是登记。对符合离婚登记条件的,婚姻登记机关按照《婚姻登记工作规范》第 58—60 条的规定,予以登记,发给离婚证。

(2) 一方要求离婚。大陆居民与台湾地区居民一方要求离婚的,须向大陆居民一方户口所在地人民法院起诉,按我国现行《民事诉讼法》和《民法典》规定调解或审理判决。一方负担的子女抚养费、应给付分割的共同财产和经济帮助费、损害赔偿费,应一次性给付,给付有困难的,可找人担保。

二、涉及华侨、港澳台居民的收养

本部分所称的"涉及华侨、港澳台居民的收养",是指定居在国外的华侨以及居住在中国香港、澳门、台湾地区的中国居民在中国境内(内地或大陆)收养子女。因其都是中国公民之间的收养,故与中国境内(内地或大陆)居民之间的收养并无本质上的区别。

涉及华侨、港澳台居民的收养,应当按《民法典》婚姻家庭编和《中国公民收养子女登记办法》的规定办理。① 考虑到华侨、港澳台地区居民的特殊情况,1999 年 5 月 25 日,民政部还专门出台了《华侨以及居住在香港、澳门、台湾地区的中国公民办理收养登记的管辖以及所需要出具的证件和证明材料的规定》,对办理收养登记的机关和所需提供的证明材料,予以明确规定,以便利、规范华侨、港澳台地区居民之收养。

(一) 办理收养登记的机关

华侨收养国内居民和港澳台地区居民收养内地(大陆)居民为养子女的,一般是由被收养人户籍所在地的直辖市、设区的市、自治州人民政府民政部门或地区(盟)行政公署民政部门办理。如果被收养人是社会福利机构抚养的,查不到生父母的弃婴、儿童和孤儿,则由社会福利机构所在地的直辖市、设区的市、自治州人民政府民政部门或地区(盟)行政公署民政部门办理。

(二) 收养人应提供的材料

1. 华侨应提供的收养证件和证明

华侨申请办理成立收养关系的登记时,应当提交:(1) 收养申请书;(2) 收养人的护照;

---

① 关于生父母一方为中国内地居民,另一方为非中国内地居民(外国人、华侨以及港澳台居民)送养中国内地户籍子女问题,我国也有专门规定,详见《民政部办公厅关于生父母一方为非中国内地居民送养内地子女有关问题的意见》的规定。

(3) 收养人居住国有权机构出具的、经认证的、有关收养人的证明材料。该证明材料内容包括收养人年龄、婚姻、有无子女、职业、财产、健康、有无受过刑事处罚等状况，而且应当经其居住国外交机关或者外交机关授权的机构认证，并经中国驻该国使(领)馆认证(华侨居住国已与中国建立外交关系的)或已与中国建立外交关系的国家驻该国使(领)馆认证(华侨居住国未与中国建立外交关系的)。

2. 香港地区居民应提供的收养证件和证明

香港地区居民申请办理成立收养关系的登记时，应当提交：(1) 收养申请书；(2) 香港居民身份证、香港居民来往内地通行证或者香港居民回乡证；(3) 经主管机关委托的香港委托公证人(律师)证明的收养证明(内容包括收养人的年龄、婚姻、有无子女、职业、财产、健康、有无受过刑事处罚等状况)。

3. 澳门地区居民应提供的收养证件和证明

澳门地区居民申请办理成立收养关系的登记时，应当提交：(1) 收养申请书；(2) 澳门居民身份证、澳门居民通行证或者澳门居民回乡证；(3) 澳门地区有权机构出具的收养证明(内容包括收养人的年龄、婚姻、有无子女、职业、财产、健康、有无受过刑事处罚等状况)。

4. 台湾地区居民应提供的收养证件和证明

台湾地区居民申请办理成立收养关系的登记时，应当提交：(1) 收养申请书；(2) 在台湾地区居住的有效证件；(3) 中华人民共和国主管机关签发或签注的在有效期内的旅行证件；(4) 经台湾地区公证机构公证的证明材料，内容包括收养人的年龄、婚姻、有无子女、职业、财产、健康、有无受过刑事处罚等状况。

5. 送养人应提供的证明和证件

送养人即被收养人的生父母、监护人或社会福利机构应提供的送养证件和证明，与本书第七章的内容相同，不再赘述。

(三) 收养条件、程序和效力

华侨回国收养子女及港澳台地区居民在内地(大陆)收养子女，除他们需要持交上述与境内(内地或大陆)居民之间收养子女所提供的证件、证明和办理收养登记的机关不同外，收养人、被收养人、送养人应当具备的条件，收养程序和收养效力除一些例外性的规定，与境内(内地或大陆)居民之间的收养基本相同。

【本章小结】

本章主要内容有两个方面：一是少数民族婚姻家庭，包括少数民族婚姻家庭的概念和特点、民族自治地方的变通性立法以及处理民族婚姻家庭纠纷应注意的问题；二是涉及华侨、港澳台居民的婚姻和收养，包括对华侨、港澳台居民的婚姻与收养问题的各类处理规则。

【引导案例参考答案】

此案涉及民族婚姻纠纷的处理。如前所述，在我国，处理涉及民族婚姻的纠纷，首先适用民族自治地方施行婚姻法的变通条例或补充规定。其次，如无规定的，则适用《民法典》婚姻家庭编等一般性法律的规定。根据《马边彝族自治县施行〈中华人民共和国民法典〉婚姻家庭编的补充规定》可知：其一，该补充规定适用于自治县内的彝族、其他少数民族以及与少数民族结婚的汉族；其二，该补充规定规定的结婚年龄为，男子不得早于 20 周岁，女子不得早于 18 周岁；其三，禁止直系血亲结婚，不许三代以内的旁系血亲结婚；其四，结婚、离婚必须严格履行法律手续；其五，未达到法定最低结婚年龄缔结的婚姻无效；其六，凡未作变通规定的，均应按《民法典》婚姻家庭编的规定执行。[①] 虽然根据 1950 年《婚姻法》第 5 条的规定，表兄妹的禁止结婚问题，从习惯。但 1980 年《婚姻法》第 6 条已明确规定三代以内旁系血亲禁止结婚，这当然包括表兄妹禁止结婚。《民法典》第 1048 条也沿用了 2001 年修正的《婚姻法》第 7 条之规定。并且，依照《民法典》第 1049 条的规定，要求结婚的男女双方应当亲自到婚姻登记机关申请结婚登记，未办理结婚登记的应当补办登记。《婚姻家庭编解释（一）》第 7 条规定："未依据民法典第一千零四十九条规定办理结婚登记而以夫妻名义共同生活的男女，提起诉讼要求离婚的，应当区别对待：（一）1994 年 2 月 1 日民政部《婚姻登记管理条例》公布实施以前，男女双方已经符合结婚实质要件的，按事实婚姻处理。（二）1994 年 2 月 1 日民政部《婚姻登记管理条例》公布实施以后，男女双方符合结婚实质要件的，人民法院应当告知其补办结婚登记。未补办结婚登记的，依据本解释第三条规定处理。"《婚姻家庭编解释（一）》第 3 条规定："当事人提起诉讼仅请求解除同居关系的，人民法院不予受理；已经受理的，裁定驳回起诉。当事人因同居期间财产分割或者子女抚养纠纷提起诉讼的，人民法院应当受理。"根据以上规定，未依法办理结婚登记而以夫妻名义同居生活的男女，起诉到人民法院要求离婚的，应当区别对待：如果在 1994 年 2 月 1 日民政部《婚姻登记管理条例》公布施行以后，男女双方符合结婚实质要件的，人民法院应当告知其在案件受理前补办结婚登记；未补办结婚登记，仅请求解除同居关系的，人民法院不予受理。

就本案而言，根据该补充规定，并结合我国《民法典》婚姻家庭编以及相关司法解释的规定，某乙与某丙不构成重婚，某乙与某丙的婚姻合法有效。主要理由如下：

其一，某甲与某乙之间既未成立法律婚姻，也不能构成事实婚姻，所以某乙与某丙不构成重婚。本案中，2020 年 12 月 5 日，某甲与某乙虽然按当地习俗举行了婚礼，但因是表兄妹，双方当事人既不符合结婚的实质条件，也未办理（或补办）登记手续，所以某甲与某乙之间没有法律上的婚姻关系，也不构成事实婚姻，只是一种同居关系。由于某甲与某乙之间没有婚姻关系，所以某乙与某丙不构成重婚。

其二，某乙与某丙结婚，符合结婚的实质要件与形式要件，其婚姻合法有效。本案中，虽然某丙为汉族，但是与本地区少数民族结婚的汉族同样适用该补充规定。某丙结婚时已满 21 周岁，已达到少数民族地区的变通规定的法定婚龄，在其他方面也完全符合《民法典》婚姻家庭编规定的结婚实质要件和形式要件，所以，某乙与某丙的婚姻为合法有效的婚姻。

【本章思考题】

1. 简述民族自治地方关于婚姻法变通规定的主要内容。
2. 处理民族婚姻家庭纠纷应注意哪些问题？

[①]《马边彝族自治县施行〈中华人民共和国民法典〉婚姻家庭编的补充规定》第 10 条规定："本规定未作补充的，均按《中华人民共和国民法典》婚姻家庭编的规定执行。本规定施行以前，按照《马边彝族自治县施行〈中华人民共和国婚姻法〉的补充规定》的有关规定，对婚姻案件和纠纷所作的处理，继续有效。"

3. 简述我国涉港、澳居民婚姻的主要规定。

4. 简述涉及华侨及我国港澳台地区居民收养的主要规定。

【本章参考习题】

第十八章　涉外婚姻、涉外收养与涉外继承

【本章重点难点】

　　通过本章的学习,学生应了解涉外婚姻、涉外收养与涉外继承的基本理论,重点掌握我国法律及条例等对涉外婚姻、涉外收养与涉外继承的相关规定,难点在于理解冲突规范在涉外婚姻家庭法律关系中的适用。

【引导案例】

　　王男与陈女于 1995 年 4 月在国内自愿登记结婚,婚后生育一子,现已长大成人。

　　2019 年开始,双方因家庭矛盾而将经济收入各自分开掌握和使用,夫妻感情逐渐淡漠。2021 年春,陈女由江西省 A 城矿务局工程队卫生所调往江西省 B 市矿务局职工医院工作后,便很少回到位于 A 城的家中。2021 年 9 月,陈女赴美国探亲,在此期间,双方通信逐渐减少,尔后中断联系。王男曾多次劝陈女早日回家团聚,但陈女置之不理。

　　2024 年 2 月的一天,王男以夫妻感情已经破裂为理由,向我国江西省某中级人民法院起诉,要求与陈女离婚,并提供家庭财产清单如下:古式家具大小 17 件、奥迪 Q5 型汽车一辆、建筑面积 400 平方米的花园洋房一套。

　　请问:中国的法院对该案是否具有管辖权?

第一节　涉外婚姻

一、涉外婚姻的概念和特征

涉外婚姻有广义和狭义之分,其概念、特征及适用法律均不相同。

(一) 广义涉外婚姻的概念和特征

广义涉外婚姻,系指结婚、离婚和复婚等婚姻事项中具有涉外因素的婚姻。其特征包括:

第一,婚姻关系主体涉外。婚姻当事人中,一方为本国公民、另一方为外国人,或双方均为外国人[①],都属于主体涉外。在一定的条件和法律环境下,适宜的冲突法或者直接调整方

[①] 此处所指的外国人,是指不具有本国国籍的人,包括具有外国国籍的人和无国籍人。

法运用于该领域,是保障当事人的自由权、契约身份权,维护依法设立的民事关系的稳定性,内外有别地对待与处理涉外民事身份关系的需要。[1]

第二,地域涉外。即办理结婚、离婚或复婚事项的婚姻关系当事人一方或双方在国外,并因此需按国外法律或根据冲突规范的规定办理的。

第三,法律适用涉外。涉外婚姻涉及本国和外国两个国家的法律规定不同,故通常由国际私法中的冲突规范来调整。冲突规范一般规定调整涉外婚姻关系所适用的某个国家的实体法规范;本国缔结有国际条约的,适用国际条约,但本国保留的条款除外;没有缔结国际条约的国家,适用国际惯例。[2]

(二) 狭义涉外婚姻的概念和特征

狭义涉外婚姻,系指婚姻关系中的中国公民同外国人或双方均为外国人在中国境内办理的结婚、离婚和复婚等。其特征包括:

第一,婚姻主体涉外。在婚姻关系中,其中一方系中国公民,另一方系外国公民或无国籍人,或双方均为外国人。[3]

第二,相关婚姻手续在我国办理。狭义的涉外婚姻,不存在地域涉外问题。中华人民共和国成立后,我国政府一贯保护涉外婚姻。根据婚姻法的规定,国务院和有关部门先后颁布了一系列有关涉外婚姻的政策、法令,以指导当事人处理涉外婚姻,从而保护当事人的婚姻家庭权益。在我国,随着改革开放政策的实施,涉外婚姻逐年增多,为了适应调整涉外婚姻特殊性的需要,经国务院批准,民政部于1983年8月26日颁布了《中国公民同外国人办理婚姻登记的几项规定》。[4]此后,我国《民法通则》《民法总则》《民法典》和《民事诉讼法》等法律对我国境内办理涉外婚姻也分别作出了规定。根据现行《婚姻登记条例》第2条的规定,中国公民同外国人在中国境内结婚的,内地居民同香港居民、澳门居民,大陆居民同台湾地区居民结婚的,华侨在国内办理婚姻登记的,均适用该条例。这些现行法律和条例是处理在中国境内办理涉外婚姻的法律依据。本节阐述的涉外婚姻,系狭义涉外婚姻。

二、涉外结婚

在我国,1986年《民法通则》第147条规定,中华人民共和国公民和外国人结婚适用婚姻缔结地法。但关于涉外婚姻的条件和程序,我国《民法典》中并没有规定,这主要是因为,对于结婚实质要件和形式要件的准据法,《涉外民事关系法律适用法》已作出了规定。该法第21、22条分别规定:"结婚条件,适用当事人共同经常居所地法律;没有共同经常居所地的,适用共同国籍国法律;没有共同国籍,在一方当事人经常居所地或者国籍国缔结婚姻的,适用婚姻缔结地法律。""结婚手续,符合婚姻缔结地法律、一方当事人经常居所地法律或者

---

[1] 参见何群:《涉外同性婚姻法律适用问题研究》,载《河北法学》2012年第10期。

[2] 参见陈苇主编:《婚姻家庭继承法学》(第三版),群众出版社2017年版,第336页。

[3] 此处所指的外国人,是不具有中华人民共和国国籍的人,包括外国血统外籍人、中国血统外籍人(外籍华人)、在中国取得永久居留权并定居在中国的外国侨民和无国籍人。

[4] 1983年8月17日国务院批准,同年8月26日民政部颁布的《中国公民同外国人办理婚姻登记的几项规定》已于2008年1月15日被《国务院关于废止部分行政法规的决定》废止。

国籍国法律的,均为有效。"为指导司法实践,现行《涉外民事关系法律适用法的解释(一)》第 2 条规定:"涉外民事关系法律适用法实施以前发生的涉外民事关系,人民法院应当根据该涉外民事关系发生时的有关法律规定确定应当适用的法律;当时法律没有规定的,可以参照涉外民事关系法律适用法的规定确定。"即 2011 年 4 月 1 日前在我国境内办理涉外结婚的准据法仅是婚姻缔结地法,而在此之后则应当按上述规定确定结婚实质要件和形式要件的准据法。[①]

此外,对于自然人的经常居所地,现行《涉外民事关系法律适用法的解释(一)》第 13 条规定,自然人在涉外民事关系产生或者变更、终止时已经连续居住 1 年以上且作为其生活中心的地方,可被认定为涉外民事关系法律适用法规定的自然人的经常居所地,但就医、劳务派遣、公务等情形除外。

《民法典》第 11、12 条分别规定:"其他法律对民事关系有特别规定的,依照其规定。""中华人民共和国领域内的民事活动,适用中华人民共和国法律。法律另有规定的,依照其规定。"可见,《民法典》作为一般法,各民商事单行法作为特别法,特别法应优先于一般法适用。此外,2022 年 3 月 1 日起施行的《总则编解释》第 1 条第 2 款也规定,"就同一民事关系,其他民事法律的规定属于对民法典相应规定的细化的,应当适用该民事法律的规定"。此即特别法优先适用的规则,也是一个指引性规范,就涉外婚姻领域的法律适用而言,特别法主要是指我国《涉外民事关系法律适用法》,有关涉外结婚条件和程序的法律适用,应当依照其规定进行处理。

(一) 涉外结婚的条件

对于涉外结婚的条件,《涉外民事关系法律适用法》第 21 条规定:"结婚条件,适用当事人共同经常居所地法律;没有共同经常居所地的,适用共同国籍国法律;没有共同国籍,在一方当事人经常居所地或者国籍国缔结婚姻的,适用婚姻缔结地法律。"可见,适用婚姻缔结地法律的条件是,当事人没有共同国籍,在一方当事人经常居所地或者国籍国缔结婚姻的。在此情况下,如在我国境内申请办理涉外结婚的,应当适用《民法典》婚姻家庭编和现行《婚姻登记条例》等规定的结婚条件。《民法典》婚姻家庭编第 1046—1048 条规定的结婚必备条件和禁止条件如下:(1) 结婚应当男女双方完全自愿,禁止任何一方对另一方加以强迫,禁止任何组织或者个人加以干涉。(2) 结婚年龄,男不得早于 22 周岁,女不得早于 20 周岁。(3) 直系血亲或者三代以内的旁系血亲禁止结婚。即当事人在我国境内申请办理涉外结婚的,双方须符合以上结婚的必备条件和不存在结婚的禁止条件。

(二) 涉外结婚的程序

关于涉外结婚的程序,在中国境内办理涉外结婚手续,须符合《民法典》婚姻家庭编和现行《婚姻登记条例》等规定的结婚程序,才能具有法律效力。

[①] 主编注:关于区别结婚条件来设立不同准据法的原因,参见焦燕:《婚姻冲突法问题研究》,法律出版社 2007 年版,第 18—19 页。

1. 办理涉外结婚登记的机关

我国现行《婚姻登记条例》第 2 条第 2 款规定,中国公民同外国人办理婚姻登记的机关是省、自治区、直辖市人民政府民政部门或者省、自治区、直辖市人民政府民政部门确定的机关。

2. 涉外结婚登记程序

《民法典》婚姻家庭编第 1049 条规定:"要求结婚的男女双方应当亲自到婚姻登记机关申请结婚登记。符合本法规定的,予以登记,发给结婚证。完成结婚登记,即确立婚姻关系……"中国公民同外国人或外国人与外国人在中国结婚,其程序有如下三个:

(1) 申请。结婚的男女双方当事人必须亲自到婚姻登记机关申请办理结婚登记。申请结婚时,男女双方应当提交以下的证件和证明材料。

中国公民一方应提交的证件、证明材料包括:身份证明;本人无配偶以及与对方当事人没有直系血亲和三代以内旁系血亲关系的签字声明。外国公民一方应提交的证件、证明材料包括:本人的有效护照或其他有效的国际旅行证件;所在国公证机构或者有权机关出具的,经我国驻该国使(领)馆认证或者该国驻华使(领)馆认证的本人无配偶证明,或者该国驻华使(领)馆出具的本人无配偶证明。

此外,对于中国边民申请结婚的,我国《边民婚姻登记办法》第 6 条第 1 款规定:"办理结婚登记的中国边民应当出具下列证件、证明材料:(一)本人的居民户口簿、居民身份证;(二)本人无配偶以及与对方当事人没有直系血亲和三代以内旁系血亲关系的签字声明。"对于毗邻国边民一方,我国《边民婚姻登记办法》第 6 条第 2 款规定:"办理结婚登记的毗邻国边民应当出具下列证明材料:(一)能够证明本人边民身份的有效护照、国际旅行证件或者边境地区出入境通行证件;(二)所在国公证机构或者有权机关出具的、经中华人民共和国驻该国使(领)馆认证或者该国驻华使(领)馆认证的本人无配偶的证明,或者所在国驻华使(领)馆出具的本人无配偶的证明,或者由毗邻国边境地区与中国乡(镇)人民政府同级的政府出具的本人无配偶证明。"

(2) 审查。在受理涉外结婚申请后,婚姻登记机关应对双方当事人结婚的条件进行审查,对各自出示的证件和证明的真实性予以核实,看是否符合法律规定的要求。婚姻登记机关如果查明当事人的证件、证明不齐或不符合结婚要件的,应向其说明不予登记结婚的理由[①],并发给双方当事人《不予办理结婚登记通知单》,注明不予登记的理由。有争议的,可以向上级婚姻登记机关申请复议。

(3) 登记。我国现行《婚姻登记条例》第 10 条规定:"婚姻登记机关应当核对结婚登记当事人出具的证件、书面材料,询问相关情况,并对当事人的身份以及婚姻状况信息进行联网核对,依法维护当事人的权益。对当事人符合结婚条件的,应当当场予以登记,发给结婚证;对当事人不符合结婚条件不予登记的,应当向当事人说明理由。"

---

① 我国《边民婚姻登记办法》第 7 条规定:"办理结婚登记的当事人有下列情形之一的,婚姻登记机关不予登记:(一)未到中国法定结婚年龄的;(二)非双方自愿的;(三)一方或者双方已有配偶的;(四)属于直系血亲或者三代以内旁系血亲的;(五)患有医学上认为不应当结婚的疾病的。"必须注意,由于《民法典》第 1048 条规定的禁止结婚条件中已删除了 2001 年修正的《婚姻法》第 7 条第 2 项规定的"患有医学上认为不应当结婚的疾病"这一禁止结婚的法定条件,故《边民婚姻登记办法》第 7 条第 5 项因与《民法典》第 1048 条的规定相抵触,已经失效。

　　必须注意,因某种原因导致男女双方未办理结婚登记,如果申请补办结婚登记的,其婚姻关系的效力应当从双方符合《民法典》对结婚实质要件的规定时计算。[①]

　　对于事实婚姻的处理,以 1994 年 2 月 1 日民政部《婚姻登记管理条例》公布实施为时间点,在此之前,男女双方符合结婚实质要件的,按照事实婚姻处理,《婚姻登记管理条例》公布实施后,应当补办结婚登记,未办理结婚登记的,应当按照同居关系处理。[②]

三、涉外离婚

　　改革开放以来,我国涉外婚姻家庭的数量逐年上升,涉外婚姻家庭纠纷也不断增多。其中,涉外离婚及亲子关系案件是涉外婚姻家庭案件的主要类型。[③] 中国公民同外国人或外国人与外国人在我国境内要求离婚的,应适用我国《民法典》婚姻家庭编、现行《婚姻登记条例》、现行《民事诉讼法》和《涉外民事关系法律适用法》等法律的有关规定。[④]

　　(一) 涉外离婚登记

　　1. 涉外离婚登记的条件

　　根据《民法典》第 1076 条的规定,夫妻双方自愿离婚的,应当签订书面离婚协议,并亲自到婚姻登记机关申请离婚登记。离婚协议应当载明双方自愿离婚的意思表示和对子女抚养、财产以及债务处理等事项协商一致的意见。

　　2. 涉外离婚登记的程序

　　(1) 当事人应当出具必要的证件和证明材料。我国现行《婚姻登记条例》第 13 条第 2 款规定,中国公民同外国人在我国境内自愿离婚的,男女双方应当共同到现行《婚姻登记条例》第 2 条第 2 款规定的婚姻登记机关办理离婚登记。根据该条例第 15 条的规定,申请离婚时,双方应出具必要的证件和证明材料:中国公民应当出具本人的身份证、本人的结婚证;外国人除应当出具结婚证外,还应当出具本人的有效护照或者其他有效国际旅行证件或者外国人永久居留身份证等中国政府主管机关签发的身份证件。同时,该条例第 14 条规定:"办理离婚登记的当事人有下列情形之一的,婚姻登记机关不予受理:(一)未达成离婚协议的;(二)属于无民事行为能力人或者限制民事行为能力人的;(三)其结婚登记不是在中国内

[①] 《婚姻家庭编解释(一)》第 6 条规定:"男女双方依据民法典第一千零四十九条规定补办结婚登记的,婚姻关系的效力从双方均符合民法典所规定的结婚的实质要件时起算。"

[②] 《婚姻家庭编解释(一)》第 7 条规定:"未依据民法典第一千零四十九条规定办理结婚登记而以夫妻名义共同生活的男女,提起诉讼要求离婚的,应当区别对待:(一)1994 年 2 月 1 日民政部〈婚姻登记管理条例〉公布实施以前,男女双方已经符合结婚实质要件的,按事实婚姻处理。(二)1994 年 2 月 1 日民政部〈婚姻登记管理条例〉公布实施以后,男女双方符合结婚实质要件的,人民法院应当告知其补办结婚登记。未补办结婚登记的,依照本解释第三条规定处理。"

[③] 参见汪金兰:《关于涉外婚姻家庭关系的法律适用立法探讨——兼评〈涉外民事关系法律适用法〉(草案)的相关规定》,载《现代法学》2010 年第 4 期。

[④] 主编注:关于我国涉外离婚的管辖权的司法实践,参见刘懿彤、常鸿宾:《涉外离婚管辖权研究》,法律出版社 2013 年版,第 60—71 页。关于涉外离婚的法律适用,我国有学者指出,2011 年 4 月 1 日后,根据《涉外民事关系法律适用法》的规定,涉外离婚的法律适用可区分为"协议离婚"和"诉讼离婚"两种类型:(1) 协议离婚,当事人可以协议选择适用一方当事人经常居住地法律或者国籍国法律。当事人没有选择的,适用共同经常居住地法律;没有共同经常居住地的,适用共同国籍国法律;没有共同国籍国法律的,适用办理离婚手续机构所在地法律。(2) 诉讼离婚,适用法院地法律。参见魏小军主编:《家事法实务教程》,知识产权出版社 2024 年版,第 438—439 页。

地办理的。"

（2）离婚冷静期。根据《民法典》第1077条的规定,自婚姻登记机关收到离婚登记申请之日起30日内,任何一方不愿意离婚的,可以向婚姻登记机关撤回离婚登记申请。前述规定期限届满后30日内,双方应当亲自到婚姻登记机关申请发给离婚证;未申请的,视为撤回离婚登记申请。

（3）审查与登记。《民法典》第1078条规定:"婚姻登记机关查明双方确实是自愿离婚,并已经对子女抚养、财产以及债务处理等事项协商一致的,予以登记,发给离婚证。"婚姻登记机关应当在法律规定期限内,根据当事人的申请,核对离婚登记当事人出具的证件、书面材料并询问相关情况。对当事人确属自愿离婚,并已经对子女抚养、财产以及债务处理等事项协商一致,男女双方亲自到收到离婚登记申请的婚姻登记机关共同申请发给离婚证的,婚姻登记机关应当当场予以登记,发给离婚证。当事人未在法律规定期限内申请发给离婚证的,视为撤回离婚登记申请,离婚登记程序终止。①

（二）涉外离婚诉讼

关于提起涉外离婚诉讼的事由,主要有:一是涉外婚姻的双方当事人愿意离婚,但就子女的抚养或财产的分割不能达成一致意见的②;二是一方要求离婚,另一方不同意离婚的。对于这两种原因引起的离婚只能通过有管辖权的人民法院依法审理判决。

1. 涉外离婚诉讼的管辖之特别规定

依照我国现行《适用民事诉讼法解释》的规定,涉外离婚诉讼的管辖之特殊情形包括:

第一,在国内结婚并定居国外的华侨,如定居国法院以离婚诉讼须由婚姻缔结地法院管辖为由不予受理,当事人向人民法院提出离婚诉讼的,由婚姻缔结地或者一方在国内的最后居住地人民法院管辖。③

第二,在国外结婚并定居国外的华侨,如定居国法院以离婚诉讼须由国籍所属国法院管辖为由不予受理,当事人向人民法院提出离婚诉讼的,由一方原住所地或者在国内的最后居住地人民法院管辖。④

第三,中国公民一方居住在国外,一方居住在国内,不论哪一方向人民法院提起离婚诉讼,国内一方住所地人民法院都有权管辖。国外一方在居住国法院起诉,国内一方向人民法院起诉的,受诉人民法院有权管辖。⑤

第四,中国公民双方在国外但未定居,一方向人民法院起诉离婚的,应由原告或者被告原住所地人民法院管辖。⑥

第五,已经离婚的中国公民,双方均定居国外,仅就国内财产分割提起诉讼的,由主要财

---

① 我国现行《婚姻登记条例》第16条。
② 《婚姻家庭编解释（一）》第69条第1款规定:"当事人达成的以协议离婚或者到人民法院调解离婚为条件的财产以及债务处理协议,如果双方离婚未成,一方在离婚诉讼中反悔的,人民法院应当认定该财产以及债务处理协议没有生效,并根据实际情况依照民法典第一千零八十七条和第一千零八十九条的规定判决。"
③ 现行《适用民事诉讼法解释》第13条。
④ 现行《适用民事诉讼法解释》第14条。
⑤ 现行《适用民事诉讼法解释》第15条。
⑥ 现行《适用民事诉讼法解释》第16条。

产所在地人民法院管辖。[①]

2. 涉外离婚诉讼案件的诉讼代理人

在涉外离婚诉讼案件中,外国人可以委托中国律师或其他代理人代理诉讼,也可以委托本国人为代理人或本国律师以个人名义担任诉讼代理人;外国驻华使、领馆官员,受本国公民委托,可以个人名义担任诉讼代理人,但诉讼中不享有外交特权和豁免权。外国当事人的委托书以及寄交给我国法院的诉讼文书,应经该国公证机关公证。由于公证文书属于公文书,应当适用我国于 2023 年 3 月 8 日加入的《取消外国公文书认证要求的公约》。根据该公约,其他缔约国公文书送我国使用,只需办理该国附加证明书,无须办理该国和中国驻当地使领馆的领事认证,但如该国不属于公约缔约国,则还须经我国驻该国使、领馆认证。

3. 涉外离婚诉讼案件适用的法律及司法解释

对我国境内的涉外离婚诉讼案件,人民法院审理时应当依据我国《民法典》婚姻家庭编及司法解释的相关规定审理裁决。

《民法典》婚姻家庭编第 1079、1081—1082、1084—1092 条分别对以下问题作出了明确规定:诉讼离婚的调解和法院判决准予离婚的法定情形;军婚的保护;男方离婚诉权的限制及例外;离婚后的父母子女关系;离婚后子女抚养费的负担;离婚后的子女探望权;离婚时夫妻共同财产的处理;离婚经济补偿;离婚时夫妻共同债务的清偿;离婚经济帮助;离婚损害赔偿;一方侵害夫妻共同财产的法律后果。《婚姻家庭编解释(一)》第 62—90 条对如下具体问题作出了细化规定:无民事行为能力人的提起离婚诉讼主体;有过错一方提出的离婚;对军人一方重大过错的认定情形;以协议离婚或调解离婚为条件的财产分割以及债务处理协议的生效条件与法律效力;协议离婚后就财产分割问题反悔的处理;各种类型夫妻共同财产的分割方法;离婚损害赔偿的范围、责任主体;等等。《婚姻家庭编解释(二)》第 4—11 条对当前社会重点关注的问题作了详细规定,包括:均无配偶的男女双方同居期间的财产分割;婚前或者婚姻关系存续期间,一方将其所有的房屋转移登记至另一方或者双方名下,离婚时房屋产权归属及分割;在网络直播平台用夫妻共同财产打赏的界定;一方不合理处分共同财产的认定;婚姻关系存续分割夫妻共同财产的条件;一方父母全额出资所购房屋的分割;夫妻共同财产出资获得股权的分割;继承财产是否为夫妻共同财产的认定;等等。

值得注意的是,为贯彻落实《民法典》第 1041 条第 3 款的保护未成年人的合法权益原则,《婚姻家庭编解释(一)》第 65—68 条分别对提出探望权的独立诉讼、请求中止探望权与恢复探望权、拒不协助另一方行使探望权者的强制措施等作出了明确规定。并且,《婚姻家庭编解释(一)》第 42、44—53、56—58 条,《婚姻家庭编解释(二)》第 14、16、17 条,分别对如下内容作出了具体规定:子女抚养费的范围;离婚时父亲一方对不满 2 周岁子女请求直接抚养,法院予以支持的条件;父母双方协议不满 2 周岁子女由父亲一方直接抚养,法院予以支持的条件;对已满 2 周岁的未成年子女父母双方均要求直接抚养,法院对父母一方优先考虑的情形;对已满 2 周岁的未成年子女父母双方均要求直接抚养,法院对父母另一方优先考虑的情形;父母双方的条件基本相同,双方均要求直接抚养子女,法院应当优先考虑孙辈与祖辈共同生活的情形;父母双方协议轮流抚养子女,法院予以支持的条件;法院确定抚养费

---

① 现行《适用民事诉讼法解释》第 17 条。

的数额、给付方式、给付期限等考虑的因素;离婚后父母一方请求抚养关系变更的条件;子女请求增加抚养费的条件;子女请求支付欠付抚养费的条件;等等。

4. 涉外离婚诉讼案件的上诉与财产执行问题

第一,关于上诉期。根据我国现行《民事诉讼法》的规定,居住在中国领域内 [①] 的中国公民和(或)外国人不服一审离婚诉讼判决的,在收到一审判决书之日起 15 日内,有权向管辖权范围内的上级人民法院上诉。此外,"在中华人民共和国领域内没有住所的当事人,不服第一审人民法院判决、裁定的,有权在判决书、裁定书送达之日起三十日内提起上诉。被上诉人在收到上诉状副本后,应当在三十日内提出答辩状。当事人不能在法定期间提起上诉或者提出答辩状,申请延期的,是否准许,由人民法院决定" [②]。双方当事人在上诉期届满后没有上诉的,一审离婚判决即发生法律效力。

第二,关于财产内容的执行。中国公民与外国人的婚姻经离婚诉讼后由人民法院判决离婚的,如果属于与我国尚未签订司法协助条约的国家,人民法院判决外国人一方应负担的子女抚养费,以及夫妻共同财产分割应给付的数额、经济帮助费、损害赔偿费等,宜一次性给付。给付有困难的,可找在中国有相当财产的中国公民或外国公民担保。到期不履行的,由担保人承担给付责任。 [③]

四、涉外复婚

中国公民与外国人离婚后,双方自愿恢复婚姻关系的,应当依照我国法律规定的涉外结婚程序办理相关手续。若涉外婚姻当事人中,外国人一方下落不明,经中国公民一方请求,人民法院依法作出缺席判决离婚,并以公告送达判决书的,则不论外国人一方是否知道或收到判决书,在判决书生效后,其婚姻关系即终止。如外国公民一方知道此情况后,要求复婚的,应按以下情形分别处理:

第一,中国公民一方离婚后已经再婚的,中国公民一方再婚的婚姻关系合法有效。

第二,中国公民一方与再婚配偶已离婚或该再婚配偶已死亡的,即中国公民一方与外国人离婚后,又与他人结婚的,但中国公民一方与其再婚配偶的婚姻关系又因离婚或该再婚配偶死亡而终止的,如果中外双方当事人自愿恢复婚姻关系的,应重新办理结婚登记。所需证件和证明及相关要求与涉外结婚相同。

第三,双方离婚后均未再婚的,即中国公民与外国人被人民法院缺席判决离婚后,双方均未再婚,自愿恢复婚姻关系的,经人民法院调查确实,可注销原离婚判决,准予复婚。但外国人一方须提供公证、认证的无配偶的证明。

---

① 此处的"中国领域"仅指中国内地(大陆),不包括香港特别行政区、澳门特别行政区和我国台湾地区。
② 现行《民事诉讼法》第 286 条。
③ 参见陈苇主编:《婚姻家庭继承法学》(第三版),群众出版社 2017 年版,第 339 页。

第二节　涉 外 收 养

一、涉外收养概述

跨国或跨地区的收养关系,又称为涉外收养。涉外收养有广义和狭义之分。广义的涉外收养,是指凡具有涉外因素的收养关系,即在收养关系的各要素中,有一种或数种要素超出一国或一定地区的范围,与其他国家或地区有一定联系的收养关系。狭义的涉外收养,是指在我国境内办理的收养人与被收养人属于不同国家或收养人的经常居住地在不同国家的收养关系。本节阐述的涉外收养则主要指,在我国境内办理的,当事人涉及外国一方收养人和中国一方被收养人、送养人的涉外收养。

随着社会的发展,儿童的利益逐步得到重视,收养也逐渐从"为族""为家""为亲"的收养转向偏重于"为儿童利益"的收养,当今国际社会收养形成的口号是"为子女提供一个永久性固定的家"。[①]鉴于涉外收养的特殊性,为了保障收养当事人的合法权益,规范涉外收养登记行为,我国《涉外民事关系法律适用法》和《外国人收养子女登记办法》是办理涉外收养的主要法律依据。

二、涉外收养证明

涉外收养除必须符合我国《民法典》婚姻家庭编规定的收养条件和送养条件外,收养人和送养人还必须提供必要的收养证明。

(一) 外国收养人须提供的相关证明

外国人在华收养子女,应当通过所在国政府或者政府委托的收养组织向中国政府委托的收养组织转交收养申请,并提交收养人的家庭情况报告和证明。上述报告和证明,是指由其所在国有权机构出具,经其所在国外交机关或者外交机关授权的机构认证,并经中华人民共和国驻该国使馆或者领馆认证的,或者履行中华人民共和国缔结或参加的国际条约规定的证明手续的下列文件:跨国收养申请书;出生证明;婚姻状况证明;职业、经济收入和财产状况证明;身体健康检查证明;有无受过刑事处罚的证明;收养人所在国主管机关同意其跨国收养子女的证明;家庭情况报告,包括收养人的身份、收养的合格性和适当性、家庭状况和病史、收养动机以及适合于照顾儿童的特点等。在华工作或者学习连续居住1年以上的外国人,在华收养子女,应当提交前述规定的除身体健康检查证明以外的文件,并应当提交在华所在单位或者有关部门出具的婚姻状况证明、职业、经济收入或者财产状况证明,有无受过刑事处罚证明以及县级以上医疗机构出具的身体健康检查证明。[②]

---

① 参见蒋新苗、张融:《我国涉外收养立法研究——湖南师范大学博士生导师蒋新苗教授访谈》,载《社会科学家》2018年第4期。

② 我国《外国人收养子女登记办法》第4条。本章有关我国现行收养法律的内容,已经根据2024年12月6日公布的《国务院关于修改和废止部分行政法规的决定》予以修改。

（二）中国送养人须提供的相关证明

为了保护被收养人的合法权益,根据我国《外国人收养子女登记办法》第 5 条的规定,中国送养人应向户籍所在地的省、自治区、直辖市人民政府民政部门提交本人户口簿和居民身份证(社会福利机构作为送养人的,提交其负责人的身份证件)、被收养人户籍证明。此外,按送养人的不同情况,分别送交下列证明:

第一,送养人为被收养人的生父母的。被收养人的生父母(包括离婚的生父母、没有婚姻关系的生父母)应提供的证明:生父母有特殊困难,无力扶养其子女的证明;父母双方同意送养的书面意见。其中,被收养人的生父或生母一方死亡或下落不明,由单方送养的,还须提供死亡或失踪一方的父母不行使优先扶养权的声明书。

第二,送养人为监护人的。被收养人的父母均不具备民事行为能力,由被收养人的监护人(祖父母、外祖父母或成年兄、姐等)作为送养人的,应提供:被收养人父母不具备民事行为能力和对被收养人有严重危害的证明;监护人有监护权的证明。如被收养人系父母均已死亡的孤儿,其监护人应提供:被收养人的生父母的死亡证明;监护人实际承担监护责任的证明;其他对被收养人有抚养义务的人同意送养的书面意见。

第三,送养人为儿童福利机构的。如果被收养人是弃婴、弃儿的,应提交:弃婴、儿童被遗弃和发现情况证明;查找其生父母或监护人的情况证明。如果被收养人是孤儿的,应提交:孤儿父母死亡(包括宣告死亡)证明;有抚养孤儿义务的其他人同意送养的书面意见。

送养残疾儿童的,还应提交县级以上医疗机构出具的该儿童的残疾证明。省级民政部门收到送养人的上述证明后,经审查符合送养条件的,将全部资料报送中国收养组织。

三、涉外收养的条件和程序

（一）涉外收养的条件

中国公民送养子女,不允许直接与外国收养人协商收养事宜,外国人在中国收养儿童,不允许直接到中国选择收养对象,必须经过中外两国的收养组织办理。中国收养组织是中国政府委托办理涉外收养的组织。外国收养组织是外国政府设立的或经外国政府委托办理涉外收养事宜的组织。

外国人在中国收养子女,必须将收养申请书和收养证明交给本国收养组织,再由该组织将收养证明转交给中国收养组织。中国收养组织对外国收养人的申请和有关证明进行审查,认为符合我国收养条件的,应当在省、自治区、直辖市人民政府民政部门报送的符合收养法规定条件的被收养人中,参照外国收养人的意愿,选择适当的被收养人,并将被收养人的有关情况通过外国政府或外国收养组织转交外国收养人,供其选择被收养人。[①]

2024 年 9 月 5 日,外交部发言人在例行记者会上宣布:"中国政府调整了跨国收养政策,今后除'外国人来华收养三代以内旁系同辈血亲的子女和继子女'外,不再向国外送养儿童。"[②]

---

① 我国《外国人收养子女登记办法》第 7 条。
② 《2024 年 9 月 5 日外交部发言人毛宁主持例行记者会》,载外交部官网。

（二）涉外收养的程序

《民法典》第 1109 条规定："外国人依法可以在中华人民共和国收养子女。外国人在中华人民共和国收养子女，应当经其所在国主管机关依照该国法律审查同意。收养人应当提供由其所在国有权机构出具的有关其年龄、婚姻、职业、财产、健康、有无受过刑事处罚等状况的证明材料，并与送养人签订书面协议，亲自向省、自治区、直辖市人民政府民政部门登记。前款规定的证明材料应当经收养人所在国外交机关或者外交机关授权的机构认证，并经中华人民共和国驻该国使领馆认证，但是国家另有规定的除外。"

1. 订立涉外收养协议书

涉外收养协议书是涉外收养中重要的法律文书。我国法律规定，外国人来华收养子女，应当与送养人订立书面收养协议。涉外收养协议中重要的内容之一就是合意。为此，我国《外国人收养子女登记办法》第 7 条规定，外国收养人同意收养的，中国收养组织向其发出来华收养子女通知书，同时通知有关的省、自治区、直辖市人民政府民政部门向送养人发出被收养人已被同意收养的通知。在办理涉外收养手续时，"外国人来华收养子女，应当亲自来华办理登记手续。夫妻共同收养的，应当共同来华办理收养手续；一方因故不能来华的，应当书面委托另一方。委托书应当经所在国公证和认证。中华人民共和国缔结或者参加的国际条约另有规定的，按照国际条约规定的证明手续办理。收养人对外国主管机关依据本办法第四条第二款和前款提及的国际条约出具的证明文书的真实性负责，签署书面声明，并承担相应法律责任"①。书面收养协议一式三份，收养人、送养人各执一份，办理收养登记手续时收养登记机关收存一份。书面协议订立后，收养关系当事人应当共同到被收养人常住户口所在地的省、自治区、直辖市人民政府民政部门办理收养登记。

2. 涉外收养登记程序

根据我国《外国人收养子女登记办法》第 9 条第 2 款的规定，涉外收养登记的机关，是被收养人常住户口所在地的省、自治区、直辖市人民政府民政部门。办理涉外收养登记的程序与办理国内收养登记程序相同。

（1）申请。涉外收养关系的当事人包括外国收养人、中国送养人和未成年的被收养人。涉外收养协议签订后，收养当事人应共同到收养登记机关办理申请涉外收养登记的相关手续，并共同提交涉外收养协议书。外国收养人还应填写来华收养子女的登记申请书。

此外，涉外收养在办理申请登记手续时，当事人还应提供有关材料。我国《外国人收养子女登记办法》第 10 条第 2 款规定："收养人应当提供下列材料：（一）中国收养组织发出的来华收养子女通知书；（二）收养人的身份证件和照片。送养人应当提供下列材料：（一）省、自治区、直辖市人民政府民政部门发出的被收养人已被同意收养的通知；（二）送养人的居民户口簿和居民身份证（社会福利机构作为送养人的，为其负责人的身份证件）、被收养人的照片。"

（2）审查、收养评估和登记。收养登记机关收到外国人来华收养子女申请书和收养人、被收养人及其送养人的有关材料后，应当自次日起 7 日内进行审查。根据《民法典》第 1105

---

① 我国《外国人收养子女登记办法》第 8 条。

条第 5 款规定,县级以上人民政府民政部门应当依法进行收养评估。[①]

收养登记机关经审查,对证件齐全、收养评估合格、符合我国收养法相关法律规定的涉外收养,应当为当事人办理收养登记,并应发给当事人收养登记证书。收养人与被收养人收养关系自登记之日起成立。同时,收养登记机关应当将登记结果通知中国收养组织。

(3) 有关其他证件的办理。"收养关系当事人办理收养登记后,各方或者一方要求办理收养公证的,应当到收养登记地的具有办理涉外公证资格的公证机构办理收养公证。"[②]涉外收养公证程序按照《公证法》及相关法律程序办理。涉外收养成立后,外国收养人如果将被收养人带回本国抚养的,外国收养人必须凭收养证及相关证明到收养登记地的公安机关办理被收养人的出境手续。

第三节　涉 外 继 承

一、涉外继承的概念和特征

(一) 涉外继承的概念

涉外继承,是指继承要素中的一个或几个具有涉外因素的继承。追溯历史,中国是涉外继承法律适用立法的先驱者之一,已有百余年的立法史。[③]所谓涉外因素是指在继承法律关系的构成要素中或与继承遗产有关的法律事实中,涉及国外。涉外继承的涉外因素通常表现为:第一,主体涉外。即在涉外继承中主体上通常涉及两国或两国以上公民。正如有学者所说,"不独内国人得继承遗产,即外国人在内国,也得有相当继承之权"[④]。第二,客体涉外。继承客体即遗产。被继承人死亡,其遗产在外国。第三,法律事实涉外。即法律事实发生在国外。涉外继承较之国内继承复杂,只要有上述一种继承因素存在,就会发生涉外继承法律关系,并受到涉外继承法律规范调整。[⑤]

(二) 涉外继承的特征

与国内继承相比较,涉外继承具有以下特征:

第一,法律关系的涉外性。如前所述,涉外继承法律关系中的涉外因素包括主体涉外、客体涉外及法律事实涉外。上述涉外因素中,有时可能只是某一因素涉外,有时则可能有几个因素涉外。随着我国改革开放的进一步扩大,我国与世界上许多国家的经贸往来日益频繁和密切。与此同时,外国到我国投资、结婚、定居的人数也与日俱增,中国民众也越来越多

---

① 2020 年 12 月颁布、自 2021 年 1 月 1 日起施行的《收养评估办法(试行)》第 15 条规定:"华侨以及居住在香港、澳门、台湾地区的中国公民申请收养的,当地有权机构已经作出收养评估报告的,民政部门可以不再重复开展收养评估。没有收养评估报告的,民政部门可以依据当地有权机构出具的相关证明材料,对收养申请人进行收养评估。外国人申请收养的,收养评估按照有关法律法规规定执行。"

② 我国《外国人收养子女登记办法》第 12 条。

③ 参见刘宏:《我国涉外遗嘱继承法律适用的立法、理论与实践》,载《中国政法大学学报》2019 年第 5 期。

④ 卢峻:《国际私法之理论与实际》(修订版),中国政法大学出版社 2004 年版,第 271 页。

⑤ 参见陈苇主编:《婚姻家庭继承法学》(第三版),群众出版社 2017 年版,第 342—343 页。

地到世界各地从事商贸等活动,这些人中如果有继承法律关系的事实发生,则其继承关系必然具有涉外性。

第二,法律适用的冲突性。法律最重要的特征之一就是其国别性。解决法律适用的冲突性,是国际私法的重要功能。不同国家的继承法一般不能直接适用于涉外继承关系,而主要是利用国际私法中的冲突规范,运用准据法来确定特定涉外继承案件所适用的法律。因此,法律适用的冲突性也就成为涉外继承法律关系的一个重要特点。但如果涉外继承关系当事人所在两国签署有国际条约或协议,按条约或协议处理。

第三,司法管辖的专属性。涉外继承案件的管辖直接关系到处理涉外继承案件的结果。某一继承案件应由哪国法院管辖,要根据国内立法或国际条约中有关规定来确定。一个涉外继承案件,往往涉及被继承人的国籍、住所、遗产所在地和继承发生地。因此,对某一涉外继承案件,被继承人本国法院、被继承人住所地法院、遗产所在地法院等都对该继承案件享有管辖权。从保护本国被继承人或者其在本国境内的财产利益出发,许多国家将涉外继承案件规定为专属管辖。一般来说,不动产的涉外继承案件,由不动产所在国的国家法院管辖,这是国际上公认的管辖原则。因此,不少国家都将在本国境内的不动产继承案件列为本国法院专属管辖。

我国境内的涉外继承案件,同样为专属管辖。我国现行《民事诉讼法》第34条第3项规定:“因继承遗产纠纷提起的诉讼,由被继承人死亡时住所地或者主要遗产所在地人民法院管辖。”据此规定,在我国的涉外继承案件,涉及不动产纠纷提起的诉讼,由不动产所在地人民法院管辖;因继承遗产纠纷提起的诉讼,由被继承人死亡时住所地或者主要遗产所在地的人民法院管辖。

必须注意,依据我国现行《适用民事诉讼法解释》第529条第2款的规定,属于我国法院专属管辖的案件,当事人不得协议选择外国法院管辖,但协议选择仲裁的除外。并且,该解释第531条第1款规定:“中华人民共和国法院和外国法院都有管辖权的案件,一方当事人向外国法院起诉,而另一方当事人向中华人民共和国法院起诉的,人民法院可予受理。判决后,外国法院申请或者当事人请求人民法院承认和执行外国法院对本案作出的判决、裁定的,不予准许;但双方共同缔结或者参加的国际条约另有规定的除外。”

二、涉外继承的法律适用

(一) 涉外继承准据法的选择

如前所述,不同国家的继承法一般不能直接适用于涉外继承关系,而主要是利用国际私法中的冲突规范,运用准据法来确定特定涉外继承案件所适用的法律。涉外遗产的法定继承与一国的继承法和物权法关联密切。[①]因此,如何确定继承法律关系所适用的准据法是十分重要的。目前世界上许多国家在处理涉外法定继承时,对准据法的选择各有不同,主要有以下三种模式:

第一,单一制准据法。凡在实行单一制法定继承准据法的国家,不论动产和不动产,都

---

① 参见陈国军:《正本清源:我国法定继承准据法确定的完善之道》,载《政治与法律》2019年第6期。

适用统一的准据法。单一制的适用又分为两种:其一,按属人法原则适用被继承人本国法;其二,按属地原则适用被继承人住所地法。在这两种不同的法律适用中,大多数国家为了保护本国被继承人在国外居住地的财产权益,采用属人法原则。采用单一制准据法的最大优点是简单方便、易于操作,其不足是不动产所在地国一般会拒绝承认和执行依被继承人的属人法作出的继承判决。

第二,区别制准据法。区别制准据法,是指在涉外继承中,按遗产的动产和不动产,分别适用不同的准据法。动产适用法律采取属人原则,即适用被继承人本国法;不动产适用法律采取属地原则,即适用不动产所在地国法律。区别制准据法较单一制准据法的优点在于,同一继承案件适用不同的法律,尤其是更有利于不动产判决的执行。但是,分别适用不同的准据法使涉外继承关系变得较为复杂,在案件处理上增加了难度。

第三,遗产所在地法。遗产所在地法是指涉外继承案件的法律适用,不论动产抑或不动产均适用遗产所在地法。这是偏颇的属地主义原则的表现,往往容易导致被继承人的遗产陷入不同法律管辖的法律冲突中,增加案件的处理难度,因此,该原则已经被大多数国家所摒弃。

(二) 我国境内涉外继承的法律适用

我国境内涉外继承主要适用的法律和司法解释,目前有《民法典》继承编、《民事诉讼法》、《适用民事诉讼法解释》、《涉外民事关系法律适用法》、《继承编解释(一)》等。我国《民法典》第 11 条规定:"其他法律对民事关系有特别规定的,依照其规定。"这里的"特别规定",主要是指我国《涉外民事关系法律适用法》第 31—35 条以及 1954 年 9 月 28 日外交部、最高人民法院颁布的《外人在华遗产继承问题处理原则》等。

(三) 涉外法定继承

我国《涉外民事关系法律适用法》第 31 条规定:"法定继承,适用被继承人死亡时经常居所地法律,但不动产法定继承,适用不动产所在地法律。"也就是说,涉外法定继承当事人在我国境内经常居所地死亡时,应当适用《民法典》继承编和《继承编解释(一)》有关法定继承的规定。但不动产法定继承除外,应当适用不动产所在地法律。

外国继承人到中国境内主张继承遗产的,应持交以下两项证明书:

(1) 亲属关系证明书。外国继承人来华申请继承,必须有本国公证机构公证,并持有经居住国的官方机构认证,以及经我国驻该国使馆、领馆认证的继承人与被继承人的亲属关系证明书。如果被继承人在国外死亡但在中国留有遗产,继承人还须持经过公证、认证的被继承人的死亡证明。

(2) 继承权证明书。外国继承人持经公证、认证的亲属关系证明书和被继承人死亡证明书,可亲自到中国主要遗产所在地的公证机关,申请办理继承权证明书。如果被继承人在中国死亡的,外国继承人持亲属关系证明书,直接到被继承人死亡地的公证机关申请,由公证机关核发继承权证明书。若外国继承人不能亲自来华办理继承事项,可以委托在华亲友或律师代为办理。委托书包括受托人姓名、住址、委托权限等。委托书必须办理公证、认证方为有效。①

（四）涉外遗嘱继承

我国《涉外民事关系法律适用法》第 32 条规定："遗嘱方式,符合遗嘱人立遗嘱时或者死亡时经常居所地法律、国籍国法律或者遗嘱行为地法律的,遗嘱均为成立。"该法第 33 条还规定："遗嘱效力,适用遗嘱人立遗嘱时或者死亡时经常居所地法律或者国籍国法律。"根据这些规定,可以根据不同的具体情况选择适用相关准据法,体现了尊重遗嘱人的意志自由,尽可能实现其以遗嘱处分遗产的意愿。

必须说明,《外人在华遗产继承问题处理原则》第 5 条规定："外人在华所立遗嘱,在继承开始前,应经我法院认证。外国人在国外所立遗嘱,如系建交国人所立,在继承开始前,应经我驻外使领馆或国内外事机构认证。如系未建交国人所立,在继承开始前,应转经我国驻建交国家使领馆或国内外事机构认证。"

（五）涉外继承的遗产管理

我国《涉外民事关系法律适用法》第 34 条规定："遗产管理等事项,适用遗产所在地法律。"据此规定,我国境内涉外继承的遗产管理,应当适用《民法典》继承编有关遗产管理人的选任、遗产管理人的指定、遗产管理人的职责、遗产管理人未尽职责的民事责任和遗产管理人的报酬等规定。② 2023 年修正后的《民事诉讼法》,在特别程序中专门规定了遗产管理人的指定。《民事诉讼法》第 194—197 条规定:对遗产管理人的确定有争议,利害关系人申请指定遗产管理人的,向被继承人死亡时住所地或者主要遗产所在地基层人民法院提出。申请书应当写明被继承人死亡的时间、申请事由和具体请求,并附有被继承人死亡的相关证据。人民法院受理申请后,应当审查核实,并按照有利于遗产管理的原则,判决指定遗产管理人。被指定的遗产管理人死亡、终止、丧失民事行为能力或者存在其他无法继续履行遗产管理职责情形的,人民法院可以根据利害关系人或者本人的申请另行指定遗产管理人。如果遗产管理人违反遗产管理职责,严重侵害继承人、受遗赠人或者债权人合法权益的,人民法院可以根据利害关系人的申请,撤销其遗产管理人资格,并依法指定新的遗产管理人。

我国境内涉外继承的财产处理,应注意以下问题:

外国人死亡后遗留在中国境内的财产,应当根据我国《民法典》第 1122 条的规定界定遗产的范围。同时,根据相关文件规定,在涉外遗产继承案件中应注意以下问题。

（1）土地所有权不能作为遗产。外国人生前占有的土地为我国国有财产,不属于外国人在华遗产,外国人死亡的,任何人不得继承。③ 即外国人生前占有的土地之所有权不能作为遗产继承的标的。但对于部分土地使用权,例如,根据"地随房走"的原则,我国的建设用地使用权可以作为财产权利予以继承。

（2）禁止特定遗产携带出境。外国被继承人在华的属于法定范围内的动产遗产,可以由

---

① 参见陈苇主编:《婚姻家庭继承法学》(第三版),群众出版社 2017 年版,第 344—345 页。
②《民法典》第 1145—1149 条。
③ 参见《外人在华遗产继承问题处理原则》第 2 条。

其继承人继承。但是如果遗产属于法律禁止出境的文物或者超出限额的人民币①,外国继承人不得携带出境。

(六) 无人承受的外国人遗产之处理

我国《涉外民事关系法律适用法》第35条规定:"无人继承遗产的归属,适用被继承人死亡时遗产所在地法律。"即我国境内无人承受的外国人遗产,不区分动产与不动产,一律适用被继承人死亡时遗产所在地法律。

必须说明,《外人在华遗产继承问题处理原则》第6、7条规定:"外人在华遗产,如所有合法继承人及受赠人均拒绝受领,或继承人之有无不明,而在公告继承期满(公告期限六个月)无人申请继承者,即视为绝产,应收归公有。上述遗产之处理,应报外交部批准。""外人在华遗产动产,在互惠原则上,可按被继承人国家的法律处理。建交国人所遗动产绝产,在互惠原则下,可交其本国驻华使领馆接受。"

【本章小结】

本章阐述的主要内容包括:一是涉外婚姻、涉外收养与涉外继承的基本理论;二是涉外结婚、涉外收养和涉外离婚的条件和程序,涉外继承的法律适用;三是冲突规范在涉外婚姻家庭法律关系中的适用。

【引导案例参考答案】

中国法院对本案有管辖权。因为,根据现行《适用民事诉讼法解释》第13—16条的规定,我国人民法院在以下几种情况下具有管辖权:

一是在国内结婚并定居国外的华侨,如定居国法院以离婚诉讼须由婚姻缔结地法院管辖为由不予受理,当事人向人民法院提出离婚诉讼的,由婚姻缔结地或者一方在国内的最后居住地人民法院管辖。

二是在国外结婚并定居国外的华侨,如定居国法院以离婚诉讼须由国籍所属国法院管辖为由不予受理时,当事人向人民法院提出离婚诉讼的,由一方原住所地或者在国内的最后居住地人民法院管辖。

三是中国公民一方居住在国外,一方居住在国内,不论哪一方向人民法院提起离婚诉讼,国内一方住所地人民法院都有管辖权。国外一方在居住国法院起诉,国内一方向人民法院起诉的,受诉人民法院有管辖权。

---

① 我国《文物进出境审核管理办法》(2007年7月13日施行)第8条第1款规定:"下列文物出境,应当经过审核:(一)1949年(含)以前的各类艺术品、工艺美术品;(二)1949年(含)以前的手稿、文献资料和图书资料;(三)1949年(含)以前的与各民族社会制度、社会生产、社会生活有关的实物;(四)1949年以后的与重大事件或著名人物有关的代表性实物;(五)1949年以后的反映各民族生产活动、生活习俗、文化艺术和宗教信仰的代表性实物;(六)国家文物局公布限制出境的已故现代著名书画家、工艺美术家作品;(七)古猿化石、古人类化石,以及与人类活动有关的第四纪古脊椎动物化石。"国家文物局《文物出境审核标准》(2007年6月5日公布实施)规定,凡在1949年以前(含1949年)生产、制作的具有一定历史、艺术、科学价值的文物,原则上禁止出境。其中,1911年以前(含1911年)生产、制作的文物一律禁止出境。少数民族文物以1966年为主要标准线。凡在1966年以前(含1966年)生产、制作的有代表性的少数民族文物禁止出境。我国《国家货币出入境管理办法》(1993年3月1日施行)第3条第2款规定,外国人出境,每人每次携带的人民币不得超出限额。

　　四是中国公民双方在国外但未定居,一方向人民法院起诉离婚的,应由原告或者被告原住所地人民法院管辖。

　　本案中,王男和陈女系在国内结婚,王男也一直居住在国内,故符合上述司法解释中第三种情形,依据现行《适用民事诉讼法解释》第15条的规定,我国人民法院有权管辖。

【本章思考题】

　　1. 我国涉外结婚的准据法是什么?

　　2. 简述我国涉外离婚的登记程序。

　　3. 简述我国涉外收养的条件和程序。

　　4. 简述我国涉外继承准据法的选择原则。

【本章参考习题】

主要参考文献

一、教材、著作类

1. 杨大文、龙翼飞、夏吟兰主编:《婚姻家庭法学》(第三版),中国人民大学出版社 2013 年版。

2. 陈苇主编:《婚姻家庭继承法学》(第二版),群众出版社 2012 年版。

3. 巫昌祯主编:《婚姻与继承法学》(第五版),中国政法大学出版社 2011 年版。

4. 杨大文主编:《婚姻家庭法学》,复旦大学出版社 2002 年版。

5. 中南财经政法大学、湖北警官学院编:《中国法学会婚姻家庭法学研究会 2013 年年会论文集》,2013 年 11 月印制。

6. 曹贤信:《亲属法的伦理性及其限度研究》,群众出版社 2012 年版。

7. 费孝通:《乡土中国·生育制度》,北京大学出版社 1998 年版。

8. 杨大文主编:《亲属法》(第四版),法律出版社 2004 年版。

9. 陈苇主编:《婚姻家庭继承法学》(第三版),群众出版社 2017 年版。

10. 杨遂全:《新婚姻家庭法总论》,法律出版社 2001 年版。

11. 陈苇:《中国婚姻家庭法立法研究》,群众出版社 2000 年版。

12. 陈苇主编:《外国继承法比较与中国民法典继承编制定研究》,北京大学出版社 2011 年版。

13. 夏吟兰主编:《婚姻家庭继承法》,高等教育出版社 2010 年版。

14. 陈苇:《改革开放三十年(1978~2008):中国婚姻家庭继承法研究之回顾与展望》,中国政法大学出版社 2010 年版。

15. 中国法学会婚姻家庭法学研究会、辽宁师范大学法学院编:《中国法学会婚姻家庭法学研究会 2012 年年会论文集》,2012 年 10 月印制。

16. 陈苇主编:《家事法研究》(2007 年卷),群众出版社 2008 年版。

17. 梁慧星主编:《民商法论丛》(第 33 卷),法律出版社 2005 年版。

18. 黄宇:《婚姻家庭法之女性主义分析》,群众出版社 2012 年版。

19. 陈苇主编:《21 世纪家庭法与家事司法:实践与变革》,群众出版社 2016 年版。

20. 梁慧星:《民法总论》(第五版),法律出版社 2017 年版。

21. 王利明:《民法总论》(第二版),中国人民大学出版社 2015 年版。

22. 陈苇主编:《外国婚姻家庭法比较研究》,群众出版社 2006 年版。

23. 巫昌祯主编:《婚姻家庭法新论——比较研究与展望》,中国政法大学出版社 2002 年版。

24. 陈苇:《中国妇女儿童权益法律保障情况实证调查研究——以中国五省市被抽样调查地区妇女儿童权益法律保障情况为对象》(上卷、下卷),群众出版社 2017 年版。

25. 杨遂全主编:《第三人侵害婚姻家庭的认定与处理》,法律出版社 2001 年版。

26. 蒋月、何丽新编著:《婚姻家庭与继承法》(第四版),厦门大学出版社 2013 年版。

27. 李明舜主编:《婚姻法中的救助措施与法律责任》,法律出版社 2001 年版。

28. 秦志远:《基于性别的家庭暴力之民法规制——中国法与美国法之比较》,群众出版社 2012 年版。

29. 罗杰:《防治家庭暴力立法与实践研究》,群众出版社 2013 年版。

30. 陈苇主编:《我国防治家庭暴力情况实证调查研究——以我国六省市被抽样调查地区防治家庭暴力情况为对象》,群众出版社 2014 年版。

31. 陈苇主编:《家事法研究》(2006 年卷),群众出版社 2007 年版。

32. 王森波:《同性婚姻法律问题研究》,中国法制出版社 2012 年版。

33. 陈苇主编:《结婚与婚姻无效纠纷的处置》,法律出版社 2001 年版。

34. 陈苇主编:《当代中国内地与港、澳、台婚姻家庭法比较研究》,群众出版社 2012 年版。

35. 陶毅主编:《新编婚姻家庭法》,高等教育出版社 2002 年版。

36. 王薇:《非婚同居法律制度比较研究》,人民出版社 2009 年版。

37. 何丽新:《我国非婚同居立法规制研究》,法律出版社 2010 年版。

38. 陈鹏:《中国婚姻史稿》,中华书局 1990 年版。

39. 陈棋炎、黄宗乐、郭振恭:《民法亲属新论》,三民书局 1995 年版。

40. 全国人大常务委员会法工委研究室编:《中华人民共和国婚姻法实用问答》,中国物价出版社 2001 年版。

41. 胡康生主编:《中华人民共和国婚姻法释义》,法律出版社 2001 年版。

42. 李银河、马忆南主编:《婚姻法修改论争》,光明日报出版社 1999 年版。

43. 马原主编:《新婚姻法条文释义》,人民法院出版社 2002 年版。

44. 曹诗权主编:《婚姻家庭继承法学》,中国法制出版社 1999 年版。

45. 张贤钰主编:《外国婚姻家庭法资料选编》,复旦大学出版社 1991 年版。

46. 北京政法学院民法教研室编:《外国婚姻家庭法典选编》,1981 年 4 月印制。

47. 巫昌祯、杨大文主编:《走向 21 世纪的中国婚姻家庭》,吉林人民出版社 1995 年版。

48. 史尚宽:《亲属法论》,中国政法大学出版社 2000 年版。

49. 陈苇:《中国婚姻家庭法立法研究》(第二版),群众出版社 2010 年版。

50. 梁慧星主编:《民商法论丛》(第 54 卷),法律出版社 2014 年版。

51. 蒋月:《夫妻的权利与义务》,法律出版社 2001 年版。

52. 裴桦:《夫妻共同财产制研究》,法律出版社 2009 年版。

53. 黄松有主编:《最高人民法院婚姻法司法解释(二)的理解与适用》,人民法院出版社 2004 年版。

54. 余延满:《亲属法原论》,法律出版社 2007 年版。

55. 梁慧星主编:《民商法论丛》(第 36 卷),法律出版社 2006 年版。

56. 张华贵主编:《夫妻财产关系法研究》,群众出版社 2017 年版。

57. 高留志:《扶养制度研究》,法律出版社 2006 年版。

58. 夏吟兰、龙翼飞主编:《家事法研究》(2012 年卷),社会科学文献出版社 2012 年版。

59. 曹贤余:《儿童最大利益原则下的亲子法研究》,群众出版社 2015 年版。

60. 宋豫主编:《国家干预与家庭自治:现代家庭立法发展方向研究》,河南人民出版社 2011 年版。

61. 王歌雅:《扶养与监护纠纷的法律救济》,法律出版社 2001 年版。

62. 王丽萍:《婚姻家庭法律制度研究》,山东人民出版社 2004 年版。

63. 李明舜主编:《婚姻家庭继承法学》,武汉大学出版社 2011 年版。

64. 梁慧星主编:《民商法论丛》(第 27 卷),金桥文化出版(香港)有限公司 2003 年版。

65. 李开国:《民法总则研究》,法律出版社 2003 年版。

66. 马忆南:《婚姻家庭继承法学》(第二版),北京大学出版社 2011 年版。

67. 最高人民法院审判第一庭编著:《最高人民法院婚姻法司法解释(三)理解与适用》,人民法院出版社 2015 年版。

68. 石雷:《英国现代离婚制度研究》,群众出版社 2015 年版。

69. 梁慧星主编:《民商法论丛》(第 43 卷),法律出版社 2009 年版。

70. 江平、米健:《罗马法基础》(修订本第三版),中国政法大学出版社 2004 年版。

71. 刘素萍主编:《婚姻法学参考资料》,中国人民大学出版社 1989 年版。

72. 胡志超:《中国破裂主义离婚法律制度》,法律出版社 2010 年版。

73. 夏吟兰:《离婚自由与限制论》,中国政法大学出版社 2007 年版。

74. 冉启玉:《人文主义视阈下的离婚法律制度研究》,群众出版社 2012 年版。

75. 本书编写组编:《婚姻登记条例知识问答》,法律出版社 2003 年版。

76. 来文彬:《家事调解制度研究》,群众出版社 2014 年版。

77. 陈爱武:《家事法院制度研究》,北京大学出版社 2010 年版。

78. 夏吟兰、龙翼飞主编:《家事法研究》(2013 年卷),社会科学文献出版社 2013 年版。

79. 夏吟兰、龙翼飞主编:《家事法研究》(2015 年卷),社会科学文献出版社 2015 年版。

80. 夏吟兰、龙翼飞主编:《家事法研究》(2016 年卷),社会科学文献出版社 2016 年版。

81. 王洪:《婚姻家庭法》,法律出版社 2003 年版。

82. 姜大伟:《我国夫妻分居法律制度建构研究》,中国政法大学出版社 2015 年版。

83. 张学军:《论离婚后的扶养立法》,法律出版社 2004 年版。

84. 冉启玉:《离婚扶养制度研究》,群众出版社 2013 年版。

85. 杨大文主编:《婚姻法教程》,法律出版社 1986 年版。

86. 杨遂全等著:《婚姻家庭法典型判例研究》,人民法院出版社 2003 年版。

87. 姚红等编著:《〈中华人民共和国婚姻法〉释解》,群众出版社 2001 年版。

88. 杨立新、秦秀敏主编:《中华人民共和国婚姻法释义与适用》,吉林人民出版社 2001 年版。

89. 陈苇、宋豫主编:《中国大陆与港、澳、台继承法比较研究》,群众出版社 2007 年版。

90. 刘文:《继承法律制度研究》,中国政法大学出版社 2016 年版。

91. 刘春茂主编:《中国民法学·财产继承》,中国人民公安大学出版社 1990 年版。

92. 陈苇主编:《中国继承法修改热点难点问题研究》,群众出版社 2013 年版。

93. 陈苇主编:《当代中国民众继承习惯调查实证研究》,群众出版社 2008 年版。

94. 张玉敏:《继承法律制度研究》,法律出版社 1999 年版。

95. 张玉敏主编:《中国继承法立法建议稿及立法理由》,人民出版社 2006 年版。

96. 杨立新、朱呈义:《继承法专论》,高等教育出版社 2006 年版。

97. 费安玲:《罗马继承法研究》,中国政法大学出版社 2000 年版。

98. 魏小军:《遗嘱有效要件研究——以比较法学为主要视角》,中国法制出版社 2010 年版。

99. 葛俏:《我国继承法遗嘱信托制度构建》,法律出版社 2015 年版。

100. 王泽鉴:《民法总则》,中国政法大学出版社 2001 年版。

101. 杨立新主编:《继承法修订入典之重点问题》,中国法制出版社 2015 年版。

102. 郭明瑞、房绍坤、关涛:《继承法研究》,中国人民大学出版社 2003 年版。

103. 佟柔主编:《继承法学》,法律出版社 1986 年版。

104. 孟令志、曹诗权、麻昌华:《婚姻家庭与继承法》,北京大学出版社 2012 年版。

105. 王丽萍主编:《婚姻家庭继承法学》,北京大学出版社 2004 年版。

106. 刘耀东:《继承法修改中的疑难问题研究》,法律出版社 2014 年版。

107. 郭明瑞、房绍坤:《继承法》(第二版),法律出版社 2004 年版。

108. 房绍坤、范李瑛、张洪波编著:《婚姻家庭与继承法》(第五版),中国人民大学出版社 2018 年版。

109. 马俊驹、余延满:《民法原论》(第四版),法律出版社 2010 年版。

110. 雷明光:《中国少数民族婚姻家庭法律制度研究》,中央民族大学出版社 2009 年版。

111. 焦燕:《婚姻冲突法问题研究》,法律出版社 2007 年版。

112. 刘懿彤、常鸿宾:《涉外离婚管辖权研究》,法律出版社 2013 年版。

113. 卢峻:《国际私法之理论与实际》(修订版),中国政法大学出版社 2004 年版。

114. 黄薇主编:《中华人民共和国民法典婚姻家庭编解读》,中国法制出版社 2020 年版。

115. 最高人民法院民法典贯彻实施工作领导小组主编:《中华人民共和国民法典婚姻家庭编继承编理解与适用》,人民法院出版社 2020 年版。

116. 中国审判理论研究会民事审判理论专业委员会编著:《民法典婚姻家庭编条文理解与司法适用》,法律出版社 2020 年版。

117. 杨奕主编:《夫妻共同债务纠纷案仲裁判规则》,法律出版社 2021 年版。

118. 杨大文、龙翼飞主编:《婚姻家庭法》(第八版),中国人民大学出版社 2020 年版。

119. 夏吟兰等:《中国民法典释评:婚姻家庭编》,中国人民大学出版社 2020 年版。

120. 陈苇等:《中国婚姻家庭法理论与实践研究》,中国人民公安大学出版社 2019 年版。

121. 陈苇主编:《婚姻家庭继承法学》,群众出版社 2005 年版。

122. 薛宁兰、谢鸿飞主编:《民法典评注:婚姻家庭编》,中国法制出版社 2020 年版。

123. 杨大文主编:《亲属法》(第五版),法律出版社 2012 年版。

124. 夏吟兰、薛宁兰主编:《民法典之婚姻家庭编立法研究》,北京大学出版社 2016 年版。

125. 夏吟兰编著:《家事法专论》,中国政法大学出版社 2020 年版。

126. 王利明主编:《中国民法典学者建议稿及立法理由　人格权编·婚姻家庭编·继承

编》,法律出版社 2005 年版。

127. 夏吟兰、龙翼飞主编:《家事法研究》(2018 年卷),社会科学文献出版社 2018 年版。

128. 夏吟兰、龙翼飞主编:《家事法研究》(2019 年卷),社会科学文献出版社 2019 年版。

129. 夏吟兰、龙翼飞主编:《家事法研究》(2020 年卷),社会科学文献出版社 2020 年版。

130. 陈苇、陈彬主编:《中国家事审判改革暨家事法修改理论与实务研究》,中国人民公安大学出版社 2018 年版。

131. 陈苇、王中伟主编:《中国民法典编纂视野下家事审判改革暨家事法修改研究》,中国人民公安大学出版社 2019 年版。

132. 陈苇、王中伟主编:《中国家事审判改革暨家事法立法完善理论与实践研究》,中国人民公安大学出版社 2020 年版。

133. 肖峰编著:《民法典婚姻家庭编条文精释与案例实务》,法律出版社 2020 年版。

134. 李霞:《成年监护制度研究——以人权的视角》,中国政法大学出版社 2012 年版。

135. 李欣:《私法自治视域下的老年人监护制度研究》,群众出版社 2013 年版。

136. 李欣:《老年人意定监护之医疗与健康代理制度研究》,法律出版社 2017 年版。

137. 房绍坤、范李瑛、张洪波编著:《婚姻家庭继承法》(第六版),中国人民大学出版社 2020 年版。

138. 薛宁兰、金玉珍主编:《亲属与继承法》,社会科学文献出版社 2009 年版。

139. 陈苇等:《中国继承法理论与实践研究》,中国人民公安大学出版社 2019 年版。

140. 陈苇主编:《当代中国民众财产继承观念与遗产处理习惯实证调查研究》(上卷、下卷),中国人民公安大学出版社 2019 年版。

141. 陈苇主编:《中国遗产处理制度系统化构建研究》,中国人民公安大学出版社 2019 年版。

142. 陈苇主编:《婚姻家庭继承法学》(第三版),中国政法大学出版社 2018 年版。

143. 林建军主编:《中国式离婚调查报告》,法律出版社 2016 年版。

144. 张锡勤:《中国传统道德举要》,黑龙江教育出版社 1996 年版。

145. 费孝通:《乡土中国·乡土重建》,北京联合出版公司 2018 年版。

146. 刘春茂主编:《中国民法学·财产继承》,中国人民公安大学出版社 1990 年版。

147. 夏吟兰主编:《中华人民共和国婚姻法评注:总则》,厦门大学出版社 2016 年版。

148. 陈苇主编:《当代外国婚姻家庭法律制度研究》,中国人民公安大学出版社 2022 年版。

149. 张中秋:《中西法律文化比较研究》(第四版),法律出版社 2009 年版。

150. 田韶华:《民法典背景下身份行为的体系化研究》,社会科学文献出版社 2023 年版。

151. 雷春红:《婚姻家庭法的地位研究》,法律出版社 2012 年版。

152. 李明舜、林建军主编:《中华人民共和国婚姻法评注:救助措施与法律责任》,厦门大学出版社 2016 年版。

153. 贾明军、张莹主编:《婚姻家庭案件裁判要旨总梳理》,法律出版社 2022 年版。

154. 夏吟兰、龙翼飞主编:《家事法研究》(2023 年卷),法律出版社 2023 年版。

155. 孙若军:《身份权与人格权冲突的法律问题研究——以婚姻关系为视角》,中国人民大学出版社 2013 年版。

156. 蒋月编著:《中华人民共和国婚姻法评注:夫妻关系》,厦门大学出版社 2021 年版。

157. 马贤兴:《夫妻债务司法认定及实案评析》,法律出版社 2018 年版。

158. 冉克平:《夫妻团体法:法理与规范》,北京大学出版社 2022 年版。

159. 薛宁兰主编:《中华人民共和国婚姻法评注:家庭关系》,厦门大学出版社 2018 年版。

160. 雷明光主编:《中华人民共和国收养法评注》,厦门大学出版社 2016 年版。

161. 白玉:《我国收养制度立法完善研究》,中国人民公安大学出版社 2023 年版。

162. 夏吟兰主编:《从父母责任到国家监护——以保障儿童人权为视角》,中国政法大学出版社 2018 年版。

163. 李霞:《老年监护措施替代机制研究》,光明日报出版社 2022 年版。

164. 樊丽君主编:《中华人民共和国婚姻法评注:离婚》,厦门大学出版社 2021 年版。

165. 郭庆敏:《澳大利亚离婚制度研究》,中国人民公安大学出版社 2022 年版。

166. 张庆林:《中国诉讼离婚中儿童权利保护研究》,中国人民公安大学出版社 2021 年版。

167. 李俊主编:《中国民法典婚姻家庭编与继承编理论与实务研究》,群众出版社 2024 年版。

168. 龙翼飞主编:《中华人民共和国继承法评注:总则》,厦门大学出版社 2020 年版。

169. 王歌雅、任江:《中华人民共和国继承法评注:法定继承》,厦门大学出版社 2019 年版。

170. 李艳:《法定继承制度研究》,中国人民公安大学出版社 2021 年版。

171. 李宏:《遗嘱继承的法理基础研究》,中国法制出版社 2010 年版。

172. 魏小军主编:《家事法实务教程》,知识产权出版社 2024 年版。

173. 杜江涌:《遗产债务法律制度研究》,群众出版社 2013 年版。

174. 贺海燕:《遗赠制度研究》,中国人民公安大学出版社 2023 年版。

175. 陈苇主编:《中华人民共和国继承法评注:遗产的处理》,厦门大学出版社 2019 年版。

176. 刘宇娇:《遗产债务清偿制度研究》,中国人民公安大学出版社 2024 年版。

177. 夏吟兰、龙翼飞主编:《家事法研究》(2024 年卷),法律出版社 2024 年版。

178. 刘征峰:《论民法教义体系与家庭法的对立与融合:现代家庭法的谱系生成》,法律出版社 2018 年版。

179. ［美］黄宗智:《实践与理论　中国社会、经济与法律的历史与现实研究》,法律出版社 2015 年版。

二、译著类

1. ［美］斯蒂芬妮·库茨:《婚姻简史:爱情怎样征服了婚姻》,秦传安、王璠译,中央编译出版社 2009 年版。

2. ［美］戴维·波普诺:《社会学》(第十版),李强等译,中国人民大学出版社 1999 年版。

3. ［德］迪特尔·施瓦布:《德国家庭法》,王葆莳译,法律出版社 2010 年版。

4. ［英］安东尼·W. 丹尼斯、罗伯特·罗森编:《结婚与离婚的法经济学分析》,王世贤译,法律出版社 2005 年版。

5. ［古希腊］亚里士多德:《政治学》,吴寿彭译,商务印书馆 1995 年版。

6. ［美］哈里·D. 格劳斯、大卫·D. 梅耶：《美国家庭法精要》(第五版,2007 年),陈苇译,中国政法大学出版社 2010 年版。

7. ［英］凯特·斯丹德利：《家庭法》,屈广清译,中国政法大学出版社 2004 年版。

8. ［意］彼德罗·彭梵得：《罗马法教科书》,黄风译,中国政法大学出版社 1992 年版。

9. ［日］仁井田升：《唐令拾遗》,栗劲等编译,长春出版社 1989 年版。

三、法典类

1. 渠涛编译：《最新日本民法》,法律出版社 2006 年版。

2. 陈卫佐译注：《德国民法典》(第 4 版),法律出版社 2015 年版。

3. 罗结珍译：《法国民法典》,北京大学出版社 2010 年版。

4. 蒋月等译：《英国婚姻家庭制定法选集》,法律出版社 2008 年版。

5. 费安玲等译：《意大利民法典(2004 年)》,中国政法大学出版社 2004 年版。

6. 王爱群译：《日本民法典》,法律出版社 2014 年版。

7. 于海涌、赵希璇译：《瑞士民法典》,法律出版社 2016 年版。

8. 李浩培、吴传颐、孙鸣岗译：《拿破仑法典》,商务印书馆 1983 年版。

9. 陈苇译：《澳大利亚家庭法(2008 年修正)》,群众出版社 2009 年版。

10. 陈苇主编：《加拿大家庭法汇编》,群众出版社 2006 年版。

11. 殷生根、王燕译：《瑞士民法典》,中国政法大学出版社 1999 年版。

12.《世界著名法典汉译丛书》编委会：《汉穆拉比法典》,法律出版社 2000 年版。

13. 王书江译：《日本民法典》,中国法制出版社 2000 年版。

14. 刘士国、牟宪魁、杨瑞贺译：《日本民法典》,中国法制出版社 2018 年版。

15. 台湾大学法律学院、台大法学基金会编译：《德国民法典》,北京大学出版社 2017 年版。

16. 鄢一美译：《俄罗斯联邦家庭法典(1995 年)》,载中国法学会婚姻法学研究会编：《外国婚姻家庭法汇编》,群众出版社 2000 年版。

17. 陈卫佐译注：《德国民法典》(第 5 版),法律出版社 2020 年版。

四、联合国文献类

1. 联合国 1948 年《世界人权宣言》。

2. 联合国 1989 年《儿童权利公约》。

3. 联合国 1979 年《消除对妇女一切形式的歧视公约》。

4. 联合国 2006 年《残疾人权利公约》。

郑重声明

读者意见反馈

为收集对教材的意见建议，进一步完善教材编写并做好服务工作，读者可将对本教材的意见建议通过如下渠道反馈至我社。

咨询电话　400-810-0598

反馈邮箱　gjdzfwb@pub.hep.cn

通信地址　北京市朝阳区惠新东街 4 号富盛大厦 1 座

　　　　　高等教育出版社总编辑办公室

邮政编码　100029